STILKES RECHTSBIBLIOTHEK NR. 80

GRUNDBUCHORDNUNG

in der Fassung der Bekanntmachung vom 5. August 1935

Mit Anmerkungen und einer Zusammenstellung
der Reichsausführungsbestimmungen und der wichtigsten
in Reichs-, Zonen- und Landes-Gesetzen, -Verordnungen
und -Verfügungen enthaltenen Vorschriften über die
Grundbuchverfassung und das Grundbuchverfahren

von

DR. PAUL THIEME
SENATSPRÄSIDENT IN CELLE

DRITTE, NEUBEARBEITETE AUFLAGE

Berlin 1949

WALTER DE GRUYTER & Co.

vormals G. J. Göschen'sche Verlagshandlung — J. Guttentag, Verlagsbuchhandlung — Georg Reimer — Karl J. Trübner — Veit & Comp.

11831. Druck: A. W. Hayn's Erben, Berlin SO 36. Nr. VIII/99, 0. 06. 0513. 570.

Vorwort zur 3. Auflage

Das Erscheinen der 3. Auflage dieses kleinen Kommentars fällt in eine Zeit, in der infolge Zusammenbruchs des bisherigen Deutschen Reichs die Zweckmäßigkeit des von der Novelle zur Grundbuchordnung von 1935 und ihren zahlreichen Ausführungsbestimmungen verfolgten Zieles, der Beseitigung der bisherigen Buntscheckigkeit auf dem Gebiete des formellen Grundbuchrechts durch eine einheitliche Regelung für das ganze Reich, im wesentlichen in Frage gestellt ist. Immerhin war der neue Gesetzgebungsbau, abgesehen von wenigen Ländern, die in der Umstellung ihres Landesrechts auf das Reichsrecht noch gezögert hatten, in weitestem Maße auch in der Praxis durchgeführt, und dieses Ergebnis ist auch bis heute erhalten geblieben. Doch fehlt es in den Ländern der amerikanischen und französischen Zone an einer deutschen Stelle, welche die Befugnis zu einer einheitlichen Gesetzgebung für die ganze Zone hat — an die Beschlüsse des Länderrats sind die Länder formell nicht gebunden —, während es in der britischen Zone im Zentral-Justizamt und in der Sowjetzone in der Deutschen Justizverwaltung der Sowjetischen Besatzungszone in Deutschland[1]) eine solche Behörde gibt, die gerade auch in Grundbuchsachen an die Stelle des bisherigen Reichsgesetzgebers und Reichsministers der Justiz getreten ist. Insoweit besteht die Möglichkeit einheitlicher Gesetzgebung über die Grenzen der einzelnen Länder hinaus, ebenso für den Kontrollrat und die zonalen Militärregierungen.

Mit Rücksicht hierauf hat es sich als notwendig erwiesen, für das außerhalb der britischen Zone geltende formelle Grundbuchrecht Sonderanhänge herauszugeben, die dieses Recht für die einzelnen Länder darstellen.

Den Bearbeitern dieser Sonderanhänge, aber auch Herrn stud. jur. Kühne, der bei der Abfassung des Hauptwerkes mir tatkräftig geholfen hat, sowie Herrn Just.-Oberinsp. Drischler, der, wie bereits in der ersten Auflage, die Texte der im Wortlaut abgedruckten Ausführungsbestimmungen zusammengestellt hat, spreche ich hiermit meinen aufrichtigen Dank aus. Von der Zweckmäßigkeit dieser Zusammenstellung bin ich, vor allem in der jetzigen Zeit, wo den Grundbuchämtern häufig das notwendigste Gesetzgebungsmaterial fehlt, mehr denn je überzeugt; lediglich im Interesse der Papierersparnis habe ich mich bei dem Abdruck landesrechtlicher Grundbuchvorschriften innerhalb der britischen Zone auf preußische Bestimmungen beschränkt.

Celle, im November 1948.

Thieme

[1]) für das Vereinigte Wirtschaftsgebiet (britische und amerikanische Zone), ferner dem Wirtschafts- und Verwaltungsrat innerhalb der diesen übertragenen Zuständigkeit.

Inhaltsverzeichnis

Abkürzungen

AG.	=	Ausführungsgesetz, ohne Zusatz: Preuß. Ausführungsgesetz zur Grundbuchordnung vom 26. September 1899.
AG BGB	=	Ausführungsgesetz zum Bürgerlichen Gesetzbuch.
AG GBO	=	Ausführungsgesetz eines außerpreußischen Landes zur Grundbuchordnung.
ÄndVO.	=	Verordnung zur Änderung des Verfahrens in Grundbuchsachen vom 5. August 1935.
Anm.	=	Anmerkung.
AO.	=	Aktenordnung vom 28. November 1934.
AO. Zus.	=	Preuß. Zusatzbestimmungen vom 28. November 1934.
Am. ABl.	=	Amtsblatt der Militärregierung Deutschland, Amerikanische Zone.
AktGes.	=	Gesetz über Aktiengesellschaften und Kommanditgesellschaften auf Aktien vom 30. Januar 1937.
AV.	=	Allgemeine Verfügung, ohne Zusatz: des Pr. JM. und des RM. d. J.
AusfVO.(AVO.)	=	Verordnung zur Ausführung der Grundbuchordnung vom 8. August 1935.
BayOLG.	=	Sammlung von Entscheidungen des Bayrischen Obersten Landesgerichts in Zivilsachen.
BeitrO.	=	Beitreibungsordnung vom 23. Juni 1923.
BGB.	=	Bürgerliches Gesetzbuch.
Br. ABl.	=	Amtsblatt der Militärregierung Deutschland, Britisches Kontrollgebiet.
D. J.	=	Deutsche Justiz, amtliches Blatt der deutschen Rechtspflege.
DR.	=	Deutsches Recht, Zeitschrift.
DNZ.	=	Deutsche Notarzeitschrift (früher Zeitschrift des Deutschen Notarvereins).
DRZ.Rspr.	=	Deutsche Richterzeitung, Rechtsprechung.
DVO.	=	Durchführungsverordnung.
EG.	=	Einführungsgesetz.
ErbbauVO.	=	Verordnung über das Erbbaurecht vom 15. Januar 1919.
FGG.	=	Reichsgesetz über die Angelegenheiten der freiwilligen Gerichtsbarkeit.
FidErlGes.	=	Gesetz über das Erlöschen der Familienfideikommisse und sonstige gebundenen Vermögen vom 6. Juli 1938.
FMBl.	=	Preußisches Finanzministerialblatt.
GB GBA.	=	Grundbuch, Grundbuchamt.
GBerG.	=	Gesetz über die Bereinigung der Grundbücher vom 18. Juli 1930.
GBO.	=	Grundbuchordnung.
GBVfg.	=	Grundbuchverfügung, ohne Zusatz: AV. d. RM. d. J. vom 8. August 1935 über die Errichtung und Führung des Grundbuchs.

GBVVO.	=	VO. d. RM. d. J. über die Vereinfachung des Grundbuchverfahrens vom 5. Oktober 1942.
GenG.	=	Ges. betr. die Erwerbs- und Wirtschaftsgenossenschaften.
GeschO.	=	AV. d. RM. d. J. über die geschäftliche Behandlung der Grundbuchsachen vom 25. Februar 1936.
GmbHG.	=	Gesetz betr. die Gesellschaften mit beschränkter Haftpflicht.
GS.	=	Preußische Gesetzsammlung.
Güthe-Triebel	=	Güthes Grundbuchordnung, 6. Auflage, bearbeitet von Triebel.
GVBl.	=	Gesetz- und Verordnungsblatt.
GVG.	=	Gerichtsverfassungsgesetz.
GVS.	=	Gesetz- und Verordnungssammlung des Herzogtums Braunschweig.
HambABl.	=	Amtsblatt der freien und Hansastadt Hamburg.
Hann. Rpfl.	=	Hannoversche Rechtspflege. Verordnungen und Mitteilungen für den Oberlandesgerichtsbezirk Celle (erscheint seit 30. Juni 1947 nicht mehr).
Henke-Mönch	=	Henke-Mönch, Kommentar z. GBO., 2. Aufl.
Hesse	=	Kommentar z. GBO. von Dr. W. Hesse in Verbindung mit Dr. Erwin Saage und Dr. Norbert Fischer, 2. Aufl.
HGB.	=	Handelsgesetzbuch.
HöfO.	=	Höfeordnung für die britische Zone (Anlage B zur MilRegVO. Nr. 84).
HRR.	=	Höchstrichterliche Rechtsprechung, Beilage zur Juristischen Rundschau.
JFG.	=	Jahrbuch für Entscheidungen in Angelegenheiten der freiwilligen Gerichtsbarkeit und des Grundbuchrechts.
JMBl.	=	Preußisches Justizministerialblatt.
JO.	=	Journal Officiel. Amtsblatt des franz. Oberkommandos in Deutschland.
JW.	=	Juristische Wochenschrift.
KassO.	=	Kassenordnung.
KG.	=	Kammergericht.
KGJ.	=	Jahrbuch für Entscheidungen des Kammergerichts in Sachen der nichtstreitigen Gerichtsbarkeit und in Strafsachen.
KO.	=	Konkursordnung.
KostO.	=	Kostenordnung vom 25. November 1935.
KR.	=	Kontrollrat.
KRG.	=	Kontrollratsgesetz.
KRG. Nr. 45	=	Kontrollratsgesetz über Aufhebung der Erbhofgesetze und Einführung neuer Bestimmungen über land- und forstwirtschaftliche Grundstücke.
KRDir.	=	Kontrollratsdirektive.
KRProkl.	=	Kontrollratsproklamation.
LGBl.	=	Gesetzblatt für das Fürstentum Lübeck.
LippGS.	=	Gesetzsammlung für das Fürstentum Lippe.
LV.	=	Schaumburg-Lippische Landesverordnungen.
LVO.	=	Verfahrensordnung für Landwirtschaftssachen vom 1. Dezember 1947.
MilReg.	=	Militärregierung.
MilRegVO.	=	Militärregierungsverordnung — ohne Zusatz für die britische Zone.
MilRegVO. Nr. 84	=	Militärregierungsverordnung über Erbhöfe.
MRGes.	=	Militärregierungsgesetz.
MDR.		Monatsschrift für Deutsches Recht.
Nds. Rpfl.	=	Niedersächsische Rechtspflege, herausgegeben vom Niedersächsischen Ministerium der Justiz (erscheint seit 21. Juli 1947).
OldGBl.	=	Gesetzblatt für das Herzogtum Oldenburg.

OLG.	=	Die Rechtsprechung der Oberlandesgerichte, herausgegeben von Mugdan und Falkmann.
PrFOG.	=	Preußisches Gesetz über die freiwillige Gerichtsbarkeit.
RAbgO.	=	Reichsabgabenordnung.
Recht.	=	Das Recht. Rundschau für den Deutschen Juristenstand.
RegBl	=	Fürstlich-Waldeckisches Regierungsblatt.
REntlVfg.	=	Reichsentlastungsverfügung vom 3. Juli 1943.
RG.	=	Reichsgericht.
RGBl.	=	Reichsgesetzblatt.
RGR.-Komm.	=	Das Bürgerliche Gesetzbuch, erläutert von Reichsgerichtsräten, 9. Aufl.
RGSt.	=	Entscheidungen des Reichsgerichts in Strafsachen.
RGZ.	=	Entscheidungen des Reichsgerichts in Zivilsachen.
RJA.	=	Entscheidungen in Angelegenheiten der freiwilligen Gerichtsbarkeit und des Grundbuchrechts, zusammengestellt im Reichsjustizamt.
RHG.	=	Reichsheimstättengesetz vom 10. Mai 1920.
RM. d. J. oder RJM.	=	Reichsminister der Justiz.
RMinBl.	=	Reichsministerialblatt.
RNotO.	=	Reichsnotarordnung.
RSiedlG.	=	Reichssiedlungsgesetz vom 15. Dezember 1919.
Sammlung	=	Sammlung der Lübeckischen Verordnungen und Bekanntmachungen.
SchRG.	=	Gesetz zur Regelung der landwirtschaftlichen Schuldverhältnisse vom 1. Juni 1933.
SchutzforstVO.	=	VO. über den Waldschutz bei der Fideikommißauflösung vom 21. Dezember 1939.
StPO.	=	Strafprozeßordnung.
TestG.	=	Gesetz über die Errichtung von Testamenten und Erbverträgen vom 31. Juli 1938.
VerglO.	=	Vergleichsordnung vom 26. Februar 1935.
VersVertrGes.	=	Gesetz über den Versicherungsvertrag vom 30. Mai 1904.
VO.	=	Verordnung. Kgl. VO. ohne Zusatz: Preuß. Verordnung betreffend das Grundbuchwesen vom 13. November 1899.
VOBl. BZ.	=	Verordnungsblatt für die britische Zone (Amtliches Organ zur Verkündung von Rechtsverordnungen der Zentralverwaltungen).
ZJA.	=	Zentraljustizamt für die britische Zone.
ZJBl.	=	Zentraljustizblatt für die britische Zone. Amtliches Blatt zur Rechtspflege, herausgegeben von ZJA. f. d. Brit. Zone.
ZPO.	=	Zivilprozeßordnung.
ZVG.	=	Gesetz über die Zwangsversteigerung und die Zwangsverwaltung.

Die aus dem JFG. und GKJ. angeführten Entscheidungen sind ohne weitere Bezeichnung solche des Kammergerichts, Paragraphen ohne Angabe des Gesetzes solche der GBO.

Einleitung

Das Liegenschaftsrecht des BGB. ist von dem Grundbuchsystem beherrscht, d. h. es setzt öffentliche Grundbücher voraus, die über alle Rechtsverhältnisse eines Grundstücks, insbesondere auch über das Eigentum Auskunft zu geben haben, und knüpft an die Eintragungen in diesen Büchern bestimmte Rechtswirkungen, erfordert namentlich für die Entstehung, Änderung und Aufhebung von Rechten an Grundstücken einschließlich des Eigentums grundsätzlich die Eintragung im Grundbuch (Eintragungsprinzip) und gewährleistet unter bestimmten Voraussetzungen den Inhalt des Buches als richtig (Publizitätsprinzip). Diese Art der Regelung des Rechts der Grundstücke machte es notwendig, auch die Einrichtung der Grundbücher und das Grundbuchverfahren einheitlich für das Reich zu regeln. Hierbei hatte man bisher von einer umfassenden Kodifikation des formellen Grundbuchrechts abgesehen, vielmehr mit Rücksicht auf die Verschiedenartigkeit der bisherigen landesrechtlichen Regelung des Grundbuchverfahrens in diese nur insoweit eingegriffen, als es die Rechtseinheit unbedingt erforderte. Die Reichsgrundbuchordnung vom 24. März 1897 in der Fassung der Bekanntmachung vom 20. Mai 1898 (RGBl. S. 754) enthielt daher zahlreiche Vorbehalte zugunsten des Landesrechts sowohl allgemeiner (§ 83), als auch besonderer Art (§§ 1 Abs. 2, 2 Abs. 2, 2 Abs. 2 Satz 2, 12 Satz 2, 85 bis 102). Eine Reihe von Vorschriften war ferner derart gefaßt, daß sie zu ihrer Durchführung ergänzender Bestimmungen des Landesrechts bedurften (§§ 1 Abs. 1, 2 Abs. 2, 10 und 29), andere wiederum so, daß ihre Ergänzung durch die Landesgesetzgebung zwar nicht als notwendig, doch als möglich, demgemäß auch als zulässig angesehen wurde (§§ 4, 45, 55, 57, 61, 69, 71). Diese Art der Regelung hatte eine große Zersplitterung und Buntscheckigkeit des Grundbuchwesens in Deutschland zur Folge, die insbesondere den „zwischenstaatlichen" Grundbuchverkehr und die Verständlichkeit der Grundbucheintragungen für Angehörige eines anderen Landes außerordentlich erschwerte. Die aus Anlaß des Übergangs der Justizhoheit von den Ländern auf das Reich erfolgte Vereinheitlichung des formellen Grundbuchrechts auch auf den bisher der Landesgesetzgebung vorbehaltenen Gebieten entsprach daher einem dringenden Bedürfnis. Dieses Bedürfnis ist heute, wo das Deutsche Reich in seiner bisherigen Form, ebenso das Land Preußen aufgelöst (KRG. Nr. 46, Br.ABl. Nr. 18, 488) und dessen ehemaliges Gebiet auf die neugebildeten Länder mit z. T. unbeschränkter Gesetzgebungsbefugnis verteilt worden ist, und solange nicht feststeht, in welcher Form Deutschland als Staat wieder hergestellt werden wird, zumindest in Frage gestellt. Eine Aufrechterhaltung dieser Rechtseinheit ist heute ferner, jedenfalls formell, nicht mehr in den Ländern der amerikanischen und französischen Besatzungszone gegeben, in denen es an einem übergeordneten Gesetzgeber (außer dem Kontrollrat und der Militärregierung) fehlt, die Länder also die geschaffene Rechtseinheit jederzeit wieder beseitigen können. Einen übergeordneten deutschen Gesetzgeber, und zwar mit ausschließlicher Gesetzgebungsbefugnis für das Grundbuchrecht, gibt es dagegen noch für die Länder der britischen Zone in Gestalt des Zentral-Justizamtes für diese Zone (MilRegVO. Nr. 41, Anhang Nr. 8, Br.ABl. Nr. 13, 299, und MilRegVO. Nr. 57, Anhang A Ziff. 19, Br.ABl. Nr. 15, 344) und der Deutschen Justizverwaltung der sowjetischen Besatzungszone in Deutschland (Befehl Nr. 17 der SMA. vom 21. 7. 45)[1]). Insoweit ist auch heute noch der eine Ausnahme zugunsten des Landesrechts enthaltende § 117 (83) GBO. von praktischer Bedeutung. Danach bleiben die Länder wie bisher berechtigt, auf den Gebieten das formelle Grundbuchrecht zu regeln, auf denen ihnen diese Befugnis für das materielle Liegenschaftsrecht durch die Vorbehalte im EG. BGB. verliehen ist. Das gleiche gilt für landesrechtliche Ausführungsbestimmungen zu den Reichsgesetzen, welche die GBO. für besondere Fälle abändern oder ergänzen (vgl. hierzu die im Anhang unter B 2ff, abgedruckten Bestimmungen). Im übrigen sind sämtliche reichsrechtlichen Vorbehalte aufgehoben (Art. 7 Abs. 3 ÄndVO.[2]), § 18 AusfVO.[3]), § 64 GBVfg.)[4]), mithin auch die bisherigen Ausführungsgesetze und Grundbuchverfügungen der Länder, soweit sie nicht unter § 117 GBO. (§ 20 AusfVO.[3]), § 72 GBVfg.[4])) fallen. Für vorübergehende Zeit ist das bisherige Landesrecht aufrechterhalten in §§ 5, 6 AusfVO.[3]) und in den Übergangsvorschrifte nder § 19 AusfVO.[3], §§ 65 bis 71 GBVfg.[4]).

Die Grundsätze, nach denen die GBO. das formelle Grundbuchrecht geregelt hat, hängen vielfach innerlich zusammen mit den Grundsätzen des materiellen Grundbuchrechts des BGB., so das formelle Eintragungsprinzip, der Grundsatz, daß Voraussetzung weiterer Eintragungen die vorherige Eintragung von Rechtsänderungen, die sich außerhalb des Grundbuchs vollzogen haben, ist (§ 39 Abs. 1), wodurch nachteilige Wirkungen der Ausnahmen vom materiellen Eintragungsprinzip abgeschwächt werden sollen, das formelle Publizitätsprinzip, wonach die Einsicht in das Grundbuch und die Grundakten sowie die Erteilung von Abschriften verlangt werden kann (§ 11) und wodurch die Vorschriften des BGB. über den öffentlichen Glauben des Grundbuchs erst Leben gewinnen, endlich das Spezialitätsprinzip, das eine derartige Einrichtung der Grundbücher gewährleistet, daß dem Grundsatz des materiellen Rechts, wonach Person, Inhalt und Umfang des Rechts in bestimmter Weise festzulegen sind, genügt werden kann (§§ 2 Abs. 2, 3. 7, 28, 47). In gewisser Hinsicht dient auch das formelle Konsensprinzip, wonach grundsätzlich eine Eintragung nur auf Grund einer Bewilligung desjenigen, dessen Recht von ihr betroffen wird, und nur auf Antrag erfolgen soll (§§ 19 und 13), der Durchführung des materiellen Konsensprinzips, des Grundsatzes, daß es zur Begründung und Änderung von Liegenschaftsrechten außer der Eintragung der Einigung der Beteiligten bedarf (§ 873 BGB.), obschon seine Bedeutung sich hierin keineswegs erschöpft, seine Geltung auch nicht auf Eintragungen, die zum Zwecke von Rechtsänderungen erfolgen,

---

[1]) Für das Vereinigte Wirtschaftsgebiet (britische und amerikanische Zone), ferner des Wirtschafts- und Verwaltungsrats innerhalb der ihnen zugewiesenen Zuständigkeit (MilRegVO. Nr. 88 — VOBl. BZ. 1947, 79).

[2]) S. 15. [3]) Anhang S. 158. [4]) Anhang S. 176.

beschränkt ist. Das Legalitätsprinzip, das den Grundbuchrichter verpflichtet, jeden Eintragungsantrag auf das Vorliegen der gesetzlichen Voraussetzungen hin zu prüfen, ist von ausschließlich verfahrensrechtlicher Bedeutung.

Die Bestimmungen der GBO. haben fast ausnahmslos den Charakter von Ordnungsvorschriften, d. h. ihre Nichtbefolgung hat materielle Rechtswirkungen nicht zur Folge. Liegt z. B. eine gültige Einigung der Beteiligten über eine Rechtsänderung vor und erfolgt die Eintragung der Rechtsänderung in das Grundbuch, so vollzieht sich die Rechtsänderung, auch wenn eine vorschriftsmäßige Eintragungsbewilligung oder ein Eintragungsantrag nicht vorgelegen haben. Mußvorschriften sind dagegen die §§ 1 und 2, denen genügt sein muß, damit ein gültiges Grundbuch, demgemäß auch eine gültige Eintragung vorliegt, § 13 Abs. 1 Satz 3, von dessen Beachtung die Gültigkeit des Antragseingangs abhängt, § 44 Satz 2, der die Unterschrift des zuständigen Beamten für eine gültige Eintragung fordert, sowie die §§ 56 und 61 Abs. 1 und 2, welche die Voraussetzungen für einen gültigen Hypothekenbrief festsetzen, endlich der § 50, der bestimmt, in welcher Weise Dienstbarkeiten und Reallasten ohne Bezeichnung der einzelnen Rechte als Leibgedinge usw. eingetragen werden können.

Gesetzestexte

1. Verordnung zur Änderung des Verfahrens in Grundbuchsachen

Vom 5. August 1935 (RGBl. I S. 1065).

Auf Grund des Artikels 5 des Ersten Gesetzes zur Überleitung der Rechtspflege auf das Reich vom 16. Februar 1934 (Reichsgesetzbl. I S. 19) verordne ich folgendes:

Artikel 1

Die Grundbuchordnung wird wie folgt geändert[1]):

Artikel 7

(1) Artikel 5 dieser Verordnung tritt mit dem auf die Verkündigung folgenden Tage in Kraft. Das gleiche gilt, insoweit die Verordnung den Reichsminister der Justiz ermächtigt, Anordnungen zur Ausführung der Grundbuchordnung zu erlassen.

(2) Im übrigen tritt diese Verordnung am 1. April 1936 in Kraft, soweit sich nicht aus den nachfolgenden Vorschriften Abweichendes ergibt.

(3) Anderweitige Vorschriften des Reichs- und Landesrechts, welche das von dieser Verordnung umfaßte Gebiet betreffen, treten zu dem in den Absätzen 1 und 2 bezeichneten Zeitpunkt außer Kraft, soweit sich nicht aus den nachfolgenden Vorschriften Abweichendes ergibt.

(4) Soweit in Gesetzen (Artikel 2 des Einführungsgesetzes zum Bürgerlichen Gesetzbuch) auf Vorschriften verwiesen ist, die durch diese Verordnung außer Kraft gesetzt werden, treten an ihre Stelle die entsprechenden Vorschriften dieser Verordnung.

Artikel 8

(1) Den Zeitpunkt, zu welchem der § 1 Abs. 1 der Grundbuchordnung in der Fassung des Artikels 1 Nr. 1 und der § 29 Abs. 1 und 2 der Grundbuchordnung in der Fassung des Artikels 1 Nr. 12 in den Ländern Württemberg und Baden in Kraft treten, bestimmt der Reichsminister der Justiz im Einvernehmen mit dem Reichsminister der Finanzen.

(2) Dasselbe gilt für das Land Mecklenburg, soweit dort die Grundbücher nicht bereits von den Amtsgerichten geführt werden.

(3) Bis zum Inkrafttreten der in Abs. 1 genannten Bestimmungen bleiben auf den von diesen Bestimmungen umfaßten Gebieten die bisherigen Vorschriften des Reichs- und Landesrechts, einschließlich der Vorschriften, die die Führung von Grundbüchern für Grundstücksgattungen gestatten, in Kraft.

Artikel 9

Der Reichsminister der Justiz wird die Grundbuchordnung im neuen Wortlaut mit den durch die Anpassung an diese Verordnung gebotenen Fassungsänderungen und mit fortlaufender Paragraphenfolge im Reichsgesetzblatt bekanntmachen.

Berlin, den 5. August 1935.

Der Reichsminister der Justiz

---

[1]) Die durch die Verordnung erfolgten Änderungen sind bei der textlichen Wiedergabe berücksichtigt.

2. Verordnung zur Vereinfachung des Grundbuchverfahrens

Vom 5. Oktober 1942 (RGBl. I S. 573).

1. Abschnitt

Änderung der Grundbuchordnung

§ 1

§ 22 Abs. 2 der Grundbuchordnung erhält folgende Fassung[1]):

§ 2

§ 27 der Grundbuchordnung erhält folgende Fassung[1]):

§ 3

Dem § 35 der Grundbuchordnung wird folgender Absatz 3 angefügt[1]):

§ 4

Nach § 82 der Grundbuchordnung wird folgender § 82a eingefügt[1]):

3. Abschnitt

Vereinfachung des Verfahrens in besonderen Fällen

§ 7[2])

Der Reichsminister der Justiz wird ermächtigt, im Verwaltungswege

1. Abweichungen von § 41 Abs. 1, § 42 Satz 1 der Grundbuchordnung im Einzelfalle zuzulassen und das weitere Verfahren zu regeln, wenn der Brief sich im Auslande befindet und infolge des Krieges oder aus anderen Gründen nicht vorgelegt werden kann,
2. Abweichungen von den Vorschriften der Grundbuchordnung über den Nachweis von Erklärungen und sonstigen Tatsachen, über die Vorlegung und Behandlung der zur Eintragung erforderlichen Urkunden sowie über die Benachrichtigung von Grundbucheintragungen im Einzelfalle zuzulassen, wenn eine größere Zahl gleichartiger Eintragungen vorzunehmen ist, deren Erledigung nach den geltenden Vorschriften einen im Krieg nicht vertretbaren Arbeits- und Sachaufwand erfordern würde.

§ 8[3])

5. Abschnitt

Inkrafttreten

§ 11

Die Verordnung tritt am 15. Oktober 1942 in Kraft.

Berlin, den 5. Oktober 1942.

Der Reichsminister der Justiz

---

[1]) Die durch die Verordnung erfolgten Änderungen der Grundbuchordnung sind bei der textlichen Wiedergabe im Hauptteil berücksichtigt.

[2]) vgl. die 1. VO. ZJA. vom 21. 5. 48 (VOBl. BZ. 127), deren Inhalt bei § 41 Anm. 6 (S. 90) wiedergegeben ist.

[3]) abgedruckt hinter § 67 GBO.

Grundbuchordnung.

Erster Abschnitt.
Allgemeine Vorschriften.

§ 1

(1) Die Grundbücher werden von den Amtsgerichten geführt (Grundbuchämter). Diese sind für die in ihrem Bezirk liegenden Grundstücke zuständig.

(2) Liegt ein Grundstück in dem Bezirk mehrerer Grundbuchämter, so ist das zuständige Grundbuchamt nach § 5 des Reichsgesetzes über die Angelegenheiten der freiwilligen Gerichtsbarkeit zu bestimmen.

(3) Die sachliche Zuständigkeit der Grundbuchbeamten, die Einrichtung und die Führung der Grundbücher bestimmen sich, soweit sie nicht in diesem Gesetz geregelt sind, nach den Anordnungen des Reichsministers der Justiz.

1. Allgemeines. § 1 überträgt den Amtsgerichten die Geschäfte der Grundbuchämter für die in ihrem Bezirk belegenen Grundstücke und bezeichnet die Rechtsquellen, nach denen sich die sachliche Zuständigkeit der Grundbuchbeamten sowie die Einrichtung und die Führung der Grundbücher bestimmt. Daß Grundbücher überhaupt zu führen sind, ergibt sich aus dem Liegenschaftsrecht des BGB. Für die Länder, in denen bisher andere Behörden zuständig waren, gilt die Übergangsbestimmung des Art. 8 ÄndVO.[1]). Danach bleibt in diesen der bisherige Rechtszustand bis zu dem von der die Befugnisse des Reichsjustizministers ausübenden Stelle bestimmten Zeitpunkt unverändert.

2. Örtliche Zuständigkeit der Grundbuchämter. Nach § 5 FGG. wird das örtlich zuständige Amtsgericht, falls ein Grundstück in dem Bezirk mehrerer Grundbuchämter liegt, durch das gemeinschaftliche obere Gericht bestimmt, wenn beide Amtsgerichte in verschiedenen Oberlandesgerichtsbezirken sich befinden, und, falls ein solches nicht vorhanden ist, durch dasjenige Oberlandesgericht, zu dessen Bezirk das zuerst mit der Sache befaßte Gericht gehört. § 4 der VO. v. 23. 3. 36 (RGBl. I 2514) ist nicht anwendbar, da diese Verordnung als nicht mehr geltend anzusehen ist (OLG. Oldenburg, MDR. 47, 23). Das gleiche gilt, wenn Streit oder objektive Ungewißheit über das örtlich zuständige Gericht besteht.

Unter Grundstück im Sinne des § 1 ist das Grundstück im tatsächlichen Sinne zu verstehen. Vgl. § 3 Anm. 2.

Wird ein Grundstück durch Bezirksveränderung geteilt, so entstehen mehrere selbständige Grundstücke, für die sich die Zuständigkeit nach Abs. 1 Satz 2 richtet. Es liegt also ein Zuständigkeitswechsel vor, dessen Durchführung in § 25 GbVfg.[2]) geregelt ist.

3. Sachliche Zuständigkeit der Grundbuchbeamten. Das Grundbuchamt wird nach außen grundsätzlich durch den Richter vertreten, so daß dieser zur Erledigung der den Grundbuchämtern übertragenen Geschäfte allein berufen ist, soweit nicht im besonderen eine andere Regelung getroffen ist. Dies trifft zu für die Entgegennahme eines auf eine Eintragung gerichteten Antrags oder Ersuchens und die Beurkundung des Zeitpunktes seines Einganges, wofür neben dem Richter jeder Beamte oder Angestellte des Amtsgerichts, nicht nur Urkundsbeamte der Geschäftsstelle zuständig ist, und zwar ersterer, wenn er mit der Führung des Grundbuchs über das betroffene Grundstück beauftragt ist, letzterer auch ohne Rücksicht hierauf, wenn er nur vom Behördenvorstand zum Präsentat für das ganze Grundbuchamt oder einzelne Abteilungen bestellt ist (§ 1 AusfVO., AV. v. 12. 3. 42, DJ. 198)[3]). Dem Richter und Urkundsbeamten gemeinschaftlich sind übertragen: die Unterzeichnung der Eintragungen im Grundbuche (§ 2 a. a. O.), der Hypotheken-, Grundschuld- und Rentenschuldbriefe sowie der nachträglich auf sie gesetzten Vermerke (§ 3 a. a. O.). Dem Urkundsbeamten allein liegen ob die Bewirkung der vom Richter verfügten Eintragung in das Grundbuch (§ 2 a. a. O.) und die in § 4 a. a. O. aufgeführten Geschäfte, insbesondere die Ge-

[1]) S. 15. [2]) Anhang S. 168. [3]) Anhang S. 157.

stattung der Einsicht in das Grundbuch oder die Grundakten, die Beglaubigung von Abschriften aus dem Grundbuch, die Verfügung und Bewirkung von Grundbucheintragungen einfacherer Art, wobei dann den Beglaubigungsvermerk oder die Eintragung noch ein zweiter Beamter der Geschäftsstelle oder ein vom Behördenvorstand ermächtigter Justizangestellter zu unterzeichnen hat (§ 4 Abs. 3 a. a. O.).

Für die Verfassung der Grundbuchämter und die Fähigkeit zur Wahrnehmung der Geschäfte eines Grundbuchrichters gelten die allgemeinen Bestimmungen des GVG., der VO. zur einheitlichen Regelung der Gerichtsverfassung v. 20. 3. 35 (RGBl. I403) und des Pr.AG.GVG., soweit sie noch aufrechterhalten sind. Des weiteren sind Rechtspflegern, d. h. Beamten, die die Prüfung für den gehobenen Justizdienst bestanden haben und denen bestimmte richterliche Geschäfte zur selbständigen Wahrnehmung übertragen werden können, in diesem Sinne übertragen worden: allgemein das Unterzeichnen der vom Richter verfügten Eintragungen sowie der Grundpfandbriefe, ferner die Beurkundung der der Form des § 29 unterliegenden Eintragungsbewilligungen und die Entgegennahme von Auflassungen, schließlich die dem Richter zugewiesenen Verfügungen betr. Eintragung und Löschung auf Ersuchen einer zuständigen Behörde, je nach Anordnung des zuständigen Oberlandesgerichtspräsidenten die Entscheidung auf Eintragungsanträge einfacherer Art oder allgemein. Vollzieht der Rechtspfleger an Stelle des Richters die Unterschriften, so unterzeichnet neben ihm noch ein Beamter der Geschäftsstelle oder ein besonders ermächtigter Justizangestellter (§ 1, 2, 17—19 REntlVfg.)[1]).

Die Bearbeitung der Grundbuchsachen wird dem Richter, falls das Amtsgericht mit mehreren Richtern besetzt ist, durch den vorgesetzten Landgerichtspräsidenten oder, wenn vorhanden, an seiner Stelle durch den Amtsgerichtspräsidenten übertragen (§ 2 der VO. zur einheitlichen Regelung der Gerichtsverfassung v. 20. 3. 35, RGBl. I 403). Die Bestellung zum Grundbuchführer erfolgt durch schriftliche Anordnung des Aufsichtsrichters.

Ist das zuständige Grundbuchamt in einem einzelnen Falle an der Ausübung des Richteramts oder des dem Beamten der Geschäftsstelle zugewiesenen Geschäfts rechtlich oder tatsächlich verhindert, d. h. liegt diese Voraussetzung (Krankheit, Abwesenheit, Ausschließung § 6 FGG.) § 4 Abs. 4a AusfVO.)[2]) bei sämtlichen Richtern des zuständigen Amtsgerichts und den im voraus bestimmten Vertretern benachbarter Amtsgerichte (§ 5 Abs. 1 VO z. einh. Reg. d. GV. v. 20. 3. 35 — RGBl. I 403 —, § 24 Abs. 2 Pr.AG.GVG.), im Falle selbständiger Übertragung des Grundbuchgeschäfts oder eigener Zuständigkeit (§§ 4, 5 AusfVO.)[2]) auch bei den Beamten der Geschäftsstelle vor, so wird das örtlich zuständige Gericht durch das zunächst höhere Gericht, das Landgericht, bestimmt; dieses kann die fragliche Grundbuchangelegenheit einem anderen Amtsgericht zuweisen, das dann auch für die dem Grundbuchführer obliegende Tätigkeit zuständig wird; § 5 FGG. Ist auch das Landgericht verhindert, so entscheidet das übergeordnete Oberlandesgericht. Wegen des Verfahrens im Falle des Übergangs der Zuständigkeit auf ein anderes Grundbuchamt vgl. §§ 25, 26 GBVfg.[3]).

4. Die **Handlung eines örtlich unzuständigen Grundbuchamts** ist nicht unwirksam (§ 7 FGG.), ebenso nicht die eines unzuständigen Richters oder Beamten des gleichen Amtsgerichts mit der durch § 1 AusfVO. [2]) bestimmten Ausnahme (Entgegennahme des Eintragungsantrages und Beurkundung des Eingangszeitpunktes). Nimmt ein anderes Gericht oder eine andere Behörde in Überschreitung der sachlichen Zuständigkeit ein Grundbuchgeschäft vor, so ist es nichtig (§§ 7, 32 FGG.). Gültig ist dagegen das von einem Rechtspfleger vorgenommene Geschäft auch, wenn es ihm nicht übertragen war, sofern er nur zur Wahrnehmung der entsprechenden Geschäfte geeignet war (§ 5 Abs. 2 REntlVfg.) [1]).

5. Das **Verfahren vor dem Grundbuchamt** chtet sich neben den grundbuchrechtlichen Sondervorschriften nach den allgemeinen Vorschriften des FGG., da es sich um kraft Reichsgesetzes den Gerichten übertragene Angelegenheiten handelt (§§ 1 Abs. 1 GBO., 1 FGG.). Jedoch ist hierbei zu beachten, daß die Anwendung der Bestimmungen des FGG. z. T. nur eine modifizierte sein kann. Voll anwendbar sind: § 2 (Rechtshilfe), ; 5 (Zuständigkeitsbestimmung), § 7 (Wirksamkeit der Handlungen örtlich unzuständiger Gerichte), § 8 (Gerichtssprache), § 9 (Dolmetscher), § 13 Satz 1 (Beistände), § 14 (Armenrecht), § 15 (Beweisverfahren), § 16 Abs. 2 und 3 (Bekanntmachung richterlicher Verfügungen), § 17 (Berechnung der Fristen), § 31 (Rechtskraftzeugnis), § 32 (wirksam bleibende Rechtsgeschäfte), § 33 (Ordnungsstrafverfahren). Dagegen finden nur beschränkte Anwendung: § 6 (Ausschließung von Richtern) — nicht im Beschwerdeverfahren (§ 81 Abs. 2 GBO.) und in der Urkundstätigkeit der Richter nach § 29 Abs. 1 GBO. (§ 29 Abs. 2) — § 11 (Form

[1]) Anhang S. 270. [2]) Anhang S. 157. [3]) Anhang S. 168 f.

von Anträgen und Erklärungen) — nicht in den nach §§ 29, 73, 80 GBO. geregelten Fällen —, § 12 (Untersuchungsgrundsatz) — nur, wenn das Grundbuchamt von Amts wegen tätig wird (z. B. §§ 53, 84 GBO.) — § 13 Satz 2 und 3 (Vollmachtsurkunde) — Satz 2 nicht im Antragsverfahren, Satz 3 nicht bei Abgabe einer Eintragungsbewilligung und Rücknahme eines Eintragungsantrages (§§ 29, 31 GBO.), — § 16 Abs. 1 (Wirksamwerden gerichtlicher Verfügungen nicht bei grundbuchlichen Eintragungen) —, § 18 Abs. 1 (Änderung gerichtlicher Verfügungen) — nicht für Eintragungen, die dem öffentlichen Glauben unterliegen —. Nichtanwendbar sind die §§ 3, 4, 18 Abs. 2, 19—30 (letztere, weil die Beschwerde in Grundbuchsachen durch §§ 71—81 GBO. erschöpfend geregelt ist) und § 34 (für den §§ 12, 124 GBO. i. V. mit § 46 GbVfg.[1]) gilt). Die in § 15 genannten Vorschriften der ZPO. sind nur entsprechend anwendbar, soweit im Grundbuchrecht die Anwendung der vorgesehenen Beweismittel überhaupt zulässig ist — Zeugenbeweis z. B. bleibt außer Betracht (KGJ. 48, 199). Über die Vorschrift des § 18 Abs. 1 hinaus ist der Grundbuchrichter für befugt zu erachten, einem von ihm zunächst zurückgewiesenen Antrage, weil er die Zurückweisung für ungerechtfertigt hält, nachträglich stattzugeben, da die Zurückweisung nur die Verweigerung einer tatsächlichen Maßnahme ist (Güthe-Triebel, § 18 Anm. 26). Für die Ausfertigung gerichtlicher Verfügungen in Grundbuchsachen gilt § 200 FGG. i. V. mit Art. 18 PrFGG., für die von Beurkundungsprotokollen § 182 FGG.

6. Die GBO. selbst regelt die **Einrichtung und Führung der Grundbücher** in den §§ 2—9, 44—52, 118—121. Aus dem materiellen Grundbuchrecht des BGB. ist ferner zu folgern, daß das Grundbuch in jedem Falle das Grundstück; den Eigentümer und diejenigen Rechtsverhältnisse nachweisen muß, auf die sich der öffentliche Glauben des Grundbuchs bezieht. Die Anordnungen des Reichsjustizministers über die Einrichtung und Führung der Grundbücher sind enthalten in der Vfg. v. 8. 8. 35 (RMinBl. 637)[1]), der sog. **Grundbuchverfügung.** Daneben gelten landesrechtliche Vorschriften nur, soweit es sich um die grundbuchrechtliche Regelung der Rechtsgebiete handelt, die auf Grund der Vorbehalte des EG.BGB. der Landesgesetzgebung überlassen sind (§ 72 GBVfg.[1]), § 117 GBO.), ferner Reichssondergesetze nebst ihren Aus- und Durchführungsbestimmungen, die unmittelbare grundbuchrechtliche Vorschriften enthalten, z. B. die §§ 14 ff. der ErbbaurechtsVO.[2]). Die Anlegung von neuen Grundbuchblättern erfolgt nach §§ 7 ff. AusfVO.[3]). Für das Verfahren der erstmaligen Anlegung des Grundbuchs gilt gemäß Art. 186 EG.BGB. Landesrecht, soweit das Reichskataster noch nicht fertiggestellt ist, sonst AV. v. 20. 1. 40 (DJ. 212)[4]) mit Änderung (DJ. 42, 851).

Grundbuchbezirke. Bezeichnung der Grundstücke.

§ 2

(1) Die Grundbuchämter sind für Bezirke einzurichten.

(2) Die Grundstücke werden in den Büchern nach einem amtlichen Verzeichnis benannt, in dem sie unter Nummern oder Buchstaben aufgeführt sind. Der Reichsminister der Justiz bestimmt die Einrichtung der Verzeichnisses.

(3) a) Ein Teil eines Grundstückes soll von diesem nur abgeschrieben werden, wenn ein beglaubigter Auszug aus dem amtlichen Verzeichnis und, sofern eine Karte geführt wird, eine von der zuständigen Behörde beglaubigte Karte vorgelegt wird, aus denen die Größe und die Lage des Teils ersichtlich sind; der Teil muß im amtlichen Verzeichnis unter einer besonderen Nummer oder einem besonderen Buchstaben verzeichnet sein, es sei denn, daß nach dem Ermessen der zur Führung der Karte zuständigen Behörde die Nummer in der Karte nicht deutlich dargestellt werden kann. Eine Karte braucht nicht vorgelegt zu werden, wenn bei der Abschreibung die Karte sich nicht verändert und die zuständige Behörde bescheinigt, daß der abzuschreibende Teil von dem übrigen Teil des Grundstückes räumlich getrennt liegt. Ändert sich die Karte bei der Abschreibung nicht und liegt der abzuschreibende Teil von dem übrigen Teil des Grundstücks nicht räumlich getrennt, so hat die zur Führung der Karte zuständige Behörde auf der Karte zu bescheinigen, daß die kartenmäßige und die örtliche Grenze zwischen dem abzu-

---

[1]) Anhang S. 162. [2]) Anhang S. 280. [3]) Anhang S. 158. [4]) Anhang S. 262.

schreibenden Teil und dem übrigen Teil des Grundstücks übereinstimmen.

b) Der Auszug und die Karte brauchen nicht vorgelegt zu werden bei Abschreibungen, die auf Ersuchen einer Auseinandersetzungsbehörde auf Grund eines von ihr bestätigten Rezesses (Feldbereinigungsurkunde, Endbescheid des Flurbereinigungsamts und ähnliches) oder auf Ersuchen der zuständigen Behörde auf Grund eines Enteignungsbeschlusses erfolgen sollen.

c) Sofern das amtliche Verzeichnis vom Grundbuchamt selbst geführt wird, tritt an die Stelle des unter a genannten beglaubigten Auszugs ein von der zuständigen Behörde beglaubigter, zur Berichtigung des amtlichen Verzeichnisses geeigneter Auszug.

1. Allgemeines. Die Anordnung, daß das Grundbuch nicht für den gesamten Bezirk des Grundbuchamts einzurichten, dieser vielmehr in einzelne Bezirke einzuteilen und für jeden dieser Bezirke ein besonderes Grundbuch einzurichten sei, soll das Auffinden der Grundstücke im Grundbuche, die Bestimmung über die Art und Weise der Bezeichnung der Grundstücke im Grundbuche das Auffinden der Grundstücke in der Örtlichkeit ermöglichen und erleichtern. Dem gleichen Zweck dient das für den Fall der Abschreibung eines Grundstückteils vorgeschriebene Verfahren. Weitere Ausnahmefälle neben denen des Abs. 3b: § 8 VO. zur Förderung des beschleunigten Baus von Heuerlings- und Werkwohnungen v. 10. 3. 37 (RGBl. I 292)[1], und § 86 Reichsumlegungsordnung v. 16. 6. 37 (RGBl. I 629)[2], § 10 1. DVO. hierzu v. 27. 1. 38 (RGBl. I 425).

2. Grundbuchbezirke. Nach § 1 GBVfg.[3]) ist für jeden Gemeindebezirk (gegebenenfalls Gesamtgemeindebezirk) und, wenn ein Gemeindebezirk durch Anordnung des Reichsjustizministers oder der von ihm bestimmten Stelle, zum Zwecke der Grundbuchanlegung in mehrere Bezirke geteilt ist, für jeden Anlegungsbezirk ein Grundbuch einzurichten. Für gemeindefreie Grundstücke gilt die VO. über gemeindefreie Grundstücke und Gutsbezirke v. 15. 11. 38 (RGBl. I 1631), AV. v. 8. 12 39 (DJ. 264). Wird ein Gemeindebezirk mit einem anderen Gemeindebezirk vereinigt oder wird ein Gemeindebezirk oder Anlegungsbezirk in mehrere selbständige Verwaltungsbezirke geteilt, so können die bisherigen Grundbuchbezirke beibehalten werden. Im Grundbuche eines fremden Bezirks können ausnahmsweise Grundstücke eingetragen werden: bei gemeinschaftlicher Buchung (§ 4 GBO.), Vereinigung (§ 5 GBO.) oder Zuschreibung (§ 6 GBO.). Wegen des Verfahrens im Falle der Übernahme eines Grundstücks in einen anderen Bezirk vgl. §§ 27, 25, 26 Abs. 1, 2, 3 GBfg.[3]). Für den Übergang vgl. § 65 GBVfg.[3]).

3. Bezeichnung der Grundstücke. § 2 Abs. 2 gilt überall da, wo Grundstücke im Grundbuche zu bezeichnen sind, mithin auch für die Bezeichnung des gemeinschaftlichen Grundstücks sowie der belasteten Grundstücke im Bestandsverzeichnis bei der Eintragung der Miteigentumsanteile (§ 3 GBO.) und der mit dem Eigentum am Grundstück verbundenen Rechte (§ 9 GBO.), ferner für die Angabe der Grundstücke, deren jeweiliger Eigentümer Inhaber einer Grunddienstbarkeit, Reallast oder eines Vorkaufsrechts ist, bei der Eintragung dieser Rechte in Abteilung II des Grundbuchs (KGJ. 35A 242). Von der Befugnis des Abs. 2 Satz 2 hat der Reichsjustizminister auf Grund der VO. über die Einführung des Reichskatasters v. 23. 1. 40 (RGBl. I 240)[4]) in der Weise Gebrauch gemacht, daß dieses in den Bezirken, in denen es fertiggestellt ist, in dem vom RJM. durch Verwaltungsanordnung zu bestimmenden Zeitpunkt als amtliches Verzeichnis an Stelle des bisherigen tritt. Diese ist durch AV. v. 28. 4. 41 (DJ. 548) allgemein dahin ergangen, daß in den Gemeindebezirken, in denen das Reichskataster fertiggestellt ist, dieses mit dem auf das Ende der Offenlegungspflicht folgenden Tag als amtliches Verzeichnis der Grundstücke im Sinne des § 2 Abs. 2 GBO. gilt. Die bezüglichen Gemeinden sind vom Reichsminister des Innern im RMBl. bekanntgemacht[5]) und den zuständigen Gerichten von RJM. jeweils mitgeteilt worden. Für die erstmalige Herbeiführung der Übereinstimmung zwischen Grundbuch und Reichskataster gilt die AV. v. 20. 1. 40 (DJ. 212), für das Verfahren zur Erhaltung dieser Übereinstimmung die AV. v. 20. 1. 40 (DJ. 214. mit Änderung DJ. 42, 851)[6]). Für diejenigen Bezirke, für die das Reichskataster noch nicht eingeführt ist, bleiben nach § 6 AVO. einstweilen die bisherigen landesrechtlichen Vorschriften in Kraft. In den bisher preußischen Gebieten dienen demnach als amtliche Verzeichnisse im Sinne des Abs. 2 die von den Kataster-

[1]) Anhang S. 312. [2]) Anhang S. 274. [3]) Anhang S. 162. [4]) Anhang S. 261.
[5]) Künftig erfolgt die Bekanntgabe durch die zuständige Vermessungsbehörde der Länder in den Amtsblättern. [6]) Anhang S. 262.

ämtern geführten Grund- und Gebäudesteuerbücher (Art. 2 Kgl. VO.). Ihre Einrichtung beruht auf den Gesetzen vom 21. 5. 61 betr. die anderweite Regelung der Grundsteuer (GS. 253) und die Einführung einer allgemeinen Gebäudesteuer (GS. 317), deren Geltungsbereich auf die neuen preußischen Provinzen ausgedehnt worden ist. Über die aus den Steuerbüchern in das Bestandsverzeichnis des Grundbuchblatts zu übernehmenden Angaben vgl. § 6 Abs. 3—5 GBVfg.[1]). Die erstmalige Herbeiführung der Übereinstimmung zwischen Grundbuch und Kataster, die sog. Zurückführung des Grundbuchs auf das Kataster, ist in den bisher preußischen Gebieten fast überall durchgeführt. Das Verfahren zur Erhaltung dieser Übereinstimmung richtet sich, soweit das Reichskataster noch nicht eingeführt ist, nach § 6 Abs. 2 AusfVO.[2]) nach Landesrecht und ist in den ehemalig preußischen Gebieten geregelt in den AV. v. 18. 2. 11 (JMBl.91), 19. 3. und 5. 12. 12 (JMBl. 129, 409), 20. 2. 19 (JMBl. 53), 20. 6. 19 (JMBl. 343) und vom 10. 9. 23 (JMBl. 629). Die Nachtragung von Veränderungen erfolgt auf Grund der Flurbuchs- und Gebäudesteuerrollenanhänge und der Veränderungsanmeldungen der Katasterämter sowie der Eigentumsveränderungslisten und Mitteilungen des Grundbuchamts (§§ 3—6 AV. v. 18. 2. 11, JMBl. 91ff., RdErl. Pr.FinMin. v. 12. 3. 29, JMBl. 91, AV. v. 3. 3. 31, JMBl. 94). Von ihr ist zu unterscheiden die auf Grund amtlicher Ermittlungen des Grundbuchamts erfolgende Berichtigung der von vornherein unrichtigen zur Grundstücksbezeichnung dienenden Angaben (§ 7 AV. v. 18. 2. 11). Betreffen diese Angaben den Grundstücksbestand, so ist die Berichtigung nicht zulässig, wenn dadurch materielle Rechte verletzt werden können, insbesondere der Berichtigung der öffentliche Glauben des Grundbuchs entgegensteht (KGJ. 27 A 86). Eine Unrichtigkeit der Bestandsangaben liegt nicht nur vor, wenn eine Parzelle im Grundbuche einem andern zugeschrieben ist als dem, in dessen Eigentum sie wirklich steht, sondern auch, wenn die Grenzen einer Parzelle in der Katasterkarte abweichend von der Wirklichkeit dargestellt sind. In diesem Falle darf das Katasteramt die Grenze in der Karte nur berichtigen mit Zustimmung des Grundbuchamts, das die Zustimmung zu versagen hat, wenn der Berichtigung der öffentliche Glauben des Grundbuchs entgegensteht. Dafür, daß der öffentliche Glaube des Grundbuchs sich nicht nur auf die Zugehörigkeit einer Parzelle als ganzes zum Grundstück, sondern auch auf ihren durch die Katasterkarte nachgewiesenen Umfang erstreckt, vgl. insbes. RGZ. 73, 125; 77, 33. Im Falle der Möglichkeit gutgläubigen Erwerbs von Rechten an unrichtig eingetragenen Parzellen ist auf die Abgabe von Zustimmungserklärungen der Berechtigten von Amts wegen hinzuwirken, erforderlichenfalls, wenn die Unrichtigkeit auf Versehen des Grundbuchamts beruht, ein Widerspruch nach § 53 GBO. einzutragen. Die Berichtigung von Irrtümern, die nicht den Grundstücksbestand betreffen, ist ohne Einschränkung zulässig. Noch nicht vermessene Grundstücke sind der Begründung irgendwelcher Rechte regelmäßig nicht zugänglich. Der Anspruch auf Auflassung eines solchen Grundstücks kann indes durch eine Vormerkung gesichert werden, wenn sich Größe und Lage durch eine beigegebene genaue Beschreibung einwandfrei feststellen lassen (KG. JW. 37, 110).

4. Die Führung und Beglaubigung der bei der **Abschreibung** vorzulegenden Karte liegt in den bisher preußischen Gebieten der Katasterbehörde ob, die auch den Auszug aus dem Steuerbuch herstellt und beglaubigt und die vorgeschriebenen Bescheinigungen ausstellt. Über die materiellrechtlichen Teilungsbeschränkungen vgl. § 7 Anm. 1, über die Abschreibungsersuchen der Auseinandersetzungs- und Enteignungsbehörden § 38 Anm. 3. Auch ohne Abschreibung sind die Bestimmungen des Abs. 3 zu beachten im Falle des § 7 GBO. Über die Vornahme der Abschreibung im Grundbuche vgl. §§ 6 Abs. 7, 13 Abs. 4, 25 Abs. 4 GBVfg.[1]).

Grundbuchblatt.

§ 3

(1) Jedes Grundstück erhält im Grundbuch eine besondere Stelle (Grundbuchblatt). Das Grundbuchblatt ist für das Grundstück als das Grundbuch im Sinne des Bürgerlichen Gesetzbuchs anzusehen. Das Verfahren zur Beseituigng einer Doppelbuchung bestimmt der Reichsminister der Justiz.

(2) a) Die Grundstücke des Reichs, der Länder, der Gemeinden und anderer Kommunalverbände, der Kirchen, Klöster und Schulen, die Wasserläufe, die öffentlichen Wege, sowie die Grundstücke, welche einem dem

[1]) Anhang S. 163, vgl. auch § 2 Abs. 1 des Gestzes zur Ergänzung des RSiedlges. vom 4. 1. 35 (Anhang S. 281). [2]) Anhang S. 158.

öffentlichen Verkehr dienenden Bahnunternehmen gewidmet sind, erhalten ein Grundbuchblatt nur auf Antrag des Eigentümers oder eines Berechtigten.

b) Ein Grundstück ist auf Antrag des Eigentümers aus dem Grundbuch auszuscheiden, wenn der Eigentümer nach Abs. 2a von der Verpflichtung zur Eintragung befreit und eine Eintragung, von der das Recht des Eigentümers betroffen wird, nicht vorhanden ist.

(3) a) Das Grundbuchamt kann, sofern dies zur Erleichterung des Rechtsverkehrs angezeigt und hiervon Verwirrung nicht zu besorgen ist, von der Führung eines Grundbuchblatts für ein Grundstück absehen, wenn das Grundstück für sich allein nur von geringer wirtschaftlicher Bedeutung, aber den wirtschaftlichen Zwecken mehrerer anderer Grundstücke zu dienen bestimmt ist, zu diesen in einem dieser Bestimmung entsprechenden räumlichen Verhältnis und im Miteigentum der Eigentümer dieser Grundstücke steht.

b) In diesem Falle müssen an Stelle des ganzen Grundstücks die den Eigentümern zustehenden einzelnen Miteigentumsanteile an dem dienenden Grundstück auf dem Grundbuchblatt des dem einzelnen Eigentümer gehörenden Grundstücks eingetragen werden. Diese Eintragung gilt als Grundbuch für den einzelnen Miteigentumsanteil.

c) Soll über das dienende Grundstück als ganzes verfügt werden, so ist ein Grundbuchblatt anzulegen. Dasselbe gilt, wenn die Anteile an dem dienenden Grundstück nicht mehr den Eigentümern der herrschenden Grundstücke zustehen.

1. **Allgemeines.** § 3 stellt den Grundsatz des Buchungszwanges und des „Realfoliums" auf, läßt jedoch Ausnahmen von dem ersten Grundsatz zugunsten von bestimmten Arten von Grundstücken zu, bei denen mit Rücksicht auf die Rechtsstellung des Eigentümers oder die Bestimmung des Grundstücks die Anlegung oder Führung eines Grundbuchs unzweckmäßig sein kann. Abs. 2b regelt die Voraussetzungen der Ausbuchung für derartige Grundstücke, die trotz Buchungsfreiheit ein Grundbuchblatt erhalten haben. Abs. 3 befreit unter bestimmten Voraussetzungen Grundstücke, die in gemeinschaftlichem Eigentum stehen, vom Buchungszwang, wenn an ihrer Stelle die Miteigentumsanteile eingetragen sind.

2. **Grundstück.** Unter einem Grundstücke im tatsächlichen Sinne ist ein räumlich abgegrenzter, d. h. von einer in sich zurücklaufenden Grenzlinie umschlossener Abschnitt der Erdoberfläche zu verstehen (RGZ. 68, 25). Ein Bodenflächenabschnitt ist buchungsfähig, wenn er aus einer oder mehreren Katasterparzellen besteht (§ 2 Abs. 2 Satz 1), dem Privateigentum unterliegt und nicht wesentlicher Bestandteil eines anderen Grundstücks ist (§ 93 BGB.). Nicht jede im Flurbuch vermerkte Katasterparzelle ist Grundstück im Rechtssinne. Nicht buchungsfähig sind mit dem Eigentum an einem Grundstück verbundene Rechte, obwohl sie nach § 96 BGB. als Bestandteile des Grundstücks gelten, da sie regelmäßig von dem Eigentum am Grundstück nicht getrennt werden können, wohl aber diejenigen Rechte, die reichs- oder landesrechtlich den Grundstücken ausdrücklich gleichgestellt sind. (Erbbaurecht, Erbpacht-, Büdner- und Häuslerrecht, Recht auf Abbau nicht bergrechtlicher Mineralien, §§ 11, 36 der Verordnung über das Erbbaurecht vom 15. 1. 19, RGBl. I 72[1]), Art 63 Satz 2 und 68 Satz 2 EGBGB., Bergwerkseigentum, selbständige Kohlenabbaugerechtigkeiten, § 4 Ges. v. 22. 2. 1869 u. 20. 9. 1899 (GS. 401 bzw. 177) i. d. F. des Art. 3, § 5 Nr. 3 Pr. Ges. v. 24. 9. 37 (GS. 93) und sonstige selbständige Gerechtigkeiten Art. 37 I, 38 § 5, 40 AGBGB.). Keine Grundstücke sind die sog. Bruchteile (ideelle Anteile) eines Grundstücks, da sie nur Teile des Eigentums, nicht der Bodenfläche darstellen, erst recht nicht die Anteile am Eigentum zur gesamten Hand. Zulässig ist daher nur die Anlegung eines Grundbuchblatts für sämtliche Miteigentümer eines Grundstücks. Ist ein Miteigentumsanteil indes nach Abs. 3 im Bestandsverzeichnis des herrschenden Grundstücks vermerkt, so gilt dieser Vermerk als Grundbuchblatt des Anteils. Insoweit wird der Anteil doch als selbständiges Grundstück behandelt.

3. Das **Grundbuchblatt** ist die Stelle, die das Grundstück im Grundbuche seines Bezirks (§ 2 Abs. 1) erhalten hat. Jedes Grundstück erhält nur eine (auch wenn es in mehreren Grundbuchbezirken belegen ist), aber eine besondere (Ausnahme.

---

[1]) Anhang S. 278 ff

§ 4) Stelle. Weitere Bestimmungen über die Einrichtung des Grundbuchblatts enthalten die §§ 4—9. Im übrigen ist sie geregelt durch die §§ 4—23, 28—37 GBVfg.[1]). Danach erhält jede Stelle eine fortlaufende Nummer innerhalb desselben Grundbuchbezirks. Mehrere Grundbuchblätter sind regelmäßig zu einem festen Bande zusammenzuschließen. Besteht das Grundbuch aus mehreren Bänden, die für sich ebenfalls fortlaufende Nummern erhalten, so schließen sich die Blattnummern jedes weiteren Bandes an die des vorhergehenden an. Von der fortlaufenden Nummernfolge kann abgewichen und können demgemäß gleichzeitig mehrere Bände des Bezirks in Gebrauch genommen werden, wenn das anzulegende Grundbuchblatt einem Bande zugeteilt werden soll, in dem der Umfang der Grundbuchblätter von dem des sonst zu verwendenden Grundbuchblatts verschieden ist. Wegen Beibehaltung bisheriger Sonderbezeichnung von Grundbuchbänden vgl. AV. v. 6. 4. 37 (DJ. 37, 531). Für die Eintragungen ist das Blatt eingeteilt in die Aufschrift, das Bestandsverzeichnis (kein besonderes Verzeichnis der mit dem Eigentum verbundenen Rechte mehr) und die drei Abteilungen, die jeweils mit Spalten versehen sind. I. Abt.: für Eigentümer, II. Abt.: für Lasten und Beschränkungen, III. Abt.: für Hypotheken, Grundschulden und Rentenschulden, Spalten für Haupt-, Veränderungs- und Löschungseintragungen. Das für einzelne Grundbuchämter zugelassene sog. Loseblattsystem ist geregelt durch die AV. v. 21. 6. 36 (DJ. 1033) i. d. F. d. AV. v. 4. 5. 37 (DJ. 1029). Im übrigen vgl. für den Übergang die §§ 66—69 GBVfg.[1]).

4. **Materiellrechtliche Bedeutung des § 3.** Unter Grundbuch im Sinne des BGB. ist nur das für das Grundbuch angelegte Grundbuchblatt, nicht das Grundbuch des Grundbuchbezirks (§ 2 Abs. 1) zu verstehen. Soweit mithin das BGB. an die Eintragungen im Grundbuche Rechtswirkungen knüpft (insbes. §§ 873, 891 und 892), kommt es nur auf die Eintragungen auf dem Blatte des betroffenen Grundstücks an, auf diese jedoch in vollem Umfange ohne Rücksicht darauf, ob die Eintragungen in der richtigen Abteilung erfolgt sind. Denn die Vorschriften über die Einteilung des Blattes sind lediglich Ordnungsvorschriften, deren Nichtbefolgung auf die Gültigkeit der Eintragungen ohne Einfluß ist (RGZ. 28, 237— 31, 311; 55, 343; 94, 5). Unwirksam ist dagegen eine Eintragung, die infolge ihrer Bewirkung an unrichtiger Stelle unverständlich ist (RG. in Recht 07, 1220), und die Erwähnung eines Rechts in der unzuständigen Abteilung, die gar nicht zum Zwecke seiner Eintragung erfolgt (Güthe-Triebel, § 3 Anm. 49).

5. Falls ein Grundstück für sich allein auf mehreren Grundbuchblättern eingetragen ist, so wird die **Doppelbuchung** dadurch beseitigt, daß die Blätter bis auf eins zu schließen sind. Das Verfahren hierzu ist in § 38 GBVfg.[1]) geregelt. Durch die hiernach zu treffenden Maßnahmen wird die wirkliche materielle Rechtslage nicht berührt (§ 38 Abs. 1c, 2d[1]) Die materiellrechtlichen Folgen einer Doppelbuchung sind bestritten. Nach richtiger und herrschender Auffassung heben sich in diesem Falle die Vermutungen des § 891 BGB auf und kommen die Vorschriften des § 892 BGB. nicht zur Anwendung (RGZ. 56, 60; KGJ. 39A, 158; Henke-Mönch § 3 Anm. 5; a. M. Güthe-Triebel § 2 Anm. 54). Wer Eigentümer des doppelt gebuchten Grundstückes zu sein behauptet, muß daher unabhängig vom Grundbuch seinen Eigentumserwerb nachweisen.

6. Zu den **buchungsfreien Grundstücken** gehören die im Eigentum der Länder befindlichen Domänen, die öffentlichen Wege, auch wenn sie im Privateigentum stehen nicht dagegen Interessentenwege, von Gewässern, bei denen nach dem Preuß. Wassergesetz v. 7. 4. 13 (GS. 53) nicht mehr zwischen öffentlichen und nichtöffentlichen unterschieden wird, nur die Wasserläufe und Anteile daran (§ 13 Ab'. 1 a. a. O.), während Seen und Seeanteile ein Grundbuchblatt erhalten (§ 205 a. a. O.).

Der Begriff der Gemeinde bestimmt sich nach der Deutschen Gemeindeordnung (MilRegVO. Nr. 21 — Br. ABl. Nr. 27). Als „andere Kommunalverbände" kommen in den ehemals preußischen Gebieten die Kreise, Landarmenverbände und Zweckverbände in Betracht. Soweit Grundstücke der ehemaligen Landesherren und landesherrlichen Familien nach Landesrecht bisher buchungsfrei waren, haben sie nunmehr ein Grundbuchblatt zu erhalten.

7. Die **Anlegung eines Grundbuchblattes,** und zwar sowohl die erstmalige als auch die nachträgliche erfolgt grundsätzlich von Amts wegen. Nur auf Antrag (des Eigentümers oder desjenigen, dem ein dingliches Recht am Grundstück zusteht oder der den Antrag auf Eintragung einer Rechtsänderung zu stellen berechtigt ist — Güthe-Triebel § 3 Anm. 59), erhalten Grundbuchblätter außer den buchungsfreien Grundstücken die vor dem 22. 1. 1919 eingetragenen Erbbaurechte und die übrigen grundstücksgleichen Rechte mit Ausnahme des Bergwerkseigentums und der Salzabbaugerechtigkeiten. Die erstmalige allgemeine Anlegung des Grundbuchs, die

[1]) Anhang S. 172ff.

nur noch in vereinzelten deutschen Ländern noch nicht beendet ist, **bestimmt** sich gemäß Art. 186 EGBGB. nach Landesrecht. In den ehemals preußischen Gebietsteilen ist die Anlegung für alle Bezirke beendet (Bek. des Pr. JM. v. 2. 12. 25, GS. 175).

Für eine nachträgliche Buchung kommen in Betracht Grundstücke, die bei der ersten Anlegung des Grundbuchs in ihrem Bezirk von der Buchung kraft ausdrücklicher Vorschrift ausgenommen waren (Art. 4 Abs. 1 Satz 2 Kgl. VO.), die bei der ersten Anlegung des Grundbuchs oder gelegentlich einer Abschreibung versehentlich kein Grundbuchblatt erhalten haben, endlich diejenigen, bei denen dies infolge ihrer Buchungsfreiheit unterblieben ist.

Das Anlegungsverfahren, das auch dann, wenn es bei nichtbuchungspflichtigen Grundstücken einen Antrag erfordert, ein reines Offizialverfahren ist (KGJ. 30 A 174; 48, 167; 49, 158), richtet sich nach den Bestimmungen der §§ 8—15 AusfVO.[1]). Zur Ausstellung von Besitzzeugnissen bei der Eintragung von Grundstücken vgl. AV. v. 21. 5. 38 (DJ. 847).

8. Die **Ausbuchung** eines gebuchten, aber buchungsfreien Grundstücks gemäß Abs. 2b kann nur der Eigentümer beantragen, sowohl bei dem Erwerbe des Eigentums als auch nachträglich. Der Antrag bedarf keiner Form. Voraussetzung ist, daß das Grundstück weder in Abteilung II noch in Abteilung III Eintragungen enthält. Für das Verfahren der Ausbuchung gelten die §§ 34—37 GBVfg.[2]). Ausbuchungen kommen u. a. vor bei Abschreibungen von Marksteinflächen (vgl. Ges. vom 7 10. 65, GS. 1033, v. 7. 4. 69, GS. 729, und v. 3. 6. 74, GS. 239; AV. v. 6. 9. 78, JMBl. 136).

9. Die **Übertragung des Eigentums** an einem buchungsfreien Grundstücke oder Grundstücksteile oder die **Belastung** eines solchen erfordert, daß zuvor das Grundstück oder der Grundstücksteil im Grundbuche eingetragen wird und zwar als Eigentum des Veräußerers oder Belastenden (RGZ. 164, 385; KGJ. 49, 160; 26 A 115). Wird das Grundstück aber an einen gleichfalls nicht dem Buchungszwang unterliegenden Erwerber veräußert, so kann die Landesgesetzgebung ein anderes bestimmen (Art. 127 EG. BGB.). Hiervon haben zahlreiche Länder, so auch Preußen (Art. 27 AG.BGB.) Gebrauch gemacht. Demnach ist in den ehemals preußischen Gebieten in einem solchen Falle die Anlegung eines Grundbuchblattes nicht erforderlich, vielmehr genügt zur Übereignung die gerichtlich oder notarisch beurkundete Einigung der Parteien. Immerhin hat eine trotzdem erfolgte vorherige Buchung den Vorteil, daß sich der Erwerber nunmehr auf den Schutz des guten Glaubens nach § 892 BGB. berufen kann (RGZ. 156, 122).

Bei der Wiederbuchung eines ausgebuchten Grundstücks ist ein neues Grundbuchblatt anzulegen, nicht das frühere wieder zu eröffnen (Güthe-Triebel, § 3 Anm. 69).

10. War für das Grundstück, an dessen Stelle die **Miteigentumsanteile** der Miteigentümer nach § 3 Abs. 3a und b im Grundbuche des dem einzelnen Eigentümer gehörenden Grundstücks eingetragen werden, bereits ein Grundbuchblatt angelegt, so ist dieses nach §§ 34ff. GBVfg.[2]) zu schließen. Im Falle seiner Neuanlegung gemäß Abs. 3c oder wegen nachträglichen Fortfalls der Voraussetzungen des Abs. 3a darf das geschlossene Grundbuchblatt nur mit Genehmigung des zuständigen Oberlandesgerichtspräsidenten wieder verwendet werden (§ 37 Abs. 2 GBVfg.)[2]). Die Eintragung der Miteigentumsanteile erfolgt gemäß § 8 GBVfg.[2]) im Bestandsverzeichnis des herrschenden Grundstücks. Darüber, ob von der Führung eines Blattes für das gemeinschaftliche Grundstück abzusehen ist, entscheidet das Grundbuchamt von Amts wegen. Anträge der Beteiligten haben nur die Bedeutung von Anregungen. In Betracht für die Eintragung im Bestandsverzeichnis der herrschenden Grundstücke kommen vor allem gemeinschaftliche Höfe, Gänge, Wege u. dgl., die wirtschaftlich gesehen lediglich Zubehör der angrenzenden Grundstücke sind.

Gemeinschaftliches Blatt.

§ 4

(1) Über mehrere Grundstücke desselben Eigentümers, deren Grundbücher von demselben Grundbuchamt geführt werden, kann ein gemeinschaftliches Grundbuchblatt geführt werden, solange hiervon Verwirrung nicht zu besorgen ist.

---

[1]) Anhang S. 158f.
[2]) Anhang S. 164. Im übrigen gilt § 17 AusfVO. (Anhang S. 167).

(2) Dasselbe gilt, wenn die Grundstücke zu einer Reichsheimstätte, *einem Erbhof oder einem Familienfideikommiß* gehören oder in ähnlicher Weise rechtlich miteinander verbunden sind *(z. B. Waldgut, Schutzforst)*, auch wenn ihre Grundbücher von verschiedenen Grundbuchämtern geführt werden. In diesen Fällen ist, wenn es sich um eine Reichsheimstätte oder einen *Erbhof* handelt, das Grundbuchamt zuständig, welches das Grundbuch über die Hofstelle führt; im übrigen ist das zuständige Grundbuchamt nach § 5 des Reichsgesetzes über die Angelegenheiten der freiwilligen Gerichtsbarkeit zu bestimmen.

1. Allgemeines. § 4 bildet eine Ausnahme von der Bestimmung des § 3, daß jedes Grundstück ein Grundbuchblatt erhält, und ermöglicht die Anlegung eines Grundbuchblattes für sämtliche Grundstücke desselben Eigentümers, einer sog. Personalfolie.

2. Mehrere Grundstücke. Zwei Grundstücke (auch grundstücksgleiche Rechte) genügen. Über den Begriff des Grundstücks vgl. Anm. 1 zu § 3.

3. Identität des Eigentümers. Diese Voraussetzung liegt auch vor, wenn die Grundstücke denselben Miteigentümern gehören, wenn auch nicht zu gleichen Anteilen, dagegen nicht, wenn die rechtliche Natur des Miteigentumsverhältnisses bei den einzelnen Grundstücken verschieden ist (Miteigentum zu Bruchteilen und zur gesamten Hand, Miteigentum kraft ehelicher Gütergemeinschaft und kraft Erbengemeinschaft), oder wenn ein Grundstück im Miteigentum mehrerer Personen, das andere Grundstück im Alleineigentum eines der Miteigentümer steht (KGJ 28 A 68), das eine einer juristischen Person, das andere ihren sämtlichen Mitgliedern gehört. Identität ist nicht mehr vorhanden, wenn der Eigentümer auf sein Eigentum an einem der Grundstücke verzichtet hat.

4. Identität des Grundbuchamts. Erforderlich ist nur, daß die Grundbücher von demselben Grundbuchamt geführt werden, nicht auch, daß die betroffenen Grundstücke im selben Grundbuchamtsbezirk gelegen sind, so daß auch Grundstücke, die in verschiedenen Bezirken liegen, deren Grundbuchführung aber einem Grundbuchamt, z. B. auf Grund der §§ 1 Abs. 2, 5, 6 übertragen ist, zusammengeschrieben werden können. Für die in Abs. 2 bezeichneten Grundstücke fällt auch das Erfordernis desselben grundbuchführenden Grundbuchamts (auch der gleichen Landesangehörigkeit der Ämter) fort, nicht dagegen das desselben Eigentümers. Rechtliche Verbundenheit im Sinne des Abs. 2 ist nur dann gegeben, wenn die Grundstücke sachenrechtlich Sondervorschriften unterliegen. Eine ausdehnende Auslegung ist nicht zulässig (JFG. 14, 209; JW. 37, 112). Es fällt jedoch darunter die Zugehörigkeit zu einem Entschuldungsbetrieb, so daß das Amtsgericht das Grundbuchamt um Zusammenschreibung bei Vorliegen der sonstigen Voraussetzungen ersuchen kann (JFG. 18, 124; JW. 38, 2676).

5. Besorgnis der Verwirrung. Sie wird vor allem dann gegeben sein, wenn die Grundstücke verschiedenartig belastet sind oder ihre verschiedenartige Belastung, insbesondere mit einer großen Anzahl von Hypotheken bevorsteht.

6. Die Anlegung des gemeinschaftlichen Blattes. Eine Verpflichtung des Grundbuchrichters hierzu besteht nur bei den in Abs. 2 bezeichneten Grundstücken, die auf ein besonderes (gemeinschaftliches) Grundbuchblatt einzutragen sind, § 36 LVO. v. 2. 12. 47 (VOBl. BZ. 157)[1], § 2 der SchutzforstVO. v. 21. 12. 39 (RGBl. I 2459)[2]. § 4 ReichsheimstGes. i. d. F. v. 25. 11. 37 (RGBl. I 1291)[3]. — Familienfideikommisse sowie Wald-, Deich-, Wein- und Landgüter nebst Waldgutstiftungen sind aufgelöst und dürfen für die Zukunft nicht mehr errichtet werden (§§ 1, 5, 8, 15 d. FidErlGes. v. 6. 7. 38, RGBl. I 825[4]), § 9 DVO. v. 20. 3. 39, RGBl. I 509)[5], ebenso keine Schutzforsten neuen Rechts, in die die Schutzforsten alten Rechts nach § 16 FidErlGes. sämtlich umgewandelt sind, mit Rücksicht auf das Verbot der Sonderbindung von Grundeigentum nach Art. III Abs. 2 KRG. Nr. 45 (Fideik.-Sen. Celle Nds. Rpfl. 47, 38; § 61 LVO. v. 1. 12. 47, VOBl. BZ. 157)[6]). Bis zur Löschung der Fideikommiß- usw. -Eigenschaft im GB. bleiben die bisherigen Verfügungsbeschränkungen bestehen. — Im übrigen aber ist der GB-Richter selbst dann nicht zur Zusammenschreibung verpflichtet, wenn die Voraussetzungen des § 4 vorliegen, vielmehr hat er daneben zu prüfen, ob die Anlegung aus Gründen des öffentlichen oder privaten Interesses zweckmäßig sei, wobei das private Interesse nicht völlig unberücksichtigt bleiben darf (DR. 42, 1710). Der Eigentümer

[1]) Anhang S. 306. [2]) Anhang S. 295. [3]) Anhang S. 283.
[4]) Anhang S. 293. [5]) Anhang S. 294.
[6]) Die zur Zeit ihrer Eintragung zulässig gewesenen Schutzforstvermerke sind nicht von Amts wegen zu löschen (vgl. § 52 Anm. 7).

kann sie daher nur anregen, nicht fordern, auch ist seine Zustimmung dazu nicht erforderlich (KGJ. 23 A 221). Dagegen hat er und jeder dinglich Berechtigte (KGJ. 50, 127) das Recht zur Beschwerde, wenn sein Antrag auf Zusammenschreibung abgelehnt oder diese ohne seine Zustimmung vorgenommen wird, und kann sie darauf stützen, daß der Grundbuchrichter zu Unrecht die Voraussetzungen des § 4 und die Zweckmäßigkeitsfrage verneint oder bejaht habe (KGJ. 23 A 221). Wegen der Eintragungen auf dem gemeinschaftlichen Blatte vgl. § 6 Abs. 2 GBVfg.[1]), wegen der Eintragungen auf den bisherigen Blättern § 6 Abs. 7 GBVfg.

7. Wirkungen der Anlegung eines gemeinschaftlichen Blattes. Durch die Zusammenschreibung verlieren die Grundstücke im Gegensatz zur Zuschreibung oder Vereinigung nach § 890 BGB.) nicht ihre rechtliche Selbständigkeit, entstehen überhaupt keine materiellrechtlichen Folgen.

8. Wiederaufhebung der gemeinschaftlichen Buchung. Das gemeinschaftliche Blatt kann beseitigt werden, wenn der Grundbuchrichter die Voraussetzungen des § 4 nicht mehr für gegeben erachtet oder nachträglich die Zweckmäßigkeitsfrage verneint, weil er entweder anderer Ansicht geworden ist oder die Verhältnisse sich geändert haben (KGJ. 50, 127). Die Aufhebung erfolgt von Amts wegen, kann indes vom Eigentümer angeregt, die Ablehnung der Aufhebung mit der Beschwerde angefochten werden. Das gemeinschaftliche Blatt wird beseitigt durch Vereinigung oder Zuschreibung der Grundstücke nach § 5 oder durch Abschreibung eines oder mehrerer Grundstücke.

Zuschreibung und Vereinigung.

§ 5

Ein Grundstück soll nur dann mit einem andern Grundstück vereinigt werden, wenn hiervon Verwirrung nicht zu besorgen ist. Werden die Grundbücher von verschiedenen Grundbuchämtern geführt, so ist das zuständige Grundbuchamt nach § 5 des Reichsgesetzes über die Angelegenheiten der freiwilligen Gerichtsbarkeit zu bestimmen.

§ 6 (§ 5)

Ein Grundstück soll nur dann einem anderen Grundstück als Bestandteil zugeschrieben werden, wenn hiervon Verwirrung nicht zu besorgen ist. Werden die Grundbücher von verschiedenen Grundbuchämtern geführt, so ist für die Entscheidung über den Antrag und, wenn dem Antrage stattgegeben wird, für die Führung des Grundbuchs über das ganze Grundstück das Grundbuchamt zuständig, das das Grundbuch über das Hauptgrundstück führt.

1. Allgemeines. Die §§ 5 und 6 enthalten eine formelle Ergänzungsbestimmung zu § 890 BGB., der lautet:

„Mehrere Grundstücke können dadurch zu einem Grundstück vereinigt werden, daß der Eigentümer sie als ein Grundstück in das Grundbuch eintragen läßt.

Ein Grundstück kann dadurch zum Bestandteil eines andern Grundstücks gemacht werden, daß der Eigentümer es diesem im Grundbuche zuschreiben läßt."

und fügen den hier aufgestellten Voraussetzungen der Vereinigung und Zuschreibung noch eine weitere Voraussetzung hinzu, wobei zu beachten ist, daß ein Grundstück i. S. des § 890 Abs. 2 immer nur einem, nicht mehreren als Bestandteil zugeschrieben werden kann (KG. DR. 41, 1463).

2. Die Voraussetzungen des § 890 BGB. sind zum Teil die gleichen, wie sie § 4 GBO. für die Anlegung eines gemeinschaftlichen Grundbuchblatts bestimmt, so das Vorhandensein mehrerer Grundstücke (oder grundstücksgleicher Rechte) und Identität des Eigentümers. Die Vereinigung von Grundstücken mit grundstücksgleichen Rechten oder mehrerer der Gattung nach verschiedener grundstücksgleicher Rechte ist unzulässig. Wegen der Sonderbestimmungen für Heimstätten vgl. § 10 des Reichsheimstättengesetzes i. d. F. v. 25. 11. 37 (RGBl. I 1921)[2]), für Kohlenabbaugerechtigkeiten Art. 38 § 7 AGBGB, § 7 Pr. Ges. v. 24. 10. 37 (GS. 93), für Salzabbaugerechtigkeiten in der Provinz Hannover § 8 Pr. Ges. v. 4. 4. 04 (GS. 238) i. d. F.d. Pr. Ges. v. 24. 9. 37 (GS. 93). Für Schutzforsten (§§ 5, 16 FidErlGes. v. 6. 7. 38 — RGBl. I 825[3]) —, § 2 SchutzforstVO. v. 22. 12. 39 — RGBl. I 2459[4]) gilt

[1]) Anhang S. 163. [2]) Anhang S. 283. [3]) Anhang S. 283. [4]) Anhang S. 295.

kein Sonderrecht. Im Gegensatz zu § 4 Abs. 1 GBO. ist nicht Identität des Grundbuchamts erforderlich, vielmehr die Verbindung von Grundstücken, deren Grundbücher von verschiedenen Grundbuchämtern geführt werden, ausnahmslos zulässig. Die Verbindung nach § 890 BGB. erfolgt ferner nicht von Amts wegen, sondern nur auf den (in der Form des § 29 GBO. gestellten) Antrag des Eigentümers (nicht dinglich Berechtigter: KGJ. 30 A 178; 31 A 236, 241; 43 A 124, 127), dessen Fehlen das Grundbuch unrichtig macht (KGJ. 49 A 236). Auf die Stellung des Antrags durch den Eigentümer ist aber hinzuwirken, wenn Katasterparzellen sich nach Inhalt des Katasterauszuges örtlich und wirtschaftlich als einheitliches Grundstück darstellen (AV. v. 14. 3. 12 — JMBl. 125 —, v. 31. 3. 19 — JMBl. 207 —), auf Vereinigung der in § 4 Abs. 2 bezeichneten Grundstücke stets, wenn sie „tunlich" ist.

3. **Besorgnis der Verwirrung,** vgl. Anm. 5 zu § 4. Auch hier ist die Verschiedenheit der Belastung trotz § 7 GBO. kein unbedingtes Hindernis für die Vereinigung und Zuschreibung (vgl. KG. OLG. 8, 300; 18, 196; 39, 221). Ist die Verbindung trotz Besorgnis der Verwirrung erfolgt, so ist sie deswegen nicht unwirksam; anders, wenn die Voraussetzungen des § 890 BGB. nicht vorgelegen haben.

4. **Das Verfahren der Vereinigung und Zuschreibung.** Dem Antrage des Eigentümers, der, wenn er ohne Zusatz auf Zuschreibung gerichtet ist, regelmäßig im Sinne „als Bestandteil" zu verstehen ist (KG. DR. 40, 1952), muß stattgegeben werden, wenn die Voraussetzungen des § 890 BGB., der §§ 5, 6 GBO. vorliegen. Gegen die Ablehnung des Antrages hat er das Recht der Beschwerde, nicht aber gegen eine unzulässige oder nicht seinem Antrage entsprechende Vereinigung oder Zuschreibung (§ 71 Abs. 2 GBO.). Wird infolge der Verbindung das bisherige Grundbuchamt für die Führung des Grundbuchblatts unzuständig, so ist das bisherige Blatt zu schließen (§ 34 lit. a GBVfg.)[1]. Dies ist nicht der Fall, wenn nur ein Grundstücksteil oder ein einzelnes von mehreren Grundstücken zum Zwecke der Verbindung abgeschrieben wird. Tritt gleichzeitig mit der Verbindung ein Eigentumswechsel ein, so hat das bisherige Grundbuchamt für den zu verbindenden Grundstücksteil ein besonderes Blatt anzulegen und auf diesem den Erwerber als Eigentümer einzutragen. Erst wenn dieses geschehen ist, hat das andere Grundbuchamt über den Antrag auf Verbindung zu entscheiden (KGJ. 36 A 19; § 25 Abs. 3, 4 GBVfg.)[1]. Über die Zuständigkeit der Vorstände der Vermessungsbehörden zur Beurkundung oder Beglaubigung der Anträge des Eigentümers auf Vereinigung oder Teilung von Grundstücken vgl. Ges. v. 15. 11. 37 (RGBl. I, 1257). Das Verfahren bei der Vereinigung von Grundstücken ist gebührenfrei (AV. v. 23. 6. 38 — DJ. 1018 — und § 63 Abs. 1 RKostO.).

Wegen des Vermerks der Vereinigung und Zuschreibung im Grundbuche vgl. § 6 Abs. 2, Abs. 6b, c, Abs. 7, 8; § 13 Abs. 1, 2, 3, 4 GBVfg.[1]).

5. **Materiellrechtliche Wirkungen.** Durch die Vereinigung werden die bisher selbständigen Grundstücke Bestandteile eines neuen einheitlichen Grundstücks, durch die Zuschreibung das zugeschriebene Bestandteil des andern Grundstücks. Nach erfolgter Verbindung kann nur dem ganzen Grundstück, nicht mehr den früher einmal selbständig gewesenen Parzellen ein weiteres Grundstück als Bestandteil zugeschrieben werden. Die bisherigen Belastungen bleiben auf die zu Grundstücksteilen gewordenen Grundstücke, auf denen sie eingetragen sind, beschränkt mit der Ausnahme, daß im Falle der Zuschreibung die an dem Hauptgrundstück bestehenden Hypotheken, Grundschulden und Rentenschulden sowie die Eigenschaft als Heimstätte sich auf das zugeschriebene Grundstück erstrecken (§§ 1131, 1192 Abs. 1, 1199 BGB., § 10 Reichsheimstättenges.)[2]. Diese Wirkungen treten erst mit der Eintragung der Verbindung im Grundbuch ein, die Zusammenlegung verschiedener selbständiger Grundstücke durch das Katasteramt zu einer Parzelle ist ohne Bedeutung (KGJ. 31 A 236). Neue Belastungen erstrecken sich in beiden Fällen auf das neue einheitliche Grundstück; jedoch können auch die bisherigen Grundstücke weiter gesondert belastet werden, wobei die Vorschrift des § 7 GBO. in der Regel dazu führen wird, da zu belastende ehemals selbständige Grundstück wieder abzuschreiben, wenn nicht der Ausnahmefall des § 7 Abs. 2 vorliegt.

6. Die **Wiederaufhebung der Vereinigung oder Zuschreibung** ist nur auf Antrag des Eigentümers, nicht von Amtswegen zulässig, auch dann nicht, wenn die Voraussetzungen der §§ 890 BGB., 5, 6 GBO. von vornherein nicht vorgelegen haben. Bei Fehlen der Voraussetzungen des § 890 BGB. liegt Unrichtigkeit des Grundbuchs vor, die zur Eintragung eines Amtswiderspruchs nach § 53 GBO. führen kann (KGJ. 31 A 239).

---

[1]) Anhang S. 162ff. [2]) Anhang S. 283.

Belastung eines Grundstückteils.

§ 7 (§ 6)

(1) Soll ein Grundstücksteil mit einem Rechte belastet werden, so ist er von dem Grundstück abzuschreiben, und als selbständiges Grundstück einzutragen.

(2) Ist das Recht eine Dienstbarkeit oder eine Reallast, so kann die Abschreibung unterbleiben, wenn hiervon Verwirrung nicht zu besorgen ist. Jedoch sind auch in diesem Falle die Vorschriften des § 2 Abs. 3 über die Vorlegung einer Karte entsprechend anzuwenden.

1. **Allgemeines.** Materiellrechtlich können nicht nur selbständige Grundstücke, sondern auch Grundstücksteile, soweit sie unwesentliche Bestandteile des Grundstücks sind, insbesondere reale Teile der dieses bildenden Grundfläche Gegenstand besonderer Rechte sein, falls nicht ausnahmsweise Teilungsbeschränkungen Platz greifen. Solche sind z. B. enthalten in § 9 des Reichsheimstättengesetzes i. d. F. v. 25. 11. 37 (RGBl. I 1291)[1], § 4 Abs. 2 des WohnsiedlGes. v. 22. 9 33 (RGBl. I 659)[2], § 2 AusfVO. v. 25. 2. 35 (RGBl. I 292)[3], § 22 des Preußischen Landesrentenbankgesetzes v. 1. 8. 31 (GS. 134)[4], § 35 AusfGes. ReichssiedlGes. v. 15. 12. 19 (GS. 20, 31)[5]. Darüber hinaus verbietet formellrechtlich § 7 im Interesse einer übersichtlichen Grundbuchführung eine gesonderte Belastung von Grundstücksteilen schlechthin, soweit nicht der Ausnahmefall des Absatz 2 vorliegt. Eine weitere Ausnahme ergibt sich aus §§ 5, 6 im Falle der Verbindung sonderbelasteter Grundstücke.

2. **Grundstücksteile** sind nicht nur reale Teile der Grundfläche, einschließlich früher selbständig gewesener Parzellen, sondern auch einem Grundstück als Bestandteil zugeschriebene Rechte, ferner Bestandteile eines grundstücksgleichen Rechts, falls hierfür ein selbständiges Grundbuchblatt angelegt werden kann. Keine Grundstücksteile sind die Miteigentumsanteile.

3. **Belastung eines Grundstücksteils** liegt nicht vor, wenn nur die tatsächliche Ausübung des Rechts auf einen realen Teil des Grundstücks beschränkt wird (KGJ. 35 A 258). Dagegen fällt darunter nicht nur die Begründung, sondern auch die Aufhebung eines beschränkten dinglichen Rechts an einem Grundstücksteile, und zwar im letzten Falle bezüglich des restlichen Teils (KGJ. 21 A 112, 23 A 149, RGZ. 101, 120). Der Begründung eines dinglichen Rechts ist gleichzustellen die Vorrangseinräumung unter Beschränkung auf einen Grundstücksteil, nicht dagegen die Eintragung von Vormerkungen und Widersprüchen (KGJ. 20 A 77, 25 A 142, 29 A 135) oder sonstigen Verfügungsbeschränkungen sowie des Enteignungsvermerks (KGJ. 35 A 261), da diese Eintragungen noch keine Belastung des betreffenden Grundstücksteils herbeiführen, vielmehr nur seine künftige Belastung (oder Veräußerung) vorläufig sichern oder verhüten sollen. Jedoch bedarf es in diesen Fällen einer eindeutigen, jeden Zweifel ausschließenden Bezeichnung des betreffenden Grundstücksteiles (RG. HRR. 34, 1225).

4. Der **Grundstücksteil** wird bei Vorliegen der Voraussetzungen des § 7 von Amts wegen **abgeschrieben.** Widerspricht der Eigentümer, so ist die Eintragung der Belastung abzulehnen. Unter den Voraussetzungen des § 4 kann die Abschreibung auf demselben Blatt erfolgen (KGJ. 21 A 112), sonst ist ein neues Blatt anzulegen. Wegen des Verfahrens vgl. §§ 2 Abs. 3 GBO., 6 Abs. 6d, 13 Abs. 2 u. 4, 25 Abs. 4 GBVfg.[6]). Die Unterlassung der Abschreibung macht die Eintragung der Belastung nicht unwirksam (RGZ. 101, 120; KG. OLG. 14, 86), verpflichtet aber den Grundbuchrichter, sie nachträglich vorzunehmen.

5. **Ausnahme von dem Abschreibungszwang.** Sie gilt insbesondere auch für Belastung des Grundstücksteils mit einem Altenteil. Ob Verwirrung zu besorgen ist, unterliegt dem Ermessen des Grundbuchrichters. Gegen seine Entscheidung steht dem Eigentümer die Beschwerde zu, auch gegen die (zu Unrecht erfolgte) Abschreibung. Bei nachträglicher Meinungsänderung kann der Grundbuchrichter die unterbliebene Abschreibung nachholen, dagegen nicht, wenn späterhin die Besorgnis der Verwirrung eintritt.

Erbbaurecht.

§ 8 (§ 7)

(1) Ist auf dem Blatt eines Grundstücks ein Erbbaurecht eingetragen, so ist auf Antrag für dieses Recht ein besonderes Grundbuchblatt anzulegen. Dies geschieht von Amts wegen, wenn das Recht veräußert oder belastet werden soll.

---

[1]) Anhang S. 283. [2]) Anhang S. 296. [3]) Anhang S. 297. [4]) Anhang S. 277. [5]) Anhang S. 283.
[6]) Anhang S. 162 ff.

(2) Die Anlegung wird auf dem Blatte des Grundstücks vermerkt.

1. **Allgemeines.** Die Vorschrift des § 8 ist eine Folge davon, daß das Erbbaurecht einerseits ein dingliches Recht an einem fremden Grundstück, eine Belastung dieses Grundstücks darstellt, andrerseits den auf die Grundstücke selbst sich beziehenden Vorschriften unterliegt. Nach § 38 der Verordnung über das Erbbaurecht v. 15. 1. 19 (RGBl. 72)[1]) gilt § 8 nur für Erbbaurechte, mit denen ein Grundstück zur Zeit des Inkrafttretens dieser Verordnung, d. i. am 22. Januar 1919 belastet war. Für die seitdem begründeten Erbbaurechte, die hinsichtlich des oben Gesagten materiellrechtlich den zuvor begründeten gleichstehen (§§ 1, 11 ErbbVO.)[1]), sind an die Stelle des § 8 GBO. die §§ 14 und 16 ErbbVO.[1]) getreten.

2. **Die vor dem 22. Januar 1919 begründeten Erbbaurechte.**

A. Die Anlegung eines besonderen Grundbuchblatts. Der Antrag hierauf kann nur von dem Erbbauberechtigten gestellt werden und bedarf keiner besonderen Form. Unter Veräußerung ist nur die rechtsgeschäftliche Übertragung und diejenige im Wege der Zwangsversteigerung — § 870 ZPO. vbd. § 17 ZVG. erfordert für die Zwangsversteigerung eines Erbbaurechts die vorherige Eintragung des Berechtigten im Grundbuche, d. h. auf einem besonderen Blatte (KGJ. 29 A 130) —, nicht dagegen der Übergang kraft Gesetzes zu verstehen, unter Belastung nur die Eintragung eines dinglichen Rechts an dem Erbbaurecht, dagegen nicht die von Vormerkungen, Widersprüchen und sonstigen Verfügungsbeschränkungen. Ist das Blatt von Amts wegen angelegt, obwohl weder Veräußerung noch Belastung vorlag, so ist es weiter zu führen. Auch hat der Berechtigte in diesem Falle keinen Anspruch auf Schließung des besonderen Blatts, da nur die Anlegung, nicht die Führung von seinem Antrage abhing.

Wegen der grundbuchmäßigen Behandlung des Blattes des belasteten Grundstücks vgl. Abs. 2 in Vbd. mit § 10 GBVfg.[2]), des besonderen Blatts § 60 GBVfg.[2]).

B. Materiellrechtliche Wirkungen der Anlegung des besonderen Blatts. Das besondere Blatt gilt nach seiner Anlegung im Verein mit dem Blatt des belasteten Grundstücks, als das Grundbuch für das Erbbaurecht im Sinne des BGB. Zu beachten ist jedoch, daß für die Löschung des Erbbaurechts sowie für die Änderung seines Inhalts und Ranges nur die Eintragungen auf dem Blatte des belasteten Grundstücks maßgebend sind, ungeachtet dessen, daß die Rechtsakte im Interesse der Einheitlichkeit beider Blätter auch auf dem besonderen Blatte einzutragen sind. Da das Gesetz die Entstehung des Erbbaurechts ausschließlich an die Eintragung im Grundbuch des belasteten Grundstücks (neben der Einigung) knüpft, so ist das Grundbuchblatt dieses Grundstücks auch nach der Anlegung des besonderen Blatts für die Nachweisung des Bestands des Erbbaurechts als ausschließlich zuständig anzusehen (vgl. Güthe-Triebel § 8 Anm. 16). Für die Eintragung von Veräußerungen und Belastungen des Erbbaurechts sowie für den Vermerk der mit ihm verbundenen subjektiv-dinglichen Rechte ist dagegen das besondere Blatt zuständig.

3. **Die seit dem 22. Januar 1919 begründeten Erbbaurechte.**

A. Die Anlegung des besonderen Grundbuchblatts (Erbbaugrundbuchs) hat hier nicht nur im Falle eines Antrages oder der Veräußerung und Belastung des Erbbaurechts, sondern bei seiner Eintragung stets von Amts wegen zu erfolgen. Unterbleibt sie versehentlich, so ist sie von Amts wegen nachzuholen. Die Einzelheiten der grundbuchmäßigen Behandlung des Erbbaurechts auf beiden Blättern sind geregelt in den §§ 17 Abs. 2 Satz 2, 54—59 GBVfg.[2]), 14—16, 31 Abs. 4 Satz 2 ErbbVO.[1]).

B. Materiellrechtliche Wirkungen der Anlegung des Erbbaugrundbuchs. Da bei der Eintragung des Erbbaurechts im Grundbuch des belasteten Grundstücks auf das Erbbaugrundbuch Bezug zu nehmen ist, ist die Anlegung des Erbbaugrundbuchs Voraussetzung für die Entstehung des Rechts. Denn ohne diese Anlegung ist die Eintragung im Grundbuch des Grundstücks unvollständig (Güthe-Triebel, § 8 Anm. 17). Abweichend hiervon ist nach § 14 Abs. 3 Satz 1 ErbbVO.[1]) für die neuen Erbbaurechte das Erbbaugrundbuch für sich allein als das Grundbuch im Sinne des BGB. anzusehen, insbesondere auch für Änderungen des Inhalts des Rechts. Nur über den Fortbestand des Rechts und seinen Rang und darüber, welches Grundstück dafür haftet, ist das Blatt des belasteten Grundstücks entscheidend, da hier die Belastung dieses Grundstücks als solche in Frage steht. Vormerkungen und Widersprüche, die hierauf Bezug haben, sind demgemäß auf dem Grundstücksblatt einzutragen.

---

[1]) Anhang S. 278. [2]) Anhang S. 162 ff.

4. Das **besondere Grundbuchblatt** ist zu **schließen**, wenn das (auch ältere) Erbbaurecht im Grundstücksblatte gelöscht wird (§ 16 ErbbVO.)[1], und zwar auch im Falle gleichzeitiger Eintragung der Vormerkung nach § 31 Abs. 4 Satz 2 ErbbVO.[1]) Das Schließungsverfahren ist geregelt in den §§ 54, 36, 37 GBVfg.[2]).

5. **Besondere Grundbuchblätter** gibt es auch **für andere grundstücksgleiche Rechte**. Vgl. hierzu Anm. zu § 118.

§ 9 (§ 8)

(1) Rechte, die dem jeweiligen Eigentümer eines Grundstücks zustehen, sind auf Antrag auch auf dem Blatte dieses Grundstücks zu vermerken. Antragsberechtigt ist der Eigentümer des Grundstücks, sowie jeder, dessen Zustimmung nach § 876 Satz 2 des Bürgerlichen Gesetzbuchs zur Aufhebung des Rechtes erforderlich ist.

(2) Der Vermerk ist von Amts wegen zu berichtigen, wenn das Recht geändert oder aufgehoben wird.

(3) Die Eintragung des Vermerks (Abs. 1) ist auf dem Blatte des belasteten Grundstücks von Amts wegen ersichtlich zu machen.

1. **Allgemeines.** Die Bestimmung gewährt einerseits dem Grundstückseigentümer die Möglichkeit, auf dem Blatte seines Grundstücks auch solche Bestandteile, die nach § 96 BGB. in Rechten bestehen, zur Eintragung zu bringen, sichert andrerseits diejenigen, denen ein dingliches Recht an dem berechtigten Grundstück zusteht und deren Zustimmung zur Aufhebung oder Änderung des Inhalts oder Ranges des subjektiv-dinglichen Rechts nach § 876 Satz 2 BGB. erforderlich ist, dagegen, daß dieser Rechtserfolg infolge der Vorschriften über den öffentlichen Glauben des Grundbuchs auch ohne ihre Zustimmung eintritt, da formellrechtlich nach § 21 GBO. ihre Bewilligung nur dann erforderlich ist, wenn das Recht gemäß § 8 vermerkt ist.

2. **Subjektiv-dingliche Rechte** im Sinne des § 8 sind grundsätzlich nur zugleich objektiv-dingliche Rechte ohne Rücksicht darauf, ob ihre Zulässigkeit auf Reichsrecht (Grunddienstbarkeiten § 1018 BGB., Vorkaufsrecht § 1094 Abs. 2 BGB., Reallast § 1005 Abs. 2 BGB.) oder Landesrecht (Wiederkaufsrecht bei Rentengütern Art. 29 § 1 Abs. 2 AGBGB., gesetzliche Vorkaufsrechte nach § 141 BergG. v. 24. 6. 65 — GS. 705 — und nach § 57 Abs. 2 und 3 EnteignGes. v. 11. 6. 74 — GS. 221 — u. a. m.) beruht, nicht dagegen eine die Ansprüche des jeweiligen Eigentümers eines Grundstücks sichernde Vormerkung (JFG 9, 212). Der Vermerk ist erst zulässig, nachdem die entsprechende Last auf dem Blatte des verpflichteten Grundstücks eingetragen ist, auch dann, wenn das belastete Grundstück buchungsfrei ist oder das subjektiv-dingliche Recht ohne Eintragung entstanden ist, wie z. B. vor dem 1. Januar 1900 entstandene Grundgerechtigkeiten — Art. 187 Abs. 1 EGBGB. —, gesetzliche Vorkaufsrechte — Art. 22 Nr. 1 AGBGB. — (KGJ. 23 A 230; 25 A 142; 34 A 218; 40, 130).

Das Landesrecht kann auf dem ihm vorbehaltenen Gebiete auch die Eintragungsfähigkeit subjektiv-dinglicher Rechte, die nicht objektiv-dinglich sind, gestatten. Dies ist in Preußen z. B. geschehen bei den Apothekereigerechtigkeiten (KG. OLG. 7, 190) und sonstigen Realgewerberechten (RG. GruchBeitr. 53, 1166).

3. Die **Antragsberechtigung** richtet sich nicht nach § 13 Abs. 2, ist vielmehr beschränkt auf den Eigentümer des berechtigten (nicht auch des belasteten) Grundstücks und diejenigen (auch nicht eingetragenen) dinglich Berechtigten, deren Zustimmung zur Aufhebung des Rechts nach § 876 Satz 2 BGB. erforderlich ist. Die Beeinträchtigung des Rechts des Antragstellers durch diese Aufhebung ist nur in Zweifelsfällen zu prüfen. Für den Nachweis der Beeinträchtigung ist eine Form nicht vorgeschrieben, ebenso nicht für den Antrag selbst.

4. Der **Vermerk** ist bei dem berechtigten Grundstück in dem Bestandsverzeichnisse, bei mehreren Grundstücken auf den Blättern aller Grundstücke gemäß § 7 GBVfg.[1]) **einzutragen.** Bezugnahme auf die Eintragungsbewilligung ist zulässig. Auf dem Blatte des belasteten Grundstücks ist der Hinweis auf den Vermerk bei dem Recht selbst einzutragen (§ 10 Abs. 5b GBVfg.)[1]).

5. **Der Vermerk** ist von Amts wegen **zu berichtigen,** sobald die Löschung oder Änderung des Rechts auf dem Blatte des belasteten Grundstücks eingetragen ist (KGJ. 23 A 229). Als Änderungen kommen nur solche des Inhalts des Rechts, nicht Rangänderungen, Belastungen, Vormerkungen, Widersprüche in Betracht, als Aufhebungen auch solche hinsichtlich eines Teils des Grundstücks. Einzutragen

---

[1]) Anhang S. 268. [2]) Anhang S. 162 ff.

ist ferner die Abschreibung des Rechts auf ein anderes Blatt (§ 7 Abs. 3, 5 und 6, § 14 GBVfg.)[1]).

6. **Materiellrechtliche Wirkungen** hat der Vermerk gemäß § 8 nicht, vielmehr ausschließlich die Eintragung auf dem Blatte des belasteten Grundstücks (KGJ. 23 A 226; HRR. 33 Nr. 192).

Aufbewahrung von Urkunden.

§ 10 (§ 9)[2])

(1) Urkunden, auf die eine Eintragung sich gründet oder Bezug nimmt, hat das Grundbuchamt aufzubewahren. Eine solche Urkunde darf nur herausgegeben werden, wenn statt der Urkunde eine beglaubigte Abschrift bei dem Grundbuchamt bleibt.

(2) Der Reichsminister der Justiz kann anordnen, daß, wenn eine der im Abs. 1 bezeichneten Urkunden in anderen Akten des das Grundbuch führenden Amtsgerichts enthalten ist, statt einer beglaubigten Abschrift der Urkunde eine Verweisung auf die anderen Akten genügt.

(3) Ist über das einer Eintragungsbewilligung zugrunde liegende Rechtsgeschäft eine Urkunde errichtet, so können die Beteiligten die Urkunde oder eine beglaubigte Abschrift dem Grundbuchamt zur Aufbewahrung übergeben.

(4) Der Reichsminister der Justiz kann über die Verwahrung und Herausgabe von Urkunden im Verwaltungswege abweichende Bestimmungen treffen, wenn dies aus Gründen der öffentlichen Ordnung geboten ist.

1. **Allgemeines.** Die Vorschrift des Abs. 1 bezweckt, den Nachweis zu sichern, daß die gesetzlichen Voraussetzungen für die Vornahme der Eintragung vorgelegen haben, ferner, soweit in dieser eine Bezugnahme stattgefunden hat, den Beteiligten jederzeit die Kenntnis des ergänzenden Inhalts der Eintragung zu ermöglichen. Abs. 3 dient dazu, den Beteiligten den Nachweis des der Eintragung zugrundeliegenden schuldrechtlichen Geschäfts, gegebenenfalls seiner Unwirksamkeit zu erleichtern.

2. **Urkunden, auf die eine Eintragung sich gründet,** sind nur solche Urkunden, die nach formellem Recht zur Eintragung erforderlich sind, mithin die Eintragungsbewilligungen (§ 19) und die sonstigen zur Vornahme der Eintragung notwendigen Urkunden, nicht dagegen die nach materiellem Recht zur Rechtswirksamkeit der Eintragung erforderlichen Urkunden. Aufzubewahren sind danach die Zustimmungserklärungen nach §§ 21, 22 Abs. 2, 27 GBO., die Abtretungserklärung im Falle des § 26 GBO., Schuldtitel einschließlich Vollstreckungsklausel und Zustellungsurkunden, soweit sie einen Ersatz grundbuchrechtlicher Erklärungen (§§ 894, 895 ZPO.) oder als solche die Grundlage einer Eintragung bilden, z. B. einer Zwangs- oder Arresthypothek (§§ 866 ff., 932 ZPO.), einstweilige Verfügungen (§§ 935 ff. ZPO., 25, 41 Abs. 1 Satz 2 GBO., 885, 899 Abs. 2 BGB.), Pfändungs- und Überweisungsbeschlüsse (§§ 830, 837 ZPO.), die Legitimations-Urkunden und Zeugnisse der §§ 32—37 GBO., Vollmachten, Bestallungen der Vormünder und Pfleger, Urkunden, durch die der Nachweis der Unrichtigkeit des Grundbuchs erbracht wird (§§ 22—24 GBO.), Katasterkarte und -Auszug im Falle des § 2 Abs. 3, der Eintragungsantrag nach § 13 GBO. und das Eintragungsersuchen einer Behörde (§ 38 GBO.), endlich die Einigung in den Fällen des § 20 GBO., nicht dagegen in sonstigen Fällen.

3. **Urkunden, auf die eine Eintragung Bezug nimmt,** sind regelmäßig solche, die der Eintragung zugrunde liegen, z. B. Eintragungsbewilligungen (§§ 874, 877, 885 Abs. 2, 1115 Abs. 1 BGB., § 49 GBO.), einstweilige Verfügungen (§ 885 Abs. 2 BGB.), Satzungen einer Kreditanstalt (§ 1115 Abs. 2 BGB.). Die Aufbewahrung der letzten wird durch ihre öffentliche Bekanntmachung ersetzt.

4. **Urkunden, die der Eintragungsbewilligung zugrunde liegen,** sind Urkunden über Rechtsgeschäfte, die die Verpflichtung zur Abgabe der Eintragungsbewilligung begründen, z. B. die der Auflassung zugrunde liegenden Verträge, dagegen nicht die Schuldurkunde bei der Hypothekbestellung, soweit in ihr nicht die Eintragungsbewilligung enthalten ist, die übrigens bei der Briefhypothek, auch wenn dies zutrifft, nicht bei den Grundakten bleibt (§ 58).

5. **Die Aufbewahrungspflicht** setzt voraus, daß die Eintragung vorgenommen ist, besteht mithin nicht, solange ein Eintragungsantrag noch nicht gestellt oder über ihn noch nicht entschieden ist oder wenn der Eintragungsantrag zurückgenommen oder zurückgewiesen wird. In den ersten beiden Fällen sind die eingereichten

---

[1]) Anhang S. 162 ff

[2]) In der Fassung des Ges. vom 31. 10. 38 (RGBl. I, 1544).

Urkunden dem Berechtigten auf Verlangen jederzeit, im letzten bei Zurücknahme oder Zurückweisung des Antrages von Amts wegen zurückzugeben (KGJ. 31 A 341; 39 A 162; 44, 170; JFG. 4, 345; 8, 228). Die Urkunden des Abs. 3 sind nur auf Antrag aufzubewahren nach § 24 Abs. 1 GBVfg.[1]), bei den Grundakten[2]). Die Urkunden des Abs. 1 werden in der Form, in der sie eingereicht werden, d. h. nicht nur als Urschriften, sondern auch als Ausfertigungen oder beglaubigte Abschriften, soweit diese als Eintragungsgrundlagen zugelassen sind, aufbewahrt. Für die Urkunden des Abs. 3 ist die Aufbewahrung in beglaubigter Abschrift ohne Einschränkung zugelassen.

6. Über **Ausnahmen von der Aufbewahrungspflicht** vgl. § 24 Abs. 3 GBVfg.[1]). Die Verweisung auf die in den Akten desselben Amtsgerichts befindlichen Urkunden ersetzt nicht nur deren Aufbewahrung, sondern auch deren unmittelbare Vorlegung durch den Antragsteller, falls diese Vorlegung nach §§ 29 ff. GBO. zum Nachweise der Eintragungsgrundlagen erforderlich ist (KGJ. 20 A 291). Auf Urkunden, die in den Akten anderer Behörden enthalten sind, kann nicht verwiesen werden, vielmehr sind diese, sofern sie unter Abs. 1 fallen, in beglaubigter Abschrift zur Aufbewahrung einzureichen. Eine Verweisung auf die in Abs. 3 genannten Urkunden kommt nicht in Frage, da ihre Aufbewahrung nicht vorgeschrieben ist.

7. Die **Herausgabe der verwahrten Urkunden** erfolgt im Falle des Abs. 1 nur gegen Zurückbehaltung einer beglaubigten Abschrift. Die Beglaubigung der Abschrift besorgt das Gericht oder der Notar. Wegen Herstellung der Abschrift durch die Notare vgl. die AV. v. 19. 6. 20 (JMBl. 313) und v. 5. 4 21 (JMBl. 247). Die Urkunden des Abs. 3 können auch ohne Herstellung einer beglaubigten Abschrift herausgegeben werden.

Zur Empfangnahme der Urkunden ist berechtigt, von wem oder in wessen Namen sie eingereicht sind, und zwar auch dann, wenn der Eintragungsantrag von anderer Seite gestellt ist (KGJ. 31 A 341; 44 A 170; JFG. 8, 229). Eine nachträgliche abweichende Bestimmung durch den, der die Urkunde in fremdem Namen überreicht hat, bedarf der Vorlegung einer formlosen Vollmacht, die in der zur Stellung des Eintragungsantrages nicht ohne weiteres enthalten ist. Abweichende Bestimmungen nach Abs. 4 sind bisher nicht ergangen.

Ausschließung der Grundbuchbeamten.

§ 11 (§ 10)

Eine Eintragung in das Grundbuch ist nicht aus dem Grunde unwirksam, weil ein Grundbuchbeamter sie bewirkt hat,* der von der Mitwirkung bei der Eintragung kraft Gesetzes ausgeschlossen ist.

1. **Allgemeines.** Die Vorschrift will im Interesse der Sicherheit des Grundbuchverkehrs ungültige Grundbucheintragungen möglichst vermeiden.

2. **Grundbuchbeamte** im Sinne des § 11 sind der Grundbuchrichter und der Urkundsbeamte der Geschäftsstelle, soweit er durch Mitunterzeichnung der Eintragung im Grundbuch an dieser mitwirkt (§ 2 AusfVO.)[3]), ferner der in § 4 Abs. 3 AusfVO. genannte zweite Beamte der Geschäftsstelle oder besonders ermächtigte Justizangestellte sowie der Rechtspfleger im Rahmen der §§ 17—19 REntlVfg.[4]), nicht dagegen die Mitglieder der Beschwerdegerichte. Für diese gelten die §§ 41 ff. ZPO.

3. Nur die **Eintragung**, nicht eine sonstige grundbuchamtliche Tätigkeit, auch nicht die Beurkundung grundbuchrechtlicher Erklärungen fällt unter § 11. Für Beurkundungen gelten die §§ 170—172 FGG. (vgl. hierzu KGJ. 20 A 184; 24 A 6; 38 A 190), für sonstige grundbuchamtliche Tätigkeit, insbesondere Zurückweisung von Anträgen, Offenlegung des Grundbuchs, Erteilung und Vervollständigung von Hypothekenbriefen die §§ 6, 7 FGG., und zwar auch für die der Urkundsbeamten der Geschäftsstelle in den ihnen selbständig übertragenen Geschäften (§ 4 Abs. 4 AusfVO.)[3]) mit der Besonderheit, daß hier die Mitwirkung ausgeschlossener Grundbuchbeamter mit der Beschwerde gerügt werden kann, während dies gegenüber der Eintragung nach § 71 Abs. 2 Satz 1 GBO. nicht möglich ist.

4. **Ausgeschlossen kraft Gesetzes** ist von der Mitwirkung bei der Eintragung nach § 6 FGG. ein Grundbuchbeamter

1. in Sachen, in denen er selbst beteiligt ist oder in denen er zu einem Beteiligten in dem Verhältnis eines Mitberechtigten oder Mitverpflichteten steht,
2. in Sachen seines Ehegatten, auch wenn die Ehe nicht mehr besteht,

---

[1]) Anhang S. 162 ff.
[2]) vgl. auch § 21 der Aktenordnung für die deutschen Justizbehörden (Anhang S. 267).
[3]) Anhang S. 157. [4]) Anhang S. 271.

3. in Sachen einer Person, mit der er in gerader Linie oder im zweiten Grade der Seitenlinie verwandt oder verschwägert ist,
4. in Sachen, in denen er als Vertreter eines Beteiligten bestellt oder als gesetzlicher Vertreter eines solchen aufzutreten berechtigt ist. Als beteiligt bei einer Eintragung ist grundsätzlich derjenige anzusehen, der nach § 55 GBO. ein Recht auf Benachrichtigung hat.

5. **Die Wirksamkeit** der von einem ausgeschlossenen Grundbuchbeamten vorgenommenen Eintragung ist vom Grundbuchamt, insbesondere bei neuen Eintragungen zu beachten. Beschwerde im Aufsichtswege und disziplinarische Bestrafung der Beamten, die trotz Ausschlusses bei der Eintragung tätig werden, ist zulässig.

Einsicht des Grundbuchs. Abschriften.

§ 12 (§ 11)

(1) Die Einsicht des Grundbuches ist jedem gestattet, der ein berechtigtes Interesse darlegt. Das gleiche gilt von Urkunden, auf die im Grundbuche zur Ergänzung einer Eintragung Bezug genommen ist, sowie von den noch nicht erledigten Eintragungsanträgen.

(2) Soweit die Einsicht des Grundbuchs, der im Abs. 1 bezeichneten Urkunden und der noch nicht erledigten Eintragungsanträge gestattet ist, kann eine Abschrift gefordert werden; die Abschrift ist auf Verlangen zu beglaubigen.

(3) Der Reichsminister der Justiz kann jedoch die Einsicht des Grundbuchs und der im Abs. 1 Satz 2 genannten Schriftstücke sowie die Erteilung von Abschriften auch darüber hinaus für zulässig erklären.

1. **Allgemeines.** Im § 12 kommt das formelle Publizitätsprinzip zum Ausdruck, das durch das materielle Publizitätsprinzip geboten ist. Daß die Offenlegung sich auch auf die nicht erledigten Eintragungsanträge erstreckt, ist eine Folge der Bestimmung des § 17.

2. **Voraussetzungen der Offenlegung.**

a) Ein berechtigtes Interesse an der Einsicht des Grundbuchs haben nicht nur diejenigen, denen ein Recht am Grundstück (Eigentum oder beschränktes dingliches Recht) zusteht, sondern auch diejenigen, bei denen dieses Interesse sich auf wirtschaftliche oder sonstige rein tatsächliche Gründe stützt. Zur Einsicht sind daher berechtigt: Personen, die künftig ein Recht am Grundstück, z. B. das Eigentum, ein Pfandrecht usw. zu erwerben ernstlich beabsichtigen (freiwillig oder im Wege der Zwangsvollstreckung), ferner diejenigen, die einem Grundstückseigentümer oder Hypothekengläubiger Personalkredit gewähren und zu diesem Zwecke sich über seine Vermögenslage erkundigen wollen, wie überhaupt seine persönlichen Gläubiger im Hinblick auf eine künftige Zwangsvollstreckung (KGJ. 20 A 173), aber auch diejenigen, die aus Familien-, wissenschaftlichen oder künstlerischen Interessen das Grundbuch einsehen wollen (Güthe-Triebel, § 12 Anm. 6; a. M. KGJ. 45, 198).

b) Zur Darlegung des berechtigten Interesses ist Glaubhaftmachung nicht erforderlich, vielmehr genügt die Angabe von schlüssigen Tatsachen, gegen deren Richtigkeit nicht von vornherein Zweifel obwalten (KGJ. 20 A 173; BayOLG. im Recht 17 Nr. 281; Jena OLG. 25, 368). Bestehen derartige Zweifel, so kann unter Umständen sogar voller Beweis verlangt werden. Wird unter dem Vorwande berechtigten Interesses nur ein auf Neugier beruhendes, unbefugtes Eindringen in die Vermögensverhältnisse des Eigentümers bezweckt, so ist die Einsicht nicht zu gestatten (KGJ. 20 A 173).

c) Persönliche Einsichtnahme des Grundbuchs wird nicht gefordert. Erfolgt die Einsichtnahme durch einen Bevollmächtigten, so hängt es von dem Ermessen des Grundbuchrichters ab, ob er Vorlegung einer schriftlichen oder öffentlich beglaubigten Vollmacht verlangen will. Der Bevollmächtigte ist zurückzuweisen, wenn Verdacht besteht, daß er nicht das Interesse des fremden Berechtigten, sondern das eigene unberechtigte Interesse oder das Interesse Dritter wahrnehmen werde (KGJ. 22 A 122, KG. JW. 36, 2342).

3. **Umfang der Offenlegung.** Das Grundbuch und die in § 12 genannten Urkunden liegen nur insoweit offen, als sich das dargelegte berechtigte Interesse erstreckt (BayOLG. 9, 551).

4. Die **Einsicht des Grundbuchs und der Urkunden** findet während der Dienststunden an Gerichtsstelle statt. Versendung der Grundakten erfolgt nur ausnahmsweise an Behörden (§ 17 AV. v. 25. 2. 36, DJ. 350), nicht dagegen an Notare (KG. JW. 39, 109; JFG. 18, 238).

5. Die **Erteilung von Abschriften** kann neben der Einsicht oder an deren Stelle gefordert, auch auf dem Grundbuchamt von den Einsehenden oder in seiner Gegenwart von einem Beauftragten selbst besorgt werden (KG. HRR. 33 Nr. 1352). Auf einfachen Abschriften ist der Tag zu vermerken, an dem sie gefertigt sind (§ 44 Abs. 3 GBVfg.)[1]. Die beglaubigten Abschriften des Grundbuchblatts sind vom Urkundsbeamten der Geschäftsstelle und einem zweiten Beamten der Geschäftsstelle oder einem vom Behördenvorstand ermächtigten Justizangestellten zu unterschreiben (§ 4 Abs. 3 AusfVO.)[2]. Im übrigen bewirkt der Urkundsbeamte der Geschäftsstelle allein die Beglaubigung (§ 4 Abs. 2a AusfVO.). Wegen Erteilung einer beglaubigten Abschrift von nur einem Teil des Grundbuchblatts vgl. § 45 Abs. 1 und 2 GBVfg.[1])

6. **Ein Recht auf Auskunftserteilung** ist mit dem Recht auf Offenlegung des Grundbuchs nicht verbunden (§ 45 Abs 3 GBVfg.)[1]. Ausnahmsweise ist in Form eines Negativzeugnisses Auskunft zu erteilen bei Zurückweisung eines Antrags auf Abschriftserteilung wegen Fehlens von Eintragungen und im Falle der Erteilung der beglaubigten Abschrift eines Teils des Grundbuchblatts (§ 45 Abs. 2 GBVfg.)[1], ferner im Zwangsversteigerungsverfahren gemäß §§ 17 Abs. 2, 19 Abs. 2 und 22 Abs. 2 ZVG. Besonderes gilt für die auf öffentlichem Recht Behörden gegenüber beruhende Auskunftspflicht (KGJ. 23 A 213). Der Grundbuchrichter ist zur Auskunftserteilung jederzeit berechtigt Erfolgt sie in Form eines gerichtlichen Zeugnisses, so ist Art. 54 Satz 2 PrFGG. zu beachten.

7. **Die Entscheidung** über den Antrag auf Offenlegung, auch Aktenversendung steht dem Urkundsbeamten der Geschäftsstelle zu (§ 4 AusfVO.[2]). Gegen die Gestattung ist Sachbeschwerde nicht gegeben (KGJ. 48, 252), wohl aber gegen die Versagung (KGJ. 20 A 7), jedoch auch nur, soweit diese auf Gründe des sachlichen oder Verfahrensrechts gestützt wird; sonst ist nur die Dienstaufsichtsbeschwerde gegeben (JFG. 18, 238; JW. 39, 109).

8. **Wegen der Erweiterung des Rechts auf Einsicht und Abschriften** vgl. §§ 43, 46 GBVfg.[1]) AV. v. 29. 6. 37 (DJ. 37, 1029): Bauschutzvereine. Landesrechtliche Vorschriften, die darüber hinaus das Recht auf Grundbucheinsicht oder Erteilung von Abschriften gewährten, sind aufgehoben[3]).

9. Die Grundbucheinsicht ist **gebührenfrei** (§ 68 KostO. v. 25. 11. 35, RGBl. I 1371).

Zweiter Abschnitt

Eintragungen in das Grundbuch.

Antragserfordernis und Antragsrecht.

§ 13

(1) Eine Eintragung soll, soweit nicht das Gesetz ein anderes vorschreibt, nur auf Antrag erfolgen. Der Zeitpunkt, in welchem ein Antrag bei dem Grundbuchamt eingeht, soll auf dem Antrage genau vermerkt werden. Der Antrag ist bei dem Grundbuchamt eingegangen, wenn er einem zur Entgegennahme zuständigen Beamten vorgelegt ist. Wird er zur Niederschrift eines solchen Beamten gestellt, so ist er mit Abschluß der Niederschrift eingegangen.

(2) Antragsberechtigt ist jeder, dessen Recht von der Eintragung betroffen wird oder zu dessen Gunsten die Eintragung erfolgen soll.

1. **Allgemeines.** Das hier aufgestellte Antragsprinzip beruht auf der Erwägung, daß Eintragungen im Grundbuch, weil sie ihren Rechtsgrund im Privatrecht haben, niemandem gegen seinen Willen aufgedrängt werden sollen.

2. **Eintragungen.** Darunter sind solche Einschreibungen im Grundbuche zu verstehen, die die Rechtsverhältnisse eines Grundstückes betreffen, ohne Rucksicht darauf, ob sie zum Zwecke der Rechtsänderung oder Grundbuchberichtigung erfolgen, dagegen nicht Eintragungen, die rein tatsächliche Angaben betreffen, z. B. die Eigenschaftsangaben nach § 6 Abs. 3, 4, 5 GBVfg.[1]) (KGJ. 27 A 244; JFG. 1, 371; 8, 243).

Die Frage. welche Rechte überhaupt eintragungsfähig sind, ist weder im BGB. noch in der GBO. geregelt, sondern muß sich aus der Natur der Sache ergeben. Das Grundbuch soll die Grundlage des dinglichen Rechtsverkehrs sein. Grundsätzlich sind eintragungsfähig alle dinglichen Rechte am Grundstück, die dem öffentlichen Glauben unterliegen, einschließlich ihrer Belastungen und Verfügungsbeschränkungen, aber auch nur diese Rechte. Dementsprechend können grund-

---

[1]) Anhang S. 162 ff. [2]) Anhang S. 157. [3]) nicht dagegen reichsrechtliche Vorschriften.

sätzlich nicht eingetragen werden persönliche Rechte (Miete, Pacht), Familien- oder erbrechtliche Rechte (ehemännliches Verwaltungs- und Nutznießungsrecht, Beschränkungen der Erbbauauseinandersetzung nach § 2044 BGB. (DNZ. 44, 15), gesetzlich nicht vorgesehene dingliche Rechte (Bruchteilsgrunddienstbarkeiten), öffentliche Lasten und absolute Verfügungsbeschränkungen. Doch sind die Regeln im einzelnen nach beiden Seiten häufig durchbrochen. So ist der Überbau- und Notwegrente das Grundbuch verschlossen (§ 914, 917 BGB.), während andererseits Grunddienstbarkeiten alten Rechts, obwohl nicht dem öffentlichen Glauben unterliegend, eintragungsfähig sind (Art. 187 EG. BGB.), ebenso Konkursbeschlag und Verfügungsbeschränkung des Vorerben, obgleich es sich bei ihnen um absolute Verfügungsverbote handelt (RGZ. 83, 89). Danach sind im einzelnen eintragungsfähig nach Reichsrecht: Eigentum (§ 903 BGB.), Erbbaurecht (§ 1012 BGB. § 1 ErbbauVO.)[1]), Grunddienstbarkeiten (§ 1018 BGB.), Nießbrauch (§ 1030 BGB.), beschränkte persönliche Dienstbarkeiten (§ 1090 BGB), Reallasten (§ 1105 BGB.), Hypotheken, Grund- und Rentenschulden (§ 1113 BGB.), Heimstättenvermerk, Wiederkaufsrechte nach § 20, 22 RSiedlG., ferner als Rechte an Grundstücksrechten Pfandrecht und Nießbrauch. Hierbei ist zu beachten, daß das Pfandrecht am Anteil des Miterben (§ 2033 BGB.) zwar als solches nicht eintragbar, aber als Verfügungsbeschränkung des Miterben grundbuchfähig ist (RGZ. 83, 434; 90, 233). Ferner stehen dem Grundbuch noch Vormerkungen (§ 883 BGB.), Widersprüche (§ 889 BGB.) und relative Verfügungsbeschränkungen (§§ 135, 136 BGB.) offen. Die Vermögensbeschlagnahme auf Grund des MRGes. Nr. 52 ist als absolute Verfügungsbeschränkung nicht eintragungsfähig (vgl. dazu AV. d. ZJA. v. 7. 6. 47, ZJBl. 47, 14[2]) und 15. 3. 48, ZJBl. 48, 80)[3]). Ein gleichwohl eingetragener Sperrvermerk ist, weil gesetzlich unzulässig, von Amts wegen zu löschen. Hierbei ist allerdings erforderlich, daß die gesperrten Personen in die nach der AV. zu führende Sperrliste aufgenommen sind.

3. Von Amts wegen erfolgen Eintragungen in den Fällen der §§ 4, 7, 8 (§ 14 der ErbbauVO.)[1]), 9 Abs. 2, 18 Abs. 2, 23, 24, 45 Abs. 1 und 2, 50 Abs. 1 und 2, 51, 52, 53 Abs. 1, 68 Abs. 3, 84, 90, 102, 111 und 118 Abs. 2, ferner außerhalb der GBO., die Löschungen im Bergwerksblatte im Falle der Aufhebung des Bergwerkseigentums oder der Verleihungsurkunde (Art. 25 PrAG.)[2]), die Eintragung und Löschung des Enteignungsvermerks (§§ 24 Abs. 4, 33 des Ges. v. 11. 6. 74 — GS. 221), die Eintragung und Löschung des Bahneinheitsvermerks (§ 15 Abs. 2 Satz 2 des Ges. v. 19. 8. 95 in der Fassung des Ges. v. 8. 7. 02 — GS. 230), die Umschreibung eines unübersichtlich gewordenen Grundbuchblattes (§§ 28—33 GBVfg.)[4]). Von Amts wegen werden ferner neue Grundbuchblätter angelegt für Grundstücke, die bei der Erstanlegung ein Blatt nicht erhalten haben, unbeschadet des § 3 Abs. 2 und 3 GBO. (§ 7 AusfVO.)[5]).

4. Rechtliche Natur des Antrags. Der Eintragungsantrag hat nur verfahrensrechtliche, keine materiellrechtliche Bedeutung (KGJ. 21 A 125, 22 A 154), d. h. die Rechtsänderung, auch die Rangfolge (Anm. 9 zu § 46) tritt unabhängig von ihm ein, wenn die materiellen Voraussetzungen vorliegen, und er ist prozessual auch dann erforderlich, wenn die Eintragungen nicht zum Zwecke der Rechtsänderung, sondern der Grundbuchberichtigung erfolgen soll. Das gleiche gilt auch für die sog. Eintragungsgrundlagen: Eintragungsbewilligung (§ 19), Nachweis der Vertretungsmacht, der Erbfolge, des Güterrechts (§§ 32ff.) usw., ohne die einem Eintragungsantrage nicht stattgegeben werden soll.

5. Form des Antrages. Für den Antrag ist eine bestimmte Form nicht vorgeschrieben, es sei denn, daß durch ihn zugleich eine zu der Eintragung erforderliche Erklärung ersetzt werden soll (§ 30). Es genügt daher ein ununterschriebener schriftlicher, auch telegraphischer Antrag, wenn nur zwefelsfrei zu erkennen ist, z. B. aus der Angabe des Absenders im Kopf der Schrift (KGJ. 28 A 268), von wem er herruhrt. Über mündliche Anträge ist stets eine Niederschrift aufzunehmen. Stillschweigende Anträge sind mit Rücksicht auf Abs. 1 Satz 2 bis 4 nicht möglich.

6. Inhalt des Antrages. Aus ihm muß unzweideutig hervorgehen, daß eine Eintragung begehrt, nicht nur angeregt wird (KG. HRR. 38, 1124), ferner das einzutragende dingliche Recht und bei einer Hypothek die Forderung, für die sie bestellt werden soll, klar ersichtlich sein (KGJ. 47, 104). Liegt ihm eine Eintragungsbewilligung oder deren Ersatz (§ 19 Anm. 10) zugrunde, so muß sich sein Inhalt mit dem Inhalt jener decken (KGJ. 37 A 299; 43, 306). Bei mehreren Eintragungsbewilligungen, die nicht miteinander in untrennbarem Zusammenhange stehen, kann sich jedoch der Antrag auf eine Bewilligung beschränken, bei einer Zwangshypothek

[1]) Anhang S. 278. [2]) Anhang S. 314. [3]) Anhang S. 314. [4]) Anhang S. 162ff.
[5]) Anhang S. 158.

auf die Eintragung eines geringeren als des im Schuldtitel angegebenen Betrages (RGZ. 71, 315; KGJ. 37 A 299; 41, 248).

7. Der **Eingang des Antrages bei dem Grundbuchamt** gemäß Abs. 1 Satz 3 und 4 ist Voraussetzung für seine Gültigkeit. Bei Einsendung des Antrages gilt § 130 Abs. 1 Satz 2 und 2 BGB. Im Zeitpunkt der Absendung muß der Antragsteller rechtsfähig sein (KGJ. 44, 175; JFG. 3, 390; HRR. 32 Nr. 476). Da zur Entgegennahme des Antrags nur bestimmte Beamte zuständig sind (§ 1 Abs. 1 AusfVO.[1]), § 4 GeschO.[2]), so gilt der Antrag erst als eingegangen, wenn er dem zuständigen Beamten vorgelegt ist, auch im Falle der Protokollierung des Antrages durch einen unzuständigen Beamten, sonst im Augenbicke des Abschlusses, d. h. bei Unterzeichnung der Niederschrift durch den aufnehmenden Beamten. Auf den Zeitpunkt des Lesens des Antrags oder der Beurkundung des Einganges, die auch durch einen anderen (zuständigen) Beamten als den, der den Antrag entgegengenommen hat, erfolgen kann, kommt es nicht an. Wegen des Eingangsvermerks vgl. §§ 18—22 GeschO.[2]). Werden die Grundbücher von verschiedenen Amtsgerichten geführt, so ist jedes Amtsgericht zur Entgegennahme des Antrags nur bezüglich der Grundstücke zuständig, über die es das Grundbuch führt (KGJ. 34 A 289).

8. Wegen der **Zurücknahme des Antrages** vgl. § 31 Anm. 2.

9. **Antragsberechtigt** ist derjenige, dessen dingliches Recht an einem Grundstück oder Grundstücksrecht „betroffen" wird, d. h. durch Aufhebung, Übertragung, Belastung oder Änderung seines Ranges oder Inhalts eine Einbuße erleidet, und derjenige, zu dessen Gunsten eine Eintragung erfolgen, d. h. derjenige, der dadurch ein dingliches Recht erwerben oder dessen dingliches Recht von einer Belastung befreit werden oder einen günstigeren Rang oder Inhalt als bisher erhalten soll. Dies ist, wenn die Eintragung zum Zwecke der Rechtsänderung erfolgt, der wirklich Berechtigte (KGJ. 23 A 117; 28 A 94, 102; 45, 204), der als solcher eingetragen sein muß, wenn sie lediglich zum Zwecke der Grundbuchberichtigung stattfindet, auch der bloße Buchberechtigte. Zu Nachforschungen darüber, ob der eingetragene Berechtigte der wirklich Berechtigte ist, ist das GBA. nur verpflichtet und befugt, wenn bestimmte tatsächliche Anhaltspunkte für eine Unrichtigkeit vorhanden sind (vgl. § 19 Anm. 8), insbesondere die aus einer vorgelegten Urkunde, z. B. Testament hervorgehende Verfügungsbeschränkung des Berechtigten (Beschränkung des Erben durch mit Nachlaßverwaltung beauftragten Testamentsvollstrecker — OLG. München, JFG. 17, 187), die ihm das Antragsrecht nimmt. Nicht antragsberechtigt sind diejenigen, die durch die Eintragung nicht unmittelbar betroffen oder begünstigt werden, einmal diejenigen, bei denen diese Eintragung selbst noch keine Einbuße oder Gewinn bedeutet, vielmehr lediglich die Voraussetzung für die Zulässigkeit einer weiteren begünstigenden oder benachteiligenden Eintragung ist (Ausnahme: § 14) oder deren persönlichen Rechte lediglich durch die Eintragung begünstigt oder benachteiligt werden, z. B. derjenige, der ein Pfandrecht an einer Hypothek erwerben will, deren Eintragung noch nicht erfolgt, aber bereits bewilligt ist, oder dem ein Anspruch gegen den Grundstückseigentümer auf Bestellung einer Hypothek für einen Dritten zusteht, deren Eintragung bereits bewilligt ist, ferner diejenigen, deren dingliches Recht einen Verlust oder Gewinn lediglich deswegen erfährt, weil dies eine rechtsnot wendige Folge der auf Benachteiligung oder Begünstigung eines anderen Rechts gerichteten Eintragungen ist. So ist der nachstehende Hypothekengläubiger nicht befugt, die Löschung einer vorstehenden Hypothek zu beantragen, die deren Gläubiger und der Grundstückseigentümer bewilligt haben, trotz des ihm hieraus erwachsenden Ranggewinns, ebenso nicht der Inhaber des Pfandrechts an einer solchen Hypothek ,trotzdem durch die Löschung der Hypothek auch sein Pfandrechts erlischt, es sei denn, daß die Löschung auf Grund einer ihnen gegenüber übernommenen Verpflichtung erfolgt (Güthe-Triebel, § 13 Anm. 42; KGJ. 31, 346; 34 A 316; 47, 208). Diesen Personen steht nur insoweit ein Antragsrecht zu, als bei ihrem eigenen Recht eine Eintragung in Betracht kommt. Wollte man ihnen auch das Antragsrecht bezüglich des andern Rechts einräumen, so würde dies einen unzulässigen Eingriff in die Rechtssphäre desjenigen, dem das Verfügungsrecht hierüber zusteht, bedeuten. Dies trifft nicht zu, wenn die Eintragung zum Zwecke der Grundbuchberichtigung erfolgt. Hier werden sie durch die Berichtigung des anderen Rechts unmittelbar betroffen oder begünstigt und sind daher antragsberechtigt (§ 894 BGB.).

Die Antragsberechtigung muß zur Zeit der Erledigung des Antrages vorhanden sein.

Sind mehrere Antragsberechtigte vorhanden, z. B. Veräußerer und Erwerber bei der Auflassung, Eigentümer und Berechtigter bei Bestellung eines Grund-

[1]) Anhang S. 157. [2]) Anhang S. 250.

stücksrechts, bisheriger und neuer Gläubiger bei Abtretung einer Hypothek, so kann jeder sein Antragsrecht selbständig ausüben. Werden in bezug auf dasselbe Recht widersprechende Anträge gestellt, so gilt der frühere Antrag; bei gleichzeitigem Eingang sind sämtliche Anträge abzulehnen. Von Mitberechtigten (Miteigentümern)ist jeder einzelne Teilhaber antragsberechtigt (KGJ. 20 A 210, KG. OLG. 41, 155).

Das Antragsrecht kann durch Vertreter, für die Ehefrau im gesetzlichen Güterstande auch durch den Ehemann ausgeübt werden. Wegen der Vollmacht vgl. § 30. Der Nachweis der gesetzlichen Vertretungsmacht ist durch Vorlegung der Bestallung, Zeugnis des Registergerichts gemäß § 32 Abs. 1 usw. zu führen. Der Berichtigungsantrag kann auch von dem gestellt werden, dem das zu berichtigende Recht oder der Berichtigungsanspruch des Berechtigten nach Pfändung zur Einziehung überwiesen ist, ferner von dem Nießbraucher des Rechts. Zur Nachprüfung der Geschäftsfähigkeit des Antragstellers ist bei schriftlichen Anträgen der Grundbuchrichter nur in Zweifelsfällen verpflichtet (OLG. München JFG. 17, 187). Die Rechtsfähigkeit ist grundsätzlich nur bei juristischen Personen zu prüfen.

Antrag auf Berichtigung des Grundbuchs.

§ 14

Die Berichtigung des Grundbuchs durch Eintragung eines Berechtigten darf auch von demjenigen beantragt werden, welcher auf Grund eines gegen den Berechtigten vollstreckbaren Titels eine Eintragung in das Grundbuch verlangen kann, sofern die Zulässigkeit dieser Eintragung von der vorgängigen Berichtigung des Grundbuchs abhängt.

1. **Allgemeines.** § 14 erweitert das Antragsrecht zugunsten mittelbar Beteiligter und bezweckt, zu verhüten, daß böswillige Schuldner die Bestimmung des § 40 Abs. 1 dazu benutzen, um die Vollstreckung von Schuldtiteln, auf Grund deren eine Eintragung verlangt werden kann, zu vereiteln oder zu verzögern.

2. **Inhalt des Antragsrechts.** Beantragt werden kann lediglich die Berichtigung des Grundbuchs durch Eintragung des Berechtigten, mithin nicht die Eintragung einer Rechtsänderung, auch wenn der Antragsteller einen persönlichen Anspruch darauf hat (dieser ist ausschließlich im Wege der Zwangsvollstreckung durchzusetzen), ferner nicht eine Berichtigung, die nicht in der Eintragung des Berechtigten, sondern in einer Löschung oder Änderung des Rangs oder Inhalts eines Rechts besteht. Die Unrichtigkeit des Grundbuchs kann entweder darauf beruhen, daß das Recht des Schuldners überhaupt nicht oder eine unrichtige Person als Berechtigter eingetragen ist.

3. **Voraussetzungen des Antragsrechts.**

a) **Unrichtigkeit des Grundbuchs,** vgl. Ziff. 2.

b) **Vollstreckbarer Titel** des Antragstellers gegen den nicht eingetragenen Berechtigten. Gleichgültig ist, ob der Vollstreckungstitel auf Reichs- oder Landesrecht beruht. Sind Antragsteller oder Berechtigter Rechtsnachfolger des ursprünglichen Gläubigers oder Schuldners, so ist die Vollstreckungsklausel auf sie umzuschreiben (§§ 727 ff. ZPO.). Sonst ist Vollstreckungsklausel, auch Zustellungsurkunde nicht erforderlich. Steht das zu berichtigende Recht mehreren, z. B. Miterben, gemeinschaftlich zu, so muß der Vollstreckungstitel gegen sämtliche Berechtigte gerichtet sein (KG. in RJA. 10, 69, a. M. Braunschweig OLG. 2 S. 410 Anm. 3).

c) Der **Vollstreckungstitel als Eintragungsgrundlage.** Eine solche bildet er, wenn er auf Bewilligung einer Eintragung im Grundbuche — zum Zwecke der Rechtsänderung oder Berichtigung (nicht der auf Grund des § 14 beantragten) — lautet oder eine Geldforderung zum Gegenstand hat. Im letzteren Falle kann der Antragsteller auf Grund des Titels nach § 866 Abs. 1 ZPO. die Eintragung einer Sicherungshypothek oder die Zwangsversteigerung und Zwangsverwaltung mit der Folge beantragen, daß gemäß §§ 19 Abs. 1, 146 ZVG. zu seinen Gunsten eine Verfügungsbeschränkung eingetragen wird (KGJ. 37 A 273).

Da das Erfordernis einer 300 DM übersteigenden Forderung nach § 866 Abs.3 ZPO. nur für die Eintragung der Sicherungshypothek gilt, so ist es für das Antragsrecht aus § 14 nur dann zu beachten, wenn der Antragsteller ausdrücklich angibt, er wolle auf Grund des Titels eine Sicherungshypothek beantragen (KGJ. 27 A 276). Bei Unzulässigkeit der Zwangsversteigerung und Zwangsverwaltung entfällt auch das Antragsrecht aus § 14.

d) **Abhängigkeit der auf Grund des Titels zulässigen Eintragung von der Berichtigung.** Sie liegt vor unter den Voraussetzungen des § 39 Abs. 1. Vgl. die Anm. hierzu. Ausnahmefälle, in denen eine solche Abhängigkeit, mithin auch das Antragsrecht aus § 14, nicht gegeben ist, sind die der §§ 39 Abs. 2, 40 GBO. und 17, 146 ZVG.

4. Die **allgemeinen Voraussetzungen für die Berichtigung des Grundbuchs,** wie Bewilligung des Betroffenen oder Nachweis der Unrichtigkeit durch öffentliche Urkunden (§ 22), Vorlegung des Hypothekenbriefes usw. (§§ 41—43) müssen neben den besonderen Voraussetzungen des § 14 vorliegen. Erhält der Gläubiger des Berechtigten die hiernach erforderlichen Unterlagen nicht auf freiwilligem Wege, so muß er sie sich im Wege der Zwangsvollstreckung verschaffen. (Pfändung und Überweisung des Berichtigungsanspruchs des Schuldners, Geltendmachung des Anspruchs aus § 896 BGG. usw. RGZ. 94, 10; KGZ. 47 A 169).

Der materiellrechtliche Anspruch des Gläubigers gegen seinen Schuldner, seine Eintragung als Berechtigter selbst herbeizuführen, insbesondere der Anspruch aus § 895 BGB. wird durch die Bestimmung des § 14 nicht berührt.

5. § 14 ist entsprechend anzuwenden, wenn die Erledigung des **Ersuchens einer Behörde** von der vorherigen Berichtigung des Grundbuchs abhängt und die ihrem Ersuchen zugrundeliegende Verfügung gegen den Berechtigten wirksam ist (JFG. 16, 44). Vgl. auch § 38 Anm. 4.

Antragsrecht der Notare.

§ 15

Ist die zu einer Eintragung erforderliche Erklärung von einem Notar beurkundet oder beglaubigt, so gilt dieser als ermächtigt, im Namen eines Antragsberechtigten die Eintragung zu beantragen.

1. **Allgemeines.** § 15 ermächtigt den Notar, dem sein nach § 30 RNotO. bestellter Vertreter gleichsteht, unter bestimmten Voraussetzungen, den Antragsberechtigten bei Stellung des Eintragungsantrages zu vertreten, aus der Erwägung heraus, daß in dem geregelten Falle eine tatsächliche Vermutung für eine dahingehende rechtsgeschäftliche Vollmacht besteht (RGZ. 93, 68; 110, 360).

2. **Voraussetzungen der gesetzlichen Ermächtigung.**

a) Der Notar muß von einem deutschen Lande bestellt und noch im Amte sein (RGZ. 93, 71).

b) Beurkundung oder Beglaubigung einer zu einer Eintragung erforderlichen Erklärung, d. h. einer sich unmittelbar auf die Eintragung beziehenden Erklärung: Eintragungsbewilligung (§ 19), bei Hypotheken einschließlich des zugleich zugesicherten Rangvorbehalts (KG. JW. 37, 477), Berichtigungsbewilligung (§ 22), Abtretungs- und Verpfändungserklärung (§ 26), Zustimmungserklärung (§§ 22 Abs. 2, 27), Auflassungserklärung (Art. I § 1 VO. v. 11. 5. 34, RGBl. I S. 378)[1]), Erklärung wegen sofortiger Vollstreckbarkeit (§ 800 ZPO.), nicht dagegen Beurkundung oder Beglaubigung des Grundgeschäfts, Abschriftsbeglaubigung einer Eintragungsbewilligung (München JFG. 20, 128), von Vollmachtserklärungen, Testamenten oder sonstigen zur Eintragung erforderlichen Legitimationsurkunden. Entwurf ohne Beglaubigung genügt nicht. Beurkundung oder Beglaubigung eines eine Erklärung der obigen Art nicht enthaltenden Eintragungsantrages gibt dem Notar nur das Recht, den Antrag als Bote weiterzureichen (KGJ. 21 A 133, 23 A 165, 28 A 88, 32 A 284). Ist neben dem Antrage auch die zur Eintragung erforderliche Erklärung beurkundet, so hindert die Beurkundung des Antrags wie überhaupt das Vorliegen eines Antrags den beteiligten Notar nicht, den Antrag auf Grund der gesetzlichen Ermächtigung selbst zu stellen (KGJ. 32 A 284, 38 A 196; JFG. 9, 201). In diesem Falle muß das Schreiben an das Grundbuchamt deutlich erkennen lassen, daß er nicht als bloßer Bote handle. Enthält das Schreiben die ausdrückliche Bitte, den gestellten Anträgen stattzugeben, so wird darin regelmäßig ein Antrag aus § 15 liegen (KGJ. 44, 173; JFG. 9, 201, zweifelnd OLG. München DNZ. 43, 261, dagegen mit Recht Luther in der Anm. daselbst). Sind mehrere Notare als Urkundsperson tätig, so sind sie sämtlich antragsberechtigt.

3. **Inhalt und Umfang der Ermächtigung des Notars.** Abgesehen von dem formalen Eintragungsantrage ist der Notar nicht ermächtigt, Erklärungen namens der Beteiligten abzugeben, insbesondere nicht Eintragungsbewilligungen, auch nicht zum Zwecke der Ergänzung, Berichtigung und Abänderung der von ihm beurkundeten Erklärungen, z. B. Angabe des Alleininhabers einer Firma, für die (bestimmungswidrig) ein Recht eingetragen werden soll, Nachholung der fehlenden Grundstücksbezeichnung (KGJ. 21 A 125, 22 A 294), Zustimmung zur Hypo-

[1]) Anhang S. 310.

thekenlöschung namens des Eigentümers (KGJ. 21 A 96), Bestimmung des Rangverhältnisses. mehrerer gleichzeitig einzutragender Hypotheken (KGJ. 26 A 83 Antrag auf Aushändigung des Hyopthekenbriefs an den Gläubiger abweichend von § 60 Abs. 1 (KGJ. 30 A 275). Beantragt werden kann nur eine Eintragung, auf die sich die beurkundete oder beglaubigte Erklärung unmittelbar bezieht, mithin nicht die Berichtigung des Grundbuchs, wenn der Notar die Auflassung beurkundet hat, selbst wenn diese Berichtigung zur Eintragung des neuen Erwerbers in das Grundbuch notwendig ist (KGJ. 26 A 245), nicht die Eintragung einer Auflassungsvormerkung, wenn er nicht die Bewilligung hierzu beurkundet hat (JFG. 8, 209). Innerhalb dieses Rahmens kann er dem Antrage jeden Inhalt geben, zu dem die Antragsberechtigten selbst befugt sind, insbesondere von mehreren bewilligten (nicht im inneren Zusammenhang stehenden) Eintragungen nur eine (KG. DNZ. 37, 52), oder die eine Eintragung später als die andere (mit der Folge des § 17) beantragen oder eine Bestimmung nach § 16 Abs. 2 treffen. Liegt bereits ein Antrag des Antragsberechtigten selbst vor, so darf er sich nicht in Widerspruch mit diesem setzen (RGZ. Bd. 60, 395; KGJ. 22 A 294).

Für welchen der Antragsberechtigten, auch für solche, deren Erklärungen er nicht beglaubigt hat oder die überhaupt keine Erklärungen abgegeben haben (KGJ. 21 A 93; 22 A 295; KG. HRR. 29, Nr. 760), der Notar den Antrag stellen will, liegt in seinem Ermessen. Mangels Angabe, die regelmäßig in dem Hinweis auf bestimmte bereits gestellte Anträge zu sehen ist, gilt der Antrag als für sämtliche Antragsberechtigte gestellt (KGJ. 21 A 93, 24 A 91, 25 A 278, 38 A 196; KG. HRR. 32 Nr. 1468; RGZ. 110, 361). Mit Erlöschen des Antragsrechts, z. B. infolge Geisteskrankheit des Antragsberechtigten, Verlust des Vertretungsbefugnis des Geschäftsführers einer G. m. b. H., Antragsverbots durch einstweilige Verfügung erlischt auch die Ermächtigung des Notars. Die Antragsberechtigten können die Ermächtigung des Notars von vornherein ausschließen oder nachträglich widerrufen (KGJ. 22 A 276; 44, 170).

Der Notar, der einen Eintragungsantrag gestellt hat, ist ermächtigt, den Antrag wieder zurückzunehmen (§ 26 RNotO.) und die von ihm überreichten Urkunden vom Grundbuchamt wieder zurückzufordern (KGJ. 44, 173), ferner gegen die Ablehnung des Antrags namens des Antragsberechtigten Beschwerde einzulegen (KGJ. 32 A 284), niemals jedoch im eigenen Namen, auch nicht bei drohenden Schadensersatzansprüchen (Güthe-Triebel § 15 Anm. 22). Daß der Beteiligte selbst den Antrag gestellt hat, steht dem Beschwerderecht des Notars nicht entgegen (JFG. 9, 201). An ihn sind ferner die Benachrichtigungen nach § 55 zu richten (KGJ. 38 A 194).

Stellt der Notar außerhalb des Bereichs seiner gesetzlichen Vertretungsmacht Eintragungsanträge, so kann der Grundbuchrichter von einem besonderen Vollmachtsnachweis absehen.

Anträge unter Vorbehalt.

§ 16

(1) Einem Eintragungsantrage, dessen Erledigung an einen Vorbehalt geknüpft wird, soll nicht stattgegeben werden.

(2) Werden mehrere Eintragungen beantragt, so kann von dem Antragsteller bestimmt werden, daß die eine Eintragung nicht ohne die andere erfolgen soll.

1. Allgemeines. Die Vorschrift erklärt den Grundbuchrichter grundsätzlich nur zur Prüfung der gesetzlichen Voraussetzungen einer beantragten Eintragung für verpflichtet und verbietet demgemäß — mit der Ausnahme des Abs. 2 — den Vollzug der Eintragung daneben noch von einer durch den Antragsteller gewillkürten Voraussetzung abhängig zu machen.

2. Der Vorbehalt, an den die Erledigung eines Eintragungsantrages geknüpft wird, kann in einer Bedingung oder Befristung, der späteren Änderung oder Zurücknahme des Antrages, dem Eintritt oder Nichteintritt einer in der Vergangenheit liegenden Tatsache bestehen. Wird die Eintragung an das Vorliegen einer gesetzlichen Voraussetzung geknüpft, so ist der Vorbehalt unschädlich. Der Antrag auf Eintragung von Zahlungsbestimmungen einer Hypothek, „soweit sie eintragungsfähig sind", ist zulässig, wenn der Zusatz nur zwecks Verhütung der Ablehnung des ganzen Antrages gemacht wird. Dies ist im Zweifel anzunehmen. (KG. OLG. 26, 185). Darüber, daß auch die Eintragungsbewilligung nicht unter einem Vorbehalt erklärt werden kann, vgl. Anm. 5 zu § 19. Unschädlich ist ein Vorbehalt, der erst nach der Eintragung erledigt und durch diese seichergestellt werden soll, z. B. der Rangvorbehalt nach § 881 BGB.

3. Der **Ablehnung eines unter Vorbehalt gestellten Antrages** kann eine Zwischenverfügung gemäß § 18 vorausgehen, durch die der Antragsteller zur Stellung eines vorbehaltlosen Antrages aufgefordert wird. Diese ist zulässig, da hierdurch nur eine Einschränkung des Antrages verlangt wird (JFG. 19, 135; Güthe-Triebel § 18, Anm. 8; Henke-Mönch § 16, Anm. 4; a. M. Hesse § 16, Anm. 3; KGJ. 31, 254; KG. JW. 31, 1100).

4. Die **Beantragung mehrerer Eintragungen** im Sinne des Abs. 2, die nicht schon in dem Antrag auf Eintragung mehrerer Bestimmungen eines Rechts liegt (KGJ. 39 A 257), braucht nicht von demselben Antragsteller auszugehen und kann sich auf verschiedene Grundbuchblätter beziehen. Die Anträge brauchen nicht gleichzeitig gestellt zu sein, müssen jedoch bei der Bestimmung des Abs. 2 bereits vorliegen (Güthe-Triebel, § 16, Anm. 12). Dasselbe gilt, wenn sie zwar gleichzeitig gestellt sind, aber zu verschiedenen Zeiten beim Grundbuchamt eingehen. Der Vorbehalt, einen gestellten Antrag erst nach einem in Aussicht gestellten weiteren Antrag zu vollziehen, fällt unter Abs. 1 (KG. JW. 38, 2226).

5. Die **Bestimmung des Abs. 2** kann nur der Antragsberechtigte treffen. Doch kann auch in der Bewilligung die Erklärung enthalten sein, daß die bewilligte Eintragung nicht ohne eine andere erfolgen darf. Die Bestimmung wird häufig als stillschweigend gewollt anzusehen sein, namentlich wenn die verschiedenen Eintragungen im inneren Zusammenhang, z. B. im Verhältnis der Zugumzugleistungen (Eintragung des Käufers und der Restkaufhypothek) stehen (KGJ. 35 A 195; JFG. 3, 341; 7, 343) oder bei Auflassung mehrerer Grundstücke auf Grund eines Teilungsvertrages (OLG. München JFG. 21, 102), nicht schon bei einer bloß äußerlichen Vereinigung der Anträge in einer Urkunde.

6. Das hier Gesagte gilt entsprechend für das **Ersuchen von Behörden** nach § 38 GBO.

7. Abs. 2 ist nur **Ordnungsvorschrift.** Ein Verstoß macht weder das Grundbuch unrichtig, noch ist der Antragsteller beschwerdeberechtigt. Jedoch ist ihm der Staat zum Schadensersatz verpflichtet.

Behandlung mehrerer Anträge.

§ 17

Werden mehrere Eintragungen beantragt, durch die dasselbe Recht betroffen wird, so darf die später beantragte Eintragung nicht vor der Erledigung des früher gestellten Antrags erfolgen.

1. **Allgemeines.** § 17 dient einerseits zur Ergänzung des § 45, indem dadurch der früher beantragten Eintragung auch für den Fall der Rang von der später beantragten gesichert werden soll, daß jener ein Hindernis entgegensteht, soll andererseits verhüten, daß durch die später beantragte Eintragung eine früher beantragte Eintragung unzulässig wird.

2. **Die zu verschiedenen Zeiten eingehenden Anträge** — auf den Eingang der Eintragungsbewilligungen kommt es nicht an — müssen mehrere Eintragungen betreffen.

3. Durch sämtliche Eintragungen muß **dasselbe Recht** (Eigentum, beschränktes dingliches Recht oder Recht an einem Grundstücksrecht) **betroffen** werden. Dies ist nicht der Fall, wenn sich die Eintragungen auf verschiedene Rechte an demselben Grundstück oder auf verschiedene Teile desselben Rechts beziehen. Ein Recht wird durch mehrere Eintragungen betroffen, wenn diese in einem bestimmten Rangverhältnis zueinander stehen oder sich gegenseitig ausschließen oder beschränken (KGJ. 38 A 262; Dresden JFG. 2, 447) oder wenn die früher beantragte Eintragung die später beantragte erst zulässig macht (§ 39 Abs. 1). Wegen des umgekehrten Falles vgl. Anm. 5. Eintragungen, zwischen denen nicht dieses Abhängigkeitsverhältnis, auch keine Rangbeziehung besteht, kommen, auch wenn durch sie das gleiche Recht betroffen wird, nicht in Betracht. (Z. B. Neubegründung eines dinglichen Rechts und Änderung des Inhalts eines bestehenden Rechts, die beide das Eigentum betreffen.)

4. Die **Erledigung des früher gestellten Antrages** kann in der beantragten Eintragung, in der Ablehnung des Eintragungsantrages (trotz Einlegung der Beschwerde, solange ihr nicht stattgegeben ist), in der Eintragung einer Vormerkung oder eines Widerspruchs im Falle des Erlasses einer Zwischenverfügung (§ 18 Abs. 2 Satz 1

Halbs. 2) oder in der Zurücknahme des Antrages bestehen (KG. HRR 31 Nr. 125; Dresden JFG. 2, 447).

5. Nur die **Erledigung** des später gestellten Antrages **durch Eintragung** ist verboten, nicht dagegen der Erlaß einer Zwischenverfügung oder die Ablehnung des später gestellten Eintragungsantrages. Ist der alleinige Ablehnungsgrund die Unzulässigkeit der Eintragung infolge der früher beantragten Eintragung oder das Fehlen dieser Eintragung, so darf die Ablehnung vor Erledigung des früheren Antrages nicht erfolgen.

Trotz Eingangs zu verschiedenen Zeiten sind die Anträge gleichzeitig zu erledigen, wenn gemäß § 16 Abs. 2 bestimmt wird, daß die früher beantragte Eintragung nicht ohne die später beantragte erfolgen soll. Die Bestimmung, daß die früher beantragte Eintragung nach der später beantragten vollzogen werden soll, bedarf der Form des § 29, weil darin eine teilweise Zurücknahme des früheren Antrages liegt (§ 31). Eine solche Bestimmung gilt als stillschweigend getroffen, wenn die früher beantragte Eintragung erst nach der später beantragten zulässig ist, z. B. bei Bewilligung einer Hypothek durch den Käufer eines Grundstücks, dessen Eintragung als Eigentümer erst nach Eingang des Hypothekeneintragungsantrags durch den bisherigen Eigentümer beantragt wird, bei Eintragung des Schuldners als Eigentümer und der Sicherungshypothek nach § 848 ZPO. (JFG. 2, 448; 7, 342). Eine weitere Ausnahme bildet der Fall des § 130 Abs. 3 ZVG.

6. Ein **Verstoß gegen § 17** hat keine unmittelbaren materiellrechtlichen Folgen, begründet aber unter den Voraussetzungen des § 839 BGB. eine Schadenersatzpflicht gegenüber dem geschädigten Beteiligten (RG. HRR. 36, 257).

Behandlung unbegründeter Anträge.

§ 18

(1) Steht einer beantragten Eintragung ein Hindernis entgegen, so hat das Grundbuchamt entweder den Antrag unter Angabe der Gründe abzuweisen oder dem Antragsteller eine angemessene Frist zur Hebung des Hindernisses zu bestimmen. Im letzteren Fall ist der Antrag nach dem Ablauf der Frist zurückzuweisen, wenn nicht inzwischen die Hebung des Hindernisses nachgewiesen ist.

(2) Wird vor der Erledigung des Antrags eine andere Eintragung beantrgt, durch die dasselbe Recht betroffen wird, so ist zugunsten des früher gestellten Antrags von Amts wegen eine Vormerkung oder ein Widerspruch einzutragen; die Eintragung gilt im Sinne des § 17 als Erledigung dieses Antrags. Die Vormerkung oder der Widerspruch wird von Amts wegen gelöscht, wenn der früher gestellte Antrag zurückgewiesen wird.

1. **Allgemeines.** § 18 Abs. 1 gibt zwecks Vermeidung unnötiger Härten dem Grundbuchrichter das Recht, unter bestimmten Voraussetzungen von der Zurückweisung unbegründeter Anträge einstweilen abzusehen, wenn für den Antragsteller die Möglichkeit besteht, die Mängel seines Antrages nachträglich zu beseitigen. Dem Antragsteller, dem die — durch Zwischenverfügung aufzugebende — Beseitigung des Eintragungshindernisses gelingt, bleiben auf diese Weise für den Fall der späteren Eintragung die Rechtsvorteile, die er durch den Eingang seines Antrages erlangt hat, erhalten. Da die Zwischenverfügung nach § 17 an sich eine Sperrung des Grundbuchs gegen später gestellte Eintragungen bedeuten würde, gibt Abs. 2 die Möglichkeit, diese Sperrung durch Eintragung einer Vormerkung oder eines Widerspruchs zu beseitigen.

2. Ob **das der beantragten Eintragung entgegenstehende Hindernis** auf formellem oder materiellem Recht beruht, ist gleichgültig. Das in Abs. 1 vorgeschriebene Verfahren hat einzutreten, wenn das Hindernis zur Zeit der Erledigung (nicht des Eingangs) des Antrags vorliegt.

3. Die **Zwischenverfügung** ist **unzulässig,** wenn die Beseitigung des Mangels unmöglich ist, z. B. das Grundbuchamt unzuständig (hier ist Abgabe an das zuständige GBA. möglich), der Eintragung ein absolutes Verfügungsverbot entgegensteht, wenn bei einem Berichtigungsantrage noch keine Unrichtigkeit des Grundbuchs vorliegt (KG. DR. 44, 124), wenn ferner auch eine Eintragung nach Hebung des Hindernisses nicht erfolgen kann (OLG. München HRR. 37, 262), das einzutragende Recht (Widerspruch, Vormerkung, Verfügungsbeschränkung) überhaupt nicht eintragungsfähig ist (anders wenn eine Nebenbestimmung eines an sich eintragungsfähigen Rechts nicht eingetragen werden darf, was auch die Eintragung einer Vormerkung nach Abs. 2 nicht hindert — JFG. 4, 404), wenn ferner das Eintragungshindernis darauf beruht, daß eine zur Entstehung des einzutragenden Rechts notwendige Voraussetzung nicht vorliegt und der nachträg-

liche Eintritt dieser Voraussetzung keine rückwirkende Kraft hat (RGZ. 106, 80), so daß die Rangsicherung, die nach § 18 Abs. 2 der Zweck der Zwischenverfügung ist, nach der Art des Mangels nicht möglich ist (KGJ. 39 A 166; JFG. 1, 302). Beispiele hierfür sind Anträge auf Eintragung der Pfändung eines Briefrechts, solange der Brief nicht in den Besitz des Pfändungsgläubigers gelangt ist (JFG. 14, 144), ohne Zurückweisung gilt bei späterer Wegnahme des Briefes der Antrag in diesem Zeitpunkt als eingegangen im Sinne des § 17 — ferner Eintragungsanträge, bei denen der Verfügende nach materiellem Recht nicht verfügungsberechtigt ist und die nachträgliche Heilung des Rechtsmangels auf Grund des § 185 BGB. keine rückwirkende Kraft hat (nachträglicher Erwerb des Rechts oder Beerbung des Berechtigten durch den Verfügenden — KGJ. 39 A 166; JFG. 1, 303). Entgegen der bisher herrschenden Ansicht unterliegen auch Anträge auf Zwangseintragungen, bei denen die Voraussetzungen für die Zwangsvollstreckung nicht vollständig vorliegen (Vollstreckungsklausel, Zustellung, namentliche Bezeichnung der Schuldner, Nachweis des Annahmeverzuges, Fälligkeit der Forderung, Nichtvornahme der Verteilung nach § 867 Abs. 2 ZPO.) nicht der unbedingten Zurückweisung, da nach richtiger Meinung (so schon KG. OLG. 42, 40 — für den Fall des § 867 Abs. 2 ZPO. —) die nachträgliche Vornahme der fehlenden Handlung, sofern es sich nicht um grundlegende Voraussetzungen der Zwangsvollstreckung handelt, mit rückwirkender Kraft den bisherigen Fehler heilt (Baumbach ZPO. Anm. 8 vor § 704 und unter Aufgabe der bisherigen Rechtsprechung grundsätzlich KG. DR. 40, 406). Hier ist also eine Zwischenverfügung möglich und häufig am Platz. Anders die nach § 184 BGB. zurückwirkende Genehmigung des Berechtigten (JFG. 1, 303). Genehmigungen, die nicht Rechtsgeschäfte, sondern Staatshoheitsakte darstellen, haben in entsprechender Anwendung des § 184 BGB. regelmäßig rückwirkende Kraft, auch die Genehmigung nach Art. IV. des KRG. Nr. 45[1]), Art. IV. der MilRegVO. Nr. 84[2]), § 17 der HöfO.[3]), MRGes. Nr. 52, so daß ihr Fehlen dem Erlaß einer Zwischenverfügung nicht entgegensteht.

4. In diesem und allen anderen Fällen steht es in dem freien **Ermessen des Grundbuchrichters, ob er zurückweisen oder eine Frist bestimmen will.** Dieses Ermessen ist vom Grundbuchrichter unter verständiger Abwägung der sich gegenüberstehenden Interessen anzuwenden (RGZ. 125, 112) und unterliegt der Nachprüfung in der Beschwerdeinstanz, da der Antragsteller zwecks Erhaltung seines Rangrechts den Erlaß einer Zwischenverfügung beanspruchen kann, wenn eine solche den Umständen nach am Platze ist (KGJ. 24 A 83; 44, 269; 48, 161; 51, 169). Eine Zwischenverfügung hat hiernach zu erfolgen, wenn das Hindernis in einer nach Lage der Umstände des Einzelfalles angemessenen Frist durch Ergänzung, Klarstellung oder Einschränkung des ursprünglichen Antrages (vgl. auch KG. OLG. 36, 415), auch Zurücknahme eines von mehreren nicht im Sinne von § 16 Abs. 2 GBO. verbundenen (JFG. 12, 268) Anträgen (KGJ. 37 A 212; 39 A 255; 40, 129; 44, 264; 46, 179; JFG. 1, 349; 4, 315) behoben werden kann. Beispiele sind: Fehlen der Voraussetzungen der §§ 39, 40 GBO. (RGZ. 62, 140; KGJ. 34 A 227; 37 A 255; 42, 223), unrichtige Bezeichnung des Grundbuchs (KGJ. 51, 161), Fehlen der Grunderwerbssteuerbescheinigung (KGJ 51, 149), Nichausübung des gesetzlichen Vorkaufsrechts des gemeinnützigen Siedlungsunternehmens oder des Heimstättenausgebers (KGJ. 53, 161). Dagegen hat in der Regel Zurückweisung zu erfolgen, wenn die Hebung des Hindernisses infolge großer Schwierigkeiten gar nicht oder erst in längerer Zeit zu erwarten ist oder wenn der Antragsteller den Mangel gekannt und ersichtlich auch nicht mit einer anderen Rechtsansicht des Grundbuchamts gerechnet hat (KGJ. 50, 136).

Eine Aussetzung des Verfahrens zwecks Gewinnung weiterer Unterlagen ist nicht zulässig (KG. HRR. 30 Nr. 1505; 32 Nr. 1495).

5. Die **Zurückweisung des Eintragungsantrages** erfolgt schriftlich oder zu Protokoll, in den Gründen ist das der Eintragung entgegenstehende Hindernis zu bezeichnen. Einer förmlichen Zustellung an den Antragsteller bedarf es nicht, da die Beschwerde nicht an eine Frist gebunden ist (§ 16 Abs. 2 FGG.) Erkennt der Richter nachträglich, daß der Eintragungsantrag zu Unrecht zurückgewiesen wurde, so wird er zum mindesten den Antragsteller von der Änderung seiner Ansicht in Kenntnis setzen müssen (KG. DFG. 36, 258), wenn er nicht ohne weiteres dem Antrage stattgeben will. Hierzu ist er unter Aufhebung der zurückweisenden Verfügung ebenso wie zum Erlaß einer Zwischenverfügung, solange das Beschwerdegericht nicht entschieden hat, befugt, soweit der Eintragung nicht inzwischen eingetragene neue Rechte entgegenstehen (KGJ. 25, 122), anders, wenn das Beschwerdegericht die zurückweisende Verfügung bestätigt hat. Einem neuen Antrage gleichen Inhalts kann indes trotz dieser Entscheidung der Grundbuchrichter unter Aufgabe

[1]) Anhang S. 299. [2]) Anhang S. 302. [3]) Anhang S. 304.

seiner früheren Ansicht stattgeben, da Entscheidungen in Grundbuchsachen nicht der materiellen Rechtskraft fähig sind (KGJ. 44, 301).

6. Die **Zwischenverfügung.** Die Fristbestimmung hat ausdrücklich zu erfolgen. Erbietet sich der Antragsteller von vornherein, Mängel binnen einer bestimmten Frist zu beseitigen, oder stellt er den Antrag aus diesem Grunde schlechthin befristet, so kann der Grundbuchrichter, wenn dadurch nicht die Interessen Dritter gefährdet werden, die Entscheidung bis zum Ablauf der Frist aussetzen (KGJ. 26 A 238). Doch gilt dann der Antrag mit dem Ablauf der Frist als neu gestellt (KGJ. 31 A 250; 34 A 312). Die Wirkungen der Zwischenverfügung treten nicht ein. Eine beschwerdefähige Zwischenverfügung liegt nicht vor, wenn diese nicht zur Behebung eines Hindernisses dient, sondern den Zweck hat, den Antragsteller zur Zurücknahme seines Antrages zu veranlassen (OG. Danzig, Danz. JZ. 38, 13). Für die Berechnung der Frist, die genau angegeben sein muß (KGJ. 48, 163), gelten gemäß § 17 FGG. die §§ 186ff. BGB. Sie beginnt mit Ablauf des Tages der Zustellung der Zwischenverfügung Bei Antragstellung durch einen Notar nach § 15 ist diesem die Zwischenverfügung zuzustellen. (KGJ. 38 A 194). Eine dem Grundbuchamt nachträglich mit Rücksicht auf die besondere Sachlage zu kurz erscheinende Frist kann, soweit die übersichtliche Erledigung der Eintragung dies zuläßt, von Amts wegen oder auf Antrag nach Ablauf der Frist verlängert werden (KGJ. 20 A 275), auch auf Antrag desjenigen, der eine andre von der beanstandeten abhängige Eintragung beantragt hat (JFG. 1, 305). Bei unangemessenen kurzen Fristen tritt die an die Fristversäumnis geknüpfte Verwirkungsfolge nicht ein (LG. Aschaffenburg DR. 41, 1557). Die Zwischenverfügung muß sämtliche zu beseitigenden Anstände genau bezeichnen und einen Hinweis darauf enthalten, welche Schritte der Antragsteller zur Hebung der Hindernisse zu tun habe (KGJ. 44, 291; 50, 229; 52, 208; RGZ. 34, 274). Dabei sind, wenn es mehrere Wege gibt, sämtliche anzugeben (KG. JW. 35, 3042). Bei Änderung seiner Ansicht oder der Rechtslage kann der Grundbuchrichter schon vor Ablauf der Frist unter Aufhebung der Zwischenverfügung den Antrag endgültig zurückweisen oder ihm stattgeben, ersteres selbst dann, wenn zugunsten des Antragstellers nach Abs. 2 eine Vormerkung oder ein Widerspruch eingetragen ist (KGJ. 46, 3). Es ist zulässig, eine Verfügung des Grundbuchrichters, durch die die Erledigung eines Eintragungsantrages von der Vorschußzahlung abhängig gemacht wird, mit einer — die Höhe des Vorschusse ziffernmäßig angebenden — Zwischenverfügung zu verbinden, die die Nichtzahlung des Vorschusses als Eintragungshindernis behandelt (OLG. München JFG. 17, 392; 18, 20). Die Zwischenverfügung kann von dem Antragsteller sowohl hinsichtlich der Frist wie auch hinsichtlich der vom Grundbuchrichter erhobenen Anstände (auch einzelner) angefochten werden und zwar auch noch nach Fristablauf (KGJ. 20 A 125; 43, 139; 45, 204; 46, 179; 51, 276). Die Beschwerde kann nur mit dem Ziel der sofortigen Vornahme der Eintragung oder einer Fristverlängerung, nicht einer sofortigen Zurückweisung des Antrages eingelegt werden (KG. DR. 43, 705). Das Hindernis darf zur Zeit der endgültigen Entscheidung noch nicht behoben sein, damit Zurückweisung stattfindet. Im Falle der Beschwerde wird regelmäßig die Entscheidung des Beschwerdegerichts abzuwarten sein, da die endgültige Zurückweisung des Antrags die Beschwerde gegenstandslos machen würde (KGJ. 51, 276). Bei Bestätigung der Zwischenverfügung darf das Grundbuchamt die nunmehr erfolgende Zurückweisung des Antrags nur aufheben, wenn auf weitere Beschwerde die Zwischenverfügung aufgehoben wird, und zwar auch dann, wenn gegen den Ablehnungsbeschluß Beschwerde eingelegt, hierüber aber noch nicht entschieden ist (JFG. 6, 250). Gegen die Entscheidung des Rechtspflegers ist der Grundbuchrichter anzurufen (§ 3 Abs. 1d REntlVfg.[1])); dieser hat den Antrag, wenn er die Zwischenverfügung für gerechtfertigt hält, nicht wegen Nichtbeseitigung des gerügten Hindernisses zurückzuweisen, vielmehr die Zwischenverfügung zu bestätigen (KG. HRR. 41, 604). Erst hiergegen steht die Beschwerde zu. Eine Zurückweisung des Antrages darf dann nicht erfolgen, wenn das durch den Antragsteller zu beseitigende Hindernis ein anderes ist als das in der Zwischenverfügung gerügte; in diesem Falle ist eine neue Zwischenverfügung zu erlassen (JFG. 12, 336).

7. **Eintragung einer Vormerkung oder eines Widerspruchs.** Voraussetzung hierfür ist nicht der Erlaß einer Zwischenverfügung, vielmehr nur, daß der erste Antrag infolge eines ihm entgegenstehenden Hindernisses bei Eingang eines dasselbe Recht betreffenden zweiten Antrages noch keine Erledigung gefunden hat und seine sofortige Zurückweisung noch nicht geboten ist. Es kommen mithin auch die Fälle in Betracht, in denen der Grundbuchrichter den ersten Antrag ohne Erlaß einer Zwischenverfügung zurückgelegt hat oder zwei Anträge, von denen der eine Mängel

---

[1]) Anhang S. 270.

aufweist, gleichzeitig eingehen. Der zweite Antrag muß ferner begründet und unabhängig von dem ersten Antrag sein. Über das Betroffensein desselben Rechts durch die Anträge vgl. § 17 Anm. 3.

Die Vormerkung setzt einen persönlichen Anspruch des Antragstellers auf die von ihm beantragte Rechtsänderung, der Widerspruch die tatsächliche Unrichtigkeit des Grundbuchs nicht voraus. Ihre Rechtsgrundlage bilden vielmehr ausschließlich die formellen, vom Grundbuchrichter beanstandeten Anträge auf Eintragung einer Rechtsänderung (Vormerkung) oder einer Grundbuchberichtigung (Widerspruch), deren Schutze die Vereitelung oder Beeinträchtigung durch die Erledigung späterer Anträge sie dienen. Auf die Vormerkung finden mithin die §§ 883 ff. BGB., auch § 24 KO. keine Anwendung (RGZ. 55, 340; 62, 275; 110, 207; KGJ. 39 A 176; 53, 109; HRR. 32 Nr. 1773; 33 Nr. 139, 606; JFG. 7, 341). Der Eintragung der Vormerkung steht nicht entgegen, daß der vorzumerkende Inhalt der endgültigen Eintragung nicht zulässig ist (JFG. 4, 404), ihrer Wirksamkeit ferner nicht, daß eine Zwischenverfügung nicht hätte erlassen werden dürfen (HRR. 33 Nr. 139). Nach Eintragung der Vormerkung oder Widerspruch steht der Erledigung des später gestellten Antrages nichts im Wege (§ 17).

Wird diesem Antrage ohne vorherige Eintragung der Vormerkung oder des Widerspruchs entsprochen und dadurch die zuerst beantragte Eintragung unzulässig oder im Range schlechter als die später beantragte, so ist Nachholung der Eintragung nicht mehr zulässig (KGJ. 26 A 244; KG. OLG. 3, 305).

Außer im Falle der Zurückweisung sind die Vormerkung oder der Widerspruch zu löschen bei Zurücknahme des ersten Antrages und bei Löschung der später beantragten Eintragung, Bei rechtzeitiger Beseitigung der Anstände des ersten Antrages wird die endgültige Eintragung an der durch Vormerkung (Widerspruch) gesicherten Stelle vorgenommen (§ 19 GBVfg.)[1]. Die Entscheidung darüber, ob dem Antrage stattgegeben werden darf, ist jedoch so zu treffen, als ob die Vormerkung (der Widerspruch) nicht eingetragen wäre. Wird dadurch, daß dem durch die Vormerkung gesicherten Anspruch stattgegeben wird, die zweite Eintragung unzulässig, z. B. die Eintragung des Pfandrechts an einer Hypothek, deren Abtretung vorgemerkt war, so ist diese, da sie von vornherein nur unter dem aus der Vormerkung sich ergebenden Vorbehalt erfolgt ist, von Amts wegen zu löschen. §§ 888 BGB., 22 Abs. 2 GBO. finden hier keine Anwendung (RGZ. 110, 207; KGJ. 53, 109; JFG. 2, 445; 7, 342; 8, 286; HRR. 31 Nr. 125). Die Löschung ist, auch wenn sie zu Unrecht unterblieben ist, nachzuholen, es sei denn, daß bereits auf Grund der späteren Eintragung ein gutgläubiger Rechtserwerb stattgefunden hat (KGJ. 53, 112). Vorstehendes gilt nicht für einen nach der Eintragung der Vormerkung eingetragenen Zwangsversteigerungsvermerk (JFG. 1, 310).

Wird der Antrag, den die Vormerkung schützen soll, zurückgewiesen, so ist die Vormerkung von Amts wegen zu löschen; wird das unterlassen, so ist sie trotzdem hinfällig und verliert ihre rangsichernde Wirkung, so daß sie auch dann nachträglich zu löschen ist, wenn sich im Beschwerdeverfahren ergibt, daß die Zurückweisung des Antrags zu Unrecht erfolgt ist (JFG. 23, 143).

Eintragungsbewilligung.

§ 19

Eine Eintragung erfolgt, wenn derjenige sie bewilligt, dessen Recht von ihr betroffen wird.

1. **Allgemeines.** Das hier aufgestellte formelle Konsensprinzip beruht auf der Erwägung, daß die Prüfung, ob die nach materiellem Recht neben der Eintragung zu der dadurch bezweckten Rechtsänderung oder Rechtsaufhebung erforderlichen rechtsgeschäftlichen Erklärungen vorliegen, für den Grundbuchrichter eine unnötige Erschwerung seiner Tätigkeit bedeuten würde. Das Gesetz erklärt daher grundsätzlich als ausreichende Unterlage für einen Eintragungsantrag die rein formelle Bewilligung desjenigen, dessen Recht von der Eintragung betroffen wird, erfordert sie aber selbst dann, wenn die materiell-rechtlichen Erklärungen vorliegen, aber nicht den Erfordernissen einer Eintragungsbewilligung entsprechen, oder wenn die Eintragung nicht eine Rechtsänderung, sondern eine Grundbuchberichtigung bezweckt (KGJ. 36 A 172; 39 A 179; 242; 40 A 154; 42, 217; RGZ. 73, 156; 141, 377; KG. OLG. 3, 226).

2. Über den **Begriff der Eintragung** vgl. Anm. 2 zu § 13.

3. **Rechtliche Natur der Bewilligung.** Sie gehört ausschließlich dem formellen Recht an und ist daher steng zu scheiden von der nach materiellem Recht

[1]) Anhang S. 167

zu der Rechtsänderung erforderlichen Willenserklärung des Betroffenen, gleichgültig, ob im einzelnen Falle eine Einigung der Beteiligten (§§ 873, 877, 880 Abs. 2, 1116 Abs. 2, 3, 1180 Abs. 1 BGB.) oder eine einseitige Erklärung des Berechtigten (§§ 875, 885, 899 Abs. 2, 928 Abs. 1, 2, 1109 Abs. 2, 1132 Abs. 2, 1168, 1188, 1195, 1196 BGB.) oder daneben die Zustimmungserklärung eines Dritten (z. B. § 876 BGB.) Voraussetzung für den Eintritt der Rechtsänderung ist. Diese materiellrechtlichen Erklärungen können, falls sie der Form des § 29 genügen, eine Eintragungebewilligung des § 19 in sich schließen, wenn der Wille des Betroffenen auf Vornahme der Eintragung daraus unzweideutig hervorgeht, bilden aber, wenn dies nicht der Fall ist, keine ausreichende Eintragungsgrundlage (Güthe-Triebel, § 19, Anm. 11). Umgekehrt wird die Eintragungsbewilligung regelmäßig die materiellrechtliche Erklärung des Betroffenen in sich schließen, wenn diese nicht bereits vorher erfolgt ist (RGZ. 54, 383), Ist die Eintragung nicht auf Rechtsänderung, sondern auf Berichtigung des Grundbuchs gerichtet, so enthält die Eintragungsbewilligung stets die nach § 894 BGB. von dem Buchberechtigten zu erteilende Zustimmung zur Berichtigung. Ob das Grundbuch in der Tat unrichtig ist, hat der Grundbuchrichter in diesem Falle ebensowenig zu prüfen wie bei der Rechtsänderungsbewilligung, ob die Eintragung die beabsichtigte Rechtsänderung herbeiführt (RGZ. 73, 154; KGJ. 36 A 172; 40, 154). Nur dann, wenn aus dem Grundbuch oder dem Urkundenmaterial ersichtlich ist, daß die zu der Rechtsänderung notwendige Einigung oder sonstige Erklärung weder erfolgt sein kann noch auch künftig wird erzielt werden können (OLG. München DNZ. 37, 236), oder daß die Angaben der Beteiligten über die Unrichtigkeit nicht den Tatsachen entsprechen, hat der Grundbuchrichter trotz Vorliegens einer vorschriftsmäßigen Eintragungsbewilligung die Eintragung der Rechtsänderung oder Berichtigung abzulehnen (KGJ. 41, 201; 48, 186). Bloße Zweifel rechtfertigen die Ablehnung dagegen nicht (KGJ. 41, 201; JFG. 7, 270). Besonderes gilt ferner im Falle des § 20. Die Eintragungsbewilligung hindert den Bewilligenden nicht, nachträglich die Eintragung aus dem Grunde anzufechten, daß die materiellrechtliche Einigung nicht vorgelegen habe (RGZ. 106, 139). Von der Gültigkeit des Grundgeschäfts ist ihre Wirksamkeit unabhängig. Dieses nachzuprüfen ist der Grundbuchrichter zwar nicht verpflichtet, aber berechtigt, so daß er bei Bedenken zwecks Klarstellung eine Zwischenverfügung erlassen kann (JFG. 2, 344).

4. Über die **Form der Bewilligung** vgl. § 29 Satz 1. Sie ist **als empfangsbedürftige Erklärung** entweder dem Grundbuchamt oder dem gewinnenden Teile, seitens eines Zustimmungsberechtigten demjenigen gegenüber abzugeben, dem nach materiellem Recht die Zustimmung zu erklären ist (KGJ. 37 A 223; 43, 147; HRR. 33, Nr. 416). Befindet sich ein Empfangsberechtigter im Besitz der Eintragungsbewilligung, so ist zu vermuten, daß sie ihm vom Aussteller ausgehändigt ist. Beweist der Aussteller dem Grundbuchamt, daß ihm die Bewilligung gegen seinen Willen abhanden gekommen sei, so ist die Eintragung abzulehnen (KGJ. 48, 184; HRR. 33 Nr, 416). Die Bewilligung gilt im Sinne des § 130 Abs. 2 BGB. als abgegeben, wenn der Erklärende alles zur Herbeiführung des Zugehens seinerseits Erforderliche getan hat. Testament genügt nicht. (KG. HRR. 33, 416). Vertretung ist zulässig. Hinsichtlich des Selbstkontrahierens vgl. RGZ. 157, 24.

5. **Inhalt der Bewilligung.** Aus ihr muß unzweideutig hervorgehen, daß eine Eintragung gewollt ist. Die Worte, die hierbei gebraucht werden, sind gleichgültig. So kann die Bewilligung auch in die Form eines Antrages gekleidet sein (KGJ. 21 A 125; 34 A 307) oder in einer Einzelbestimmung des dem Grundbuchamt eingereichten Kaufvertrages liegen (RGZ. 169, 317). Ausnahmsweise kann auch eine schlüssige Handlung zugelassen werden, wenn sie formgerecht bezeugt ist und der Wille der Handelnden durch sie unzweideutig zum Ausdruck kommt, z. B. durch Unterzeichnung der von der Ehefrau erteilten Bewilligung durch den Ehemann ohne weiteren Zusatz (JFG. 11, 192). Sie darf ebenso wie die verfahrensrechtlich bedeutsamen Zustimmungen oder Genehmigungen von Behörden nicht bedingt und befristet sein, wenn nicht der Eintritt des Anfangstermins oder der aufschiebbaren Bedingung oder der Ausfall der auflösenden Bedingung oder die Zurücknahme der Bedingung, erforderlichenfalls auf Grund vorheriger Zwischenverfügung, sofern mit baldiger Beibringung einer solchen Erklärung gerechnet werden kann, dem Grundbuchamt nach § 29 nachgewiesen wird (KGJ. 40 A 180; 53, 144). Die Hinzufügung von Rechtsbedingungen, deren Vorliegen bei Bedenken erforderlichenfalls nach Zwischenverfügung ebenfalls nachzuweisen ist (KG. DR. 40, 1568), schadet dagegen nichts. Bei der Löschungsbewilligung einer Hypothek kann sich der Vorbehalt etwaiger Rechte nur auf die persönliche Forderung beziehen und stellt dann keine Bedingung dar (OLG. Oldenburg, MDR. 47, 23). Die Bewilligung muß ferner den Inhalt der gewollten Eintragung deutlich zum Ausdruck bringen (Rechts-

änderung oder Grundbuchberichtigung, Art des die Rechtsänderung bewirkenden Rechtsakts, Bezeichnung des neu zu bestellenden Rechts, sowie desjenigen, zu dessen Gunsten die Eintragung erfolgen soll). Die Bezugnahme auf überreichte öffentliche Urkunden ist nicht ausgeschlossen (KGJ. 48, 175; 53, 207), unzulässig dagegen die auf eine noch gar nicht vorhandene Erklärung eines Dritten (HRR. 29, Nr. 1943), auf nicht mehr geltendes Recht, auf baupolizeiliche Vorschriften mit nur örtlicher Bedeutung (KGJ. 46, 221), nicht allgemein bekannte Verwaltungsvorschriften und Ausführungsanweisungen (KGJ. 53, 206). Darüber, daß ihr Inhalt sich mit dem des Antrags decken und sie sich auf eine inhaltlich zulässige Eintragung beziehen muß, vgl. § 13 Anm. 2 und 6. Unzulässig ist insbesondere eine Eintragung, wenn der Teil, zu dessen Gunsten sie erfolgt, nicht erwerbsfähig ist. Ist zu dem Erwerbe die Genehmigung einer Behörde erforderlich, so ist deren Erteilung nachzuweisen. Hierzu gehören vor allem die Genehmigungen auf Grund der Artikel IV, V und VI des KRG. Nr. 45[1]), soweit nicht die Ausnahmefälle der Art. III, IV der MilRegVO. Nr. 84[2]) vorliegen, zur Auflassung, Bestellung eines Nießbrauchs (nicht Grund- oder beschr. persönl. Dienstbarkeit), einer Reallast und eines Grundpfandrechts an einem forst- oder landwirtschaftlichen Grundstücke durch die untere Landwirtschaftsbehörde (Kreislandwirtschaftsamt oder die sonst von der obersten Landesbehörde für Ernährung und Landwirtschaft bestimmte Stelle — Art. VI VO. Nr. 84[2]); §§ 1, 2, 26ff. LVO. v. 1. 12. 47, VOBl. BZ. 157[3])). Zugunsten eines Verstorbenen kann eine Eintragung nicht erfolgen (KGJ. 34 A 86; 25 A 114; JFG. 10, 213); ist der Tod zwischen Erteilung der Eintragungsbewilligung und Vollzug der Eintragung eingetreten, so sind, da in diesem Falle der Verstorbene bereits eine Rechtsstellung erworben hatte, bei Nachweis des Erbrechts die Erben einzutragen, ohne daß es einer neuen Eintragungsbewilligung bedarf (RG. JW. 26, 1955). Dieser Grundsatz gilt auch für die Auflassung (JFG. 7, 326), nicht dagegen für die Eintragung des nach Zuschlagserteilung verstorbenen Erstehers des Grundstücks, den auf Ersuchen des Vollstreckungsgerichts das GBA. auch dann einzutragen hat, wenn es von seinem Tode Kenntnis hat (JFG. 10, 208). Bei einer juristischen Person ist nachzuprüfen, ob sie nach der gewählten Bezeichnung als Rechtspersönlichkeit bestehen kann, nicht dagegen, ob sie tatsächlich oder rechtlich vorhanden ist (KGJ. 24 A 83; 25 A 113; 28 A 75; 38 A 333).

Der Eintragung steht ferner entgegen, wenn gegen den Erwerber durch einstweilige Verfügung ein Erwerbsverbot erlassen ist (RGZ. 117, 290). Ein solches Verbot, das nicht eintragungsfähig ist (JFG. 18, 192), hindert die Eintragung auch dann, wenn Eintragungsantrag und Bewilligung bereits vor Erlaß der einstweiligen Verfügung beim Grundbuchamt eingegangen sind und diese den Erwerber zur Zurücknahme des Antrages verpflichtet (JFG. 1, 379; 2, 320; 3, 303; RGZ. 120, 118). Das Eintragungshindernis fällt fort, wenn die einstweilige Verfügung durch ein vorläufig vollstreckbares, wenn auch nicht rechtskräftiges Urteil aufgehoben wird (JFG. 1, 386).

In jedem Falle ist das Grundbuchamt verpflichtet, Bewilligung und Antrag, ohne am Buchstaben zu haften, nach Gesamtinhalt und Zweck gemäß § 133 BGB. auszulegen und bei bedenkenfreier Erkennbarkeit die gewollte Eintragung, falls sie nur zulässig ist, auszuführen (RGZ. 117, 327; KGJ. 20 A 128; 21 A 121; 141, 281; 40 A 272; JFG. 1, 281; 3, 366; KG. DNZ. 36, 403). Auf Grund der Auslegung kann das Grundbuchamt bei der Eintragung vom Wortlaut der Eintragungsbewilligung abweichen (OLG. München, DNZ. 36, 822).

Besondere Vorschriften für den Inhalt der Eintragungsbewilligung enthalten die §§ 28 und 47.

6. Über den Begriff des **Betroffenseins** vgl. § 13 Anm. 5. Jedoch ist der Kreis der Bewilligungsberechtigten größer als derjenigen, die als „Betroffene" antragsberechtigt sind, da bewilligungsberechtigt auch diejenigen sind, deren dingliches Recht durch die zum Zwecke der Rechtsänderung erfolgte Eintragung nur mittelbar betroffen wird, weil der Verlust, den das unmittelbar betroffene Recht durch die Eintragung erleidet, auch für ihr Recht eine Einbuße zur Folge hat. In Frage kommen vor allem diejenigen, denen eine Recht an dem unmittelbar betroffenen Recht zusteht und die daher nach materiellem Recht ihre Zustimmung zu der durch die Eintragung bewirkten Rechtsänderung zu geben haben (§§ 876, 880 Abs. 2 Satz 2, 1180 Abs. 2, 1183 BGB.). Der Gesichtspunkt, aus dem den nur mittelbar Betroffenen das Recht zu versagen ist, eine auf ein fremdes Recht sich beziehende Eintragung zu beantragen, greift für die Bewilligung, bei der es sich lediglich um die Verfügung über ihr eigenes durch die Eintragung betroffenes Recht handelt, nicht durch. In jedem Fall ist jedoch Voraussetzung, daß ein dingliches Recht (Vormerkung, Nacherbenrecht — RGZ. 83, 434; KG. OLG. 40, 54 —) von der Eintragung

[1]) Anhang S. 299. [2]) Anhang S. 301. [3]) Anhang S. 306.

betroffen ist, d. h. vom Standpunkt des abstrakten Rechtsbegriffs, nicht vom wirtschaftlichem Standpunkt aus einen Verlust erleidet (KGJ. 29 A 176). Ob die Eintragung einen solchen Rechtsverlust zur Folge hat, entscheidet sich nach materiellem Recht. Dabei ist zu beachten, daß durch Inhaltsänderung des beschränkten dinglichen Rechts der Eigentümer des belasteten Grundstücks nur betroffen wird, wenn dadurch eine Erweiterung seiner Haftung eintritt, die gleich- und nachstehenden Berechtigten, wenn sich dadurch ihre Rangstellung verschlechtert. Dies trifft zu bei Umfangerweiterung der Hypothek — in der Erhöhung des Hypothekenkapitals ist grundsätzlich keine Inhaltsänderung im Sinne des § 877 BGB., vielmehr die Begründung einer unter einer neuen Nummer in Abt. III einzutragenden selbständigen Zusatzhypothek zu sehen (Ausnahmen: Ges. über wertbeständige Hypotheken v. 23. 6. 23 — RGBl. I 1075 —, Art. 33 Abs. 32, DVO. z. Ges. über Durchführung einer Zinsermäßigung bei Kreditanstalten v. 26. 3. 35 — RGBl. I 470 —; Gutachten des KG. in DJ. 37, 101) — Erschwerung der Leistungspflicht des Schuldners gegenüber dem bisherigen Zustand, z. B. Änderung der Kündigungsbestimmungen (OLG. München JFG. 22, 101), der Barzahlungsklausel bei Pfandbriefdarlehen, auch in Form der Forderungsauswechselung (JFG. 11, 207), nicht dagegen bei sonstiger Verschärfung der Bestimmungen, z. B. Forderungsauswechselung ohne Kapitalerhöhung (§ 1180 BGB.; KGJ. 42, 268; 52, 197) auch hinsichtlich der Nebenleistungen (JFG. 11, 234), Unterwerfung unter die sofortige Zwangsvollstreckung (§ 800 ZPO.; OLG. 45, 99). Zur Eintragung einer Einheitshypothek im Grundbuch vgl. AV. v. 5. 3. 37 (DJ. 37, 446). Ist bei der Inhaltsänderung nicht zu erkennen, wer der gewinnende und wer der verlierende Teil ist, z. B. bei der Umwandlung einer Hypothek in eine solche anderer Art oder Grundschuld oder umgekehrt, so sind beide Teile als betroffen anzusehen (KGJ. 25 A 302; 39 A 243; JFG. 6, 329; 7, 355). Steht der Anspruch auf Kapital und Zinsen verschiedenen Gläubigern zu, so ist nur der Kapitalgläubiger Betroffener und zur Löschungsbewilligung befugt (JFG. 18, 35; JW. 38, 2406)[1]. Wird von dem Eigentümer gleichzeitig die Eintragung eines Rechts am Grundstück und eines dieses Recht belastenden Rechts beantragt, so genügt die Bewilligung des Eigentümers auch dann, wenn bei der Einigung über die Bestellung des Rechts am Grundstück dessen Belastung noch nicht vorgesehen war, weil für den Grundbuchrichter nur der Inhalt der formellen Bewilligung maßgebend und hiernach nur der Eigentümer als betroffen anzusehen ist (JFG. 11, 268; a. A. KGJ. 43, 227). Erfolgt die Eintragung zum Zwecke der Berichtigung, so ist zu fragen, ob das Buchrecht als solches durch die Berichtigung eine Einbuße erleidet, d. h. materiellrechtlich beeinträchtigt werden würde, wenn die zu berichtigende Eintragung mit der wahren Rechtslage im Einklang stünde.

7. Das **Vorhandensein eines von der Eintragung betroffenen dinglichen Rechts** ist nach dem Grundbuch festzustellen, dessen Eintragungen, auch hinsichtlich des Zeitpunktes des Erwerbs (JFG. 5, 376; 11, 281) nach § 891 BGB. die Vermutung der Richtigkeit und Vollständigkeit zur Seite steht. Eine dem Grundbuch widersprechende materielle Rechtslage hat der Grundbuchrichter nur zu beachten, wenn sie ihm bekannt ist, insbesondere aus den ihm vorliegenden Urkunden zweifellos hervorgeht. Der Beanstandung und gegebenenfalls der Zurückweisung unterliegen ferner Eintragungsanträge, deren Befolgung die Eigentumsverhältnisse in einer den Berichtigungszwang auslösenden Weise darstellen würde (§ 82 GBO., RGZ. 155, 304). Zu Nachforschungen ist der Grundbuchrichter nicht verpflichtet; doch kann er Bedenken, die ihm auf Grund des anderweit vorliegenden Materials erwachsen, zum Anlaß aufklärender Rückfragen nehmen (KGJ. 20 A 282; 21 A 117; 297; 22 A 198; 23 A 111; 25 A 117; 27 A 97; 238; 29 A 186; 35 A 303; 36 A 175, 256; 37 A 264; 39 A 246; 40 A 133; 41, 201; 42, 224; 43, 262; 44, 304; 47, 196; 53, 130; JFG. 8, 33). Bloße Vermutungen und Möglichkeiten genügen indes nicht (KGJ. 43, 240; JFG. 5, 376), auch nicht das nach Eingang der Eintragungserklärungen eingehende Ersuchen des Prozeßgerichts um Eintragung eines Widerspruchs gegen das Eigentum des Veräußerers.

8. **Bewilligungsberechtigt** ist, wenn eine Rechtsänderung in Frage steht, der wirkliche, nicht der eingetragene Berechtigte. Doch gilt auch hier die Vermutung des § 891 BGB. (bei Briefhypotheken des § 1155 BGB.), bis zu deren Widerlegung der eingetragene Berechtigte (Besitzer des Briefs) als der wahre Berechtigte gilt. Nur wenn der Grundbuchrichter den wahren, mit dem Grundbuch (Hypothekenbrief) nicht übereinstimmenden Sachverhalt kennt, sind Anträge des bloß Buch-

[1]) bei der Abtretung einer Eigentümergrundschuld und deren gleichzeitiger Umwandlung in eine Hypothek der neue Gläubiger nur dann, wenn er (nicht der Eigentümer) die Umschreibung beantragt (JFG. 12, 321).

berechtigten (Briefbesitzers) oder Anträge, die sich auf dessen Bewilligung stützen, abzulehnen (KGJ. 23 A 117; 28 A 92, 94, 102; 29 A 186; 35 A 303; 40, 296; JFG. 1, 293). Hat der Buchberechtigte außerhalb des Grundbuchs das Recht weiter übertragen, so ist die Berechtigung des Erwerbers nicht nachzuprüfen, da für seinen guten Glauben die Vermutung spricht (KGJ. 28 A 92). Die Berechtigung muß zur Zeit der Erteilung der Bewilligung vorhanden gewesen sein. Die Bewilligung eines Nichtberechtigten ist indes unschädlich, wenn die darin liegende Verfügung nach § 185 BGB. zur Zeit der Erledigung des Eintragungsantrages wirksam geworden ist (RGZ. 69, 270; 89, 158). Liegen mehrere Bewilligungen eines Nichtberechtigten vor, so ist im Falle der Rekonvaleszenz infolge nachträglichen Erwerbs des Rechts durch den Verfügenden nur die frühere Bewilligung wirksam geworden. Besteht Streit hierüber unter den Beteiligten, so kann sie der Grundbuchrichter auf den Prozeßweg verweisen (KGJ. 21 A 157). Der Berechtigte muß ferner zur Verfügung über das Recht befugt sein (KGJ. 22 A 140; 37 A 286; 42, 218; 44, 195; 47, 149; JFG. 1, 338) und zwar zur Zeit der Eintragung (RGZ. 84, 105; KGJ. 23 A 136; 37 A 202; JFG. 1, 340)[1]). Fällt aber eine bis dahin wirksame Verfügungsbeschränkung, z. B. Testamentsvollstreckung, nach Zugang der Eintragungsbewilligung an einen Empfangsberechtigten fort, so ist eine neue Bewilligung des nunmehr unbeschränkt Verfügungsberechtigten nicht mehr erforderlich. Soweit das Grundbuch zum Nachweise von Verfügungsbeschränkungen (z. B. Gütergemeinscheft, Nacherbenrecht, Testamentsvollstreckung, Fideikommißeigenschaft usw.) bestimmt ist, gilt § 891 BGB. (vgl. oben), in sonstigen Fällen ist der Nachweis der Verfügungsberechtigung nur zu fordern, wenn der Sachverhalt zu Bedenken in dieser Hinsicht Anlaß gibt (KG. OLG. 10, 88; München OLG. 38, 58; eigene Erklärungen der Beteiligten, Inhalt der Grundakten), z. B. der Nachweis der Nichtverheiratung bei einer Frau, insbesondere der Witwenschaft bei entsprechender Angabe in der notariellen Urkunde (KGJ. 44, 208; 52, 110). Hängt die Verfügungsberechtigung von der Zustimmung eines Dritten ab, so entscheidet das materielle Recht darüber, ob diese wirksam erteilt ist. Z. B. muß, wenn der einzutragenden Rechtsänderung eine einseitige Erklärung einer Ehefrau, eines Mündels, Pflegebefohlenen, Minderjährigen zugrunde liegt, nach §§ 1398, 111, 1831, 1832, 1915, 1643 BGB. die Zustimmung des Mannes oder Gewalthabers, wenn sie nicht gleichzeitig mit der Bewilligung der Frau beim GBA. eingeht, nachweislich bereits vorher der Frau usw. oder dem Begünstigten gegenüber abgegeben (KG. HRR. 33 Nr. 1012), eine etwa erforderliche vormundschaftsgerichtliche Genehmigung nach § 1828 BGB. dem Vormund gegenüber erteilt sein. Für die Geschäftsfähigkeit des Bewilligungsberechtigten und, wenn er durch einen andern vertreten wird, für die Vertretungsmacht des Vertreters gilt das gleiche wie für die Verfügungsberechtigung. Auch nur zufällig dem Grundbuchrichter bekannt gewordene begründete Zweifel an der Geschäftsfähigkeit sind zu berücksichtigen (OLG. München JFG. 17, 187).

9. **Ein Widerruf der Eintragungsbewilligung** ist solange möglich, als diese für den Bewilligenden noch nicht bindend geworden ist. Darüber, wann die Bindung eintritt, entscheidet des materielle Recht; vgl. §§ 873 Abs. 2 und 875 Abs. 2 BGB. Soweit das Gesetz die vorgeschriebene Zustimmung mittelbar Betroffener für unwiderruflich erklärt (§§ 876 Satz 3 Halbs. 2, 877, 880 Abs. 2 Satz 3 Halbs. 2, Abs. 3, 1109 Abs. 2, Satz 2 Halbs. 2, 1116 Abs. 2 Satz 3 Halbs. 2, Abs. 3, 1132 Abs. 2 Satz 2, 1168 Abs. 2 Satz 2, 1183 Satz 2 Halbs. 2 BGB.), gilt dies auch für die formelle Bewilligung der Zustimmungsberechtigten. Der Widerruf bedarf der Form des § 29.

10. **Ausnahmen von dem Bewilligungszwang** bestehen in den Fällen der §§ 21, 87, 102, 117 GBO., 1139 BGB.

Die Bewilligung wird ersetzt durch die rechtskräftige Verurteilung des Bewilligungsberechtigten zur Erteilung der Bewillig ung (§ 894 Abs. 1 ZPO.). Die Urteilsformel muß in diesem Falle den Anforderungen genügen, die an den Inhalt einer Eintragungsbewilligung zu stellen sind (vgl. oben Anm 5). Einigung und Eintragungsbewilligung des Eigentümers zur Umwandlung einer Höchstbetrags- in eine Sicherungshypothek werden durch den Vollstreckungstitel wegen eines durch die Höchstbetragshypothek gesicherten Anspruchs ersetzt (LG. Berlin, DNZ. 38, 357). Doch kann zur Klarstellung des Sinnes der Urteilsformel auf die Urteilsgründe zurückgegangen werden (vgl. hierzu KG. JW. 35, 1185 „Wiederholung der Abtretung in grundbuchmäßiger Form" genügt). Demgemäß bildet keinen ausreichenden Ersatz ein Urteil, durch das der Schuldner alternativ zur Abgabe einer Willenserklärung oder zu einer Leistung verurteilt ist (KGJ. 30 A 254; RGZ. 53, 80). Ist der Ver-

[1]) bei nachträglichem Eintritt der Verfügungsbeschränkung in dem in § 878 BGB. bezeichneten Zeitpunkte.

urteilte nicht mehr oder nicht allein bewilligungsberechtigt, so reicht es aus, daß nach §§ 325 ff. ZPO. das Urteil gegenüber dem jetzigen oder dem daneben Bewilligungsberechtigten wirkt (Rechtsnachfolger: § 325 Abs. 1, Nacherbe: § 326, Testamentsvollstrecker: § 327 ZPO.) oder nach §§ 735, 740, 741, 745 Abs. 1, 746, 748 Abs. 1 ZPO. ohne weiteres auch in die dem Bewilligungsberechtigten gehörigen Vermögensmassen vollstreckt werden kann. Die Verurteilung des in Gütergemeinschaft lebenden Mannes zur Abgabe einer Eintragungsbewilligung in bezug auf ein zum Gesamtgut gehöriges Recht ersetzt mithin, und zwar auch ohne seine Bezeichnung als Vertreter des Gesamtguts (JFG. 9, 312), die Zustimmung der Frau, selbst wenn das Urteil auf Grund eines gegen §§ 1444—1446 BGB. verstoßenden Anerkenntnisses ergangen ist (KGJ. 32 A 273). Das gleiche gilt für die fehlende vormundschaftsgerichtliche Genehmigung, wenn das Urteil sich gegen den Vater oder Vormund richtet (KGJ. 32 A 280). Soweit zur Vollstreckung gegen einen andern als den im Urteil Bezeichneten eine Umschreibung der Vollstreckungsklausel vorgeschrieben ist, ist diese auch erforderlich, um die Bewilligung des nicht im Urteil Bezeichneten zu ersetzen. Die Vollstreckungsklausel ist ferner notwendig, wenn die Bewilligung in dem Urteil von einer Gegenleistung abhängig gemacht ist (§ 894 Abs. 1 ZPO.). In allen anderen Fällen genügt eine einfache Ausfertigung des Urteils. Urteile, die nicht rechtskräftig, sondern nur für vorläufig vollstreckbar erklärt sind, gelten als Bewilligung einer Vormerkung oder eines Widerspruchs (§ 895 ZPO.). Wegen der Löschung der Vormerkung oder des Widerspruchs vgl. § 25.

Eintragungsgrundlagen, neben denen eine Eintragungsbewilligung des Betroffenen nicht erforderlich ist, sind ferner:

a) der Nachweis der Unrichtigkeit im Falle des § 22;

b) Ersuchen einer Behörde in den gesetzlich zugelassenen Fällen (vgl. Anm. 4 zu § 38);

c) vollstreckbare Geldschuldtitel und die ihnen gleichstehenden Kosten- und Gebührenrechnungen öffentlicher Kassen im Verwaltungszwangsverfahren[1]) (Gesetz über die Zulässigkeit des Verwaltungszwangsverfahrens und über sonstige finanzielle Zwangsbefugnisse vom 12. 7. 33, GS. 252, §§ 51, 51a der VO. betr. das Verwaltungszwangsverfahren wegen Beitreibung von Geldforderungen v. 15. 11. 99, GS. 545 i. d. F. des § 4 des obigen Gesetzes, Art. 80 AusfAnw. v. 28. 11. 99 i. d. F. des RdErl. d. FMin. v. 23. 8. 33, FMBl. 154; KGJ. 25 A 176, 33 A 301) für die Eintragung einer Sicherungshypothek (Zwangshypothek) gemäß § 866 Abs. 3 ZPO. Für die Beitreibung von Ansprüchen der Justizverwaltung, insbesondere von Gerichtskosten gilt die Justizbeitreibungsordnung v. 11. 3. 37 (RGBl. I, 98), für die Zwangsvollstreckung gegen eine Gemeinde § 116 DGO. i. d. F. MilRegVO. Nr. 21 (Br. ABl. Nr. 7); vgl. auch VO. über die Vollstreckung landesrechtlicher Schuldtitel v. 15. 4. 37 (RGBl. I, 466). — Der einzelne Schuldtitel muß über eine 300 DM. ohne Zinsen und Kosten übersteigende Forderung eines einzelnen Gläubigers lauten (KGJ. 20 A 111; 21 A 121; 25 A 176; 33 A 301; 39 A 261; 40 A 304; 41, 295; 43, 310; RGZ. 48, 242; 84, 272). Die Zusammenrechnung der Beträge mehrerer in demselben Rechtsstreit ergangener Urteile (Teil- und Schlußurteile) oder der auf Grund desselben Titels erlassenen Kostenfestsetzungsbeschlüsse ist zulässig (JFG. 8, 373, 374). Der mit dem 300 DM übersteigenden Haupttitel gleichzeitig überreichte Titel über die Nebenforderungen braucht 300 DM nicht zu erreichen (RGZ. 61, 423; 84, 273). Bei Eintragung eines 300 DM übersteigenden Teilbetrages kann für die geringere Restforderung eine weitere Zwangshypothek nur eingetragen werden, wenn deren Eintragung ungerechtfertigt abgelehnt worden ist (KGJ. 30 A 302; JFG. 7,

[1]) Den vollstreckbaren Geldschuldtiteln der ZPO. steht ferner das Leistungsgebot der Steuerbehörde (Zahlungsaufforderung des Finanzamts an den Steuerschuldner) gemäß § 326 Abs. 4 RAbgO. vom 22. 5. 31 (RGBl. I 161), §§ 9 ff. BeitrO. vom 23. 6. 23 (RMinBl. 595) gleich, und zwar für die Eintragung einer Zwangshypothek (§§ 372 Abs. 1, 373 RAbgO., §§ 43 Abs. 2, 44 BeitrO.), der Anordnung der Vermögensbeschlagnahme (§ 380 Abs. 3 RAbgO.), in Verbindung mit einer Pfändungsverfügung des Finanzamts (§§ 69 ff. BeitrO.) für die Eintragung der Pfändung einer Hypothekenforderung, Grundschuld, Rentenschuld oder Reallast (§§ 362 Abs. 1, 371 Abs. 6 RAbgO., § 71 Abs. 4 BeitrO.), auch des Erbanteils eines Miterben. Nach § 362 Abs. 1 Satz 3 RAbgO. kann das Finanzamt das Grundbuchamt um Eintragung der Pfändung einer Buchhypothek ersuchen; in diesem Falle sind die Voraussetzungen für den Beginn der Zwangsvollstreckung, z. B. die Zustellung des Steuerbescheides nicht nachzuprüfen (KG. HRR. 30 Nr. 238). Bei den übrigen Eintragungen ist dagegen ein solches Prüfungsrecht gegeben, da bei ihnen das Finanzamt als gewöhnlicher Antragsteller, nicht als ersuchende Behörde auftritt (KG. HRR. 28 Nr. 1465). Die Beurteilung der Frage, ob die Forderung des Finanzamts besteht oder vollstreckbar ist, steht dem Grundbuchamt auch hier nicht zu (§ 372 Abs. 4 RAbgO.; JFG. 7, 397; 11, 323). Bei der Feststellung, ob die Wertgrenze des § 866 Abs. 3 ZPO. überschritten ist, sind mehrere Steuerschulden nur dann zusammenzurechnen, wenn darüber ein einheitliches Leistungsgebot ergangen ist (§ 372 Abs. 1 RAbgO.).

395). Die Mindestgrenze besteht nicht für die wertbeständige Zwangshypothek (§ 14. EntlBek. v. 13. 5. 24, RGBl. I 552; Art II VO. v. 27. 6. 20, RGBl. I 660). Der Schuldtitel ersetzt die Zustimmung des Schuldners zum Rangrücktritt der für ihn eingetragenen Eigentümergrundschuld hinter die Zwangshypothek (KG. JW. 34, 2996). Ferner müssen die allgemeinen Voraussetzungen der Zwangsvollstreckung gegenüber dem von der Eintragung betroffenen Eigentümer vorliegen (KGJ. 43, 243; 49, 236; 52, 125). Der Eintragungsantrag ersetzt die Bewilligung nicht und kann daher formlos gestellt werden (§ 30, KGJ. 37 A 299; 41, 248). Das gleiche gilt für die Bestimmung der Größe der Teile bei der Verteilung der Forderung auf mehrere, auch auf einem gemeinschaftlichen Blatte gebuchte (RGZ. 68, 25; 84, 270; KGJ. 37 A 303) Grundstücke nach § 867 Abs. 2 ZPO. (RGZ. 71, 312; a. A. KGJ. 33 A 301). Bei der Eintragung der Sicherungshypothek ist zu vermerken, daß sie im Wege der Zwangsvollstreckung erfolgt (KGJ. 49, 228).

d) Arrestbefehle für die Eintragung einer Sicherungs-Höchstbetragshypothek (Arresthypothek) nach § 932 ZPO. (KGJ. 20 A 115).

Die im Arrestbefehl festgesetzte Lösungssumme muß 300 DM übersteigen, wobei die gesicherten Forderungen mit ihren Einzelbeträgen hinter dieser Grenze zurückbleiben können (JFG. 7, 401).

Die Eintragung ist unzulässig, wenn die Vollziehungsfrist des § 929 Abs. 2 ZPO. abgelaufen ist — dies gilt nicht für Arrestbefehle der Finanzämter auf Grund des § 378 der RAbgO. (KGJ. 53, 119; JFG. 11, 325) — oder die nach § 921 Abs. 2 ZPO. angeordnete Sicherheit nicht geleistet ist (KGJ. 53, 189). Steht der Eintragung ein Hindernis entgegen, so ist der Arrestbefehl erst mit der Hebung des Hindernisses vollzogen (KGJ. 31 A 331). Die Arresthypothek kann auf Antrag des Gläubigers auf Grund eines Vollstreckungstitels in eine Zwangshypothek umgewandelt werden (KGJ. 40, 314; JFG. 7, 405).

e) einstweilige Verfügungen für die Eintragung von Vormerkungen (§ 885 Abs. 1 BGB.), Widersprüchen (§ 899 Abs. 2 BGB.), Veräußerungsverboten (§ 938 Abs. 2 ZPO.) oder sonstige Eintragungen, die das Gericht zur Erreichung seines Zwecks für erforderlich hält und ihrem Inhalt nach nicht unzulässig (JFG. 6, 326) sind, wobei zu beachten ist, daß Verfügungsverbote schon durch Zustellung an den Antragsgegner vollzogen sind (JFG. 5, 298; 6, 327), § 932 Abs. 3 ZPO. einen begründeten Antrag voraussetzt (KG. OLG. 44, 173). Die Innehaltung der Vollziehungsfrist ist nur bei Eintragungsanträgen, nicht auch bei Ersuchen auf Grund des § 941 ZPO. zu prüfen (§§ 396, 929 Abs. 2 ZPO.). Eine Prüfung der Zulässigkeit der einstweiligen Verfügung selbst steht dem Grundbuchrichter nicht zu (KGJ. 27 A 27; 40, 136; 41, 272).

Die einstweilige Verfügung ersetzt nur die Bewilligung derjenigen, gegen die sie ergangen ist, daneben erforderliche Bewilligungen anderer Personen müssen daher beigebracht werden (KGJ. 31 A 275, 373; JFG. 3, 421; 5, 354). Auch müssen die sonstigen Eintragungserfordernisse (§§ 40, 42) vorliegen (JFG. 7, 378). —

f) rechtskräftige Beschlüsse und Vergleiche über die Erweiterung des dinglichen Altenteilsrechts oder des zur Sicherung eines Versorgungsanspruchs eingetragenen dinglichen Rechts im Verfahren zur anderweitigen Festsetzung von Geldbezügen aus Altenteilsverträgen und von Versorgungsansprüchen bei Familienfideikommissen für die Eintragung der Erweiterung an der nächstfreien Stelle; — Die erstinstanzlichen Entscheidungen und einstweiligen Anordnungen des Altenteilsgerichts (Fideikommißgerichts) ersetzen die Bewilligung einer entsprechenden Vormerkung (RGes. v. 18. 8. 23, RGBl. I 815, und §§ 10 Abs. 2, 8 Abs. 2 Satz 2 der Pr. VO. v. 8. 9. 23, GS. 433). —

g) Beschlüsse über die Pfändung von Hypothekenforderungen, Grundschulden und sonstigen übertragbaren Grundstücksrechten für die Eintragung des Pfändungspfandrechts (§§ 830 Abs. 1 Satz 3, 857 ZPO.); — Der Schuldner muß bewilligungsberechtigt und als Inhaber des gepfändeten Rechts im Grundbuche eingetragen sein (§ 40 Abs. 1; KGJ. 22 A 171). Bei Briefhypotheken dient die Eintragung wegen § 830 Abs. 1 Satz 2 ZPO. nur der Berichtigung (KGJ. 35 A 299; 44, 277). Bei der Pfändung einer Eigentümerhypothek oder -grundschuld muß die Entstehung des Rechts in der Person des Schuldners urkundlich nachgewiesen werden (KGJ. 22 A 171; 24 A 186; 28 A 137; 29 A 188; 33 A 275; 41, 244. Vgl. § 22 Anm. 3). Die Pfändung einer erst in Zukunft entstehenden Eigentümergrundschuld kann nicht eingetragen werden (RGZ. 56. 9, 184; 61, 376; 70, 278; 72, 276; 75, 250; 84, 80; KGJ. 45, 268). Zur Umschreibung der Eigentümergrundschuld auf den Eigentümer ist die Pfändung des Berichtigungsanspruchs erforderlich. Die Übergabe des Briefs nach § 830 ZPO. wird nicht durch Pfändung und Überweisung des Herausgabeanspruchs (auch nicht gegen das GBA. oder die Gerichtskasse) ersetzt (RGZ. 63, 210; KGJ. 35 A 299; 44, 278). Ist das Recht mehrfach gepfändet, so sind die Pfändungspfandrechte, wenn nicht nachgewiesen wird, daß sie außerhalb des Grundbuchs in einer andern Reihenfolge entstanden sind, in der Reihenfolge des Eingangs der Anträge einzutragen (KGJ. 35 A 297). —

h) Ausschlußurteile nach § 927 BGB. für die Eintragung des Eigentümers;

i) der im Grundbuche eingetragene Verzicht auf das Grundstückseigentum für die Eintragung des aneignungsberechtigten Fiskus als Eigentümer (§ 928 BGB.);

k) Unschädlichkeitszeugnisse des Kulturamtsvorstehers für die lastenfreie Abschreibung von veräußerten Teilen eines Grundstücks, das im noch nicht gelöschten Lehns-, Fideikommiß-, Erbstammguts-, Stammguts- oder Leiheverbande stand oder mit Reallasten, Hypotheken, Grundschulden oder Rentenschulden belastet ist, unter den Voraussetzungen des Art. 20 AG. GBO.[1]) (vgl. ferner Art. 120 Abs. 1 EG.BGB., Art. 19 AG.BGB., Ges. v. 3. 3. 50 betr. den erleichterten Abverkauf kleiner Grundstücke, GS. 145, in der Fassung des Ges. v. 27. 6. 60, GS. 384, Ges. v. 25. 3. 89 betr. die Erleichterung der Abveräußerung einzelner Teile von Grundstücken in der Provinz Hannover, GS. 65, Ges. v. 15. 7. 69 betr. die Erleichterung unentgeltlicher Abtretung einzelner Gutsteile oder Zubehörstücke zu öffentlichen Zwecken, GS. 226).

Auflassung.

§ 20

Im Falle der Auflassung eines Grundstücks sowie im Falle der Bestellung, Änderung des Inhalts ober Übertragung eines Erbbaurechts darf die Eintragung nur erfolgen, wenn die erforderliche Einigung des Berechtigten und des anderen Teils erklärt ist.

1. **Allgemeines.** § 20 bildet eine Ausnahme von dem Grundsatz des § 19, daß der Grundbuchrichter bei der Entscheidung über einen Eintragungsantrag nicht zu prüfen habe, ob die nach materiellem Recht neben der Eintragung zu der Rechtsänderung notwendigen Willenserklärungen vorliegen. Diese Ausnahme ist darin begründet, daß das Eigentum (und die grundstücksgleichen Rechte) nicht bloß Rechte gewähren, sondern auch Verpflichtungen öffentlichrechtlicher Natur, insbesondere in polizeilicher und steuerlicher Hinsicht, auferlegen und daher ein öffentliches Interesse daran besteht, daß die Eigentumseintragung mit der wirklichen Rechtslage im Einklang steht (KGJ. 25 A 102). Materiellrechtlich kann die Einigung, da § 20 nur Ordnungsvorschrift ist, der Eintragung auch nachfolgen (JFG. 4, 329; str.).

2. **Die Auflassung** muß nach materiellem Recht zur Eigentumsübertragung erforderlich sein. § 873 vbd. § 925 BGB. erfordert die in der Form der Auflassung erklärte Einigung des Berechtigten und des andern Teils für die Übertragung des Eigentums an einem Grundstück, „soweit nicht das Gesetz ein anderes vorschreibt". In den meisten Fällen, in denen das Gesetz einen Eigentumsübergang ohne Einigung zuläßt, ist auch keine Eintragung notwendig. Eine Zusammenstellung der Fälle der Eigentumsübertragung ohne Einigung gibt Güthe-Triebel § 20 Anm. 3. Zur Bestellung einer Kohlenabbaugerechtigkeit für einen Dritten bedarf es nicht mehr der Erklärung der Einigung vor dem Grundbuchamt (§ 5 Nr. 3 des Pr. Ges. v. 24. 9. 37, GS. 93).

Als Grundbuchamt (Grundbuchrichter, unter den Voraussetzungen § 17 REntlVfg.[2]) Rechtspfleger), vor dem die Auflassung nach § 925 BGB. stattfinden muß, ist dasjenige ausschließlich zuständig, welches das Grundbuch über das zu veräußernde Grundstück führt oder zu dessen Führung zuständig ist.

Auflassungen können nach § 22 Abs. 2 RNotO.[3]) vor jedem deutschen Notar, nach § 1 der 2. VO. über Auflassungen v. 9. 1. 40 (RGBl. I 46)[4]) vor jedem Amtsgericht sowie in Prozeßvergleichen erklärt werden, außerdem vor allen sonst nach Landesrecht dafür zuständigen Stellen (§ 117 GBO., Art. 143 Abs. 1 EG. BGB.).

Nach § 2 Abs. 2 1. VO. über Auflassungen v. 11. 5. 34 (RGBl. I 378)[4]) soll die Auflassung nur entgegengenommen werden, wenn die nach § 313 BGB. erforderliche Urkunde über das Veräußerungsgeschäft vorgelegt oder gleichzeitig errichtet wird. Für Siedlungsgrundstücke kann die Auflassung vor dem von der obersten Landesbehörde für Ernährung und Landwirtschaft (früher Oberpräsident, Landeskulturabteilung) beauftragten Beamten erklärt werden (§ 34 Abs. 1 Satz 2 AG. RSiedlGes. v. 15. 12. 19 — GS. 20, 31)[5]), im Verfahren zur Gründung von Eigenheimen vor den Durchführungsbehörden (§ 8 Abs. 1 Satz 2 VO. v. 10. 3. 37 — RGBl. I 292)[6]), von Grundstücken der Wasser- und Bodenverbände zwecks Bereinigung der Flureinteilung vor der Behörde nach §§ 37, 38 VO. v. 3. 9. 37 (RGBl. I 933)[7]). Die für die Amts-

[1]) Anhang S. 160. [2]) Anhang S. 271. [3]) Anhang S. 311 [4]) Anhang S. 311.
[5]) Anhang S. 310. [6]) Anhang S. 312. [7]) Anhang S. 313.

gerichte als Entschuldungsämter nach Art. 11 der 1. DVO. z. SchRG. v. 24. 11. 37 (RGBl. I 1306)[1]) gegebene Zuständigkeit folgt jetzt schon ohne weiteres aus § 1 der 2. VO. über Auflassungen[2]).

Zur Herstellung der Gemeinschaftlichkeit einer Verfügung von Miterben genügt die nachfolgende Zustimmung der Miterben zu der von dem anderen Miterben als Nichtberechtigten über den ganzen Nachlaßgegenstand getroffenen Verfügung, eine Auflassung der übergangenen Miterben ist nicht erforderlich (RGZ. 152, 380). § 185 BGB. ist auch bei verschiedenartiger Mitwirkung der Miterben anwendbar (JFG. 13, 92). Bei Miteigentum nach Bruchteilen erfolgt die Auflassung jedes Anteils besonders (KGJ. 41, 332; 52, 140). Zur Überführung von Einzeleigentum in Gesamthandseigentum oder zur Umwandlung von Bruchteils- in Gesamthandseigentum, und umgekehrt ist stets Auflassung erforderlich (RGZ. 56, 36; 57, 432; KGJ. 24 A 106; 54, 232; RG. DNZ. 44, 178); aber auch bei Umschreibung des Nachlaßgrundstücks auf eine von den Miterben gegründete offene Handelsgesellschaft (JFG. 21, 168), keine Auflassung jedoch, wenn eine von den Miterben gebildete Gesellschaft des BGB. alle Erbteile erworben hat (KG. DR. 44, 454).

Gleichzeitige Anwesenheit ist nicht notwendig, wenn (im bisherigen Geltungsbereich des Rheinischen Rechts) ein Grundstück durch ein Amtsgericht oder einen Notar freiwillig versteigert und die Auflassung sogleich im Versteigerungstermin erklärt wird (Art. 143 EG. BGB., Art. 26 § 2 AG. BGB.). Wegen der Übereignung buchungsfreier Grundstücke vgl. Art. 27 AG. BGB.; § 3 Anm. 9.

Die Auflassung bedarf zu ihrer Wirksamkeit keiner Beurkundung (RGZ. 132, 408), jedoch eines Protokolls, wenn sie, weil nicht vor dem GBA. vorgenommen, nach § 29 nachzuweisen ist.

3. Die Bestellung, die Änderung des Inhalts und die Übertragung eines Erbbaurechts, das auf Grund der Erbbaurechtsverordnung[3]) nach dem 22. Januar 1919 begründet worden ist, setzt eine Einigung in der Form der Auflassung nach § 925 BGB. nicht voraus (§ 11 ErbbVO.) im Gegensatz zu den Erbbaurechten alten Rechts, bei denen nach §§ 1015, 1017 Abs. 1, 877 BGB. für die Einigung jene Form vorgeschrieben war. Für die Erbbaurechte neueren Rechts genügt daher die formlose Einigung, die indes in der Form des § 29 GBO. nachzuweisen ist. Die Ausdehnung der Vorschrift des § 20 durch die ErbbVO. auf den Fall der Inhaltsänderung bedeutet sachlich keine Änderung des früheren Rechtszustandes, da früher gemäß §§ 877, 1015 BGB. auch die Einigung über die Inhaltsänderung in der Form der Auflassung abzugeben war und infolgedessen der § 20 auch in der alten Fassung auf die Inhaltsänderung Anwendung fand (Güthe-Triebel § 20 Anm. 24)

Über die Anwendung des § 20 auf andere grundstücksgleiche Rechte vgl. § 118 Abs. 1 GBO., Art. 28 Pr. AG.[4]).

4. Inhalt der Einigung. Maßgebend ist das materielle Recht. §§ 873, 877, 925, 1015, 1017 BGB., § 11 EBVO. Eine Auflassung oder Übertragung eines Erbbaurechts, die unter einer Bedingung oder einer Zeitbestimmung (nicht lediglich unter Beifügung einer Rechtsbedingung) erfolgt, ist unwirksam. Der Berechtigte, der nach § 20 die Einigung zu erklären hat, ist der wirkliche Berechtigte, nicht der Buchberechtigte. Doch hat dieser die Vermutung des § 891 BGB. für sich. Auch im übrigen gelten für die Auflassungserklärung die gleichen Grundsätze wie für die Eintragungsbewilligung, so daß auf das § 19 Anm. 8 Gesagte verwiesen werden kann. Die Entgegennahme der Auflassung eines Grundstücks durch einen Minderjährigen über 7 Jahre bedarf auch dann nicht der Zustimmung des gesetzlichen Vertreters, wenn es mit Hypotheken belastet ist, weil sie ihm lediglich einen rechtlichen Vorteil bringt (OLG München JFG. 18, 115). Über die Heilung von Auflassungserklärungen Nichtberechtigter nach § 185 BGB., insbesondere im Falle mehrerer Auflassungen hintereinander vgl. RGZ. 54, 368; 129, 153; KGJ. 47, 158; 53, 144; JFG. 4, 311. Jedoch kann die Auflassung des Eigentümers eines Grundstücks, der später das Eigentum wirksam auf einen andern übertragen hat, nicht dadurch wirksam werden, daß der nunmehrige Eigentümer die erste Auflassung genehmigt (OLG München JFG. 22, 12).

Die Einigungserklärung kann durch die rechtskräftige Verurteilung des Beteiligten ersetzt werden (§ 894 Abs. 1 ZPO.). Vgl. hierzu Anm. 10 zu § 19. In diesem Falle muß der andere Teil unter Vorlegung des Vollstreckungstitels die Annahmeerklärung allein abgeben (RGZ. 31, 360; 54, 378; 76, 409; KGJ. 26 A 260; 31 A 294; 44, 223; 49, 183). Die zur Wirksamkeit der Auflassung erforderlichen behördlichen Akte werden, soweit sie nicht der Ausfluß öffentlich-rechtlicher Verfügungsbeschränkungen sind, durch die Verurteilung ersetzt, z. B. die vormundschaftsgerichtliche Genehmigung (KGJ. 31 A 293).

---

[1]) Anhang S. 287. [2]) Anhang S. 311. [3]) Anhang S. 310. [4]) Anhang S. 162.

5. Die sonstigen Eintragungserfordernisse sind durch § 20 nicht aufgehoben, insbesondere nicht as Erfordernis des Eintragungsantrages (§ 13). Dagegen ist neben der Auflassungserklärung eine besondere Eintragungsbewilligung nicht mehr erforderlich, die vielmehr durch die erstere ersetzt wird (RGZ. 54, 383; 141, 377; KGJ. 24 A 231; 43, 202; 48, 160; JFG. 15, 155; OLG. München JFG. 15, 284); a. A. Güthe-Triebel, § 20 Anm. 50. Die Auflassung braucht nicht notwendig in der Form der „Einigung" erklärt zu werden, kann vielmehr schon in den bloßen Umschreibungserklärungen (Antrag und Bewilligung) liegen (KGJ. 43, 205; 53, 163; JFG. 4, 311).

6. Weitere Eintragungserfordernisse im Falle der Auflassung eines Grundstücks ergeben sich:

a) aus Art. IV des KontrRGes. Nr. 45, §§ 1—4, 26 ff.[1]) LVO. v. 2. 12. 47 (VOBl.BZ. 157)[2]), wonach für die Auflassung eines land- und forstwirtschaftlichen Grundstücks, gleich welcher Größe, soweit nicht die allgemeinen Genehmigungen des Art. III der MilRegVO. Nr. 84[3]) Platz greifen, die (gemäß § 28 Abs. 1 LVO. zu erteilende) Genehmigung der unteren Landwirtschaftsbehörde (des Kreislandwirtschaftsamts oder einer gleichgeordneten Stelle), bei Verträgen über Übergabe eines Hofes an den Hoferben im Wege der vorweggenommenen Hoferbfolge (Übergabeverträgen) des Amtsgerichts (Landwirtschaftsgerichts). § 17 HöfO.[4]), Art. VI 15 VO. Nr. 84[3]) erforderlich ist. Als allgemein genehmigt gilt insbesondere die Veräußerung von Entschuldungsbetrieben (Art. III Nr. 4 Buchst. h der VO. Nr. 84)[3]) — vgl. unten zu i); § 31 Abs. 4 LVO.[2]) gilt nicht für das GBA., das vielmehr selbständig über die Zuständigkeit der zur Genehmigung berufenen Behörde zu entscheiden hat, solange eine Entscheidung des Landwirtschaftsgerichts noch nicht vorliegt. — Zum Begriff des Übergabevertrages vgl. OLG. Celle in Nds. Rpfl. 47, 62,

b) aus § 189 RAbgO. i. d. F. des § 48 Nr. 11 UrkStG. v. 5. 5. 36 (RGBl. I 407), § 8 DfBest. v. 22. 1. 35 (RMBl. 38), wonach ein Rechtsvorgang, der der Grunderwerbssteuer unterliegt, insbesondere die Eintragung des neuen Eigentümers[5]) (§§ 1, 4 des Grunderwerbssteuergesetzes v. 11. 3. 27, RGBl. I 72), auch wenn der Eigentumswechsel sich bereits außerhalb des Grundbuchs vollzogen hat — KGJ. 41, 24; JFG. 1, 404) KG. HRR. 1936 Nr. 360 — DNZ. 1936, 198 erst stattfinden darf, wenn eine Bescheinigung der zuständigen Steuerstelle (in den früher preußischen Gebietsteilen: der Rat der Stadt (Oberstadtdirektor) oder Kreistag (Oberkreisdirektor) § 1 DfBest. v. 28. 1. 35 (RMBl. 38)) vorgelegt wird, daß der Eintragung steuerliche Bedenken nicht entgegenstehen. — Die Bescheinigung wird erteilt, wenn die Grunderwerbssteuer entrichtet oder eine Steuer voraussichtlich nicht zu erheben ist (§ 8 DfBest.);

c) aus §§ 10, 4, 14 des Reichssiedlungsgesetzes vom 11. 8. 19 (RGBl. 1429)[6]), wonach die Eintragung des Eigentumsübergangs so lange ausgesetzt werden soll, bis dem Grundbuchamt die Nichtausübung des Vorkaufsrechts des gemeinnützigen Siedlungsverbands bei über 25 ha großen landwirtschaftlichen Grundstücken und des Landlieferungsverbands bei Grundstücken von mehr als 100 ha landwirtschaftlicher Nutzfläche (das Grundstück als wirtschaftliche, nicht rechtliche Einheit aufgefaßt, JFG. 2, 335) — formlos (KGJ. 53, 166; JFG. 2, 335; 6, 296; Gutachten JMBl. 19, 457) — nachgewiesen wird;

d) aus § 11 Abs. 3 des Reichsheimstättengesetzes i. d. F. v. 25. 11. 37 (RGBl. I 246)[7]), wonach dasselbe für das Vorkaufsrecht des Ausgebers einer Heimstätte gilt;

e) aus §§ 4 Abs. 1; 11 Abs. 1 Reichswohnsiedlungsgesetzes i. d. F. v. 27. 9. 38 (RGBl. I 1246)[8]), AusfVO. v. 25. 2. 35 (RGBl. I 292)[9]), Preuß. Wohnsiedlungsgebietsverordnung v. 4. 11. 33 (GS. 394)[10]), wonach die Auflassung eines Grundstücks oder Grundstücksteils, das im Wohnsiedlungsgebiet belegen ist, grundsätzlich der Genehmigung der unteren Verwaltungsbehörde, des Kreistags (Oberkreisdirektors), in Stadtkreisen des Rats (Oberstadtdirektors) bedarf und die Eintragung nur bei Vorlegung eines Genehmigungsbescheids oder einer Bescheinigung, daß es der Genehmigung nicht bedürfe, erfolgen kann. Letztere Bescheinigung bezieht sich nur auf die Ausnahmen des § 5 Reichswohnsiedl.Ges., während die Voraussetzungen des § 4 Abs. 1 (Wohnsiedlungsgebiet, Zeitpunkt der Auflassung) das GBA. selbständig nachzuprüfen hat (JFG. 11, 357);

f) aus § 62 Abs. 2 der DGO. i. d. F. MilRegVO. Nr. 21 (Br. ABl. Nr. 7), wonach die Gemeinde zum Verkauf oder Tausch von Grundstücken oder grund-

---

[1]) Anhang S. 299. [2]) Anhanh S. 306. [3]) Anhang S. 301. [4]) Anhang S. 301.
[5]) nach Anlegung des Grundbuchs, nicht schon im Anlegungsverfahren (JFG. 13, 127).
[6]) Muster, S. 280. [7]) Anhang S. 284. [8]) Anhang S. 29
[9]) Anhang S. 297. [10]) Anhang S. 298.

stücksgleichen Rechten der Genehmigung der Aufsichtsbehörde (des Kreistags oder Regierungspräsidenten) bedarf. Ist das Rechtsgeschäft nach §§ 23—25 der 1. DfVO. v. 22. 3. 35 (RGBl. I 393) genehmigungsfrei, so ist nach § 25 a. a. O. dem Eintragungsantrage eine entsprechende Erklärung des Bürgermeisters beizufügen. Für Stadtkreise besteht die Genehmigungspflicht nur noch, soweit Grundstücke abgegeben werden sollen, die der Versorgung der Bevölkerung mit Elektrizität, Gas oder Wasser dienen.

g) aus § 1 der 1. VO. zur Df. d. VO. Nr. 103 der Br. MilReg. über Bodenreform im Lande Niedersachsen (Überwachung von Grundeigentum) v. 11. 11. 47 (Nds. GesVBl. 91), wonach Verfügungen von natürlichen oder Juristischen Personen, die in der Brit. Zone Gruudeigentum von mehr als 150 ha Fläche besitzen, der Genehmigung des zuständigen Kulturamts bedürfen, und zwar auch dann, wenn es mehreren gemeinschaftlich gehört.

Nach § 1 Abs. 1 und 2 des Gesetzes zur Einleitung der Agrarreform in Schleswig-Holstein v. 12. 3. 48 — GOVVl.Schl.-H. 85 — ist das im Lande Schleswig-Holstein gelegene land- und forstwirtschaftliche Grundeigentum, das am 3. 9. 47 einer natürlichen oder juristischen Person des privaten und öffentlichen Rechts, einschließlich der Personenvereinigungen und Körperschaften, unabhängig von ihrer Staatsangehörigkeit allein oder in Gemeinschaft mit anderen Personen zur gesamten Hand oder nach Bruchteilen gehörte und sofern es größer als eine Fläche von 100 ha oder sein Einheitswert größer als 100 000 RM war, beschlagnahmt, und zwar auch dann, wenn das in Schleswig-Holstein gelegene Grundeigentum und das sonstige Eigentum in der briticsh besetzten Zone zusammengerechnet Fläche oder Einheitswert der genannten Größe überschreiten. Nach § 3 des Gesetzes kann während der Dauer der Beschlagnahme über das Grundeigentum nur mit Genehmigung des Kulturamts verfügt werden.

h) aus Art. 6, 7 AG. BGB., wonach Veräußerungen an juristische Personen, auch eingetragene Genossenschaften — KGJ. 36 A 156 —, evangelische Kirchengemeinden — KG. HRR. 26, Nr. 2137 —, dagegen nicht in- oder ausländische Versicherungsaktiengesellschaften und Versicherungsvereine auf Gegenseitigkeit — KG.-Gutachten, DJ. 33, 630 — unter gewissen Voraussetzungen staatlicher Genehmigung bedürfen;

i) aus Art. 1 VO. überVeräußerung vonEntschuldungsbeitrieben v. 6. 1. 37 (RGBl. I 5)[1]) 1. und 2. DfVO. v. 19.4.37 (RGBl. I 466) und v. 19. 8. 37 (RGBl. I 909) und AV. v. 3. 6. 42 (DJ. 389)[2]), wonach die Veräußerung von Grundstücken, bei denen im Grundbuch ein Entschuldungsvermerk eingetragen ist, der Genehmigung des zuständigen Amtsgerichts als Entschuldungsamtes bedarf;

k) aus §§ 11 Abs. 2, 24, 30 FidErlGes. v. 6. 7. 39 (RGBl. 825)[3]), wonach in der Zeit vom Erlöschen des Familienfideikommisses usw. bis zur Erteilung des Fideikommißauflösungsscheins (Sperrfrist) der Beseitzer über das Fideikommißvermögen usw., soweit er bisher darin beschränkt war, nur mit Genehmigung oder Ermächtigung des Fideikommißgerichts verfügen, ferner aus § 18 FidErlGes., §§ 13—16 DfVO. hierzu v. 20. 3. 39 (RGBl. I 509)[4]), wonach aus Anlaß der Auflösung errichtete Stiftungen, Genossenschaften und sonstige juristische Personen sowie Personenverbände über Grundstücke nur mit Genehmigung oder Ermächtigung des auch an Stelle des früher hierfür zuständigen RJM. getretenen Fideikommißgerichts verfügen, Stiftungen usw. auch nur erwerben dürfen (vgl. VO. d. ZJA. v. 25. 11. 46 — VOBl. Br.Z. 8)[5]);

l) aus § 1 Abs. 2 VO. über Preisüberwachung und Rechtsfolgen von Preisverstößen im Grundstücksverkehr v. 7. 7. 42 (RGBl. I 451)[6]), wonach bei Verträgen, durch den sich jemand verpflichtet, das Eigentum an einem Grundstück gegen Entgelt zu übertragen, das Grundbuchamt den Erwerber nur eintragen soll, wenn eine Unbedenklichkeitsbescheinigung der Preisbehörde (Rat der Stadt oder Kreistag) beigebracht worden ist. Als Unbedenklichkeitsbescheinigung der Preisbehörde ist auch ein Bescheid anzusehen, durch den die Genehmigung unter a (vgl. § 62 LVO. v. 2. 12. 47, VOBl. BZ. 157)[7]) und e erteilt wird. Der Beibringung bedarf es nicht, wenn dem Grundbuchamt nachgewiesen wird, daß der Veräußerer sich mit dem von der Preisbehörde zugelassenen Entgelt einverstanden erklärt hat (§ 2 Abs. 6 a. a. O.);

m) aus MilRegGes. Nr. 52, wonach jede Übertragung von Vermögen, das dem Gesetz Nr. 52 unterliegt, der Zustimmung der MilReg. bedarf. Über das hierdurch gebotene Verfahren vgl. AV. d. Präs. d. ZJA. v. 7. 6. 47 (ZJBl. 14)[8]) und 15. 3. 48 (ZJBl. 80) . Keine Genehmigung der MilReg. ist notwendig zur Berichtigung des

---

[1]) Anhang S. 289. [2]) Anhang S. 290. [3]) Anhang S. 293. [4]) Anhang S. 294.
[5]) Anhang S. 296. [6]) Anhang S. 313. [7]) Anhang S. 308. [8]) Anhang S. 314.

GB. auf Grund von Erbfolge (OLG. Celle, Hann. Rpfl. 47, 77, LG. Osnabrück Nds. Rpfl. 47, 19

Die auf Grund des KRG. Nr. 45 und der VO. d. MilReg. 84 erteilte Genehmigung ersetzt jede nach anderen Vorschriften erforderliche Genehmigung mit Ausnahme der Genehmigungen, die von der MilReg. vorgeschrieben sind, der Genehmigung unter e) und für deren Erteilung ein Gericht zuständig ist.

Aufhebung und Änderung subjektiv-dinglicher Rechte.

§ 21

Steht ein Recht, das durch die Eintragung betroffen wird, dem jeweiligen Eigentümer eines Grundstücks zu, so bedarf es der Bewilligung der Personen, deren Zustimmung nach § 876 Satz 2 des Bürgerlichen Gesetzbuchs zur Aufhebung des Rechtes erforderlich ist, nur dann, wenn das Recht auf dem Blatte des Grundstücks vermerkt ist.

1. **Allgemeines.** Die Vorschrift schränkt das Bewilligungsrecht der von der Aufhebung und Änderung eines subjektiv-dinglichen Rechts mittelbar Betroffenen im Interesse des erleichterten Grundbuchverkehrs ein. (Vgl. Anm. 1 zu § 9.)

2. Über den **Begriff des subjektiv-dinglichen Rechts** vgl. Anm. 2 zu § 9.

3. Über den **Begriff des Betroffenseins** vgl. Anm. 3 zu § 13 und Anm. 6 zu § 19.

4. Die **Zustimmung der in § 876 Satz 2 BGB. bezeichneten Personen,** d. h. derjenigen, denen ein Recht an dem herrschenden Grundstück zusteht, ist erforderrlich (auch bei Eintragungen zwecks Berichtigung)

a) im Falle der Aufhebung des subjektiv-dinglichen Rechts, mithin im Falle seiner Löschung oder der Enthaftung eines Teils des dienenden Grundstücks,

b) im Falle der Änderung seines Inhalts (§ 877 BGB.), Verschlechterung seines Ranges (§ 880 Abs. 3 BGB.),

c) im Falle der Bestimmung des Reallastberechtigten bei Teilung des herrschenden Grundstücks, daß die Reallast nur noch mit einem Teile verbunden sein soll (1109 Abs. 2 BGB.).

Zuzustimmen haben diejenigen, denen das Recht zur Zeit der Löschung (nicht der Löschungsbewilligung des Eigentümers) zusteht, mithin die Gläubiger der nach §§ 128, 130 ZVG. einzutragenden Hypotheken auch dann, wenn der Ersteher vor seiner Eintragung die Löschung bewilligt und beantragt hat, da diesem Antrage erst nach seiner Eintragung stattgegeben werden kann (JFG. 10, 199).

5. Der **Vermerk des subjektiv-dinglichen Rechts** auf dem Blatte des berechtigten Grundstücks ist nur Voraussetzung für das formelle Bewilligungsrecht der in § 876 S. 2 BGB. bezeichneten Personen. Das im materiellen Recht begründete Erfordernis ihrer Zustimmung bleibt davon unberührt.

Berichtigung des Grundbuchs.

§ 22[1])

(1) Zur Berichtigung des Grundbuchs bedarf es der Bewilligung nach § 19 nicht, wenn die Unrichtigkeit nachgewiesen wird. Dies gilt insbesondere für die Eintragung oder Löschung einer Verfügungsbeschränkung.

(2) Die Berichtigung des Grundbuchs durch Eintragung eines Eigentümers oder eines Erbbauberechtigten darf, sofern nicht der Fall des § 14 vorliegt oder die Unrichtigkeit nachgewiesen wird, nur mit Zustimmung des Eigentümers oder des Erbbauberechtigten erfolgen.

1. **Allgemeines.** Der Absatz 1 stellt, um die Übereinstimmung des Grundbuchinhalts mit der wirklichen Rechtslage möglichst zu fördern, eine Ausnahme von dem formellen Konsensprinzip auf und gestattet Berichtigungseintragungen auch ohne die Bewilligung des Betroffenen, ohne freilich dabei soweit zu gehen, einen Berichtigungszwang einzuführen. Der Abs. 2 hat ebenso wie der § 20 seinen Grund in den mit dem Grundstückseigentum verbundenen Verpflichtungen öffentlich-rechtlicher Natur, die es rechtfertigen, niemandem die Eintragung als Eigentümer gegen seinen Willen aufzudrängen, findet indes seinen Ausgleich in dem nach § 82 gegen den Eigentümer zugelassenen Berichtigungszwang.

2. **Unrichtigkeit des Grundbuchs** liegt vor, wenn der Inhalt des Grundbuchs in Ansehung eines Rechtes an dem Grundstücke, eines Rechts an einem solchen oder

---

[1]) in der Fassung der § 1 GBVVO. vom 5. 10. 42 (RGBl. I, 573).

einer Verfügungsbeschränkung mit der wirklichen Rechtslage nicht im Einklang steht (§ 894 BGB.). Eine Berichtigung im Sinne des § 22 kommt mithin nicht in Frage, wenn Angaben rein tatsächlicher Art, z. B. über Name (LG. Darmstadt DNZ. 42, 198), Firma, Beruf des (der Identität nach nicht zweifelhaften) Berechtigten, Größe, Reinertrag des Grundstücks, deren Beseitigung für den Inhalt des eingetragenen Rechts und den Rechtserwerb von keiner Bedeutung ist, unrichtig sind, ebenso nicht, wenn bloße Ungenauigkeiten oder Unklarheiten der Fassung und Schreibfehler vorliegen (RGZ. 53, 414; KGJ. 27 A 244). Die Richtigstellung dieser Unrichtigkeiten erfolgt von Amts wegen (KGJ. 1, 372; 8, 342), nötigenfalls nach Anstellung von Ermittlungen, die indes nur bei berechtigten Zweifeln zulässig sind (KGJ. 28 A 174; 48, 194; JFG. 8, 244). Um nicht bloß tatsächliche Unrichtigkeiten handelt es sich, falls eine Zuschreibung oder Vereinigung unzutreffend erfolgt ist (KGJ. 31 A 239) oder die Katasterparzellen im Bestandsverzeichnis unrichtig angegeben sind (Parzellenverwechslung, KGJ. 25 A 98, 106). Für unzulässige Eintragungen gilt die Sondervorschrift des § 53 Abs. 1 Satz 2.

Die Unrichtigkeit kann auf Versehen des Grundbuchrichters bei der Eintragung (§ 53 Abs. 1 Satz 1), darauf, daß die nach materiellem Recht neben der Eintragung für den Eintritt der Rechtsänderung erforderlichen Voraussetzungen nicht vorgelegen haben, daß bei einer früheren „Berichtigung" das Grundbuch in Wirklichkeit gar nicht unrichtig gewesen ist, ferner darauf beruhen, daß der Inhalt des Grundbuchs zwar von vornherein richtig war, jedoch nachträglich infolge von außerhalb des Grundbuchs erfolgten Rechtsänderungen unrichtig geworden ist (sog. Unvollständigkeit des Grundbuchs). Im letzten Falle liegt Unrichtigkeit nicht vor, wenn die Rechtsänderung in das Grundbuch nicht eingetragen werden darf (z. B. Recht auf die Überbau- und Notwegrente, §§ 914, 917 Abs. 2 BGB.). Im ersten Falle ist die Berichtigung auch dann zulässig, wenn gemäß § 53 Abs. 1 Satz 1 bereits ein Amtswiderspruch eingetragen ist (Güthe-Triebel § 22 Anm. 6 streitig).

Beispiele für Rechtsänderungen außerhalb des Grundbuchs: Verfügungen über Briefhypotheken, Briefgrundschulden und -Rentenschulden (Abtretung und Belastung — §§ 1154 Abs. 1, 1153, 1192 Abs. 1, 1199 Abs. 1, 1274 Abs. 1 BGB. —, Pfändung und Überweisung — §§ 830 Abs. 1, 857 Abs. 6 ZPO.), Erstreckung des Pfandrechts oder Nießbrauchs an einer Forderung auf die nachträglich für die Forderung eingetragene Hypothek (§§ 1274, 1069 i. V. 1153 BGB. — JFG. 4, 413), der Erwerb eines Pfandrechts in den Fällen der §§ 1075 Abs. 1, 1287 BGB. oder einer Sicherungshypothek im Falle des § 848 Abs. 2 ZPO. (RGZ. 71, 431; JFG. 4, 393; 7, 340; 8, 320), das Erlöschen von Rechten: und zwar des Vorkaufsrechts im Falle des § 1097 BGB., der Grunddienstbarkeit im Falle des § 1028 BGB., des Nießbrauchs oder Pfandrechts infolge Vereinigung mit dem durch sie belasteten Rechte (§§ 1072, 1063 Abs. 1, 2, 1273 Abs. 2, 1256 Abs. 1 und 2 BGB.) eines befristeten oder bedingten Rechts infolge Eintritts des Endtermins oder der auflösenden Bedingung, insbesondere des Erbbaurechts (§ 27 ErbbVO.), der Vormerkung, Reallast, des Vorkaufsrechts oder Pfandrechts auf Grund eines ohne Vorbehalt angemeldeter Rechte erlassenen Ausschlußurteils (§§ 887, 1104, 1112, 1273 Abs. 2, 1269 BGB. — RGZ. 67, 95; KGJ. 30 A 203; 33 A 211); der Hypothek infolge der Befriedigung des Gläubigers aus dem Grundstück (§ 1181 BGB.), infolge Ausfalls bei der Zwangsversteigerung (§ 91 Abs. 1 ZPG.), der Gesamthypothek hinsichtlich einzelner belasteter Grundstücke in den Fällen der §§ 1173 Abs. 1, Satz 1, Halbs. 2, 1174 Abs. 1 Halbs. 2, 1175 Abs. 1 Satz 2, 1182 BGB., die Entstehung und das Erlöschen von Verfügungsbeschränkungen (z. B. durch Pfändung oder Verpfändung eines Erbanteils — KGJ. 31 A 263; 33 A 226; 37 A 273; RGZ. 90, 232; JFG. 4, 294; 297), der Übergang von Rechten infolge von Erbfolge (§ 1922 BGB.), Übertragung eines Miterbenanteils (§ 2033 BGB. — RGZ. 60, 131; 64, 173; 83, 30; 93, 235; KGJ. 11 A 129; 26 A 113; 28 A 198; 32 A 203; 35 A 289; 38 A 223; 48 A 184; JFG. 7, 323), infolge Vereinbarung der allgemeinen Gütergemeinschaft, Errungenschaftsgemeinschaft, Fahrnisgemeinschaft (§§ 1438, 1519, 1549 BGB.), infolge Fusion zweier Aktiengesellschaften oder Übernahme des Vermögens einer Aktiengesellschaft durch das Reich, ein Land oder einen inländischen Kommunalverband (§§ 233, 253 AktGes. — KGJ. 28 A 148; 35 A 289; 38 A 231; 46, 191; JFG. 4, 413; 7, 299), Anwachsung des Anteils des ausscheidenden Gesellschafters (§ 738 Abs. 1 Satz 1 BGB., §§ 138, 142 HGB. — RGZ. 65, 227; 68, 410; KGJ. 31 A 315; 33 A 267; 44, 184; JFG. 6, 276), der Erwerb von gepfändeten Rechten in der Zwangsvollstreckung durch Anordnung des Vollstreckungsgerichts nach § 857 Abs. 5 ZPO. oder Zuschlag des Gerichtsvollziehers, auch in der freiwilligen Versteigerung (KGJ. 31 A 315; 33 A 267; JFG. 6, 276), Übergang des Grundeigentums infolge Zuschlags in der Zwangsversteigerung (§ 91 Abs. 1

ZVG.) infolge Enteignung (§ 44 Enteign.Ges.), der Erwerb der Hypothek durch den Eigentümer (§§ 1163 1168, 418 Abs. 1 Satz 2, 1170, 1171, 1172 Abs. 1, 1175 Abs. 1 Satz 2 und Abs. 2, 1143 Abs. 1 BGB., 868, 932 Abs. 2 ZPO.), den persönlichen Schuldner (§§ 1164, 1174 BGB.), den zur Befriedigung berechtigten Dritten (§§ 1150, 268 Abs. 1 Satz 1 BGB.), den Bürgen (§ 774 Abs. 1 Satz 1 BGB.) und den Versicherer (§ 102 VersVertrGes. — KG. JW. 35, 1505).

3. Der Nachweis der Unrichtigkeit des Grundbuchs erfolgt, soweit sie bei dem Grundbuchamt nicht offenkundig ist, durch öffentliche Urkunden (§ 29 — RGZ. 84, 71; KGJ. 40, 133; 52, 166; 53, 132; JFG. 8, 260. Jedoch ist ein unter Verstoß gegen die guten Sitten erwirktes Urteil keine geeignete Unterlage für die Grundbuchberichtigung (KG. JFG. 18, 267 — JW. 38, 3244). Soweit die Unrichtigkeit eine Folge rechtsgeschäftlicher Erklärungen ist, genügt zum Nachweise deren Vorlegung in öffentlich beglaubigter Form. Der Nachweis gilt erst dann als geführt, wenn alle Möglichkeiten, die gegen die behauptete Unrichtigkeit sprechen, ausgeräumt (JFG. 2, 406), insbesondere die Rechtsvorgänge, die die Unrichtigkeit herbeiführten, überzeugend dargelegt sind. Ein gewisser Grad von Wahrscheinlichkeit genügt nicht. Zum Nachweis des Erwerbs der Hypothek durch den Eigentümer nach § 1163 Abs. 1 Satz 2 BGB. muß die Quittung ergeben, von wem und wann gezahlt ist, da die Möglichkeit besteht, daß ein Dritter die Hypothek erworben hat (KGJ. 26 A 149; 40, 294). Behauptet der Eigentümer, daß er die Hypothek als Grundschuld erworben habe, so bedarf es nicht des Nachweises, daß er persönlicher Schuldner war, da im andern Falle die auf ihn übergegangene persönliche Forderung durch seine Erklärung erloschen und damit die Hypothek ohne weiteres Grundschuld geworden ist (KGJ 36 A 256; 45, 282) Im Falle des § 1171 Abs. 1 Satz 1 BGB. bedarf es einer öffentlichen oder öffentlich beglaubigten Erklärung des Gläubigers, daß ihm der Brief noch nicht übergeben worden ist (KGJ. 22 A 309). Zum Nachweis des Erlöschens der Hypothek einer im gesetzlichen Güterstande lebenden Ehefrau bedarf es der öffentlich beglaubigten Erklärungen beider Eheleute (OLG. München HRR. 38, 1534). Gemeinschaftlich zurückzahlende Miteigentümer erwerben die Eigentümergrundschuld in realen Teilen, während bei Zahlung nur eines Miteigentümers im eigenen Namen § 1173 Abs. 1 BGB. entsprechend anzuwenden ist (KGJ. 41, 243; JFG 1, 482; a. M. Güthe-Triebel § 22 Anm. 13, wonach diese Anwendung nur bei Belastung der Miteigentumsanteile, nicht des ganzen Grundstücks statthaft ist). Bei Höchstbetragshypotheken erwirbt die Eigentümergrundschuld stets der Eigentümer zur Zeit der Bestellung der Hypothek, der aber als Grundschuldgläubiger erst nach Feststellung der Forderung eingetragen werden kann. Liegt einer im Grundbuch eingetragenen Goldmarkhypothek im Innenverhältnis eine Dollarforderung zugrunde, so kann die auf der Abwertung des Dollars beruhende Entstehung einer Eigentümergrundschuld nicht vor der Tilgung der Forderung nachgewiesen werden (KG. JW. 37, 3109; HRR. 38, 301). Die Strafzinshypothek, die in dem Zeitpunkt erlischt, in dem Strafzinsen nicht mehr entstehen können, geht auf den Eigentümer über, der sie bestellt hat (RGZ. 136, 77, JFG. 9, 274). Zum Nachweis des Übergangs einer Grundschuld auf den Eigentümer (§§ 1192, 1143 BGB.) genügt der Nachweis der Rückzahlung der den Grundschuldbetrag unterschreitenden persönlichen Forderung regelmäßig dann, wenn die Quittung mit der Löschungsbewilligung verbunden ist (KGJ. 35 A 327; HRR. 31, Nr. 737). Einer Erleichterung des Nachweises der Unrichtigkeit dienen die Vorschriften der §§ 26, 33—38. In den Fällen, in denen die Berichtigung auf Ersuchen von Behörden erfolgt ,kommt ein Unrichtigkeitsnachweis regelmäßig nicht in Frage (z. B. Eintragung und Löschung von Verfügungsbeschränkungen, im Zwangsversteigerungsverfahren).

5. Verhältnis des Unrichtigkeitsnachweises zur Berichtigungsbewilligung. Diese wird stets durch den Nachweis der Unrichtigkeit ersetzt (BayOLG. HRR. 39 Nr. 1366). Wird die Berichtigung auf Grund einer Bewilligung des Betroffenen beantragt, so muß nach den Umständen des Falls außer Zweifel stehen, daß sie die ausschließliche Eintragungsgrundlage bilden soll. Sonst ist der Berichtigungsantrag stets gleichzeitig unter dem Gesichtspunkt des Unrichtigkeitsnachweises zu prüfen Unter dem der Berichtigungsbewilligung bedarf es der Bewilligung sämtlicher Betroffener.

Über Berichtigungsbewilligungen, wenn das Grundbuch in der Tat nicht unrichtig ist, vgl. Anm. 3 zu § 19.

6. Eintragungsvoraussetzungen neben dem Unrichtigkeitsnachweise sind der formlose Eintragungsantrag (vgl. aber Anm. 7) des Antragsberechtigten (vgl. Anm. 8 zu § 13), soweit nicht nach §§ 9 Abs. 2, 51, 52, 53 Abs. 1 Satz 2 GBO. Berichtigung von Amts wegen oder gemäß § 38 GBO. auf Ersuchen einer Behörde stattfindet, die Zustimmung des Eigentümers nach § 27 Abs. 1, des Berechtigten oder dessen Rechtsnachfolgers nach §§ 23, 24 und die Vorlegung des Briefs nach §§ 41—43, soweit diese nicht schon zwecks Nachweises der Unrichtigkeit notwendig ist. Kein Antragsrecht der Entschuldungsstelle oder der mit der Durchführung des Verfahrens beauftragten Kreditanstalt bezüglich der auf sie infolge Ablösung über gegangenen Hypothekenforderung: Schuldenregelungshypothek, Bezugnahme auf die GR. Nr. 82 und Briefausschluß.

7. **Die Zustimmung des** im Wege der Berichtigung **einzutragenden Eigentümer oder Erbbauberechtigten** ist nur erforderlich, wenn die Eintragung auf Grund einer Berichtigungsbewilligung erfolgt. Zuzustimmen hat der wahre Eigentümer (KGJ 25 A 98; 40, 205; 41, 190; RGZ 73, 156). Bei Miteigentümern, insbesondere Erben ist die Zustimmung sämtlicher Miteigentümer notwendig (KGJ. 25 A 114; 37 A 273) auch dann, wenn der Eintragungsantrag von dem einen Erbanteil pfändenden Gläubiger gestellt wird (RGZ 84, 74, 327; KGJ. 38 A 206). Im Falle der Einsetzung eines Testamentsvollstreckers hat dieser an Stelle der Erben die Zustimmung zu erklären (KGJ. 40, 204). Erwirbt der in Gütergemeinschaft lebende Ehemann ein Grundstück für das Gesamtgut, so kann er die Miteintragung seiner Frau als Gesamthandseigentümerin auch ohne ihre Zustimmung beantragen, da eine Berichtigung des Grundbuchs nicht in Frage steht (RGZ. 84, 326; KGJ 46, 251; a. M. KGJ. 38 A 206; 40 A 138; 48, 210). Erwirbt die Ehefrau ein Grundstück für das Gesamtgut, so ist zur Eintragung des Miteigentums des Ehemannes seine Zustimmung erforderlich, da zur selbständigen Stellung eines darauf gerichteten Antrages die Ehefrau infolge der Rechtsstellung des Mannes nicht befugt ist (KGJ. 40 A 153, BayOLG. in KGJ. 47, 258, streitig). Eine vorherige Eintragung desjenigen, an den das Grundstück allein aufgelassen ist, ist (bei Nachweis des Eintritts der Gütergemeinschaft) nicht nur entbehrlich (JFG. 11, 265), sondern mit Rücksicht auf § 82 sogar nicht zulässig (RGZ. 155, 344). Soll der zunächst für den Mann oder die Frau gebuchte Erwerb nachträglich in Berichtigung des Grundbuchs als Gesamtgut eingetragen werden, so bedarf es nur der Zustimmung des jeweils miteinzutragenden Ehegatten, nicht der Zustimmung des anderen Ehegatten, bei der fortgesetzten Gütergemeinschaft nicht der Zustimmung des überlebenden Ehegatten bzw. des anteilsberechtigten Ehegatten (KGJ. 48, 210; KG. JW. 34, 1580; JFG. 13, 78; KG. JW. 35, 2515). Auch in den Fällen des § 4 Kapitalgesellschaftsumwandlungsges. v. 5. 3. 34 (RGBl. I 569) ist die Zustimmung des Eigentümers erforderlich (OLG München JFG 18, 170). Sie wird ersetzt durch die Form der Auflassung (KGJ. 34 A 245). Die Zustimmung genügt nicht, wenn feststeht, daß in Wirklichkeit die Eintragung des Eigentümers nicht zum Zwecke der Berichtigung, sondern der Rechtsänderung erfolgen soll. Vielmehr gilt in diesem Falle § 20. Die Zustimmung bedarf der Form des § 29, auch wenn sie in der Gestalt eines Berichtigungsantrages erfolgt (§ 30). Sie ist nicht erforderlich in den Fällen der §§ 14 GBO., 130 ZVG. und Art. 14 AG., desgleichen, wenn der Nachweis der Unrichtigkeit in der Form des § 29 geführt worden ist, da hier der wahre Eigentümer nach § 82 sich stets eintragen lassen muß, mithin für ihn die Gefahr der Belastung mit öffentlich-rechtlichen Verpflichtungen nicht besteht.

Über die Anwendung des § 22 Abs. 2 auf andere grundstücksgleiche Rechte vgl. § 118 Abs. 1 GBO., Art. 28 Pr. AG.[1]).

Löschung von Rechten auf Lebenszeit.

§ 23

(1) Ein Recht, das auf die Lebenszeit des Berechtigten beschränkt ist, darf nach dessen Tode, falls Rückstände von Leistungen nicht ausgeschlossen sind, nur mit Bewilligung des Rechtsnachfolgers gelöscht werden, wenn die Löschung vor dem Ablauf eines Jahres nach dem Tode des Berechtigten erfolgen soll oder wenn der Rechtsnachfolger der Löschung bei dem Grundbuchamte widersprochen hat; der Widerspruch ist von Amts wegen in das Grundbuch einzutragen. Ist der Berechtigte für tot erklärt, so beginnt die einjährige Frist mit dem Erlaß des die Todeserklärung aussprechenden Urteils.

(2) Der im Abs. 1 vorgesehenen Bewilligung des Rechtsnachfolgers bedarf es nicht, wenn im Grundbuch eingetragen ist, daß zur Löschung des Rechts der Nachweis des Todes des Berechtigten genügen soll.

---

[1]) Anhang S. 162.

1. Allgemeines. Die §§ 23 und 24 schränken für die Löschung zeitlich begrenzter Rechte im Falle ihres Erlöschens den Grundsatz des § 22 dahin ein, daß unter bestimmten Voraussetzungen der Nachweis ihres Erlöschens nicht genügt, die Löschung vielmehr nur auf Grund des § 19 erfolgen darf, lassen andrerseits nach Fristablauf die Löschung selbst dann zu, wenn nur das Erlöschen des Hauptrechts, nicht auch des Rechts auf Rückstände nachgewiesen ist. Der Grund liegt darin, daß der letztgenannte Nachweis ohne Mitwirkung des Berechtigten oder seines Rechtsnachfolgers kaum je zu führen, dem mit dem Recht Belasteten aber nach bestimmter Frist nicht mehr zuzumuten ist, die durch diese Mitwirkung bedingte Verzögerung der Grundbuchberichtigung auf sich zu nehmen.

2. Die **Beschränkung eines Rechts auf die Lebenszeit des Berechtigten** kann auf dem Gesetz beruhen wie beim Nießbrauch (§ 1061 Satz 1 und 2 BGB.), den beschrankten persönlichen Dienstbarkeiten (§ 1090 Abs. 2 vbd. § 1061 BGB.) oder auf Rechtsgeschäft. Hier kommen in Betracht die subjektiv-persönlichen Reallasten (z. B. Leibrenten und Leibgedinge), Hypotheken, auch wenn die persönliche Forderung befristet ist (KGJ. 33 A 243, 34 A 314), Grundschulden, Rentenschulden, Pfandrechte an Rechten (auch wenn nur das verpfändete Recht auf die Lebenszeit des Pfandschuldners beschränkt ist).

3. Die Möglichkeit von Rückständen ist nicht ausgeschlossen beim Nießbrauch an Rechten, bei Reallasten, insbesondere Leibgedingen, soweit sie nicht ausschließlich in einem Wohnungsrecht bestehen, Hypotheken, Grundschulden, Rentenschulden und Pfandrechten an Rechten, dagegen regelmäßig ausgeschlossen beim Nießbrauch an Grundstücken und bei beschränkten persönlichen Dienstbarkeiten, stets bei Vorkaufsrechten und Vormerkungen. Für die Löschung der letztgenannten Rechte im Wege der Berichtigung gilt daher § 22 uneingeschränkt.

4. Die Bewilligung des Rechtsnachfolgers des Berechtigten (unter Lebenden, falls dieser über das Recht schon bei Lebzeiten verfügt hat, sonst seiner Erben), auch eines Sonderrechtsnachfolgers, auf den die Rechte übergegangen sind (KG. JFG. 38, 204; JW. 38, 2830), ist erforderlich

a) vor Ablauf eines Jahres seit dem Tode des Berechtigten oder der Erlassung (Verkündung) des die Todeserklärung aussprechenden Ausschlußurteils (§§ 187 Abs. 1, 188 Abs. 2 BGB.),

b) im Falle der Erhebung eines Widerspruchs durch den Rechtsnachfolger, der sich als solcher, auch formlos (Güthe-Triebel, § 23 Anm. 15) auszuweisen hat. Der Widerspruch ist bei dem Grundbuchamt in der Form des § 29 anzubringen. Die Eintragung des Widerspruchs im Grundbuch ist unwesentlich. Nach erfolgter Löschung des Rechts ist die Erhebung des Widerspruchs und seine Eintragung nicht mehr zulässig, im übrigen ist er an eine Frist nicht gebunden, insbesondere auch noch nach Eingang des Löschungsantrages statthaft (Güthe-Triebel, § 23 Anm. 16).

Die Bewilligung selbst unterliegt den Bestimmungen des § 19. Nach Ablauf der Sperrfrist genügt bei Ausbleiben eines Widerspruchs des Rechtsnachfolgers der Nachweis des Todes oder des Ausschlußurteils zur Löschung, ohne daß daneben das Nichtvorhandensein von Rückständen bewiesen zu werden braucht.

5. Die Eintragung des Absatz 2 macht nicht nur die Bewilligung vor Ablauf der Sperrfrist überflüssig, sondern auch die Erhebung und Eintragung eines Widerspruchs des Rechtsnachfolgers unzulässig. Die Eintragung des Abs. 2 darf nur mit Bewilligung des Berechtigten erfolgen (KGJ. 44, 242). Sie kann durch Bezugnahme auf die Eintragungsbewilligung nicht ersetzt werden (Güthe-Triebel, § 23 Anm. 22).

§ 23 gilt auch, wenn das Recht vor dem 1. Januar 1900 oder vor der nach diesem Zeitpunkt erfolgten Anlegung des Grundbuchs infolge Todes des Berechtigten erloschen ist (KGJ. 44, 248).

6. Die Vorschriften des § 22 Abs. 2 und der §§ 42, 43 sind auch im Falle des § 23 zu beachten (JFG. 2, 382).

Löschung zeitlich beschränkter Rechte.

§ 24

Die Vorschriften des § 23 sind entsprechend anzuwenden, wenn das Recht mit der Erreichung eines bestimmten Lebensalters des Berechtigten oder mit dem Eintritt eines sonstigen bestimmten Zeitpunkts oder Ereignisses erlischt.

1. Als **zeitlich beschränkte Rechte** im Sinne des § 23 können sämtliche dingliche Rechte mit Ausnahme des Eigentums, auch das Erbbaurecht in Betracht kommen.

2. Die hier notwendige **Löschungsbewilligung** wird, falls das Recht nicht vor Eintritt des Endtermins seinen Inhaber unter Lebenden oder von Todes wegen gewechselt hat, der ursprüngliche Berechtigte selbst zu geben haben.

3. Die **Sperrfrist** wird von dem Eintritt des bestimmten Zeitpunktes oder Ereignisses an gerechnet (§ 187 Abs. 1 BGB.).

4. Die **Eintragung gemäß § 23 Abs. 2** hat den Zeitpunkt oder das Ereignis, mit dem das Recht erlischt, möglichst genau anzugeben.

5. **Im übrigen** gilt das zu § 23 Gesagte.

Löschung einer Vormerkung oder eines Widerspruchs.

§ 25

Ist eine Vormerkung oder ein Widerspruch auf Grund einer einstweiligen Verfügung eingetragen, so bedarf es zur Löschung nicht der Bewilligung des Berechtigten, wenn die einstweilige Verfügung durch eine vollstreckbare Entscheidung aufgehoben ist. Diese Vorschrift ist entsprechend anzuwenden, wenn auf Grund eines vorläufig vollstreckbaren Urteils nach den Vorschriften der Zivilprozeßordnung eine Vormerkung oder ein Widerspruch eingetragen ist.

1. **Allgemeines.** Die Vorschrift ist eine Ausführungsbestimmung zu § 776 ZPO., indem sie bestimmt, in welcher Weise die in der Eintragung einer Vormerkung oder eines Widerspruchs liegende Vollstreckungsmaßregel aufzuheben ist, falls die einstweilige Verfügung oder das vorläufig vollstreckbare Urteil, auf Grund deren die Eintragung erfolgt ist, durch eine vollstreckbare Entscheidung aufgehoben ist (§ 775 Z. 1 ZPO.). Die Löschung der Vormerkung und des Widerspruchs ist in diesen Fällen eine Berichtigung des Grundbuchs, da materiell bereits der Erlaß der vollstreckbaren Aufhebungsentscheidung die Rechte aus der Vormerkung und dem Widerspruch zum Erlöschen bringt, der unmittelbaren Anwendung des § 22 in diesem Falle aber § 776 ZPO. im Wege steht, der eine besondere Aufhebung der Vollstreckungsmaßregel erfordert (str. KGJ. 41, 223; 43, 207).

2. **Einstweilige Verfügungen** kommen als Grundlage einer Vormerkung gemäß § 885 BGB., eines Widerspruchs gemäß § 899 Abs. 2 BGB., **vorläufig vollstreckbare Urteile** als Grundlage beider Arten von Eintragungen gemäß § 895 ZPO. in Betracht Dem § 25 unterliegen mithin nur Vormerkungen im Sinne des § 883 BGB., d. h. zur Sicherung des Anspruchs auf Einräumung oder Aufhebung eines Rechts an einem Grundstück oder an einem das Grundstück belastenden Rechte oder auf Änderung des Inhalts oder Ranges eines solchen Rechtes und Widersprüche im Sinne des § 899 BGB., d. h. zur Sicherung des Berichtigungsanspruchs desjenigen, dessen Recht nicht oder nicht richtig eingetragen oder durch die Eintragung einer nicht bestehenden Belastung oder Beschränkung beeinträchtigt ist (§ 894 BGB.). Insbesondere betrifft auch § 895 ZPO. nur Ansprüche der vorgenannten Art.

3. **Aufhebung der einstweiligen Verfügung oder des vorläufig vollstreckbaren Urteils durch eine vollstreckbare Entscheidung.** Aufhebungsentscheidungen sind bei einer durch Urteil erlassenen einstweiligen Verfügung das auf den Einspruch oder die Berufung, bei einer durch Beschluß erlassenen einstweiligen Verfügung das auf den Widerspruch ergehende Urteil (§§ 936, 925 Abs. 2, 939 ZPO.), bei beiden Arten die Urteile nach § 936 vbd. § 926 Abs. 2 und § 927 ZPO. und der Beschluß nach § 942 Abs. 3 ZPO., endlich ein die einstweilige Verfügung aufhebendes Urteil in der Hauptsache. Bei einem vorläufig vollstreckbaren Urteil im Sinne des § 895 ZPO. genügt die Aufhebung lediglich seiner Vollstreckbarkeit durch die auf den Einspruch oder die Berufung ergangene vollstreckbare Entscheidung. Die Aufhebungsentscheidung muß vollstreckbar gegenüber dem von der Löschung Betroffenen sein, wobei die §§ 735—749 ZPO. zu beachten sind (Umschreibung der Vollstreckungsklausel, Schuldtitel gegen den Ehemann bei Löschung einer Vormerkung, die einen zum eingebrachten Gut gehörigen Anspruch der Ehefrau sichern soll — KGJ. 22 A 136, während bei Zugehörigkeit zum Gesamtgut ein Titel gegen den Mann erforderlich ist, aber genügt (§ 740 ZPO.). Eine Vollstreckungsklausel ist nur im Falle ihrer Umschreibung vorzulegen, sonst genügt eine einfache Ausfertigung (str.; a. M. KG. in KGJ. 22 A 136). Des Nachweises der Zustellung bedarf es nur bei Beschlüssen (KGJ. 41, 222).

Über die sonstigen Voraussetzungen der Löschung vgl. Anm. 5 zu § 22. Zu beachten ist insbesondere die Vorschrift des § 39 (Voreintragung des Berechtigten).

4. Auf das **Erlöschen** der Rechte aus einer Vormerkung oder einem Widerspruch, **das nicht in einer aufhebenden Entscheidung seinen Grund hat,** z. B. infolge Aufhebung des gesicherten Anspruchs, findet § 25 keine Anwendung, d. h. die Berichtigung des Grundbuchs kann in diesem Falle schon vor Erlaß einer aufhebenden Entscheidung bei Nachweis des anderweitigen Erlöschens gemäß § 22 erfolgen (RGZ. 65, 261; 77, 406; 31, 290; KGJ. 40, 354; 43, 207; 46, 206— 52, 165; K. HRR 32 Nr 1837), ebenso auf Grund einer Bewilligung des durch die Vormerkung Gesicherten (Güthe-Triebel, § 25 Anm 24)

5. **Materiellrechtliche Folgen der Löschung.** Durch eine zu Unrecht erfolgte Löschung der Vormerkung oder des Widerspruchs (auch im Falle der nachträglichen Aufhebung der aufhebenden Entscheidung) wird das Grundbuch unrichtig, so daß die Wiedereintragung nach § 22 zulässig ist (RGZ 129, 186; JFG 5, 330; a M. KG. in seiner bisherigen Rechtsprechung).

Übertragung und Belastung von Briefrechten und durch Pfandrecht an Grundstücksrechten gesicherten Forderungen.

§ 26

(1) Soll die Übertragung einer Hypothek, Grundschuld oder Rentenschuld, über die ein Brief erteilt ist, eingetragen werden, so genügt es, wenn an Stelle der Eintragungsbewilligung die Abtretungserklärung des bisherigen Gläubigers vorgelegt wird.

(2) Diese Vorschrift ist entsprechend anzuwenden, wenn eine Belastung der Hypothek, Grundschuld oder Rentenschuld oder die Übertragung oder Belastung einer Forderung, für die ein eingetragenes Recht als Pfand haftet, eingetragen werden soll.

1. **Allgemeines.** § 26 betrifft Fälle rechtsgeschäftlicher Übertragung und Belastung, die sich nach materiellem Recht auch ohne Eintragung vollziehen und erklärt für den nach § 22 erforderlichen Nachweis der außerhalb des Grundbuchs erfolgten Rechtsänderung den Beweis der Annahmeerklärung des Erwerbers und der Übergabe des Briefes für entbehrlich (KGJ 49, 206).

2. **Die Übertragung einer Brief-Hypothek, -Grundschuld oder -Rentenschuld** kommt nur in Betracht, wenn sie durch Abtretung erfolgt (§§ 1154 Abs. 1, 1192 vbd. 1154 Abs. 1 BGB.), nicht dagegen, wenn sie gerichtlich durch Überweisung an Zahlungsstatt oder kraft Gesetzes stattfindet. Der Abtretungserklärung stehen mithin vom Standpunkt des § 26 nicht das öffentlich beglaubigte Anerkenntnis einer kraft Gesetzes erfolgten Übertragung oder der gerichtliche Überweisungsbeschluß gleich. Die beiden letztgenannten Urkunden können jedoch gemäß § 22 vom Standpunkte des Unrichtigkeitsnachweises eine Grundlage für die Umschreibung bilden. Auf Hypotheken und Grundschulden, bei denen die Erteilung des Briefs ausgeschlossen ist (§§ 1116 Abs. 2, 1192 BGB.), insbesondere Sicherungshypotheken (§ 1185 Abs. 1 BGB.), findet § 26 auch keine entsprechende Anwendung; bei ihnen bedarf es zur Umschreibung stets der Eintragungsbewilligung oder des Nachweises des außerhalb des Grundbuchs erfolgten Rechtsüberganges, nötigenfalls der Annahmeerklärung des Erwerbers.

Die Abtretungserklärung muß nach materiellem Recht in Verbindung mit ihrer Annahme und der Übergabe des Briefs geeignet sein, den Rechtsübergang zu bewirken, insbesondere den neuen Gläubiger und das abgetretene Recht zweifelsfrei bezeichnen und angeben, ob und von welchem Zeitpunkt — „mit den laufenden Zinsen" genügt nicht (KG. HRR. 41, 604) — an das Zinsrecht mit abgetreten oder ob es für den bisherigen Gläubiger vorbehalten bleiben soll (KGJ. 29 A 179; 40, 273; 50, 194; 51, 291 und 294; JFG. 6, 323). Das letzte (ebenso bei der Buchhypothek, bei der über die Zinsen außerhalb des Grundbuchs nicht verfügt werden kann), ist dann nicht erforderlich, wenn der neue Gläubiger selbst den Hypothekenbrief mit der Abtretungserklärung einreicht oder die Annahme der Abtretung und eine Vereinbarung nach §§ 1154 Abs. 1, 1117 Abs. 2 BGB. in der Form des § 29 GBO. nachweist, da in diesem Falle für den Nichtvorbehalt die Vermutung spricht (KGJ. 53, 186; JFG. 11, 260). Als Ersatz der Eintragungsbewilligung darf die Abtretungserklärung nicht bedingt oder befristet sein (Anm. 5 zu § 19).

3. Für **die Belastung einer Brief-Hypothek, -Grundschuld oder -Rentenschuld** und die hier ausreichende Belastungserklärung gilt das zu 2 Gesagte entsprechend. Als Rechte, mit denen eine Hypothek oder Grundschuld belastet werden kann, kommen nur der Nießbrauch und das Pfandrecht in Betracht, deren Bestellung nach den für die Abtretung von Hypotheken und Grundschulden geltenden Vor-

schriften erfolgt (§§ 1069 Abs. 1, 1274 Abs. 1 Satz 1 BGB.). Eine Belastung infolge gerichtlicher Pfändung fällt nicht unter § 26.

4. **Die Übertragung oder Belastung einer Forderung, für die ein eingetragenes Recht als Pfand haftet,** erfolgt nach § 398 Abs. 1 BGB. durch formlosen Vertrag und hat nach §§ 401 Abs. 1, 1250 Abs. 1 BGB. ohne weiteres den Übergang oder die Belastung des Pfandrechts an dem eingetragenen Recht zur Folge. Das eingetragene Recht, das als Pfand haftet, kann eine Hypothek oder Grundschuld, das Pfandrecht hieran oder das Pfandrecht an einer durch ein solches Pfandrecht gesicherten Forderung sein, wenn z. B. jemand, für dessen Forderung ein Pfandrecht an einer Grundschuld besteht, diese Forderung mit einem Pfandrecht oder Nießbrauch belastet, wodurch dieses Recht auch das Pfandrecht an der Grundschuld ergreift. Damit ist die Zulässigkeit der Eintragung des Pfandrechts an einer solchen Forderung anerkannt. Aus § 873 BGB. ergibt sich nur die Zulässigkeit der Eintragung der Belastung eines Rechts am Grundstück, nicht dagegen der Belastung des das Grundstücksrecht selbst belastenden Rechts.

5. Die **Form der Abtretungs- oder Belastungserklärung** ist die des § 29.

6. **Die neben der Berichtigungsbewilligung erforderlichen Eintragungsvoraussetzungen** werden durch die Abtretungs- oder Belastungserklärung nicht ersetzt, insbesondere nicht der Eintragungsantrag, die Zustimmung betroffener Dritter usw. Erfolgt die Eintragung der Übertragung oder Belastung nicht auf Grund des § 26, sondern nach § 19 auf Grund einer Eintragungsbewilligung, so muß diese den dinglichen Rechtsakt, der die Umschreibung oder Belastung rechtfertigt, insbesondere die Abtretung deutlich angeben (OLG. München JFG 18, 117). Die bloße Umschreibungsbewilligung genügt nicht, da sie die wirkliche Rechtslage nicht klarstellt (KGJ. 40, 268).

Löschung von Hypotheken, Grundschulden und Rentenschulden und Rechten daran.

§ 27[1])

Eine Hypothek, eine Grundschuld oder eine Rentenschuld darf nur mit Zustimmung des Eigentümers des Grundstücks gelöscht werden. Für eine Löschung zur Berichtigung des Grundbuchs ist die Zustimmung nicht erforderlich, wenn die Unrichtigkeit nachgewiesen wird.

1. **Allgemeines.** § 27 erklärt die infolge der materiellrechtlichen Bestimmung des § 1183 BGB. bereits auf Grund des § 19 notwendige Zustimmung des Eigentümers (vgl. Anm. 6 zu § 19) auch für den Fall für erforderlich, daß die Löschung der Hypothek nicht zum Zwecke der Aufhebung, vielmehr zum Zwecke der Berichtigung des Grundbuchs stattfinden soll, weil die Hypothek bereits außerhalb des Grundbuchs erloschen ist, obwohl der Eigentümer hier von der Löschung nicht betroffen wird, jedoch nur für den Fall der Berichtigungsbewilligung, nicht auch beim Nachweis der Unrichtigkeit (§ 22). Diese Neuregelung der GBVVO. entspricht, ebenso wie der Wegfall des bisherigen Abs. 2, der eine entsprechende Bestimmung für Rechte an Grundpfandrechten vorsah, in zweckmäßiger Weise dem Grundgedanken der Vorschrift, daß nämlich der Eigentümer in den Fällen, in denen eine tatsächlich zur Eigentümergrundschuld gewordene Hypothek oder Grundschuld im Wege der Berichtigung gelöscht wird, der Gefahr eines Rechtsverlustes ausgesetzt wird, den zu verhindern seine Zustimmung zur Löschung gefordert wird. Bei Nachweis des Erlöschens und damit der Unrichtigkeit ist diese Gefahr nicht gegeben.

2. Unter **Löschung einer Hypothek oder Grundschuld** ist nicht nur die Löschung der Hypothek als ganzen, sondern auch die einer Gesamthypothek auf nur einem einzelnen der belasteten Grundstücke zu verstehen. Im letzten Falle müssen sämtliche Eigentümer zustimmen, wenn nicht (gegebenenfalls durch Urteil) nachgewiesen wird, daß dem Eigentümer, auf dessen Grundstücke sie nicht gelöscht werden soll, ein Ersatzanspruch gegen die anderen Eigentümer nicht zusteht, die Voraussetzungen des § 1173 Abs. 2 BGB. mithin nicht vorliegen (KGJ. 24 A 255). Die Eintragung einer Zinssenkung bedarf nicht der Zustimmung des Eigentümers — § 2 d. Ges. v. 11. 5. 37 (RGBl. I 579) —. Der Löschung steht nicht gleich die Eintragung des Verzichts (1168 BGB.), auch nicht hinsichtlich nur eines einzelnen der belasteten Grundstücke bei der Gesamthypothek (1175 Abs. 1 Satz 2 BGB.; KGJ. 47, 207), die Eintragung der Verteilung einer Gesamthypothek auf die einzelnen Grundstücke im Falle des § 1132 Abs. 2 BGB., auch wenn hierbei (un-

---

[1]) in der Fassung des § 2 der GBVVO. vom 2. 10. 42 (RGBl. I, 573).

nötigerweise) die den einzelnen Grundstücken nicht zugeteilten Beträge gelöscht werden (RGZ. 70, 93; KGJ. 37 A 307; 47, 209), ebenso nicht die Eintragung einer Verteilung gemäß § 867 Abs. 2 ZPO. Unerheblich ist, ob die Löschung zum Zwecke der Rechtsänderung oder der Berichtigung des Grundbuchs erfolgt, weil die Hypothek (nicht die ihr zugrundeliegende persönliche Forderung) trotz Eintragung nicht entstanden oder außerhalb des Grundbuchs erloschen ist, im letzten Falle jedoch nur, wenn die Löschung auf Grund von Berichtigungsbewilligungen beantragt wird. Eine Sonderstellung nimmt die Eintragung des auf Grund des § 1175 Abs. 1 Satz 2 BGB. eingetretenen Erlöschens der Gesamthypothek an einem der belasteten Grundstücke ein, die ebenso wie die Eintragung des Verzichts selbst nicht der Zustimmung des Eigentümers bedarf (KGJ. 47, 207; HRR. 1932 Nr. 513; JFG. 23, 322; streitig). Als eine derartige Verzichtserklärung ist im Zweifel aufzufassen die Entpfändungserklärung des Gläubigers in bezug auf eins der belasteten Grundstücke, insbesondere aber die Enthaftung von Trennstücken durch die Hypothekengläubiger des Hauptgrundstücks. Als Aufhebungserklärung i. S. des § 1183 BGB. ist diese nur dann anzusehen, wenn sie ausdrücklich unter Vorbehalt der Zustimmung des Eigentümers erfolgt (KGJ. 24 A 135; 25 A 315; JFG. 11, 243).

4. **Die Zustimmung des Eigentümers** hat durch denjenigen zu erfolgen, der zur Zeit der Erledigung des Löschungsantrages wahrer, nicht nur buchmäßiger (vgl. Anm. 8 zu § 19) — bei gleichzeitigem Eigentumswechsel neuer — Eigentümer des belasteten Grundstücks und als solcher verfügungsberechtigt ist, bei Miteigentum durch sämtliche Miteigentümer (KGJ. 2 A 209, 22 A 140), bei Gesamthandseigentum durch den Verfügungsberechtigten, insbesondere bei ehelicher Gütergemeinschaft durch den Ehemann allein (KGJ. 22 A 134, 140). Die Zustimmung bedarf der Form des § 29 (KGJ. 24 A 83).

4. Die **sonstigen Erfordernisse der Löschung,** insbesondere der Antrag (der, wenn ihn der Eigentümer stellt, die Zustimmung des § 27 in sich schließt) und die Bewilligung der außer dem Eigentümer von der Löschung Betroffenen bleiben neben der Zustimmung in Geltung. In Betracht kommt insbesondere die Bewilligung des eingetragenen Nacherben des Gläubigers (RGZ. 65, 214; 102, 333; KGJ. 22 A 313; 30 A 261), jedoch nicht bei rangletzten Belastungen (JFG. 15, 187; 21, 81), desjenigen, für den ein Widerspruch gegen das Gläubigerrecht eingetragen ist (HRR. 28 Nr. 1463), des von dem eingetragenen Gläubiger verschiedenen wirklichen Gläubigers der Hypothek, z. B. eines früheren Grundstückseigentümers, auf den die zu löschende Hypothek als Eigentümergrundschuld übergegangen ist, des früheren Gläubigers einer abgetretenen und für den neuen Gläubiger umgeschriebenen Hypothek beim Vorliegen der Voraussetzungen des § 17 AufwG. (RGZ. 119, 313)[1]). Erfolgt die Löschung auf Grund einer Quittung, so ist in dieser die Person des Zahlers und unter Umständen der Zeitpunkt der Zahlung anzugeben, da als vermutlicher Eigentümerhypothekar derjenige gilt, zu dessen Eigentumszeit die Befriedigung erfolgt ist, bei Zahlung durch einen Dritten möglicherweise die Hypothek auf diesen übergegangen ist (KGJ. 26 A 149; 40, 294). Als Bewilligungsberechtigter kommt ferner, falls die Zahlung an einen Gläubiger erfolgt ist, der nur eingetragen, aber nicht berechtigt ist, der wirklich berechtigte Gläubiger in Frage, es sei denn, daß der Eigentümer in gutem Glauben an die Berechtigung des eingetragenen Gläubigers gezahlt hat. Dieser gute Glaube muß daher notfalls nachgewiesen werden (KGJ. 40, 265). Im übrigen ist neben der Quittung die Löschungsbewilligung des eingetragenen Gläubigers nicht erforderlich. Wird die Löschung der Hypothek gleichzeitig mit der Umschreibung des Eigentümers beantragt, so ist die Zustimmung des Grundstückserwerbers, da dessen Eintragung erst nach der Löschung zu vollziehen ist (vgl. Anm. 4 zu § 17), nicht erforderlich (JFG. 20, 8).

Inhalt der Eintragungserklärung.

§ 28

In der Eintragungsbewilligung, oder wenn eine solche nicht erforderlich ist, in dem Eintragungsantrag ist das Grundstück übereinstimmend mit dem Grundbuch oder durch Hinweis auf das Grundbuchblatt zu bezeichnen. Einzutragende Geldbeträge sind in Reichswährung anzugeben.

1. **Allgemeines.** Die Bestimmung des Satz 1 will verhüten, daß eine Eintragung auf dem Grundbuchblatte eines unrichtigen Grundstücks erfolgt, die des Satz 2

---

[1]) sofern nicht sein Recht nach § 2 GBerG. erloschen ist.

bildet eine Ergänzungsbestimmung zu den Vorschriften des materiellen Rechts, die die Eintragung eines Geldbetrages in das Grundbuch für zulässig oder erforderlich erklären (z. B. § 1115 BGB.). Beide Bestimmungen sind Ordnungsvorschriften, deren Nichtbeachtung auf die Gültigkeit der Eintragung keinen Einfluß hat (vgl. auch KG. OLG. 36, Nr. 75).

2. Der **Eintragungsbewilligung** der unmittelbar oder mittelbar von der Eintragung Betroffenen stehen die sie ersetzenden Auflassungs- (OLG. München JFG. 15, 284), Abtretungs- und Belastungserklärungen (§§ 20, 26) und die Zustimmungen gemäß §§ 21 und 27 Abs. 1, 2 gleich. Darüber, wann eine Eintragungsbewilligung neben dem Eintragungsantrage nicht erforderlich ist, vgl. Anm. 10 zu § 19. In diesen Fällen müssen auch die zum Ersatz der Bewilligung dienenden Urkunden, wie Urteile gemäß §§ 894, 895 ZPO. (München OLG. 37, Nr. 505), einstweilige Verfügungen, Ersuchen von Behörden und Quittungen (KJ. 34 A 304) den Anforderungen des § 28 genügen (nicht die Wohnsiedlungsgenehmigung — KG. JW. 37, 896).

3. Die **grundbuchmäßige Bezeichnung der Grundstücke** (und der ihnen gleichstehenden Rechte — Erbbaurecht, Bergwerkseigentum, selbständige Gerechtigkeit —) hat entweder nach den Vorschriften zu erfolgen, nach denen die Grundstücke im Grundbuche selbst zu bezeichnen sind (vgl. hierzu § 2 Anm. 3) oder durch Angabe des Namens, den das Grundstück im Grundbuch führt. Von den nach § 6 GBVfg.[1]) für die Eintragung im Grundbuch vorgeschriebenen Angaben wird regelmäßig die Angabe der Gemarkung (Vermessungsbezirks) und der Parzelle, ausnahmsweise auch der Nummern des Liegenschafts(Grundsteuer-)buchs (früher Artikel der Grundsteuermutterrolle) und Gebäudesteuerbuchs (früher Gebäudesteuerrolle) genügen. Neben der katastermäßigen Bezeichnung kann die Angabe des Grundbuchblatts nicht verlangt werden; jene kommt allein in Frage, wenn das Grundstück noch nicht gebucht ist oder es sich um einen Grundstücksteil handelt, der veräußert oder belastet werden soll (§§ 2 Abs. 3, 7 GBO.; KGJ. 38 A 243). Handelt es sich um einzelne Grundstücke, so ist neben dem Grundbuchblatt die Nummer des Bestandsverzeichnisses (§ 6 Abs. 1 GBVfg.[1]) anzugeben. Andere Arten der Bezeichnung des Grundstücks, auch wenn aus ihnen das gemeinte Grundstück zweifellos erhellt, sind unzulässig (KGJ. 21 A 124). Bei nachträglicher Änderung der Grundbuchbezeichnung, insbesondere infolge von Abschreibungen, ist im einzelnen Falle zu prüfen, ob aus der Eintragungserklärung das gemeinte Grundstück noch zweifellos erhellt. Sonst ist die neueste Grundbuchbezeichnung zu fordern. Für Rechte an Grundstücken gilt das Erfordernis grundbuchmäßiger Bezeichnung, z. B. der Angabe der Grundbuchabteilung und Eintragungsziffer nicht: es genügt vielmehr die grundbuchmäßige Bezeichnung des Grundstücks und eine sonstige zweifellose Angabe der Rechte, bei Gesamtbelastungen regelmäßig die Bezeichnung eines der belasteten Grundstücke (KG. OLG. 43, 181). Jedoch kann auf Grund einer Löschungsbewilligung, die nur eines von mehreren mit einer Gesamthypothek belasteten Grundstücke bezeichnet, die Hypothek auf den mitbelasteten Grundstücken nicht gelöscht werden (OLG. München JFG. 20, 128).

4. Die Angabe der einzutragenden Geldbeträge — in Betracht kommen Hypotheken, Grundschulden und Rentenschulden, Reallasten, bei den vor dem 22. 1. 1919 eingetragenen Erbbaurechten, bei Dienstbarkeiten, Reallasten und landesgesetzlichen Nutzungsrechten, ferner der gemäß §§ 882 BGB., 92 ZVG. einzutragende Höchstbetrag ihres Ersatzes im Falle ihres Erlöschens durch den Zuschlag — hat in der jeweiligen Reichswährung (KGJ. 21 A 322) zu erfolgen, d. h. seit dem Inkrafttreten des Gesetzes Nr. 61 der MilReg. der britischen, der amerikanischen und der französischen Zone zur Neuordnung des Geldwesens (Währungsgesetz) — VOBl. BZ. 1948, 139 —, dem 21. 6. 48, in Deutscher Mark (DM) und Deutschen Pfennigen (DPf.). Die nach § 15 der VO. über die Eintragung von Hypotheken in ausländischer Währung v. 13. 2. 20 (RGBl. 231) i. d. F. des 3. Ges. über die Eintragung von Hypotheken und Schiffspfandrechten in ausländischer Währung v. 12. 3. 31 (RGBl. I 31) bis zum 31. Dezember 1929 vorübergehend zulässig gewesene Eintragung von Hypotheken in ausländischer Währung oder der Umwandlung der eingetragenen Währung einer Hypothek oder Grundschuld in eine ausländische ist, einstweilen weiterhin verboten, und zwar auch, wenn die Vereinbarung über die Zahlung in fremder Währung nach Art II des Ges. Nr. 51, Art. II Satz 3 d. VO. Nr. 92 der Brit. MilReg. (Br.ABl. Nr. 3; VOBl. BZ. 111) bzw. des 1. Ges. der USMR. zur Änderung des Gesetzes Nr. 51; Bayer. GVBl. 161, RegBl. der MR. Württ.-Baden 141; Beil. 6 zum Hess. GVBl., die Genehmigung der Militär-

[1]) Anhang S. 163. [2]) Anhang S. 318.

regierung bzw. nach § 3 des Währungsgesetzes die der für die Erteilung von Devisengenehmigung zuständigen Stellen erhalten hat. Ihre gleichwohl erfolgende Eintragung macht die Hypotdek nicht unwirksam, da § 28 Satz 2 nur eine Ordnungsvorschrift darstellt (Güthe-Triebel § 28 Anm. 2; Hesse § 28 Anm. III 5).

Eine Vereinbarung der unten im einzelnen erörterten Wertbeständigkeits- oder Goldklauseln oder einer gleitenden Skala und ihre Eintragung im Grundbuche ist dagegen nach § 3 des Währungsgesetzes für die Zukunft grundsätzlich nur mit Genehmigung der Devisenstelle zulässig, war dagegen bis zu dessen Inkrafttreten erlaubt, wenn auch nach Art. II Satz 1 und 2 der VO. Nr. 92 ohne praktische Bedeutung, da der Gläubiger bei Fälligkeit in allen Fällen verpflichtet war, Reichsmark und alliierte Militärmark zu ihrem Nennwert in Erfüllung der Verbindlichkeit anzunehmen. Ihre Zulässigkeit ergab sich daraus, daß mit einer Aufhebung des Art. II Satz 1 und 2 bei einer Währungsreform gerechnet werden durfte, in welchem Falle die genannten Klauseln wieder praktisch werden konnten. Im Falle der Genehmigung von Wertbeständigkeitsklauseln gilt folgender Rechtszustand: Bei Hypotheken, die zur Sicherung einer Anleihe dienten, für deren Verzinsung und Rückzahlung ein Land die Bürgschaft übernommen hat, war eine Eintragung in dem Sinne möglich, daß zwar das Hypothekenkapital in Reichswährung ausgedrückt ist, die Zurückzahlung aber in einem Markbetrage erfolgen soll, der dem an einer deutschen Börse amtlich festgestellten Kurswert des nordamerikanischen Dollars entspricht, wobei vorausgesetzt wird, daß eine solche Kursfestsetzung wieder einmal stattfinden würde (3. VO. z. Durchf. des Ges. über wertbest. Hypotheken v. 2. 11. 23 (RGBl. I 1075). Darüber hinaus ist eine derartige Valutaklausel nicht mehr zulässig (RGZ. 106, 79). Nach dem Gesetz über wertbeständige Hypotheken v. 23. 6. 23 (RGBl. I 407)[1]) kann ferner eine Hypothek-, Grund- oder Rentenschuld in der Weise bestellt werden, daß die Höhe der aus dem Grundstücke zu zahlenden Geldsumme durch den amtlich festgestellten Preis einer bestimmten Menge von Waren, insbesondere Feingold bestimmt wird, nicht dagegen von Roggen- und Weizenmengen, auch nicht in Form einer wahlweisen Belastung mit einer solchen Menge neben einem Deutschmarkbetrage (§ 1 des RoggenschuldGes. v. 16. 5. 34, RGBl. I 391[2]), OLG. München DNZ. 39, 654), es sei denn, daß es sich um wertbeständige Rechte handelt, die auf einem Grundstücksüberlassungsvertrage oder Leibgedingevertrage beruhen (Art. 1 DfVO. z. Roggenschuldenges. v. 25. 5. 34, RGBl. I 448)[3]). Im übrigen sind die vor Erlaß des Roggenschuldenges. bestellten Roggen- und Weizengrundpfandrechte kraft Gesetzes in der Weise umgewandelt, daß an die Stelle von 1 Zentner Roggen der Betrag von 7,50 RM, an die Stelle von 1 Zentner Weizen der Betrag von 9,50 RM tritt. Nach der 5. DfVO. des Ges. über wertbest. Hypotheken v. 17. 4. 24 (RGBl. I 415)[4]) konnten Feingoldhypotheken auch als Goldmarkhypotheken eingetragen werden. In diesem Falle entspricht 1 GM dem Preise von $^1/_{2790}$ kg Feingold und ist eine abweichende Gewichtsangabe, die im übrigen entbehrlich ist, für den Begriff „Goldmark" in der Eintragungserklärung nicht zulässig (JFG. 2, 353; 4, 403), während bei gewöhnlichen Feingoldhypotheken die Gewichtsmenge Feingold, nach der sich die Höhe der aus dem Grundstück zu zahlenden Summe bestimmt, beliebig festgesetzt werden kann, eine Bezeichnung des Hypothekenkapitals in Goldmark aber nicht gestattet ist (OLG. Braunschweig JFG. 4, 401). Unzulässig ist bei Feingoldhypotheken die Bezugnahme auf § 607 BGB. (HRR. 32 Nr. 761) und auf die Aufwertungspflicht (HRR. 32 Nr. 1563). Die bereits durch § 1 d. VO. über wertbeständige Rechte v. 16. 11. 40 (RGBl. I 1521) praktisch erfolgte Aufhebung der Wertbeständigkeitsklausel bei Feingold- und Goldmarkgrundpfandrechten, wonach die Berechnung der Forderung nach dem Preis stattfindet, der nach § 14 des Reichsbankges. v. 15. 6. 39 (RGBl. I 1015), d. s. 2790 RM für 1 kg Feingold, beträgt, ist in der gleichen Weise zu beurteilen wie Art. II Satz 1 und 2 der MilRegVO. Nr. 92, auch hierdurch ist die neue Bestellung von GM-Hypotheken nicht unzulässig geworden, da es sich nur um eine vorübergehende Festlegung der GM-Hypotheken handelt (KG. DNZ. 41, 266; OLG. Kiel MDR. 47, 15; OLGPr. Celle, Hann. RPfl. 46, 5 Nr. 11).

Eine Verbindung der währungsmäßigen und wertbeständigen Haftungsbestimmung ist zulässig, wenn die Bestimmung dadurch nicht unklar und widerspruchsvoll wird. Angängig ist mithin, einer wertbeständigen Hypothek für den Fall des Sinkens des Wertmessers, insbesondere des Goldpreises einen nach Deutscher Mark bestimmten Betrag als Mindestgrenze zu setzen („1 GM mindestens

[1]) Anhang S. 315. [2]) Anhang S. 316. [3]) Anhang S. 316.
[4]) Anhang S. 316. [5]) Anhang S. 318. [6]) Anhang S. 318.

gleich 1 DM"). Nachträglich ist eine solche Zusatzbestimmung, da sie bei großen Hypotheken zu einer nicht unerheblichen Haftungserweiterung führen kann, nur mit Zustimmung der gleich- und nachstehenden Berechtigten mit dem Range und an der Stelle des Hauptrechts eintragbar (RGZ. 143, 424), ebenso die Ersetzung der DM-Hypothek durch eine GM-Hypothek mit DM-Klausel und entgegen der früher herrschenden Auffassung auch die Umwandlung von DM- in GM-Hypotheken ohne DM-Klausel (KG. JW. 34, 3932; Güthe-Triebel S. 1962). Dagegen ist die Umwandlung von GM- in reine DM-Hypotheken ohne eine solche Zustimmung zulässig (RGZ. 159, 379); das gleiche gilt für eine Feingoldhypothek in eine DM-Hypothek, auch zu einem Teilbetrage (KG. DJ. 40, 374). Einer Zustimmung der gleich- und nachstehenden Berechtigten bedarf ferner nicht die nachträgliche Eintragung der sog. Schwankungsklausel (bei der eine Bezugnahme auf die Eintragungsbewilligung nicht gestattet ist: OLG. München DNZ. 37, 439), deren Sinn es ist, Schwankungen des Umrechnungsmaßstabes bei wertbeständigen Hypotheken in gewissem Umfange sowohl nach oben wie nach unten auszuschließen („bei einem Preise von nicht mehr als 2890 DM und nicht weniger als 2760 DM für 1 kg Feingold soll 1 GM gleich 1 DM sein": RGZ. 135, 142).

Bei Währungshypotheken ist die Eintragung der sog. Goldwertklausel, d. h. die Verpflichtung des Schuldners, außer dem Nennbetrage je nach dem Stande des Goldwertes ein darüber hinausgehendes, dem Betrage nach unbestimmtes Aufgeld zu zahlen, unzulässig (RGW. 121, 111).

Die Eintragung der sog. Goldmünzklausel, d. h. der Verpflichtung des Schuldners, den Nennbetrag in Goldmünzen der jeweiligen Reichswährung zurückzuzahlen, ist durch die BundesratsVO. v. 28. 9. 14, die sie für die Zeit vor dem 31. 7. 14 für unwirksam erklärt hatte, für die Zukunft nicht untersagt worden und daher auch heute noch als zulässig, wenn auch nach § 245 BGB. zur Zeit praktisch bedeutungslos anzusehen (RGZ. 108, 176; KGJ. 48, 218; JFG. 1, 449). Ihre nachträgliche Eintragung bedarf der Bewilligung der gleich- und nachstehenden Berechtigten (RGZ. 108, 183; KGJ. 48, 218; JFG. 1, 207).

Die bisher als Reichsmarkverbindlichkeiten eingetragenen Grundstücksrechte sind gemäß §§ 16, 18 des 3. Gesetzes zur Neuordnung des Geldwesens (Umstellungsgesetzes) — MilRegGes. Nr 63 (VOBl.BZ. 1948 S. 149)[1] auf Deutsche Mark umgestellt. Über die sich hieraus ergebenden grundbuchrechtlichen Fragen vgl. Nachtrag.

Nachweis der Eintragungsgrundlagen.

§ 29

(1) Eine Eintragung soll nur vorgenommen werden, wenn die Eintragungsbewilligung oder die sonstigen zu der Eintragung erforderlichen Erklärungen vor dem Grundbuchamt zur Niederschrift des Grundbuchrichters abgegeben oder durch öffentliche oder öffentlich beglaubigte Urkunden nachgewiesen werden. Andere Voraussetzungen der Eintragung bedürfen, soweit sie nicht bei dem Grundbuchamt offenkundig sind, des Nachweises durch öffentliche Urkunden.

(2) Auf die Niederschrift des Grundbuchrichters sind die Vorschriften über die gerichtliche Beurkundung eines Rechtsgeschäfts anzuwenden.

(3) Erklärungen oder Ersuchen einer Behörde, auf Grund deren die Eintragung vorgenommen werden soll, sind zu unterschreiben und mit Siegel oder Stempel zu versehen.

1. **Allgemeines.** § 29 regelt die Art und die Form, in der derjenige, der eine Eintragung beantragt, die Eintragungsvoraussetzungen dem Grundbuchamt nachzuweisen hat, erklärt insbesondere hierfür nur den Urkundenbeweis für zulässig, entbindet andrerseits das Grundbuchamt von der Verpflichtung, selbst über das Vorliegen der Eintragungsvoraussetzungen Beweise zu erheben. Die Vorschrift bezweckt, dem Grundbuchamt einen möglichst zuverlässigen Nachweis zu gewährleisten.

2. **Die zu der Eintragung erforderlichen Erklärungen** begreifen nicht nur die nach den §§ 20, 21, 23, 24, 26 und 27 neben der Eintragungsbewilligung erforderlichen oder an ihrer Stelle zugelassenen Erklärungen in sich, sondern sämtliche Erklärungen, die von Beteiligten ausgehen und im gegebenen Falle zur Eintragung erforderlich sind, insbesondere Erklärungen, auf die sich die Legitimation oder Verfügungsbefugnis des Bewilligenden gründet, z. B. Zustimmungen des Ehemanns,

des Inhabers der elterlichen Gewalt oder Vormundes, des Nacherben, Testamentsvollstreckers zu Verfügungen der Ehefrau, des minderjährigen Kindes oder Mündels, des Vorerben, des Erben, Vollmachten, auch Vollmachtsgeständnisurkunden, deren Beachtlichkeit im übrigen von der Verfügungsmacht des Ausstellers zur Zeit des Geständnisses abhängt (JFG. 18, 246) — falls die Eintragung zur Berichtigung des Grundbuchs erfolgt, auch Erklärungen, durch die das Grundbuch unrichtig geworden ist oder in denen der Erklärende bezeugt, daß er früher eine solche Erklärung abgegeben habe, insbesondere Quittungen. Erklärungen, die nicht von Beteiligten ausgehen (z. B. des Siedlungsunternehmers nach § 10 RSiedlGes. v. 11. 8. 19[1]) über Nichtausübung des Vorkaufsrechts, JFG. 6, 295), ferner behördliche Erklärungen, z. B. die vormundschaftsgerichtliche Genehmigung, Bescheinigungen, Anordnungen und Verfügungen kommen nicht in Betracht, ebenso nicht Erklärungen von Privatpersonen über einen von ihnen vorgenommenen oder wahrgenommenen tatsächlichen Vorgang. Der Form des § 29 bedürfen Erklärungen, durch die einer zur Eintragung erforderlichen Erklärung unmittelbar die Wirkung entzogen wird, z. B. der Widerruf der Bewilligung, Aufhebung der Auflassung (vgl. Anm. zu § 32).

3. Zu den **andern Voraussetzungen der Eintragung** gehören insbesondere Tatsachen, die nicht in rechtsgeschäftlichen Erklärungen Beteiligter bestehen, z. B. Geburt, Tod, Verheiratung, Zustellung einer Urkunde, Eigenschaft als gesetzlicher Vertreter. Nicht darunter fällt der Inhalt von Vorschriften ausländischen Rechts (KGJ. 21 A 5, 27 A 250; streitig), dessen Kenntnis sich auch im Antragsverfahren das GBA. von Amts wegen zu verschaffen hat (JFG. 20, 171 — DR. 39, 1946).

4. **Die Erklärung vor dem Grundbuchamt** erfolgt zur Niederschrift des Grundbuchrichters, nach § 5 AusfVO.[2]), § 17 REntlVfg.[3]) im Falle der Entlastung auch vor dem Rechtspfleger. Zur Aufnahme von Erklärungen, die zur Eintragung nicht erforderlich sind, ist der Grundbuchrichter als solcher nicht verpflichtet. Das Verfahren des Grundbuchrichters bei der Aufnahme des Protokolls richtet sich nach den §§ 167—182 FGG., Art. 31 ff. PrFGG. In den Ländern, in denen die Amtsgerichte bisher nicht Grundbuchämter waren, gelten bis auf weiteres die landesrechtlichen Vorschriften (Art. 8 Abs. 1, 2 Änd.-VO.[4]).

5. Der Begriff der **öffentlichen Urkunde** ist aus § 415 ZPO. zu entnehmen (KGJ. 25 A 123; 27 A 108; 40, 114; 43, 143; 44, 208; JFG. 5, 289; 6, 245; 8, 261). Die Urkunde muß hiernach von einer öffentlichen Behörde innerhalb der Grenzen ihrer Amtsbefugnisse oder von einer mit öffentlichem Glauben versehenen Person innerhalb des ihr zugewiesenen Geschäftskreises in der vorgeschriebenen Form aufgenommen sein. Die öffentliche Urkunde kann entweder eine **Beurkundung**, d. h. das Zeugnis, daß vor der Behörde oder Urkundsperson eine rechtsgeschäftliche Erklärung abgegeben oder von ihr eine Tatsache festgestellt worden ist, oder einen **urkundlichen Akt**, d. h. eine Entscheidung der Behörde enthalten. Darüber, welche Behörden öffentlich sind, und wer zu den Urkundspersonen gehört, entscheidet das Recht des Landes, dessen Behörde oder Urkundsperson die Urkunde aufgenommen hat (KG. HRR. 33 Nr. 760; BayOLG. JFG. 4, 274). Über die Beurkundungsbefugnis der Beamten der Reichsstelle für Landbeschaffung vgl. § 39 d. VO. v. 21. 8. 35 (RGBl. I 1097), der Durchführungsbehörden im Verfahren für Gründung von Eigenheimen: § 8 Abs. 1 VO v. 10. 3. 37 (RGBl. I 292)[5]), der Beamten der Vermessungsbehörden: Ges. v. 15. 11. 37 (RGBl. I 1257). Zu den öffentlichen Behörden gehören mangels anderweiter Bestimmungen nicht nur die in den allgemeinen Behördenorganismus eingegliederten Staatsbehörden, sondern auch die Vertreter und Behörden öffentlichrechtlicher Körperschaften, soweit ihnen staatliche Aufgaben zugewiesen sind (KGJ. 11 A 139; 26 A 87; 29 A 112; 38 A 217; 40, 217; 43, 177; 47, 132; JFG. 4, 255; 6, 247; 8, 308, 327). Hiernach haben die Eigenschaft öffentlicher Behörden: der Vorstand der Deutschen Girozentrale (JFG. 6, 244), die Reichsbankstelle und das Reichsbankdirektorium (JFG. 4, 255, 262; 6, 248), die Bergwerksverwaltung (JFG. 4, 263; 6, 248), die Landschaftsdirektionen (KGJ. 25 A 93; 34 A 320; 49, 240; 53, 203; JFG 6, 248), der Vorstand der Preußischen Landespfandbriefanstalt (KG. HRR. 31 Nr. 447), die Sparkassenvorstände (KGJ. 26 A 254; 30 A 163; 33 A 200; 42, 1; 43, 176; JFG. 4, 263; 6, 248) die Direktion eines öffentlichrechtlichen Versicherungsunternehmens (Versicherungsschein! KG. JW. 35 1575), der Vorstand einer öffentlichrechtlichen Stiftung (KGJ. 35 A 217; JFG. 4, 263; 6, 248), die Zentralgenossenschaftskasse (JFG. 4, 263; 6, 248); die Reichs-

[1]) Anhang S. 280. [2]) Anhang S. 158. [3]) Anhang S. 271.
[4]) S. 15. [5]) Anhang S. 312.

bahnstellen (RGes. v. 30. 8. 24; JFG. 4, 260) die evangelischen und katholischen Pfarrämter (KG. HRR. 33 Nr. 312); die Provinzialbanken (JFG. 6, 248), der Vorstand des Gesamtschulverbandes (JFG. 4, 262), die Industrie- und Handelskammern (KG. 40, 217). In den ehemals preußischen Gebietsteilen sind zur Beurkundung rechtsgeschäftlicher Erklärungen und von Tatsachen in erster Reihe die Amtsgerichte und Notare (Art. 31 Abs. 1 Satz 1, 2 PrFGG; § 22 RNotO.)[1]), für bestimmte Rechtsgeschäfte und Tatsachen daneben auch andere Behörden und Beamte zuständig; vgl. insbesondere für die in außerordentlicher Form errichteten Testamente §§ 2249, 2250 und 2251 BGB., für Grundstücksveräußerungsverträge Art. 12 §§ 1—3 AGBGB., Art. 38 Abs. 3, 112, 123 und 125 PrFGG., für die Aufnahme der im § 1718 und § 1720 Abs. 2 BGB. vorgesehenen öffentlichen Urkunden über die Anerkennung der Vaterschaft § 167 Abs. 2 Satz 2 FGG. Art. 70 Abs. 1 AGBGB., Abschriftsbeglaubigung und Sicherstellung der Zeit Art. 32 Abs. 2, 35, 36 PrFGG., nur für bestimmte Rechtsgebiete: die von der obersten Landesbehörde für Ernährung und Landwirtschaft (früher Oberpräsident, Landeskulturabteilung) beauftragten Beamten für die Beurkundung von Verträgen und Aufnahme von Verhandlungen, die den Erwerb von Siedlungsland bezwecken (§ 34 Abs. 2 AG. z. RSiedlGes. v. 15. 12. 19, GS. 1920, 31)[2]), die Kulturamtsvorsteher in Auseinandersetzungen und Rentengutsachen (Art. 12 § 2 AG. BGB.; § 23 Abs. 3 Pr. Landesrentenbankgesetz v. 1. 8. 31 (GS. 154)[3]), §§ 1, 8 d. Ges. über die Deutsche Landesrentenbank v. 7. 12. 39 (RGBl. I 2405)[4]), die Landschaftssyndiken (Art. 21 AG. GBO.)[5]), die Fideikommißsenate der Oberlandesgerichte (§ 30 FidErlGes. v. 6. 7. 38 — RGBl. I 825)[6]), §§ 14, 28 DfVO. z. Ges. zur Vereinheitlichung der Fideikommißaufl. v. 24. 8. 35 (RGBl. I 1163). Die Form der Beurkundung von Rechtsgeschäften richtet sich nach §§ 167 bis 182 FGG. Art. 41ff. PrFGG. Die Zuständigkeit und Form für urkundliche Akte (Entscheidungen) bestimmt sich nach der Rechtsnatur des einzelnen Akts. Zu den öffentlichen Urkunden gehören auch die rechtsgeschäftlichen Erklärungen, die öffentliche Behörden namens der durch sie vertretenen öffentlichen Körperschaft oder Anstalt in deren eigenen Angelegenheiten abgeben. Diese Erklärungen bedürfen mithin, wenn sie zur Eintragung erforderlich sind, keiner gerichtlichen oder notariellen Beurkundung oder Beglaubigung (KGJ. 26 A 89). Sind diese Erklärungen ordnungsmäßig unterschrieben und mit Siegel oder Stempel (Gummistempel) versehen (Abs. 3), so kann der Nachweis der Vertretungsbefugnis der Unterzeichner nicht verlangt werden (KGJ. 21 A 101; JFG. 4, 261; 12, 328).

Von einer zuständigen öffentlichen Behörde oder Urkundsperson in gehöriger Form ausgestellte Urkunden sind ohne Beglaubigung als echt anzusehen (§ 1 Ges. v. 1. 4. 78 — RGBl. 89 —, KGJ. 33 A 190). Ausländische Urkunden bedürfen dagegen in der Regel (nicht notwendig: KG. HRR. 31 Nr. 30) der Legalisation (§ 2 a. a. O.). Diese begründet die Vermutung, daß die Urkunde von dem in ihr erwähnten Aussteller herrührt und dieser sie in amtlicher Eigenschaft hergestellt hat; sie besagt zwar nichts darüber, ob der Aussteller auch die nach dem maßgebenden Recht erforderlichen Form- und Zuständigkeitsvorschriften beachtet hat, jedoch entspricht eine Vermutung dafür einem im internationalen Recht anerkannten Erfahrungssatz (JFG. 20, 171). Ist eine Urkunde in fremder Sprache abgefaßt, so kann das GBA. dem Antragsteller die Übersetzung durch einen beeidigten Dolmetscher aufgeben, dessen Unterschrift beglaubigt werden muß.

Die öffentliche Urkunde ist in Urschrift oder Ausfertigung vorzulegen. Regelmäßig genügt auch eine beglaubigte Abschrift[7]) (KGJ. 25 A 120[1]); auch bei ausländischen Urkunden (KG. HRR. 31 Nr. 1868), es sei denn, daß die materielle Beweiskraft von dem Besitz der Urkunde abhängt. Dies ist bei Vollmachten (§ 172 Abs. 2 BGB.), Bestallungen (§§ 1893 Abs. 2, 1897, 1915 BGB.), dem Erbschein und den ihm gleichstehenden Zeugnissen (§ 2361 BGB.) regelmäßig der Fall; bei ihnen muß der Verbleib der Ausfertigung oder der Fortbestand der durch die Urkunde ausgewiesenen Befugnisse nachgewiesen werden, wenn nur eine beglaubigte Abschrift vorgelegt wird (KGJ. 20. A 288; 33 A 149; 35 A 235; 37 A 221; 53, 127). Bei Eintragungen zum Zwecke der Zwangsvollstreckung ist die vollstreckbare Ausfertigung des Schuldtitels vorzulegen (§ 724 Abs. 1 ZPO.).

6. Der Begriff der **öffentlichen Beglaubigung einer Erklärung** ergibt sich aus § 129 BGB. Für die Beglaubigung von Unterschriften und Handzeichen sind nach

---

[1]) Anhang S. 311. [2]) Anhang S. 288.
[3]) Anhang S. 277. [4]) Anhang S. 277.
[5]) Anhang S. 161. [6]) Anhang S. 294.
[7]) dagegen nicht unbeglaubigte Photokopie.

§ 138 FGG. Art. 60 PrFGG. § 117 RNotO., die Amtsgerichte und Notare zuständig, nach Art. 60 Abs. 4 PrFGG., AV. v. 31. 3. 14 (JMBl. 475), 11. 4. und 10. 7. 22 (JMBl. 126 und 257) daneben die Urkundsbeamten der Geschäftsstelle, ferner die nach Anm. 5 neben den Amtsgerichten und Notaren zu Beurkundungen berechtigten Behörden und Beamten innerhalb ihres Zuständigkeitsbereichs, die Ortsgerichte in bestimmten Landesteilen (KglVO. v. 20. 12. 99 — GS. 640 —, Art. 115 Abs. 1 PrFGG.), § 89 AV. v. 28. 12. 99 — JMBl. 889 —). Über die Form der Beglaubigung vgl. § 185 FGG., Art. 60 PrFGG. (Zweifel an der Geschäftsfähigkeit!). Nach der Beglaubigung erfolgte Änderungen oder Einschaltungen der Urkunde müssen vom Aussteller besonders unterschrieben und nochmals beglaubigt werden (KG. 22 A 125, 127; 29 A 116; 35 A 227). Die beglaubigte Erklärung gilt erst in dem Zeitpunkte als abgegeben, in dem die Beglaubigung erfolgt. Trotz Beglaubigung ist eine Namens- oder Firmenunterschrift als grundbuchliche Eintragungsgrundlage nicht verwertbar, wenn sie wesentliche Namens- oder Firmenbestandteile nicht erkennen läßt (KG. DR. 39, 718). Anlagen, auf die in der Urkunde Bezug genommen wird, sind mit dieser in beweissicherer Art zu verbinden (KGJ. 48, 175), es sei denn, daß die Niederschrift auf der angezogenen Urkunde selbst erfolgt (HRR. 31 Nr. 1459). Übersetzungen fremdsprachlicher Urkunden sind mit der Urkunde durch Schnur und Siegel zu verbinden; die Unterschrift des Übersetzers ist öffentlich zu beglaubigen (JFG. 7, 243). Eine Beglaubigung von Karten und Zeichnungen in dieser Art ist nicht zulässig, da sie keine Erklärungsurkunden sind (KGJ. 50, 131). Öffentlich beglaubigte Erklärungen können auch in begl. Abschrift vorgelegt werden mit der aus Anm. 5 ersichtlichen Einschränkung. Bei ihnen erstreckt sich das Prüfungsrecht des GBA. nur darauf, ob die Urkunde unter Zugrundelegung ihres Inhalts ordnungsmäßig zustande gekommen ist (JFG. 22, 169).

7. **Die Offenkundigkeit** bildet keinen Beweisersatz für die zur Eintragung erforderlichen Erklärungen, vielmehr nur für die sonstigen Eintragungsvoraussetzungen. Offenkundig sind entweder Tatsachen, „deren Kenntnis ein Gemeingut aller verständiger Menschen ist" (RGZ. 17, 271; RGStr. 16, 329 ff.), oder Tatsachen, von denen der betreffende Grundbuchrichter amtlich oder außeramtlich zweifellose Kenntnis erlangt hat (BayOLG. 25, 93). Nicht notwendig ist, daß die dem Grundbuchrichter bekannte Tatsache einem größeren Kreis von Menschen bekannt ist (str.). Offenkundig sind insbesondere Vorgänge, die sich in andern Akten und Registern vollzogen haben und von denen der Grundbuchrichter durch Einsicht dieser Akten oder Register sichere Kenntnis erlangt, z. B. vormundschaftsgerichtliche Genehmigungen in Vormundschaftsakten (Colmar OLG. 6, 475). Handelt es sich um Vorgänge, die sich außerhalb der Akten zugetragen haben, auf die sich aber in den Akten befindliche Urkunden beziehen, z. B. eine zu den Nachlaßakten eingegangene Erbschaftsausschlagung, so begründen die Akten keine Offenkundigkeit, und die Urkunden kommen lediglich als Beweismittel für die durch sie bezeugten Vorgänge in Frage, wobei im einzelnen Falle zu prüfen ist, ob an Stelle ihrer Vorlegung die Verweisung auf die Akten zulässig ist (KGJ. 20 A 291; KG. DRZ. Rspr. 29 Nr. 271; HRR. 31 Nr. 1353). Allgemein genügt in entsprechender Anwendung des § 34 GBO. eine Verweisung auf Akten desselben Amtsgerichts, wobei es nicht darauf ankommt, ob diese Akten der Vernichtung unterliegen oder nicht.

8. Der Beweis von Tatsachen kann sich endlich auch auf **Erfahrungsgrundsätze** stützen, die so lange gelten, als ihnen nicht besondere, irgendwie erkennbare Umstände entgegenstehen, z. B. der Beweis unentgeltlicher Verfügungen des Testamentsvollstreckers (KGJ. 33 A 164; JFG. 7, 287; OLG. München JFG. 21, 240), des Vorerben (RGZ. 65, 223; KGJ. 25 A 281; 38 A 223; 41, 176, 184; 43, 161; 52, 142, Dresden JFG. 4, 293; OLG. München JFG. 18, 173; 20, 214), des Fortbestandes der Vollmacht (KGJ. 33 A 149; 37 A 225; 53, 129), der Tatsache, daß die Aufgabe oder Minderung der Sicherheit des Mündels durch den Vormund keine Schenkung ist (JFG. 16, 87) und anderer zur Wirksamkeit einer Erklärung erforderlicher Nebenumstände. Hierzu ist regelmäßig die Form des § 29 nicht erforderlich.

9. Die **einfache schriftliche Form** genügt für die Bewilligung der Gläubiger einer Hypothek oder Grundschuld zur Eintragung der Zinssenkung (Ges. v. 11. 5. 37 — RGBl. I 579), desgleichen die für diese Eintragung erforderliche Zustimmung des Nacherben (OLG. München HRR. 38, 1467), ferner für die Bewilligung der Löschung sowie die Zustimmung des Eigentümers bei Hypotheken zur Sicherung der Forderungen der Entschuldungsstellen und der mit der Durchführung des Entschuldungsplanes beauftragten Kreditanstalten gegen die Inhaber der Entschuldungsbetriebe (Art. 4 d. 9. DfVO. z. SchRG. v. 24. 11. 37 — RGBl. I 1305).

Form des Eintragungsantrages und der Vollmacht.

§ 30

Für den Eintragungsantrag sowie für die Vollmacht zur Stellung eines solchen gelten die Vorschriften des § 29 nur, wenn durch den Antrag zugleich eine zu der Eintragung erforderliche Erklärung ersetzt werden soll.

1. **Allgemeines.** Die Befreiung des Eintragungsantrages und der Antragsvollmacht von dem Formzwang des § 29 soll der Erleichterung des Grundbuchverkehrs dienen. Damit gleichwohl keine Eintragung ohne die erforderlichen Eintragungsgrundlagen geschieht, gilt die Befreiung nur insoweit, als der Antrag nicht zugleich eine nach dem Gesetz erforderliche Eintragungsgrundlage ersetzen soll.

2. Ein **„reiner" Antrag** liegt dann vor, wenn zur Vollziehung der beantragten Eintragung eine Erklärung des Antragstellers selbst entweder nicht erforderlich ist, z. B. in den Fällen der §§ 2, 3 Abs. 2b (Abschreibung, Ausbuchung), 9, 25 oder die erforderliche Erklärung nach dem Willen des Antragstellers in einer besonderen Urkunde abgegeben werden soll oder bereits abgegeben ist. Andernfalls ist zu vermuten, daß durch den Antrag zugleich die zur Eintragung erforderliche Erklärung des Antragstellers ersetzt werden soll (KGJ. 44, 282) Die Form des § 29 ist nicht nur zu beachten, wenn diese Erklärung, z. B. die Eintragungsbewilligung (auch Berichtigungsbewilligung; KGJ. 22 A 154) des von der Eintragung betroffenen Antragstellers, die Zustimmung zur Berichtigung des Grundbuchs durch Eintragung des Eigentümers (§ 22 Abs. 2), des Grundstückseigentümers zur Hypothekenlöschung (§ 27; KGJ. 52, 205), zur Vorrangseinräumung (§ 880 Abs. 2 S. 2 BGB.), zur Vereinigung oder Zuschreibung (§ 890 BGB.; KGJ. 30 A 178; 31 A 236) nur im Antrag zum Ausdruck kommt, sondern auch, wenn Antrag und Erklärung im Ausdruck getrennt, aber in einer Urkunde verbunden sind.

3. **Die Antragsvollmacht** ist die auf Rechtsgeschäft beruhende Ermächtigung zur Stellung des Eintragungsantrages. Beruht sie auf einer Prozeßvollmacht, z. B. bei Anträgen gemäß §§ 866, 932, 938 ZPO., so unterliegt diese im Falle eines gemischten Antrages der Formvorschrift des § 29 (KGJ. 37 A 299). Ist dagegen der Prozeßbevollmächtigte in dem Schuldtitel als solcher aufgeführt, so bildet der letztere einen nach § 29 ausreichenden Nachweis der Vollmacht (KG. OLG. 42, 168) und zwar auch dann, wenn es sich bei dem vorhergegangenen Prozeß um einen Anwaltsprozeß gehandelt hat (KG. DR. 39, 447). Bei einem „reinen" Antrage kann der Grundbuchrichter von jedem besonderen Beweis für das Vollmachtsverhältnis absehen (KGJ. 33 A 65), in Zweifelsfällen wird die einfache Vollmachtsurkunde genügen.

4. Wegen der **Form des „reinen" Antrages** vgl. Anm. 5 zu § 13.

Zurücknahme des Antrags. Widerruf der Vollmacht.

§ 31 (§ 32)

Erklärungen, durch die ein Eintragungsantrag zurückgenommen oder eine zur Stellung des Eintragungsantrags erteilte Vollmacht widerrufen wird, bedürfen der im § 29 Satz 1 vorgeschriebenen Form.

1. **Allgemeines.** § 31 dehnt den Formzwang im Interesse der Rechtssicherheit auf bestimmte nicht zur Eintragung erforderliche Erklärungen aus.

2. Die **Zurücknahme des Eintragungsantrages** ist jederzeit ohne weitere Begründung zulässig, solange die Eintragung noch nicht wirksam geworden ist, d. h. nicht mehr abgeändert werden kann (über diesen Zeitpunkt vgl. § 44 Anm. 4), ohne Rücksicht darauf, ob die Eintragungsbewilligung oder die Einigung (Auflassung) unwiderruflich geworden ist. Durch die Zurücknahme wird indes diese Bindung nicht unwirksam (JFG. 8, 226). Bei mehreren Antragstellern ist die Zurücknahme durch jeden einzelnen zulässig, wobei aber die Zurücknahme durch einen der Antragsteller die Entscheidung über den Antrag der oder des andern nicht hindert. Die Eintragung unterbleibt daher in einem solchen Falle erst, nachdem alle Antragsteller ihren Antrag zurückgenommen haben (KGJ. 24 A 91; 34 A 316). Bei teilweiser Zurücknahme ist die Eintragungsbewilligung, soweit Abweichung von ihr nicht zulässig ist (§ 13 Anm. 6), entsprechend zu ändern. Eine teilweise Zurücknahme liegt z. B. in der nachträglichen Ermäßigung oder Erhöhung der Summe einer Hypothek, in der nachträglichen, von der Regel des § 45 Abs. 1 abweichenden Bestimmung des Rangverhältnisses zweier Hypotheken (vgl. § 17 Anm. 5) oder in einer sonstigen Änderung des Inhalts des Antrages. Die nachträgliche Erhöhung der Summe einer Zwangshypothek wird regelmäßig bezüglich des Mehrbetrages als neuer Antrag anzusehen sein.

Die Zurücknahme kann auch durch einen Vertreter erfolgen, durch einen Notar auf Grund der vermuteten Vollmacht des § 15 nur, wenn er, nicht der Antragsteller persönlich, den Antrag gestellt hat (KGJ. 28 A 88; 44, 170), dessen Erklärung dann durch einen anderen Notar oder ein Amtsgeriebt beglaubigt werden muß (KGJ. 38 A 190).

3. Der **Widerruf der Antragsvollmacht** erfolgt gemäß §§ 168 Abs. 1 Satz 3, 167 Abs. 1 BGB. gegenüber dem Bevollmächtigten oder dem Grundbuchamt und ist nur vor Eingang des Eintragungsantrages wirksam. Dem Widerruf steht die Kündigung der Prozeßvollmacht und der Ausschluß der gesetzlichen Ermächtigung des Notars (vgl. § 15 Anm. 3) gleich. Ob die Vollmacht auf andere Weise, insbesondere infolge Aufhebung des der Vollmacht zugrundeliegenden Rechtsverhältnisses (§ 168 Abs. 1 BGB.) erloschen ist, hat der Grundbuchrichter nur bei Vorliegen besonderer Umstände zu prüfen (KGJ. 33 A 149; 35 A 237; 37 A 221; 53, 129; JFG. 1, 318). Bei schriftlicher Vollmacht gilt § 172 Abs. 2 BGB.

4. Die **Nichtbeachtung der Formvorschrift** hat zur Folge, daß dem Antrage trotz Zurücknahme oder Widerrufs der Vollmacht stattzugeben ist. Dies ist insbesondere dann notwendig, wenn ein späterer Antragsteller wegen seines eigenen Antrags Interesse daran hat, daß dem früheren Antrage stattgegeben wird. Im andern Falle kann die Erledigung des zurückgenommenen Antrags solange ausgesetzt werden, bis der Antragsteller die Zurücknahme in einer ihm hierfür gesetzten Frist formgerecht nachgeholt hat. Eine Anfechtung der Zurücknahme mit der Folge des Wiederauflebens des Antrages gibt es nicht (KG. HRR. 28 Nr. 587). Ob die Eintragung trotz formlosen Widerrufs der Antragsvollmacht oder Antragsrücknahme rechtswirksam ist, entscheidet sich ausschließlich nach materiellem Recht.

Nachweis der Vertretungsbefugnis bei Handelsgesellschaften.

§ 32 (§ 33)

(1) Der Nachweis, daß der Vorstand einer Aktiengesellschaft aus den im Handelsregister eingetragenen Personen besteht, wird durch ein Zeugnis des Gerichts über die Eintragung geführt.

(2) Das gleiche gilt von dem Nachweis der Befugnis zur Vertretung einer offenen Handelsgesellschaft, einer Kommanditgesellschaft, einer Kommanditgesellschaft auf Aktien oder einer Gesellschaft mit beschränkter Haftung.

1. Allgemeines. § 32 bezweckt ebenso wie der § 33 eine Erleichterung der durch § 29 gebotenen Beweisführung, da auf Grund allgemeiner Vorschriften weder den Eintragungen im Handelsregister noch denen im Güterrechtsregister eine Beweiskraft dahin innewohnt, daß die eingetragenen Rechtsverhältnisse bestehen und nur das besteht, was eingetragen ist, ohne die Bestimmungen der §§ 32 und 33 mithin der darin bezeichnete Nachweis anderweit durch öffentliche Urkunden geführt werden müßte (KG. JFG. 6, 263; Dresden HFG. 6, 259). § 9 Abs. 3 HGB i. d. F. d. Ges. v. 20. 7. 33 (RGBl. I 520) dehnt die Bestimmung des § 32 auf alle Handelsgesellschaften für den Verkehr mit allen Behörden aus, wodurch § 32 seine Bedeutung verloren hat.

2. Der **Nachweis der Vorstandsmitgliedschaft** bedeutet bei der Aktiengesellschaft denjenigen der Vertretungsbefugnis, da nach § 71 AktGes. die Aktiengesellschaft durch ihren Vorstand vertreten wird. Den Vorstandsmitgliedern im Sinne des Abs. 1 stehen die aus andern Personen bestellten Liquidatoren (§ 210 AktGes.) sowie die Prokuristen einer Aktiengesellschaft gleich (KGJ. 43, 163; 52, 120), so daß hinsichtlich der Beweiskraft des Registerzeugnisses sachlich keine Unterschiede zwischen Aktiengesellschaften und den Handelsgesellschaften des Absatz 2 bestehen. Bei der Gesellschaft mit beschränkter Haftung entsprechen den Vorstandsmitgliedern die Geschäftsführer (§ 35 Abs. 1 GmbHGes.), bei den übrigen Handelsgesellschaften die Gesellschafter (§ 125 HGB.) und die persönlich haftenden Gesellschfater (§§ 170, 320 Abs. 2 HGB.). Das Zeugnis dient insbesondere zum Nachweise einer vom Gesetz abweichenden Regelung der Vertretungsbefugnis durch den Gesellschaftsvertrag (§ 232, 125 Abs. 2, 161, 150, 320, 298, 48 Abs. 2, 49 Abs. 2, 50 Abs. 3, 53 HGB., § 35 Abs. 2 GmbHGes.). Auf Handlungsbevollmächtigte und Handlungsgehilfen findet § 32 keine Anwendung, wohl aber auf Prokuristen eines Einzelkaufmanns (KGJ. 37 A 227; JFG. 6, 264).

Da die Vertretungsbefugnis das Bestehen der Handelsgesellschaft voraussetzt, ist das Registerzeugnis auch zum Nachweise dieses Bestehens geeignet, soweit ein solcher Nachweis (abgesehen von dem der Vertretungsbefugnis) erforderlich ist (KG. OLG. 41, 145). Der Nachweis des Bestehens ist nicht notwendig, wenn eine Eintragung zugunsten einer Handelsgesellschaft in Betracht kommt. Das Registerzeugnis wird ersetzt durch ein Bescheinigung des Notars über die Vertretungsbefugnis, der sie für die bei der Beurkundung oder Unterschriftsbeglaubigung Beteiligten auszustellen berechtigt ist, sofern sich die Vertretungsbefugnis aus einer Eintragung im Handelsregister oder einem ähnlichen Register ergibt (§ 23 Abs. 1 RNotO.).

3. Das **Registerzeugnis** kann entweder in einer beglaubigten Abschrift aller noch gültigen Eintragungen, die sich auf das Bestehen der Gesellschaft und die Vertretungsbefugnis beziehen (sog. Registerauszug), neben einer Bescheinigung gemäß § 9 Abs. 3 HGB., daß weitere Eintragungen nicht vorhanden sind (KGJ. 24 A 96), oder in einer Bescheinigung, die lediglich die Eintragung bezeugt, bestehen. Zuständig zur Erteilung des Zeugnisses ist das das Handelsregister führende Amtsgericht (§ 125 FGG.). auch der Rechtspfleger (§ 23 d. REntlVfg.). Über die Form vgl. Art. 18 PrFGG. Das Zeugnis kann auch in beglaubigter Abschrift vorgelegt werden (vgl. § 29 Anm. 5). Der Beweis der Vertretungsbefugnis ist für den Zeitpunkt zu führen, in dem der Vertreter die Erklärung abgegeben hat oder seine Erklärung beglaubigt worden ist (KG. JFG. 6, 263; Dresden JFG. 6, 260). Doch werden Zeugnisse, die mehrere Tage vor oder nach dem maßgebenden Zeitpunkt ausgestellt sind, regelmäßig nur dann als nicht beweiskräftig zurückzuweisen sein, wenn Grund zu der Annahme vorliegt, daß in der Zwischenzeit das Vertretungsverhältnis sich geändert habe (KGJ. 20 A 179; JW. 38, 1834). Maßgebend sind immer die Umstände des Einzelfalls, insbesondere ob es sich um groß- oder kleinstädtische Verhältnisse handelt (KG. Dt. Wohnwirtschaft 38, 82). Hierbei ist zu beachten, daß Änderungen der Vertretungsbefugnis redlichen Dritten erst nach Eintragung und Bekanntmachung entgegengesetzt werden können. (§ 15 HGB.). Sonstige Tatsachen, die der Richtigkeit des Zeugnisses entgegenstehen, braucht der Grundbuchrichter nur zu berücksichtigen, wenn sie ihm insbesondere aus den Registerakten bekannt sind (KGJ. 33 A 155). Eine ausdehnende Auslegung des § 32 ist zulässig; so kann z. B., falls eine offene Handelsgesellschaft ihr Handelsgeschäft aufgegeben hat und dadurch zu einer Gesellschaft des BGB. geworden ist, diese Tatsache dem GBA. durch ein Zeugnis aus dem Handelsregister nachgewiesen werden, wenn die Firma gelöscht ist (KG. DR. 39, 1820).

4. **Bei Genossenschaften und eingetragenen Vereinen** entspricht dem Handelsregisterzeugnis ein Zeugnis aus dem Genossenschaftsregister (§ 26 Abs. 2 GenGes.) und Vereinsregister (§ 69 BGB.; KG. HRR. 1929 Nr. 1989). Für diese Zeugnisse gilt das zu 1 bis 3 Gesagte entsprechend.

5. Da § 32 ebenso wie § 69 Abs. 3 HGB. den Nachweis der Vertretungsbefugnis nicht auf die Zeugnisse des Registergerichts beschränkt, so kann diese auch **auf andere Weise nachgewiesen** werden. Für die Bewilligung der Eintragung von Zinssenkungen nach dem Ges. v. 11. 5. 37 bedarf es grundsätzlich nicht des Nachweises der Vertretungsbefugnis nach § 32 (KG. JW. 38, 1335).

Nachweis des ehelichen Güterstandes.

§ 33 (§ 34)

Der Nachweis, daß zwischen Ehegatten Gütertrennung oder ein vertragsmäßiges Güterercht besteht oder daß ein Gegenstand zum Vorbehaltsgut eines Ehegatten gehört, wird durch ein Zeugnis des Gerichts über die Eintragung des güterrechtlichen Verhältnisses im Güterrechtsregister geführt.

1. Über die **allgemeine Bedeutung** der Bestimmung vgl. § 32 Anm. 1.

2. Allgemein spricht eine tatsächliche Vermutung für den gesetzlichen Güterstand (KGJ. 47, 195), bei der Ehefrau für die Zugehörigkeit zum eingebrachten Gut und im Falle der Gütergemeinschaft für die Zugehörigkeit zum Gesamtgut (KGJ. 38 A 213). Solange das GBA. keine Anhaltspunkte für das Gegenteil hat, hat es diesen Vermutungen zu folgen und die entsprechenden Güterstände und Verfügungsbefugnisse als gegeben anzusehen (Güthe-Triebel § 33 Anm. 3). Wird ein Recht nur für einen Ehegatten erworben, so ist das GBA. nicht verpflichtet, den Güterstand zu erforschen, hat aber den Antrag zurückzuweisen, wenn es weiß, daß das GB. sonst unrichtig wird (RGZ. 155, 344). Der **Nachweis** des § 33 ist danach grundsätzlich **erforderlich,** wenn gemäß § 22 Abs. 1 im Wege der Berichtigung bei einem Grundstücke oder Grundstücksrechte die Zugehörigkeit zum Gesamtgute ohne Berichtigungsbewilligung des Eingetragenen eingetragen werden soll (vgl. hierzu § 22 Anm 7); ferner wenn die Frau die Entbehrlichkeit der Zustimmung ihres Mannes wegen Ausschlusses seines Verwaltungs- und Nutznießungsrechts oder der Mann die Entbehrlichkeit der Zustimmung seiner Frau wegen Zu-

gehörigkeit zum Gesamtgut bei einem auf den Namen der Frau eingetragenen Rechte, über das sie oder er (z. B. durch Löschung, Verpfändung, Rangänderung einer Hypothek, KGJ. 22 A 34, 140) verfügen will, darzulegen hat. Bei den auf den Namen des Mannes eingetragenen Rechten hat der Grundbuchrichter die aus der Zugehörigkeit zum Gesamtgut sich ergebende Verfügungsbeschränkung nur zu beachten, wenn ihm bekannt ist, daß Gütergemeinschaft besteht (KGJ. 47, 195). Das gleiche gilt für den Eintritt der fortgesetzten Gütergemeinschaft nach dem Tode eines der Ehegatten (KGJ. 45, 246; HRR. 31 Nr. 1353). Die Zugehörigkeit zu seinem Vorbehaltsgute hat gegebenenfalls der Mann gemäß § 33 zu beweisen. Die Eintragung der Gesamtgutseigenschaft im Grundbuche — die Zugehörigkeit zu andern Vermögensmassen ist nicht eintragungsfähig (KGJ. 28 A 316; 38 A 210) — macht den Nachweis entbehrlich (KGJ. 29, 148; JFG. 3, 313). Ein Dritter, der über ein Recht zugunsten eines Ehegatten verfügt, kann die Eintragung dieses Rechts für das Gesamtgut ohne den Nachweis des Bestehens der Gütergemeinschaft beantragen. Dieser Antrag ist nur abzulehnen, wenn dem Grundbuchrichter die Unrichtigkeit der Güterstandsangabe bekannt ist.

3. Für das **Güterrechtsregisterzeugnis** gilt das in Anm. 3 zu § 32 Gesagte entsprechend. Das in Verbindung mit einem Registerauszuge zu erteilende Negativzeugnis des § 162 FGG. wird auch bei Zeugnissen älteren Datums erforderlich sein. Über das gesetzliche Güterrecht und die Zugehörigkeit eines Gegenstandes zum eingebrachten Gute oder Sondergut kann ein Zeugnis nicht ausgestellt werden. Über die Zuständigkeit zur Erteilung des Zeugnisses vgl. § 1558 BGB. und Art. 3 Abs. 1 Satz 2 AV. v. 6. 11. 99 (JMBl. 299) und v. 27. 12. 11 (JMBl. 12, 3).

Durch das Zeugnis wird auch der Abschluß der Ehe bewiesen, so daß es daneben nicht der Vorlegung einer Heiratsurkunde bedarf. Die Vereinbarung eines von dem gesetzlichen abweichenden Güterrechts oder der Eintritt der Gütertrennung kraft Gesetzes kann auch auf andere Weise, insbesondere durch Vorlegung des Ehevertrages bewiesen werden (KGJ. 30 A 169). In einem solchen Falle besteht die Vermutung des Fortbestehens des nachgewiesenen Güterrechts, solange nicht bestimmte Anhaltspunkte für seine Aufhebung oder Änderung gegeben sind (KGJ. 39 A 180). Auch die Eintragungsbewilligung beider Ehegatten macht außer bei der Übertragung eines zum Gesamtgut gehörenden Gegenstandes auf einen Ehegatten allein (KG. RJA. 6, 149: nur durch Ehevertrag) das Zeugnis überflüssig.

4. Für die vor **dem 1. Januar 1900 geschlossenen Ehen** gilt § 34 nicht (Art. 200 EGBGB.). Für sie muß der Nachweis auf andere Weise erbracht werden (KGJ. 39 A 180).

Bezugnahme auf das Handels- und Güterrechtsregister.

§ 34 (§ 35)

Ist in den Fällen der §§ 32, 33 das Grundbuchamt zugleich das Registergericht, so genügt statt des Zeugnisses die Bezugnahme auf das Register.

Die (nicht notwendig ausdrückliche, JFG. 6, 264) Bezugnahme auf das Register ersetzt das Zeugnis auch dann, wenn an demselben Gericht ein anderer Richter als der Grundbuchrichter die Registersachen bearbeitet, selbst wenn die Registerabteilung von der Grundbuchabteilung räumlich getrennt ist (KG. JW. 35, 3042). Die Tatsache, die durch das Register bewiesen werden soll, muß jedoch erkennbar sein. Der Grundbuchrichter ist verpflichtet, den gesamten, die Firma oder das Ehepaar betreffenden Inhalt des Handels- oder Güterrechtsregisters zu berücksichtigen und erforderlichenfalls auf das den Registervermerken zugrunde liegende Aktenmaterial einzugehen (KGJ. 20 A 72). Die Bezugnahme auf das Register eines andern Gerichts ist unbeachtlich.

§ 34 gilt nicht nur entsprechend für das Vereins- und Genossenschaftsregister (Rspr. DRZ. 9 Nr. 1085), sondern allgemein für alle beim gleichen Amtsgericht geführten Akten, auf die zum Nachweis von Eintragungsunterlagen Bezug genommen wird (KG. DR. 42, 12877, insbesondere auch für das Standesnebenregister (KG. HRR. 30, 71).

Nachweis der Erbfolge, fortgesetzten Gütergemeinschaft. Testamentvollstreckung.

§ 35 (§ 36)[1]

(1) Der Nachweis der Erbfolge kann nur durch einen Erbschein geführt werden. Beruht jedoch die Erbfolge auf einer Verfügung von Todes wegen, die

---

[1]) in der Fassung des § 3 GBVVO. vom 5. 10. 42 (RGBl. I, 573).

in einer öffentlichen Urkunde enthalten ist, so genügt es, wenn an Stelle des Erbscheins die Verfügung und die Niederschrift über die Eröffnung der Verfügung vorgelegt werden; erachtet das Grundbuchamt die Erbfolge durch diese Urkunden nicht für nachgewiesen, so kann es die Vorlegung eines Erbscheins verlangen.

(2) Das Bestehen der fortgesetzten Gütergemeinschaft sowie die Befugnis eines Testamentsvollstreckers zur Verfügung über einen Nachlaßgegenstand ist nur auf Grund der in den §§ 1507, 2368 des Bürgerlichen Gesetzbuchs vorgesehenen Zeugnisse als nachgewiesen anzunehmen; auf den Nachweis der Befugnis des Testamentsvollstreckers sind jedoch die Vorschriften des Absatzes 1 Satz 2 entsprechend anzuwenden.

(3) Zur Eintragung des Eigentümers oder Miteigentümers eines Grundstücks kann das Grundbuchamt von den im Abs. 1 und 2 genannten Beweismitteln absehen und sich mit anderen Beweismitteln, für welche die Form des § 29 nicht erforderlich ist, begnügen. Wenn das Grundstück oder der Anteil am Grundstück von geringem Wert ist und die Beschaffung des Erbscheins oder des Zeugnisses nach § 1507 des Bürgerlichen Gesetzbuchs nur mit unverhältnismäßigem Aufwand an Kosten oder Mühe möglich ist. Der Antragsteller kann auch zur Versicherung an Eides statt zugelassen werden.

1. Allgemeines. § 35 dehnt die Beweiskraft, die dem Erbschein und den ihm rechtlich gleichstehenden Zeugnissen nach §§ 1507, 2368 BGB. infolge der Vermutung des § 2365 BGB. für den Zivilprozeß innewohnt, auch auf das Grundbuchverfahren aus und bezweckt insofern ebenso wie die §§ 32 und 33 eine Erleichterung der durch § 29 gebotenen Beweisführung, erklärt andererseits abweichend hiervon die zum Beweise zugelassenen Urkunden für die ausschließlichen Beweismittel. Abs. 3 durchbricht die Regel jedoch wieder für bestimmte Fälle, in denen die geringe Bedeutung der in Frage stehenden Gegenstände in keinem Verhältnis zu den für die Beibringung der Unterlagen notwendigen Kosten stünde. Er bietet mithin einen Anreiz zur raschen Berichtigung des GB., vor allem bei Erbfällen (vgl. auch § 82), andererseits erhöht er auch die Gefahr einer unrichtigen Neueintragung.

2. Nachweis der gesetzlichen Erbfolge. Der im Falle des Todes (oder der Todeserklärung) einer natürlichen Person eintretenden Erbfolge steht der Anfall des Vereins- oder Stiftungsvermögens an den Fiskus gemäß §§ 45 Abs. 3, 46 S. 1, 88 BGB. gleich, nicht dagegen derjenige an seine Mitglieder (KGJ. 25 A 129); er ist daher ebenfalls durch einen Erbschein nachzuweisen. Neben dem Erbschein sind andere Nachweismittel ausgeschlossen. Besteht für einen ausländischen Erblasser kein deutsches Erbscheinsgericht, so ist eine Bescheinigung gemäß § 2369 BGB. vorzulegen (KGJ. 25 A 109; 36 A 166). Dies gilt auch, wenn in dem ausländischen Gebiet das ausländische Gericht infolge Weitergeltung der Erbscheinsvorschriften des BGB. einen Erbschein ausgestellt hat; dieser ist kein Nachweis nach § 35 Abs. 1 (JFG. 18, 42 — JW. 38, 2408). Im Falle der Offenkundigkeit der Erbfolge (Anm. 7 zu § 29) bedarf es des Erbscheins nicht. Der Nachweis der Annahme oder Nichtausschlagung der Erbschaft ist nicht erforderlich (KGJ. 30 A 98). Der Erbschein muß von der sachlich zuständigen Behörde (dem Amtsgericht, §§ 2353 BGB., 72 FGG.) wirksam erteilt sein (§ 16 FGG.) und den gesetzlich vorgeschriebenen Inhalt haben, insbesondere die Personen der Erben so genau bezeichnen, als dies nach Lage der Sache möglich ist (KGJ. 42, 128; §§ 2353, 2357, 2363 BGB.). Über den notwendigen Inhalt des für einen Vorerben erteilten Erbscheins vgl. Anm. 6 zu § 51. Für den Nacherben ist selbst dann ein neuer Erbschein erforderlich, wenn aus den Angaben im Erbschein des Vorerben hervorgeht, daß Nacherbfolge angeordnet ist, wer Nacherbe ist, wenn die Nacherbfolge eintritt, und dieser Eintritt formgerecht nachzuweisen ist (OLG. München JFG. 16, 328). Bei Vorlegung durch einen Erben ist mangels entgegenstehender Tatsachen anzunehmen, daß der Erbschein gemäß § 16 Abs. 1 FGG. ordnungsmäßig bekanntgemacht ist. Der Erbschein ist regelmäßig in Urschrift oder Ausfertigung (nicht beglaubigter Abschrift) vorzulegen (vgl. Anm. 5 zu § 29). Statt der Vorlegung kann auf die Erbscheinsakten desselben Gerichts verwiesen werden (OLG. München JFG. 20, 373). Die Richtigkeit des Erbscheins ist nicht nachzuprüfen. Insbesondere darf das GBA. die Verfügungsbefugnis eines im Erbschein genannten Erben nicht deshalb beanstanden, weil es die Verfügung von Todes wegen, auf der der Erbschein beruht, anders als das Nachlaßgericht auslegt; entsprechendes gilt für das Testamentsvollstreckerzeugnis (München OLG. 16, 144). Nur dann, wenn dem Grundbuchrichter neue Tatsachen bekannt geworden sind, die der Richtigkeit des Erbscheins entgegenstehen, und von denen er annehmen muß, daß angesichts ihrer das Nachlaßgericht den Erbschein nicht aufrecht erhalten würde, z. B. die Errichtung eines dem Nachlaßrichter unbekannt gewesenen Testaments, durch das der Erblasser eine von der gesetzlichen abweichende Erbfolge verfügt hat, ist der Erbschein als Beweismittel zurückzuweisen (KGJ. 34 A 227; 45, 252). Zuvor wird dem Nachlaßrichter Gelegenheit zur Einziehung des unrichtigen Erbscheins (§ 2361 BGB.) zu geben sei. Bei Unverständlichkeit des Erbscheins ist dem Erben gemäß § 18 eine Frist zur Beibringung eines neuen Erbscheins zu setzen (KGJ. 34 A 227). Die Kraftloserklärung eines Erbscheins (§ 2361 Abs. 2 BGB.) ist nur zu berücksichtigen, wenn sie dem Grundbuchrichter bekannt ist. Zu beachten ist, daß Verfügungen, die der Erbscheinserbe vor der Kraftloserklärung zugunsten redlicher Dritter getroffen hat, diesen gegenüber nach § 2366 BGB. wirksam sind.

3. Für den **Nachweis der auf einer Verfügung von Todes wegen beruhenden Erbfolge** ist neben dem Erbschein als Beweismittel die die Verfügung enthaltende Urkunde in Verbindung mit dem Eröffnungsprotokoll zugelassen, falls die (auch ausländische) Urkunde eine **öffentliche** ist. Diese Voraussetzung trifft bei einem formgültigen Erbvertrage stets zu (§ 30 TestG.), bei einem Testament, wenn es vor einem Richter oder Notar (§ 5 TestG.), vor dem Gemeindevorsteher gemäß § 23 TestG. (KGJ. 24 A 88), an abgesperrten Orten in der Form des § 24 TestG. (nicht vor drei Zeugen) oder während einer Seereise nach § 25 TestG. errichtet ist. Ein privatschriftlich gemäß § 21 TestG. errichtetes Testament wird auch dann nicht zu einer öffentlichen Urkunde, wenn es auf Verlangen des Erblassers gemäß § 22 TestG. in amtliche Verwahrung genommen ist (KGJ. 25 A 278). Im übrigen vgl. über den Begriff, die Form der öffentlichen Urkunde und in Art ihrer Vorlegung Anm. 5 zu § 29. Hiernach genügt im Gegensatz zum Erbschein auch die Vorlegung einer beglaubigten Abschrift der Verfügung. Ein Eröffnungsprotokoll ist auch bei ausländischen Testamenten vorzulegen (KGJ. 36 A 162), bei gemeinschaftlichen Testamenten nach dem Tode des überlebenden Ehegatten das Protokoll über die nochmalige Eröffnung (RGZ. 137, 229). Über die Verweisung auf die bei demselben Gericht geführten Testamentsakten vgl. Anm. 2.

Die in der öffentlichen Urkunde enthaltene Verfügung von Todes wegen muß selbständig oder in Verbindung mit einer anderen öffentlichen Urkunde (JFG. 11, 194; a. A. KGJ. 38 A 225) zum Nachweise der Erbfolge geeignet sein. Ist sie dies nur in Verbindung mit einem gültigen und nicht widerrufenen privatschriftlichen Testament, so ist ein Erbschein erforderlich (KGJ. 25 A 278; 37 A 245; 38 A 225; 42, 226; 47, 146). Haben jedoch Eheleute in einem eigenhändigen gemeinschaftlichen Testament den Erben des zuletzt Versterbenden bestimmt, so ist der überlebende Ehegatte in der Lage, diese Erbeinsetzung wirksam in einem öffentlichen Testament zu wiederholen mit der Folge, daß demnächst der Erbe sich im GB-Verfahren mit Hilfe des zweiten Testaments ausweisen kann (JFG. 18, 332 — JW. 39, 353). Ist im Falle der Anwachsung eines Erbanteils durch den Tod eines Miterben (§§ 2094 BGB.) außer der Erbfolge dieser Tod zu beweisen, so kann der Grundbuchrichter einen Erbschein mithin nur verlangen, wenn dieser Nachweis durch öffentliche Urkunden i. S. des § 29 nicht erbracht werden kann (a. A. KGJ, 38 A 225; 42, 226). Diese Befugnis (und Pflicht) hat der Grundbuchrichter ferner, wenn aus sonstigen tatsächlichen Gründen die Verfügung von Todes wegen zum Nachweise der Erbfolge nicht ausreicht, z. B. wenn die Rechtsgültigkeit der letztwilligen Verfügung und der Erbeinsetzung (Ersatz- oder Nacherbe? Vgl. KG. HRR. 29 Nr. 207; 32 Nr. 1055, wonach die Auslegungsregeln der §§ 2269, 2102 Abs. 2 BGB. in jedem einzelnen Falle auf ihre Übereinstimmung mit dem Willen des Erblassers nachzuprüfen sind), zweifelhaft, wenn insbesondere ein Widerruf des Testaments oder eine Anfechtung aktenkundig (KGJ. 29 A 159, 34 A 234) — die bloße Möglichkeit des Vorliegens eines neueren Testaments oder der Anfechtung genügt nicht —, wenn die Erbfolge nach ausländischem Recht zu beurteilen ist (KGJ. 36 A 162), wenn die Person des Erben oder Nacherben in dem Testament nicht bestimmt genug angegeben ist (KGJ. 23 A 127; 24 A 88; 25 A 152; JFG 7, 267), wenn zur Auslegung der Verfügung, insbesondere des Willens des Erblassers die Anstellung besonderer Ermittlungen notwendig ist (KGJ. 24 A 223; 29 A 159; 34 A 234; 37 A 245; 38 A 225; RGZ. 54, 344). Entfernte abstrakte Möglichkeiten, die nur unter besonderen Umständen das aus dem Testament hervorgehende Erbrecht in Frage stellen können, oder rein rechtliche Bedenken genügen dagegen nicht, um einen Erbschein fordern zu können (OLG. München JFG. 22, 184). Gegen unbegründetes Einfordern ist die Beschwerde zulässig (KGJ. 24 A 88).

Für den Nachweis der letztwilligen Erbfolge durch Erbschein gilt das zu 2 Gesagte. Der Grundbuchrichter hat bei Vorlegung des Erbscheines die diesem zugrundeliegende Verfügung von Todes wegen weder auf ihre Formgültigkeit noch auf ihren Inhalt hin zu prüfen (KGJ. 33 A 177; 34 A 227, 37 A 249; 42, 222; JFG. 16, 144). Dies gilt insbesondere, wenn der Grundbuchrichter im Gegensatz zum Nachlaßrichter den Erben nur als Vorerben ansieht. Lediglich neue dem Nachlaßrichter unbekannt gewesene Tatsachen, die der Richtigkeit des Erbscheins entgegenstehen und nicht ausschließlich die Auslegung der letztwilligen Vefügung betreffen, berechtigen den Grundbuchrichter auch hier, den Erbschein zurückzuweisen (KGJ. 45, 252).

4. Der Nachweis des Eintritts der fortgesetzten Gütergemeinschaft im Falle des Todes eines Ehegatten, der in allgemeiner Gütergemeinschaft (§ 1483 BGB.) oder in Fahrnisgemeinschaft bei Vereinbarung der fortgesetzten Gütergemeinschaft (§ 1557 BGB.) gelebt hat, erfolgt ausschließlich durch das Zeugnis des § 1507 BGB. Das Zeugnis dient lediglich dem Nachweis der Rechtsnachfolge in das Gesamtgut, nicht zugleich dem des Bestehens der fortgesetzten Gütergemeinschaft (KGJ. 41, 54) und bezieht sich nur auf die Vermögensstücke, die bei dem Tode des Ehegatten zu dem Gesamtgute der allgemeinen Gütergemeinschaft oder der Fahrnisgemeinschaft gehört haben, nicht dagegen auf solche, die von dem überlebenden Ehegatten aus dem Nachlaß (dem eingebrachten und Sondergute) des verstorbenen Ehegatten erworben und dadurch Bestandteil des Gesamtguts der fortgesetzten Gütergemeinschaft geworden sind (§ 1485 BGB.). Bei Vermögensstücken, bei denen die Gesamtgutseigenschaft nicht bereits im Grundbuch eingetragen ist, bedarf es mithin neben dem Zeugnis auch des Nachweises, daß sie zum Gesamtgut der allgemeinen Gütergemeinschaft oder Fahrnisgemeinschaft gehört haben. Für das Zeugnis gilt das unter 2 über den Erbschein Gesagte entsprechend. Auch der Nichteintritt der fortgesetzten Gütergemeinschaft im Falle des § 1482 BGB. oder ihre Ausschließung in den Fällen der §§ 1508, 1509 BGB. kann grundbuchmäßig durch ein Negativzeugnis des Nachlaßgerichts nachgewiesen werden, auf dessen Erteilung und Wirkungen die Vorschriften über den Erbschein entsprechende Anwendung finden (KGJ. 45, 246), hingegen nicht durch einen die Witwe lediglich als Alleinerbin ihres Mannes ausweisenden Erbschein (HRR. 31 Nr. 1353). Ein Negativzeugnis ist nicht erforderlich, wenn die Fortsetzung der allgemeinen Gütergemeinschaft in einem vorgelegten Ehevertrag ausgeschlossen wurde (OLG. Posen DR. 44, 405). Sind Abkömmlinge aus früheren Ehen des Mannes vorhanden, so bedarf es zur Umschreibung des Eigentums auf die Witwe und die gemeinschaftlichen Abkömmlinge ferner des durch Erbschein oder öffentliches Testament zu führenden Nachweises, daß ersteren ein Erbrecht nicht zusteht (HRR. 33 Nr. 763).

5. Der Nachweis der Verfügungsbefugnis des Testamentsvollstreckers erfolgt in der gleichen Weise wie der Nachweis der letztwilligen Erbfolge mit der Einschränkung, daß an Stelle des Erbscheins das Zeugnis des § 2368 BGB. tritt. Auf das unter 3 Gesagte ist daher zu verweisen. Zur Einforderung eines Zeugnisses an Stelle des in öffentlicher Urkunde vorliegenden Testaments ist der Grundbuchrichter hier vor allem dann berechtigt, wenn die Gültigkeit des Testaments zweifelhaft ist (vgl. Anm. 3), oder aus seinem Inhalt sich Zweifel über das Bestehen oder den Umfang der Testamentsvollstreckung ergeben, die nur durch tatsächliche Ermittlungen beseitigt werden können (KGJ. 24 A 221; 34 A 233). Mit Rücksicht auf § 2202 BGB. bedarf es neben der Vorlegung des die Ernennung enthaltenden Testaments des Nachweises der Annahme des Amts durch den Testamentsvollstrecker gegenüber dem Nachlaßgericht. Die Annahme des Testamentsvollstreckeramts kann auch gegenüber der Abteilung des Amtsgerichts erklärt werden, die das GB. führt; der Grundbuchrichter kann jedoch eine Bescheinigung der Nachlaßabteilung über die Annahme oder eine Ausfertigung der zu Protokoll dieser Abteilung abgegebenen Annahmeerklärung fordern (OLG. München HRR. 38, 1018). In den Fällen der mittelbaren Ernennung bedarf es ferner des Nachweises der gemäß §§ 2198, 2199, 2200 BGB. erfolgten Bestimmung der Person des Testamentsvollstreckers in der Form des § 29; die Annahme wird regelmäßig durch Vorlegung einer Bescheinigung des Nachlaßgerichts oder einer Ausfertigung der zu Protokoll des Nachlaßgerichts erfolgten Annahmeerklärung bewiesen (KGJ. 22 B 32; 24 A 2221; 00 A 283; 38 A 136). Bei der Vorlegung des Vollstreckerzeugnisses wird der Nachweis der Annahme durch dieses Zeugnis geführt. Zur Nachprüfung der Richtigkeit des Inhalts des Zeugnisses ist der Grundbuchrichter nicht berechtigt (KGJ. 37 A 249; München OLG. 38, Nr. 58), es sei denn, daß ihm aus den eigenen urkundkichen Erklärungen der Beteiligten oder aus den Grundakten bekannt ist, daß das Grundbuch unrichtig ist. Enthält das Zeugnis keine Angaben uber Beschränkungen oder Erweiterungen des Verfügungsrechts (§ 2368 BGB., RGZ. 74, 215; KGJ. 31 A 94; 48, 153; HRR.

33 Nr. 138), so ist davon auszugehen, daß dem Testamentsvollstrecker die Verfüfügungsbefugnis im gesetzlichen Umfange zusteht (KGJ. 44, 232). Gemäß § 2205 Satz 2 BGB. ist in diesem Falle zu beweisen, daß keine unentgeltliche Verfügung vorliegt, es sei denn, daß allgemeine Erfahrungstatsachen gegen die Unentgeltlichkeit sprechen (KGJ. 33 A 164; 35 A 206; JFG. 4, 293; § 29 Anm. 7). So wird Entgeltlichkeit ohne weiteres bei einem Akt ordnungsmäßiger Verwaltung anzunehmen sein, dessen Beweggründe glaubhaft und substantiiert angegeben sind, so daß Zweifel an der Pflichtmäßigkeit des Handelnden nicht bestehen (JFG. 7, 284), z. B. bei Erfüllung von Nachlaßverbindlichkeiten, eines seinem Inhalte nach zweifellosen Vermächtnisses. Der Beweis der Entgeltlichkeit bedarf nicht der Form des § 29, vielmehr genügt im allgemeinen die schlüssige Darstellung der Tatsachen durch den Antragsteller, insbesondere die Offenlegung des Verpflichtungsgeschäfts (KGJ. 33 A 164; JFG. 7, 287; HRR. 33 Nr. 19). Zu dem Antrage auf Umschreibung von Grundstücken und Rechten, die zum Nachlaß gehören, auf d e Erben, ist der Testamentsvollstrecker nach § 2203 BGB. befugt (KGJ. 40, 204), hierbei hat er — mit Rücksicht auf § 52 — neben seiner Verfügungsbefugnis die Erbfolge durch Erbschein oder Zeugnis nach § 37 nachzuweisen (KGJ. 44, 231; 48, 151; 50, 165; JFG. 18, 160; JW. 38, 122). Veräußert der Testamentsvollstrecker ein Nachlaßgrundstück in der Weise, daß das gestundete Restkaufgeld in Teilhypotheken für die einzelnen Miterben eingetragen werden soll, so ist zur Eigentumsumschreibung und zur Eintraung der Hypotheken im GB, die Erbfolge gemäß § 35 nachzuweisen. Dies ist zum Nachweis der Entgetlichkeit wie zur Prüfung, ob etwa § 51 zur Anwendung zu kommen hätte, erforderlich (KG. JW. 38, 2830). Die Kraftloserklärung des Zeugnisses und die das Zeugnis kraftlos machende Beendigung des Amtes (§ 2368 BGB.) hat der Grundbuchrichter nur zu beachten, wenn sie ihm bekannt ist.

6. Der **Nachweis der Folge in einem Hof** im Sinne der HöfO. (Anlage B z. MilRegVO. Nr. 84) erfolgt gleichfalls durch Erbschein (§ 18 Abs. 2 HöfO.)[1]). Zuständig zu dessen Ausstellung ist das Amtsgericht, Vorsitzender des Landwirtschaftsgerichts ohne Zuziehung von Beisitzern (§ 22 lit. l LVO. v. 2. 12. 47, VOBl. BZ. 157) Der Nachweis der (künftig nicht mehr eintretenden) Folge in ein Familienfideikommiß oder sonstiges gebundenes Vermögen oder eines durch fideikommißrechtliche Bestimmungen oder Anordnungen begründeten Nacherbenrechts wird durch ein Folgezeugnis des Fideikommißgerichts geführt (§ 39 DVO. z. FidErlGes. v. 20. 3. 39 — RGBl. I 509).

7. Des Nachweises der Erbfolge usw. gemäß § 36 bedarf es nicht, wenn ein Bevollmächtigter **auf Grund einer mit Wirkung über den Tod hinaus erteilten Vollmacht** verfügt (JFG. 12, 274).

8. Für die in Abs. 3 erwähnten **nicht der Form des § 29 unterliegenden Beweismittel** kommt vor allem die ausdrücklich genannte Versicherung an Eidesstatt, aber auch ein privates Testament (§ 21 TestG.) in Frage. Im übrigen ist diese Vorschrift, da sie eine bedenkliche Lockerung der im Grundbuchverfahren erforderlichen Strenge der Eintragungsunterlagen darstellt und damit eine Schwächung der Rechtssicherheit des Grundbuchs zur Folge hat, eng auslegen.

Nachweis der Eintragungsgrundlagen bei der Auseinandersetzung über Nachlaß und Gesamtgut.

§ 36 (§ 37)

(1) Soll bei einem zum Nachlaß oder zu dem Gesamtgut einer ehelichen oder fortgesetzten Gütergemeinschaft gehörenden Grundstücks oder Erbbaurecht einer der Beteiligten als Eigentümer oder Erbbauberechtigter eingetragen werden, so genügt zum Nachweis der Rechtsnachfolge und der zur Eintragung des Eigentumsübergangs erforderlichen Erklärungen der Beteiligten ein Zeugnis des Nachlaßgerichts oder des nach § 99 Abs. 2 des Reichsgesetzes über die Angelegenheiten der freiwilligen Gerichtsbarkeit zuständigen Amtsgerichts.

(2) Das Zeugnis darf nur ausgestellt werden, wenn:

a) die Voraussetzungen für die Erteilung eines Erbscheins vorliegen oder der Nachweis der ehelichen Gütergemeinschaft durch öffentliche Urkunden erbracht ist und

b) die Abgabe der Erklärungen der Beteiligten in einer den Vorschriften der Grundbuchordnung entsprechenden Weise dem Nachlaßgericht oder

[1]) Anhang S. 305.

demnach § 99 Abs. 2 des Reichsgesetzes über die Angelegenheiten der freiwilligen Gerichtsbarkeit zuständigen Amtsgerichts nachgewiesen ist.

(3) Die Vorschriften über die Zuständigkeit zur Entgegennahme der Auflassung bleiben unberührt.

§ 37 (§ 38)

Die Vorschriften des § 36 sind entsprechend anzuwenden, wenn bei einer Hypothek, Grundschuld oder Rentenschuld, die zu einem Nachlaß oder zu dem Gesamtgut einer ehelichen oder fortgesetzten Gütergemeinschaft gehört, einer der Beteiligten als neuer Gläubiger eingetragen werden soll.

1. **Allgemeines.** §§ 36, 37 ermächtigen den Nachlaßrichter oder den nach § 99 Abs. 2 FGG. zuständigen Richter in einer für den Grundbuchrichter bindenden Form das Vorliegen betimmter Eintragungsgrundlagen zu bescheinigen, wenn ein Grundstück, Erbbaurecht oder Grundpfandrecht zum Zwecke oder bei Gelegenheit der Auseinandersetzung über den Nachlaß oder das Gesamtgut, zu dem die genannten Rechte gehören, einem der Beteiligten übereignet werden soll. Beide Bestimmungen dienen der Erleichterung des Grundbuchverkehrs. Für die Beteiligten bringen sie an sich keine Erleichterung, da diese den Nachweis der eingetretenen Erbfolge, der Auflassung usw. unter denselben Formvorschriften erbringen müssen, nur anstatt vor dem GBA. gegenüber dem Nachlaßgericht. Einen großen Anreiz für sie ist jedoch die erhebliche Verminderung der Kosten (§ 103 KostO.).

2. **Voraussetzungen des Zeugnisses.** Das einem von mehreren Erben oder einem von mehreren Teilhabern einer Gütergemeinschaft (allgemeinen Gütergemeinschaft, Errungenschaftsgemeinschaft, Fahrnisgemeinschaft, fortgesetzten Gütergemeinschaft) zu übereignende Grundstück (Erbbaurecht, Grundpfandrecht) muß Bestandteil des Nachlasses oder Gesamtgutes, das genannte Sondervermögen mithin noch ungeteilt sein. Hierzu gehören auch die erst nach dem Erbfall gemäß § 2041 BGB. für den Nachlaß erworbenen Grundpfandrechte. Daß der Übertragung auch nur teilweise Auseinandersetzung über den Nachlaß oder das Gesamtgut zugrunde liegt oder daß der Nachlaßrichter bzw. der nach § 199 Abs. 2 FGG. zuständige Richter mit einer solchen befaßt gewesen ist, ist nicht vorgeschrieben (KGJ. 48, 156), wird indes regelmäßig der Fall sein. Die Übereignung des Grundstücks (Erbbaurechts, Grundpfandrechts) kann auch an mehrere, sogar an alle Erben bzw. Teilhaber erfolgen, und zwar je zu einem bestimmten Bruchteil, dagegen nicht eine Erbengemeinscheft, einen unbeschränkten Alleinerben oder Alleinvorerben (JFG. 14, 137). Ein Zeugnis nach § 36 kann auch dann erteilt werden, wenn der Erblasser als Miteigentümer oder Gesamthandberechtigter am Grundstück beteiligt war (KG. DR. 40, 137).

Das Zeugnis kann nur erteilt werden, wenn die Voraussetzungen für die Erteilung eines Erbscheins (§§ 2353ff. BGB.) vorliegen. Im Falle der Gütergemeinschaft sind das Bestehen und die Teilnehmer der Gütergemeinschaft nach den Erbscheinsregeln zu beweisen. Die Zuständigkeit des Nachlaßgerichts bestimmt sich nach den §§ 72, 73 FGG. Die zur Übereignung oder Übertragung grundbuchmäßig erforderlichen Erklärungen der Erben (Auflassung, Übertragung der Erbanteile gemäß § 2033 BGB., Einigung über die Übertragung des Erbbaurechts, Eintragungsbewilligung bei Buchpfandrechten, Abtretungserklärungen bei Briefpfandrechten — §§ 20, 26) müssen in der Form des § 29 dem Nachlaßrichter nachgewiesen sein, nur daß an die Stelle des Protokolls des Grundbuchrichters das des Nachlaß- oder des nach § 199 Abs. 2 FGG. zuständigen Richters tritt. Zur Entgegennahme der Auflassung ist der Nachlaßrichter nur berechtigt, wenn er hierzu nach den allgemeinen Bestimmungen befugt ist (vgl. Anm. 2 zu § 20). Hängt die Rechtswirksamkeit der Erklärungen von der Vertretungsmacht des Vertreters, der sie abgegeben hat, von der vormundschaftsgerichtlichen Genehmigung u. a. ab, so sind auch diese Voraussetzungen dem Nachlaßrichter (nicht demnächst dem Grundbuchrichter) nachzuweisen. Die nach § 91 Abs. 2 FGG. unterstellte Zustimmung eines Erben zu einer Teilungsvereinbarung genügt nicht (Güthe-Triebel, § 37 Anm. 11, streitig). Der mit der Teilung des Nachlasses betraute Testamentsvollstrecker kann die Erklärung an Stelle des Erben abgeben (§§ 2363, 2364 BGB.). Die Einziehung und Kraftloserklärung des Zeugnisses ist in entsprechender Anwendung des § 2361 BGB. zulässig (JFG. 14, 137).

3. **Inhalt des Zeugnisses.** Das Zeugnis muß die Erbfolge oder das Bestehen und die Teilhaber der Gütergemeinschaft und die Vornahme der Auflassung, Übertragungseinigung, Verfügung über den Erbanteil, Eintragungsbewilligung oder Abtretungserklärung bescheinigen. Die bloße Bescheinigung der Übereignung des Grundstücks usw. genügt nicht (KGJ. 44, 233; 48, 160; streitig). In dem Zeugnis ist der

Nacherbe, und falls die Auflassung usw. ein Testamentvollstrecker abgegeben hat, auch dieser anzugeben (§§ 2363, 3264 BGB.). In ihm dürfen zum Nachweis der Rechtsnachfolge der Erbengemeinschaft nach dem eingetragenen Grundstückseigentümer mehrere einzelne Erbfälle bezeugt werden. Erforderlich ist nur, daß im Zeitpunkt der Auseinandersetzung eine Erbengemeinschaft vorhanden war. Ein erbrechtlicher Zusammenhang mit dem eingetragenen Grundstückseigentümer kann auch auf nichtgesamthänderisch verbundenen einzelnen Erben als Zwischengliedern beruhen (KG. JW. 38, 2409).

4. **Grundbuchrechtliche Bedeutung des Zeugnisses.** Das Zeugnis ersetzt den Nachweis der Erbfolge nach (§ 36 oder des Bestehens und der Teilhaber der Gütergemeinschaft nach § 33, gleichgültig ob die Erbfolge auf Gesetz oder Verfügung von Todes wegen beruht, sowie den Nachweis der Auflassungserklärungen usw. der Erben (Teilhaber) und der zu ihrer Rechtswirksamkeit erforderlichen Erklärungen von Gewalthabern (Ehemann, Vater, Vormund usw.) und von Behörden. Hat jedoch das Nachlaßgericht ein Überweisungszeugnis erteilt, obwohl die Erbengemeinschaft hinsichtlich des Nachlaßgrundstücks nicht aufgelöst werden soll, so genügt das Zeugnis zum Nachweis der darin bezeichneten Erbfolge nicht (KG. DR. 39, 1821). Die Eintragungsbewilligung wird ihrem ganzen Inhalte nach ersetzt, auch wenn dieser nicht ausschließlich in der Übertragung des Rechts, sondern auch in der Änderung seines Inhalts z. B. der Verzinsungs- und Zahlungsbestimmungen besteht. Nicht ersetzt werden der Eintragungsantrag, so daß z. B. das Amtsgericht weder als Nachlaß- noch als Vormundschaftsgericht befugt ist, das Grundbuchamt um Umschreibung einer bei der Auseinandersetzung einem von mehreren Miterben überwiesenen Nachlaßhypothek zu ersuchen (KGJ. 32 A 243), die Verfügungsbefugnis des Erblassers (§ 19 Anm. 8), sowie die Erfordernisse nach §§ 39, 40, 41, insbesondere die Zugehörigkeit des Grundstücks oder Rechts zum Nachlaß oder Gesamtgut, Unerheblich ist, ob die Umschreibung zum Zwecke der Berichtigung oder einer Rechtsänderung erfolgt.

Die Richtigkeit des Zeugnisses hat der Grundbuchrichter ebensowenig wie die eines Erbscheins nachzuprüfen. Neben dem Zeugnis sind die Nachweismittel der §§ 35, 29 zugelassen.

Eintragung auf Ersuchen der Behörden.

§ 38 (§ 39)

In den Fällen, in denen nach gesetzlicher Vorschrift eine Behörde befugt ist, das Grundbuchamt um eine Eintragung zu ersuchen, erfolgt die Eintragung auf Grund des Ersuchens der Behörde.

1. **Allgemeines.** Die Vorschrift bestätigt einerseits, daß neben den Antragsberechtigten des § 13 auch Behörden Eintragungen im Grundbuch beantragen können, soweit ihnen durch gesetzliche Vorschrift ein Recht hierauf zugebilligt ist, und erklärt andererseits in solchen Fällen in Abweichung von dem Konsensprinzip des § 19 das Eintragungsersuchen der Behörde als allein ausreichende Eintragungsgrundlage.

2. Als **Behörden** im Sinne des § 38 sind lediglich deutsche öffentliche Behörden anzusehen und zwar ohne Rücksicht darauf, ob sie ihre Befugnis zu dem Eintragungsersuchen auf Reichs- oder Landesrecht stützen. Außerdeutschen Behörden kann durch Staatsvertrag die Befugnis eingeräumt werden.

3. Zu Ersuchen um Eintragung sind **gesetzlich befugt**

a) nach Reichsrecht;

das Prozeßgericht hinsichtlich der Eintragungen, die es durch einstweilige Verfügung angeordnet hat, § 941 ZPO.; daneben ist derjenige, der sie erwirkt hat, antragsberechtigt,

das Vollstreckungsgericht bei der Zwangsversteigerung und Zwangsverwaltung von Grundstücken:

Eintragung und Löschung des Zwangsversteigerungs- und Zwangsverwaltungsvermerks, §§ 19 Abs. 1, 34, 130 Abs. 1 Satz 1, 145, 146 Abs. 1, 161 Abs. 4 ZVG.,

Eintragung des (auch verstorbenen) Erstehers als Eigentümer, §§ 130 Abs. 1 Satz 1, 145 ZVG., § 10 Z 3 AV. (Angabe des Datums des Zuschlagsbeschlusses),

Löschung der durch den Zuschlag erloschenen (einzeln anzugebenden) Rechte, §§ 130 Abs. 1 Satz 1, 131 ZVG., erforderlichenfalls Wiedereintragung der zu Unrecht gelöschten (durch gutgläubigen Erwerb nicht untergegangenen) Rechte, KGJ. 25 A 311,

Eintragung der (in dem Ersuchen nach Gläubiger, Betrag, Bedingungen, Rangverhältnis und darauf lastenden Rechten genau anzugebenden) Sicherungshypotheken für die Forderung gegen den Ersteher, §§ 118 Abs. 1, 130 Abs. 1 ZVG.,

Löschung der in das geringste Gebot aufgenommenen, aber nicht zur Erstehung gelangten oder erloschenen Rechte, § 130 Abs. 2 ZVG., Löschung des im Zwangsverwaltungsverfahren bezahlten Rechts des betreibenden Gläubigers, § 158 Abs. 2 ZVG.,

das Konkursgericht: Eintragung des Veräußerungsverbots nach § 106 KO. und der Konkurseröffnung, § 113 Abs. 1 Z. 1, 2, Abs. 2 KO., und Löschung dieser Eintragungen, §§ 106 Abs. 2, 114, 116, 163, 190, 205 KO.,

das Vergleichsgericht: Eintragung des Veräußerungsverbots nach § 61 VerglO. v. 26. 2. 35 (RGBl. I, 311) und der sonstigen von ihm angeordneten Verfügungsbeschränkungen und Löschung dieser Eintragungen (§§ 63, 65 a. a. O.),

das Vormundschaftsgericht: Eintragung einer Sicherungshypothek an Grundstücken des Vormunds, Pflegers, oder Beistandes unter den Voraussetzungen des § 1844 BGB., § 54 FGG.

das Nachlaßgericht: Eintragung der Nachlaßverwaltung, §§ 1984 Abs. 1, 892 BGB. (Dresden OLG. 6, 475),

die Strafgerichtsbehörden, Gericht oder Staatsanwaltschaft: Beschlagnahme des Vermögens oder einzelner Vermögensstücke des abwesenden Angeschuldigten, §§ 283, 284 StPO.,

die Amtsgerichte, bei denen früher ein Entschuldungsamt bestand, ohne Beisitzer (§ 2 VO. ZJA. zur Wiedereröffnung der Entschuldungsämter v. 12. 5. 47, VOBl. BZ. 52[1]), ferner Anl. 1 z. VO. über Entschuldungsämter und gemeinschaftliche Beschwerdegerichte im Entsch. Verf. v. 25. 6. 35, RGBl. I 793, 1046):

Eintragung des Fortfalls oder Änderung der dinglichen Belastung des Grundstücks nach dem Plan, und zwar auch hinsichtlich der betriebsfremden und der Dritten gehörenden Grundstücke, Löschung des Vermerks über die Eröffnung des Entschuldungsverfahrens oder des Zwangsvergleichsverfahrens [Art. 6 Abs. 1 Satz a der 9. DVO. z. SchRG. v. 24. 11. 37, RGBl. I 1306[2]); §§ 4, 5 VO.ZJA. zur Abwicklung der landwirtschaftlichen Schuldenregelung v. 5. 7. 48, VOBl.BZ. 198][3]). Eintragung des Übergangs der Schuldenregelungshypothek von der ablösenden Kreditanstalt auf eine der nach Art. 5 Abs. 2 der VO. über die Finanzierung der landwirtschaftlichen Entschuldung v. 17. 7. 40 (RGBl. I 1001)[4]) genannten Kreditanstalten (z. B. der Hann. Landeskreditanstalt), Eintragung der Sicherungshypothek auf dem entschuldeten ehemaligen Erbhofe gemäß § 2 der VO. v. 5. 7. 48[5]).

Die Löschung der nach Art. 29 Abs. 5 der 9. DVO. abgelösten Entschuldungsrente erfolgt auf Grund schriftlicher Ablösungserklärung der rentenverwaltenden Stelle (§ 8 VO. v. 5. 7. 48)[3]).

die Genehmigungsbehörden (vgl. § 20 Anm. 6) und zwar die Landwirtschaftsbehörden oder die Vorsitzenden der Landwirtschaftsgerichte §§ 2ff. LVO. v. 1. 12. 47, VOBl. BZ. 157)[6]), die Wohnsiedlungsbehörden und die Amtsgerichte als Entschuldungsämter:

Eintragung und Löschung eines Widerspruchs im Falle der Eintragung einer Rechtsänderung auf Grund eines nicht genehmigten Rechtsgeschäfts, insbesondere eines Eigentumsüberganges auf Grund nicht genehmigter Auflassung (§ 32 Abs. 3 LVO.,[6]) § 11 Abs. 2 WohnsiedlGes. i. d. F. v. 28. 9. 38, RGBl. I 1246[7]), Art. 2 Abs. 3 d. VO. über Veräußerung von Entschuldungsbetrieben v. 6. 1. 37, RGBl. I 5)[8]).

die Umlegungsbehörden: Eintragung des Inhalts des Umlegungsplans (§§ 83—89 Reichsumlegungsordnung v. 16. 6. 37, RGBl. I 629, sowie AV. v. 5. 10. 38, DJ. 38, 1576, und v. 9. 5. 39, DJ. 39, 798 — Anwendung des Grundbuchberichtigungszwangs bei Feststellung der Beteiligten im Umlegungsverfahren —),

die Siedlungsbehörden: Eintragung der in § 2 Abs. 1 d. Ges. v. 4. 1. 35 (RGBl. I 1) bezeichneten Einschränkungen, der gesetzlichen Wiederkaufsrechte der §§ 20, 21 d. ReichssiedlGes. v. 11. 8. 19 (RGBl. I 1429),

die Durchführungsbehörden: Eintragung der auf Grund der VO. zur beschleunigten Förderung des Baues von Heuerlings- und Werkwohnungen v. 10. 3. 37 (RGBl. I 292) erforderlichen Grundbucheintragungen (§ 19 a. a. O.),

die Amtsrichter: Eintragung und Löschung des Höfevermerks gemäß § 35 Abs. 1 Satz 1 und Abs. 4 Satz 1 LVO.[6]), Übertragung der zum Hof gehörenden Grundstücke auf ein besonderes Grundbuchblatt (§ 36 a. a. O.)[6]). — Vgl. im übrigen wegen des Eintragungsverfahrens die amtliche Begründung zum LVO.[9]) Eine

---

[1]) Anhang S. 291. [2]) Anhang S. 289. [3]) Anhang S. 292. [4]) Anhang S. 291. [5]) Anhang S. 291. [6]) Anhang S. 306. [7]) Anhang S. 296. [8]) Anhang S. 289. [9]) Anhang S. 309.

Eintragung des Höfevermerks von Amts wegen durch das GBA. findet hiernach nicht statt.

die von der zuständigen obersten Dienstbehörde bestimmte Vollstreckungsbehörde im Defektenverfahren auf Grund des Erstattungsbeschlusses oder der Unterwerfungserklärung des Beamten:

Eintragung einer Zwangs- oder Arresthypothek, §§ 6, 7 d. Ges. über das Verfahren für die Erstattung von Fehlbeständen an öffentlichen Vermögen (Erstattungsgesetz) v. 18. 4. 37 (RGBl. I 471), das für sämtliche Beamte der Länder und Gemeinden gilt (vgl. auch DVO. v. 29. 6. 37, RGBl. I 723),

die Beschwerdegerichte: Eintragung einer Vormerkung oder eines Widerspruchs in den Fällen der §§ 76 Abs. 1, 80 Abs. 3 GBO.,

die Finanzämter: Eintragung der Pfändung von Buchhypotheken (§ 62 Abs. 2 der Reichsabgabenordnung v. 22. 5. 31, RGBl. S. 161), § 42 der Beitreibungsordnung v. 23. 6. 23, RMinBl. S. 595),

die an die Stelle der bisherigen Auflösungsbehörden getretenen Fideikommißsenate der Oberlandesgerichte und ihre Vorsitzenden (§§ 6, 9 ,8 Abs. 2 des Ges. zur Vereinheitlichung der Fideikommißauflösung v. 26. 6. 35, RGBl. I S. 785, §§ 22, 28 DVO. zu diesem Ges. v. 24. 8. 35, RGBl. I 1103):

Löschung der Fideikommiß- usw. Eigenschaft und des Rechts der Nacherben, das auf Grund fideikommißrechtlicher Bestimmungen oder Anordnungen im Grundbuch eingetragen worden ist, ferner Eintragungen, die zur Vollziehung des Beschlusses über die freiwillige Aufhebung einer aus Anlaß der Fideikommißauflösung errichteten Stiftung erforderlich sind: §§ 21 Abs. 2 Satz 3, 38. DVO. z. FidErlGes. v. 20. 3. 39 (RGBl. I 509)[1]). — Ein Ersuchen um Eintragung eines Schutzforstes nach § 2 d. SchutzforstVO. v. 21. 12. 39 (RGBl. I 2459)[2]) kommt in Zukunft nicht mehr in Frage (FidSen. Celle Nds. Rpfl. 47, 38), § 61 LVO. v. 1. 12. 47, VOBl. BZ. 157)[3]).

der Leiter der zuständigen Gerichtskasse oder der Behördenvorstand: Eintragung von Zwangs- und Arresthypotheken für die in § 1 der Justizbeitreibungsordnung v. 11. 3. 37 (RGBl. I 298) bezeichneten Ansprüche: §§ 7, 18 der Justizkassenordnung v. 30. 1. 37,

die Amtsgerichte: Eintragung der neuen Regelung der Fälligkeit alter Hypotheken gemäß § 24 d. VO. v. 22. 12. 38 (RGBl. I 1905),

die Bergbehörden: Eintragung des Inhalts der Entscheidungen im Zulegungsverfahren gemäß VO. v. 25. 3. 38 (RGBl. I 345),

in den früher preußischen Gebietsteilen die Landeskulturbehörden (Kulturämter), im übrigen Reichsgebiet die Siedlungsbehörden im Verfahren zur Übernahme der Rentenguts- oder Erbabfindungsrente auf die früher Preußische, jetzt Deutsche Landesrentenbank (§§ 1, 8 Ges. über die Deutsche Landesrentenbank v. 7. 12. 39, RGBl. I 2305)[4]):

Eintragung des Rentengutssperrvermerks (§ 23 Abs. 4 des Pr. Landesrentenbankges. i. d. F. v. 1. 8. 31, GS. 154[5]), KG. HRR. 30, Nr. 330),

Eintragung des Eigentumsübergangs an dem Rentengute und der übrigen dinglichen Rechte und Rechtsänderungen, die im Rentengutsvertrage vereinbart sind, insbesondere der Rentengutsrente (§ 23 Abs. 3 und 5 d. Pr. Landesrentenbankges.)[5]),

Eintragung und Löschung des Rangsicherungsvermerks sowie des Betrags und der Tilgungszeit der Landesrentenbankrente (§ 22 Abs. 2 Pr. Landesrentenbankges., § 8 Abs. 2 Ges. über die Dt. Landesbank)[4]).

b) nach preußischem Recht:

die im Verwaltungszwangsverfahren zuständige Vollstreckungsbehörde gemäß § 51 Abs. 1 d. VO. v. 28. 11. 99 (GS. 666) für Ordnungsstrafen der freiwilligen Gerichtsbarkeit der Vormundschafts-, Nachlaß- oder Registerrichter (§ 33 FGG.):

Eintragung von Zwangs- und Arresthypotheken, der Pfändung und Überweisung von Hypotheken zwecks Sicherstellung und Vollstreckung der in den genannten Verfahren beitreibbaren Beträge. — Zwecks Prüfung der Zulässigkeit des Verfahrens sind in dem Ersuchen die dessen Gegenstand bildenden Forderungen durch Beifügung der Kostenrechnungen näher zu bezeichnen (JFG. 7, 400),

die Landeskulturbehörden, insbesondere die Kulturämter gemäß § 9 des Ges. v. 3. 6. 19, GS. 101,

---

[1]) Anhang S. 295. [2]) Anhang S. 295. [3]) Anhang S. 308. [4]) Anhang S. 277. [5]) Anhang S. 277

im Auseinandersetzungsverfahren:

Löschung der abgelösten Reallasten und Eintragungen der an ihre Stelle getretenen Rentenbankrenten, Art. 12 Abs. 1 AG.[1]), § 18 Abs. 2 und 3 des Ges. über die Errichtung von Rentenbanken v. 2. 3. 50, GS. 112[2]),

Eintragung und Löschung des vorläufigen Vermerks über Kapitalabfindung,

Löschung der aus dem Kapital abgestoßenen erststelligen dinglichen Rechte, § 59 der VO. wegen des Geschäftsbetriebes i. d. Angelegenheiten d. Gemeinheitsteilungen usw. v. 30. 6. 1834, GS. 96[3]),

vorläufige Grundbuchberichtigung vor Bestätigung des Rezesses auf Grund eines Planüberweisungszeugnisses, § 3 Abs. 2 des Ges. v. 26. 6. 75, GS. 325[4]),

Eintragung des Inhalts der von den Auseinandersetzungsbehörden bestätigten Rezesse, insbesondere Berichtigung der Bestandsangaben im Falle von Landabfindungen, § 5 a. a. O.[4]), Art. 12 Abs. 2 Ziff. 1 AG.[1]),

Eintragung des Vermerks über Ablösung subjektivdinglicher Rechte im Bestandsverzeichnis und gleichzeitige Löschung dieser Rechte hier und im Grundbuch des belasteten Grundstücks, Art. 12 Abs. 2 Ziff. 2 AG.[1]),

Eintragung der zu ihrer Begründung der Eintragung bedürftigen Rechte, mit denen ein Grundstück neu belastet werden soll, insbesondere von Abfindungsrenten und -Kapitalien, Art. 12 Abs. 2 Ziff. 3 AG.[1]),

Löschung der über die Vorschriften des Art. 12 hinausgehenden Eintragungen, Art. 13 AG.[1]),

Berichtigung des Grundbuchs durch Eintragung des Eigentümers, falls das Eigentum außerhalb des Auseinandersetzungsverfahrens übergegangen ist, Art. 14 AG.[1]),

bei Errichtung von Rentengütern durch Vermittlung der Landeskulturbehörde:

Löschung der Hypotheken, von denen das Rentengut gemäß § 1 Abs. 4 d. Ges. über Rentengüter v. 27. 6. 90, GS. 209[5]), freizustellen ist,

der Verfügungsbeschränkung des § 3 d. Ges. über Rentengüter v. 27. 6. 90, GS. 209[5]),

der Verpflichtung zur Erhaltung der wirtschaftlichen Selbständigkeit nach § 4 d.,

des Wiederkaufsrechts nach Art. 29 AGBGB., der vereinbarten Kaufgelderhypotheken, Dienstbarkeiten usw.,

ferner der gesetzlichen Verfügungsbeschränkungen des § 35 AusfGes. z. ReichssiedlGes. v. 15. 12. 19, GS. 20, 31[6]); (vgl. JFG. 8, 327),

die Oberbergämter: die in den Art. 23 bis 25 AG.[1]) näher bezeichneten Eintragungen, §§ 22 bis 26 AG.[1]); KGJ. 32 A 179; 41, 40;

die Enteignungsbehörden, soweit eine Enteignung auf Grund des preuß. Gesetzes über die Enteignung von Grundeigentum v. 11. 6. 74, GS. 221, erfolgt, insbesondere die Regierungspräsidenten, § 150 des Zuständigkeitsgesetzes v. 1. 8. 83, GS. 237, in Siedlungssachen die oberste Landesbehörde für Ernährung und Landwirtschaft (früher Oberpräsident, Landeskultur abteilung), § 5 AusfGes. z. ReichssiedlGes.,

Löschung des Enteignungsvermerks nach § 24 Abs. 4 Satz 1 des Pr. Enteignungsgesetzes (die Eintragung erfolgt bei Erteilung des Grundbuchauszugs stets von Amts wegen),

Eintragung des Übergangs des Grundeigentums bei gleichzeitiger Abschreibung oder Ausbuchung der enteigneten Grundstücke (§ 3 Abs. 2b), einer im Wege der Enteignung einem Grundstücke auferlegten Beschränkung mit dem Vorrecht vor den eingetragenen Belastungen (KGJ. 28 A 105), Löschung (Nichtmitübertragung) der auf dem enteigneten Grundstücke eingetragenen Rechte, soweit die Löschung nicht auf Grund einer Einigung der Beteiligten erfolgt, § 33 des EnteignGes. (KGJ. 41, 194),

die Vorstände der Deichverbände: Eintragung des Übergangs des Eigentums an den gemäß § 311 des preuß. Wassergesetzes v. 7. 4. 13, GS. 53 enteigneten Deichflächen,

die Kreistage: lastenfreie Abschreibung der gemäß § 5 des Ges. v. 7. 10. 65, GS. 239, enteigneten oder vertragsmäßig abgetretenen (Ges. v. 3. 6. 74, GS. 239) Marksteinflächen und ihre Rückübertragung, sobald sie zu trigonometrischen Zwecken nicht mehr gebraucht werden, § 1 Abs. 3 des Ges. v. 24. 5. 01, GS. 53;

die Verleihungsbehörde, d. h. der Regierungspräsident, und die Beschlußbehörden des preuß. Wassergesetzes v. 7. 4. 13 (GS. 53), d. s. der Regierungspräsident sowie der Kreistag (Rat der Stadt):

---

[1]) Anhang S. 160. [2]) Anhang S. 276. [3]) Anhang S. 272. [4]) Anhang S. 273.
[5]) Anhang S. 276. [6]) Anhang S. 283.

Eintragung der Verpflichtung des Unternehmers, in den Fällen der §§ 53 Abs. 1, 331, 332, 334, 335, 336 des Wassergesetzes das Eigentum an Grundstücken zu erwerben, und des demnächstigen Übergangs des Eigentums auf den Unternehmer, §§ 74, 78, 340 Abs. 7, Eintragung der nach den §§ 330 bis 335, 338, 339 begründeten Benutzungsrechte, § 340 Abs. 7;

die Bahnaufsichtsbehörde für Kleinbahnen: der Regierungspräsident, gegebenenfalls der Kreistag oder die Ortspolizeibehörde, §§ 3, 22 des Ges. v. 28. 7. 92, GS. 225, für Vollbahnen: der Präsident der Reichsbahndirektion, § 40 d. Reichsbahnges. v. 30. 8. 24, RGBl. II 272: Eintragung einer Privatbahn oder Kleinbahn in das Bahngrundbuch und Eintragung der Änderung der Titelangaben, §§ 8, 13 d. Ges. über die Bahneinheiten v. 8. 7. 02, GS. 237, AV. v. 11. 11. 02, JMBl. 275.

4. **Das Ersuchen als Eintragungsgrundlage** ersetzt einerseits den Eintragungsantrag (KGJ. 34 A 285; 46, 259; 52, 155; JFG. 4, 353), andererseits die Bewilligung der Betroffenen (KGJ. 32 A 209; 46, 257; 52, 155; JFG. 1, 424; 4, 304, 353) und die sonst etwa zur Eintragung erforderlichen Erklärungen Dritter (KGJ. 25 A 311; 34 A 317; 36 A 183; 52, 155), ohne Rücksicht darauf, ob die Eintragung zum Zwecke der Rechtsänderung oder Berichtigung erfolgen soll (JFG. 4, 304). Im letzteren Falle ersetzt das Ersuchen ferner den Nachweis der Unrichtigkeit, im ersteren den Nachweis der Verfügungsbefugnis des Betroffenen, auch die Auflassung, z. B. im Falle der Eintragung des Eigentumsübergangs am Rentengut (§ 19 des Ges. v 29. 12. 27), soweit sie neben dem Ersuchen zum Eigentumsübergang erforderlich ist, jedenfalls den Nachweis der erfolgten Auflassung. Dagegen müssen die übrigen allgemeinen Voraussetzungen der Eintragung vorhanden, insbesondere die begehrte Eintragung zulässig (KGJ. 22 A 158; 23 A 232; 26 A 120, 157; 29 A 135; 33 A 273; 43, 194; 44, 298; 45, 218; 49, 160; 52, 155; JFG. 1, 408) und der Betroffene — abgesehen von den Ausnahmefällen der §§ 40 Abs. 2, 41 — als Berechtigter eingetragen sein (JFG. 4, 304); letzteres gilt nicht für das Ersuchen um Eintragung des Zwangsversteigerungs- und Zwangsverwaltungsvermerks, da hier die Prüfung des Eingetragenseins des Schuldners oder seines Erblassers gemäß §§ 17 Abs. 1, 146 Abs. 1, 147 Abs. 1 ZVG. Sache des ersuchenden Vollstreckungsgerichts ist (JFG. 4, 301). Ebensowenig ist der Grundbuchrichter berechtigt, das Ersuchen der Enteignungsbehörde um Eintragung des Unternehmers als Eigentümer des enteigneten Grundstücks deshalb zu beanstanden, weil nicht die im Enteignungsverfahren zugezogenen, sondern andere Personen im Grundbuche als Eigentümer eingetragen sind (KGJ. 24 A 114; 27 A 255). Zur Eigentumsumschreibung bedarf es der Bescheinigung des § 189b RAbgO. Unter der Voraussetzung des § 41 ist ferner Vorlegung des Briefes erforderlich, soweit sie nicht im einzelnen Falle entbehrlich ist (vgl. § 41 Anm. 5).

5. Über die **Form des Ersuchens** vgl. § 29 Abs. 3, wonach es ordnungsmäßig zu unterschreiben und mit Siegel oder Stempel zu versehen ist, und zwar auch dann, wenn der ersuchende Richter und der Grundbuchrichter dieselbe Person ist (KGJ. 5 A 186).

6. Für **den Inhalt des Ersuchens** gelten die für die Eintragungsanträge erlassenen Vorschriften entsprechend, insbesondere die §§ 2 Abs. 2, 5, 6, 16, 23 Abs. 1, 47 GBO., § 15 GBVfg.[1]) (KGJ. 23 A 224; 26 A 103). Im übrigen sind die für das betreffende Ersuchen erlassenen Sondervorschriften zu beachten.

7. Die **Entscheidung über das Eintragungsersuchen** erfolgt in der gleichen Weise wie über gewöhnliche Eintragungsanträge (JFG. 5, 303). Anwendbar sind insbesondere die §§ 17, 18 und die Vorschriften über die Beschwerde. Die Zurücknahmeerklärung unterliegt nicht der Vorschrift des § 32, sondern den Formvorschriften des Ersuchens selbst. Eine Prüfung der gesetzlichen Grundlagen des Ersuchens steht dem Grundbuchrichter nicht zu (KGJ. 22 A 158; 25 A 311; 27 A 27; 33 A 373; 35 A 266; 44, 237; JFG. 4, 287; 8, 260), insbesondere nicht der Wahrung der Vollziehungsfristen bei einstweiligen Verfügungen (JFG. 5, 299, 304), der Voraussetzungen der Anordnung der Zwangsversteigerung bei Eintragung des Versteigerungsvermerks (KGJ. 23 A 252, JFG. 4, 301), des Erloschenseins der Rechte, um deren Löschung nach § 130 ZVG. ersucht ist (KGJ. 22 A 157, 159; KG. HRR. 29 Nr. 46; 33, Nr. 591), wohl aber ihrer Eigenschaft als Rechte im Sinne des § 91 ZVG. (KGJ. 42, 202, 207; JFG. 4, 367), der Ordnungsmäßigkeit der Zustellung des Enteignungsbeschlusses bei Eintragung des Eigentumsübergangs gemäß § 33 des Ges. v. 11. 6. 74 (KGJ. 13 A 115; 24 A 114; JFG. 4, 352), des Erfordernisses der Genehmigung bei Ersuchen um Eintragung eines Widerspruchs im Falle des § 21 GBO. (KG JW 25, 1779). Vielmehr beschränkt sich sein Prüfungsrecht

---

[1]) Anhang S. 166.

auf die Befugnis der Behörde zur Stellung des Ersuchens, die Ordnungsmäßigkeit von Form und Inhalt des Ersuchens und die nicht durch das Ersuchen ersetzten Eintragungsvoraussetzungen (Anm. 4; KGJ. 34 A 257; JFG. 1, 312). Nur wenn der Grundbuchrichter weiß, daß die gesetzlichen Voraussetzungen des Ersuchens nicht vorliegen, ist er — nach Anhörung der ersuchenden Behörde — zur Ablehnung des Ersuchens berechtigt (KGJ. 49, 160). Kann dem Ersuchen nur teilweise stattgegeben werden, so ist es als ganzes abzulehnen, wenn es eine rechtliche Einheit bildet (KG. HRR. 30 Nr. 60).

8. Den **Beteiligten** steht neben der ersuchenden Behörde ein Antragsrecht nur insoweit zu, als ihnen ein solches im einzelnen Falle eingeräumt ist (KGJ. 6 A 88).

Vorgängige Eintragung des Berechtigten.

§ 39 (§ 40)

(1) Eine Eintragung soll nur erfolgen, wenn die Person, deren Recht durch sie betroffen wird, als der Berechtigte eingetragen ist.

(2) Bei einer Hypothek, Grundschuld oder Rentenschuld, über die ein Brief erteilt ist, steht es der Eintragung des Gläubigers gleich, wenn dieser sich im Besitz des Briefes befindet und sein Gläubigerrecht nach § 1155 des Bürger lichen Gesetzbuchs nachweist.

1. **Allgemeines.** Die Vorschrift des Abs. 1, in der das formelle Eintragungsprinzip zum Ausdruck kommt, dient einmal dem Schutze der eingetragenen Berechtigten, indem sie denjenigen, der behauptet, daß das Recht, über das er verfügen will, nicht dem Buchberechtigten, sondern ihm zustehe, zwingt, vor einer Verfügung über das Recht die Berichtigung des Grundbuchs zu erwirken, und damit unbefugten Verfügungen vorbeugt, sie bezweckt ferner, dem Grundbuchrichter die Legitimationsprüfung des Verfügenden zu erleichtern, da der Grundbuchrichter auf Grund der Vermutung des § 891 BGB. bis zum Beweise des Gegenteils den eingetragenen Berechtigten als den verfügungsberechtigten Inhaber des Rechts ansehen kann. Abs. 2 stellt mit Rücksicht auf die bei Briefhypotheken und Grundschulden an den Briefbesitz gemäß § 1155 BGB. geknüpfte Rechtsvermutung diesen Briefbesitz der Eintragung gleich.

2. Darüber, unter welchen Voraussetzungen ein **Recht durch eine Eintragung betroffen wird**, vgl. Anm. 6 und 7 zu § 19. In Betracht kommen auch hier nur dingliche Rechte einschließlich der Vormerkungen, Widersprüche (KG. HRR. 28 Nr. 550; Dresden OLG. 38, 9) und Verfügungsbeschränkungen, indes auch die mittelbar Betroffenen (Notwendigkeit der Eintragung des Pfandgläubigers bei Löschung der mit einem Pfandrecht belasteten Hypothek: KGJ. 20 A 189). Die auf Grund bloßer dinglicher Einigung erlangte Rechtsanwartschaft ist ohne Bedeutung. Verfügt derjenige, zu dessen Gunsten die dingliche Einigung erfolgt ist, vor seiner Eintragung über das ihm zugedachte Recht weiter, so ist nach wie vor der Erstverfügende der Betroffene, so daß es nur auf dessen Eingetragensein ankommt. In der ersten dinglichen Einigung wird regelmäßig die Ermächtigung des Begünstigten zu sehen sein, über das Recht (Grundstück) namens der Erstverfügenden weiter zu verfügen (RGZ. 54, 368; KGJ. 47, 158). Auch die Erben der Begünstigten können ohne ihre vorherige Eintragung weiterverfügen (KG. HRR. 35, 1373). Dagegen macht die Heilung der Verfügung eines Nichtberechtigten durch nachträglichen Erwerb des Rechts seine Voreintragung nicht überflüssig (KGJ. 21 A 150). Eintragungszwang besteht nur für den zur Zeit der neuen Eintragung letzten Berechtigten, mithin nicht für seine nicht eingetragenen Vormänner, von denen er das Recht außerhalb des Grundbuchs erworben hat (KGJ. 36 A 242; 38 A 212 42, 279). Auf die Verfügungsbefugnis des Berechtigten kommt es (im Gegensatz zu § 19) nicht an, so daß auch derjenige Inhaber des betroffenen Rechts oder Grundstückseigentümer, dem die Verfügungsbefugnis nicht zusteht, eingetragen sein muß, z. B. die gütergemeinschaftliche Ehefrau bei Verfügungen über Gegenstände des Gesamtguts, zu denen der Ehemann ohne ihre Zustimmung berechtigt ist, der Erbe in den Fällen, in denen der Testamentsvollstrecker das alleinige Verfügungsrecht hat (KGJ. 21 A 137; 37 A 286; 43, 256; a. M. KGJ. 22 A 134; OLG. München HRR. 38, 1534). Im Falle der Grundbuchberichtigung ist nur der Buchberechtigte der Betroffene, nicht der Zwischenberechtigte, von dem der im Wege der Berichtigung neu einzutragende Berechtigte das Recht außerhalb des Grundbuchs erworben hat, bei Wiedereintragung eines zu Unrecht gelöschten Rechts insbesondere der Eigentümer des Grundstücks (Inhaber des Rechts), auf dem das einzutragende Recht lastet. Sind bei der Veräußerung von Trennstücken eines

Grundstückes infolge Verwechslung bei der Auflassung je das dem einen zugedachte für den anderen eingetragen worden, so darf die Berichtigung nur in der Weise erfolgen, daß zunächst wieder der Veräußerer eingetragen und erst dann das Eigentum auf die Erwerber umgeschrieben wird (JFG. 9, 10; RGZ. 133, 279). Das Eintragungserfordernis besteht nicht, wenn durch die Eintragung das Recht überhaupt nicht betroffen wird, z. B. das Grundstückseigentum durch die Übertragung eines Grundstücksteils auf ein besonderes Grundbuchblatt, die mithin auch der nicht eingetragene Erbe beantragen kann (KGJ. 27 A 260). Gleichgültig ist, ob die neue Eintragung auf Grund freiwilliger Bewilligung oder auf Grund Zwanges, insbesondere einstweiliger Verfügung erfolgt (KGJ. 29 A 152).

3. Die Eintragung der Betroffenen muß einerseits die Person des Betroffenen erkennen lassen, andererseits inhaltlich der materiellen Rechtslage entsprechen. Eine namentliche Bezeichnung des Berechtigten ist nicht erforderlich, wenn nur seine Identität zwifellos ist. Es genügt daher, wenn statt der Erben „die Deszendenz" des Erblassers eingetragen ist (KGJ. 31 A 263). Unerheblich sind tatsächliche Unrichtigkeiten in der Bezeichnung des Berechtigten, insbesondere infolge von nachträglichen Änderungen des Namens, der Firma, des Personenstandes, Titels, auch der Umwandlung einer offenen Handelsgesellschaft in eine Kommanditgesellschaft unter Beibehaltung der Firma (JFG. 1, 371; HRR. 26 Nr. 2255 — anders bei Übernahme einer Zweimanngesellschaft durch einen Gesellschafter oder bei Auflösung der Gesellschaft, wo es der Voreintragung des übernehmenden Gesellschafters oder der Gesellschaften nach erfolgter Auseinandersetzung bedarf, KGJ. 33 A 184). Für den Grundstückseigentümer selbst kann eine Hypothek zur Sicherung einer Kaufgeldforderung desselben vor Umschreibung des Eigentums auf den Käufer weder auf Grund eigener Bewilligung noch auf Grund einer Bewilligung des Käufers eingetragen werden (KG. JW. 36, 3131). Im Falle des Erwerbs einer Hypothek durch den Grundstückseigentümer kraft Gesetzes bedarf es bei neuen Eintragungen (auch der Vormerkung zur Sicherung des Aufhebungsrechts oder einer Löschungsvormerkung: JFG. 11, 281) nicht der vorherigen Eintragung des Eigentümers als Gläubigers der Hypothek, da diese Eintragung bereits in seiner Eintragung als Grundstückseigentümer liegt (KGJ. 20 A 190, 285; 21 A 159; 22 A 177; 23 A 156; 25 A 166; 28 A 135; 33 A 275; 36 A 258; 39 A 235; 45, 285; 50, 210; JFG. 1, 487; 5, 355; 7, 373; 8, 356; 9, 286, 250; Güthe-Triebel § 39 Anm. 14 mit anderer Begründung: Eigentümergrundschuld gleich dem Eigentumsrecht, daher Eintragung als Eigentümer ausreichend), vielmehr nur des Nachweises des Übergangs der Hypothek (KGJ. 22 A 171; 28 A 137; 29 A 186). Der frühere Eigentümerhypothekar, der nach dem Erwerb der Hypothek das Eigentum am Grundstück freiwillig oder im Wege Zwangs verloren hat, muß dagegen seine Eintragung als Gläubiger bewirken lassen (KGJ. 36 A 258), ebenso sein Erbe, der mithin nicht die Berichtigung hinsichtlich des Eigentums zu veranlassen braucht (KG. HRR. 33 Nr. 140), ferner der Eigentümer, der die Hypothek nur gemeinschaftlich mit anderen (§§ 1172 Abs. 1, 1175 Abs. 1 Satz 1 BGB.) oder der Miteigentümer, der die Hypothek unter Ausschluß der übrigen Miteigentümer erworben hat (KGJ. 41, 248). Für Verfügungen über eine in Zukunft möglicherweise erst entstehende Eigentümergrundschuld bildet die Eintragung des Grundstückseigentümers keine ausreichende Grundlage, da § 39 sich nur auf Eintragungen bezieht, durch die ein bereits entstandenes dingliches Recht, nicht dagegen bloße Rechtsanwartschaften betroffen werden (RGZ. 61, 374; 72, 277; 75, 250; 97, 220; 120, 112, KGJ. 45, 268; 46, 262). Die Abtretung oder Pfändung erst künftig entstehender Eigentümerhypotheken können daher nicht eingetragen werden. Die gleichwohl erfolgte Eintragung ist wirksam (RGZ. 120, 112). Etwaige Vormerkungen zur Sicherung des Anspruchs auf Abtretung einer zukünftigen Eigentümergrundschuld sind dagegen unzulässig und ohne dingliche Wirksamkeit, wenn die Eigentümergrundschuld später tatsächlich entsteht (RGZ. 145, 353). Die Höchstbetragshypothek steht, wenn sie alle künftig aus einem Geschäftsverkehr zwischen Gläubiger und Schuldner entstehende Forderungen sichern soll, dem Eigentümer nur als vorläufige, durch die Entstehung der Forderungen auflösend bedingte Grundschuld zu. Ein Gläubiger des Eigentümers kann bis zur Feststellung der Forderung, die der Höchstbetragshypothek zugrunde liegt, die Eintragung, deren er zur Vornahme einer Pfändung der vorläufigen Eigentümergrundschuld bedarf, nicht erwirken, auch nicht durch Pfändung die weitere Anfüllung der Hypothek durch Forderungen, die ihr unterfallen, bei Fortdauer der gesicherten Kreditverhältnisse verhindern. (RG. JW. 35, 2554). Die Eintragung einer Vormerkung nach § 1179 BGB., im Range vorgehende Hypotheken löschen zu lassen, wenn und soweit sie sich mit dem Eigentum in einer Person vereinigt haben oder vereinigen werden, setzt nicht voraus, daß der Eigentümer als Gläubiger der bereits auf ihn übergegegangenen Hypotheken eingetragen wird oder den Übergang auf sich nachweist (OLG. München JFG. 22, 307).

Inhaltlich muß die Eintragung ersehen lassen, um was für ein Recht es sich handelt, und den wesentlichen Anforderungen genügen, die an die Eintragung von Rechten im allgemeinen und des betreffenden Rechts im besonderen gestellt werden (KGJ. 39 A 190). Ein für mehrere eingetragenes Recht muß insbesondere gemäß § 47 im Grundbuch vermerkt sein (KGJ. 20 A 304; 37 A 256; 39 A 190; 41, 54; 53, 132). Entspricht die Eintragung nicht der wirklichen Rechtslage, so muß sie vor der Neueintragung berichtigt werden. Dies gilt nicht für die Umwandlung einer Hypothek in eine Grundschuld aus Anlaß ihres Übergangs auf den Eigentümer, falls ihre Löschung erfolgen soll, da es sich bei dem Erwerb der Hypothek lediglich um einen Ausfluß des eingetragenen Eigentumsrechts handelt und dieses in seinem Inhalte nicht geändert wird, je nachdem ob die Hypothek als Hypothek oder als Grundschuld erworben wird (KGJ. 25 A 303). Im Falle einer Abtretung oder Belastung der umgewandelten Hypothek ist dagegen die Umwandlung im Grundbuche zu vermerken, ebenso im Interesse der Übersichtlichkeit des Grundbuchs, wenn die Hypothek bei der Abtretung in eine Hypothek zurückverwandelt wird (KGJ. 45, 285; KG. JW. 33, 2010).

Die Eintragung des Betroffenen muß zur Zeit der Vornahme der Neueintragung vorliegen (RGZ. 64, 105; KGJ. 32 A 241), kann aber auch gleichzeitig mit dieser erfolgen. Über die dem Antragsteller zustehenden Mittel, die Eintragung des Betroffenen herbeizuführen, vgl. Anm. zu § 14, ferner § 82. Die Vorschrift des § 39 Abs. 1 gilt auch dann, wenn ein bisher löschungsfreies Grundstück an einen, nicht vom Buchungszwang befreiten Erwerber veräußert wird (RGZ. 164, 365).

4. Ausnahmen von dem Eintragungserfordernis. Nicht erforderlich ist die Eintragung des betroffenen Rechts: des im Aufgebotsverfahren gemäß § 927 BGB. ausgeschlossenen Eigentümers im Falle der Eintragung desjenigen, der das Ausschlußurteil erwirkt hat, des Schuldners im Zwangsversteigerungs- oder Zwangsverwaltungsverfahren (§ 38 Anm. 4), des Grundstückseigentümers im Falle der Eintragung der Rentenpflichtigkeit (§ 18 d. Ges. v. 2. 3. 50, GS. 112; KGJ. 24 A 124), des gemäß § 58 ZPO. bestellten Vertreters eines nach § 928 BGB. herrenlos gewordenen Grundstücks im Falle der Auflassung (KGJ. 51, 192), des Berechtigten im Falle der Eintragung des Fortfalls oder der Änderung seines Rechts auf Ersuchen der Entschuldungsämter (§§ 52, 55 SchRG. v. 1. 6. 33, RGBl. I 331[1]).

5. Der Briefbesitz als Ersatz der Eintragung. In Betracht kommen lediglich Hypotheken, Grund- und Rentenschulden, bei denen die Erteilung des Briefs nicht ausgeschlossen ist. Der Gläubiger braucht nicht nachzuweisen, daß ihm der Brief von seinem Rechtsvorgänger übergeben worden ist, und daß dieser zur Zeit der Übergabe verfügungsberechtigt war (KGJ. 32 A 287). Nur wenn der Grundbuchrichter weiß, daß der den Brief Vorlegende sich unrechtmäßig in dessen Besitz gesetzt hat, ist die Eintragung abzulehnen. Der Briefbesitz bildet nur dann einen Ersatz der Eintragung des betroffenen Gläubigers, wenn dieser sein Gläubigerrecht durch eine zusammenhängende auf einen eingetragenen Gläubiger zurückführende wenn auch nur in 3 Personen bestehende (RG. 86, 263) Reihe von (gemäß § 183 Abs. 2 FGG.) öffentlich beglaubigten Abtretungserklärungen oder gerichtlichen Überweisungsbeschlüssen oder öffentlich beglaubigten Anerkenntnissen einer kraft Gesetzes erfolgten Übertragung der Forderung nachzuweisen vermag.

Der Anerkenntniserklärung steht nicht ein sonstiger grundbuchmäßiger Nachweis der den gesetzlichen Übergang der Hypothek bewirkenden Tatsache, auch nicht eine andere den Übergang beweisende Erklärung des früheren Gläubigers, z. B. Quittung, Löschungsbewilligung, Verzichtserklärung gleich (KGJ. 25 A 162; 35 A 292; JFG. 1, 487; 3, 395).

Der Zusammenhang der Reihe wird nicht dadurch unterbrochen, daß der abtretende Gläubiger die Hypothek als Eigentümer erworben hat oder Erbe des eingetragenen Gläubigers oder desjenigen, zu dessen Gunsten die Abtretung stattfand, ist, da er infolge der Gesamtnachfolge mit seinem Erblasser als eine Person gilt, so daß für diesen Fall der abtretende Gläubiger durch ein Zeugnis gemäß §§ 36, 37 GBO. als legitimiert gilt (KGJ. 36 A 242 — unter Aufgabe seiner früheren Ansicht; RGZ. 88, 349). Die letzte Urkunde muß stets eine Abtretungs- oder Anerkenntniserklärung sein. Sie wird ersetzt durch rechtskräftige Verurteilung gemäß

[1]) Anhang S. 285.

§ 894 ZPO. oder durch Überweisung an Zahlungs Statt. Abs. 2 gilt auch für den, der als erster die Hypothek usw. erworben hat.

Erbe des eingetragenen Berechtigten.

§ 40 (§ 41)

(1) Ist die Person, deren Recht durch die Eintragung betroffen wird, Erbe des eingetragenen Berechtigten, so ist die Vorschrift des § 39 Abs. 1 nicht anzuwenden, wenn die Übertragung oder die Aufhebung des Rechts eingetragen werden soll oder wenn der Eintragungsantrag durch die Bewilligung des Erblassers oder eines Nachlaßpflegers oder durch einen gegen den Erblasser oder den Nachlaßpfleger vollstreckbaren Titel begründet wird.

(2) Das gleiche gilt für eine Eintragung auf Grund der Bewilligung eines Testamentsvollstreckers oder auf Grund eines gegen diesen vollstreckbaren Titels, sofern die Bewilligung oder der Titel gegen den Erben wirksam ist.

1. **Allgemeines.** § 40 enthält Ausnahmen von dem Eintragungserfordernis des § 39 für den Fall, daß Betroffener der Erbe des eingetragenen Berechtigten ist, und bezweckt, einerseits das Grundbuch, falls im Falle der neuen Eintragung die der persönlichen Berechtigung des Erben doch wieder verschwinden müßte, nicht unnötig mit Eintragungen zu belasten, andrerseits unter gewissen Voraussetzungen auch dann, wenn die Person des Erben noch nicht feststeht, Eintragungen zu ermöglichen.

2. **Erbe des eingetragenen Berechtigten.** Hierunter fallen nicht nur der Alleinerbe, sondern auch die Erbengemeinschaft, nicht nur der unmittelbare, sondern auch der Erbeserbe (KGJ. 26 A 96; 28 A 286; 41, 241; 44,238; RGZ. 53, 298; 87, 324), ferner der Vorerbe (KGJ. 26 A 264; 27 A 125), — bei Nachweis der Zustimmung der Nacherben oder einer auch ohne Zustimmung ihnen gegenüber rechtswirksamen Verfügung — und, nach dem Eintritt der Nacherbfolge, der Nacherbe (KGJ. 51, 190). Der Miterbe, der über das ihm bei der Auseinandersetzung (nicht durch Übertragung der anderen Erbanteile) zugewiesene Grundstück oder Recht verfügt, muß zuvor seine Alleinberechtigung eintragen lassen, da er diese nicht als Erbe, sondern erst durch die Eintragung erwirbt. Dem Erben stehen gleich der Ehegatte, der Gesamthandeigentum kraft ehelicher Gütergemeinschaft erworben hat, auch wenn diese bereits bei Eintragung des einen Ehegatten bestanden hat (JFG. 1, 292; 7, 377), die Kinder bei Fortsetzung der Gütergemeinschaft auch dann, wenn nur einer von den Eheleuten als Berechtigter im Grundbuche eingetragen ist (JFG. 1, 289, 293 unter Aufgabe der bisherigen Rechtsprechung des KG.), ferner derjenige, der von dem Miterben eines eingetragenen Berechtigten einen Erbanteil nach § 2033 Abs. 1 BGB. mit dinglicher Wirkung, auch im Wege der Zwangsvollstreckung erworben hat (KGJ. 28 A 285; 44, 238). Dies gilt auch für den Miterben, der einen oder die übrigen Anteile erworben hat (BayOLG. JFG. 7, 319). Einem Erbfall gleich zu erachten sind die Fälle, in denen an die Stelle einer untergehenden juristischen Person im Wege der Gesamtrechtsnachfolge eine neue juristische Person tritt, insbesondere die Fälle der §§ 46, 88 BGB., § 253 Abs. 2 und § 240 Abs. 3 AktGes.; ferner § 233, 248 Abs. 2, § 249 Abs. 2, 250 Abs. 2, 251 Abs. 2, 252 Abs. 2, 247 Abs. 5 Satz 3, 254 Abs. 2 AktGes. (JFG. 7, 373), die Eingemeindungen (RGZ. 87, 284; KGJ. 41, 213; 43, 189; 52, 135, 187; JFG. 7, 373), die Teilung einer Gemeinde in mehrere Einzelgemeinden (KGJ. 41, 208). Auch hier findet § 40 entsprechende Anwendung (KGJ. 41, 312).

Der Satz, daß der eingetragene Grundstückseigetümer als eingetragener Gläubiger der auf ihn kraft Gesetzes übergegangenen Hypotheken anzusehen ist und daher bei Verfügungen über diese Hypotheken der Erwerb des Hypothekenrechts durch ihn nicht besonders eingetragen zu werden braucht, gilt auch für den Erwerb des eingetragenen Grundstückseigentümers, und zwar ohne Rücksicht darauf, ob die Hypothek auf den Erblasser oder unmittelbar auf den Erben vor oder nach dem Erbfall übergegangen ist (KGJ. 23 A 157; 25 A 303; 28 A 289).

3. Die Befreiung von dem Eintragungserfordernis gilt ohne Rücksicht darauf, ob **die Aufhebung oder Übertragung des Rechts** zum Zwecke der Rechtsänderung oder Grundbuchberichtigung (weil die Aufhebung oder Übertragung sich außerhalb des Grundbuchs vollzogen hat) eingetragen werden soll, ob die Aufhebung oder Übertragung des ganzen oder nur eines Teils des Rechts in Frage steht (z. B. Auflassung einer Parzelle eines ererbten Grundstücks, Enthaftung [pfandfreie Abschreibung] eines Grundstücksteils bezüglich einer ererbten Hypothek —

KGJ. 23 A 149; 27 A 260), ferner auch dann, wenn mit der Übertragung des Rechts Änderungen (bei Teilübertragungen des übertragenen Teils) verbunden sind, z. B. Rangänderungen gegenüber dem nicht abgetretenen Teil (JFG. 7, 372), Zinserhöhungen (KGJ. 36 A 239 gegen KGJ. 25 A 303). Die vorherige Eintragung der Erben ist dagegen, wenn nicht die unter 4 erörterten Voraussetzungen vorliegen, notwendig, wenn eine Belastung (Pfändung des Miterbenanteils) oder ausschließlich eine Veränderung (KGJ. 25 A 303; 27 A 125, 263; 52, 187) oder Vermerke eingetragen werden sollen, die wie Verfügungsbeschränkungen die endgültige Eintragung nur vorbereiten (KGJ. 30 A 217). Eine Ausnahme bildet lediglich die Vormerkung zur Sicherung des Anspruchs auf Übertragung des Rechts, insbesondere die Auflassungsvormerkung, die auch ohne Eintragung der bewilligenden Erben eingetragen werden kann (JFG. 7, 333 unter Aufgabe der früheren Ansicht), sowie die Eintragung eines Widerspruchs gegen das Bestehen eines Grundstücksrechts oder der Inhaberschaft eines eingetragenen Berechtigten, die nach dessen Tode die Voreintragung seines Erben nicht erfordert (KG. JFG. 7, 38; 16, 311).

4. Eintragungen auf Grund einer Bewilligung des Erblassers, eines Nachlaßpflegers oder Testamentsvollstreckers oder auf Grund eines gegen eine dieser Personen vollstreckbaren Titels sind auch dann ohne vorherige Erbeneintragung zulässig, wenn sie nicht die Übertragung oder Aufhebung des ererbten Rechts, sondern eine Belastung betreffen (KGJ. 49, 174). In Frage kommen nur Nachlaßpfleger oder Testamentsvollstrecker, die für den Nachlaß des eingetragenen Berechtigten, nicht auch diejenigen, die im Falle mehrfacher Beerbung für den Nachlaß des nichteingetragenen Erben bestellt sind. Nachlaßpfleger und Testamentsvollstrecker müssen ferner zu der Bewilligung auf Grund der ihnen zustehenden Verfügungsmacht befugt sein. Vollstreckbare Titel sind nicht nur dann eine Eintragungsunterlage, wenn sie gemäß § 894 ZPO. die Eintragungsbewilligung ersetzen, sondern auch, wenn Zwangs- oder Arresthypotheken auf Grund derselben eingetragen werden können. Auch einstweilige Verfügungen und die Entscheidungen gemäß § 25 GBO. gehören dazu. Im Verwaltungszwangsverfahren steht, jedenfalls wenn eine die Zwangsvollstreckung tragende Urkunde nicht in Betracht kommt, die interne Feststellung der Vollstreckungsbehörde, daß ein vollstreckbarer Anspruch bestehe, einem vollstreckbaren Titel im Sinne des § 40 Abs. 1 gleich (KG. JW. 37, 404). Nicht unter § 40 Abs. 1 fallen Schuldtitel, durch die der Testamentsvollstrecker lediglich zur Duldung der Zwangsvollstreckung verurteilt worden ist (§ 748 Abs. 2 und 3 ZPO.).

5. Bei einem im Grundbuch noch nicht gelöschten **Familienfideikommiß** kommt § 41 Abs. 1 entsprechend zur Anwendung, wenn die Aufhebung oder Übertragung einer zum ehemaligen Fideikommiß gehörigen Hypothek, Grundschuld oder Rentenschuld, als deren Gläubiger der Vorbesitzer eingetragen ist, eingetragen werden soll. Dagegen bedarf es bei der Aufhebung und Übertragung anderer zum ehemaligen Fideikommiß gehörigen Rechte, insbesondere des Eigentums, der vorherigen Eintragung des Fideikommißfolgers (Art. 15 Abs. 2 Halbs. 2 AG.).

Vorlegung des Hypothekenbriefes.

§ 41 (§ 42)

(1) Bei einer Hypothek, über die ein Brief erteilt ist, soll eine Eintragung nur erfolgen, wenn der Brief vorgelegt wird. Für die Eintragung eines Widerspruchs bedarf es der Vorlegung nicht, wenn die Eintragung durch eine einstweilige Verfügung angeordnet ist und der Widerspruch sich darauf gründet, daß die Hypothek oder die Forderung, für welche sie bestellt ist, nicht bestehe oder einer Einrede unterliege oder daß die Hypothek unrichtig eingetragen sei.

(2) Der Vorlegung des Hypothekenbriefs steht es gleich, wenn in den Fällen der §§ 1162, 1170, 1171 des Bürgerlichen Gesetzbuchs auf Grund des Ausschlußurteils die Erteilung eines neuen Briefes beantragt wird. Soll die Erteilung des Briefes nachträglich ausgeschlossen oder die Hypothek gelöscht werden, so genügt die Vorlegung des Ausschlußurteils.

1. Allgemeines. Die Vorschrift erklärt für Briefhypotheken die Eintragung des Gläubigers im Grundbuche zum Nachweise seiner Verfügungsberechtigung nicht für ausreichend, fordert vielmehr daneben die Vorlegung des Briefs, da nur hierdurch glaubhaft gemacht wird, daß der eingetragene Gläubiger nicht außerhalb des Grundbuchs gemäß § 1154 Abs. 1 Satz 1 BGB. über die Hypothek verfügt hat. Die Vor-

-legung des Briefs soll ferner dem Grundbuchamt Gelegenheit geben, Briefinhalt und Grundbuch auf ihre Übereinstimmung hin zu prüfen und im Falle von Widersprüchen die Übereinstimmung herbeizuführen. Die Ausnahme des Abs. 1 Satz 2 rechtfertigt sich aus der für den Widersprechenden regelmäßig bestehenden Schwierigkeit, den Brief zwecks Vorlegung zu beschaffen. Abs. 2 behandelt die Fälle der Kraftloserklärung des Hypothekenbriefs.

2. Über den **Begriff der Eintragung** vgl. Anm. 2 zu § 13. Gleichgültig ist, ob die Eintragung zum Zwecke der Rechtsänderung oder der Grundbuchberichtigung, freiwillig oder im Wege des Zwangs, von Amts wegen, auf Antrag oder Ersuchen erfolgt, ob dadurch das Recht des Gläubigers betroffen, z. B. durch Abtretungen, Belastungen (mit Pfandrecht oder Nießbrauch), eine 5 % übersteigende — darunter ist sie entbehrlich, weil es insoweit der Zustimmung der nachstehenden Berechtigten nicht bedarf (KGJ. 48, 216) — Zinserhöhung (KGJ. 44, 250), Rangrücktritt (ob hier auch der Brief über das vorrückende Recht vorgelegt werden muß, ist nicht unzweifelhaft; vgl. die eingehende Stellungnahme dagegen bei Hesse § 41 Anm. II, 3, ferner KGJ. 44, 25), Enthaftung einzelner Trennstücke, Widersprüche, Vormerkungen (KGJ. 21 A 147, 175; 27 A 85; 44, 250), Verfügungsbeschränkungen (KGJ. 30 A 240; 38 A 296; 49, 285), Konkursvermerk (KGJ. 22 A 134), oder verbessert, z. B. durch Vorrangseinräumung bei der vortretenden Hypothek (KGJ. 44, 256), oder weder verbessert noch verschlechtert wird, z. B. durch Umwandlung einer Verkehrs- in eine Sicherungshypothek, einer Hypothek in eine Grundschuld. Bei Eintragung der Löschungsvormerkung des § 1179 BGB. genügt die Vorlegung des Briefs der zu löschenden Hypothek (RGZ. 83, 290; KGJ. 21 A 175; 30 A 282; 50, 203). Nicht dazu gehören Eintragungen, die die dingliche Rechtslage nicht ändern, sondern nur eine Tatsache kundgeben, z. B. Eintragung des vorbehaltenen Rechts hinsichtlich der mit dem Vorbehalt belasteten zurücktretenden Hypothek (KGJ. 36 A 222), Mitübertragung einer Hypothek auf ein abgeschriebenes Grundstück (KGJ. 34 A 292; 44, 254), Rangänderung und Zinserhöhung hinsichtlich der Zwischenrechte. Im Falle der Nichtübertragung einer Hypothek bedarf es dagegen der Vorlegung des Briefs, da hier gemäß § 46 Abs. 2 eine Löschung der Hypothek in Ansehung des übertragenen Grundstücks vorliegt (KGJ. 29 A 282). Nicht unter § 41 fallen die Vereinigung oder Bestandteilszuschreibung, da diese Eintragungen nicht „bei den Hypotheken" stattfinden trotz der im Falle der Zuschreibung nach § 1131 BGB. bei den Hypotheken des Hauptgrundstücks eintretenden Rechtsänderung (Güthe-Triebel, § 41 Anm. 9).

3. Soweit die **Vorlegung des Briefs** vorgeschrieben ist, liegt die Beschaffung ausschließlich dem Antragsteller oder der ersuchenden Behörde, nicht dem Grundbuchamte ob (KGJ. 30 A 282). Der Hinweis darauf, daß das Grundbuchamt oder die Gerichtskasse bei demselben Amtsgericht den Brief in einer anderen Sache in Verwahrung hat, ersetzt die Vorlegung nur, wenn derjenige, der ihn in der anderen Sache eingereicht hat, mit der Benutzung des Briefs einverstanden ist (KGJ. 49, 279; 50, 228; LG. Danzig, Danz. JZ. 37, 23). Ein den Formvorschriften (§§ 56ff. GBO., 47ff. GBVfg.) nicht entsprechender Brief ist zurückzuweisen, soweit das Grundbuchamt nicht zu seiner Berichtigung und Ergänzung in der Lage ist. Im Falle versehentlicher Eintragung ohne Vorlegung kann diese nicht nachträglich erzwungen werden (RGZ. 83, 290). Ein Hypothekengläubiger ist, wenn das Grundbuchamt entgegen der Vorschrift des § 41 Abs. 1 eine Löschungsvormerkung ohne Vorlegung des Briefes vorgenommen hat, zur Briefeinreichung nicht verpflichtet (LG. Berlin DNZ. 37, 328).

4. **Inhaltlich** muß der Brief als Gläubiger der Hypothek denjenigen bezeichnen, der als solcher im Grundbuche eingetragen ist (§ 39 Abs. 1) oder sein Gläubigerrecht gemäß § 1155 BGB. nachzuweisen vermag (§ 39 Abs. 2). Falls der Brief im Widerspruch zu der wirklichen Rechtslage einen anderen als den eingetragenen Gläubiger bezeichnet, weil bei der Umschreibung der Hypothek im Grundbuch die Umschreibung des Briefs versehentlich unterblieben ist, ist der Brief von Amts wegen nachträglich zu berichtigen. Ist dagegen der wahre Berechtigte nicht im Grundbuche eingetragen, so ist, wenn nicht die Voraussetzungen des § 39 Abs. 2 vorliegen, der Eintragungsantrag abzulehnen, auch wenn der Inhalt des Briefes richtig ist. Dies gilt insbesondere, wenn sich die Unrichtigkeit des Grundbuchs aus einem (auch privaten) Vermerk auf dem Briefe, z. B. einer Quittung ergibt. Ein solcher Vermerk steht, wenn er die Unrichtigkeit des Grundbuchs nicht beweist, als Widerspruch im Sinne des § 1140 BGB. nur der Löschung, nicht auch sonstigen Eintragungen bei der Hypothek entgegen.

5. Die Vorschrift ist **nur verfahrensrechtlicher Natur**; ihre Nichtbeachtung hat keine materiellrechtlichen Folgen.

6. Ausnahmen von dem Erfordernis der Briefvorlegung.

a) Die Ausnahme des Abs. 1 Satz 2 gilt nur für Widersprüche, nicht auch Vormerkungen, Verfügungsbeschränkungen (KGJ. 27 A 82; 30 A 240; 38 A 294; 49, 285), die auf Grund einer einstweiligen Verfügung (oder der in § 76 genannten einstweiligen Anordnung) eingetragen werden und sich auf bestimmte Tatsachen gründen (KGJ. 27 A 85; 49, 285; JFG. 6, 328). Auf die Bezeichnung der Eintragung in der einstw. Vfg. kommt es nicht an, wenn sie in der Tat einen Widerspruch darstellt (KGJ. 30 A 242). Ein vorläufig vollstreckbares Urteil, durch das der Betroffene zur Bewilligung verurteilt ist, steht trotz § 895 ZPO. der einstw Vfg. nicht gleich. Ein Widerspruch gegen den Bestand der Hypothek oder Forderung liegt nicht vor, wenn er sich lediglich gegen die persönliche Berechtigung des eingetragenen Gläubigers richtet (KGJ. 38 A 294), wohl aber, wenn angeblich die Hypothek einschließlich der Forderung ohne Rücksicht auf den Besitz des Briefs auf einen andern, z. B. den Eigentümer übergegangen ist (OLG. Rostock KGJ. 31 A 371). Eine Hypothek ist unrichtig eingetragen, wenn ihr Inhalt oder Rang unzutreffend angegeben ist. Die Eintragung des Widerspruchs hat auch dann zu erfolgen, wenn derjenige, gegen den die einstweilige Verfügung sich richtet, nicht als Gläubiger eingetragen ist. Nach § 53 Abs. 2 gilt § 41 Abs. 1 Satz 2 auch für Amtswidersprüche. Wegen nachträglicher Einforderung des Briefs nach erfolgter Eintragung des Widerspruchs vgl. § 62 Abs. 2 Satz 1.

b) Im Falle des Absatz 2 ist das die Kraftloserklärung des Briefes aussprechende oder seine Kraftlosigkeit von Rechts wegen bewirkende Ausschlußurteil in Ausfertigung vorzulegen. Dem daneben erforderlichen Antrage auf Erteilung eines neuen Briefs kann nach der Eintragung stattgegeben werden. Im Falle der Löschung bedarf es auch der Vorlegung eines Ausschlußurteils dann nicht, wenn der Brief durch ein Versehen des Grundbuchamts schon vorher unbrauchbar gemacht war (KGJ. 48, 226).

Der Vorlegung des Briefes bedarf es ferner nicht bei

c) Eintragung einer kraft Gesetzes eingetretenen Rangänderung, (KGJ. 53, 208), insbesondere des Vorranges der Hauszinssteuer-Ablösungshypothek (Teil II Kap. 1 § 3 d. VO. v. 8. 12. 31 — RGBl. I 699 — i. d. F. d. VO. v. 6. 2. 32 — RGBl. I 60), — KG. JW. 33 1419, ferner des erhöhten Hypothekenkapitals auf Grund d. Art. 5 Abs. 3 d. 2. DVO. z. Zinsermäßigungsges. v. 26. 3. 35 (RGBl. 470) — Gutachten des KG. DJ. 37, 101 —,

d) Löschungen von Hypotheken und Eintragung des Vorrangs vor einer Sicherungshypothek in den Fällen der §§ 131, 158 ZVG.,

e) Eintragung und Löschung des allgemeinen Veräußerungsverbots in den Fällen der §§ 113, 114 KO., 61 VerglO.,

f) Eintragung der Vormerkung und des Vorzugsrechts gemäß § 24 Abs. 3 des Ges. v. 13. 5. 79 betr. die Errichtung von Landeskulterrentenbanken (GS. 367) i. d. F. des Art. 1 Ziff. 4 AGBGB.,

g) Eintragungen auf Grund eines Unschädlichkeitszeugnisses (Art. 20 Abs. 2 AG.)[1]),

h) Eintragung auf Grund von Ersuchen der Oberbergämter in den Fällen der Art. 23—26 AG.)[1]),

i) Löschung von Hypotheken (Grundschulden, Rentenschulden) auf dem für eine selbständige Kohlenabbau- oder Salzabbaugerechtigkeit angelegten besonderen Blatte bei Schließung desselben (Art. 38 § 8 Abs. 3 AGBGB., § 9 Abs. 3 Satz 2 des Ges. v. 4. 8. 04, GS. 235),

k) Löschung von Hypotheken und Eintragungen des Rangrücktritts auf Grund der §§ 6, 33 des Enteignungsgesetzes (KGJ. 28 A 105; 41, 194),

l) Eintragung des Fortfalls oder der Änderung dinglicher Rechte auf Grund des Ersuchens der Amtsgerichte als Entschuldungsämter (§ 53 SchRG. v. 1. 6. 33 (RGBl. I 23)[2]).

m) Eintragung des Erlöschens oder der Einziehung einer Hypothek, Grund- oder Rentenschuld nach § 1 d. 2. DVO. z. Ges. über Gewährung von Entschädigungen v. 18. 3. 38 (RGBl. I 317).

n) Eintragung eines gesetzlichen Veräußerungsverbots nach § 135 BGB., falls die Vorlegung infolge des Kriegs oder seiner Auswirkungen nicht möglich ist (VO. d. ZJA. v. 21. 5. 48, VOBl. BZ. 127).

---

[1]) Anhang S. 161.

Vorlegung des Grundschuld- und Rentenschuldbriefes.

§ 42 (§ 43)

Die Vorschriften des § 41 sind auf die Grundschuld und die Rentenschuld entsprechend anzuwenden. Ist jedoch das Recht für den Inhaber des Briefes eingetragen, so bedarf es der Vorlegung des Briefes nur dann nicht, wenn der Eintragungsantrag durch die Bewilligung eines nach § 1189 des Bürgerlichen Gesetzbuchs bestellten Vertreters oder durch eine gegen ihn erlassene gerichtliche Entscheidung begründet wird.

1. **Allgemeines.** Das Erfordernis der Briefvorlegung rechtfertigt sich bei Grund- und Rentenschulden aus den gleichen Erwägungen wie bei Hypotheken, die Nichtanwendbarkeit des § 41 Abs. 1 Satz 2 auf Inhabergrundschulden daraus, daß nach § 1195 Satz 2 BGB. der Inhabergrundschuldbrief einer Schuldverschreibung auf den Inhaber gleichsteht und daher gemäß § 796 BGB. Einwendungen gegen die Grundschuld, die sich nicht aus dem Brief ergeben, unbeachtlich sind. Im übrigen ist die Vorschrift des Satz 2 eine Folge davon, daß im Falle der Bestellung eines Treuhänders nur dieser, nicht der im Besitz des Briefs befindliche Gläubiger verfügungsberechtigt ist (§§ 1192, 1189 BGB.).

2. **Für Namensgrundschulden** gilt § 41 Anm. 2 entsprechend. Nur kommt bei ihnen ein Widerspruch, der sich auf die Nichtentstehung oder das Erlöschen der persönlichen Forderung gründet, die der Grundbuchbestellung zugrundeliegt, nicht in Betracht, da diese Tatsachen das Grundbuch wegen Nichtanwendbarkeit des § 1163 BGB. auf Grundschulden nicht unrichtig machen (Güthe-Triebel, Anm. 5 zu § 42). Anders im Falle der Grundschuldablösung nach § 1142 BGB., die die Grundschuld nach §§ 1144, 1192 BGB. auf den Eigentümer übergehen läßt. Die im Falle der Nichtentstehung der persönlichen Forderung (Nichtvalutierung der Grundschuld) dem Eigentümer zustehende Bereicherungseinrede fällt unter § 41 Abs. 1 Satz 2 und gibt als solche doch die Möglichkeit einer Widerspruchseintragung ohne Vorlegung des Briefes (KGJ. 53, 219).

3. Bei **Inhabergrundschulden** kommen, da Eintragungen der Person des Berechtigten unzulässig sind, nur Eintragungen, die den Bestand oder Inhalt der Grundschuld betreffen, z. B. Löschungen, Rangänderungen, Änderungen der Zins- und Zahlungsbestimmungen, Entlassungen von Trennstücken aus der Mithaft in Betracht, ferner die Eintragung des Übergangs der Inhabergrundschuld auf den Eigentümer als Namensgrundschuld in den Fällen der §§ 801 und 1170 BGB. Für diese Eintragungen ist die Vorlegung des Briefs nur dann entbehrlich, wenn der Treuhänder sie im Rahmen seiner (aus dem Grundbuch ersichtlichen) Verfügungsmacht bewilligt oder die Zulässigkeit der Eintragung sich auf einen gegen den Treuhänder gerichteten Titel (auch einstweilige Verfügung) gründet, ferner, wenn ein Fall des allgemeinen Veräußerungsverbots des § 106 KO. und der Einzelveräußerungsverbote des § 63 VerglO. vorliegt, da hierdurch die Vorschriften der §§ 932ff. BGB. nicht berührt werden; dagegen sind der Konkursvermerk und die allgemeinen Veräußerungsverbote nach § 61 VerglO. ohnehin mit der Wirkung verbunden, gutgläubigen Erwerb nach § 932 BGB. auszuschließen, so daß insoweit eine Eintragung im Grundbuch ohne Bedeutung wäre (Hesse § 42 Anm. II).

Vorlegung von Inhaberschuldverschreibungen und Orderpapieren

§ 43 (§ 44)

(1) Bei einer Hypothek für die Forderung aus einer Schuldverschreibung auf den Inhaber, aus einem Wechsel oder einem anderen Papier, das durch Indossament übertragen werden kann, soll eine Eintragung nur erfolgen, wenn die Urkunde vorgelegt wird; die Eintragung ist auf der Urkunde zu vermerken.

(2) Diese Vorschrift ist nicht anzuwenden, wenn eine Eintragung auf Grund der Bewilligung eines nach § 1189 des Bürgerlichen Gesetzbuchs bestellten Vertreters oder auf Grund einer gegen diesen erlassenen gerichtlichen Entscheidung bewirkt werden soll.

1. **Allgemeines.** Die Vorschrift ist eine Folge davon, daß nach § 1187 Satz 3 BGB. bei Inhaber- und Orderhypotheken die Übertragung der Forderung und Hypothek, trotzdem es sich hier um Sicherungshypotheken handelt, nicht durch Einigung und Eintragung, sondern durch Übergabe des Wertpapiers, bei Orderhypotheken in Verbindung mit der Indossierung des Papiers sich vollzieht, mithin zum Nachweis der Verfügungsberechtigung des Gläubigers die Vorlegung des Wert-

papiers unumgänglich ist. Die Ausnahmevorschrift des Abs. 2 rechtfertigt sich aus der gleichen Erwägung wie die des § 42 Satz 2.

2. Als **Eintragungen** kommen bei Inhaber- und Ordrehypotheken, da bei ersteren die Eintragung der Person des Berechtigten überhaupt nicht, bei letzteren nur bei der ersten Eintragung zulässig ist, nur solche in Betracht, die den Bestand oder Inhalt der Hypothek betreffen. Hierzu gehört auch die Eintragung der Umwandlung der Hypothek in eine Namensgrundschuld des Eigentümers infolge Erlöschens des Rechts aus dem Papier in den Fällen der §§ 1170, 1171 BGB. oder infolge Ablaufs der Frist des § 801 BGB. (§ 1188 Abs. 2 BGB.). Erwirbt der Eigentümer die Hypothek, ohne daß zugleich das Recht aus dem Papier erlischt, so tritt trotz Vereinigung von Forderung und Schuld in einer Person ein Untergang der Forderung nicht ein; er erwirbt mithin in diesem Falle die Hypothek nicht als Grundschuld. Das gleiche gilt für den Fall des Verzichts (KGJ. 50, 199).

Bei der ersten Eintragung der Hypothek bedarf es der Vorlegung des Inhaber- und Orderpapiers nicht (a. M. Güthe-Triebel § 43 Anm. 7). Doch wird der Grundbuchrichter aus Zweckmäßigkeitsgründen auch in diesem Falle auf die Vorlegung hinwirken, um zur besseren Verständlichkeit der späteren Vermerke auch die ursprüngliche Eintragung auf dem Papiere zu vermerken. Zur Ablehnung der Eintragung ist er bei Nichtvorlegung nicht berechtigt.

3. Das **vorgelegte Inhaber- oder Orderpapier** muß die Verfügungsberechtigung des Bewilligenden beweisen. Hierzu reicht bei Inhaberpapieren der Besitz des Papiers aus, während bei Orderpapieren eine zusammenhängende bis auf den Verfügenden hinführende Kette von Indossamenten hinzukommen muß. Die Indossamente müssen ferner im Hinblick auf § 29 öffentlich beglaubigt sein (streitig).

4. Der **Bewilligung des Treuhänders** gemäß § 1189 BGB. steht gleich, wenn seine innerhalb der Vertretungsmacht liegende Zustimmung zu der Eintragung anderweit nachgewiesen wird (KGJ. 50, 198).

5. Im Falle der **Vernichtung oder Kraftloserklärung des Inhaber- oder Ordrepapiers** bedarf es in entsprechender Anwendung des § 41 Abs. 2 Satz 2 dann nicht der Vorlegung der Papiere, wenn die Vernichtung gemäß § 29 nachgewiesen oder ein Ausschlußurteil vorgelegt wird und lediglich die Löschung der Hypothek oder ihre Umwandlung in eine Namenshypothek eingetragen werden soll. Bei sonstigen Eintragungen ist bei Inhaberhypotheken das neu ausgestellte Inhaberpapier vorzulegen. Orderhypotheken verwandeln sich im Falle der Kraftloserklärung des Orderpapiers, da hier die Erteilung eines neuen Papiers nicht verlangt und demgemäß über die Forderung nur noch durch Abtretung verfügt werden kann, ohne weiteres in Namens(Sicherungs)hypotheken (Güthe-Triebel, § 43 Anm. 15).

Datierung und Unterzeichnung des Eintragungsvermerks.

§ 44 (§ 45)

Jede Eintragung soll den Tag, an welchem sie erfolgt ist, angeben. Sie ist von den zuständigen Beamten zu unterschreiben.

1. **Allgemeines.** Das Erfordernis der Datierung von Eintragungen rechtfertigt sich aus § 879 Abs. 1 Satz 2 BGB., wonach für das Rangverhältnis der in verschiedenen Abteilungen eingetragenen Rechte der Tag der Eintragung mangels eines abweichenden Vermerks entscheidend ist. Durch das Gebot der Unterzeichnung soll die Richtigkeit der Buchführung gewährleistet werden.

2. Über den **Begriff der Eintragung** vgl. § 13 Anm. 2. Nach § 8 Abs. 1 Satz 1 d. AV. v. 18. 2. 11 (JMBl. 91) sind auch Vermerke über Berichtigung der Bestandsangaben, obwohl es sich hier um Eintragungen rein tatsächlicher Natur handelt, zu unterschreiben (vgl. Sp. 6 des Bestandsverzeichnisses in dem amtlichen Muster)[1]). Sind für eine Eintragung mehrere Spalten desselben Abschnitts oder derselben Abteilung bestimmt, so gelten sämtliche Vermerke im Sinne des § 4 nur als eine Eintragung, so daß nur ein Vermerk datiert und unterzeichnet zu werden braucht (§ 20 GBVfg.)[2]).

3. Als **Tag der Eintragung** ist der Tag zu vermerken, an dem die Unterschriften vollzogen werden (§ 28 GeschO.))[3]. Die Angabe von Stunde und Minute ist weder erforderlich noch zulässig, bei nicht gleichzeitigem Eingange der Anträge das Rangverhältnis der beantragten Eintragungen, falls sie am gleichen Tage in verschiedenen Abteilungen stattfinden, vielmehr durch einen besonderen Rangvermerk zu kennzeichnen (§ 46 Abs. 2). Das Datum muß vor der Unterschrift stehen, ihm ist ein die Eintragung bezeichnender Vermerk hinzuzufügen (z. B. „eingetragen“, „um-

---

[1]) Anhang S. 181. [2]) Anhang S. 167. [3]) Anhang S. 257.

geschrieben" u. dgl.). Undatierte Eintragungen sind nicht unwirksam. Zwecks Feststellung ihres Rangverhältnisses zu Eintragungen in anderen Abteilungen ist die Zeit ihrer Buchung gemäß § 29 anderweit nachzuweisen. Ist ein solcher Nachweis nicht möglich, so geht die undatierte Eintragung, falls sie die letzte in ihrer Abteilung ist, sämtlichen Eintragungen der anderen Abteilungen im Range nach; sind in derselben Abteilung nachstehende Rechte vorhanden so geht die undatierte Eintragung den Rechten der andern Abteilung im Range vor, die den nachstehenden Rechten derselben Abteilung im Range nachgehen (streitig).

4. Im Gegensatz zur Zeitangabe ist die **Unterzeichnung** der Eintragung durch die zuständigen Beamten Voraussetzung ihrer Gültigkeit. Zur Unterzeichnung sind zuständig der Richter und Urkundsbeamte der Geschäftsstelle (§ 2 AusfVO.)[1]), falls letzterer aber die Eintragung auf Grund des § 4 Abs. 2 AusfVO.[1]) in eigener Befugnis oder nach § 5 als Rechtspfleger verfügt hat, neben ihm ein zweiter Beamter der Geschäftsstelle oder ein vom Behördenvorstand ermächtigter Justizangestellter [§ 4 Abs. 4 AusfVO.[1]), §§ 17f. REntlVfg.[2])]. Ohne Bedeutung für die Wirksamkeit der Eintragung ist die Eintragungsverfügung. Dem Erfordernis der Angabe des Wortlauts der Eintragung in dieser ist auch dann genügt, wenn der Richter oder Rechtspfleger die Eintragung in dem Handblatt selbst wörtlich niederschreibt und in der Verfügung lediglich vermerkt: „Einzutragen wie im Handblatt". Bei einfacheren und häufig wiederkehrenden Eintragungen kann die Formulierung (nicht die Eintragungsverfügung selbst) dem Urkundsbeamten überlassen werden. Dieser ist für die Eintragung auch dann verantwortlich, wenn er sie nicht selbst im Grundbuch niederschreibt, sondern damit die Kanzlei beauftragt.

Reihenfolge der Eintragungen. Rangvermerk.

§ 45 (§ 46)

(1) Sind in einer Abteilung des Grundbuchs mehrere Eintragungen zu bewirken, so erhalten sie die Reihenfolge, welche der Zeitfolge der Anträge entspricht; sind die Anträge gleichzeitig gestellt, so ist im Grundbuche zu vermerken, daß die Eintragungen gleichen Rang haben.

(2) Werden mehrere Eintragungen, die nicht gleichzeitig beantragt sind, in verschiedenen Abteilungen unter Angabe desselben Tages bewirkt, so ist im Grundbuche zu vermerken, daß die später beantragte Eintragung der früher beantragten im Range nachsteht.

(3) Diese Vorschriften sind insoweit nicht anzuwenden, als ein Rangverhältnis nicht besteht oder das Rangverhältnis von den Antragstellern abweichend bestimmt ist.

1. **Allgemeines.** § 45 stellt den formellrechtlichen Grundsatz auf, daß für das Rangverhältnis von Eintragungen die Zeitfolge des Eingangs des Eintragungsantrages entscheidet, und bestimmt, weil materiellrechtlich für das Rangverhältnis unter mehreren Rechten, mit denen ein Grundstück oder ein Grundstücksrecht (KGJ. 35 A 297; 39 A 248; JFG. 3, 441) belastet ist, gemäß § 879 BGB., wenn sie in derselben Abteilung eingetragen sind, die Reihenfolge ihrer Eintragung im Grundbuche, wenn sie in verschiedenen Abteilungen eingetragen sind, der Tag der Eintragung, im Falle eines hiervon abweichenden Rangvermerks aber der Inhalt dieses Vermerks entscheidet, daß die aus der Zeitfolge der Anträge sich ergebende Ranggleichheit oder -Verschiedenheit dem § 879 BGB. entsprechend im Grundbuche kenntlich gemacht werde. Absatz 3 stellt einerseits klar, daß diese Bestimmung nur für Eintragungen gelte, die in einem Rangverhältnis zueinander stehen, bestätigt andrerseits das Recht der Antragsteller, das Rangverhältnis auch abweichend von dem obigen Grundsatz zu bestimmen. Der praktischen Durchführung des Grundsatzes dienen ferner die Vorschriften der § 13 Abs. 1 Satz 2 und 3 und § 17.

2. Die **zeitliche Reihenfolge** der Anträge ergibt sich aus dem Zeitpunkt ihres Einganges beim Grundbuchamt (§ 13 Abs. 1 Satz 2 und 3 und Anm. hierzu). Ein beim Versteigerungsrichter gestellter Eintragungsantrag ist mithin nach dem später beim Grundbuchamt gestellten Antrage zu erledigen, wenn er erst nach diesem beim Grundbuchamt eingegangen ist (Güthe-Triebel, § 45 Anm. 28).

3. Über den Begriff der **Eintragung** vgl. Anm. 2 zu § 13. Eintragungen rein tatsächlicher Art, insbesondere Bestandsangaben kommen auch aus dem Grunde nicht in Betracht, weil sie weder zueinander noch zu anderen Eintragungen eines Rangverhältnisses fähig sind (Abs. 3). Gleichgültig ist, ob die Eintragungen zum

---

[1]) Anhang S. 157 [2]) Anhang S. 271.

Zwecke der Rechtsänderung oder der Grundberichtigung erfolgen. Wird indes nachgewiesen, daß das im Wege der Berichtigung einzutragende Recht außerhalb des Grundbuchs mit einem Range entstanden ist, der von dem Range, der sich aus der Zeit des Antrags ergeben würde, abweicht, so ist es mit seinem wirklichen Range, gegebenenfalls vor dem gleichzeitig oder früher beantragten Recht einzutragen, z. B. eine Kaufgeldhypothek vor einer Sicherungshypothek nach § 848 ZPO. (JFG. 4, 446). Erforderlichenfalls ist der Zeitpunkt der Entstehung des Rechts nach § 29 nachzuweisen; zu Ermittlungen von Amts wegen ist der Grundbuchrichter nicht verpflichtet (KGJ. 35 A 300; JFG. 3, 441; 4, 340).

4. Eine **Mehrheit von Eintragungen** liegt nicht vor, wenn bei demselben Recht Hauptrecht und Zinsrecht oder ein sonstiges Nebenrecht, wenn auch gesondert, vermerkt werden, wenn ein Recht für mehrere zu Bruchteilen, oder wenn mehrere Rechte für denselben Berechtigten unter einer Nummer eingetragen werden.

5. Eine **Mehrheit von Anträgen** ist nicht erforderlich, vielmehr genügt es, wenn mehrere Eintragungen in einer Urkunde beantragt werden. Behördliche Ersuchen stehen Anträgen gleich. Wird (überflüssigerweise) eine von Amts wegen zu bewirkende Eintragung beantragt, so kommt es auf die Zeit des Eingangs des Antrages nicht an, vielmehr ist diese Eintragung, soweit ihr Rang nicht durch besondere Vorschriften bestimmt ist, mit dem Range einzutragen, der dem Zeitpunkte ihrer Vornahme entspricht.

6. Die **Kenntlichmachung des Rangverhältnisses** erfolgt in derselben Abteilung durch räumliches Hintereinanderschreiben der Eintragungen, wobei es auf die Nummer oder die Zeitangabe der Eintragung nicht ankommt. Ein räumliches Hintereinander liegt auch dann vor, wenn die neue Seite des Grundbuchblatts vorgeheftet wird. Wird nachträglich eine Hypothek an der Stelle einer inzwischen erloschenen Vormerkung (in der 2. Halbspalte) eingetragen, so gilt sie als räumlich hinter den früher als sie, aber später als die Vormerkung eingetragenen Hypotheken vermerkt mit der Möglichkeit, daß ein Erwerber der Hypothek, der das Erlöschen der Vormerkung nicht kennt, nach § 890 BGB. sie mit dem Range der Vormerkung erwirbt (KGJ. 41, 223). Die in den Veränderungsspalten eingetragenen Vermerke sind mit der Eintragung in der Hauptspalte, auf die sie sich beziehen, als eine einheitliche Eintragung anzusehen, teilen also mit ihr die räumliche Stellung in der betreffenden Abteilung, die in dieser Spalte eingetragenen Vermerke über ein Nebenrecht, insbesondere das Zinsrecht, haben mithin zu anderen Rechten den gleichen Rang wie das Hauptrecht. Ein abweichendes Rangverhältnis (z. B. des erhöhten Zinsfußes zu den nachgehenden Rechten) bedarf der Eintragung (RGZ. 132, 106; KGJ. 43, 234; JFG. 8, 42, 254). Bei Eintragungen in verschiedenen Abteilungen ist entscheidend lediglich der angegebene Eintragungstag, auf die daneben angegebene Tagesstunde kommt es nicht an. Zu verschiedenen Zeiten am selben Tage beantragte Eintragungen bedürfen daher, wenn sie in verschiedenen Abteilungen unter demselben Tage bewirkt werden, eines besonderen Rangvermerks, wenn sie nicht als gleichrangig gelten sollen, und zwar jede von ihnen (§ 18 GBVfg.)[1]. Das gleiche gilt, wenn in derselben Abteilung mit Rücksicht auf die Zeitfolge der Anträge das Rangverhältnis abweichend vom Lokusprinzip gekennzeichnet werden soll. Wird von mehreren Eintragungsanträgen der eine beanstandet und zugunsten dieses Antrages gemäß § 18 Abs. 2 eine Vormerkung oder ein Widerspruch eingetragen, so ist das Rangverhältnis der Vormerkung oder des Widerspruchs in gleicher Weise zu kennzeichnen, als wenn die beantragte Eintragung vorgenommen worden wäre (JFG. 7, 342).

7. Bei Eintragungen, zwischen denen materiellrechtlich **ein Rangverhältnis nicht bestehen kann,** ist die Kenntlichmachung gemäß Abs. 2, weil widersinnig, nicht erforderlich. Hierzu gehören die Eintragungen in der Aufschrift des Blattes (Höfe-Erbbaurechtsvermerk [im Erbbaugrundbuch], Schutzforst-Waldgutsvermerk), im Bestandsverzeichnis (Bestandsangaben, Vermerk der subjektiv-dinglichen Rechte), in der ersten Abteilung (Eintragung des neuen Eigentümers), Umschreibung von Rechten, Löschungen, Eintragung von Inhaltsänderungen, die nicht in Belastungen bestehen, Eintragungen auf verschiedenen Miteigentumsanteilen oder verschiedenen Grundstücksrechten (KGJ. 52, 213, 217). An der Rangordnung nehmen ferner nicht teil die öffentlichen Rechte, Vorkaufsrechte nach § 4 RSiedlG.[2]), Verfügungsbeschränkungen nach § 35 PrAG. RSiedlG.[3]) (wohl aber nach §§ 9ff. Reichsheimst-Ges.)[4]), Wasserbenutzungsrechte nach §§ 46ff. PrWassG. Dagegen sind eines Rangverhältnisses fähig nicht nur die Vollrechte (am selben Grundstück, Miteigentumsanteil oder Grundstücksrecht), sondern auch die sog. vorläufigen Rechte (Ver-

---

[1]) Anhang S. 167. [2]) Anhang S. 280. [3]) Anhang S. 283. [4]) Anhang S. 283.

fügungsbeschränkungen, Vormerkungen und Widersprüche — RGZ. 55, 270; KGJ 22 A 311; 38 A 301; 39 A 200; 52, 162; JFG. 4, 350; 7, 381; Güthe-Triebel § 45 Anm. 13, a. M. RGZ. 129, 127), wohl auch die außerhalb des Grundbuchs entstandenen Verfügungsbeschränkungen (auf Grund einstw. Verfügung, Nacherbenrecht, Zwangsversteigerungs- und Konkursvermerk), so daß bei ihnen, falls sie aus irgendwelchen Gründen eingetragenen Rechten gegenüber, die ihnen formell im Range vorgehen, wirksam oder nachgehenden Rechten gegenüber unwirksam (§ 878 BGB.) sind, die Eintragung eines Rangvermerks oder eines sonstigen diese Wirksamkeit klarstellenden Vermerks zulässig ist; streitig, wie hier Güthe-Triebel § 45 Anm. 13, Hesse § 45, Anm. 5, 1, KGJ. 38 A 299: für den Nacherbenvermerk, JFG. 4, 336 für das Verhältnis mehrerer Verfügungsbeschränkungen untereinander, KG. JW. 35, 3560 (zulässig als Teillöschung des Nacherbenrechts; a. M. RGRKom. § 879 BGB. Anm. 3, KG. JFG. 12, 295; 13, 111). Daß ein Rangverhältnis tatsächlich besteht, ist zweifellos: Zwangsversteigerungsvermerk gegenüber später eingetragener Hypothek mit der Wirkung, daß gutgläubiger Erwerb durch Dritten und damit ein Aufrücken in dessen Hand aus der 6. in die 4. Klasse (§ 10 ZVG.) ausgeschlossen ist. Die auf der Grundbuchwahrheit beruhende Sicherheit des Verkehrs fordert die Zulassung eines entsprechenden klarstellenden Vermerks. Dogmatische Erwägungen, daß § 879 BGB. auf diese Beschränkungen nicht zutrifft, sollten daher nicht hindern, die Anwendbarkeit des § 45 uneingeschränkt zu bejahen.

8. Die **Bestimmung eines** von der Zeitfolge der Anträge **abweichenden Rangverhältnisses** hat durch den Antragsteller zu erfolgen, und zwar in der Form des § 29. Bei mehreren Antragstellern genügt die Rangbestimmung durch einen, falls sie zugunsten des oder der andern erfolgt, sonst ist sie von allen Antragstellern vorzunehmen. Zur Teilung der Hypothek in zwei rangverschiedene Teile ist die Bewilligung des Gläubigers in der Form des § 29 erforderlich (JFG. 14, 146). Bei widersprechenden Rangbestimmungen sind die Anträge, wenn sie gleichzeitig eingehen, sämtlich, wenn sie zu verschiedenen Zeiten eingehen, nur der spätere Antrag abzulehnen, dem früheren dagegen stattzugeben, gegebenenfalls nach Zwischenverfügung gemäß § 18. Ein Widerspruch liegt nicht vor, wenn von mehreren gleichzeitig eingereichten Anträgen desselben Antragstellers nur einer die Rangbestimmung enthält (Güthe-Triebel § 45 Anm. 16) Die Rangbestimmung des oder der Antragsteller darf ferner nicht den Eintragungsbewilligungen widersprechen, falls auch diese eine Rangbestimmung enthalten. Auf die Rangbestimmung der Bewilligung kann im Antrage Bezug genommen werden. Stehen in einem solchen Falle die verschiedenen Bewilligungen nicht miteinander im Einklang, so liegen widersprechende Rangbestimmungen durch die Antragsteller vor, und es ist wie oben ausgeführt zu verfahren. Ist die Rangbestimmung in der Eintragungsbewilligung enthalten, so unterliegt der darauf gestützte Antrag nicht der Form des § 29. Bei der Eintragung mehrerer Hypotheken, Grund- oder Rentenschulden bedarf die Rangbestimmung, falls sie durch die Gläubiger erfolgt, nicht der Zustimmung des Eigentümers, da § 880 Abs. 2 Satz 2 BGB. nur auf nachträgliche Rangänderung Anwendung findet.

Eine Rangbestimmung liegt darin, daß der Notar gemäß § 15 die einzelnen Anträge zeitlich verschieden einreicht oder bei der Einreichung einen von mehreren Anträgen ausdrücklich von der Eintragung ausnimmt (Güthe-Triebel, § 15 Anm. 15), ferner in dem Rangvorbehalt des § 881 BGB.

9. Ist das **Rangverhältnis durch das Gesetz abweichend** von der Zeitfolge der Anträge **bestimmt**, so ist bei der Eintragung das gesetzliche Rangverhältnis kenntlich zu machen, und zwar ebenfalls gemäß § 45 (KGJ. 44, 256). Derartige gesetzliche Rangbestimmungen sind enthalten

in § 883 Abs. 3 und § 899 BGB.: der Rang des durch eine Vormerkung oder einen Widerspruchs gesicherten Rechts richtet sich nach dem Rang der Vormerkung oder des Widerspruchs, vgl. auch § 19 GBVfg.[1])

§ 1176 BGB.: der dem Eigentümer oder dem persönlichen Schuldner auf Grund der §§ 1163, 1164, 1168, 1172 bis 1175 BGB. zugefallene Teil einer Hypothek geht dem beim Gläubiger verbliebenen Restbetrage im Range nach (RGZ. 131, 326),

§ 1131 BGB.: die sich auf das zugeschriebene Grundstück erstreckenden Hypotheken des Stammgrundstücks gehen den Rechten, mit denen das zugeschriebene Grundstück bereits belastet war, im Range nach,

§ 128 Abs. 1 ZVG.: die Sicherungshypothek für die Forderung gegen den Ersteher auf Zahlung des nicht berichtigten Bargebots ist mit dem Range des Anspruchs einzutragen,

§ 130 Abs. 3 ZVG.: die von dem Ersteher vor seiner Eintragung als Eigentümer bewilligten Rechte sind im Range hinter den auf Ersuchen des Voll-

[1]) Anhang S. 167.

streckungsgerichts eingetragenen Rechten einzutragen, auch wenn dieses Ersuchen später als der Antrag auf Eintragung der erstgenannten Rechte bei dem Grundbuchamt eingeht,

§§ 11, 24, 25, 27 d. Ges. betr. die Errichtung von Landeskulturrentenbanken v. 13. 5. 79, GS. 367, i. d. F. d. Art. 21 AGBGB.: die Landeskulturrente ist auf Verlangen der Bank im Range vor allen andern auf privatrechtlichen Titeln beruhenden Belastungen des Grundstücks einzutragen, dieses Vorzugsrecht ist vor seiner Eintragung durch eine Vormerkung zu sichern,

§§ 1, 44 des EnteignGes. v. 11. 6. 74 (GS. 221): die im Wege der Enteignung einem Grundstücke oder Grundstücksrecht auferlegte dauernde Beschränkung hat den Vorrang vor allen auf dem Grundstück ruhenden privatrechtlichen Lasten (KGJ. 28 A 105),

§ 3 Kap. 1 Tl. II der 4. NotVO. d. RPräs. v. 8. 12. 31 (RGBl. I 699) i. d. F. der VO. v. 6. 2. 32 (RGBl. I 61): die Hauszinssteuerablösungshypothek geht allen anderen privatrechtlichen Lasten im Range vor, und zwar ohne Rangvermerk bei den zurücktretenden Rechten und ohne deren Einzelangabe beim Vermerk des Vorranges (JFG. 11, 342) — (ebenso kein Rangvermerk bei Erhöhung des Hypothekenkapitals nach Art. V Abs. 3 d. 2. DfVO. des Zinsermäßigungsgesetzes v. 26. 3. 35, RGBl. I, 470) — die 6¾% übersteigenden Zinsen (§ 3 Abs. 2) werden unter der Nummer des Hauptrechts eingetragen, nur mit einem anderen Rang (KG. HRR. 33 Nr. 1029),

§§ 5, 14 ReichssiedlGes. v. 11. 8. 19 (RGBl. 1429)[1]: das Vorkaufsrecht des gemeinnützigen Siedlungsunternehmens und des Landlieferungsverbandes hat den Vorrang vor allen andern eingetragenen und gesetzlichen Vorkaufsrechten,

§ 6 VO. zur Erleichterung und Förderung des Baues von Heuerlings- und Werkwohnungen v. 10. 3. 37 (RGBl. I 292): Der der Dt. Landesrentenbank auf den zur Beleihung kommenden Grundstücken erwachsenden Landesbankrente steht auch ohne Eintragung der Vorrang vor allen anderen Belastungen zu (§ 14 Abs. 1 Ges. über die Dt. Landesrentenbank v. 7. 12. 39 RGBl. I 2405)[2].

10. Materiellrechtlich ist für den Rang der eingetragenen Rechte auch bei einem **Verstoß gegen § 45** nur der Inhalt des Grundbuchs gemäß § 879 BGB. maßgebend (JFG. 8, 289). Dieses ist nur dann unrichtig, wenn eine nachträgliche Rangänderung mit der Einigung der Beteiligten im Widerspruch steht (KGJ. 34 A 289; 39 A 248; RGZ. 57, 280), oder wenn die Rechte bereits außerhalb des Grundbuchs einen von ihr abweichenden Rang erhalten haben (KGJ. 35 A 300).

Löschung von Rechten und Verfügungsbeschränkungen.

§ 46 (§ 47)

(1) Die Löschung eines Rechtes oder einer Verfügungsbeschränkung erfolgt durch Eintragung eines Löschungsvermerks.

(2) Wird bei der Übertragung eines Grundstücks oder eines Grundstücksteils auf ein anderes Blatt ein eingetragenes Recht nicht mitübertragen, so gilt es in Ansehung des Grundstücks oder des Teils als gelöscht.

1. Allgemeines. § 46 schreibt für die Löschung von Rechten und Verfügungsbeschränkungen zwei Formen vor, ohne ergänzende Bestimmungen des Reichsjustizministers gemäß § 1 Abs. 3 damit auszuschließen.

2. Unter **Löschung** ist die Kenntlichmachung des völligen oder teilweisen Erlöschens eines auch vorläufigen Rechts (Vormerkung, Widerspruch) oder einer Verfügungsbeschränkung zu verstehen, ohne Rücksicht darauf, ob das Erlöschen erst durch die Löschung eintritt oder bereits außerhalb des Grundbuchs eingetreten ist, die Löschung mithin zwecks Berichtigung erfolgt. Gleichgültig ist, ob die Löschung auf Antrag oder von Amts wegen, auf Bewilligung oder amtliches Ersuchen stattfindet. Eine Teillöschung liegt auch bei Herabsetzung des Zinsfußes einer Hypothek oder Grundschuld, dem Wegfall bestimmter Altenteilsleistungen, nicht dagegen bei der Ersetzung einer inhaltlichen Bestimmung des Rechts durch eine andere vor (Güthe-Triebel, § 46 Anm. 4). Die Löschung ist nur so lange zulässig, als das Recht noch eingetragen ist.

3. Der **Löschungsvermerk** muß das Erlöschen des Rechts oder der Verfügungsbeschränkung deutlich zum Ausdruck bringen (KGJ. 24 A 135). Der Grund des Erlöschens braucht nicht angegeben zu werden. Seine Angabe genügt nicht, wenn trotz des angegebenen Grundes, z. B. Verzichts des Hypothekengläubigers der Fortbestand des Rechts, wenn auch in veränderter Form, nicht ausgeschlossen

---

[1] Anhang S. 281. [2] Anhang S. 278.

ist. Bei teilweiser Löschung muß der gelöschte Teil besonders bezeichnet werden. Über den Ort des Löschungsvermerks vgl. §§ 10 Abs. 6, 11 Abs. 7 GBVfg.[1]). Die in § 17 Abs. 2 und 5 GBVfg.[1]) für die Löschung vorgeschriebenen Formen (rote Unterstreichung der Eintragung, Abschreibung des gelöschten Teils) genügen nicht, sind vielmehr neben dem Löschungsvermerk anzuwenden. Die Wirkungen der Löschung (§ 892 BGB.) treten nur ein, wenn ein ordnungsmäßiger Löschungsvermerk an richtiger Stelle (KGJ. 24 A 125; a. A. Güthe-Triebel § 48 Anm. 8, wonach auch die Löschung am unrichtigen Ort nichts schadet, sofern sie nur das gelöschte Recht deutlich erkennen läßt) vorliegt, dann aber auch trotz Fehlens der roten Unterstreichung, während diese für sich allein (ebenso der Löschungsvermerk auf dem Briefe) rechtlich unerheblich ist. Dem Löschungsvermerk gleich zu erachten ist die völlige Durchstreichung und Unkenntlichmachung des Eintragungsvermerks. Die Herabsetzung des Zinsfußes oder anderer Nebenleistungen ist nicht durch einen Löschungsvermerk, sondern in der Spalte „Veränderungen" zu kennzeichnen (KG. HRR. 32, 1657). Eine Rötung der Eintragungen hat auch zu erfolgen, wenn ein früher eingetragener Vermerk durch einen späteren Veränderungsvermerk, nicht durch einen anderweitigen mit der Eintragung verbundenen Vorgang, z. B. der Nacherbenvermerk durch die Veräußerung des dem Vorerben gehörigen Grundstücks (RV. PrJM. v. 9. 5. 31, JMBl. 189) ganz oder teilweise gegenstandslos wird, ebenso, wenn die Eintragung einer Vormerkung durch die endgültige Eintragung eines Widerspruchs ihre Bedeutung verliert (§§ 13 Abs. 2 bis 5, 14, 16, 17 Abs. 3, 19 Abs. 2 und 3 GBVfg.)[1]).

Über die Löschung gegenstandsloser Eintragungen vgl. ferner §§ 84 bis 89 und § 2 GrBerG.

4. Die Nichtmitübertragung eines eingetragenen Rechts (Widerspruchs, Vormerkung, Verfügungsbeschränkung) wird weder auf dem Grundbuchblatte des Stammgrundstücks noch auf dem Blatte, auf welches das mit dem Rechte belastete Grundstück oder der damit belastete Grundstücksteil (gemäß §§ 4 bis 6) übertragen wird, vermerkt. Die bloße Unterlassung der Übertragung in Verbindung mit der Abschreibung des Grundstücks oder Grundstücksteils hat die Wirkungen der Löschung, und zwar auch dann, wenn die Mitübertragung des Rechts lediglich aus Versehen unterbleibt (KGH. 23 A 149; 25 A 375; 38 A 245). Materiellrechtlich ist die Nichtmitübertragung nur gerechtfertigt im Falle einer Enthaftungserklärung des Berechtigten oder eines Tatbestandes, auf Grund dessen das Recht auch ohne Bewilligung kraft Gesetzes an dem abgeschriebenen Grundstück oder Grundstücksteil erlischt (§ 1026 BGB., Art. 20 AG.[2]), § 45 Abs. 1 des EnteignGes. v. 11. 6. 74). Die versehentlich unterbliebene Nichtmitübertragung, die einen Amtswiderspruch nach § 53 rechtfertigt, kann solange nachgeholt werden, als ein gutgläubiger Erwerb auf Grund der darin liegenden Löschung ausgeschlossen ist (KGJ. 27 A 115).

Eintragung gemeinschaftlicher Rechte.

§ 47 (§ 48)

Soll ein Recht für mehrere gemeinschaftlich eingetragen werden, so soll die Eintragung in der Weise erfolgen, daß entweder die Anteile der Berechtigten in Bruchteilen angegeben werden oder das für die Gemeinschaft maßgebende Rechtsverhältnis bezeichnet wird.

1. Allgemeines. Die Vorschrift ist eine Folge davon, daß bei Gemeinschaftsverhältnissen der Rechtscharakter der Gemeinschaft für die Verfügungsbefugnis der Berechtigten von ausschlaggebender Bedeutung ist.

2. Die Eintragung eines gemeinschaftlichen Rechts liegt vor, wenn das Recht mehreren entweder nach Bruchteilen oder zur gesamten Hand, nicht dagegen, wenn es einer juristischen Person oder einer offenen Handels- oder Kommanditgesellschaft zusteht. Bei den genannten Handelsgesellschaften ergibt sich dies trotz ihrer Eigenschaft als Gemeinschaft zur gesamten Hand daraus, daß sie nach §§ 124, 161 HGB. unter ihrer Firma Rechte erwerben können und derart erworbene Rechte daher nicht für die Gesellschafter, sondern für die Firma der Gesellschaft im Grundbuche einzutargen sind, und zwar auch dann, wenn diese nicht den Zusatz OHG. oder KG. enthält (§ 15 Abs. 1b GBVfg.[1]); KGJ. 39 A 218). Ebenso fällt nicht unter § 47, wenn ein nicht gemeinschaftliches Recht für mehrere eingetragen wird, z. B. eine Höchstbetragshypothek für mehrere Gläubiger derart, daß sie für die Forderung des zweiten Gläubigers erst dann haftet, wenn und soweit der eingetragene Höchstbetrag die erste Forderung übersteigt (KGJ. 22 A 160),

[1]) Anhang S. 165. [2]) Anhang S. 160.

oder eine Hypothek für mehrere Gesamtgläubiger (§ 428 BGB.), die sämtlich unter Hinweis auf diese Eigenschaft einzutragen sind (KGJ. 46 A 222; JFG. 10, 318), wenn ferner unzulässigerweise mehrere Rechte für mehrere Gläubiger unter einer Nummer eingetragen werden (Güthe-Triebel, § 47 Anm. 5). Gleichgültig ist,* ob die Eintragung des gemeinschaftlichen Rechts zum Zwecke der Begründung dieses Rechts oder Grundbuchberichtigung (z. B. des Vermerks der ehelichen Gütergemeinschaft, KGJ. 39 A 203), ob sie auf Antrag oder von Amts wegen, auf Bewilligung oder behördliches Ersuchen erfolgt (KGJ. 23 A 224; 26 A 103).

3. Die **Angabe der Bruchteile** hat derart zu erfolgen, daß daraus die Größe der einzelnen Bruchteile deutlich zu ersehen ist. Dies kann ziffernmäßig, bei gleichen Anteilen auch durch den Vermerk „zu gleichen Anteilen" geschehen (RGZ. 76, 413; KGJ. 29 A 183) oder „zu gleichen Rechten und Anteilen" (KG. DR. 44, 254). Die Angabe „zu gleichen Rechten" genügt nicht (KGJ. 32 A 243). Die Eintragung des „Treuhänder"-Ersatzes ist grundsätzlich nicht zulässig (KG. OLG. 36 Nr. 782). Die Vermutung des § 742 BGB., daß den Teilhabern gleiche Anteile zustehen, gilt für den Grundbuchverkehr nicht (KGJ. 20 A 304; 25 A 134; 27 A 143). Über den Ort der Eintragung vgl. § 9 Abs. 1b GBVfg.[1]).

4. Die **Bezeichnung des für die Gemeinschaft maßgebenden Verhältnisses** kommt nur bei Gesamthands-, nicht bei Bruchteilsgemeinschaften in Frage, mithin, da nur eines der im Gesetz geregelten Gesamthandsverhältnisse in Betracht kommt (KGJ. 21 A 110; 23 A 235; 46, 166), bei der Erbengemeinschaft, der ehelichen Gütergemeinschaft und der zwischen den Gesellschaftern bürgerlichen Rechts oder den Mitgliedern eines nicht rechtsfähigen Vereins in Ansehung des Gesellschafts- oder Vereinsvermögens bestehenden Gemeinschaft. Das die Gesamthandsgemeinschaft begründende Rechtsverhältnis muß genau angegeben werden, bei der ehelichen Gütergemeinschaft auch die Art der Gütergemeinschaft (allgemeine Gütergemeinschaft, Errungenschaftsgemeinschaft, Fahrnisgemeinschaft, fortgesetzte Gütergemeinschaft) — KGJ. 20 A 307; 32 A 243; RGZ. 105, 53 —. Bei Gesellschaften und Vereinen genügt die Bezeichnung als „Gesellschafter zur gesamten Hand", Umwandlung einer offenen Handelsgesellschaft in eine Gesellschaft des BGB. durch einfache Berichtigung (RGZ. 155, 86) oder „als Mitglieder des nicht rechtsfähigen Vereins X" (JFG. 3, 1): die Eintragung bloß auf den Namen des Vereins ist nicht nichtig (RGZ. 127, 311). Die Hinzufügung von Bruchteilen, insbesondere bei der Erbengemeinschaft, ist unzulässig (KGJ. 29 A 179). Ist infolge Angabe der Erbteile nicht klar, ob ungeteilte Erbengemeinschaft oder Bruchteilsgemeinschaft vorliegt, so ist die Eintragung im zutreffenden Sinne zu ergänzen (KGJ. 47, 201). Ist Klarstellung nicht möglich, so ist die Eintragung als widerspruchsvoll gemäß § 53 zu löschen.

Beim Vorkaufsrecht mehrerer ist die grundbuchliche Bezeichnung des nur als Gesamthand denkbaren Gemeinschaftsverhältnisses nicht erforderlich (JFG. 6, 293). Nießbrauch oder Altenteil für Ehegatten ist regelmäßig kein gemeinschaftliches Recht, sondern je ein Recht für jeden Ehegatten zu gleichem Range (KG. HRR. 30 Nr. 379), seine Eintragung für sie als Gesamtberechtigte ist jedoch nicht unzulässig (JFG. 10, 312), ebenso die einer Reallast (OLG. München JFG. 18, 132). Wird ein zum Nachlaß gehöriges Grundstück vom Vorerben vor Eintritt der Nacherbfolge an mehrere Nacherben aufgelassen, so können diese nicht als Nacherben zur gesamten Hand eingetragen werden. Ein Gesamthandsverhältnis kann in diesem Falle nur durch einen von den Nacherben unter sich geschlossenen Vertrag begründet werden.

5. Die Eintragung eines gemeinschaftlichen Rechts **im Widerspruch zu den Bestimmungen des § 47** ist nicht unwirksam, bildet jedoch keine vollständige Eintragung im Sinne des § 39 Abs. 1 (vgl. § 39 Anm. 3; KGJ. 20 A 304; 37 A 256; 39 A 190; 41, 54) und muß daher vor weiteren Eintragungen berichtigt werden. Die Berichtigung ist nur dann nicht erforderlich, wenn sämtliche Teilhaber gemeinsam über das Grundstück oder das Recht als ganzes verfügen wollen, auf die Eintragung der Anteile also es nicht ankommt, z. B. im Falle der gemeinsamen Zustimmung sämtlicher Miteigentümer zur Löschung einer Hypothek (KGJ. 27 A 143).

6. Die Eintragung der Bruchteile oder des Gemeinschaftsverhältnisses erfolgt **auf Grund der Eintragungsbewilligung** oder, falls eine solche nicht erforderlich ist oder durch den Antrag ersetzt wird, auf Grund **des Antrages,** der in diesem Falle der Form des § 29 bedarf (RGZ. 105, 59), gegebenenfalls auf Grund behördlichen Ersuchens. All diese Erklärungen müssen demgemäß den Vorschriften des § 47 entsprechen. Ein die Bewilligung ersetzender unvollständiger Schuldtitel kann durch

[1]) Anhang S. 164.

die Erklärung des Berechtigten ergänzt werden. Die Richtigkeit der Angaben der Beteiligten nachzuprüfen, ist der Grundbuchrichter nicht befugt (KGJ. 53, 130; RGZ. 105, 59). Nur wenn er die Unrichtigkeit kennt, hat er die beantragte Eintragung abzulehnen (KGJ. 25 A 134). Die in der Auflassung enthaltene Angabe nach § 47 GBO. kann durch die Erwerber nicht einseitig nachträglich abgeändert werden (OLG. München JFG. 20, 52).

Eintragung und Löschung der Mitbelastung.

§ 48 (§ 49)

(1) Werden mehrere Grundstücke mit einem Recht belastet, so ist auf dem Blatte jedes Grundstücks die Mitbelastung der übrigen von Amts wegen erkennbar zu machen. Das gleiche gilt, wenn mit einem an einem Grundstück bestehenden Recht nachträglich noch ein anderes Grundstück belastet oder wenn im Falle der Übertragung eines Grundstücksteils auf ein anderes Grundbuchblatt ein eingetragenes Recht mitübertragen wird.

(2) Soweit eine Mitbelastung erlischt, ist dies von Amts wegen zu vermerken.

1. Allgemeines. Die Vorschrift bedeutet eine Ausnahme von dem Antragsgrundsatz des § 13 und bezweckt, die Übereinstimmung des Grundbuchinhalts mit der wirklichen Rechtslage zu fördern, aus der Erwägung heraus, daß eine solche Übereinstimmung gerade bei Gesamtbelastungen im Interesse der Beteiligten liegt, da von dem Bestande der Belastung des einzelnen Grundstücks der Bestand der Belastung der andern mithaftenden Grundstücke regelmäßig abhängig ist (§§ 1181 Abs. 2, 1172 Abs. 1, 1175 BGB., § 91 Abs. 1 ZVG.) und, soweit dies nicht der Fall ist, d. h. bestimmte Ereignisse nicht das Erlöschen der Belastung sämtlicher mithaftenden Grundstücke zur Folge haben (§§ 1173 Abs. 1 Satz 1, 1174 Abs. 1, 1175 Abs. 1 Satz 2, 1182 BGB.), ein Schutz der Eigentümer der Grundstücke, an denen die Mitbelastung erloschen ist, gegen die Wirkungen gutgläubigen Erwerbs des noch als Gesamtbelastung eingetragenen Rechts geboten ist. Dem Schutze der Grundstückseigentümer dient insbesondere das Erfordernis des Mitbelastungsvermerks überhaupt, da ohne einen solchen nach dem Grundbuch mehrere formell selbständige Rechte bestehen, die in der Hand gutgläubiger Erwerber auch materielle Selbständigkeit erlangen können.

2. Die Belastung mehrerer Grundstücke mit einem Rechte liegt vor, wenn ein und dasselbe Recht an mehreren selbständigen Grundstücken besteht ohne Rücksicht darauf, ob die Grundstücke auf mehreren Grundbuchblättern oder demselben Grundbuchblatte (§ 4) eingetragen sind, ob die Grundstücke in demselben oder verschiedenen Grundbuchbezirken belegen sind (§ 2), von demselben oder verschiedenen Grundbuchämtern geführt werden. Den Grundstücken stehen grundstücksgleiche Rechte (Anm. 1 zu § 3) und Grundstücksbruchteile, soweit diese verschiedenen Personen gehören (Ausnahme: Erstehung eines Bruchteils in der Zwangsversteigerung durch einen anderen Miteigentümer, Eintragung der Hypothek aus § 128 ZVG. — HRR. 33 Nr. 338), nicht dagegen sonstige Rechte an Grundstücken gleich. Eine Gesamtbelastung im Sinne des § 48 liegt auch dann vor, wenn ein belastetes Grundstück auf mehrere Miteigentümer übergeht (Hesse § 48 Anm. II 2, RGZ. 146, 363, JFG. 11, 237) oder wenn die Miteigentümer nicht ihre Anteile, sondern das ganze Grundstück belasten. Ist für dieselbe Forderung auf einem Grundstück eine Zwangshypothek, auf dem andern eine Briefhypothek eingetragen, so ist Mitbelastung durch dasselbe Recht gegeben (RGZ. 98, 111), KG. JFG. 13, 86), nicht dagegen, wenn das eine Grundstück mit einer Hypothek, das andere mit einer Vormerkung zur Sicherung des Anspruchs auf Eintragung derselben Hypothek zur Mithaft belastet ist (KGJ. 44, 250). Als Rechte kommen nur solche in Betracht, bezüglich deren eine Gesamtbelastung überhaupt möglich ist, vor allem Reallasten, Hypotheken, Grundschulden und Rentenschulden, aber auch Erbbaurechte, Grunddienstbarkeiten und beschränkte persönliche Dienstbarkeiten, nicht dagegen der Nießbrauch und das Vorkaufsrecht. Als Gesamtbelastungen sind ferner denkbar Vormerkungen und Widersprüche, soweit sie sich auf Gesamtrechte beziehen, nicht dagegen Verfügungsbeschränkungen.

Die Mitbelastung mehrerer Grundstücke mit einem Rechte kann gleichzeitig oder nacheinander erfolgen. Die infolge Teilung eines bisher einheitlichen Grundstücks in mehrere selbständige Grundstücke nachträglich eintretende Mitbelastung fällt nur unter § 48, wenn sie mit der Übertragung eines Grundstücksteils auf ein anderes Grundbuchblatt verbunden ist, nicht dagegen, wenn die Grundstücksteile sämtlich auf dem bisherigen Grundbuchblatte als selbständige

Grundstücke zur Eintragung gelangen. Immerhin wird es auch im letzteren Falle zweckmäßig sein, bei den in Betracht kommenden Rechten an Stelle der Nummer des mit ihnen bisher belasteten Stammgrundstücks die Nummern der Grundstücke zu setzen, in die es zerlegt ist, und auf diese Weise die Mitbelastung erkennbar zu machen. Ein Altenteil kann zur Gesamthaft hinsichtlich der in ihm enthaltenen beschränkten persönlichen Dienstbarkeiten auf solchen Grundstücken nicht eingetragen werden, auf denen sich keine für die Benutzung in Frage kommenden Einrichtungen oder Flächen befinden (KG. JW. 37, 2206).

3. **Die Erkennbarmachung der Mitbelastung** hat nicht nur zu erfolgen, wenn die mitbelasteten Grundstücke verschiedene Grundbuchblätter, sondern auch — von der oben erörterten Ausnahme abgesehen — ein gemeinschaftliches Grundbuchblatt gemäß § 4 haben, und zwar im ersteren Falle auf dem Blatte jedes Grundstücks, in der Hauptspalte insbesondere nicht nur des nachbelasteten Grundstücks. Eines ausdrücklichen Mitbelastungsvermerks bedarf es nicht, wenn nur aus der Art der Eintragung, auch des Rechtes selbst die Mitbelastung der Grundstücke zweifelsfrei erhellt. Nach §§ 10 Abs. 4, 11 Abs. 5 GBVfg.[1]) sind bei gleichzeitiger Gesamtbelastung, wenn die belasteten Grundstücke verschiedene Grundbuchblätter haben, in Spalte 3 der zweiten Abteilung und in der Spalte 4 der dritten Abteilung der Mitbelastungsvermerk und der Eintragungsvermerk, am zweckmäßigsten durch Aufzählung der mithaftenden Grundstücke, zu verbinden, wenn für sie ein gemeinschaftliches Grundbuchblatt besteht, in den Spalten 2 der Abteilung II oder Abteilung III die Nummern der belasteten Grundstücke nach dem Verzeichnis der Grundstücke aufzuführen (§§ 10 Abs. 3, 11 Abs. 3 GBVfg.)[1]). Bei nachträglicher Mitbelastung eines auf einem anderen Grundbuchblatte eingetragenen Grundstücks ist auf dem Blatte des bisher allein belasteten Grundstücks in Spalte 5 der Abteilung II oder in Spalte 7 der Abteilung III die Mithaft des nachbelasteten Grundstücks als „Veränderung" des Rechts zu vermerken und auf dem Blatte dieses Grundstücks der Mithaftvermerk mit dem Eintragungsvermerk so zu verbinden, daß die Nachbelastung deutlich erkennbar ist (§§ 10 Abs. 5, 11 Abs. 6 GBVfg.)[1]). Handelt es sich um die Nachbelastung eines auf demselben Grundbuchblatte eingetragenen Grundstücks, so bedarf es nicht der Neueintragung des Rechts, sondern nur des Mitbelastungsvermerks in den Spalten 5 bzw. 7. Die Geltung der Unterwerfungsklausel wird durch die Mithaftungseintragung auch ohne ausdrückliche Erwähnung der Unterwerfung in wirksamer und zuverlässiger Weise verlautbart (KG. JFG. 17, 346). Die Aufführung des neu belasteten Grundstücks in den Spalten 2, die zweckmäßig daneben zu erfolgen hat, genügt dagegen nicht.

4. Im Falle der **Übertragung eines Grundstücksteils auf ein anderes Grundbuchblatt** ist die durch die Grundstücksteilung eingetretene Gesamtbelastung erkennbar zu machen auf dem Blatte des Stammgrundstücks, in dem in den Spalten 5 der Abt. II bzw. 7 der Abt. III die Mitübertragung des Rechts auf das neue Grundbuchblatt zu vermerken ist, auf dem neuen Blatte, indem die mit dem Grundstücksteil übertragenen Rechte mit dem Hinweise einzutragen sind, daß die Übertragung zur Mithaft erfolge. Die gleichen Eintragungen haben auch im Falle der Übertragung eines mit anderen Grundstücken desselben Grundbuchblatts gesamt belasteten selbständigen Grundstücks auf ein anderes Grundbuchblatt zu erfolgen, da ohne diese Eintragungen das Recht in Ansehung des übertragenen Grundstücks gemäß § 46 Abs. 2 als gelöscht gelten würde. Die Eintragungen erfolgen hier zur Erkennbarmachung des Weiterbestehens der Mitbelastung. Ist das Recht auf dem Blatte, nach dem der Grundstücksteil oder das Grundstück übertragen wird, bereits eingetragen, so bedarf es keiner Übertragung des Rechts, vielmehr ist auf beiden Blättern in den Spalten „Veränderungen" bei dem Recht lediglich die Übertragung des Grundstücks oder Grundstücksteils zu vermerken. All dies gilt auch, wenn das übertragene Grundstück mit dem auf dem neuen Blatte eingetragenen Grundstücke vereinigt oder ihm als Bestandteil zugeschrieben wird (§ 6).

5. Werden die Grundbücher der **mitbelasteten Grundstücke** von **verschiedenen Grundbuchämtern** geführt, so hat jedes Grundbuchamt für das von ihm geführte Grundbuchblatt über die Eintragung der Mitbelastung selbständig zu befinden. Bei gleichzeitiger Mitbelastung der Grundstücke hat das zuerst angegangene Amtsgericht auf dem Blatte seines Grundstücks zunächst lediglich das Recht unter gleichzeitiger Mitbelastung (vgl. darüber im einzelnen § 30 GeschO. i. d. F. der AV. v. 23. 12. 37, DJ. 38, 33[1]) einzutragen und den Eintragungsantrag sowie nach seinem Ermessen eine beglaubigte Abschrift des Eintragungsvermerks an das andere Grundbuchamt zwecks Entscheidung über den Antrag hinsichtlich des andern Grund-

stücks weiterzugeben (§ 21 Nr. 2a GeschO.)[1]). Gibt dieses dem Eintragungsantrag statt, so hat es zugleich die Mithaft zu vermerken und das erste Grundbuchamt unter Übersendung einer beglaubigten Abschrift seines Eintragungsvermerks um die Eintragung der Mithaft bei dem ersten Grundstück zu ersuchen. Die Eintragung erfolgt hier in der Spalte „Veränderungen". Bei nachträglicher Belastung eines von einem andern Grundbuchamt geführten Grundbuchblattes hat zunächst dieses die Eintragung des Rechts unter gleichzeitigem Vermerk der Mitbelastung vorzunehmen und demnächst das Grundbuchamt des bereits belasteten Grundstücks um Eintragung der Mithaft zu ersuchen. Kommen nicht nur zwei, sondern mehr Grundbuchämter in Frage, so ist entsprechend zu verfahren. Bei Übertragung eines Grundstücks oder Grundstücksteils auf ein von einem andern Grundbuchamt geführtes Grundbuchblatt hat das für das alte Blatt zuständige Grundbuchamt nur gemäß § 25 Abs. 3 und 4 GBVfg.[2]) die Abschreibung des Grundstücks oder Grundstücksteile vorzunehmen und erst, nachdem das andere Grundbuchamt das Grundstück oder den Grundstücksteil nebst den darauf lastenden Rechten unter gleichzeitigem Vermerk der Mithaft auf das neue Blatt übertragen hat, auf Ersuchen dieses Grundbuchamts auch auf dem alten Blatte die Übertragung, insbesondere bei den Rechten, zu vermerken.

Sind für die mitbelasteten Grundstücke verschiedene Grundbuchrichter desselben Amtsgerichts zuständig, so hat über sämtliche erforderlichen Eintragungen nur einer der Richter, und zwar, wenn in der Geschäftsverteilung nichts anderes bestimmt ist, bei gleichzeitiger Mitbelastung der zuerst angegangene Richter, bei Nachbelastung der für das nachbelastete Grundstück, bei der Übertragung eines Grundstücks oder Grundstücksteils der für das bisherige Grundbuchblatt zuständige Richter zu befinden.

Die Eintragung von Veränderungen von Gesamtbelastungen, z. B. der Abtretung, Verpfändung, Pfändung, Änderung der Kündigungs- und Zahlungsbestimmungen, der Unterwerfungsklausel nach § 800 ZPO., der Forderungsauswechslung, der Umwandlung einer Hypothek in eine Grundschuld, eines Buchrechts in ein Briefrecht und umgekehrt ist ebenfalls nur einheitlich für alle Grundstücke möglich (RGZ. 63, 74; KGJ. 33 A 297; 40, 299; 44, 187; JFG. 3, 360). Sind für diese Grundstücke verschiedene Grundbuchämter zuständig, so ist in der gleichen Weise wie bei der Eintragung der Mitbelastung zu verfahren.

6. **Das Erlöschen der Mitbelastung** ist von Amts wegen einzutragen, und zwar nicht nur, wenn das ganze Recht an dem ganzen mitbelasteten Grundstücke, sondern auch, wenn nur ein Teil des Rechts an diesem oder das ganze Recht an einem Teil des Grundstücks erlischt. Tritt das Erlöschen der Mithaft außerhalb des Grundbuchs ein, so ist es erst zu vermerken, wenn das Recht auf dem Blatte des Grundstücks, an dem es ganz oder teilweise erloschen ist, gelöscht ist (Güthe-Triebel, § 4 Anm. 25). Wird trotz Erlöschens an sämtlichen belasteten Grundstücken das Recht nur an einem der Grundstücke gelöscht, so ist bei den andern Grundstücken nur das Erlöschen der Mitbelastung einzutragen, nicht dagegen das Recht selbst auch auf den Blättern dieser Grundstücke zu löschen. Vielmehr kann dessen Löschung nur auf Antrag erfolgen. Werden die Grundbücher der mitbelasteten Grundstücke von verschiedenen Grundbuchämtern geführt, so hat das Grundbuchamt, das die Löschung des Rechts auf dem Blatte seines Grundstücks vornimmt, die Grundbuchämter der mitbelasteten Grundstücke um die Eintragung des Erlöschens der Mithaft zu ersuchen. Dies gilt auch, wenn mehrere Grundbuchrichter desselben Amtsgerichts zuständig sind; jeder von ihnen hat mithin die für sein Grundbuchblatt erforderlichen Eintragungen vorzunehmen.

7. Über die **Behandlung der Briefe** im Falle der Eintragung von Gesamthypotheken vgl. Anm. zu §§ 59, 63.

Eintragung eines Leibgedinges.

§ 49 (§ 50)

Werden Dienstbarkeiten und Reallasten als Leibgedinge, Leibzucht, Altenteil oder Auszug eingetragen, so bedarf es nicht der Bezeichnung der einzelnen Rechte, wenn auf Eintragungsbewilligung Bezug genommen wird.

1. **Allgemeines.** Die Vorschrift ist ebenso wie die eine Bezugnahme auf die Eintragungsbewilligung gestattenden §§ 874, 877, 885 Abs. 2, 1115 Abs. 1 BGB. im Interesse der Übersichtlichkeit des Grundbuchs erlassen, da diese durch zu umfangreiche Eintragungen leiden würde. Ihre Bedeutung besteht ferner darin, daß mehrere

---

[1]) Anhang S. 255. [2]) Anhang S. 168.

dingliche Rechte auch verschiedener Art unter einer einheitlichen Bezeichnung und unter einer Nummer eingetragen werden dürfen.

2. Unter einem **Leibgedinge** (Leibzucht, Altenteil oder Auszug) ist das bei der Überlassung eines Grundstücks zugunsten des Überlassenden oder anderer Personen zum Zwecke ihres Unterhalts ausbedungene Recht auf bestimmte Leistungen oder Nutzungen zu verstehen (Art. 15 AGBGB., Art. 96 EGBGB.). Nur wenn und soweit diese Leistungen und Nutzungen zum Inhalt einer Reallast oder Dienstbarkeit (Nießbrauch, Grunddienstbarkeit oder beschränkten persönlichen Dienstbarkeit auch eines nackten Wohnungsrechts, RGZ. 152, 104) gemacht werden können, ist die Eintragung des Leibgedinges zulässig, da dieses ein dingliches Recht eigener Art nicht darstellt (KGJ. 40, 251). Den Erfordernissen einer Reallast wird im allgemeinen genügt sein, wenn überhaupt Leistungen wiederkehren, ohne daß dies bei jeder einzelnen Leistung der Fall zu sein braucht (JFG. 1, 439). Durch eine Reallast kann nicht gesichert werden die Verpflichtung des Eigentümers, im Falle des vom Gutsübernehmer verschuldeten Fortzugs des Leibgedingers diesem an Stelle des Leibgedinges eine Geldabfindung zu zahlen, vielmehr bedarf es hierzu der Eintragung einer Hypothek (KGJ. 53, 166). Unerheblich ist es, ob das Leibgedinge sich aus Dienstbarkeiten und Reallasten oder nur aus Dienstbarkeiten oder nur aus Reallasten zusammensetzt. Für Eheleute kann ein Leibgedinge als einheitliches Recht eingetragen werden, auch wenn eine Gemeinschaft zwischen ihnen in bezug auf das Leibgedinge im Sinne des § 48 nicht besteht (KG. OLG. 29, 410).

3. Neben der **Bezugnahme auf die Eintragungsbewilligung** ist auch diejenige auf Urkunden zulässig, durch die im einzelnen Falle die Eintragungsbewilligung ersetzt wird, z. B. auf Urteile, Arrestbefehle, einstweilige Verfügungen, Ersuchen von Behörden usw. (vgl. § 19 Anm. 10 RGZ. 113, 229), nicht dagegen auf das Grundgeschäft, z. B. den Kaufvertrag, in dem das Leibgedinge vereinbart ist, es sei denn, daß die Eintragungsbewilligung Bestandteil des Grundgeschäfts geworden ist (KGJ. 21 A 142). Im letztgenannten Falle ist der die Eintragungsbewilligung enthaltende Teil des Grundgeschäfts bei der Bezugnahme genau zu bezeichnen (JFG. 8, 235). Die Eintragungsbewilligung ist nach § 874 BGB. der Bezugnahme nur fähig, wenn die darin bezeichneten Rechte, aus denen das Leibgedinge bestehen soll, als dingliche Rechte zulässig und die dem Leibgedinger gebührenden Leistungen zumindesten bestimmbar sind (KG. HRR. 32 Nr. 758). Ist der in der Bewilligung angegebene Inhalt teilweise nicht eintragungsfähig, so kann dieser Teil von der Bezugnahme und damit der Eintragung nicht ausgenommen werden, vielmehr ist in diesem Falle die ganze Eintragung unzulässig. Das Wort „Eintragungsbewilligung" ist nicht erforderlich (JFG. 8, 232), dagegen der Abgabe- und Beglaubigungstag, wenn verschieden, anzugeben (KG. HRR. 31 Nr. 589). Die Bezugnahme auf Bestandteile der Eintragungsbewilligung, die ausdrücklich einzutragen sind, z. B. auf die Person des Berechtigten bedeutet Unvollständigkeit und damit Unzulässigkeit der Eintragung. Darüber, ob bei Zulässigkeit der Bezugnahme überhaupt und in welchem Umfange auf die Bewilligung Bezug genommen werden soll, hat der Grundbuchrichter nach freiem Ermessen zu entscheiden, das der Nachprüfung in der Beschwerdeinstanz nicht unterliegt (RGZ. 50, 152; KGJ. 27 A 124; 28 A 119; 32 A 255; 33 A 244).

Bei Bezugnahme auf eine Ausfertigung oder beglaubigte Abschrift der Bewilligung, die mit der Urschrift nicht übereinstimmt, ist das Grundbuch unrichtig und ein Widerspruch nach § 53 Abs. 1 Satz 1 einzutragen.

Über die Aufbewahrung der in der Eintragung Bezug genommenen Urkunden vgl. § 10.

Eine bestimmte Form, insbesondere ein bestimmter Wortlaut ist für die Bezugnahme nicht vorgeschrieben, doch muß zweifellos sein, daß der Inhalt der Bewilligung zum Bestandteil der Eintragung gemacht werden soll.

Eintragung von Hypotheken (Grundschulden) für Teilschuldverschreibungen auf den Inhaber.

§ 50 (§ 51)

(1) Bei der Eintragung einer Hypothek für Teilschuldverschreibungen auf den Inhaber genügt es, wenn der Gesamtbetrag der Hypothek unter Angabe der Anzahl, des Betrags und der Bezeichnung der Teile eingetragen wird.

(2) Diese Vorschrift ist entsprechend anzuwenden, wenn eine Grundschuld oder eine Rentenschuld für den Inhaber des Briefes eingetragen und das Recht in Teile zerlegt werden soll.

1. Allgemeines. § 50 gestattet für den Fall, daß Forderungen aus Teilschuldverschreibungen auf den Inhaber gemäß § 1187 BGB. hypothekarisch sichergestellt werden sollen, für sämtliche Schuldverschreibungen eine zusammengefaßte Hypothek einzutragen (KGJ. 35 B 29; 38 B 68; 50, 198; JFG. 4, 426), und gibt zugleich in Ergänzung des § 1115 BGB. Bestimmungen darüber, wie in diesem Falle der Geldbetrag der Hypothek einzutragen ist.

2. Der **Hypothek für Teilschuldverschreibungen auf den Inhaber** ist gleichzustellen eine Hypothek für indossable Schuldverschreibungen, die in Teile zerlegt sind, auch für eine Anleihe, bezüglich der nur für einen bestimmten (realen) Teil indossable Papiere ausgegeben sind (OLG. Dresden KGJ. 22 D 28; KG. in KGJ. 35 B 29; JFG. 3, 424). Nicht dagegen fällt unter § 50, wenn Forderungen aus Teilschuldverschreibungen, deren Feststellung im übrigen vorbehalten wird, durch eine Höchstbetragshypothek sichergestellt werden (KGJ. 40, 314; JFG. 3, 427), wenn ferner eine Sicherungshypothek von bestimmten Betrage ausschließlich für eine Bank, wenn auch zur Sicherstellung eines Teils der in der Eintragungsbewilligung bezeichneten Teilschuldverschreibungsanleihe eingetragen wird (JFG. 3, 429, 436; RGZ. 113, 223).

3. Die **Teile** sind durch Angabe ihrer Anzahl, des Betrages, über den sie lauten, sowie der Reihen, Buchstaben und Nummern, unter denen die Schuldverschreibungen ausgegeben sind, zu **bezeichnen** (KG. HRR. 27 Nr. 1294). Die Eintragung besonderer Hypotheken für die einzelnen Teile ist nicht ausgeschlossen.

4. Die **Zerlegung einer Inhabergrundschuld (Rentenschuld) in Teile** ist sowohl bei ihrer Eintragung gemäß § 1195 BGB. wie auch nachträglich zulässig. Über jeden Teil ist ein besonderer Brief zu erteilen (§ 70 Abs. 2).

5. Vor der Eintragung einer Inhaberhypothek oder -grundschuld ist die nach § 795 Abs. 1 BGB. vorgeschriebene **staatliche Genehmigung** in der Form des § 29 Satz 2 nachzuweisen.

Eintragung des Vor- und Nacherbenrechts.

§ 51 (§ 52)

Bei der Eintragung eines Vorerben ist zugleich das Recht des Nacherben und, soweit der Vorerbe von den Beschränkungen seines Verfügungsrechts befreit ist, auch die Befreiung von Amts wegen einzutragen.

1. Allgemeines. Der Nacherbenvermerk dient der grundbuchmäßigen Klarstellung der aus der Anordnung der Nacherbfolge den Vorerben treffenden Verfügungsbeschränkungen und bezweckt den Schutz des Nacherben gegen benachteiligende Verfügungen des Vorerben oder seines Erben und gegen benachteiligende Zwangsakte gegen den Vorerben. Durch die Eintragung der Befreiungen des Vorerben soll der Umfang der Verfügungsbeschränkung im einzelnen Falle festgestellt werden. Ein dingliches Recht an den zum Nachlaß gehörigen Grundstücken und Grundstücksrechten erwirbt der Nacherbe durch Eintragung des Nacherbenrechts nicht.

2. Die **Nacherbfolge** kann nur durch Verfügung von Todes wegen angeordnet werden. Über ihren Begriff vgl. § 2100 BGB., über bestimmte Fälle, in denen Nacherbfolge im Zweifel als angeordnet anzusehen ist, §§ 2101, 2103 bis 2105 BGB. Unter § 51 fällt auch das Recht des unter einer aufschiebenden Bedingung, z. B. für den Fall der Wiederverheiratung des Vorerben eingesetzten Nacherben (KGJ. 33 A 176), auch wenn erst mit dem Tode des Vorerben der Nacherbenfall eintreten soll (KG. JW. 39, 161), ferner das Recht des zweiten Nacherben (KGJ. 35 A 215; JFG. 5, 315), des Ersatznacherben (KGJ. 43, 304, Rostock JFG. 5, 315, Braunschweig JFG. 7, 270, KG. JFG. 21, 252), das Nacherbenrecht einer noch nicht genehmigten Stiftung (KGJ. 28 A 85), auch Nacherbenrechte, die sich auf einen vor dem 1. Januar 1900 eingetretenen Erbfall gründen, mithin die fideikommissarische Substitution des ALR., die gemeinrechtlichen Universalfideikommisse, ferner die nach gemeinem Recht (nicht nach BGB.) zu beurteilenden Nachvermächtnisse einer bestimmten einzelnen Sache (KGJ. 2, A 84; 22 A 299; 23 A 129; 26 A 202; 34 A 237; 40, 194).

Das Recht des Nacherben erstreckt sich nicht nur auf den zur Zeit des Erbfalls vorhandenen Nachlaß, sondern auch auf den Erbteil, der dem Vorerben infolge Fortfalls eines Miterben anfällt, ferner auf das, was der Vorerbe kraft Surrogation, insbesondere mit Mitteln der Erbschaft erwirbt (§§ 2110, 2111 BGB; KGJ. 27 A 110; 40, 190; JFG. 1, 485; OLG. München JFG. 18, 104). Die vom Vorerben durch Rückzahlung erworbene Eigentumergrundschuld gehört nicht zur Vorerbschaft, wenn sie mit Mitteln des freien Vermögens erworben ist (KGJ. 41, 181; 43, 264;

50, 210; JFG. 8, 358). Im Falle des Nachweises ist, wenn in Abteilung II bei dem Grundstücke das Nacherbenrecht vermerkt ist, bei der Grundschuld die Zugehörigkeit zum freien Vermögen zu vermerken. Tritt der Vorerbe an Stelle des Erblassers in eine Gesellschaft (auch offene Handelsgesellschaft) ein, so ist die Mitgliedschaft nicht Bestandteil des Nachlasses (JFG. 4, 288).

3. Voraussetzung für die Eintragung des Nacherbenrechts ist die **Eintragung des Rechts des Vorerben.** Gleichgültig ist der Charakter des Rechts (Eigentum, beschränktes Recht, Vormerkung, Widerspruch) und, ob die Eintragung auf Antrag, von Amts wegen oder Ersuchen einer Behörde erfolgt. Zum Antrage auf Eintragung des Vorerben (und damit des Nacherbenrechts) ist auch der Nacherbe (oder derjenige, der das Nacherbenrecht durch Abtretung, Verpfändung oder Pfändung erworben hat) berechtigt, unter den Voraussetzungen des § 14 GBO. ohne Bewilligung des Vorerben.

4. Das **Nacherbenrecht** ist nur **einzutragen,** wenn es dem Grundbuchrichter bei Eintragung des Vorerben durch Vorlegung geeigneter Urkunden, z. B. eines Erbscheins oder einer Verfügung von Todes wegen nachgewiesen wird. Diese genügt nicht, wenn zu ihrer Auslegung, insbesondere zur Bestimmung der Person des Nacherben noch tatsächliche Ermittlungen notwendig sind (vgl. § 36 Anm. 3; KGJ. 42, 224; JFG. 7, 269). Zweifelhaft ist, ob es genügt, wenn der Vorerbe die Eintragung beantragt. Da er, wenn er selbst als Erbe eingetragen werden soll, nach § 35 GBO. sein Erbrecht nachzuweisen hat, wonach sich ohne weiteres die Nacherbfolge ergibt, handelt es sich bei dieser Streitfrage im wesentlichen um die Fälle der Surrogation (§ 2111 BGB.), ferner um die des § 35 Abs. 3 GBO. Da die Lebenserfahrung dagegen spricht, daß jemand die Eintragung einer Belastung seines Rechts beantragt, wenn eine solche gar nicht besteht, wird man die in dem Antrage liegende Bewilligung des Vorerben in der Regel für ausreichend halten können (Güthe-Triebel § 51 Anm. 4, Hesse § 51 Anm. IV, KG. JFG. 7, 271, KG. DR. 44, 154 mit teilweise abweichender Begründung; a. M. Henke-Mönch § 51 Anm. 2 B, OLG. München JFG. 22, 143). Nur wenn dem GBA. Tatsachen bekannt sind, die die Unrichtigkeit der Beantragten wahrscheinlich machen, hat es den Nachweis nach § 35 GBO. zu verlangen (JFG. 4, 270).

Das Recht des Nacherben soll regelmäßig zugleich mit dem des Vorerben eingetragen werden, doch ist die Eintragung, wenn sie versehentlich oder infolge Rechtsirrtums unterblieben ist, oder das Nacherbenrecht erst nachträglich dem Grundbuchrichter nachgewiesen wird, von Amts wegen nachzuholen, es sei denn, daß ein Dritter das der Nacherbschaft unterliegende Recht gutgläubig erworben hat (KGJ. 31 A 271; 41, 225; 52, 145). Ist die Eintragung des Nacherbenrechts auf Grund einer zweifelhaften, aber rechtlich möglichen Auslegung der Verfügung von Todes wegen unterblieben, so kann das Nacherbenrecht nachträglich nur eingetragen werden, wenn neue Tarsachen eine andere Auslegung rechtfertigen (KG. JW. 34, 2932 Nr. 1). Bloße Belastung des Rechts steht der nachträglichen Eintragung des Nacherbenrechts nicht entgegen, das aber der Belastung gegeünber, wenn sie im guten Glauben erworben ist, unwirksam ist.

Einem Antrage auf nachträgliche Eintragung des Nacherbenrechts ist unter den Voraussetzungen des § 22 Abs. 1 stattzugeben, im übrigen hat er nur die Bedeutung einer Anregung der Amtstätigkeit des Gundbuchrichters. Ein Verzicht des Nacherben (auch des Testamentsvollstreckers: KG. OLG. 30 Nr. 449) auf die Eintragung des Nacherbenrechts ist zulässig (RGZ. 61, 232; KGJ. 29 A 163, 166; 40, 213; 52, 166; OLG München JFG. 20, 294), insbesondere in der Bewilligung seiner Löschung zu sehen. In diesem Falle hat der Grundbuchrichter das Nacherbenrecht, auch wenn es fortbesteht, nicht zu beachten (KGJ. 5, 166). Das Nacherbenrecht ist nicht einzutragen, wenn der Vorerbe das Recht mit Wirksamkeit gegen den Nacherben veräußert hat oder zum Löschen bringt (JFG. 4, 332) oder der Nacherbe sein Anwartsrecht auf den Vorerben übertragen hat (KGJ. 51, 214; RGZ. 83, 437; 101, 185). Zum Nachweis dieser Übertragung kann Vorlegung eines Erbscheins nicht verlangt werden (DNotZ. 32, 290). Dies gilt auch, wenn auf Grund einer mit Wirkung über den Tod hinaus erteilten Vollmacht der Bevollmächtigte über das zur Vorerbschaft gehörige Grundstück oder Grundstücksrecht verfügt (KG. JW. 35 2153). Ein Antrag des Vorerben, sein Recht ohne den Nacherbenvermerk einzutragen, ist zurückzuweisen (KG. OLG. 41, 31), ebenso kann der Erblasser die Eintragung des Nacherbenrechts nicht ausschließen.

Die Eintragung des Nacherbenrechts befreit für den Fall des Eintritts der Nacherbfolge den Nacherben regelmäßig von dem Erfordernis, zum Zwecke seiner Eintragung als Eigentümer oder Berechtigter nochmals sein Erbrecht durch Vorlegung der Verfügung von Todes wegen und des Eröffnungsprotokolls gemäß § 36 nachzuweisen (JFG. 1, 366).

5. Für die **Eintragung der Befreiungen des Vorerben** gilt das zu 4 Gesagte entsprechend. Da es sich hier um eine Eintragung zugunsten des Vorerben handelt, kann dieser auf sie verzichten, während der Nacherbe sie nicht hindern kann.

6. **Inhalt des Nacherbenvermerks.** Die Nacherben sind, soweit tunlich, mit ihrem Namen zu bezeichnen (§ 15 Abs. 1a GBVfg.[1]); KGJ. 23 A 127). Ist dies nicht angängig, weil z. B. die in einem bestimmten künftigen Zeitpunkt vorhandenen Abkömmlinge einer Person oder zur Zeit des Erbfalls noch nicht erzeugte Personen zu Nacherben ernannt sind, so hat die Bezeichnung so genau wie möglich zu erfolgen (KGJ. 42, 224). Bei mehrfacher Nacherbschaft sind sämtliche Nacherben einzutragen, ebenso der Ersatznacherbe (KGJ. 35 A 251; 43, 304; JFG. 5, 315; 7, 270; KG. OLG. 38 Nr. 284). Einzutragen sind ferner die Voraussetzungen, unter denen die Nacherbfolge eintritt. Ist hierüber nichts gesagt, so gilt § 2106 BGB. Die Anordnung der Testamentsvollstreckung gemäß § 2222 BGB. (auch für die Zeit nach Eintritt des Nacherbenfalls) ist bei dem Nacherbenrecht zu vermerken (KGJ. 40, 196). Nach Eintragung des Nacherbenvermerks sind weitere Verfügungen des Vorerben unbeschränkt möglich, da das Grundbuch nicht gesperrt ist. Lediglich zu Sicherung des mit dem Vermerk belasteten Rechts bedarf es beim nicht befreiten Vorerben stets (RGZ. 102, 332), beim befreiten dann der Zustimmung des Nacherben, wenn es sich um ein unentgeltliches Rechtsgeschäft handelt. Jedoch bedarf auch der nicht befreite Vorerbe zur Löschung einer rangletzten Hypothek keiner Zustimmung (OLG. München JFG. 21, 81).

Die Befreiung des Vorerben von den Beschränkungen der §§ 2113 Abs. 1 und 2114 BGB. ist ihrem Umfange nach genau zu bezeichnen und bei dem Recht des Vorerben einzutragen; mit dem Nacherbenvermerk kann die Eintragung dahin verbunden werden, daß der Nacherbe sich mit dem begnügen muß, was beim Tode des Vorerben noch übrig sein wird (§ 2137 Abs. 1 BGB.; KGJ. 40, 195). Ist ein Grundstück dem Vorerben als Vorausvermächtnis zugewandt, so ist die Eintragung des Nacherbenvermerks unzulässig und der Vermerk auf Antrag zu löschen, wenn inzwischen die Nacherbfolge eingetreten ist (OLG München JFG. 23, 300).

7. **Form der Eintragung.** Das Nacherbenrecht ist, wenn es das Eigentumsrecht betrifft, in Abteilung II, wenn es eine Hypothek oder ein sonstiges Recht am Grundstück betrifft, in der Spalte Veränderungen der betreffenden Abteilung einzutragen, und zwar auch dann, wenn es gleichzeitig mit dem Recht eingetragen wird (§ 10 Abs. 1b, Abs. 5, § 11 Abs. 6 GBVfg.)[1]).

8. Der **Nacherbenvermerk** kann nur auf Bewilligung des Nacherben, bei Übertragung des der Nacherbschaft unterliegenden Rechts auch auf Antrag des Erwerbers, bei Aufgabe des Rechts auf Antrag des damit Belasteten **gelöscht** werden, wenn der Antragsteller gemäß § 22 nachweist, daß die Übertragung, im Falle einer Belastung des übertragenen Rechts auch die Belastung (KGJ. 44, 256) oder Aufgabe dem Nacherben gegenüber wirksam ist. Die Löschung erfolgt ferner von Amts wegen bei Übertragung des Anwartschftsrechts auf den Vorerben, ebenso bei Umschreibung des Rechts auf den Nacherben nach Eintritt der Nacherbfolge (§ 17 Abs. 3 GBVfg.)[1]). Übertragungen, Belastungen und Pfändungen des Nacherbenrechts sind eintragungsfähig (KGJ. 42, 228; 44, 264; 47, 168; JFG. 6, 274; RGZ. 83, 434; 90, 235; 101, 184; 103, 358).

Testamentvollstreckervermerk.

§ 52 (§ 53)

Ist ein Testamentsvollstrecker ernannt, so ist dies bei der Eintragung des Erben von Amts wegen miteinzutragen, es sei denn, daß der Nachlaßgegenstand der Verwaltung des Testamentsvollstreckers nicht unterliegt.

1. **Allgemeines.** Der Testamentsvollstreckervermerk dient der grundbuchmäßigen Klarstellung der aus der Anordnung der Testamentsvollstreckung die Erben nach § 2211 BGB. treffenden Verfügungsbeschränkung und bezweckt, zu verhindern, daß die Erben unbefugt an Stelle des Testamentsvollstreckers über Nachlaßgegenstände zugunsten gutgläubiger Dritter verfügen.

2. Die **Ernennung eines Testamentsvollstreckers** ist nicht nur einzutragen, wenn sie nach dem BGB. (§§ 2197ff.) zu beurteilen ist, sondern auch wenn der Erblasser vor dem 1. Januar 1900 verstorben ist, mithin die bisherigen Gesetze maßgebend sind (KGJ. 20. A 81; 23 A 129; 40, 191), ebenso wenn der Erblasser ein Ausländer ist. Unerheblich ist, ob der Testamentsvollstrecker das Amt angenommen hat, da die Eintragung nicht dazu dient, seine Verfügungsbefugnis nach-

[1]) Anhang S. 165ff.

zuweisen, hierfür vielmehr die in § 36 Abs. 2 bezeichneten Urkunden ausschließlich bestimmt sind (KGJ. 40, 193; 50, 165).

Der Vermerk ist nur bei Nachlaßgegenständen einzutragen, die der Verwaltung des Testamentsvollstreckers unterliegen, auch bei Gegenständen, die mit Mitteln der Erbschaft erst nach dem Erbfall durch Rechtsgeschäft erworben sind, ebenso bei Vormerkungen und Widersprüchen (KGJ. 27 A 110; 40, 190). Die Eintragung ist nur so lange zulässig, als die Testamentsvollstreckung dauert, nach Erledigung der ihr durch den Erblasser zugewiesenen Aufgaben, insbesondere der Nachlaßteilung nur dann, wenn der Erblasser eine Anordnung nach § 2209 BGB. getroffen hat (KGJ. 31 A 259).

Die Anordnung einer Testamentsvollstreckung zum Zwecke der Ausübung der Rechte des Nacherben (§ 2222 BGB.) ist zugleich mit diesem Rechte einzutragen (KGJ. 40, 196). Der Testamentsvollstreckervermerk ist auch dann einzutragen, wenn der Testamentsvollstrecker erst nach Eintritt des Nacherbfalls zur Verwaltung und Teilung des Nachlasses berufen ist. Die Eintragung hat im Anschluß an den Nacherbenvermerk zu erfolgen (KG. JW. 38, 1411).

3. Voraussetzung für **die Eintragung** der Testamentsvollstreckung ist diejenige **des Erben** (KGJ. 50, 165). Hierfür gilt das zu § 51 Anm. 3 über die Eintragung des Vorerben Gesagte entsprechend.

4. Die **Testamentsvollstreckung** wird nur **eingetragen,** wenn die Ernennung des Testamentsvollstreckers dem Grundbuchrichter bei der Eintragung des Erben nachgewiesen wird. Hierbei ist auf das zu § 51 Anm. 4 Gesagte zu verweisen (KGJ. 40, 193; 50, 165). Ein Erbschein wird regelmäßig dann nicht zum Nachweise der Testamentsvollstreckung ausreichen, auch wenn er nach § 2364 Abs. 1 BGB. über deren Anordnung Auskunft gibt, falls Zweifel darüber bestehen, ob der betreffende Nachlaßgegenstand der Verwaltung des Testamentsvollstreckers unterliegt, vielmehr bedarf es in diesem Falle der Vorlegung des Testaments. Ebenso genügt, solange noch der Erblasser eingetragen ist, nicht das Testamentsvollstreckerzeugnis, weil auf Grund dieses die Erben nicht eingetragen werden können (KGJ. 50, 165). Beim Fehlen zum Nachweis geeigneter Urkunden ist auf Grund einer Berichtigungsbewilligung des Erben auf Antrag dieses oder des Vollstreckers die Testamentsvollstreckung einzutragen (§ 22 Abs. 1). Ein Verzicht des Testamentsvollstreckers auf sein Recht ist nicht zulässig (OLG. München JFG. 20, 294), doch kann er dadurch, daß er nach § 2217 Abs. 1 BGB. den betreffenden Nachlaßgegenstand oder sämtliche Nachlaßgegenstände (in grundbuchmäßiger Form) dem Erben zur freien Verfügung überläßt, die Eintragung verhindern (KGJ. 40, 213). Dagegen **kann** sie der Erblasser oder der Erbe nicht **ausschließen.**

5. **Inhalt des Testamentsvollstreckervermerks.** Einzutragen ist nur die Tatsache der Ernennung, nicht auch die Annahme des Amts. Ebenso sind nicht der Name des Testamentsvollstreckers und der Umfang der ihm zustehenden Verfügungsmacht anzugeben (KGJ. 36 A 189; 40, 193; 50, 168). Die gleichwohl erfolgte Eintragung dieser Tatsachen hat keine Beweiskraft. Einzutragen ist jedoch eine Anordnung nach § 2222 BGB. und im Falle einer betagten Ernennung der Zeitpunkt, zu dem er das Amt anzutreten hat (KGJ. 40, 196). Über die Wirkung des Vermerks gilt das Gleiche wie beim Nacherben — vgl. § 51 Anm. 6. Der Nachweis, daß die Verfügung nicht unentgeltlich war (§ 2205), bedarf nicht der Form des § 29 GBO. (JFG. 7, 284).

6. Über **die Form,** insbesondere den Ort **der Eintragung** gilt das zu § 52 Anm. 7 Gesagte (§ 10 Abs. 1b, Abs. 4, § 11 Abs. 6 GBVfg.)[1]).

7. **Der Testamentsvollstreckervermerk ist zu löschen** auf Antrag unter den Voraussetzungen des § 22 Abs. 1, falls die Unrichtigkeit der Eintragung, insbesondere das Erlöschen des Amtes nachgewiesen wird, ferner im Falle der Freigabe eines der Verwaltung des Testamentsvollstreckers unterliegenden Rechts zugunsten des Erben oder seiner Löschung und Umschreibung, sofern sie der Testamentsvollstrecker gegen sich gelten lassen muß, insbesondere ihr zugestimmt hat oder wenn der Testamentsvollstrecker mit Wirkung gegenüber den Erben über das Recht verfügt hat, so daß es aus dem Nachlaß ausscheidet (JFG. 12, 278).

Unrichtigkeit des Grundbuchs infolge gesetzwidriger Eintragungen. Inhaltlich unzulässige Eintragungen.

§ 53 (§ 54)

(1) Ergibt sich, daß das Grundbuchamt unter Verletzung gesetzlicher Vorschriften eine Eintragung vorgenommen hat, durch die das Grundbuch unrichtig

[1]) Anhang S. 165.

geworden ist, so ist vom Amts wegen ein Widerspruch einzutragen. Erweist sich eine Eintragung nach ihrem Inhalt als unzulässig, so ist sie von Amts wegen zu löschen.

(2) Bei einer Hypothek, einer Grundschuld oder einer Rentenschuld bedarf es zur Eintragung eines Widerspruchs der Vorlegung des Briefs nicht, wenn der Widerspruch den im § 41 Abs. 1 Satz 2 bezeichneten Inhalt hat. Diese Vorschrift ist nicht anzuwenden, wenn der Grundschuld- oder Rentenschuldbrief auf den Inhaber ausgestellt ist.

1. **Allgemeines.** Der § 53 Abs. 1 Satz 1 gibt dem Grundbuchrichter, der regelmäßig nicht in der Lage ist, eine gesetzwidrige Eintragung von Amts wegen zu löschen, die Möglichkeit, durch Eintragung eines Widerspruchs dem Eintritt des Schadens, der den durch die unzulässige Eintragung Betroffenen infolge der Vorschriften über den öffentlichen Glauben des Grundbuchs droht, vorzubeugen und damit den Staat und die Grundbuchbeamten vor Schadensersatzansprüchen zu bewahren. Durch Befreiung von dem Erfordernis der vorherigen Briefvorlegung bei Briefgrundpfandrechten ist in bestimmten Fällen ein schleuniges Verfahren gewährleistet (Abs. 2). Durch das Gebot der Löschung inhaltlich unzulässiger Eintragungen sollen das Grundbuch und damit auch Hypotheken- und Grundschuldbriefe von bedeutungslosen Vermerken gereinigt und Geschäftsunkundige vor Irreführungen bewahrt werden(Abs. 1 S. 2).

2. Über den **Begriff der Eintragung** vgl. Anm. 2 zu § 13. Auch hier kommen Eintragungen rein tatsächlicher Natur, wie z. B. Eigenschaftsangaben u. dgl., Anlegung eines gemeinschaftlichen Grundbuchblattes gemäß § 4 nicht in Betracht (KGJ. 27 A 244), wohl aber in entsprechender Anwendung des § 53 Abs. 1 Satz 2, wenn ein Grundstück entgegen § 6 GBO. mehreren anderen als Bestandteil zugeschrieben worden ist (KG. HRR. 41, 602). Da der § 53 lediglich zum Schutz gegen die Wirkungen des öffentlichen Glaubens dient, ein Widerspruch auch begrifflich nur zu diesem Zwecke eingetragen werden kann, so scheiden ferner solche Eintragungen über Rechtsverhältnisse aus, denen gegenüber der Grundsatz des öffentlichen Glaubens nicht gilt (KGJ. 26 A 238), z. B. die Teilung eines Grundstücks (§ 2 Abs. 3), die Eintragung der Anordnung der Zwangsversteigerung (KGJ. 26 A 78), des Nacherbenrechts und sonstiger Verfügungsbeschränkungen (KGJ. 34 A 238; HRR. 1930 Nr. 239), der Zugehörigkeit eines Grundstücks zu einer Bahneinheit (KGJ. 40, 102), der Einleitung des Enteignungsverfahrens (KG. OLG. 12, 166), die Eintragung des Miteigentums ohne den Zusatz des § 48, weil die Unrichtigkeit dieser Eintragung sich ohne weiteres ergibt (KG. OLG. 18, 219), die Eintragung einer Forderungsauswechslung bei einer Sicherungshypothek (KG. JFG. 14, 383); ferner die Eintragung einer Vormerkung oder eines Widerspruchs, gegen deren Löschung jedoch ausnahmsweise die Eintragung eines Amtswiderspruchs zulässig ist, auch gegen die Löschung des Amtswiderspruchs selbst (RGZ. 129, 184; 132, 423; KG. HRR. 34, 1223; KG. JFG. 9, 205 unter Aufgabe seiner früheren entgegengesetzten Ansicht). Der Ausschluß der Vorschriften über den öffentlichen Glauben gemäß § 1140 BGB. — die Unrichtigkeit des Grundbuchs geht aus dem Hypothekenbriefe hervor — steht dagegen der Anwendbarkeit des § 53 nicht entgegen. Unerheblich ist, auf welcher Grundlage die Eintragungen beruhen, ob sie auf Antrag, auf Ersuchen einer Behörde oder von Amts wegen vorgenommen worden sind. Als Eintragung im Sinne des Abs. 1 Satz 1, nicht auch des Satzes 2 (RGZ. 113, 234) gilt insbesondere auch die Löschung. Eine Eintragung im Sinne des § 53 ist erst gegeben, wenn sie von den zuständigen Beamten unterschrieben (§ 44) und nach außen hin rechtswirksam geworden, d. h. den Beteiligten bekanntgemacht worden ist. Letzteres kann durch Benachrichtigung, Aushändigung des Hypothekenbriefs oder Einsicht des Grundbuchs geschehen. Eine nach außen noch nicht rechtswirksame Eintragung kann jederzeit von Amts wegen berichtigt oder beseitigt werden (RGZ. 57, 284).

3. Über den **Begriff der Unrichtigkeit des Grundbuchs** vgl. § 22 Anm. 2. Unrichtigkeit liegt hiernach nicht vor, wenn Angaben, deren Beseitigung für den Inhalt des eingetragenen Rechts und für den Rechtserwerb ohne Bedeutung ist, die nicht unter dem Schutze des öffentlichen Glaubens stehen, unrichtig sind (z. B. Teilung eines Grundstücks ohne die vorgeschriebene behördliche Genehmigung), ebenso nicht, wenn bloße Ungenauigkeiten oder Unklarheiten der Fassung und Schreibfehler gegeben sind, z. B. der Name des Berechtigten falsch geschrieben, das Datum einer Urkunde unrichtig angegeben ist u. dgl. (KG. OLG. 6, 437; 7, 197), die Eintragung an falscher Stelle erfolgt ist (RGZ. 54, 248; 55, 343; 94, 7; JFG. 8, 300). Derartige Unrichtigkeiten können jederzeit von Amts wegen

berichtigt werden. Die Unrichtigkeit im Rechtssinne muß eine Folge der Eintragung sein, darf nicht außerhalb des Grundbuchs eingetreten sein. Nicht jede Verletzung gesetzlicher Vorschriften bei der Eintragung bewirkt Unrichtigkeit des Grundbuchs, insbesondere nicht die bloße Verletzung von Ordnungsvorschriften, wenn die materiellrechtlichen Voraussetzungen für die durch die Eintragung beurkundete Rechtsänderung vorgelegen haben.

Auch die gesetzwidrig erfolgte Löschung einer Vormerkung und eines Widerspruchs bewirkt Unrichtigkeit (vgl. oben). Die Unrichtigkeit muß zur Zeit der Eintragung des Widerspruchs noch bestehen und darf nicht, insbesondere durch Erteilung einer fehlenden Genehmigung durch Erwerb auf Grund öffentlichen Glaubens oder außerhalb des Grundbuchs, z. B. in der Zwangsversteigerung durch rechtskräftigen Zuschlagsbeschluß inzwischen geheilt sein (KGJ. 21 A 147; 31 A 271; 41, 225; 45, 214; 47, 185; 48, 194; 52, 143; 53, 191; RGZ. 65, 98; OLG. München JFG. 17, 293).

Die Unrichtigkeit des Grundbuchs braucht nicht nachgewiesen zu sein, vielmehr genügt Glaubhaftmachung. Zur Aufklärung des Sachverhalts kann der Grundbuchrichter die nach seinem pflichtgemäßen Ermessen erforderlichen Ermittlungen anstellen, insbesondere Zeugen vernehmen, wobei die Beteiligten nicht zugezogen zu werden brauchen (KGJ. 48, 194). Dies gilt auch für die Glaubhaftmachung des Fortbestehens der Unrichtigkeit des Grundbuchs im Zeitpunkt der Widerspruchseintragung, namentlich des Ausschlusses eines gutgläubigen Rechtserwerbs Dritter nach der unrichtigen Eintragung (KGJ. 31 A 271; 41, 225; 45, 270; 47, 185; KG. JW. 33, 2709[4]; JW 36, 1475; JFG. 13, 228). Jedoch kommen hier Ermittlungen von Amts wegen nur dann in Frage, wenn gewichtige Anhaltspunkte gegen das Fortbestehen der Unrichtigkeit vorliegen. Die Gesetzesverletzung muß stets festgestellt, nicht nur glaubhaft gemacht sein (KGJ. 47, 185; 52, 146; JFG. 6, 259; 7, 253).

4. Eine **Verletzung gesetzlicher Vorschriften,** worunter auch die zur Ausführung der GBO. erlassenen allgemeinen Verfügungen, insbesondere die Grundbuchverfügung, z. B. die Verletzung der Ermittlungspflichten im Verfahren zur Anlegung von Grundbuchblättern (OLG. München JFG. 17, 293), nicht dagegen die ihr als Anlage beigegebenen Probeeintragungen fallen (§ 22 Satz 2 GBVfg.[1]), JFG. 8, 320), liegt vor, wenn eine gesetzliche Vorschrift entweder überhaupt nicht oder nicht richtig angewendet worden ist. Soweit ausländisches Recht anzuwenden war, ist dessen unrichtige Anwendung als Gesetzesverletzung nur anzusehen, wenn das GBA. seiner Verpflichtung, sich die Kenntnis des ausländischen Rechts nach Möglichkeit zu verschaffen, nicht nachgekommen ist (JFG. 7, 250). Die Beteiligten sind nicht verpflichtet, ihm dem § 293 ZPO. entsprechend die zur Feststellung des fremden Rechts erforderlichen Unterlagen zu beschaffen (KGJ. 21 A 5; 27 A 250). Die Entscheidung, ob Gesetzesverletzung vorliegt, richtet sich nach der Rechtslage zur Zeit der Eintragung — eine nachträgliche Rechtsänderung auch mit rückwirkender Kraft ist unerheblich —, ferner nach dem Tatbestand, der dem Grundbuchrichter von dem Antragsteller unterbreitet worden ist, auch wenn dieser Tatbestand unrichtig oder unvollständig ist, es sei denn, daß die Unrichtigkeit oder Unvollständigkeit dem Grundbuchrichter bekannt oder aus Fahrlässigkeit unbekannt gewesen ist (OLG. Oldenburg, Nds.Rechtspflege 47, 20). Im übrigen kommt es auf ein Verschulden der Grundbuchbeamten nicht an (KGJ. 47, 264; JFG. 6, 261). Die Rechtsverletzung muß bei der Eintragung begangen sein, braucht jedoch nicht die durch die Eintragung bewirkte Unrichtigkeit des Grundbuchs mitverursacht zu haben (JFG. 8, 320). Es braucht mithin im Falle der Verletzung bloßer Ordnungsvorschriften nicht glaubhaft gemacht zu sein, daß die Eintragung, durch die wegen Fehlens der materiell-rechtlichen Voraussetzungen der Rechtsänderung, z. B. der Einigung, das Grundbuch unrichtig geworden ist, bei Beachtung der Ordnungsvorschrift unterblieben wäre. In Betracht kommen nur Eintragungen, die das Grundbuchamt auf Grund eigener Erwägung, nicht auch Eintragungen, die es auf Grund einer Anweisung des Beschwerdegerichts vorgenommen hat. Gegenüber einer solchen Eintragung kann die Eintragung eine Widerspruchs nur durch weitere Beschwerde gegen den Beschluß des Landgerichts erreicht werden (RGZ. 70, 235; JFG. 3, 264).

5. **Zur Eintragung des Widerspruchs** ist der Grundbuchrichter verpflichtet, auch wenn die gesetzwidrige Eintragung nicht von ihm herrührt; zu ihrer Erfüllung kann er durch Beschwerde angehalten werden (KGJ. 23 A 133; 47, 264). Beschwerdeberechtigt ist der, zu dessen Nachteil das Grundbuch durch die Eintragung unrichtig ist (dies ist, falls die Verfügung mangels der vorgeschriebenen behördlichen

---

[1]) Anhang S. 168.

Genehmigung unwirksam ist, nicht das Land [Gemeinde oder Kommunalverband], dem die Genehmigungsbehörde angehört, sondern der Inhaber des Rechts, über das verfügt worden ist, KGJ. 31 A 371; KG. JW. 25, 1130, 1780; JFG. 9, 178 — doch ist im Widerspruch auf das Ersuchen hinzuweisen — JFG. 1, 399), oder der berechtigt ist, des Benachteiligten Berichtigungsanspruch im eigenen Namen geltend zu machen. Bei der Eintragung des Widerspruchs müssen der oder die Berechtigten, die durch die unrichtige Eintragung betroffen sind, namentlich angegeben, ferner die Unrichtigkeit bezeichnet werden, gegen die er sich richtet (KGJ. 45, 210; 52, 147; JFG. 9, 179). Eine Bezugnahme auf Urkunden ist insoweit nicht gestattet. Eine gegen diese Grundsätze verstoßende Eintragung ist als inhaltlich unzulässig zu löschen, gleichzeitig aber ein neuer Widerspruch einzutragen (JFG. 9, 179). Eine Begründung der Unrichtigkeit ist nicht erforderlich und, falls unzutreffend, unschädlich (JFG. 2, 291). Gegen jede einzelne Unrichtigkeit muß ein besonderer Widerspruch eingetragen werden.

Über die Form der Eintragung des Widerspruchs vgl. §§ 12, 19 GBVfg.[1]).

Materiellrechtlich hat der Amtswiderspruch die gleichen Wirkungen wie der gemäß § 899 BGB. eingetragene Widerspruch, d. h. der Erwerber des unzulässigerweise eingetragenen Rechts oder eines Rechts daran muß die wahre, nicht die durch das Grundbuch geschaffene Grundlage gegen sich gelten lassen (KGJ. 21 A 148; 23 A 133; 26 A 79; 26 A 241; 47, 182). Der Widerspruch an sich führt eine Sperrung des Grundbuchs nicht herbei. Jedoch darf der Grundbuchrichter, wenn er weiß, nicht nur für wahrscheinlich hält, daß der eingetragene Berechtigte in Wahrheit nicht berechtigt oder nicht verfügungsberechtigt ist, auf Grund seiner Bewilligungen keine Eintragungen vornehmen (vgl. § 19 Anm. 8; KGJ. 26 A 250). Die Abtretung des durch den Widerspruch gesicherten Berichtigungsanspruchs ist nicht eintragungsfähig (KGJ. 47, 169, a. M. KGJ. 36 A 178).

6. Der Widerspruch ist nicht von Amts wegen, sondern (ohne die Möglichkeit seiner Wiedereintragung, KG. HRR. 33 Nr. 142) nur auf Antrag **zu löschen** entweder auf Grund der Bewilligung desjenigen, zu dessen Gunsten der Widerspruch eingetragen ist (KGJ. 21 A 147), oder auf Grund der Glaubhaftmachung, daß in der Tat Unrichtigkeit des Grundbuchs nicht vorliegt (KGJ. 47, 185; JFG. 10, 221). Dies gilt nicht für den Widerspruch, der auf Grund § 11 WohnsiedlGes. v. 22. 9. 33 (RGBl. 69)[2]), des Art. 2 Abs. 3 d. VO. über die Veräußerung von Entschuldungsbetrieben v. 6. 1. 37 (RGBl. I 5)[3]) oder des § 32 Abs. 3 LVO. v. 2. 12. 47 (VOBl. BZ. 157[4])) wegen nicht erteilter Genehmigung einer Grundstücksveräußerung auf Ersuchen der Genehmigungsbehörde eingetragen worden ist. Vielmehr ist dieser Widerspruch nur im Falle des Nachweises der Genehmigung, sonst lediglich auf Ersuchen der Genehmigungsbehörde zu löschen und zwar auch von Amts wegen. Als gegenstandslos ist der Widerspruch stets dann zu löschen, wenn (auf Antrag gemäß § 22) das Grundbuch endgültig berichtigt wird (§§ 19 Abs. 3, 2 GBVfg.)[1]).

7. Eine Eintragung ist nach ihrem Inhalte unzulässig, wenn sie entweder überhaupt oder in der Form, in der sie zum Ausdruck gekommen ist, vom Gesetz (materiellem oder formellem, Reichs- oder auf dem ihm vorbehaltenen Gebiet Landesrecht) verboten ist. Maßgebend ist der Rechtszustand zur Zeit der Eintragung (KG. JW. 31 544). Doch können Eintragungen, die zur Zeit ihrer Vornahme zulässig waren, auch nachträglich durch die Gesetzgebung mit rückwirkender Kraft für unzulässig erklärt oder infolge Verstoßes gegen Grundsätze des öffentlichen Rechts unerlaubt werden (KGJ. 40, 231; 52, 231; HRR. 31 Nr. 1867). Ohne rückwirkende Kraft wird durch ein solches Gesetz das Grundbuch nur unrichtig. Durch Änderung der Gesetzgebung zulässig gewordene Eintragungen sind nicht zu löschen, ebenso nicht Eintragungen, die infolge Änderung der Gesetzgebung gegenstandslos und damit lediglich unrichtig werden (RGZ. 108, 182). Verboten sind sämtliche Eintragungen, die weder ausdrücklich vorgeschrieben oder zugelassen sind, noch mittelbar dadurch, daß das Gesetz von ihnen den Eintritt von Rechtswirkungen abhängig macht (vgl. Anm. 2 zu § 13). Eine unzulässige Eintragung liegt nicht nur vor, wenn ein nicht eintragungsfähiges Recht (z. B. Mietrecht, KGJ. 24 A 121; 53, 160; Ankaufsrecht JFG. 3, 315, obligatorisches Wiederkaufsrecht, BayOLG. JFG. 4, 349, die Verwaltung und Nutznießung am Kindesvermögen, KGJ. 49, 211; vgl. auch § 54 GBO.), sondern auch, wenn ein an sich eintragungsfähiges Recht (Vormerkung, Widerspruch, Verfügungsbeschränkung) nicht mit dem gesetzlich gebotenen oder erlaubten Inhalt eingetragen wird (Beispiele: Eintragung eines Rechts oder Veräußerungsverbots ohne Angabe des Be-

---

[1]) Anhang S. 165. [2]) Anhang S. 297. [3]) Anhang S. 289.
[4]) Anhang S. 306.

rechtigten — KGJ. 39 A 210; 46, 203; RGZ. 89, 159; JFG. 6, 319 — einer Hypothek ohne Angabe einer bestimmten Forderung — KG. OLG. 44, 174 — oder des Zinssatzes — RG. JFG. 4, 4; RGZ. 113, 22 —, einer Zwangshypothek als Gesamthypothek — KGJ. 40, 310; 49, 232; RGZ. 163, 121 — oder im Betrage unter 300 DM oder für eine erst künftig fällig werdende Forderung — KGJ. 52, 125 —, Eintragung einer Hypothek an dem Anteil eines Miterben am ungeteilten Nachlaß oder eines Ehegatten am Gesamtgut — BayOLG. JFG. 30, 18 —, der Umwandlung einer Gesamtsicherungshypothek in eine Verkehrshypothek auf nur einem Grundstück — JFG. 4, 412 —, der Pfändung einer angeblichen Eigentümerhypothek — JFG. 1, 436 —, einer Vormerkung ohne Angabe des Schuldgrundes — KG. HRR. 29 Nr. 801 — eines Widerspruchs ohne Angabe des Berichtigungsanspruchs — RGZ. 88, 27 —, der Heimstätteneigenschaft an nicht erster Stelle (OLG. München — — JFG. 21, 14). Als inhaltlich unzulässig zu löschen ist auch eine öffentliche Last, die unter Geltung des früheren Rechts zulässigerweise eingetragen war, dann — ob mit Recht oder Unrecht — gelöscht wurde und demnächst unter Geltung des jetzigen § 54 GBO. wieder eingetragen worden ist (JFG. 15, 95). Einer Eintragung fehlt nicht nur dann der gesetzlich gebotene Inhalt, wenn ein einzutragender Punkt überhaupt nicht eingetragen, insbesondere unzulässigerweise in Bezug genommen ist (sog. unvollständige Eintragung), sondern auch, wenn die Eintragung zu diesem Punkte widersprechende oder derart unklare Angaben enthält, daß der aus dem Zusammenhalt von Eintragung und Bewilligung sich ergebende Zweifel oder Widerspruch auch nicht durch Auslegung gelöst werden kann (RGZ. 113, 231; 136, 232; JFG. 1, 496; 8, 301; 9, 238). Dagegen liegt eine inhaltlich unzulässige Eintragung nicht vor, wenn infolge Weglassung einer gesetzlich vorgeschriebenen Angabe die Eintragung nur einen von dem Antrage abweichenden, jedoch an sich erlaubten Inhalt erhält. (Beispiele: Eintragung einer Buchhypothek ohne den Vermerk über den Ausschluß der Brieferteilung, einer Sicherungshypothek ohne den hierauf hinweisenden Zusatz). In einem solchen Falle ist das Grundbuch lediglich unrichtig (KG. JW. 1926 S. 2449, KG. OLG. 10, 100). Nimmt ein Eintragungsvermerk auf eine Eintragungsbewilligung Bezug, so ist die bei den Grundakten befindliche Urkunde für den Inhalt des GB. maßgebend. Weicht diese Urkunde inhaltlich von der Urschrift ab, so ist das GB. unrichtig und unter denselben Voraussetzungen zu berichtigen, als wenn der Eintragungsvermerk selbst fehlerhaft wäre (KG. OLG. 37, 329). Ist nur ein Teil der Eintragung unzulässig, fehlt aber infolgedessen der Eintragung ein wesentliches Erfordernis, so ist sie ganz, ist dagegen ohne diesen Teil der Rest der Eintragung zulässig, nur der unzulässige Teil zu löschen. Weicht in einem solchen Falle die restliche Eintragung von der Einigung oder den sonstigen materiellrechtlichen Erklärungen ab, so ist auch hier das Grundbuch nur unrichtig (RGZ. 113, 229; KGJ. 31 A 337; 38 A 218; 42, 256; 43, 224; 53, 169). Eintragungen, die zwar für das betreffende Recht erheblich sind, deren Inhalt sich aber schon aus dem Gesetz ergibt (sog. unnötige Vermerke), sind als überflüssige Belastung des Grundbuchs grundsätzlich unzulässig (Beispiele: Eintragung der Haftung der Hypothek für die gesetzlichen Zinsen der Forderung und Kosten — § 1119 BGB.; KGJ. 20 A 203; 21 A 165 — des gesetzlichen Rangverhältnisses in den Fällen der §§ 1151, 1176 BGB. — KGJ. 21 A 165; 28 A 139 —; vgl. ferner RGZ. 118, 162; 119, 213; 130, 354; 132, 112; KGJ. 49, 230; JFG. 3, 400, 427, 8, 297). Dieser Grundsatz gilt dann nicht, wenn die überflüssige Eintragung der Klarstellung dient und keine Unübersichtlichkeit und Überfüllung des Grundbuchs herbeiführt (RGZ. 132, 113; KGJ. 37 A 213; 47, 201).

Da die Zulässigkeit einer Eintragung einerseits feststehen muß, andererseits nur auf Grund ihres Inhalts zu prüfen ist, kommt eine Unzulässigkeit, die sich aus dem Inhalte des Eingeschriebenen nicht ohne weiteres, vielmehr erst aus Beweisen ergibt, die außerhalb des Grundbuchs liegen, nicht in Betracht. Beispiel: Eintragung eines Rechts für eine Stiftung, die ausweislich von Urkunden nicht rechtsfähig ist (RGZ. 88, 83; KGJ. 38 A 333, 51, 273; 53, 157, 210; JFG. 3, 427). Eintragungsbewilligungen, auf die in der Eintragung Bezug genommen ist, gelten für die Prüfung der Zulässigkeit, insbesondere die Auslegung unklarer Angaben (Schuldgrund einer Hypothek — KG. JW. 1934, 1421) als Teil der Eintragung (RGZ. 113, 229; JFG. 4, 5).

8. Unzulässige Eintragungen sind gemäß § 46 Abs. 1 zu **löschen,** sobald der Grundbuchrichter das Vorhandensein einer solchen Eintragung feststellt, auch wenn inzwischen neue Eintragungen stattgefunden haben, da gegenüber einer unzulässigen Eintragung die Vorschriften über den öffentlichen Glauben des Grundbuchs nicht Platz greifen (OLG. München DNZ. 36, 820). War infolge der Unzulässigkeit der Eintragung der ihr zugrunde liegende Antrag von vornherein nicht begründet, oder handelt es sich um eine Eintragung von Amts wegen, so ist nach der Löschung nichts weiteres zu veranlassen. Ist dagegen der Eintragungsantrag auch nach der Löschung noch gerechtfertigt, so ist ihm nunmehr durch Vornahme der Eintragung in der vorgeschriebenen Form, auch durch Hinzufügung des fehlenden Teils (z. B. Angabe des Gläubigers, KGJ. 46, 200; JFG. 9, 195) stattzugeben. Hierbei ist vor allem zu prüfen, ob der Nachholung der Eintragung inzwischen neu eingetragene Rechte entgegenstehen, erforderlichenfalls ein Rangvermerk einzutragen (JFG. 9, 195). Auch gegenüber einer zu Unrecht erfolgten Amtslöschung ist die Eintragung eines Widerspruchs gemäß Abs. 1 Satz 1 zulässig. Eintragungen, die auf Ersuchen der Auseinandersetzungsbehörde erfolgen und nach Art. 12 PrAG. unzulässig sind, sind lediglich auf deren Ersuchen zu löschen (Art. 13 PrAG.)[1]).

9. Die **Befreiung von dem Erfordernis der Briefvorlegung** gilt für den Amtswiderspruch in dem gleichen Umfange wie für den auf Grund einer Bewilligung oder einstweiligen Verfügung gemäß § 899 BGB. einzutragenden Widerspruch. Es ist daher auf das zu § 41 Anm. 5 Gesagte zu verweisen. Daß die Befreiung bei Inhabergrundschulden nicht Platz greift, folgt daraus, daß der Fall des § 42 Satz 2 für Amtswidersprüche nicht in Betracht kommt. Eine unzulässig eingetragene Hypothek (Grundschuld) darf erst nach Vorlegung des Briefs gelöscht werden (§§ 41 Abs. 1 Satz 1, 42).

Wegen nachträglicher Beschaffung des Briefes vgl. § 62 Abs. 2 Satz 1.

Öffentliche Lasten.

§ 54

Die auf einem Grundstück ruhenden öffentlichen Lasten als solche sind von der Eintragung in das Grundbuch ausgeschlossen, es sei denn, daß ihre Eintragung gesetzlich besonders zugelassen oder angeordnet ist.

1. **Allgemeines.** Die Vorschrift verneint die bisher von der Landesgesetzgebung zu entscheidende Frage, ob öffentliche Lasten in das Grundbuch einzutragen sind, gestattet aber die ausdrückliche Zulassung oder Anordnung ihrer Eintragung.

2. Der Begriff der **öffentlichen Last** ergibt sich aus dem Landesrecht, in den ehemals preußischen Gebietsteilen u. a. aus Art. 1, 2 AG. ZVG. Wenn darin lediglich bestimmt wird, was als öffentliche Last im Sinne des § 10 Abs. 1 Nr. 3 und des § 156 Abs. 1 ZVG. anzusehen sei, so entsprechen doch die hier im einzelnen aufgeführten Lasten, insbesondere die gemeinen Lasten sämtlich dem allgemeinen Begriff der öffentlichen Last. Die auf einem Grundstück ruhenden öffentlichen Abgaben gehören zu den öffentlichen Lasten auch dann, wenn sie nicht die Eigenschaft von gemeinen Lasten haben, mithin nicht auf allen Grundstücken derselben Art im Bereiche der Verfassung, aus der sie stammen, vielmehr nur auf einzelnen lasten (RGZ. 59, 400); nach § 1 d. 2. DfVO. d. ZJA. zur VO. über die Aufhebung der Gebäudeentschuldungssteuer v. 24. 1. 47 VOBl. BZ. 21) die Abgeltungslast, solange sie nicht als Hypothek eingetragen ist, nach § 14 Abs. 1 des Gesetzes über die Deutsche Landesrentenbank v. 7. 12. 39 (RGBl. I 2405)[2]) die Landesrentenbankrente, deren Betrag und Tilgungszeit jedoch auf Ersuchen der Siedlungsbehörde einzutragen ist. Von der Eintragung in das Grundbuch ausgeschlossen sind sowohl das Kernrecht, wie die einzelnen daraus entspringenden Ansprüche, stets jedoch nur die öffentliche Last als solche. Grundbuchrechtlich steht demnach nichts im Wege, für ein selbständiges, lediglich zur Erfüllung der öffentlichen Last abgegebenes Schuldversprechen nach § 780 BGB. eine Hypothek oder zu ihrer Sicherung eine Grundschuld zu bestellen, und zwar auch vor Ablauf der Frist des § 10 Abs. 1 Nr. 3 ZVG. Ob materiellrechtlich eine solche Eintragung (wegen doppelter Sicherung derselben Verbindlichkeit) zulässig ist, wird durch § 54 nicht entschieden. Eine öffentliche Last, die unter Geltung des früheren Rechts zulässigerweise eingetragen war, alsdann aber — gleichviel ob mit Recht oder Unrecht — gelöscht ist, darf nicht wieder eingetragen werden. Eine trotzdem erfolgte Wiedereintragung ist von Amts wegen zu löschen (KG. JW. 37, 1512; JFG. 15, 95). Auf jeden Fall wird man es für zulässig halten müssen, daß für die zeitlich nicht unter § 10 Abs. 1 Nr. 3 ZVG. fallenden Ansprüche eine Sicherungshypothek, gegebenenfalls unter der aufschiebenden Bedingung des Wegfalls des Vorrechts aus § 10 Abs. 1 Nr. 3 ZVG. eingetragen wird (Güthe-Triebel § 54 Anm. 9, Henke-Mönch § 54 Anm. 3; JFG. 18, 175; JW. 38, 2831; a. M. Hesse § 54

---

[1]) Anhang S. 160. [2]) Anhang S 278.

Anm. II). Eine entsprechende Eintragung ist auch Voraussetzung für die Wirksamkeit des Verzichts auf die öffentliche Grundstückslast des Anliegerbeitrages (§ 4 d. Ges. über Zahlung und Sicherung von Anliegerbeiträgen v. 30. 9. 36 — RGBl. I, 854).

Benachrichtigung der Beteiligten.

§ 55

Jede Eintragung soll dem Antragsteller und dem eingetragenen Eigentümer sowie allen aus dem Grundbuch ersichtlichen Personen bekanntgemacht werden, zu deren Gunsten die Eintragung erfolgt ist oder deren Recht durch sie betroffen wird, die Eintragung eines Eigentümers auch denen, für die eine Hypothek, Grundschuld, Rentenschuld, Reallast oder ein Recht an einem solchen Recht im Grundbuch eingetragen ist. Jede Eintragung auf dem Grundbuchblatt eines Heimstättengrundstücks ist auch dem eingetragenen Heimstättenausgeber bekanntzumachen. Auf die Bekanntmachung kann verzichtet werden.

1. **Allgemeines.** Die Vorschrift bildet, da auch Eintragungen gerichtliche Verfügungen darstellen, eine Ergänzung zu § 16 FGG.. Die hier vorgenommene Umgrenzung derer, die ein Recht auf Mitteilung von Eintragungen haben, findet ihre Rechtfertigung in dem Interesse, das die genannten Beteiligten an der Benachrichtigung haben, insbesondere darin, daß diesen dadurch die Möglichkeit gegeben wird, gegenüber unrichtigen Eintragungen rechtzeitig Schritte zu unternehmen und den ihnen hieraus drohenden Schaden zu verhüten. Der Kreis der zu benachrichtigenden Personen (und Behörden) kann durch die Reichs- und Landesgesetze und Anordnungen der Justizverwaltung beliebig erweitert werden (§ 39 Abs. 4 GBVfg.)[1].) Die Benachrichtigungspflicht für den Fall der Eintragung eines Rechts für den jeweiligen Eigentümer eines Grundstücks auf dem Blatt des berechtigten Grundstücks regelt § 41 GBVfg.[1]).

2. **Die nach § 55 und Ergänzungsbestimmungen zu benachrichtigenden Beteiligten.** Antragsteller ist derjenige, der auf Grund des § 13 Abs. 2 oder des § 14 die betreffende Eintragung beantragt hat, ferner die Behörde, die um ihre Vornahme gemäß § 38 ersucht hat. Hat der Antragsteller gebeten, die Bekanntmachung an einen anderen zu richten, so ist dem zu entsprechen (KGJ. 34 A 328). Hat der Notar auf Grund seiner gesetzlichen Vollmacht, nicht lediglich als Bote den Antrag überreicht (Anm. 2b zu § 15), so ist er statt des Antragstellers zu benachrichtigen (KGJ. 32 A 284; 38 A 194). Nur an den eingetragenen, nicht den wirklichen Eigentümer, mithin an den Erblasser, nicht die Erben, falls diese noch nicht eingetragen sind, ist die Benachrichtigung zu senden. Ist der wirkliche und nicht eingetragene Eigentümer bekannt, so ist seine Benachrichtigung gleichfalls zulässig und regelmäßig erwünscht. Als solche, zu deren Gunsten eine Eintragung erfolgt, kommen grundsätzlich nur die unmittelbar Begünstigten (vgl. § 13 Anm. 8) in Betracht, mittelbar Begünstigte nur da, wo ihnen ein selbständiges Recht auf Herbeiführung der Eintragung zusteht; z. B. ist der nachfolgende Hypothekengläubiger von der Löschung vorgehender Rechte, zu der sich der Eigentümer ihm gegenüber verpflichtet hatte, zu benachrichtigen (KGJ. 31 A 346). Als Betroffene im Sinne des § 55 sind ebenso wie nach § 19 auch die mittelbar von der Eintragung Betroffenen zu verstehen. Ein bloß wirtschaftliches Interesse an der Eintragung begründet kein Recht auf Nachricht, daher keine Mitteilung an die dinglich Berechtigten von der Eintragung des Zwangsversteigerungsvermerks, es sei denn, daß er erkennbar ihnen gegenüber wirksam ist, ebenso nicht an den eingetragenen Nacherben, wenn der Vorerbe eine Hypothek auf dem Grundstücke eintragen läßt (KGJ. 28 A 153). Durch Satz 2 ist klargestellt, daß im Falle der Eintragung eines Eigentümers die eingetragenen Grundpfand- und Reallastgläubiger und diejenigen, für die an solchen Rechten ein Recht eingetragen ist, stets betroffen sind. Nach § 42 Abs. 2 GBVfg.[1]) ist diesen bei freiwilligen Veräußerungen zugleich der Preis (gegebenenfalls der Wert des Grundstücks — Abs. 2c —) mitzuteilen. Sämtliche eingetragenen Berechtigten sowie der Eigentümer sind zu benachrichtigen von der Umschreibung eines unübersichtlichen Blattes (§ 39 Abs. 3 GBVfg.)[1]) und von dem Übergange der Zuständigkeit für die Führung des Grundbuchs auf ein anderes Grundbuchamt (§ 40 GBVfg.)[1]). Über die wechselseitige Benachrichtigungspflicht der beteiligten Grundbuchämter im Falle des § 9 Abs. 1 GBO. vgl. § 41 GBVfg.[1]). Nach § 17 Abs. 2 ErbbauVO[2].) ist der Erbbauberechtigte von der Eintragung eines Grundstückseigentümers, der Eintragung von Verfügungs-

---

[1]) Anhang S. 172.

beschränkungen und Widersprüchen, die sich gegen sein Eigentum richten, zu benachrichtigen. Auf die Eintragungen im Erbbaugrundbuche finden die Vorschriften des § 55 entsprechende Anwendung in dem Sinne, daß an Stelle des Eigentümers hier der Erbbauberechtigte tritt. Daneben ist jede Eintragung im Erbbaugrundbuch dem Grundstückseigentümer und die Eintragung von Verfügungsbeschränkungen des Erbbauberechtigten den im Erbbaugrundbuch eingetragenen dinglichen Berechtigten bekanntzumachen (§ 17 ErbbauVO.)[1]). Jeder Empfangsberechtigte kann auf die Benachrichtigung (formlos) verzichten.

3. Neben Privatpersonen sind im öffentlichen Interesse **Behörden zu benachrichtigen:**

a) die Katasterbehörde oder die sonstige zur Führung des amtlichen Verzeichnisses nach § 2 Abs. 2 GBO. zuständige Behörde von der Eintragung eines Eigentümers § 39 Abs. 1 GBVfg.)[2]), und zwar durch die Eigentumsveränderungslisten (vgl. Anm. 3 zu § 2), von der Umschreibung eines unübersichtlichen Blattes (§ 39 Abs. 3 GBVfg.)[2]), und den Eintragungen in die Erbbaugrundbücher (§§ 54, 39 GBVfg.)[2]),

b) der zuständige Regierungspräsident, von der Eintragung des Verzichts auf das Eigentum (§ 39 Abs. 2 GBVfg.)[2]), § 33 Abs. 3 Preuß. GBVfg.)[3]),

c) das Oberbergamt von der Eintragung eines Bergwerkseigentümers (§ 33 Abs. 2 Preuß. GBVfg.[3]),

d) die Enteignungsbehörde von allen während des Enteignungsverfahrens an dem Grundstück eintretenden Rechtsänderungen, die für die Vertretung des Grundstücks oder die Auszahlung der Entschädigung von Bedeutung ist (§ 24 Abs. 4 EnteignGes.),

e) das zuständige Kulturamt während der Dauer des Umlegungsverfahrens von allen Eintragungen in Abt. I und II der Blätter aller beteiligten Grundstücke (AV. v. 24. 4. 36, DJ. 703),

f) die vorgesetzte Dienstbehörde des Schuldners von jeder Eintragung einer Zwangshypothek auf ein Pfarr- oder Schulhaus oder auf ein anderes zum öffentlichen Dienst oder Gebrauch bestimmtes Grundstück einer Körperschaft, Stiftung oder Anstalt des öffentlichen Rechts oder einer unter der Verwaltung einer Behörde stehenden Körperschaft oder Stiftung (AV. v. 9. 12. 99 — JMBl. 802 —),

g) Hypothekenbanken und öffentlich-rechtliche Kreditanstalten von Eintragungen, die sich auf Hypotheken, Grundschulden oder Rentenschulden beziehen (AV. v. 9. 9. 14 — JMBl. 706[4]) —),

h) die Fideikommißgerichte von allen Eintragungen, die Grundstücke oder Rechte betreffen, bei denen der Fideikommiß- usw. Vermerk oder das Recht des Nacherben noch eingetragen ist (§ 41 FidErlG.),

i) die Steuerbehörden, und zwar die Grunderwerbsteuerstellen der Land- und Stadtkreise (Oberkreisdirektor oder Oberstadtdirektor) von Eintragungen über Rechtsvorgänge, die der Grunderwerbsteuer unterliegen (§§ 198a, 487 der RAbgO. i. d. F. des Steueranpassungsges. v. 16. 10. 34, RGBl. I 929, GrEStDurchfBest. v. 22. 1. 35, RMBl. 38), die Zuwachssteuerämter der Stadtgemeinden und Landkreise von den Eintragungen des Eigentumsübergangs, und zwar nicht nur, soweit die Gemeinden oder Kreise die Zuwachssteuer auf Grund des Reichsges. v. 14. 2. 11 (RGBl. 33) erheben, sondern auch, soweit sie auf Grund des § 1 Abs. 2 des Ges. über Änderungen im Finanzwesen v. 3. 7. 13 — RGBl. 521 — die Besteuerung des Wertzuwachses anderweit durch ortsstatutarische Vorschrift geregelt haben, regelmäßig unter Verwendung eines Durchschlages oder einer Durchschrift der für die Grunderwerbsteuer bestimmten Übereignungsanzeige (§ 38 Abs. 1 Nr. 3 des Zuwachssteuerges., AVf. v. 19. 5. 11, JMBl. 201, 23. 6. 11, JMBl. 255, 8. 4. 13, JMBl. 124, 6. 2. 22, JMBl. 39, 5. 11. 23, JMBl. 712 und 11. 5. 26, JMBl. 187), die Finanzämter von der Eintragung, Umschreibung oder Löschung von Hypotheken, Grundschulden und andern dinglichen Rechten (AV. v. 7. 6. 10, JMBl. 181, 30. 9. 21, JMBl. 512, 9. 2. 24, JMBl. 69 und 3. 8. 25, JMBl. 275,

j) der Vollstreckungsrichter im Zwangsversteigerungsverfahren von einer nach der Eintragung des Versteigerungsvermerks in der II. oder III. Abteilung erfolgten Eintragung,

k) die Entschuldungsämter von allen Eintragungen bei dem zu einem Entschuldungsbetrieb gehörigen Grundstücken (AV. v. 3. 12. 35, DJ. 1754)).

---

[1]) Anhang S. 280. [2]) Anhang S. 172. [3]) Anhang S. 261. [4]) Anhang S. 269.

Über weitere Benachrichtigungsfälle, die wegen ihrer hauptsächlich örtlichen Bedeutung hier nicht aufgeführt sind, vgl. Güthe-Triebel, Anm. 7ff. Außerdem sind noch bestimmte Mitteilungen zu statistischen Zwecken zu machen. Vgl. hierzu AV. v. 15. 7. 85 (JMBl. 251), 12. 8. 12 (JMBl. 294) und 6. 4. 26 (JMBl. 122) betr. Aufstellung jährlicher Nachweise über Eintragung, Vormerkung und Löschung von Hypotheken, Grundschulden und Rentenschulden.

4. **Inhalt und Form der Bekanntmachung.** Die Bekanntmachungen erfolgen regelmäßig schriftlich unter wörtlicher Mitteilung des eingetragenen Vermerks (§ 42 Abs. 1 GBVfg[1]), vgl. hierzu auch §§ 33, 34 GeschO.[2]). In den Grundakten soll vermerkt werden, in welcher Weise, an welchem Orte und an welchem Tage die Bekanntmachung zur Ausführung gebracht ist (§ 16 Abs. 2 FGG.). Einem Anwesenden kann die Bekanntmachung zu Protokoll eröffnet werden. Auf Verlangen ist ihm eine Abschrift der Eintragungsformel zu erteilen (§ 16 Abs. 3 FGG.). Eine ordnungsmäßige Bekanntmachung der eine Briefhypothek, -grundschuld oder -rentenschuld betreffenden Eintragungen ist ferner in der Übersendung des den Eintragungsvermerk wörtlich enthaltenden Briefes zu sehen (KGJ. 49, 239). Doch ist es nicht unzulässig, den Briefempfänger außerdem besonders zu benachrichtigen.

5. Über den Begriff des **Heimstättenausgebers** vgl. § 1 RHG.[3]) über seine Eintragung im Grundbuche § 4 RHG.[3]), § 62 Abs. 2 GBVfg.[1]).

Dritter Abschnitt

Hypotheken-, Grundschuld- und Rentenschuldbrief.

Zuständigkeit. Wesentlicher Inhalt.

§ 56

Der Hypothekenbrief wird von dem Grundbuchamt erteilt. Er muß die Bezeichnung als Hypothekenbrief enthalten, den Geldbetrag der Hypothek und das belastete Grundstück bezeichnen sowie mit Unterschrift und Siegel versehen sein.

1. **Allgemeines.** § 56 bestimmt die Anforderungen, denen ein Hypothekenbrief genügen muß, damit die an seinen Besitz geknüpften materiellrechtlichen Wirkungen (§§ 1116, 1117, 1140, 1154, 1155, 1160, 1161, 1162, 1163 Abs. 2 BGB.) eintreten. Demgegenüber ist eine Verletzung der Vorschriften des § 57 und der §§ 47—53 GBVfg.[1]) über den Inhalt des Hypothekenbriefs auf seine Gültigkeit ohne Einfluß, da es sich insoweit nur um Ordnungsvorschriften handelt. Der wegen Fehlens wesentlicher Bestandteile nichtige Brief kann durch nachträgliche Hinzufügung dieser wirksam werden (Güthe-Triebel, § 56 Anm. 9).

2. **Zuständig** zur Erteilung des Hypothekenbriefs ist ausschließlich das zur Führung des einschlägigen Grundbuchblatts berufene Grundbuchamt. Die Ausstellung durch den nach der Geschäftsverteilung zuständigen Grundbuchbeamten ist dagegen nicht Voraussetzung der Gültigkeit. Unschädlich ist auch die Unterzeichnung durch einen nicht zur Vertretung berufenen Amtsrichter oder Urkundsbeamten eines anderen Amtsgerichts (§ 7 FGG.). Über die Zuständigkeit zur Erteilung von Teilbriefen vgl. § 61, von Gesamthypothekenbriefen § 59.

3. Die **Bezeichnung als Hypothekenbrief** bildet nach § 47 GBVfg.[1]) mit dem Zusatz „Deutscher" Hypothekenbrief und der grundbuchmäßigen Angabe der Hypothek die Überschrift des Briefes.

4. Der **Geldbetrag der Hypothek** ist, da eine Ausstellung von Briefen über Papiermarkhypotheken nicht in Frage kommt, in der jetzigen Reichswährung anzugeben. Bei Goldmarkhypotheken, insbesondere Aufwertungshypotheken sowie bei sonstigen wertbeständigen Hypotheken ist an Stelle des Geldbetrages die Goldmarkanzahl oder die Art und Menge der Waren, deren Preis als Maßstab gewählt ist, anzugeben.

5. Die **Bezeichnung des belasteten Grundstücks** darf keine Zweifel über die Identität offenlassen. Die Bestimmung des § 57 Abs. 2 Ziff. 1 ist nur Ordnungsvorschrift.

6. Von wem die **Unterschrift** zu leisten ist, bestimmt § 56 nicht, so daß die hierüber erlassenen Ausführungsvorschriften als zwingende Vorschriften anzusehen sind. Nach § 3 AusfVO.[4]) sind die Hypothekenbriefe von dem Richter und dem Urkundsbeamten der Geschäftsstelle zu unterschreiben, unter den Voraus-

---

[1]) Anhang S. 173. [2]) Anhang S. 258. [3]) Anhang S. 283.
[4]) Anhang S. 157.

setzungen der Entlastungsverfügung von dem Rechtspfleger und einem Beamten der Geschäftsstelle oder einem vom Behördenleiter ermächtigten Justizangestellten (§ 17 Abs. 2 REntlVfg.[1]). Für die Ausfertigung der Briefe sind die amtlich ausgegebenen Vordrucke gemäß den in Anl. 3 bis 8 der GBVfg.[2]) vorgesehenen Mustern zu verwenden (§ 52 GBVfg.[2]). Als Datum der Ausstellung des Briefes ist kein früheres als das der Grundbucheintragung, regelmäßig der Tag anzugeben, an dem der bei den Akten befindliche Entwurf des Briefes vom Grundbuchrichter oder Rechtspfleger genehmigt ist (KGJ. 23 A 163).

7. Das **Siegel** wird in einem mit dem Papier verbundenen Stoff (Siegellack oder Oblate) abgedruckt (AV. v. 24. 1. und 6. 4. 00 — JMBl. 45, 397 —, KGJ. 20 A 14). Stempel genügt nicht.

Die nicht wesentlichen Erfordernisse des Hypothekenbriefs.

§ 57

(1) Der Hypothekenbrief soll die Nummer des Grundbuchblatts und einen Auszug aus dem Grundbuch enthalten.

(2) In den Auszug sollen, und zwar in nachstehender Reihenfolge, aufgenommen werden:

a) der Inhalt der die Hypothek betreffenden Eintragungen und, soweit zur Ergänzung einer Eintragung auf eine Urkunde Bezug genommen ist, auch der Inhalt dieser Urkunde; im Falle des § 1115 Abs. 2 des Bürgerlichen Gesetzbuchs braucht der Inhalt der Satzung nicht aufgenommen zu werden;

b) die Bezeichnung des belasteten Grundstücks nach dem Inhalt des Grundbuchs;

c) die Bezeichnung des Eigentümers;

d) die kurze Bezeichnung der Eintragungen, die der Hypothek im Range vorgehen oder gleichstehen, unter Angabe des Zinssatzes, wenn er fünf vom Hundert übersteigt.

(3) Der Auszug ist auf Antrag zu ergänzen, wenn sich der Inhalt des Grundbuchs ändert.

1. **Allgemeines.** Durch die Vorschriften des § 57 soll der Erwerber einer Briefhypothek für den Regelfall der Mühe enthoben werden, zwecks Prüfung der Sicherheit der Hypothek das Grundbuch einzusehen. Es handelt sich im Gegensatz zu § 56 hier um eine Ordnungsvorschrift.

2. **Die Angabe der Nummer des Grundbuchblatts** hat nach § 47 GBVfg.[2]) in der Überschrift zu erfolgen (vgl. § 56 Anm. 5).

3. Zu den in den **Grundbuchauszug** (in der vorgeschriebenen Reihenfolge) aufzunehmenden Angaben ist folgendes zu sagen:

a) Der Inhalt der und zwar sämtlicher die Hypothek betreffenden Eintragungen ist unverkürzt wiederzugeben, wenn auch nicht notwendig wörtlich (KG. JW. 33, 2709 Nr. 3; a. M. HRR. 33 Nr. 1133). Aufzunehmen sind Vermerke über das Rangverhältnis, insbesondere über den Vorrang vor einem früher eingetragenen Recht, jedoch nur, wenn Zwischenrechte vorhanden sind (JFG. 13, 415 unter Aufgabe der früheren Meinung durch das KG.). Bei nachträglicher Brieferteilung können bedeutungslos gewordene Vermerke ausgelassen werden. Der Inhalt von Urkunden, auf die zur Ergänzung der Eintragung Bezug genommen ist, braucht nur insoweit mitgeteilt zu werden, als die Bezugnahme reicht. Die Mitteilung ist bei veröffentlichten Satzungen einer Kreditanstalt im Falle des § 58 nicht erforderlich. Eine weitere Ausnahme ist in § 58 Abs. 2 enthalten.

b) Die Bezeichnung des Grundstücks nach dem Inhalt des Grundbuchs hat gemäß § 2 Abs. 2 GBO., § 6 AusfVO.[3]) nach dem Kataster (Reichs- oder Landeskataster) zu erfolgen.

c) Als Eigentümer ist der eingetragene Eigentümer anzugeben, auch wenn inzwischen ein Eigentumswechsel stattgefunden hat. Bei Miteigentümern sind sämtliche, ferner die Größe der Bruchteile oder das Rechtsverhältnis mitzuteilen. Ruht die Hypothek nur auf dem Bruchteil eines von ihnen, so sind auch die andern anzugeben (Güthe-Triebel, § 57 Anm. 10).

d) Die der Hypothek im Range vor- oder gleichstehenden Eintragungen sind einschließlich des 5 v. H. übersteigenden Zinssatzes in abgekürzter

---

[1]) Anhang S. 271. [2]) Anhang S. 219 ff. [3]) Anhang S. 174. [4]) Anhang S. 158

Form mitzuteilen. Hierzu gehören auch Vormerkungen, Widersprüche und Verfügungsbeschränkungen, die das Eigentum betreffen, z. B. Konkursvermerk, Enteignungsvermerk, Nacherbfolge (KGJ. 38 A 299; HRR. 28 Nr. 2300) dagegen nicht Eintragungen, die zu der Hypothek in gar keinem Rangverhältnis oder ihr im Range nachstehen z. B. Löschungsvormerkungen, die bei einer vorgehenden Hypothek zugunsten der Hypothek, über die der Brief erteilt werden soll, eingetragen sind (KG. JW. 34, 2998). Bei einer Bruchteilshypothek sind die auf einem anderen Bruchteil ruhenden Belastungen nur aufzuführen, wenn dazwischen Belastungen eingetragen sind, die auf beiden oder allen Anteilen lasten (KGJ. 52, 213; a. M. KGJ. 26 A 304). Sind keine vor- oder gleichstehende Eintragungen vorhanden, so muß dies ausdrücklich hervorgehoben werden (KGJ. 21 A 173). Nicht zu vermerken sind die von einer Vorrangseinräumung nicht betroffenen Zwischenrechte, ferner gelöschte Rechte, auch wenn sie möglicherweise zu Unrecht gelöscht sind. Eine Wiedereintragung gelöschter Rechte aus Aufwertungsgründen kommt wegen Fristablaufes praktisch nicht mehr in Frage. Eintragungen, die für die Sicherheit der verbrieften Hypothek von Bedeutung sind, obwohl sie in keinem Rangverhältnis zu ihr stehen, z. B. öffentliche Lasten wie die Entschuldungsrente, wenn sie ausnahmsweise eingetragen sind, sind und zwar ohne Rangvermerk in den Brief aufzunehmen (JFG. 15, 158).

4. Die **nachträgliche Ergänzung des Auszuges** erfolgt nicht von Amts wegen, vielmehr nur auf formlosen Antrag des Besitzers des Briefes. Für Änderungen der die Hypothek selbst betreffenden Eintragungen gilt § 62 Abs. 1. Die Ergänzungsvermerke sind in der gleichen Weise wie der Brief zu unterzeichnen und mit Siegel zu versehen.

Verbindung mit der Schuldurkunde.

§ 58

(1) Ist eine Urkunde über die Forderung, für welche eine Hypothek besteht, ausgestellt, so soll die Urkunde mit dem Hypothekenbriefe verbunden werden. Erstreckt sich der Inhalt der Urkunde auch auf andere Angelegenheiten, so genügt es, wenn ein öffentlich beglaubigter Auszug aus der Urkunde mit dem Hypothekenbriefe verbunden wird.

(2) In den Fällen des Absatzes 1 ist der Inhalt der Urkunde (vgl. § 57 Abs. 2a) in den Hypothekenbrief nicht aufzunehmen.

(3) Zum Nachweis, daß eine Schuldurkunde nicht ausgestellt ist, genügt eine darauf gerichtete Erklärung des Eigentümers.

1. **Allgemeines.** Die Vorschrift hat ihren Grund in der materiellrechtlichen Verbundenheit von Hypothek und Forderung und will verhüten, daß mißbräuchlicherweise gesonderte Verfügungen über beide Rechte stattfinden (KGJ. 25 A 321).

2. Als **Urkunde über die** der Hypothek zugrunde liegende **Forderung** ist jede Urkunde anzusehen, welche rechtsgeschäftliche Erklärungen enthält, die entweder jene Forderung begründen oder ein Anerkenntnis der Forderung darstellen (auch abstrakte Schuldversprechen oder -anerkenntnisse; Güthe-Triebel, § 58 Anm. 3). In Betracht kommen nur gültige Schuldurkunden, die insbesondere den Formvorschriften des BGB. entsprechen. Den Schuldurkunden stehen gleich Urteile, die Schuldversprechen ersetzen, oder Verfügungen von Todes wegen, die Vermächtnisschulden begründen.

3. Die Schuldurkunde ist regelmäßig in **Urschrift** mit dem Brief zu verbinden, oder falls dies nicht möglich ist, weil sie in einem gerichtlichen oder notariellen Protokoll enthalten ist, in Ausfertigung oder beglaubigter Abschrift (KG. JFG. 8, 229, 231). Ob in dem Ausnahmefall des Abs. 1 Satz 2 statt der Urschrift oder Ausfertigung ein beglaubigter Auszug verbunden werden soll, hat der Grundbuchrichter nach Zweckmäßigkeitserwägungen zu entscheiden (KGJ. 37 A 311). Im allgemeinen ist bei der Prüfung weitherzig zu verfahren. Der Auszug kann auch vom Grundbuchamt hergestellt werden. Wegen der Form der Beglaubigung vgl. Art. 57 Abs. 3, 59 i. V. m. Art. 47 PrFGG. Eine beglaubigte Abschrift der Schuldurkunde ist weiter zulässig, wenn für dieselbe Forderung mehrere Briefe auszustellen sind, z. B. bei Ausstellung von Teilbriefen, Verteilung einer Gesamthypothek auf mehrere Grundstücke — in diesen Fällen ist die Urschrift nur mit einem der Briefe zu verbinden —, wenn ferner die Urschrift wegen ihrer äußeren Beschaffenheit sich nicht zur Verbindung eignet oder die früher mit dem Brief verbundene Urkunde verlorengegangen oder beschädigt ist (Güthe-Triebel, § 59 Anm. 7, 8). Ist über die der Hypothek zugrundeliegende Forderung eine vollstreckbare Urkunde gemäß § 800 ZPO. ausgestellt worden, so ist von dieser nicht die voll-

streckbare, sondern eine einfache Ausfertigung oder beglaubigte Abschrift mit dem Hypothekenbrief zu verbinden (KG. JW. 36, 1081).

4. Nach § 50 GBVfg.[1]) hat die **Verbindung durch Schnur und Siegel** zu erfolgen.

5. Andere die Hypothek betreffende **Schriftstücke als die Schuldurkunde,** z. B. Abtretungserklärungen, Verpfändungserklärungen (KGJ. 25 A 319; 33 A 262), Vollmachten, Legitimationsurkunden usw. sind mit dem Briefe nicht zu verbinden. Zulässig ist dagegen die Verbindung einer Urkunde uber nachträgliche Abänderungen der Bestimmungen der Schuldurkunde (KGJ. 53, 224).

6. Die **Vorlegung der Schuldurkunde** ist Voraussetzung für die Eintragung der Hypothek und die Brieferteilung, solange nicht der Eigentümer nach Abs. 3 nachweist, daß eine Schuldurkunde nicht ausgestellt oder die ausgestellte verlorengegangen ist. Die Erklärung des Eigentümers unterliegt der Form des § 29 und reicht nicht aus, wenn dem Grundbuchrichter die Unrichtigkeit bekannt ist (KG. OLG. 3, 364; Güthe-Triebel, § 58 Anm. 9). Ein trotz Vorhandenseins einer Schuldurkunde ohne diese ausgestellter Brief ist gleichwohl gültig, ebenso die Eintragung der Hypothek (JFG. 8, 230)

Gesamthypothekenbrief[2]).

§ 59

(1) Über eine Gesamthypothek soll nur ein Hypothekenbrief erteilt werden.

(2) Werden die Grundbücher der belasteten Grundstücke von verschiedenen Grundbuchämtern geführt, so soll jedes Amt für die Grundstücke, deren Grundbuchblätter es führt, einen besonderen Brief erteilen; die Briefe sind miteinander zu verbinden.

1. Allgemeines. Die Vorschrift will der Gefahr begegnen, die bestehen wurde, falls uber die Belastung eines jeden Grundstücks ein besonderer selbständiger Hypothekenbrief ausgestellt werden würde, daß bei der Übertragung der Gesamthypothek dem Erwerber nicht sämtliche Briefe ausgehändigt werden und infolgedessen der Rechtserfolg nicht eintritt. Fur den Ausnahmefall des Absatz 2, in dem sich die Ausstellung mehrerer Briefe nicht vermeiden läßt, wird daher ihre Verbindung gefordert

2. Die Ausstellung nur eines Briefes hat auch dann zu erfolgen, wenn die Grundstücke zur Zuständigkeit verschiedener Richter (Rechtspfleger) desselben Amtsgerichts gehören. Die Ausstellung (Unterzeichnung) des Gesamthypothekenbriefs findet alsdann ausschließlich durch den Richter (Rechtspfleger) und Grundbuchführer statt, die für die Eintragung der Gesamthypothek zuständig sind (vgl. hierzu § 49 Anm. 4, § 3 Abs. 2 AusfVO [3]). Für den Inhalt des Gesamthypothekenbriefs gelten keine besonderen Vorschriften. Nur muß er die in den §§ 56, 57 geforderten Angaben für jedes einzelne belastete Grundstück enthalten. Dies gilt insbesondere fur die Überschrift des Briefes, welche die Hypothek als Gesamthypothek zu bezeichnen und die Nummern sämtlicher damit belasteten Grundbuchblätter und sämtliche Eintragungsnummern anzugeben hat.

3. Die Ausstellung mehrerer besonderer Briefe erfolgt nur, wenn die Grundbucher der mitbelasteten Grundstücke nicht von demselben Grundbuchamt gefuhrt werden. Doch ist auch hier, wenn das Grundbuch einzelner von ihnen nur von einem Grundbuchamt geführt wird, bezuglich dieser nur ein Brief zu erteilen Die Verbindung der Briefe — durch Schnur und Siegel (§ 50 GBVfg.[1]) — hat der zweite Grundbuchrichter vorzunehmen, dem der erste Grundbuchrichter den von ihm erteilten Brief zugleich mit dem Eintragungsantrage, nachdem er fur sein Grundstück ihm stattgegeben hat, zu übersenden hat (vgl. § 48 Anm. 5). Zuvor hat der zweite Grundbuchrichter auf seinem Briefe die Mithaft zu vermerken, während der erste Grundbuchrichter auf dem von ihm erteilten Briefe die Mithaft erst vermerkt, wenn er auf Ersuchen des zweiten Grundbuchrichters bei dem ersten Grundstück im Grundbuche die Mithaft eingetragen hat Dem ersten Grundbuchrichter liegt es sodann ob, mit den verbundenen Briefen auch die Schuldurkunde zu verbinden. Die Verweigerung der Verbindung sowie der Eintragung der Mithaft ist nicht Verweigerung von Rechtshilfe, so daß dagegen nur die Sachbeschwerde des Antragstellers gegeben ist (KGJ. 52, 102) Vgl. § 27 Abs. 2 GeschO [4]).

4. Über die **Briefbehandlung oder -erteilung im Falle nachträglicher Gesamtbelastung** vgl. § 63, uber die Behandlung des Gesamthypothekenbriefs oder der verbundenen Briefe im Falle des Erlöschens der Mithaft vgl § 69.

---

[1]) Anhang S. 174. [2]) Muster S. 227 [3]) Anhang S. 157. [4]) Anhang S. 257.

5. Bei Verstoß gegen § 59, insbesondere bei Erteilung mehrerer selbständiger Briefe trotz Vorliegens einer Gesamthypothek, liegt Ungültigkeit des Briefes nicht vor, da § 59 lediglich eine Ordnungsvorschrift ist (Güthe-Triebel § 59, Anm. 14).

Aushändigung des Hypothekenbriefs.

§ 60

(1) Der Hypothekenbrief ist dem Eigentümer des Grundstücks, im Falle der nachträglichen Erteilung dem Gläubiger auszuhändigen.

(2) Auf eine abweichende Bestimmung des Eigentümers oder des Gläubigers ist die Vorschrift des § 29 Abs. 1 Satz 1 entsprechend anzuwenden.

1. Allgemeines. Die Vorschrift ist eine Folge der Bestimmung des § 1117 und des § 1163 Abs. 2 BGB., wonach der Gläubiger die Hypothek erst erwirbt, wenn ihm der Brief von dem Eigentümer des Grundstücks übergeben wird, während sie bis dahin dem Eigentümer zusteht. Das Grundbuchamt soll daher, damit der Brief nicht in den Besitz des Gläubigers gelangt, bevor dieser die Hypothek erworben hat, ihm (oder einem Dritten) den Brief nur mit ausdrücklicher Bewilligung des Eigentümers aushändigen. Im Falle nachträglicher Brieferteilung gemäß § 1116 Abs. 2 BGB. kommt dagegen ein Erwerb durch Briefübergabe nicht in Frage, bleibt vielmehr derjenige, dem die Hypothek bisher als Buchhypothek zugestanden hat, auch weiterhin Gläubiger, so daß hier diesem die Empfangsberechtigung zuzubilligen war.

2. Das Recht auf **Aushändigung eines erteilten Hypothekenbriefs** steht im ersten Falle des Abs. 1 demjenigen zu, der zur Zeit der Eintragung der Hypothek (wirklicher) Eigentümer des belasteten Grundstücks war, bei mehreren Miteigentümern oder verschiedenen Eigentümern mehrerer belasteter Grundstücke sämtlichen Eigentümern, im zweiten Falle dem (wirklichen) Gläubiger der früheren Buchhypothek zur Zeit ihrer Umwandlung in eine Briefhypothek, im Falle gleichzeitiger Abtretung der bisherige Gläubiger (Güthe-Triebel, Anm. 3 zu § 60). Gläubiger kann auch der Grundstückseigentümer sein, wenn er die Hypothek (ganz oder teilweise) außerhalb des Grundbuchs erworben hat (und gleichzeitig abtritt). Regelmäßig wird vor oder zugleich mit der Eintragung der nachträglichen Brieferteilung der von dem eingetragenen Gläubiger verschiedene wirkliche Gläubiger gemäß § 39 einzutragen sein.

Von dem durch § 60 begründeten öffentlich-rechtlichen Anspruch auf Aushändigung gemäß § 62 ist der privatrechtliche Anspruch gegen den Justizfiskus auf Herausgabe des Hypothekenbriefs zu trennen. Nur der letztere kann gepfändet und zur Einziehung überwiesen werden (KGJ. 40, 322, 342; 44, 275). Im Falle einer solchen Pfändung darf auch dem öffentlich-rechtlichen Anspruch des Schuldners nicht genügt werden.

Andererseits ist in einem solchen Falle das Grundbuchamt auch nicht befugt, über den Anspruch des Pfändungspfandgläubigers auf Herausgabe sachlich zu entscheiden. Vielmehr ist dieser Anspruch, wenn der Eigentümer nicht gemäß Absatz 2 die Aushändigung des Briefs an den Pfändungsgläubiger bewilligt, dem legitimierten Vertreter des Justizfiskus gegenüber, erforderlichenfalls im Prozeßwege geltend zu machen (KGJ. 40, 320, 327). Bei widerstreitenden Ansprüchen ist der Brief zu hinterlegen.

Die Aushändigung des Briefs ersetzt die nach § 55 vorgeschriebene Bekanntmachung der Eintragung der Hypothek an den Empfänger.

3. Die Bestimmungsbefugnis gemäß Absatz 2 steht dem jeweiligen Empfangsberechtigten, dem Eigentümer oder dem Gläubiger (nicht auch dem Notar, oder wer sonst an Stelle des Empfangsberechtigten den Antrag auf Eintragung der Hypothek oder des Ausschlusses der Brieferteilung gestellt hat) zu. Ihre Ausübung ist an die Zustimmung eines Dritten nicht gebunden, insbesondere kann der Eigentümer die Aushändigung des Briefs an einen Dritten ohne Zustimmung des Gläubigers bestimmen. Auch braucht im Falle der Bestimmung der Aushändigung des Briefs an den Gläubiger eine Vereinbarung nach § 1117 Abs. 2 BGB. nicht nachgewiesen zu werden. Die Aushändigung an den Gläubiger hat hier selbst dann zu erfolgen, wenn feststeht, daß eine solche Vereinbarung noch nicht getroffen oder nachträglich wieder aufgehoben worden ist. Die Bestimmung wird als Willenserklärung durch ein den Eigentümer oder Gläubiger zu ihrer Vornahme verurteilendes rechtskräftiges Erkenntnis ersetzt (§ 894 ZPO.), nicht dagegen durch ein rechtskräftiges Urteil, das den Eigentümer lediglich zur Bestellung der Hypothek verurteilt (KGJ. 21 A 171). Die Bestimmung ist kein widerruflicher Antrag, sondern eine unwiderrufliche Bewilligung (KGJ. 38 A 283; 40, 326; JFG. 8, 230; RGZ. 93, 251). Ist sie in gehöriger Form, d. h. zu Protokoll des Grundbuchamts oder in öffentlicher oder öffentlich beglaubigter Urkunde erfolgt, so kann der Gläubiger die Aushändigung des Briefes formlos beantragen (KGJ. 30 A 272).

4. Über **die Form der Aushändigung** (durch eingeschriebenen Brief oder gegen Behändigungsschein) vgl. § 38 GeschO.[1]). Nach § 9 Kostenordnung kann die Aushändigung der Briefe von der vorherigen Zahlung der Stempel und Kosten abhängig gemacht werden.

5. Eine **Verletzung des § 60** macht weder die Eintragung der Hypothek noch die Ausstellung des Briefs ungültig. Jedoch kann das Grundbuchamt, wenn im Widerspruch zu § 60 der Brief einem Nichtempfangsbrechtigten ausgehändigt ist, ihn von dem Empfänger zurückfordern und die Rückgabe gemäß § 33 FGG. erzwingen (KGJ. 38 A 283).

6. **Dem Grundbuchamt eingereichte** Briefe (KGJ. 40, 322; 45, 299) sind demjenigen zurückzugeben, von dem oder in dessen Namen sie eingereicht sind (KGJ. 25 A 322; 31 A 341), auch wenn dieser nicht die Eintragung beantragt hat. Ein von dem Notar, der nur die Unterschrift des eine Hypothek abtretenden Gläubigers beglaubigt hat, dem GBA. mit der Abtretungsurkunde „zur weiteren Veranlassung" eingereichter Brief ist nach Eintragung an den Notar zurückzugeben (KG. JW. 37, 111). Falls vom Bevollmächtigten oder Notar (§ 15) die Aushändigung des Briefs an einen Dritten bestimmt wird, so liegt es im Ermessen des Grundbuchrichters, ob er für diese Bestimmung öffentlich beglaubigte Form verlangen will (KGJ. 31 A 341). Die Vollmacht zur Stellung des Eintragungsantrages oder Einreichung des Briefes umfaßt nicht die Vollmacht zur Bestimmung. Die Bestimmung ist im Gegensatz zu der des § 60 Abs. 2 widerruflich (Güthe-Triebel, § 60 Anm. 8). Auch im Falle der Einreichung des Briefs zwecks Eintragung der Abtretung oder Belastung, z. B. Verpfändung, ist er dem bisherigen (belastenden) Gläubiger zurückzugeben, wenn dieser ihn eingereicht hat (KGJ. 40, 322; 45, 299).

Die vorstehenden Grundsätze gelten auch für die Aushändigung der neuen Briefe, die auf Grund der §§ 65, 67 und 69 (nicht 64) erteilt werden. Empfangsberechtigt ist hier derjenige, der den bisherigen Brief oder das Abschlußurteil eingereicht hat.

Teilhypothekenbrief[2]).

§ 61

(1) Ein Teilhypothekenbrief kann von dem Grundbuchamt, einem Gericht oder einem Notar hergestellt werden.

(2) Der Teilhypothekenbrief muß die Bezeichnung als Teilhypothekenbrief sowie eine beglaubigte Abschrift der im § 56 Satz 2 vorgesehenen Angaben des bisherigen Briefes enthalten, den Teilbetrag der Hypothek, auf den er sich bezieht, bezeichnen, sowie mit Unterschrift und Siegel versehen sein. Er soll außerdem eine beglaubigte Abschrift der sonstigen Angaben des bisherigen Briefes und der auf diesem befindlichen Vermerke enthalten. Eine mit dem bisherigen Brief verbundene Schuldurkunde soll in beglaubigter Abschrift mit dem Teilhypothekenbriefe verbunden werden.

(3) Die Herstellung des Teilhypothekenbriefes soll auf dem bisherigen Briefe vermerkt werden.

1. **Allgemeines.** § 61 regelt die Zuständigkeit für die Herstellung eines Teilhypothekenbriefs und in Anlehnung an §§ 56 bis 58 seine wesentlichen und unwesentlichen Erfordernisse. Die Zuständigkeit der Gerichte und Notare neben den Grundbuchämtern rechtfertigt sich daraus, daß der Teilbrief nicht wie der Stammbrief auf Grund des Grundbuchinhalts, sondern des Inhalts des Stammbriefs herzustellen ist. Absatz 3 bestimmt, in welcher Weise der Stammbrief für den Teil, auf den sich der Teilhypothekenbrief bezieht, außer Kraft zu setzen ist, und stellt klar, daß diese Außerkraftsetzung wie auch die Innehaltung der übrigen Sollvorschriften nicht Erfordernisse für die Gültigkeit des Teilbriefs sind.

2. **Die Zulässigkeit eines Teilhypothekenbriefs und die rechtlichen Wirkungen seiner Herstellung** bestimmen sich nach § 1152 BGB. Eine die Bildung eines Teilbriefs gestattende Teilung der Hypothekenforderung liegt nicht nur vor im Falle der Abtretung oder Belastung (insbesondere Verpfändung oder Pfändung) eines Teils (auch nur des Zinsrechts oder nur des Kapitals) der Forderung (KGJ. 24 A 151; RGZ. 86, 218; KG HRR. 31 Nr. 2060), sondern auch im Falle eines kraft Gesetzes erfolgenden Übergangs eines Forderungsteils, der teilweisen Verwandlung einer Briefhypothek in eine Eigentümergrundschuld infolge

---

[1]) Anhang S. 260. [2]) Muster S. 223.

Erlöschens eines Teils der Forderung — hier kann außer dem Teilgrundschuldbrief (KGJ. 40, 389; 43, 268; 44, 281) auch ein selbständiger Brief oder, wenn beide Teile demselben Gläubiger zustehen, ein gemeinschaftlicher Brief nach § 66 erteilt werden (KGJ. 43, 268). Im Falle einer mit Zustimmung des Eigentümers erfolgten Teilabtretung genügt die Herstellung eines Teilbriefs des ursprünglichen Briefs über den ganzen angetretenen Betrag und bedarf es nicht der Herstellung eines Teilhypotheken- oder Teilgrundschuldbriefs (JFG. 21, 306 — DR. 40, 1574; a. M. Güthe-Triebel, § 65 Anm. 3) —, der Verselbständigung von Forderungsteilen dergestalt, daß für die einzelnen Teile gesonderte (Rang-, Verzinsungs-, Fälligkeits-) Bestimmungen gelten — z. B. Aufteilung der Hypothek in ihren mündelsicheren und ihren nicht mündelsicheren Betrag gemäß Art. 28 Satz 1 oder 7. DurchfVO. z. SchRGes. —, des Übergangs der Forderung auf eine Bruchteilsgemeinschaft (KGJ. 39 A 269), nicht dagegen auf eine Gemeinschaft zur gesamten Hand (RGZ. 52, 361). Keine Teilung der Forderung liegt vor im Falle der Ersetzung eines Teils der Forderung durch eine andere Forderung (Güthe-Triebel, Anm. 6 zu § 61), wenn ferner das belastete Grundstück, insbesondere durch Abschreibung von Parzellen, in der Weise zerlegt wird, daß jeder Grundstücksteil nur noch für einen bestimmten Forderungsteil haftet (KGJ. 27 A 151), wenn unzulässigerweise mehrere selbständige Hypotheken unter einer Nummer als eine einheitliche Hypothek derart eingetragen sind, daß auf jeden Gläubiger ein bestimmter Teilbetrag entfällt (Güthe-Triebel, § 61 Anm. 8) im Falle der Abtretung rückständiger Zinsen oder Kosten (Güthe-Triebel, § 61 Anm. 12). Die Bildung eines Teilbriefs kommt weiter nicht in Frage, wenn eine Buchhypothek gleichzeitig von vornherein mehreren zu Bruchteilen zusteht und nunmehr entweder als ganze oder einzelne (abzutretende) Bruchteile in eine Briefhypothek umgewandelt werden (KGJ. 39 A 274). Vielmehr ist hier nur die Bildung eines Briefs über das gesamte Recht oder von einzelnen selbständigen Briefen zulässig (KGJ. 7 A 153; JFG. 21, 8 — DR. 40, 113; Güthe-Triebel, § 61 Anm. 11). Notwendig ist im Falle der Teilung der Forderung die Bildung eines Teilbriefs nicht, vielmehr hängt diese von einem (formlosen) Antrage des bisherigen oder neuen Gläubigers ab (KGJ. 21 A 330; 44, 285). Bei Unterlassung eines solchen Antrags behält der Stammbrief auch für den abgezweigten Teil Gültigkeit (KGJ. 44, 285). Solange der neue Gläubiger nicht nachweist, daß er die ihm abgetretene Teilhypothek gemäß § 1117 Abs. 2 BGB. erworben hat, bedarf er zu dem Antrage auf Bildung des Teilbriefs der Zustimmung des bisherigen Gläubigers. Dieser Nachweis kann formlos geführt werden (Güthe-Triebel, § 61 Anm. 15) und wird regelmäßig dann gegeben sein, wenn der bisherige Gläubiger den Stammbrief vorgelegt hat und dem neuen Gläubiger ein Anspruch hierauf zwecks Herstellung eines Teilbriefs zusteht (§§ 1145, 1150, 1167, 1168 BGB.; KGJ. 40, 339; Güthe-Triebel § 65 Anm. 3), jedoch nicht, wenn es sich gleichzeitig um eine Eintragungsbewilligung handelt (KG. JW. 37, 113). An Stelle der Bildung eines Teilbriefs können die Gläubiger auch beantragen, daß für jeden Teil ein selbständiger Brief gemäß §§ 67—69 hergestellt werde.

Der Teilbrief tritt, sobald der Stammbrief für den abgezweigten Teil gemäß Abs. 3 außer Kraft gesetzt ist, für diesen Teil in jeder Beziehung rechtlich an die Stelle des Stammbriefs, insbesondere ist überall, wo der Teilbetrag von einer Eintragung betroffen wird, gemäß § 41 nur der Teilbrief vorzulegen. Ist er im Falle einer Teilabtretung bereits vor deren Eintragung gebildet, so ist bei dieser Eintragung neben ihm der Stammbrief vorzulegen (KGJ. 30 A 236).

3. Zuständig zur Herstellung eines Teilhypothekenbriefs sind sämtliche deutschen Notare (§ 22 Abs. 2 RNotO.[1]) und Amtsgerichte. Solange die Verrichtungen des Grundbuchamts einer anderen Behörde übertragen sind, kommt ferner das für die Hypothek zuständige Grundbuchamt in Frage. Für die Vermerke auf dem Teilbrief nach § 62 ist dieses oder das als Grundbuchamt zuständige Amtsgericht ausschließlich zuständig.

4. Die Erfordernisse des Teilbriefs. Die Bezeichnung als Teilhypothekenbrief und des Teilbetrages, auf den dieser sich bezieht, hat in der Überschrift zu erfolgen (§ 48 GBVfg.[2]). Die beglaubigte Abschrift der in § 56 Satz 2 vorgesehenen Angaben ist mit derjenigen der sonstigen Angaben und der auf dem Stammbrief befindlichen Vermerke zu verbinden, so daß der Stammbrief stets in seinem vollen Umfange abzuschreiben ist (mit Ausschluß des Vermerks über die Teilabtretung). Für die Unterzeichnung und Siegelung gilt das zu § 56 Gesagte. Wird der Teilbrief nicht durch das Grundbuchamt ausgestellt, so genügt die Unterzeichnung des Amtsrichters oder Notars. Nach dem Muster (Anlage 4

[1]) Anhang S. 311. [2]) Anhang S. 174.

der GBVfg.[1]) muß der Teilbrief ferner einen Vermerk über den seiner Erteilung zugrunde liegenden Rechtsvorgang und das Rangverhältnis des abgezweigten Teils zu dem Rest (Übertragungsvermerk) enthalten.

Die Abschrift der Schuldurkunde ist mit dem Teilbriefe durch Schnur und Siegel zu verbinden und darf nicht in den Teilbrief selbst aufgenommen werden (KGJ. 22 A 176). Die Urkunde über die Teilung der Forderung, insbesondere über die Teilabtretung ist nicht zu verbinden.

5. **Der Vermerk der Herstellung des Teilbriefs** ist von derjenigen Stelle **auf den Stammbrief** zu setzen, die den Teilbrief ausgestellt hat. Ist diese Stelle das Grundbuchamt, so ist der Vermerk gemäß § 3 Abs. 2, 5 AusfVO.[2]), § 17 REntlVfg.[3]) von dem Richter (Rechtspfleger) und dem Urkundsbeamten (2. Bürobeamten) zu unterschreiben. Der Vermerk ist in entsprechender Anwendung des § 62 Abs. 1 Halbs. 2 zu untersiegeln. Nach § 48 Abs. 2 GBVfg.[4]) ist außerdem auf dem Stammbriefe der Betrag ersichtlich zu machen, auf den er sich noch bezieht. Für die Unterzeichnung dieses Vermerks gilt das gleiche wie oben. Dagegen ist seine Untersiegelung nicht erforderlich. Solange beide Vermerke fehlen, ist der Stammbrief für den abgezweigten Teil noch gültig, so daß in diesem Falle, da die Gültigkeit des Teilbriefs durch das Fehlen nicht berührt wird, für den abgezweigten Teil zwei Briefe vorhanden sind.

Eintragungsvermerke auf dem Briefe.

§ 62

(1) Eintragungen, die bei der Hypothek erfolgen, sind von dem Grundbuchamt auf dem Hypothekenbriefe zu vermerken; der Vermerk ist mit Unterschrift und Siegel zu versehen.

(2) In den Fällen des § 53 Abs. 1 hat das Grundbuchamt den Besitzer des Briefes zur Vorlegung anzuhalten. In gleicher Weise hat es, wenn in den Fällen des § 41 Abs. 1 Satz 2 und des § 53 Abs. 2 der Brief nicht vorgelegt ist, zu verfahren, um nachträglich den Widerspruch auf dem Briefe zu vermerken.

1. **Allgemeines.** Die Vorschrift bezweckt in Verbindung mit derjenigen des § 41, den Inhalt des Briefes mit dem des Grundbuchs in Übereinstimmung zu halten. Abs. 2 Satz 2 weist einen Weg hierzu in den Fällen, in denen die Vorlegung des Briefs bei der Eintragung nicht vorgeschrieben ist.

2. Über den Begriff der **Eintragung bei einer Hypothek** vgl. Anm. 2 zu § 41. Als Eintragung in diesem Sinne sind insbesondere anzusehen diejenigen von Vormerkungen, Widersprüchen (KGJ. 21 A 147, 286) und Verfügungsbeschränkungen (Konkursvermerk: KGJ. 22 A 134), Eintragung des Entschuldungsvermerks (Art. 9 d. 9. DVO. z. SchRG. v. 24. 11. 37 RGBl. I 1305, die (teilweise oder gänzliche) Löschung einer Hypothek (§ 53 GBVfg.[4]) sowie ihre Nichtmitübertragung bei Abschreibung eines selbständigen Grundstücks oder eines Grundstücksteils (KGJ. 29 A 282), nicht dagegen die im Falle der Mitübertragung der Hypothek auf das neue Blatt hier und auf dem bisherigen Blatt zu bewirkenden Mithaftvermerke. Die Mitbelastung ist für diesen Fall nach § 63 bzw. § 59 Abs. 2 auf dem Briefe zu vermerken (vgl. § 63 Anm. 2). Änderungen der nach § 57 Abs. 2 in den Grundbuchauszug aufzunehmenden Eintragungen sind auf Antrag zum Zwecke der Ergänzung des Auszuges auf dem Briefe auch dann zu vermerken, wenn sie keine Eintragungen im Sinne der §§ 41, 62 sind. Waren bei einer Hypothek Rangänderungen im Grundbuch eingetragen, so ist auf dem Hypothekenbrief nicht die Ranglage in ihrem Endergebnis, sondern die einzelne Eintragung zu vermerken (JFG. 16, 286).

3. **Inhalt des Vermerks.** Der Vermerk hat die Eintragung unverkürzt, wenn auch nicht notwendig wörtlich wiederzugeben. Soweit die Eintragung auf Urkunden Bezug nimmt, muß auch deren Inhalt mitgeteilt werden.

4. **Form des Vermerks.** Der Vermerk ist auf den Brief selbst (nicht die Schuldurkunde), falls die Eintragung ausschließlich den Teilbetrag betrifft, über den ein Teilbrief ausgestellt ist, nur auf diesen, und zwar hinter die letzten Schlußworte des Briefes zu setzen. Handelt es sich um die (jederzeit von Amts wegen zulässige) Berichtigung eines früheren Vermerks, so ist die Berichtigung neben diesen zu setzen. Mehrere gleichzeitige Vermerke erhalten die Reihenfolge, die der grundbuchlichen Rangfolge entspricht. Ein auf einem besonderen Blatte geschriebener Vermerk ist mit dem Briefe durch Schnur und Siegel zu verbinden (§ 50

---

[1]) Anhang S. 223. [2]) Anhang S. 157. [3]) Anhang S. 271. [4]) Anhang S. 174.

GBVfg.[1]). Gemäß §§ 3 Abs. 1, 5 AusfVO.[2]), § 17 REntlVfg.[3]) ist der Vermerk unter Beifügung von Ort und Datum von dem Grundbuchrichter (Rechtspfleger) und dem Urkundsbeamten der Geschäftsstelle (einem Beamten der Geschäftsstelle oder einem vom Behördenvorstand ermächtigten Justizangestellten), auf dem Gesamtbriefe nur von einem Richter und von einem Urkungsbeamten der Geschäftsstelle, sofern die Grundbücher der belasteten Grundstücke von demselben GBA. geführt werden, von je einer dieser Amtspersonen zu unterzeichnen (§ 3 Abs. 2 AusfVO.)[2]). Wegen der Siegelung vgl. § 56 Anm. 7.

Die Formvorschriften des § 62 Abs. 1 Halbs. 2 sind auf die nach § 61 Abs. 3 und § 68 Abs. 1 vorgeschriebenen, ferner die auf Antrag erfolgenden ergänzenden Vermerke (§ 57 Abs. 3) sowie auf den nach § 127 Abs. 1 Satz 2 ZVG. durch das Vollstreckungsgericht auf den Brief zu setzenden Vermerk des teilweisen Erlöschens einer Hypothek (Grundschuld, Rentenschuld) infolge der Zwangsversteigerung entsprechend anzuwenden. Der letztgenannte Vermerk macht für den Fall der demnächstigen Teillöschung einen nochmaligen Vermerk durch das Grundbuchamt entbehrlich (KGJ. 51, 308).

Für private Vermerke auf dem Brief ist eine Form nicht vorgeschrieben, auch dann nicht, wenn sie sich gegen die Richtigkeit des Grundbuchs richten und daher gemäß § 1140 BGB. einem eingetragenen Widerspruch gleichstehen.

5. Eine **erzwingbare Verpflichtung des Besitzers des Briefes zur Vorlegung** besteht grundsätzlich weder zwecks Ermöglichung der Eintragung nach § 41, noch zwecks Nachholung des Eintragungsvermerks, wenn der Vermerk trotz Vorlegung versehentlich unterblieben ist oder die Änderung (insbesondere Rangänderung) kraft Gesetzes eingetreten ist oder die Eintragung versehentlich ohne Vorlegung des Briefs erfolgt ist oder ohne diese Vorlegung zulässig war (RGZ. 83, 290; KGJ. 38 A 295; 53, 219; JFG. 7, 409, 415; KG. HRR. 28 Nr. 463; JW. 33 1419, auch nicht im Falle des Erlöschens des Grundpfandrechts, z. B. in der Zwangsversteigerung (OLG. München JFG. 23, 87), vielmehr nur kraft besonderer Vorschrift, und zwar zu dem ersten Zwecke in den Fällen des § 53 Abs. 1, zu dem zweiten in denen des § 41 Abs. 1 Satz 2 und des § 53 Abs. 2, sowie ferner in den Fällen von Eintragungen auf Grund von Ersuchen des Oberbergamts gemäß § 23 bis 26 PrAG.[4]), der Löschung von Hypotheken (Grundschulden, Rentenschulden) auf dem für eine selbständige Kohlen- oder Salzabbaugerechtigkeit angelegten besonderen Blattes bei Schließung desselben (Art. 38 § 8 Abs. 3 Pr. AG. BGB., § 9 Abs. 3 Satz 2 des Pr. Gesetzes v. 4. 8. 04, GS. 236) der Eintragung des Entschuldungsvermerks (Art. 8 d. 9. DfVO z. SchRG., ferner des Fortfalls oder der Änderung dinglicher Rechte im Entschuldungsverfahren (§ 53 Abs. 2 SchRG.[5]). In diesen Fällen sowie dem des § 53 Abs. 2 Satz 2 ist die Einforderung erst nach der Eintragung zulässig, während in den Fällen des § 53 Abs. 1 der Brief schon vor der Eintragung einzufordern ist (JFG. 7, 408). Die Briefvorlegung ist nach fruchtloser Aufforderung entweder durch Festsetzung von Ordnungsstrafen (§ 33 Abs. 1 und 3 FGG.) oder durch gewaltsame Wegnahme des Briefes (§ 33 Abs. 2 a. a. O.) zu erzwingen. Zuvor ist festzustellen, ob derjenige, gegen den sich der Zwang richtet, auch tatsächlich noch Besitzer des Briefs ist und die Herausgabe ausschließlich von seinem Willen abhängt. Dies kann auch bei dem mittelbaren Besitzer zutreffen (Güthe-Triebel, § 62 Anm. 15). Hierbei ist der frühere Besitzer, der den Brief nicht mehr zu besitzen behauptet, nicht verpflichtet, seinen Besitzverlust glaubhaft zu machen (KGJ. 38 A 291), auch nicht der Ehemann, der kraft Güterrechts einen Anspruch auf den Besitz des Briefes hat, daß er diesen Anspruch bisher noch nicht verwirklicht habe (Güthe-Triebel a. a. O.). Ebenso wenig kann der frühere Besitzer, der den Brief verloren hat, gezwungen werden, das Aufgebot des vorzulegenden Briefes zu beantragen (Braunschweig JFG. 4, 439). Ist jedoch eine Person im Besitze des Briefes gewesen, so kann sie sich nicht dadurch der Vorlegungspflicht entziehen, daß sie nur angibt, infolge Weitergabe nicht mehr Besitzer zu sein, aber den Empfänger des Briefes zu nennen sich weigert (JFG. 14, 99). Der Vorlegungsanspruch des Grundbuchamts erlischt, wenn der Brief freiwillig eingereicht oder in einer anderen Sache in die Hand des Grundbuchamts gelangt; dieses ist dann berechtigt, sowohl die versehentlich als auch die mangels Vorlegungszwangs unterbliebenen Vermerke über die bei der Hypothek erfolgten Eintragungen nachzuholen.

In gleicher Weise wie nach Abs. 2 ist zu verfahren, wenn der Brief (auch der neugebildete) unter Verletzung von Verfahrensvorschriften an einen Nichtempfangsberechtigten ausgehändigt worden ist (KGJ. 38 A 238; KG. OLG. 44, 161). Über

---

[1]) Anhang S. 174. [2]) Anhang S. 157. [3]) Anhang S. 271. [4]) Anhang S. 161.
[5]) Anhang S. 285.

die Möglichkeit der Zurückbehaltung des eingeforderten (neu hergestellten oder vorgelegten) Briefes durch die Gerichtskasse wegen Kosten vgl. § 9 KostO.

Vermerk der nachträglichen Mitbelastung auf dem Briefe.

§ 63

Wird nach der Erteilung eines Hypothekenbriefs mit der Hypothek noch ein anderes, bei demselben Grundbuchamt gebuchtes Grundstück belastet, so ist, sofern nicht die Erteilung eines neuen Briefes über die Gesamthypothek beantragt wird, die Mitbelastung auf dem bisherigen Briefe zu vermerken und zugleich der Inhalt des Briefes in Ansehung des anderen Grundstücks nach § 57 zu ergänzen.

1. Allgemeines. Die Vorschrift betrifft den Fall, daß eine Briefhypothek nachträglich Gesamthypothek wird, und rechtfertigt sich aus den gleichen Erwägungen wie die des § 59 und des § 48 Abs. 1 Satz 2.

2. Die nachträgliche Mitbelastung eines andern Grundstücks stellt nicht dar die Übertragung einer Briefhypothek auf ein anderes Grundbuchblatt infolge Abschreibung eines mitbelasteten selbständigen Grundstucks oder eines Grundstücksteils, der mit der Hypothek bisher schon belastet war, es sei denn, daß auch hier materiell eine Neubelastung vorliegt (s. u.). Die Tatsache, daß die Hypothek auf einem weiteren Grundbuchblatte eingetragen, bei Abschreibung eines Grundstücksteils an die Stelle der Einzelhaftung des bisher einheitlichen Grundstücks Gesamthaftung der selbständig gewordenen Teile getreten ist, kann, obwohl sie für den Grundbuchverkehr (insbesondere wegen §§ 1155, 891, 892 BGB.) wesentlich ist, eine Gleichstellung mit der materiellen Neubelastung nicht rechtfertigen, vielmehr ist hier § 62 Abs. 1 anzuwenden (Güthe-Triebel § 63 Anm. 5, Hesse § 63 Anm. 1, Henke-Mönch § 63 Anm. 2, anders die früh. Aufl.). Materiellrechtlich tritt im Falle der Mitübertragung einer Hypothek eine nachträgliche Mitbelastung eines andern Grundstücks dann ein, wenn dem übertragenen Grundstück das auf dem neuen Grundbuchblatte eingetragene Grundstück gemäß § 890 Abs. 2 BGB. als Bestandteil zugeschrieben wird (§ 1131 BGB.).

Das Grundbuch über das neu belastete Grundstück muß von demselben Grundbuchamt (nicht demselben Grundbuchrichter) geführt sein, das bereits das Grundbuch über eins von den bisher belasteten Grundstücken führt. Wird es von einem andern Grundbuchamt geführt, so ist gemäß § 59 Abs. 2 zu verfahren. § 59 und nicht § 63 ist ferner anzuwenden, wenn die Hypothek bisher Buchhypothek war und der Brief gleichzeitig mit der Mitbelastung des andern Grundstücks erteilt wird.

3. Die Mitbelastung auf dem Briefe ist durch den Grundbuchrichter (Rechtspfleger), der die Eintragung im Grundbuche vorgenommen hat, zu vermerken. Für Inhalt und Form des Vermerks gilt das in Anm. 3 und 4 zu § 62 Gesagte. Die Ergänzung des Inhalts des Briefs in Ansehung des anderen Grundstücks (Grundbuchblatts) ist mit dem Mitbelastungsvermerk zu verbinden. Von den in § 57 bezeichneten Angaben kommen diejenigen nicht in Betracht, die bereits aus dem Mitbelastungsvermerk ersichtlich sind. Zu beachten ist ferner die Reihenfolge des § 57 Abs. 2 sowie § 3 Abs. 2 AusfVO.[1]). Im Falle der bloßen Übertragung eines Grundstücks oder Grundstücksteils bedarf es außer dem Übertragungsvermerk, wenn mit der Übertragung ein Eigentumswechsel verbunden war, der Angabe des neuen Eigentümers auf dem Briefe (a. M. Güthe-Triebel a. a. O.). Wird dem übertragenen Grundstück das auf dem neuen Blatte bisher eingetragene Grundstück als Bestandteil zugeschrieben, so ist mit Rücksicht auf § 1131 BGB. der Brief auch in Ansehung dieses Grundstücks zu ergänzen, nicht dagegen, wenn umgekehrt das übertragene Grundstück dem bisher eingetragenen als Bestandteil zugeschrieben wird. Doch hat, weil in diesem Falle das übertragene Grundstück in die Haftung für die auf dem Stammgrundstück eingetragenen Hypotheken eintritt, bei den über diese Hypotheken ausgestellten Briefen eine Vervollständigung ihres Inhalts gemäß § 63 zu erfolgen. Da die Mitübertragung von Hypotheken im Grundbuche ohne vorherige Vorlegung der Briefe stattfindet, deren nachträgliche Vorlegung auch nicht gemäß § 62 Abs. 2 erzwungen werden kann, so ist die Vervollständigung des Briefes im Falle der Übertragung nur möglich, wenn dem Grundbuchamt der Brief freiwillig eingereicht wird oder in einer andern Sache in seine Hände gelangt.

4. An Stelle der Vervollständigung des bisherigen Briefs kann auf (formlosen) Antrag gemäß §§ 67, 68, 69 **ein neuer Brief**, und zwar ein Gesamthypothekenbrief

---

[1]) Anhang S. 157.

nach § 59 gebildet werden. Zur Ausstellung dieses Briefes ist der Grundbuchrichter (Rechtspfleger) zuständig, der die nachträgliche Mitbelastung in das Grundbuch einträgt.

Verteilung einer Gesamthypothek.

§ 64

Im Falle der Verteilung einer Gesamthypothek auf die einzelnen Grundstücke ist für jedes Grundstück ein neuer Brief zu erteilen.

1. **Allgemeines.** Die Vorschrift rechtfertigt sich daraus, daß bei Verteilung einer Gesamthypothek gemäß §§ 1132, 1172, 1175 BGB. aus dem bisherigen Gesamtrechte mehrere Einzelrechte entstehen, von denen jedes einen besonderen Hypothekenbrief haben muß. Da die Verteilung in der Weise zu erfolgen hat, daß jedem Grundstück ein bestimmter Teilbetrag der bisherigen Gesamthypothek zuzuteilen ist, für den es nur noch allein haftet, so erhält jedes Grundstück einen neuen Brief.

2. Zur **Verteilung der Gesamthypothek** bedarf es einer darauf gerichteten Erklärung des Gläubigers in der Form des § 29, der der Eigentümer nicht zuzustimmen braucht (RGZ. 70, 91; KGJ. 37 A 307), und der Eintragung im Grundbuche. Erfolgt die Verteilung durch die Eigentümergemeinschaft, auf welche die Gesamthypothek nach § 1172 oder § 1175 BGB. übergegangen ist, sind zuvor die Eigentümer unter Angabe ihrer Bruchteile als Gläubiger der Hypothek einzutragen. Der Verteilung einer Gesamthypothek steht gleich, wenn eine Einzelhypothek bei Abschreibung eines Grundstücksteils derart in zwei Teile zerlegt wird, daß das Stammgrundstück und das abgeschriebene Grundstück je nur noch für einen Teilbetrag der Hypothek haften (KGJ. 27 A 151).

3. **Die neuen Briefe** werden von Amts wegen erteilt, indes nur für die Grundstücke, bezüglich deren Einzelhypotheken entstehen. Gilt dies nur für einen Teil der mithaftenden Grundstücke, während bezüglich des Restes Gesamthaftung weiter besteht, so bleibt für diesen Rest der Gesamtbrief gültig, jedoch ist auf ihm die Löschung des zur Verteilung gelangten Betrages und das Erlöschen der Mithaft bezüglich des Restes zu vermerken. Erfolgt restlose Verteilung, so darf der alte Brief nicht mehr verwendet werden. Die neuen Briefe sind selbständige Briefe, nicht Teilbriefe (KGJ. 27 A 151). Sie sind daher ausschließlich durch das zuständige Grundbuchamt unter Beachtung der §§ 56, 57, 68 zu erteilen. Über die Behandlung der Schuldurkunde vgl. § 69. Die abgetrennte Schuldurkunde ist mit einem der neuen Briefe, während mit den übrigen beglaubigte Abschriften der Schuldurkunde zu verbinden sind. Sind in den Fällen der §§ 1172 und 1175 BGB. Gesamtgrundschulden entstanden (§ 1177 Abs. 1 BGB.), so sind nach Vermerk der Umwandlung auf dem bisherigen Briefe die neuen Briefe als Grundschuldbriefe auszufertigen.

Die Briefe sind gemäß § 60 den Gläubigern oder den von ihnen bestimmten Empfangsberechtigten auszuhändigen (Güthe-Triebel, § 64 Anm. 9).

Umwandlung der Hypothek in eine Grundschuld. Wechsel der Forderung.

§ 65

(1) Tritt nach § 1177 Abs. 1 oder nach § 1198 des Bürgerlichen Gesetzbuchs eine Grundschuld oder eine Rentenschuld an die Stelle der Hypothek, so ist, sofern nicht die Erteilung eines neuen Briefes beantragt wird, die Eintragung der Rechtsänderung auf dem bisherigen Briefe zu vermerken und eine mit dem Briefe verbundene Schuldurkunde abzutrennen.

(2) Das gleiche gilt, wenn nach § 1180 des Bürgerlichen Gesetzbuchs an die Stelle der Forderung, für welche eine Hypothek besteht, eine andere Forderung gesetzt wird.

1. **Allgemeines.** Die Vorschrift stellt klar, daß für den Fall der Umwandlung einer Hypothek in eine Grundschuld oder Rentenschuld und den der Übertragung der Hypothek auf eine andere Forderung es der Ausstellung eines neuen Briefs für das geänderte Recht nicht bedarf, vielmehr der alte Brief für das geänderte Recht weiter verwendet werden darf, läßt indes daneben den Weg der Ausstellung eines neuen Briefes offen.

2. Der in § 65 geregelten Behandlung des Briefes hat die Eintragung der **Umwandlung der Hypothek in eine Grundschuld oder Rentenschuld** oder der Ersetzung der Forderung vorauszugehen. Die Rechtsänderung wird im Falle des § 1177 Abs. 1 BGB. im Wege der Grundbuchberichtigung gemäß § 22, im Falle der rechts-

geschäftlichen Umwandlung (§ 1198 BGB.) und der Ersetzung der Forderung (§ 1180 BGB.) auf Grund der Bewilligung des Eigentümers und Gläubigers eingetragen. Wird die Hypothek nur teilweise in eine Grundschuld umgewandelt oder nur an Stelle eines Teils der Forderung eine andere, nicht demselben Gläubiger zustehende Forderung gesetzt, so findet § 65 keine Anwendung, vielmehr ist auf Antrag im ersten Falle über den Grundschuld gewordenen Teil ein Teilgrundschuldbrief (KGJ. 40, 339), im zweiten Falle über das geänderte Teilrecht ein neuer selbständiger Brief auszustellen. Wird kein Antrag gestellt, so lautet der Brief z. T. über eine Hypothek, z. T. über eine Grundschuld (JFG. 21, 306; Henke-Mönch § 65 Anm. 2; a. M. Güthe-Triebel § 65 Anm. 3 im Gegensatz zu § 61 Anm. 4).

3. Die **Eintragung der Rechtsänderung** wird gemäß § 62 Abs. 1 **vermerkt**, die **Abtrennung der Schuldurkunde** erfolgt gemäß § 69 Satz 2. Im Falle des § 1180 GBG. ist an Stelle der alten die neue Schuldurkunde mit dem Briefe zu verbinden (§ 58 Abs. 1).

4. Der **neue Brief** wird, von den Fällen der teilweisen Umwandlung oder Ersetzung abgesehen, nur auf Antrag des Gläubigers gemäß §§ 68, 69 **erteilt**. Zur Ausstellung ist der Grundbuchrichter zuständig, der die Rechtsänderung in das Grundbuch einträgt.

Gemeinschaftlicher Brief[1]).

§ 66

Stehen einem Gläubiger mehrere Hypotheken zu, die gleichen Rang haben oder im Rang unmittelbar aufeinanderfolgen, so ist ihm auf seinen Antrag mit Zustimmung des Eigentümers über die mehreren Hypotheken ein Hypothekenbrief in der Weise zu erteilen, daß der Brief die sämtlichen Hypotheken umfaßt.

1. **Allgemeines.** Die Vorschrift gibt in Fällen, in denen mehrere in einer Hand befindliche Hypotheken trotz ihrer rechtlichen Selbständigkeit wirtschaftlich eine Einheit bilden, die Möglichkeit, dieser Tatsache durch die Art der Verbriefung Rechnung zu tragen. Im Interesse der grundbuchlichen Klarheit ist jedoch der § 66 einschränkend auszulegen (Hesse § 66 Anm. II 4, Henke-Mönch § 66 Anm. 1).

2. Die **Erteilung eines gemeinschaftlichen Hypotheken-**(Grundschuld-)**briefs** ist nur zulässig über mehrere Hypotheken oder Grundschulden (nicht Hypotheken und Grundschulden), die einem und demselben Gläubiger (Einzelperson oder Gemeinschaft) zustehen und unter denen sich keine Teilhypothek (-grundschuld) befindet, über die ein Teilbrief gebildet ist (KGJ. 20 A 103). Dagegen steht der Herstellung eines gemeinschaftlichen Briefs nichts entgegen, wenn über den Teilbetrag ein selbständiger Brief erteilt worden ist (KGJ. 39 A 271), wenn ferner sämtliche Teile einer früher zerlegten Hypothek (Grundschuld) in der Hand des Antragstellers vereinigt sind und der gemeinschaftlicheBrief an Stelle der sämtlichen Teilbriefe treten soll (KGJ. 26 A 166). Gelangen nur einzelne Teile einer Hypothek (Grundschuld) in die Hand eines Gläubigers, so kann von dem Stammbriefe ein gemeinschaftlicher Teilbrief hergestellt werden, und zwar auch dann, wenn der Stammbrief bereits gemeinschaftlich ist, wobei allerdings Voraussetzung ist, daß von allen Hypotheken (Grundschulden) Teile an einen anderen Gläubiger gelangen (Güthe-Triebel, § 66 Anm. 3). Die Hypotheken (Grundschulden) müssen ferner auf demselben, bei Gesamthypotheken (-grundschulden) auf denselben Grundstücken haften, deren Grundbücher nicht von demselben Grundbuchamt geführt zu sein brauchen (Güthe-Triebel, § 66 Anm. 4). Vorstehendes gilt auch, wenn die Hypotheken (Grundschulden) auf mehreren Miteigentumsanteilen haften (Güthe-Triebel, § 66 Anm. 5). Gleichgültig ist, ob Zinsen oder sonstige Nebenleistungen der Hypotheken (Grundschulden), über die der gemeinschaftliche Brief ausgestellt werden soll, ganz oder teilweise den Rang nach anderen Rechten haben (JFG. 9, 316).

Die in § 66 vorgeschriebene Rangbeziehung (Ranggleichheit oder unmittelbare Rangfolge) der Hypotheken besteht nicht, wenn sie zwar unter sich gleichen Rang haben, zwischen ihnen aber im Range ein in Abt. II eingetragenes Recht steht (KGJ. 39 A 276). Maßgebend für die Rangbeziehung ist der Zeitpunkt der Brieferteilung, so daß es gleichgültig ist, ob sie schon früher bestanden hat, auch ein Rangvorbehalt nichts schadet, solange nicht von ihm Gebrauch gemacht ist (RGZ. 145, 47). Im Falle der Vereinigung mehrerer im Range unmittelbar aufeinanderfolgenden Hypotheken desselben Gläubigers zu einer Einheitshypothek (RGZ. 145, 47), insbesondere auf Grund des § 19 SchRG. i. V. mit Art. 16 der 3. DurchfVO. v. 15. 9. 33 (RGBl. I 641), ist kein gemeinschaft-

[1]) Muster Anhang S. 231.

licher, vielmehr ein neuer einheitlicher Brief unter Vernichtung der bisherigen zu erteilen. Dasselbe gilt, wenn der frühere Gläubiger einen abgetretenen Teil seiner Hypothek (Grundschuld) wieder zurückerwirbt und diese damit wieder einheitlich wird (KGJ. 46, 233).

Die Zustimmung des Eigentümers (bei Gesamthypotheken sämtlicher Eigentümer) bedarf der Form des § 29, nicht dagegen der Antrag des Gläubigers auf Erteilung des Briefes.

Über einen Fall der Unzulässigkeit eines gemeinschaftlichen Briefs vgl. Anm. 5 zu § 65.

3. Die Erfordernisse des gemeinschaftlichen Briefes sind die gleichen wie die des Einzelbriefs. Nur muß er in der Überschrift auf die gesamten Hypotheken (Grundschulden) hinweisen und im Text den Inhalt der Eintragungen bei sämtlichen Hypotheken (Grundschulden) wiedergeben. Ebenso sind die Schuldurkunden sämtlicher Hypotheken mit ihm zu verbinden. Wird der gemeinschaftliche Brief an Stelle der bisherigen Einzelbriefe erteilt, so sind die §§ 67 bis 69 zu beachten, die Erteilung insbesondere im Grundbuche zu vermerken (§ 68 Abs. 3 GBO., § 22 GBVfg. i. V. mit der Probeeintragung in Anl. 1[1]).

4. Die **Briefgemeinschaft** ist auf Antrag des Gläubigers jederzeit von Amts wegen ferner dann **aufzuheben,** wenn die in Anm. 2 erörterten Voraussetzungen für die Zulässigkeit eines gemeinschaftlichen Briefs bei einer, bei mehreren oder sämtlichen Hypotheken (Grundschulden) nicht mehr vorliegen. Über diejenigen Hypotheken (Grundschulden), bei denen die Briefgemeinschaft zulässig oder ihre Aufhebung nicht beantragt ist, ist der gemeinschaftliche Brief fortzuführen, während für die übrigen Hypotheken (Grundschulden) Sonderbriefe zu erteilen sind (Güthe-Triebel, § 66 Anm. 22). Für die Erteilung der neuen Sonderbriefe gelten, wenn der gemeinschaftliche Brief ganz in Fortfall kommt, die Vorschriften der §§ 67 bis 69. Wird er weiter geführt, so ist auf ihm ebenso wie bei Bildung eines Teilbriefs die Bildung des Sonderbriefs und der Gesamtbetrag, über den er noch gültig st, zu vermerken (§§ 61 Abs. 3 GBO., 48 GBVfg.[2])

5. Materiellrechtlich haben weder die Erteilung des gemeinschaftlichen Briefes noch die Aufhebung der Briefgemeinschaft Wirkungen; der Bestand der Hypotheken (Grundschulden) und ihre Eigenschaft als selbständige Rechte bleiben davon unberührt. Formellrechtlich tritt der gemeinschaftliche Brief, wenn vor seiner Erteilung Sonderbriefe bestanden haben, in jeder Beziehung, insbesondere auch für die darauf zu setzenden Vermerke an die Stelle der bisherigen Briefe, jedoch ist in dem einzelnen Vermerk klar zum Ausdruck zu bringen, auf welche Hypothek (Grundschuld) er sich bezieht.

Erteilung eines neuen Briefs.

§ 67

Einem Antrage des Berechtigten auf Erteilung eines neuen Briefes ist stattzugeben, wenn der bisherige Brief oder in den Fällen der §§ 1162, 1170, 1171 des Bürgerlichen Gesetzbuchs das Ausschlußurteil vorgelegt wird.

§ 8 GBVVO. vom 5. 10. 42 (RGBl. I 573).

(1) Einem Antrage des Berechtigten auf Erteilung eines neuen Hypotheken-, Grundschuld- oder Rentenschuldbriefes ist außer in den Fällen des § 67 der Grundbuchordnung stattzugeben, wenn der Brief durch Kriegseinwirkung vernichtet worden ist. Die §§ 68, 70 der Grundbuchordnung gelten dabei entsprechend. Mit der Erteilung des neuen Briefs wird der alte kraftlos. Das Grundbuchamt hat die erforderlichen Ermittlungen von Amts wegen anzustellen. Es kann das Kraftloswerden des alten und die Erteilung des neuen Briefs durch Aushang an der für Bekanntmachungen des Grundbuchamtes bestimmten Stelle oder Veröffentlichung in der für amtliche Bekanntmachungen des Grundbuchamts bestimmten Zeitung bekanntmachen. Die Erteilung des neuen Briefes ist gebührenfrei.

(2) Liegen die Voraussetzungen des Abs. 1 vor und soll die Erteilung des Briefs nachträglich ausgeschlossen oder die Hypothek, Grundschuld oder Rentenschuld gelöscht werden, so genügt an Stelle der Vorlegung eines neuen Briefes oder eines Ausschlußurteils gem. § 1162 des BGB. die Feststellung, daß der

---

[1]) Anhang S. 168, 179. [2]) Anhang S. 174.

Brief durch Kriegseinwirkung vernichtet ist. Die Feststellung wird vom Grundbuchamt auf Antrag des Berechtigten getroffen. Abs. 1, Satz 3—6 gelten entsprechend[1]).

1. **Allgemeines.** Die Vorschrift stellt klar, daß nicht nur im Falle des Verlustes, der Unbrauchbarkeit des alten Briefes oder aus einem sonstigen wichtigen Grunde, sondern jederzeit auf Antrag die Erteilung eines neuen Briefs verlangt werden kann.

2. **Antragsberechtigt** sind der (wirkliche) Gläubiger der Hypothek, der sich als solcher durch den Inhalt des Grundbuchs und des Briefes und etwaige den Übergang der Hypothek außerhalb des Grundbuchs bestätigende Urkunden aufzuweisen hat (KGJ. 34 A 343; 45, 294), im Falle mehrerer Gläubiger, auch Miterben, sämtliche (Güthe-Triebel, § 67 Anm. 7), ferner derjenige, dem der Nießbrauch oder ein Pfandrecht an der Hypothek bestellt ist, und der Pfändungsgläubiger bei Vorliegen eines Überweisungsbeschlusses (KG. OLG. 38, 10).

3. Eine **Form** ist **für den Antrag** und die Vollmacht hierzu nicht vorgeschrieben (Güthe-Triebel, § 67 Anm. 6).

4. **Voraussetzung für die Brieferneuerung** ist entweder die Vorlegung des bisherigen Briefes, falls der Brief an die Stelle mehrerer Briefe treten soll, sämtlicher Briefe, oder die Vorlegung eines Ausschlußurteils gemäß §§ 1162, 1170, 1171 BGB. (§ 41 Anm. 5b). Im zweiten Falle ist die Vorlegung des Urteils geboten und genügt die Vorlegung des Briefes nicht, da dieser durch das Ausschlußurteil kraftlos geworden ist. Im ersteren Falle kann der Brief, wenn die Schuldurkunde verloren oder vernichtet ist, auch ohne diese vorgelegt werden (vgl. § 68 Anm. 5). Ob der Antragsteller berechtigt war, Antrag auf Erlaß des Ausschlußurteils zu stellen, hat das Grundbuchamt nicht zu prüfen, wohl aber das Gläubigerrecht des Antragstellers, insbesondere im Falle der Abtretung (KGJ. 45, 294; KG. OLG. 38, 11; 40, 1). Die Zustimmung des Eigentümers ist nicht notwendig.

5. **Von Amts wegen** wird der Brief bei Verteilung einer Gesamthypothek (§ 64), der Aufhebung der Briefgemeinschaft infolge Fortfalls ihrer gesetzlichen Voraussetzungen (§ 66 Anm. 4; KGJ. 46, 233), bei teilweiser Umwandlung einer Hypothek in eine Grundschuld und teilweiser Ersetzung der ihr zugrunde liegenden Forderung (§ 65 Anm. 2) erneuert.

6. Unzählige **Briefe** sind im Verlauf des Krieges **vernichtet** worden. Ihre Wiederherstellung wäre nur nach § 67 möglich gewesen. Um bei eindeutig klarer Sachlage den Umweg des Aufgebotsverfahrens zu vermeiden, bestimmt § 8 GBVVO., daß in einem solchen Falle der Antrag des Berechtigten auf Ausstellung eines neuen Briefes genügt. Die erforderlichen Ermittlungen hierzu hat das GBA. von Amts wegen anzustellen. Welche Maßnahmen im einzelnen es hierbei trifft, ist in jedem Fall verschieden; häufig wird eidesstattliche Versicherung des Berechtigten genügen. Mit der Erteilung des neuen Briefs wird der bisherige Brief kraftlos; auch wenn seine Vernichtung zu Unrecht angenommen war, und verliert auch für diesen Fall seine Wirksamkeit. Das Verfahren nach § 8 GBVVO. ist gebührenfrei. Ist der Brief durch Kriegseinwirkung vernichtet und soll nur nachträglich die Erteilung des Briefs ausgeschlossen oder das Recht gelöscht werden, so genügt die Feststellung des GBA., daß der Brief vernichtet sei, und ist die Erteilung eines neuen Briefes unnötig und unzulässig, da sie nur zu dem Zweck erfolgen könnte, dem eben erteilten Brief sofort wieder zu vernichten. Die Form der Feststellung ist dem GBA. überlassen. Im Interesse der Klarheit dürfte es sich empfehlen, im allgemeinen eine besondere Verfügung oder einen besonderen Beschluß zu erlassen, vor allem, wenn nach Abs. 1 ein Aushang oder eine Veröffentlichung erfolgt (vgl. im übrigen die Erläuterung zu § 8 in HannRpfl. 47, 91 zu c).

Erfordernisse des neuen Briefes.

§ 68

(1) Wird ein neuer Brief erteilt, so hat er die Angabe zu enthalten, daß er an die Stelle des bisherigen Briefes tritt.

(2) Vermerke, die nach den §§ 1140, 1145, 1157 des Bürgerlichen Gesetzbuchs für das Rechtsverhältnis zwischen dem Eigentümer und dem Gläubiger in Betracht kommen, sind auf den neuen Brief zu übertragen.

---

[1]) Abs. 2 zugefügt durch VO. d. ZJA. v. 12. 5. 47 (VOBl. BZ. 52).

(3) Die Erteilung des Briefes ist im Grundbuche zu vermerken.

1. **Allgemeines.** Die Absätze 1 und 3 bestimmen die Art der Erkennbarmachung der Brieferneuerung; durch die Vorschrift des Abs. 2 soll dem Eigentümer der Schutz, den ihm die Vermerke auf dem alten Briefe gegen Beeinträchtigung seiner Rechte durch gutgläubigen Erwerb boten, erhalten werden. § 68 ist auch anwendbar, wenn die Erteilung eines neuen Briefes von Amts wegen erfolgt.

2. In dem **Hinweis auf den bisherigen Brief** gemäß Abs. 1 ist, wenn sein Inhalt sich mit dem des neuen Briefs nicht deckt (z. B. bei Verteilung einer Gesamthypothek, Ersatz von Sonderbriefen durch einen gemeinschaftlichen Brief oder umgekehrt), das Verhältnis der beiden Briefe klarzustellen.

3. **Die auf dem alten Briefe befindlichen,** für das Verhältnis, zwischen dem Eigentümer und Gläubiger erheblichen, die Unrichtigkeit des Grundbuchs ergebenden **Vermerke,** insbesondere Teilquittungen des Gläubigers (§ 1145 BGB.) sind auch dann zu übertragen, wenn die Vermerke von einer Privatperson ausgestellt und unbeglaubigt sind, und zwar möglichst wörtlich.

4. **Die Brieferneuerung** kann, falls ihr Grund eine andere Eintragung im Grundbuche ist (§§ 63, 65), gleichzeitig mit dieser **eingetragen** werden (Güthe-Triebel § 68 Anm. 11). Die Eintragung ist gemäß § 62 auf dem alten Briefe zu vermerken.

5. **Der sonstige Inhalt des neuen Briefes** bestimmt sich nach den §§ 56, 57. Für die hiernach erforderlichen Angaben ist der gegenwärtige Grundbuchstand, nicht derjenige z. Z. der Erteilung des bisherigen Briefes maßgebend (Güthe-Triebel, § 68 Anm. 6). Rechtsänderungen, die sich außerhalb des Grundbuchs nachträglich vollzogen haben, sind dagegen nicht zu berücksichtigen (KGJ. 34 A 344). Bei Erneuerung eines Teilbriefs ist eine neue mit der bisherigen übereinstimmende Abschrift des Stammbriefs zu fertigen, ein Gesamtbrief nach § 59 zu erneuern. Die gemäß § 69 von dem alten Briefe abgetrennte Schuldurkunde ist nach § 58 mit dem neuen Briefe zu verbinden. Im Falle ihres — durch eine Erklärung des Eigentümers glaubhaft zu machenden — Verlustes ist, wenn eine Ausfertigung oder beglaubigte Abschrift vorhanden ist, hiervon eine beglaubigte Abschrift anzufertigen und diese mit dem neuen Briefe zu verbinden. § 68 ist nur Ordnungsvorschrift, ihre Verletzung macht den Brief nicht ungültig.

Unbrauchbarmachung des Briefes.

§ 69

Wird eine Hypothek gelöscht, so ist der Brief unbrauchbar zu machen; das gleiche gilt, wenn die Erteilung des Briefes über eine Hypothek nachträglich ausgeschlossen oder an Stelle des bisherigen Briefes ein neuer Hypothekenbrief, ein Grundschuldbrief oder ein Rentenschuldbrief erteilt wird. Eine mit dem bisherige Briefe verbundene Schuldurkunde ist abzutrennen und, sofern sie nicht mit dem neuen Hypothekenbriefe zu verbinden ist, zurückzugeben.

1. **Allgemeines.** Die Vorschrift will verhüten, daß mit einem ungültig gewordenen Hypothekenbriefe Mißbrauch getrieben werde, und bestimmt daher, die Ungültigkeit des Briefes in augenfälliger Weise erkennbar zu machen.

2. **Die Fälle der Unbrauchbarmachung des Briefes** sind:

a) die völlige Löschung der verbrieften Hypothek, auch eines Hypothekenteilbetrages dann, wenn es sich um den darüber ausgestellten Teilbrief oder selbständigen Brief handelt, — im übrigen ist bei Teillöschungen, ebenso bei Löschung einer von mehreren gemeinschaftlich verbrieften Hypotheken lediglich nach § 62 zu verfahren; für den Fall der Löschung nach § 8 Abs. 2 GrBerG. gelten §§ 9, 12 das. — ferner die Löschung der Mithaft eines von mehreren mitbelasteten Grundstücken, falls darüber nach § 59 Abs. 2 ein besonderer Brief erteilt ist, soweit dieser Brief in Betracht kommt, nicht dagegen, wenn ein einheitlicher Gesamthypothekenbrief erteilt ist.

b) die nachträgliche Umwandlung einer Briefhypothek in eine Buchhypothek (§ 1116 Abs. 2 und § 1186 BGB.). Über Umwandlungen kraft Gesetzes vgl. § 10 Abs. 2 GrBerG., Art. 22 d. 7. DfVO. z. SchRG. v. 30. 4. 35 (RGBl. I 572[1]) — Ausschluß der Brieferteilung von Hypotheken von nicht mehr als 500 RM oder infolge nicht rechtzeitigen Antrages auf Brieferteilung,

---

[1]) Anhang S. 287.

c) die Erteilung eines neuen Hypotheken-, Grundschuld- oder Rentenbriefs an Stelle des bisherigen Briefs, sei es auf Antrag gemäß §§ 63, 65, 66 und 67 GBO., §§ 9ff. GrBerG. oder von Amts wegen (vgl. § 67 Anm. 5).

3. **Das Verfahren der Unbrauchbarmachung** ist im § 53 GBVfg.[1]) geregelt. Danach ist der Vermerk über die erste Eintragung des Rechts (mittels roter oder schwarzer Tinte) zu durchstreichen und der Brief mit Einschnitten zu versehen. Zuvor ist die Löschung, der Ausschluß der Brieferteilung oder die Erteilung des neuen Briefes auf dem zu vernichtenden Briefe gemäß § 62 Abs. 1 zu vermerken. Der vernichtete Brief ist bei den Grundakten aufzubewahren.

4. **Die abgetrennte Schuldurkunde** ist im Falle der Brieferneuerung, wenn der neue Brief auch Hypothekenbrief ist und sich auf die gleiche Forderung wie die bisherige bezieht, mit dem neuen Briefe zu verbinden, in den andern Fällen demjenigen, der sie eingereicht hat, oder dem von ihm Bestimmten auszuhändigen.

5. Ein **Verstoß gegen § 69** hat auf die Rechtswirksamkeit der Löschung, des Ausschlusses der Brieferteilung oder der Brieferneuerung keinen Einfluß. Der versehentlich nicht unbrauchbar (aber auch versehentlich unbrauchbar) gemachte Brief ist gleichwohl ungültig.

Grundschuld- und Rentenschuldbrief[2]).

§ 70

(1) Die Vorschriften der §§ 56 bis 69 sind auf den Grundschuldbrief und den Rentenschuldbrief entsprechend anzuwenden. Der Rentenschuldbrief muß auch die Ablösungssumme angeben.

(2) Ist eine für den Inhaber des Briefes eingetragene Grundschuld oder Rentenschuld in Teile zerlegt, so ist über jeden Teil ein besonderer Brief herzustellen.

1. **Allgemeines.** Da nach § 1192 BGB. auf die Grundschuld (Rentenschuld) die Vorschriften über die Hypothek entsprechende Anwendung finden, soweit sich nicht daraus etwas anderes ergibt, daß die Grundschuld nicht eine Forderung voraussetzt, so rechtfertigte es sich, auch die Vorschriften über Hypothekenbriefe auf Grundschuld- und Rentenschuldbriefe für entsprechend anwendbar zu erklären und lediglich für den Rentengrundschuldbrief im Hinblick auf § 1199 Abs. 2 BGB. und den Inhabergrundschuldbrief für den Fall der Teilung der Grundschuld Sonderbestimmungen zu treffen.

2. **Unanwendbar** sind von den Vorschriften der §§ 56 bis 69 lediglich diejenigen über die Verbindung der Schuldurkunde mit dem Briefe (§§ 58, 61 Abs. 2 Satz 3, 65 Abs. 1, 69 Satz 2), und die Bestimmung des § 65 Abs. 2. § 56 ist mit der Maßgabe anwendbar, daß die Bezeichnung nicht Hypothekenbrief, sondern Grundschuld- oder Rentenschuldbrief lauten muß, § 65 Abs. 1 gilt für den Fall, daß nach §§ 1198, 1203 BGB. eine Hypothek oder eine Rentenschuld an die Stelle der Grundschuld oder eine Hypothek oder eine Grundschuld an die Stelle der Rentenschuld tritt. Für den Fall der Umwandlung der Grundschuld in eine Hypothek ist gemäß § 58 mit dem Briefe die Schuldurkunde zu verbinden.

Nach § 51 GBVfg.[1]) sind die §§ 47—50 daselbst auf Grundschuldbriefe entsprechend anwendbar, während die §§ 52, 53 unmittelbar anwendbar sind.

3. **Die Ablösungssumme** ist **bei Rentenschuldbriefen** nicht in der Überschrift, sondern bei dem Inhalt der Eintragung anzugeben, während die Überschrift den Betrag der einzelnen Jahresleistung enthalten muß (§ 51 Satz 2 GBVfg.[1]). Bei Bildung von Teilrentenschuldbriefen ist auf dem Teilbriefe der auf ihn entfallende Teilbetrag der Ablösungssumme, auf dem Stammbriefe der Teilbetrag, über den er noch gültig ist, anzugeben. Die in Betracht kommende Teilablösungssumme ist ferner in den Vermerken gemäß § 62 Abs. 1 GBO. und §§ 51, 48 GBVfg.[1]) bei Teilabtretungen und Teillöschungen zum Ausdruck zu bringen.

4. Die bei **Teilung einer Inhabergrundschuld oder -Rentenschuld** über die einzelnen Teile herzustellende Briefe können im Wege mechanischer Vervielfältigung von den Grundbuchbeamten unterzeichnet werden (§ 1195 Satz 2 i. V. mit § 793 Abs. 2 Satz 2 BGB.). Bei nachträglicher Teilung gelten §§ 68, 69. Die Zinsscheine, die für Inhabergrundschulden ausgegeben werden, hat der Eigentümer, nicht das Grundbuchamt auszustellen, sie unterliegen nicht den Bestimmungen über Grundschuldbriefe (Güthe-Triebel, § 70 Anm. 4).

---

[1]) Anhang S. 174. [2]) Muster Anhang S. 233; 235.

Vierter Abschnitt

Beschwerde.

Zulässigkeit der Beschwerde.

§ 71

(1) Gegen die Entscheidungen des Grundbuchamts findet das Rechtsmittel der Beschwerde statt.

(2) Die Beschwerde gegen die Eintragung ist unzulässig. Im Wege der Beschwerde kann jedoch verlangt werden, daß das Grundbuchamt angewiesen wird, nach § 53 einen Widerspruch einzutragen oder eine Löschung vorzunehmen.

1. **Allgemeines.** Die Bestimmungen der §§ 71 bis 81 regeln das Beschwerdeverfahren in Grundbuchsachen erschöpfend, so daß die §§ 19 bis 30 FGG. daneben keine Anwendung finden (anders im Falle des § 110). Dagegen gelten die für das gerichtliche Verfahren im allgemeinen (nicht besonders für das Beschwerdeverfahren) erlassenen Vorschriften des FGG., soweit sie auf Grundbuchsachen Anwendung finden, z. B. über die Gerichtssprache, das Armenrecht, die Sitzungspolizei, Bekanntmachung der Entscheidungen usw. (§ 1 Anm. 4) auch im Beschwerdeverfahren.

Der Ausschluß der Beschwerde gegen Eintragungen im Grundbuche, obwohl auch sie Entscheidungen des Grundbuchamts darstellen, gründet sich darauf, daß Eintragungen, auch wenn sie unbegründet waren, infolge der Vorschriften über den öffentlichen Glauben des Grundbuchs nachträglich gerechtfertigt werden können und dem Beschwerdegericht nicht zuzumuten ist, den Eintritt dieser Möglichkeit jedesmal nachzuprüfen.

2. Eine **Entscheidung des Grundbuchamts** liegt vor, wenn das Grundbuchamt als solches in einer Grundbuchangelegenheit eine sachliche Entscheidung trifft ohne Rücksicht darauf, ob die Entscheidung sich auf die GBO. oder andere von dem Grundbuchamt anzuwendenden materiell- oder formellrechtliche Bestimmungen gründet (Güthe-Triebel, § 71 Anm. 16), ob sie als Beschluß oder als Verfügung sich bezeichnet, ob sie schriftlich ergeht oder mündlich zu Protokoll einem Beteiligten eröffnet wird, ob sie gesetzlich, insbesondere nach ihrem Inhalt zulässig war oder nicht (KGJ. 46, 180). Hierunter fallen nicht nur Zurückweisungen von Eintragungsanträgen (auch bei von Amts wegen vorzunehmenden Eintragungen), Zwischenverfügungen (KGJ. 20 A 125; 44, 214; 46, 179), die noch nach Fristablauf (KGJ. 45, 204) auch nur hinsichtlich eines oder einzelner der vom Grundbuchrichter erhobener Anstände angefochten werden können (KGJ. 43, 139), sondern auch die Ablehnung eines Antrages auf Aufbewahrung einer Urkunde gemäß § 9 Abs. 2, Herausgabe einer eingereichten Urkunde, Gestattung der Grundbucheinsicht oder Erteilung von Grundbuchauszügen nach § 11 (KGJ. 48, 252) — nicht auch die Ablehnung einer Bitte um Auskunft über den Inhalt des Grundbuchs oder der Grundakten, z. B. über die Erledigung von Anträgen, da zu einer solchen Auskunft das Grundbuchamt nicht verpflichtet ist (KG. DNotZ. 33, 372) —, Schließung des Grundbuchblatts (KG. HRR. 33 Nr. 1469), Ordnungsstrafverfügungen nach § 33 FGG. (§ 76 Abs. 3 GBO.), Bewilligung des Armenrechts, Entscheidungen, welche die Herstellung, Ergänzung, Unbrauchbarmachung, Aushändigung oder Einforderung eines Hypotheken-, Grundschuld- oder Rentenschuldbriefes betreffen (KGJ. 25 A 322; 46, 197; 53, 223, 226) sowie der Hypothekenbrief selbst (KGJ. 52, 213). Als Grundbuchamt, nicht als Vollstreckungsgericht wird das Amtsgericht tätig bei der Ablehnung der Eintragung einer Zwangshypothek nach § 866 ZPO., einer Arresthypothek nach § 932 ZPO., einer durch einstweilige Verfügung angeordneten Eintragung (RGZ. 48, 243; 78, 398, 406, 106, 76; KGJ. 20 D 35; 21 A 96; 24 A 214; 27 A 140; 30 A 246; 32 A 273, 278, 43, 245; 44, 277; 53, 191), bei der Erteilung einer vollstreckbaren Ausfertigung einer vom Grundbuchamt verwahrten gerichtlichen Urkunde gemäß § 797 Abs. 1 und 3 ZPO (KGJ. 46, 18). Eine Kostenentscheidung unterliegt der Beschwerde nur dann, wenn die Hauptsache erledigt ist und die Beschwerde sich darauf gründet, daß bei zutreffender Entscheidung der Hauptsache die Kostenentscheidung anders hätte ergehen müssen, ohne Rücksicht darauf, ob die Partei den zur Hauptsache in der Vorinstanz gestellten Antrag nicht aufrechterhalten kann oder will (RGZ 62, 142; KGJ. 22 A 3; 43, 245; 52, 1; 53, 167; JFG 1, 299). Entscheidungen über Erinnerungen gegen die Wertfestsetzung oder den Ansatz von Gebühren und Auslagen (§§ 13 Abs. 1, 25 Abs 1 KostO) fallen nicht unter § 71, ihre Anfechtbarkeit bestimmt sich vielmehr nach §§ 13 Abs. 3, 4, 25 Abs 3 a. a O. (RG. HRR 28 Nr. 1966) Bloße Meinungsäußerungen des Grundbuchamts, insbesondere die

Erteilung einer Auskunft über etwaige dem Antrage entgegenstehende Bedenken oder das künftig von ihm beabsichtigte Verfahren, sofern erhellt, daß die Stellungnahme noch nicht endgültig ist, sind keine Entscheidungen (KGJ. 37, 218; 44, 268; 46, 176; 48, 171), wohl aber die Mitteilung der (auch durch Gegenvorstellung nicht zu erschütternden) Absicht, nach § 53 Abs. 1 Satz 2 eine Eintragung wegen Unzulässigkeit zu löschen (JFG. 10, 214), die Ablehnung einer beantragten Terminsansetzung wegen Unmöglichkeit, dem angekündigten Eintragungsantrage stattzugeben (KGJ. 38 A 225; 39 A 278; 42, 195; 43, 183; 44, 213; 45, 222; 48, 171; RGZ. 137, 226), die Ablehnung der Entgegennahme der Auflassung mit der Begründung, daß diese ungültig sein würde (KGJ. 44, 213). Hier kann das Grundbuchamt zur Terminsanberaumung angewiesen werden.

Unzulässig ist die Beschwerde gegen Entscheidungen, die zur Zeit der Einlegung der Beschwerde, z. B. durch nachträgliche Vornahme der abgelehnten Eintragung oder Zurückweisung des Antrages, hinsichtlich dessen die angefochtene Zwischenverfügung erlassen war, gegenstandslos geworden sind (KGJ. 43, 141; 51, 276; JFG. 7, 390). Darüber, inwieweit in der Beschwerdeinstanz ergangene Beschlüsse dadurch gegenstandslos werden, vgl. § 75 Anm. 2. Doch kann in einem solchen Falle die Beschwerde auf die Kostenentscheidung beschränkt werden.

3. Über den **Begriff der Eintragung** vgl. § 13 Anm. 2. Hierunter fallen auch Löschungen (KGJ. 20 A 294; 40, 102; 48, 184), die Unterlassung der Mitübertragung gemäß § 48 Abs. 1 (KGJ. 27 A 116; 46, 210; JFG. 3, 22; 4, 368, 419), die Umschreibung des Erbanteils eines Miterben auf einen anderen Miterben oder Dritten (KGJ. 40, 167), die Ausbuchung eines Grundstücks (KG. OLG. 25, 388), die Zusammenschreibung mehrerer Grundstücke zwecks Vereinigung oder Zuschreibung (KGJ. 31 A 236). Nicht in Betracht kommen dagegen Einschreibungen rein tatsächlicher Natur, die keine materiellrechtliche Bedeutung haben, z. B. die Berichtigung der Bestandsangaben (KG. OLG. 8, 312), die Übertragung eines Grundstücks oder Grundstücksteils auf ein anderes Blatt, die Löschung der Rittergutseigenschaft (KGJ. 31 A 231), die Angabe eines falschen Namens des Berechtigten, über dessen Identität kein Zweifel besteht (KGJ. 27 A 249; 32 A 199; JFG. 8, 242), Eintragung eines auf die Firma der Hauptniederlassung einer Aktiengesellschaft eingetragenen Grundstücks auf den Namen der Zweigniederlassung (KGJ. 32 A 202), deren Beseitigung oder Berichtigung daher mit der Beschwerde verlangt werden kann. Ebenso ist die Beschwerde mit dem Ziele der Löschung zulässig gegen Eintragungen, auf die sich der öffentliche Glaube des Grundbuchs nicht erstreckt, gegen die Eintragung des Zwangsversteigerungsvermerks (KGJ. 26 A 77; HRR. 1930 Nr. 239, 1509), des Nacherbenrechts (KGJ. 34 A 236; JFG. 8, 356; JFG. 18, 109), der Testamentsvollstreckung (KGJ. 40, 199), der Unterwerfungsklausel nach § 800 ZPO. (München OLG. 37 Nr. 591) — gegen ihre Nichteintragung nach § 71 Abs. 1 S. 2 nur beschränkt (KG. OLG. 37 Nr. 593 —), Verfügungsbeschränkungen (KG. HRR. 1930 Nr. 239), insbesondere Veräußerungsverbote (Güthe-Triebel, § 71 Anm. 9), auch öffentlichrechtlicher Verfügungsbeschränkungen, z. B. der Eigenschaft als Hof, als Reichsheimstätte, der Zugehörigkeit zu einer Bahneinheit (KGJ. 40, 109), der Einleitung des Enteignungsverfahrens (KGJ. 35 A 261), eines Widerspruchs oder einer Vormerkung, auch nach § 18 Abs. 2 und § 76 (RGZ. 117, 352; KGJ. 26 A 238; 27 A 82; 28 A 281; 29 A 171; 31 A 324; 33 A 273; 34 A 236; 42, 206; 44, 302; 47, 355; 52, 162; JFG. 1, 310; 3, 422; JFG. 4, 364; 7, 339, 379), ferner gegen die Eintragung von Rechten, die zur Aufrechterhaltung ihrer dinglichen Wirksamkeit der Eintragung im Grundbuche nicht bedürfen, z. B. der Rentenbankrente (KGJ. 27 A 116), einer vor dem 1. Januar 1900 begründeten Grunddienstbarkeit KGJ. 34 A 267). Dagegen ist die Löschung all dieser Eintragungen nur dann mit der Beschwerde anfechtbar, wenn trotz der Löschung ein Rechtserwerb nach den Vorschriften über den öffentlichen Glauben des Grundbuchs nicht in Frage kommt. Das trifft nur bei den rein tatsächlichen Angaben und bei den nichteintragungsbedürftigen Rechten und Beschränkungen zu, während sonstige Eintragungen, auch wenn sie nicht den Vorschriften über den öffentlichen Glauben des Grundbuchs unterliegen, nach ihrer Löschung durch guten Glauben auch materiell erlöschen können (Güthe-Triebel, § 71 Anm. 9).

Eine Beschwerde gegen eine Eintragung liegt auch vor, wenn die Ergänzung einer unvollständigen Eintragung verlangt wird und der bei der Eintragung übersehene Punkt, z. B. Zinssatz, Rangverhältnis (JFG. 8, 320) oder -vorbehalt, Belastung (JFG. 4, 417) unter dem Schutze des guten Glaubens steht (Güthe-Triebel a. a. O.), dagegen nicht, wenn nur einem von mehreren Anträgen stattgegeben ist (KGJ. 42, 256; 53, 174, 183; JFG. 6, 308) oder gegen die Ablehnung einer Vorstellung, die sich gegen eine Eintragung richtet, Beschwerde eingelegt wird (KGJ. 26 A 290; RGZ. 55, 404; 110, 70). Unzulässig ist insbesondere die Beschwerde gegen die Zurückweisung eines auf den Nachweis der Unrichtigkeit gestützten Antrages auf Berichtigung des Grundbuchs, falls dieser sich darauf gründete, daß das Grundbuch von vornherein unrichtig war, nicht dagegen, wenn darin geltend gemacht wurde, daß das Grundbuch durch spätere, außerhalb des Grundbuchs vollzogene Rechtsvorgänge unrichtig geworden sei (RGZ. 55, 404; 110, 71, 87; KGJ. 26 A 80, 290; 30 A 184; 39 A 283; 40, 174; 45, 263; 48, 184; 50, 139; 51, 143; 52, 199; 53, 175; JFG. 1, 367; 5, 327; 6, 293; OLG. Oldenburg, Nds. Rpfl. 47, 20).

Im zweiten Falle handelt es sich lediglich um den Antrag auf Berichtigung des Grundbuchs nach § 22, gegen dessen Ablehnung Beschwerde stets statthaft und begrundet ist, wenn das Grundbuchamt zu Unrecht die Voraussetzungen des § 22 verneint hat. Im Falle des Vorliegens der Berichtigungsbewilligung sämtlicher Betroffenen ist Beschwerde auch gegen Ablehnung des Antrages auf Berichtigung einer von vornherein unrichtigen Eintragung gegeben (RGZ. 133, 280; KGJ 39 A 287; 48, 186; 49, 146; JFG. 3, 406; 4, 402; KG. HRR. 28 Nr. 1875).

Die Beschwerde ist zulässig, wenn sie unter Aufrechterhaltung des Inhalts lediglich eine andere Fassung der Eintragung erstrebt (KGJ. 36 A 183, 232; 37 A 213; 43, 204; 47, 201; 49, 229; JFG. 5, 347, 400; 6, 309; 8, 233), z. B. Ersatz der Bezugnahme durch Aufnahme in die Eintragungsformel (KGJ. 34 A 245; JFG. 7, 337), Änderung der Angabe der Grundlagen der Eintragung in Sp. 3 der Abt. I (KG. a. a. O.). Die bloße Anordnung einer Eintragung durch das Grundbuchamt, die Eintragungsverfügung des § 2 AusfVO.[1]), unterliegt nicht der Beschwerde, und wzar auch dann nicht, wenn sie den Beteiligten kundgegeben worden ist (OLG. München JFG. 16, 144; OLG. Oldenburg, Nds. Rpfl. 47, 20), wohl aber diejenige, die das Beschwerdegericht erläßt (Anm. 2 zu § 78).

4. **Die Eintragung eines Widerspruchs im Falle des § 53 Abs. 1 Satz 1 sowie die Löschung einer inhaltlich unzulässigen Eintragung** kann durch Beschwerde sowohl gegen die vorschriftswidrige Eintragung als auch gegen die Ablehnung des Antrages auf Widerspruchseintragung oder Löschung verlangt werden. In dem Antrage auf Beseitigung der das Grundbuch unrichtig machenden Eintragung ist der Antrag auf Eintragung eines Widerspruchs als enthalten anzusehen (KGJ. 20 A 297; 25 A 106; 26 A 83; 27 A 141; 29 A 174; 31 A 260; 40, 102, 168; 42, 185; 47, 154; 49, 181; JFG. 3, 26; 6, 310). Ergibt dagegen die Beschwerde, daß der Beschwerdeführer die Eintragung des Widerspruchs nicht wünscht, so ist das Beschwerdegericht nicht in der Lage, diese von Amts wegen anzuordnen, vielmehr nur beim Grundbuchamt anzuregen (KGJ. 26 A 80)

5. **Entscheidungen des Rechtspflegers** sind im Falle von Beschwerden, soweit Entlastung verfügt ist (§§ 17ff. REntlVfg.[2]), mit der Erinnerung, erst gegen die darauf erfolgte Entscheidung des Richters mit der Beschwerde anfechtbar (§ 3 Abs. 1d REntlVfg.[2]). Das gleiche gilt für Entscheidungen des Urkundsbeamten in eigener Zuständigkeit (§ 4 Abs. 4b AusfVO.[1])

6. Eine **Eventualbeschwerde,** d. h. für den Fall, daß eine erbetene Entscheidung abgelehnt werden sollte, ist auch dann unzulässig, wenn bei Einlegung der Beschwerde die ablehnende Entscheidung schon ergangen, aber noch nicht bekannt gemacht war (RGZ. 46, 418). Die Unzulässigkeit ist in jedem Falle vom Beschwerdegericht erst nach Erlaß der Entscheidung auszusprechen. Eine Beschwerde unter der Bedingung der Nichtabänderung einer bereits erlassenen Entscheidung ist zulässig (KG. HRR. 28, Nr. 1945).

7. Die **Beschwerdeberechtigung** bestimmt sich, da die GBO. keine Vorschriften darüber enthält, nach allgemeinen verfahrensrechtlichen Gesichtspunkten, insbesondere nach § 20 FGG. Danach ist beschwerdeberechtigt, wer rechtsfähig ist (JFG. 4, 317) und durch die angefochtene Entscheidung in seiner Rechtsstellung beeinträchtigt wird oder werden würde, wenn die angefochtene Entscheidung im Falle des Zutreffens der Rechtsrüge der Beschwerde unrichtig wäre (KGJ. 20 A 13; 21 A 98, 112; 25 A 93; 30 A 178; 31 A 241; 34 A 260; 44, 127; 47, 20; 50, 128; 52, 103; JFG. 5, 353; HRR. 31 Nr. 31; 32 Nr 1469). Das beeinträchtigte Recht kann auch dem Gebiete des öffentlichen Rechts angehören (KGJ. 25 A 88), dagegen genügt ein wirtschaftliches, moralisches oder sonstiges Interesse allgemeiner Art an der Beseitigung der Entscheidung nicht (Güthe-Triebel, § 71 Anm. 17; KG. OLG. 30, 22; HRR. 31 Nr. 31): kein Beschwerderecht des Gläubigers des Käufers eines Grundstücks, in das er vollstrecken will, gegen dessen Nichteintragung oder gegen das Nichtbestehen eines darauf eingetragenen Rechts (KG. HRR. 35, 1406) oder des Grundstückseigentümers, wenn eine im GB. eingetragene Hypothek zu Unrecht auf einen neuen Gläubiger umgeschrieben wird (KG. JW. 35, 3236)

---

[1]) Anhang S. 158. [2]) Anhang S. 270,

Wer nur einen schuldrechtlichen Anspruch auf Eintragung eines dinglichen Rechts hat, kann durch seinen Widerspruch oder eine Beschwerde die Eintragung dieses Rechts für einen anderen nicht hindern (KG. DR. 43; 705). Beschwerdeberechtigt ist auch, wer das beeinträchtigte Recht erst nach der Entscheidung durch Einzel- oder Gesamtnachfolge erworben hat (KGJ. 33 A 305; 52, 103). Gegen die Zurückweisung eines Antrages hat jeder Antragsberechtigte die Beschwerde, ohne Rücksicht darauf, ob er den Antrag gestellt hat oder nicht (KGJ. 21 A 96; 25 A 93; 44, 177; 45, 204; HRR. 31 Nr. 31) — in der Nichteinlegung der Beschwerde durch die übrigen Antragsberechtigten kann die zulässige Zurücknahme des Eintragungsantrages gesehen werden — ebenso gegen den Erlaß einer Zwischenverfügung. Zur Beschwerde gegen eine Eintragung ist jeder durch sie (auch nur mittelbar) Betroffene befugt, z. B. ein durch die Eintragung eines Widerspruchs auf Ersuchen einer Behörde Betroffener (JFG. 10, 222), der Grundstückskäufer gegen die einer Hypothek, die er im Kaufvertrage übernommen hat (Güthe-Triebel, § 71 Anm. 20), ein Hypothekengläubiger gegen die Eintragung eines Widerspruchs, der sich gegen Löschung einer ihm im Range vorgehenden Hypothek richtet (KGJ. 47, 210), nicht aber gegen die auf Antrag des Eigentümers bewirkte Vereinigung des belasteten Grundstücks mit einem anderen Grundstück (KGJ. 31 A 239). Durch die Art und Weise der Verbriefung eines Rechts wird regelmäßig der Gläubiger, dessen Hypothek z. B. nicht richtig vermerkt worden ist (Güthe-Triebel, § 71 Anm. 21), beeinträchtigt sein, ebenso durch die Unbrauchbarmachung des Briefes (KG. DRZ. Rspr. 32 Nr. 36), durch Nichtbeachtung der Aushändigungsbestimmung nach § 60 Abs. 2 auch der Dritte (KGJ. 40, 322; 45, 299).

Für die Vertretung des Beschwerdeberechtigten durch seinen gesetzlichen oder gewillkürten Vertreter gelten die gleichen Grundsätze wie für die Vertretung des Antragsberechtigten bei der Antragstellung. Dem Vertretenen steht, soweit er prozeßfähig ist, neben dem Vertreter das Beschwerderecht zu. Wegen Vertretung der Deutschen Reichspost in Grundbuchangelegenheiten vgl. DJ. 38, 787, der Deutschen Landesrenten- und der Deutschen Siedlungsbank Hann. Rpfl. 47, 11 Nr. 4. Der Notar ist zur Vertretung des Antragstellers bei der Beschwerde insoweit befugt, als er diesen beim Antrage nach § 15 zu vertreten ermächtigt war (KGJ 30 A 237; JFG. 9, 201) und den Antrag tatsächlich gestellt, nicht nur als Bote weitergereicht hatte (KGJ. 32 A 287; OLG. München JFG. 15, 122). Darüber hinaus bedarf auch der Notar zur Einlegung der Beschwerde einer (formlosen) Vollmacht.

Der Ehemann, Testamentsvolltrecker, Nachlaßverwalter, Konkursverwalter sind hinsichtlich der ihrer Verwaltung unterliegenden Vermögen insoweit beschwerdeberechtigt, als ihre Verfügungsmacht reicht, soweit hierdurch die der Rechtsinhaber (Erben, Gemeinschuldner) ausgeschlossen ist, ausschließlich.

Behörden steht das Beschwerderecht zu, soweit sie zu Ersuchen um Eintragungen befugt sind (KGJ. 20 A 10; 21 A 96; 25 A 88, 93, 142; 32 A 244; 34 A 257; 41, 258; 52, 154; JFG. 3, 271; 5, 299), auch wenn die abgelehnte Eintragung von einer beteiligten Privatperson beantragt war. So können Beschwerde einlegen der Vollstreckungsrichter gegen die Zurückweisung, Beanstandung oder dem Gesetz nicht entsprechende Erledigung von Eintragungsersuchen aus §§ 19, 30 ZVG. (KGJ. 20 A 10; 35 A 206; 44, 293; 52, 154; JFG. 1, 407), das Prozeßgericht von solchen aus § 941 ZPO. (KGJ. 21 A 96), der Vormundschaftsrichter in den Fällen der §§ 54 FGG., 1665, 1668 BGB. (KGJ. 32 A 243). Ein Beschwerderecht steht ferner Behörden zu, soweit ihnen die Wahrnehmung privatrechtlicher Interessen obliegt, sie insbesondere zur Vertretung von Beteiligten berufen sind, z. B. dem Landrat in gemeinschaftlichen Jagdangelegenheiten (KGJ. 34 A 259), dem Oberbergamt in Bergwerkssachen (KGJ. 20 A 10), dem Kulturamt in allen Angelegenheiten, die die Durchführung des Siedlungsverfahrens nach dem RSiedlG. betreffen (JFG 16, 214), der Grunderwerbssteuerstelle gegen Entscheidungen, durch die die Notwendigkeit der Unbedenklichkeitsbescheinigung verneint wird (JFG. 13, 233). Hieraus folgt, daß Aufsichtsbehörden nicht aus dem Grunde zur Beschwerde befugt sind, weil sie ein öffentlich-rechtliches Interesse an der Beseitigung der Entscheidung haben (z. B. die Regierung an Stelle des Verwalters des Schuldvermögens), sondern nur dann, wenn durch die Entscheidung das Aufsichtsrecht selbst beeinträchtigt wird (KGJ. 20 A 13; 31 A 225; 39 A 33; 40, 18; 42, 185; 44, 353). Das Amtsgericht (Entschuldungsamt) ist nicht berechtigt, gegen eine dem § 8 SchRG. widersprechende Zuschreibung als Bestandteil Beschwerde einzulegen (JFG. 16, 218). Wegen der Behandlung von Gesamthypotheken an Grundstücken, deren Grundbücher von verschiedenen Grundbuchämtern geführt werden, kann das eine beteiligte Grundbuchamt gegen die Entscheidung des anderen keine Beschwerde einlegen (KGJ.

52, 102). Durch das Beschwerderecht der Behörde wird das daneben bestehende Beschwerderecht der Beteiligten nicht ausgeschlossen (KGJ. 21 A 96; 34 A 258; 41, 253; 52, 154; JFG 4, 303; 5, 299).

Beschwerdegericht.

§ 72

Über die Beschwerde entscheidet das Landgericht, in dessen Bezirke das Grundbuchamt seinen Sitz hat.

Nach § 81 Abs. 1 ist für die Entscheidung eine Zivilkammer zuständig, deren Beratung und Abstimmung nach den Vorschriften der §§ 192 bis 197 GVG erfolgt Die Verletzung der Zuständigkeitsregeln des § 72 begründet das Recht zur weiteren Beschwerde.

Das nach § 9 der VO. d. Präs. d. ZJA v. 5. 7. 48 (VOBl.BZ. 198)[1]) zur Entscheidung über Beschwerden gegen Beschlüsse der Amtsgerichte (Entschuldungsämter) zuständige Oberlandesgericht ist auch zur Entscheidung über die Beschwerden gegen die von den genannten Amtsgerichten im Zusammenhang mit dem Entschuldungsverfahren erlassenen Grundbuchentscheidungen (an Stelle des zuständigen Landgerichts) berufen. Eine weitere Beschwerde ist gegen die Entscheidung des Oberlandesgerichts nicht gegeben.

Einlegung der Beschwerde.

§ 73

(1) Die Beschwerde kann bei dem Grundbuchamt oder bei dem Beschwerdegericht eingelegt werden.

(2) Die Beschwerde ist durch Einreichung einer Beschwerdeschrift oder durch Erklärung zur Niederschrift des Grundbuchamts oder der Geschäftsstelle des Beschwerdegerichts einzulegen.

1. Im Falle der **Einlegung der Beschwerde bei dem Grundbuchamt** hat dieses, wenn es der Beschwerde nicht selbst abhelfen will (§ 75), die Akten **dem Beschwerdegericht** vorzulegen. Wird die Beschwerde bei dem letzteren eingelegt, so steht es in seinem Ermessen, ob es sie zunächst dem Grundbuchamt zwecks Entschließung gemäß § 75 vorlegen will. Wird die Beschwerde bei einer unzuständigen Behörde eingelegt, so hat diese sie an die zuständige Stelle weiterzugeben oder dem Beschwerdeführer unter Hinweis auf die Unzuständigkeit zurückzugeben.

2. **Die Beschwerdeschrift** wird zweckmäßig von dem Beschwerdeführer oder seinem Vertreter (unter Angabe des Vollmachtsverhältnisses oder mit dem Namen des Vollmachtgebers) unterzeichnet; dies ist jedoch keine Wirksamkeitsvoraussetzung (Güthe-Triebel § 73 Anm. 3; Hesse, § 73 Anm. II, 1; Henke-Mönch § 73 Anm. 3). Entsprechend ist auch Unterzeichnung auf mechanischem Wege als ausreichend anzusehen (Hesse a. a. O., Henke-Mönch a. a. O.; a. M. Güthe-Triebel a. a. O). Hält man die Unterzeichnung überhaupt nicht fur notwendig, so muß auch Faksimileunterschrift genügen. Bei telegraphischer Beschwerde muß sich unter dem Text der Name befinden, der sich als Unterschrift des Unterzeichners der Beschwerde darstellt (KGJ. 35 A 4). Ist eine Behörde die Beschwerdeführerin, so bedarf es der Unterzeichnung durch den berufenen Vertreter; doch kann die Reinschrift von einem Bürobeamten mit dem Ausfertigungs- oder Beglaubigungsvermerk versehen werden, wenn die Urschrift ordnungsmäßig unterzeichnet ist.

3. Zur Aufnahme des **Protokolls über Einlegung der Beschwerde** sind sowohl der Grundbuchrichter als auch der Urkundsbeamte (nicht ein Richter des Beschwerdegerichts, KGJ. 20 A 145) zuständig (RGZ. 110, 314; JFG 1, 25). Die Form des Protokolls, auch des Urkundsbeamten des Beschwerdegerichts richtet sich gemäß § 200 FGG. nach Art. 54, 55 PrFGG. und ist regelmäßig nicht gewahrt durch bloße Hinzufügung der Eingangs- und Schlußformel zu einem von dem Beschwerdeführer unterzeichneten Schriftstück (RGZ 101, 426; KGJ. 22 A 202; 53, 1, JFG. 1, 23). Eine Unterzeichnung ist nicht erforderlich, doch kann die Ablehnung der Unterschrift nach der Sachlage ergeben, daß eine Erklärung der Beteiligten nicht vorliegt (KGJ. 49, 144). Ein von einem unzuständigen Beamten aufgenommenes Protokoll ist, falls es unterzeichnet ist, als Beschwerdeschrift anzusehen.

4. Für die **Zurücknahme der Beschwerde** kann die gleiche Form wie fur die Einlegung verlangt werden. Sie ist statthaft bis zur Bekanntmachung der Entscheidung des Beschwerdegerichts an den Beschwerdefuhrer (JFG. 7, 242) Daneben ist ein Verzicht auf die Beschwerde möglich.

Begründung der Beschwerde.

§ 74

Die Beschwerde kann auf neue Tatsachen und Beweise gestützt werden.

1. Allgemeines. Die Vorschrift entspricht den §§ 570 ZPO., 23 FGG. und dient der Beschleunigung und Erleichterung des Grundbuchverkehrs.

2. Wird die Beschwerde gegen einen vom Grundbuchamt zurückgewiesenen Eintragungsantrag auf **neue Tatsachen und Beweise,** z. B. Eigentumswechsel, Errichtung einer Urkunde (JFG. 1, 406), Eintritt einer für die Zulässigkeit der Zwangsvollstreckung notwendigen Voraussetzung, z. B. Zustellung der Vollstreckungsklausel gestützt, so hat das Beschwerdegericht § 17 zu beachten, d. h. es darf, wenn nach Erlaß der angefochtenen Entscheidung und vor Einlegung der Beschwerde eine weitere Eintragung beantragt ist, die dasselbe Recht betrifft, dem zurückgewiesenen Antrage auf Grund des neuen Vorbringens erst nach Erledigung des weiteren Antrages durch das Grundbuchamt stattgeben. Der zurückgewiesene Antrag gilt in diesem Falle erst im Zeitpunkte der Einlegung der Beschwerde als gestellt, mithin als der spätere Antrag. Er behält dagegen seine frühere Rangstellung, wenn das Beschwerdegericht ihm lediglich auf Grund der Tatsachen und Beweise, die bereits dem Grundbuchamte vorgelegen haben, entspricht (KGJ. 52, 122). Nichtsdestoweniger ist auch im letzteren Falle das Grundbuchamt berechtigt, trotz Einlegung der Beschwerde dem neuen Eintragungsantrage zu entsprechen, selbst wenn dadurch die durch die angefochtene Verfügung abgelehnte Eintragung unzulässig wird oder nur im Range hinter der neuen Eintragung bewirkt werden kann, da die Beschwerde grundsätzlich keine aufschiebende Wirkung hat (§ 76 Abs. 3). In jedem Falle hat das Beschwerdegericht die neue Eintragung, wenn sie ihm bekannt ist, bei seiner Entscheidung zu beachten. Wird ein Einigungsantrag vom GBA. mit Recht beanstandet und nach fruchtlosem Ablauf der gesetzten Frist zurückgewiesen, so muß gleichwohl eine Beschwerde bei nachträglicher Hebung des Hindernisses Erfolg haben.

3. Zur **Stellung eines neuen Antrages** ist der Beschwerdeführer nicht berechtigt, vielmehr unterliegt der Entscheidung durch das Beschwerdegericht lediglich der Antrag, der den Gegenstand der angefochtenen Entscheidung gebildet hat (KGJ. 52, 124; JFG. 4, 420). Ebensowenig kann etwas zugesprochen werden, was überhaupt nicht beantragt ist, es sei denn, daß es als stillschweigend beantragt gelten muß (Amtswiderspruch statt Löschung oder umgekehrt, KG. HRR. 1927 Nr. 27; Güthe-Triebel, § 77 Anm. 3). Zulässig ist dagegen eine Einschränkung des Antrages in der Beschwerdeinstanz, z. B. Antrag auf Zwischenverfügung statt Zurückweisung, auch eine Erweiterung lediglich in Nebenpunkten.

Abhilfe durch das Grundbuchamt.

§ 75

Erachtet das Grundbuchamt die Beschwerde für begründet, so hat es ihr abzuhelfen.

1. Allgemeines. Die Vorschrift entspricht dem § 571 ZPO. und rechtfertigt sich dadurch, daß das Grundbuchamt auch ohne Einlegung der Beschwerde seine Verfügung, wenn es sie nachträglich für ungerechtfertigt erachtet, abzuändern befugt ist, soweit dem nicht neu eingetragene Rechte und die der Berichtigung von Eintragungen gezogenen Schranken entgegenstehen.

2. Das Abhilferecht des Grundbuchamts besteht solange, als das Beschwerdegericht über die Beschwerde noch nicht wirksam entschieden hat, auch wenn die Beschwerde bei einer anderen Behörde eingelegt ist oder das Grundbuchamt bereits die Akten an das Landgericht weitergegeben hat. Im letzten Falle hat es das Beschwerdegericht über die erfolgte Abhilfe unverzüglich zu benachrichtigen, ebenso wenn es nach Vorlage der Akten gemäß § 75 diese nicht mehr an das Beschwerdegericht zurücksendet (Güthe-Triebel, § 75 Anm. 5). Bei Beschwerden gegen Eintragungen ist das Amtsgericht nur zu denselben Maßnahmen wie das Beschwerdegericht befugt (Güthe-Triebel, § 75 Anm. 4).

Einstweilige Anordnungen des Beschwerdegerichts.

§ 76

(1) Das Beschwerdegericht kann vor der Entscheidung eine einstweilige Anordnung erlassen, insbesondere dem Grundbuchamt aufgeben, eine Vor-

merkung oder einen Widerspruch einzutragen, oder anordnen, daß die Vollziehung der angefochtenen Entscheidung auszusetzen ist.

(2) Die Vormerkung oder der Widerspruch (Abs. 1) wird von Amts wegen gelöscht, wenn die Beschwerde zurückgenommen oder zurückgewiesen ist.

(3) Die Beschwerde hat nur dann aufschiebbare Wirkung, wenn sie gegen eine Verfügung gerichtet ist, durch die eine Strafe festgesetzt wird.

1. **Allgemeines.** Die Vorschrift will verhüten, daß durch neue Eintragungen eine von vornherein begründete Beschwerde nachträglich ungerechtfertigt wird, da grundsätzlich die Beschwerde keine aufschiebende Wirkung hat (Absatz 3).

2. Ob und welche **einstweilige Anordnung** das Beschwerdegericht vor Erlaß seiner endgültigen Entscheidung treffen will, steht in seinem Ermessen, die Eintragung einer **Vormerkung** kommt in Frage, wenn der Antrag auf Eintragung einer Rechtsänderung, auch einer Vormerkung nach § 883 BGB., zurückgewiesen ist, der eines **Widerspruchs** bei Beschwerde gegen eine Eintragung oder Zurückweisung eines Berichtigungsantrages. Ist als endgültige Entscheidung nach § 71 Abs. 2 Satz 2 nur die Anordnung der Eintragung eines Widerspruchs zulässig, so kann auf Grund des § 76 die Eintragung eines einstweiligen Widerspruchs, auch eines Widerspruchs nach § 899 BGB., angeordnet werden. Gegenüber inhaltlich unzulässigen Eintragungen ist die Eintragung eines Widerspruchs nicht zulässig.

3. Die **Vollziehung der einstweiligen Eintragungsanordnung** kann das Grundbuchamt nur ablehnen, wenn sie infolge der Grundbuchlage, z. B. Löschung des von ihr betroffenen Rechts nicht möglich ist (Güthe-Triebel, § 76 Anm. 6). Weitere Eintragungsanordnungen sind wegen Abs. 2 nicht als zulässig zu erachten, wohl aber **Anordnungen anderer Art,** insbesondere wenn es sich um andere als die oben genannten Entscheidungen handelt, z. B. die der Hinterlegung eines Briefs, über dessen Eigentum die Beteiligten streiten.

Die Anordnung der **Aussetzung der Vollziehung** nimmt dem Grundbuchamt das Recht, nach Anfechtung der Zwischenverfügung den Eintragungsantrag nach Fristablauf endgültig zurückzuweisen, den noch nicht herausgegebenen Brief auszuhändigen usw. Bei Briefpfandrechten ist die Beschaffung der Briefe, deren Vorlegung es nur unter den Voraussetzungen des § 41 Abs. 1 Satz 2 nicht bedarf, ausschließlich Sache des Beschwerdegerichts. Das Grundbuchamt kann daher von der Vorlegung des Briefs die Eintragung der Vormerkung oder des Widerspruchs nicht abhängig machen. Die Eintragung (nicht die Anordnung selbst) ist den Beteiligten nach § 55 bekanntzumachen (Güthe-Triebel, § 76 Anm. 6). Gegen die Eintragung (nicht gegen die Anordnung) ist unter den Voraussetzungen des § 71 Beschwerde zulässig (Güthe-Triebel, § 76 Anm. 6; Henke-Mönch, § 76 Anm. 4; a. M. Hesse, § 76 Anm. IV).

4. Die **Löschung der Vormerkung und des Widerspruchs** erfolgt ferner auf Anordnung des Beschwerdegerichts auch ohne den Nachweis der Zurücknahme oder Zurückweisung der Beschwerde (Güthe-Triebel, § 76 Anm. 8). Wird der Beschwerde stattgegeben, so ist in gleicher Weise zu verfahren, wie wenn im Falle des § 18 nach Eintragung einer Vormerkung oder eines Widerspruchs dem Eintragungsantrage stattgegeben wird (vgl. Anm. 7 zu § 18 letzter Absatz). Handelt es sich um eine einstweilige Vormerkung oder einen einstweiligen Widerspruch (oben Anm. 2), so sind diese in eine endgültige Vormerkung oder einen endgültigen Widerspruch umzuschreiben (KGJ. 52, 140; RGZ. 113, 234).

5. **Ordnungsstrafen** kommen in Grundbuchsachen nur unter den Voraussetzungen des § 66 FGG., d. h. als Zwangsmittel zur Durchführung einer gerichtlichen Anordnung (nicht als Strafen für Ordnungswidrigkeiten) vor, können also nach Ausführung der Anordnung nicht mehr vollstreckt werden. Bis zur Erledigung der Beschwerde darf die Vollziehung der Anordnung nicht angeordnet und muß die angeordnete Vollziehung ausgesetzt und die begonnene Vollziehung eingestellt werden. Die Beschwerde gegen die bloße Androhung der Strafe hat keine aufschiebende Wirkung.

Endgültige Entscheidung des Beschwerdegerichts.

§ 77

Die Entscheidung des Beschwerdegerichts ist mit Gründen zu versehen und dem Beschwerdeführer mitzuteilen.

1. **Allgemeines.** Die Begründung soll dem zur Entscheidung über die weitere Beschwerde berufenen Gericht die Prüfung ermöglichen, ob die Entscheidung auf einer Verletzung des Gesetzes beruht (§ 78).

2. **Die Gründe** dürfen sich nicht allein auf die rechtlichen Gesichtspunkte beschränken, die der Entscheidung des Beschwerdegerichts zugrunde liegen, sondern müssen auch die tatsächlichen Verhältnisse (unter Hervorhebung des neuen Vorbringens) angeben, auf denen die Rechtsausführungen beruhen, da das Gericht der weiteren Beschwerde an diese tatsächlichen Feststellungen gebunden ist (KGJ 48, 1; 53, 142). Eine Bezugnahme auf die Gründe der angefochtenen Entscheidung ist nicht ausgeschlossen.

3. **Ihrem Inhalte nach** kann die Entscheidung des Beschwerdegerichts entweder die Beschwerde wegen Unzulässigkeit (zur Zeit des Erlasses der Entscheidung, KGJ. 52; 120) verwerfen oder wegen Fehlens einer beschwerdefähigen Entscheidung oder der Beschwerde (KGJ. 37 A 220; 46, 181), Gegenstandslosigkeit der Beschwerde (KGJ. 51, 276) als unbegründet (auch wegen Fehlens der Beschwerdeberechtigung, KGJ. 52, 102) zurückweisen oder der Beschwerde stattgeben. Eine Aussetzung des Verfahrens ist nicht gestattet (KG. HRR. 30 Nr. 1505). Im Falle der Aufhebung der Verfügung weist das Beschwerdegericht, wenn durch die angefochtene Entscheidung ein Antrag zurückgewiesen oder auf einen Eintragungsantrag hin ungerechtfertigt eine Zwischenverfügung erlassen worden ist, das Grundbuchamt an, unter Abstandnahme von seinen Bedenken dem Antrage stattzugeben, gegebenenfalls statt der Ablehnung des Antrages den Antragsteller durch eine Zwischenverfügung zu bescheiden (RGZ. 111, 397; JFG. 3, 384) oder eine andere Zwischenverfügung zu erlassen (JFG. 4, 375).

Doch kann das Beschwerdegericht in seiner Entscheidung auch selbst eine Zwischenverfügung (auch zur Behebung eines neuen Hindernisses) unter Fristsetzung gemäß § 18 erlassen, indem es gleichzeitig das Grundbuchamt anweist, wie es zu verfahren hat, wenn der Zwischenverfügung nachgekommen oder nicht nachgekommen wird (JFG. 3, 384). Richtet sich die Beschwerde gegen eine Eintragung, so hat das Beschwerdegericht das Grundbuchamt anzuweisen, einen — dem Inhalte nach genau vorzuschreibenden — Widerspruch einzutragen oder, falls die Eintragung unzulässig war, sie zu löschen. Besteht die Möglichkeit, daß infolge zwischenzeitlicher Eintragungen die Beschwerde nachträglich ungerechtfertigt geworden ist, so kann die Entscheidung des Beschwerdegerichts unter dem Vorbehalt der nicht veränderten Grundbuchlage ergehen. Dieser Vorbehalt gilt, falls das Beschwerdegericht seine Entscheidung ohne Kenntnis der inzwischen eingetretenen Änderung des Grundbuchstandes getroffen hat, auch dann, wenn er nicht ausdrücklich ausgesprochen ist. Das Grundbuchamt ist daher, wenn in einem solchen Falle die neue Eintragung ein Hindernis für den Vollzug der Entscheidung des Beschwerdegerichts bildet, dieser nicht nachzukommen verpflichtet (KGJ. 26 A 238).

Die **Kostenentscheidung** (auch im Falle nachträglicher Erledigung der Hauptsache) richtet sich nach §§ 2, 3, 15 KostO.

4. Bei seiner Entscheidung hat das Beschwerdegericht das gesamte Rechts- und Sachverhältnis **nachzuprüfen** und ist hierbei nicht auf die in der angefochtenen Entscheidung oder in der Beschwerde angeführten Gründe beschränkt, vielmehr berechtigt, auch aus anderen Gründen der Beschwerde stattzugeben oder sie zurückzuweisen, falls es diese und nicht die des Grundbuchamts für durchschlagend hält (KGJ. 31 A 6, 14; 35 A 202; JFG. 1, 304). Eine Ausnahme besteht nur für die Zwischenverfügung, bei der das Beschwerdegericht nur prüfen darf, ob das in ihr gerügte Hindernis besteht, nicht auch, ob sonstige Hinderungsgründe der beantragten Eintragung entgegenstehen. Die als unrichtig erkannte Zwischenverfügung ist daher auch dann aufzuheben, wenn der beanstandete Antrag sachlich hätte zurückgewiesen werden müssen. Auf die anderweitigen Hindernisse ist hierbei nur wegweisend hinzuweisen (JFG. 8, 237; 12, 336).

Der Prüfung des Beschwerdegerichts unterliegen auch Ermessensfragen (Ausnahmen: §§ 85 Abs. 2, 91 Abs. 1).

5. **Die Mitteilung der Entscheidung,** auch die Anordnung einer Eintragung des Beschwerdegerichts hat nur an den Beschwerdeführer, nicht auch an den Beschwerdegegner oder sonstige Beteiligte zu erfolgen. Gemäß § 16 Abs. 2 Satz 2 FGG., § 2 PrAV. v. 1. 2. 10 (JMBl. 43) genügt Übersendung einer Ausfertigung durch einfachen Brief.

Zulässigkeit der weiteren Beschwerde.

§ 78

Gegen die Entscheidung des Beschwerdegerichts ist das Rechtsmittel der weiteren Beschwerde zulässig, wenn die Entscheidung auf einer Verletzung des

Gesetzes beruht. Die Vorschriften der §§ 550, 551, 561, 563 der Zivilprozeßordnung finden entsprechende Anwendung.

1. **Allgemeines.** Die weitere Beschwerde hat im Grundbuchverfahren die gleiche Aufgabe wie die Revision im Zivilprozeß, nämlich die der Bewahrung der Rechtseinheit. Die Bestimmungen über die weitere Beschwerde sind daher denen über die Revision angeglichen.

2. Der weiteren Beschwerde unterliegt nur eine endgültige **Entscheidung des Beschwerdegerichts** (auch Kostenentscheidung, § 71 Anm. 2), dagegen nicht eine vorläufige Anordnung gemäß § 76 Abs. 1, wohl aber gegen die Ablehnung ihres Vollzugs durch das Grundbuchamt (KGJ. 23 A 3; JFG. 5, 330). Führt eine vom Beschwerdegericht bestätigte oder neu erlassene Zwischenverfügung wegen Fristablaufs zur Zurückweisung des Eintragungsantrages durch das Grundbuchamt, so wird damit die Entscheidung des Landgerichts nicht gegenstandslos, vielmehr kann mit der weiteren Beschwerde Aufhebung dieses Zurückweisungsbeschlusses verlangt werden, da das Grundbuchamt durch die Entscheidung des Beschwerdegerichts an dieser Aufhebung gehindert ist (Güthe-Triebel, § 78 Anm. 3). Dies gilt nicht, wenn die Zurückweisung noch aus einem weiteren Grunde als dem, den das Beschwerdegericht bei Bestätigung oder Erlaß der Zwischenverfügung geprüft hatte, erfolgt (KGJ. 43, 141; JFG. 6, 350). Gegen eine Entscheidung des Beschwerdegerichts, durch die es das Grundbuchamt anweist, eine bei ihm beantragte Eintragung vorzunehmen, ist die weitere Beschwerde auch dann noch zulässig, wenn das Grundbuchamt die Eintragung bereits bewirkt hat, indes nur mit der Einschränkung des § 71 Abs. 2 Satz 2 (RGZ. 70, 234; 110, 68; KGJ. 31 A 243; 38 A 276; 53, 189; JFG. 3, 266), im Falle eines auf Grund einer Beschwerde eingetragenen Widerspruchs nach § 53 Abs. 1 dagegen in vollem Umfang, also mit dem Ziel der Löschung (OLG. München HRR. 38, 947). Weist das Landgericht eine unzulässige Beschwerde unter Verkennung der Unzulässigkeit aus sachlichen Gründen zurück, so ist die weitere Beschwerde wegen Unzulässigkeit der ersten Beschwerde zurückzuweisen (JFG. 3, 262).

3. **Eine Verletzung des Gesetzes** liegt vor, wenn eine Rechtsnorm (Art. 2 EGBGB., § 116 Abs. 2 GBO.) des (materiellen oder formellen) Reichs- oder Landesrechts, auch Gewohnheitsrechts nicht oder nicht richtig angewendet worden ist. Dies trifft auch zu, wenn der Grundbuchrichter bei der Ausübung des ihm eingeräumten Ermessens (§§ 4, 18, 35 Abs. 1) unrichtige rechtliche Gesichtspunkte angewendet hat (KGJ. 20 A 275; 24 A 90; Karlsruhe JFG. 4, 403; RGZ. 126, 109); Ausnahme: §§ 85 Abs. 2, 91 Abs. 1). Dagegen können mit der weiteren Beschwerde die Entscheidung reiner Zweckmäßigkeitsfragen (z. B. Umfangs der Bezugnahme: KGJ. 36 A 232) oder die tatsächlichen Feststellungen des Beschwerdegerichts nicht angegriffen werden, auch nicht die Auslegung der Willenserklärungen (Satzungen), soweit das GBA. nicht gegen gesetzliche Auslegungsregeln verstoßen hat (KGJ. 32 A 198; JFG. 1, 283, 285; Karlsruhe JFG. 8, 354) Auch neue Tatsachen können zur Begründung der weiteren Beschwerde nicht angeführt werden, es sei denn zwecks Darlegung, daß das Gesetz in bezug auf das Verfahren verletzt oder der zur Entscheidung stehende Antrag gegenstandslos geworden sei (KGJ. 39 A 198; 43, 208; Dresden JFG. 5, 361; OLG. München HRR. 37, 2444).

4. **Der ursächliche Zusammenhang zwischen der Gesetzesverletzung und der Entscheidung** bedarf keiner Prüfung in den Fällen der unvorschriftsmäßigen Besetzung des Landgerichts (§ 551 Ziff. 1 ZPO.), der Mitwirkung eines kraft Gesetzes vom Richteramt ausgeschlossenen oder mit Erfolg abgelehnten Richters (§ 551 Ziff. 2 und 3 ZPO.), der unzutreffenden Annahme der Zuständigkeit oder Unzuständigkeit durch das Beschwerdegericht (§ 551 Ziff. 4 ZPO.), der vorschriftswidrigen Vertretung eines Beteiligten bei dem Beschwerdegericht (§ 551 Ziff. 5 ZPO.) und des Fehlens von Gründen in der angefochtenen Entscheidung (§ 551 Ziff. 7 ZPO.)

Gericht der weiteren Beschwerde.

§ 79

(1) Über die weitere Beschwerde entscheidet das Oberlandesgericht.

(2) Will das Oberlandesgericht bei Auslegung einer das Grundbuchrecht betreffenden reichsgesetzlichen Vorschrift von der auf weitere Beschwerde ergangenen Entscheidung eines andern Oberlandesgerichts, falls aber über die Rechtsfrage bereits eine Entscheidung des *Reichsgerichts* ergangen ist von dieser abweichen, so hat es die weitere Beschwerde unter Be-

gründung seiner Rechtsauffassung dem *Reichsgerichte* vorzulegen. Der Beschluß über die Vorlegung ist dem Beschwerdeführer mitzuteilen.

(3) In den Fällen des Absatzes 2 entscheidet über die weitere Beschwerde das *Reichsgericht*.

1. Allgemeines. § 79 lehnt die Schaffung einer gemeinsamen Beschwerdeinstanz für das Geltungsgebiet der Reichsgrundbuchordnung grundsätzlich ab. Die Absätze 2 und 3, die in bestimmten Fällen das Reichsgericht zur Entscheidung über die weitere Beschwerde fur zuständig erklärten, um dem Bedürfnis nach einheitlicher Auslegung der reichsgesetlichen Grundbuchvorschriften zu genügen, sind nach Fortfall des Reichsgerichts zunächst gegenstandslos geworden. Dagegen ist mit Wirkung vom 9. Februar 1948 für die Britische Zone der Oberste Gerichtshof für diese Zone in Köln an die Stelle des Reichsgerichts getreten, jedoch nur, soweit die Entscheidung, von der das zunächst zuständige Oberlandesgericht abzuweichen beabsichtigt, seit dem 1. Oktober 1945 ergangen ist (MilVO. Nr. 98 über die Errichtung eines Obersten Gerichtshofs für die Britische Zone, § 33 d. DfVO. d. Pr. d. ZJA. v. 17. 11. 47 — VOBl. BZ. 154, 149 —, VO. v. 13. 1. 48 und 6. 2. 48 — VOBl. BZ. 10, 40).

2. Die Vorlegung der weiteren Beschwerde an den Obersten Gerichtshof muß unter den Voraussetzungen des Absatz 2 erfolgen. Doch macht die Nichtvorlegung die Entscheidung des Oberlandesgerichts nicht ungültig. Die Entscheidung hängt von der Auslegung einer das Grundbuchrecht betreffenden reichsgesetzlichen (nicht lediglich durch Landesgesetz für anwendbar erklärten) Vorschrift auch dann ab, wenn daneben andere Vorschriften in Betracht kommen, z. B. die weitere Beschwerde sich nur gegen die Kostenentscheidung richtet (RGZ. 62, 142). Von den über dieselbe Rechtsfrage ergangenen Entscheidungen eines anderen Oberlandesgerichts oder Obersten Gerichtshofs ist, wenn dasselbe Oberlandesgericht oder derselbe Senat des Obersten Gerichtshofs mehrere abweichende Entscheidungen erlassen hat, nur die neuere Entscheidung zu berücksichtigen, und zwar die eines Oberlandesgerichts nur dann, wenn sie in einer Angelegenheit der freiwilligen Gerichtsbarkeit (auch gemäß § 28 Abs. 2 FGG. — streitig —) auf weitere Beschwerde ergangen ist, die des Obersten Gerichtshofs dagegen ohne jede Beschränkung. Für die Frage, ob eine Abweichung anzunehmen sei, kommt es nicht auf die Begründung der zu treffenden Entscheidung einerseits und die der früheren Entscheidungen andererseits an, sondern darauf, ob über den nämlichen Rechtssatz entschieden worden ist und entschieden werden soll und ob diese Entscheidungen unmittelbar eine Abweichung voneinander ergeben (RGZ. 102, 29; JFG. 1, 21).

3. Der Oberste Gerichtshof hat lediglich zu prüfen, ob eine von der kundgetanen Rechtsauffassung des vorlegenden Gerichts abweichende Entscheidung vorliegt, nicht dagegen, ob die Frage, über welche die Oberlandesgerichte verschiedener Ansicht sind, für die Entscheidung über die weitere Beschwerde von Bedeutung ist, und daher auch, wenn es die Frage für unwesentlich hält, über die weitere Beschwerde zu entscheiden, ohne an die Rechtsauffassung des Oberlandesgerichts gebunden zu sein (RGZ. 108, 356 gegen 76, 171).

Einlegung der weiteren Beschwerde.

§ 80

(1) Die weitere Beschwerde kann bei dem Grundbuchamte, dem Landgericht oder bei dem Oberlandesgericht eingelegt werden. Wird sie durch Einreichung einer Beschwerdeschrift eingelegt, so muß diese von einem Rechtsanwalt unterzeichnet sein. Der Zuziehung eines Rechtsanwalts bedarf es nicht, wenn die Beschwerde von einer Behörde oder von dem Notar eingelegt wird, der nach § 15 den Eintragungsantrag gestellt hat.

(2) Das Grundbuchamt und das Landgericht sind nicht befugt, der weiteren Beschwerde abzuhelfen.

(3) Im übrigen sind die Vorschriften über die Beschwerde entsprechend anzuwenden.

1. Allgemeines. Die Bestimmungen des § 80 rechtfertigen sich aus der Sonderstellung, welche die weitere Beschwerde namentlich im Hinblick auf ihren Zweck der Förderung der Rechtsgleichheit gegenüber der ersten Beschwerde einnimmt.

2. Für **die Form der Einlegung der weiteren Beschwerde** gilt das zu § 73 Gesagte. Der Rechtsanwalt muß bei einem deutschen Gericht zugelassen sein und hat seine Vollmacht nachzuweisen Ob hierfür das Gericht eine bestimmte Form erfordert oder sich sogar mit einer mündlichen aus den Umständen zu entnehmenden Vollmacht begnügen will, steht in seinem Ermessen (KGJ. 32 A 287). Wegen der Unterzeichnung gilt das zu § 73 Anm. 2 Gesagte. Als Behörden, für die der Anwaltszwang nicht besteht, kommen nur öffentliche Behörden in Betracht, d. h. Organe der Staatsverwaltung oder einer dem Staate untergeordneten Körperschaft, die dazu berufen sind, für die Erreichung von Staatszwecken tätig zu werden. Die Zuziehung eines Anwalts ist auch dann entbehrlich, wenn die Behörde als Bevollmächtigte einer Privatperson, insbesondere einer juristischen Person auftritt (KGJ. 46, 176; 53, 203).

Die Unterzeichnung der Beschwerdeschrift durch einen Notar genügt nicht, wenn er nicht den Eintragungsantrag gestellt, vielmehr nur die zur Eintragung erforderliche Urkunde beurkundet oder beglaubigt oder die den Antrag enthaltende Urkunde lediglich eingereicht hat. In diesen Fällen ist die Form jedoch dann gewahrt, wenn der Notar zugleich Rechtsanwalt und von dem Beschwerdeführer bevollmächtigt ist. Eine solche Vollmacht wird regelmäßig daraus zu folgern sein, daß der Notar die von ihm beglaubigte oder beurkundete Erklärung dem Grundbuchamt eingereicht hat (KGJ. 31 A 284, 287).

Zur Aufnahme eines Protokolls über die weitere Beschwerde sind neben den Grundbuchbeamten nur die Urkundsbeamten der Geschäftsstelle des übergeordneten Landgerichts oder des Oberlandesgerichts zuständig, nicht auch die Richter dieser beiden Gerichte oder die Urkundsbeamten der Geschäftsstelle anderer Gerichte (RGZ. 110, 311; KGJ. 20 A 145). Das Protokoll eines unzuständigen Beamten gilt hier mit Rücksicht auf Abs. 1 Satz 2 nicht als Beschwerdeschrift. Ein ordnungsmäßiges Protokoll liegt nicht vor, wenn der aufnehmende Beamte sich damit begnügt hat, einen vom Beschwerdeführer überreichten Schriftsatz mit der protokollarischen Eingangs- und Schlußformel zu versehen (RGZ. 101, 426; KGJ. 22 A 202; 53, 3). Ebenso ist ein lediglich auf Diktat des Beschwerdeführers niedergeschriebenes Protokoll eine unwirksame Beurkundung (JFG. 1, 23). Ein bestimmter Inhalt ist weder für die Beschwerdeschrift noch für das Protokoll über die weitere Beschwerde vorgeschrieben, insbesondere braucht die verletzte Rechtsnorm nicht angegeben zu werden, deren Angabe andernfalls das Beschwerdegericht nicht hindert, die Entscheidung auch auf anderweitige Rechtsverletzung hin nachzuprüfen. Darüber, daß die Beschwerde keinen neuen Antrag enthalten darf, vgl. § 74 Anm. 3.

Für die Zurücknahme der weiteren Beschwerde gilt der gleiche Formzwang wie für die Einlegung.

3. Von den **Vorschriften über die erste Beschwerde** finden auf die weitere Beschwerde der § 75 und mit bestimmten Einschränkungen (§ 78 Anm. 3) § 74 keine Anwendung. Anwendbar sind insbesondere § 71 Abs. 2, so daß nach Ausführung der vom Landgericht angeordneten Eintragung mit der weiteren Beschwerde nur Löschung wegen inhaltlicher Unzulässigkeit der Eintragung eines Amtswiderspruchs verlangt werden kann (RGZ. 70, 234, RGZ. 31 A 243; 38 A 276, 53, 189), ferner der § 76, so daß auch das Gericht der weiteren Beschwerde vor der Entscheidung die Aussetzung der Vollziehung des landgerichtlichen Beschlusses (z. B. durch Löschung der angefochtenen Eintragung oder des nach § 76 Abs. 2 eingetragenen Widerspruchs) anordnen oder sonst eine einstweilige Anordnung treffen, insbesondere dem Grundbuchamt aufgeben kann, eine Vormerkung oder einen Widerspruch einzutragen. In einer endgültigen Entscheidung kann das Gericht der weiteren Beschwerde auch, statt selbst zu entscheiden, die Sache zur anderweiten Erörterung und Entscheidung an das Grundbuchamt zurückverweisen, das alsdann an die Rechtsauffassung des Beschwerdegerichts gebunden ist. Eine Zurückverweisung an das Landgericht kommt nur in Frage bei Verletzung von Verfahrensvorschriften oder wenn das Landgericht zu Unrecht die Beschwerde als unzulässig verworfen hat, ohne in der Sache selbst zu entscheiden. Zur Abänderung seiner Entscheidung ist das Gericht der weiteren Beschwerde auch dann nicht befugt, wenn es sie nachträglich für unrichtig hält (KGJ. 31 A 352).

Zuständige Gerichtsabteilung. Unfähigkeit der Gerichtspersonen.

§ 81

(1) Über Beschwerden entscheidet bei den Landgerichten eine Zivilkammer, bei den Oberlandesgerichten und dem *Reichsgericht* ein Zivilsenat.

(2) Die Vorschriften der Zivilprozeßordnung über die Ausschließung und

Ablehnung der Gerichtspersonen sowie die Vorschriften der §§ 136, 137 und 138 des Gerichtsverfassungsgesetzes sind entsprechend anzuwenden.

1. Auf die Bildung und die Besetzung der **Zivilkammer und Zivilsenate,** die Verteilung der Geschäfte unter sie und ihre Mitglieder und die Vertretung des Vorsitzenden und der Mitglieder finden die Vorschriften des Gerichtsverfassungsgesetzes sowie der VO. des Reichsjustizministers zur einheitlichen Regelung der Gerichtsverfassung v. 20. 3. 35 (RGBl. I 403) Anwendung. Für die Landgerichte gelten insbesondere die §§ 60, 62, 63, 64, 64a, 66, 67, 69, 70, 75, für die Oberlandesgerichte die §§ 115 bis 118, 122 Abs. 1, für den an Stelle des Reichsgerichts entscheidenden Obersten Gerichtshof der Britischen Zone die §§ 3—15 der VO. z. Durchf. der MilRegVO. Nr. 98 v. 17. 11. 47 (VOBl. BZ. 149).

2. Eür den Obersten Gerichtshof der Britische Zone gilt **an Stelle des § 136 GVG.** § 12 der VO. v. 17. 11. 47 (VOBl. BZ. 149). Danach ist die Entscheidung des Plenums einzuholen, wenn der nach § 79 Abs. 2 mit der weiteren Beschwerde befaßte Senat in einer Rechtsfrage (nicht nur des Reichsgrundbuchrechts) von der Entscheidung eines anderen Zivilsenats oder eines Strafsenats oder von früher eingeholten Entscheidung des Plenums abweichen will. Das Plenum entscheidet nun über die Rechtsfrage. Seine Entscheidung ist in der vorliegenden Sache bindend.

3. Für die **Ausschließung und Ablehnung von Gerichtspersonen** in den Beschwerdeinstanzen gelten die §§ 41 bis 48 ZPO. Gegen den Beschluß, durch den das Ablehnungsgesuch für unbegründet erklärt wird, findet eine Beschwerde nicht statt (§ 45 Abs. 3 ZPO.). Die Mitwirkung eines unfähigen Richters macht den Beschluß des Beschwerdegerichts nicht unwirksam (§ 7 FGG.), doch kann, wenn bei der Entscheidung des Landgreichts ein unfähiger Richter mitgewirkt hat, hierauf die weitere Beschwerde gestützt werden.

Fünfter Abschnitt[1])

Verfahren des Grundbuchamts in besonderen Fällen.

I. Grundbuchberichtigungszwang.

§ 82

Besteht begründeter Anlaß zu der Annahme, daß das Grundbuch hinsichtlich der Eintragung des Eigentümers durch Rechtsübergang außerhalb des Grundbuchs unrichtig geworden ist, so kann das Grundbuchamt, wenn die alsbaldige Berichtigung des Grundbuchs angezeigt erscheint, dem Eigentümer oder dem Testamentsvollstrecker, dem die Verwaltung des Grundstücks zusteht, die Verpflichtung auferlegen, den Antrag auf Berichtigung des Grundbuchs zu stellen und die zur Berichtigung des Grundbuchs notwendigen Unterlagen zu beschaffen.

1. **Allgemeines.** § 82 läßt unter bestimmten Voraussetzungen eine Ausnahme von dem sonst im Grundbuchrecht geltenden Grundsatz der Freiwilligkeit des Eintragungsantrages (§ 13 GBO.) zu. Der Grund für die Einführung eines Grundbuchberichtigungszwanges in beschränktem Umfange besteht darin, daß für Klarheit und Offenkundigkeit des Eigentums am Grund und Boden nicht selten ein starkes öffentliches Interesse vorliegt. Aber auch im steuerlichen Interesse kann ein Bedürfnis nach Berichtigung gegeben sein.

2. **Voraussetzungen des Berichtigungszwanges.**

a) Unrichtigkeit des Grundbuchs. Vgl. hierzu § 22 Anm. 2. Nur die von vornherein unrichtige Eintragung des Eigentümers (und des ihm gleichstehenden Erbbauberechtigten) und eine durch Rechtsübergang außerhalb des Grundbuchs, insbesondere Erbfolge, Vereinbarung der allgemeinen Gütergemeinschaft, Ausscheiden eines Gesellschafters aus der Gesellschaft des BGB. nach § 738, Übernahme einer offenen Handelsgesellschaft nach § 142 HGB. oder durch Vereinbarung (unabhängig davon, ob die Firma fortgeführt wird oder nicht — OLG. München JFG. 14, 498), Umwandlung einer Kapitalgesellschaft auf Grund des Kapitalgesellschaftsumwandlungsgesetzes v. 5. 7. 34 (RGBl. I 569), Verschmelzung von Aktiengesellschaften nach §§ 233 f. AktGes., (nicht dagegen Erwerb durch Zu-

---

[1]) Zu diesem Abschnitt vgl. Krieger, Die Grundbuchbereinigung, Berlin 1931, S. 140ff. und „Die Grundbuchbereinigung im neuen Grundbuchrecht" DNotZ. 35, S. 853, sowie Lange, Der Berichtigungszwang (DJ. 35, 1326), zur Durchführung des GBBerichtigungsverfahrens nach § 82 ferner AV. vom 22. 6. 36 (DJ. 992).

schlag in der Zwangsversteigerung, da insoweit § 130 ZVG. eine Sonderregelung gibt) nachträglich eingetretene Unrichtigkeit kommen in Frage.

b) Es muß ein begründeter Anlaß zur Annahme der Unrichtigkeit vorliegen, z. B. der Tod des Berechtigten, ein so hohes Alter, daß normalerweise mit seinem Tode zu rechnen ist, oder irgendein anderes zur Kenntnis des GBA. gelangtes Ereignis, aus dem dieses einen Wechsel des Berechtigten mit großer Wahrscheinlichkeit entnehmen kann. Ist der Rechtsnachfolger nicht bekannt, so hat der Grundbuchrichter nach ihm Ermittlungen anzustellen. Die Auflage kann auch an den mutmaßlichen Rechtsnachfolger gerichtet werden, wenn nach der Aktenlage für dessen Rechtsnachfolge eine gewisse Wahrscheinlichkeit besteht. So wird er das Verfahren gegen die gesetzlichen Erben einleiten können, solange ihm nicht nachgewiesen ist, daß der Erblasser eine letztwillige Verfügung erlassen hat (KG. JW. 37, 479).

c) Die Berichtigung muß objektiv angemessen erscheinen. Diese Feststellung wird das GBA. regelmäßig erst nach Anhörung des Rechtsnachfolgers treffen können, da dieser triftige Gründe dafür haben kann, daß er bisher den Antrag auf Berichtigung noch nicht gestellt hat, z. B. Veräußerungsabsicht u. dgl. (§ 40 GBO.). Steht die Veräußerung des Grundstücks dicht bevor, so ist von Einleitung und Durchführung des Grundbuchberichtigungsverfahrens abzusehen (JFG. 22, 115), auch bei bevorstehender Zwangsversteigerung, da sie das Berichtigungsverfahren in der Regel überflüssig machen wird (KG. JW. 37, 479).

d) Das Verfahren wird nicht dadurch ausgeschlossen, daß ein Gläubiger auf Grund eines Vollstreckungstitels gegen den Sachberechtigten die Berichtigung herbeiführen kann (OLG. München HRR. 37, 168).

3. Die **Verpflichtung** kann dem (wirklichen oder nach der Aktenlage mutmaßlichen) neuen Eigentümer oder Testamentsvollstrecker nur auferlegt werden, wenn er nach formellem Recht berechtigt ist, den Antrag auf Berichtigung zu stellen (§ 13 Anm. 8), im Falle des Vorhandenseins mehrerer Antragsberechtigter, z. B. Miteigentümer, zweckmäßigerweise allen. Sind mehrere zur Verwaltung des Nachlasses befugte Testamentsvollstrecker vorhanden, so muß die Verpflichtung allen auferlegt werden (OLG. München JFG. 17, 298). Zu den von dem Berichtigungspflichtigen zu beschaffenden Unterlagen gehört vor allem die nach § 22 Abs. 2, § 29 von dem Eigentümer (Erbbauberechtigten) zu erteilende öffentlich beglaubigte Zustimmung zur Berichtigung (vgl. § 22 Anm. 7). Das Berichtigungsverfahren kann auch dann eingeleitet werden, wenn ein Beteiligter bereits den Antrag auf Berichtigung des GB. gestellt hat. Das wird dann angezeigt sein, wenn der Antrag ohne die Mitwirkung eines sich an dem Antragsverfahren nicht beteiligenden Miteigentümer keinen Erfolg haben kann (KG. JW. 37, 479).

4. Die **Form der Ausübung des Berichtigungszwangs** ergibt sich aus § 33 Abs. 1 und 3 FGG., im Falle der Notwendigkeit der Vorlegung oder Herausgabe von Urkunden aus Abs. 2 daselbst. Zwischenverfügung nach § 18 ist mithin ausgeschlossen (OLG. München JFG. 23, 70). Gegen die Androhung oder Verhängung der Ordnungsstrafe, ebenso gegen die Ablehnung der Einleitung des Berichtigungsverfahrens ist die Beschwerde nach §§ 71ff. GBO. gegeben (vgl. § 76 Abs. 3). Beschwerdeberechtigt ist im letzten Falle jeder, dessen Rechtsstellung durch die Entscheidung beeinträchtigt wird, insbesondere jeder, dem ein dingliches Recht am Grundstück oder ein Anspruch auf Verschaffung des Eigentums zusteht (KG. JW. 37, 480).

§ 82a[1])

Liegen die Voraussetzungen des § 82 vor, ist jedoch das Bewilligungsverfahren nicht durchführbar oder bietet es keine Aussicht auf Erfolg, so kann das Grundbuchamt von Amts wegen berichtigen. Das Grundbuchamt kann in diesem Falle das Nachlaßgericht um Ermittlung des Erben des Eigentümers ersuchen.

1. **Allgemeines.** § 82a bezweckt, auch in den Fällen, in denen eine Grundbuchberichtigung nach § 82 scheitert, die Berichtigung zu ermöglichen, indem sie von Amts wegen vorgenommen wird. Insoweit liegt eine Ausnahme vom Antragsgrundsatz vor, was auf eine gewisse Verwandtschaft mit den Vorschriften der §§ 84f. hinweist.

2. Das **Verfahren nach § 82** ist **nicht durchführbar**, wenn die Erben unbekannt sind oder die erforderlichen Unterlagen aus irgendwelchen Gründen nicht beigebracht werden können (z. B. der Ehemann der Miterbin befindet sich in Kriegsgefangenschaft und kann seine Zustimmung nicht geben); es bietet keine Aussicht

---

[1]) eingefügt durch § 4 GBVVO.

auf Erfolg, wenn der Erbe im Auslande wohnt und zu erkennen gegeben hat, daß er die Berichtigung nicht beantragen wird. Ob diese Voraussetzungen vorliegen, hat das GBA. von Amts wegen zu prüfen; hierbei ist wegen der Wichtigkeit einer klaren und richtigen Grundbuchführung eine ausdehnende Auslegung zweckmäßig. Es heißt zwar in § 82a, daß das GBA. von Amts wegen berichtigen kann. Es wird dies aber in der Regel tun und nur dann unterlassen, wenn die Ermittlungen keine Aussicht auf Erfolg versprechen.

3. Wegen der **Kosten des Verfahrens** vgl. § 54 Abs. 5 KostO. i. d. F. des § 6 GBVVO.

§ 83

Das Nachlaßgericht, das einen Erbschein erteilt oder sonst die Erben ermittelt hat, soll, wenn ihm bekannt ist, daß zu dem Nachlaß ein Grundstück gehört, dem zuständigen Grundbuchamt von dem Erbfall und den Erben Mitteilung machen.

Die Bestimmung soll dem Grundbuchamt die Unterlagen zur Prüfung, ob ein Berichtigungszwangsverfahren einzuleiten ist, verschaffen. Die Mitteilungspflicht des Nachlaßgerichts besteht ohne Rücksicht darauf, ob die Voraussetzungen des § 82 im übrigen vorliegen. Zweckmäßigerweise wird das Nachlaßgericht die Erben schon vorher auf die Notwendigkeit der Berichtigung hinweisen, andererseits dem GBA., wenn die Erben triftige Gründe für die Hinausschiebung oder Unterlassung der Berichtigung haben, diese mitteilen.

II. Löschung gegenstandsloser Eintragnngen.

Begriff der gegenstandslosen Eintragung.

§ 84

(1) Das Grundbuchamt kann eine Eintragung über ein Recht nach Maßgabe der folgenden Vorschriften von Amts wegen als gegenstandslos löschen.

(2) Eine Eintragung ist gegenstandslos:

a) soweit das Recht, auf das sie sich bezieht, nicht besteht und seine Entstehung ausgeschlossen ist;

b) soweit das Recht, auf das sie sich bezieht, aus tatsächlichen Gründen dauernd nicht ausgeübt werden kann.

(3) Zu den Rechten im Sinne der Absätze 1 und 2 gehören auch Vormerkungen, Widersprüche, Verfügungsbeschränkungen, Enteignungsvermerke und ähnliches.

1. **Allgemeines.** § 84 bedeutet im Gegensatz zu § 83 eine Ausnahme von § 13, indem unter bestimmten Voraussetzungen eine Berichtigung des Grundbuchs von Amts wegen für zulässig erklärt wird, wenn diese darauf beruht, daß eingetragene Rechte sich als gegenstandslos erweisen. Ein Berichtigungszwang gegen den Antragsberechtigten, auch nur in dem Sinne, daß dieser gezwungen werden könne, die zur Löschung erforderlichen Unterlagen zu beschaffen, besteht nicht, weil diese Beschaffung im Regelfalle mit großen Kosten verbunden, wenn nicht überhaupt unmöglich sein wird. Als Eintragungen im Sinne des § 84 kommen nur solche der II und III. Abteilung in Betracht. Der Eigentumseintrag kann nie gegenstandslos werden (KG. HRR. 40, 79).

2. Im Sinne des Abs. 2a ist es gleichgültig, ob das Recht **von vornherein nicht bestanden** hat, d. h. überhaupt nicht zur Entstehung gelangt oder **nachträglich weggefallen** ist. Über Fälle des Erlöschens von Rechten außerhalb des Grundbuchs, die dessen Unrichtigkeit zur Folge haben, vgl. Anm. 2 zu § 22 S. 102. Das Erlöschen des Rechts kann insbesondere auch auf dem Wegfall, z. B. dem Tode des Berechtigten oder einer Änderung der Gesetzgebung beruhen.

3. Ein Recht kann **aus tatsächlichen Gründen dauernd nicht ausgeübt werden,** wenn die Person des Berechtigten nicht mehr zu ermitteln oder der Gegenstand, auf den sich die Ausübung des Rechts nach seinem Inhalt ausschließlich bezieht, nicht mehr vorhanden, nicht mehr auffindbar oder der bestimmungsmäßigen Benutzung nicht mehr zugänglich ist.

4. Den **in Abs. 3 bezeichneten Vermerken** stehen auch die auf Ersuchen von Behörden eingetragenen, eine Verfugungsbeschränkung beurkundenden Vermerke, z. B der Zwangsversteigerungs-, Konkurs-, Entschuldungsvermerk usw. gleich. Vor Einleitung des Löschungsverfahrens wird es hier meist zweckmäßig sein, zunachst ein Löschungsversuchen der Behörde anzuregen. Eine Vormerkung braucht

nicht notwendig durch Eintragung des vorgemerkten Rechts gegenstandslos geworden sein.

Einleitung des Löschungsverfahrens.

§ 85

(1) Das Grundbuchamt soll das Verfahren zur Löschung gegenstandsloser Eintragungen grundsätzlich nur einleiten, wenn besondere äußere Umstände (z. B. Umschreibung des Grundbuchblatts wegen unübersichtlichkeit, Teilveräußerung oder Neubelastung des Grundstücks, Anregung seitens eines Beteiligten) hinreichenden Anlaß dazu geben und Grund zu der Annahme besteht, das die Eintragung gegenstandslos ist.

(2) Das Grundbuchamt entscheidet nach freiem Ermessen, ob das Löschungsverfahren einzuleiten und durchzuführen ist; diese Entscheidung ist unanfechtbar.

1. **Allgemeines.** § 85 verneint die Verpflichtung des Grundbuchamts zur Nachprüfung sämtlicher Eintragungen der von ihm geführten Grundbücher auf ihre Gegenstandslosigkeit, sondern legt ihm eine Pflicht hierzu nur unter bestimmten Voraussetzungen auf.

2. Die beispielsweise genannten **äußeren Umstände** stellen Richtlinien fur die Entscheidung des GBA. über das Vorliegen eines hinreichenden Anlasses dar, so daß es sich jedenfalls um ähnliche Umstände handeln muß, wenn das Löschungsverfahren eingeleitet werden soll. Hierunter fällt nicht die zufällige Entdeckung einer gegenstandslosen Eintragung bei der Bearbeitung einer damit nicht zusammenhängenden Grundbuchsache. Über die Umschreibung des Grundbuchs vgl. §§ 28ff. GBVfg.[1]).

3. **Grund zur Annahme der Gegenstandslosigkeit** liegt nicht nur vor, wenn diese feststeht oder glaubhaft ist, sondern auch schon, wenn auf Grund irgendwelcher dem Grundbuchamt bekannter Tatsachen, z. B. des Geburtstages des Berechtigten mit der Gegenstandslosigkeit gerechnet werden kann.

4. Die pflichtmäßige Ausübung des dem GBA. eingeräumten **freien Ermessens** ist der Nachprüfung durch das Beschwerdegericht entzogen, und zwar auch dann, wenn ein Beteiligter das Verfahren angeregt und daher das Grundbuchamt seine Entscheidung gemäß § 86 begründet hat.

Begründung der Entscheidung des Grundbuchamts.

§ 86

Hat ein Beteiligter die Einleitung des Löschungsverfahrens angeregt, so soll das Grundbuchamt die Entscheidung, durch die es die Einleitung des Verfahrens ablehnt oder das eingeleitete Verfahren einstellt, mit Gründen versehen.

Die hier vorgeschriebene Begründung der Entscheidung über die Ablehnung der Einleitung oder Fortsetzung des Löschungsverfahrens soll dem Beteiligten die Gewißheit geben, daß seine Anregung sorgfältig geprüft worden ist.

Voraussetzungen der Löschung.

§ 87

Die Eintragung ist zu löschen:

a) wenn sich aus Tatsachen oder Rechtsverhältnissen, die in einer den Anforderungen dieses Gesetzes entsprechenden Weise festgestellt sind, ergibt, daß die Eintragung gegenstandslos ist;

b) wenn dem Betroffenen eine Löschungsankündigung zugestellt ist und er nicht binnen einer vom Grundbuchamt zugleich zu bestimmenden Frist Widerspruch erhoben hat;

c) wenn durch einen mit Gründen zu versehenden Beschluß rechtskräftig festgestellt ist, daß die Eintragung gegenstandslos ist.

1. **Allgemeines.** Die Bestimmung bedeutet eine Ausnahme von § 22 in doppelter Hinsicht, indem einmal nicht der Beteiligte die Unrichtigkeit nachzuweisen, diese vielmehr das Grundbuchamt von Amts wegen zu ermitteln hat, daß ferner der Beweis durch öffentliche Urkunden gemäß §§ 22, 29 durch einen die Gegenstandslosigkeit feststellenden rechtskräftigen Beschluß, andererseits die Bewilligung des

---

[1]) Anhang S. 169.

Betroffenen durch ein Verschweigen dieses in einem Versäumnisverfahren ersetzt wird.

2. Ist die **Gegenstandslosigkeit** des Rechts **offenkundig** oder ergibt sie sich aus öffentlichen Urkunden oder liegt eine Löschungsbewilligung des Betroffenen vor, so ist das Recht ohne weiteres von Amts wegen zu löschen.

3. Das **Versäumnisverfahren** ist nur zulässig, wenn der Aufenthalt des Betroffenen bekannt ist (Ausschluß der öffentlichen Zustellung: § 88 Abs. 2b). Ein Widerspruch des Betroffenen gegen die Löschung ist auch dann zu beachten, wenn er nach Ablauf der ihm gesetzten Frist vor Vollzug der Löschung eingeht. Vor der Zustellung der Löschungsankündigung hat das GBA. durch Ermittlungen festzustellen, daß seine Annahme der Gegenstandslosigkeit des Rechts gerechtfertigt war. Sind diese Ermittlungen ergebnislos, so ist das Verfahren einzustellen.

4. Ist der Aufenthalt des Betroffenen unbekannt oder widerspricht dieser der Löschung, so ist die (im letzten Falle bereits vorher getroffene) Feststellung der Gegenstandslosigkeit in einem **begründeten Beschlusse** auszusprechen. Dieser Beschluß hat nach seiner formellen Rechtskraft nur grundrechtliche Bedeutung, indem er dem Grundbuchrichter die Löschung ermöglicht, bringt indes, wenn die Feststellung des Beschlusses sich als irrig erweist, das Recht nicht materiellrechtlich zum Erlöschen. Der Betroffene kann vielmehr in diesem Falle seine Wiedereintragung betreiben.

5. Die drei gegebenen Möglichkeiten sind **subsidiär**, d. h. eine Löschungsankündigung kann erst erfolgen, wenn die Gegenstandslosigkeit nicht offenkundig ist, und wiederum ist ein Feststellungsbeschluß nicht zulässig, solange eine Löschungsankündigung ergehen kann (Güthe-Triebel § 87 Anm. 4 u. 5). Ausgeschlossen ist die Löschung eines Rechts als gegenstandslos, wenn sein Bestehen durch rechtskräftiges Urteil festgestellt worden ist (KG. DR. 40, 378).

Verfahrensformen.

§ 88

(1) Das Grundbuchamt kann den Besitzer von Hypotheken-, Grundschuld- oder Rentenschuldbriefen sowie von Urkunden der in den §§ 1154, 1155 des Bürgerlichen Gesetzbuchs bezeichneten Art zur Vorlegung dieser Urkunden anhalten.

(2) § 16 des Reichsgesetzes über die Angelegenheiten der freiwilligen Gerichtsbarkeit ist auf die Löschungsankündigung (§ 87 Buchstabe b) und den Festlegungsbeschluß (§ 87 Buchstabe c) mit folgenden Maßgaben anzuwenden:

a) die §§ 174, 175 der Zivilprozeßordnung sind nicht anzuwenden;

b) die Löschungsankündigung (§ 87 Buchstabe b) kann nicht öffentlich zugestellt werden;

c) der Feststellungsbeschluß (§ 87 Buchstabe c) kann auch dann, wenn die Person des Beteiligten, dem zugestellt werden soll, unbekannt ist, öffentlich zugestellt werden.

1. Wegen der **Vorlegungspflicht des Briefbesitzers** vgl. § 62 Abs. 2 und Anm. Sie ist hier erweitert auf die in §§ 1154, 1155 BGB. bezeichneten Urkunden, d. h. Abtretungs- und Verpfändungsurkunden, denen der Pfändungsbeschluß nach § 830 ZPO. gleichzustellen ist.

2. Die Anwendbarkeit der **Vorschriften über Zustellungsbevollmächtigte** ist ausgeschlossen, weil diese meist nicht in der Lage sein werden, die Gegenstandslosigkeit der Eintragungen zu prüfen. Der Ausschluß der **öffentlichen Zustellung** folgt daraus, daß die Fristsetzung nach dem Willen des Gesetzgebers keine Ausschlußwirkungen haben sollte, eine Art Aufgebot daher nicht in Betracht kommt. Für den Feststellungsbeschluß ist die öffentliche Zustellung auch für den Fall zugelassen, daß die Person des Zustelungsempfängers nicht bekannt ist. Die Zustellung erfolgt in diesem Falle an den, den es angeht.

Beschwerde.

§ 89

(1) Die Beschwerde (§ 71) gegen den Feststellungsbeschluß ist binnen einer Frist von zwei Wochen seit Zustellung des angefochtenen Beschlusses an den

Beschwerdeführer einzulegen. Das Grundbuchamt und das Beschwerdegericht können in besonderen Fällen in ihrer Entscheidung eine längere Frist bestimmen.

(2) Auf den zur Zustellung bestimmten Ausfertigungen der Beschlüsse soll vermerkt werden, ob gegen die Entscheidung ein Rechtsmittel zulässig und bei welcher Behörde, in welcher Form und binnen welcher Frist es einzulegen ist.

Auf das Beschwerdeverfahren finden ausschließlich die Vorschriften der GBO., nicht des FGG. Anwendung. Die Beschwerdefrist ist daher keine Notfrist, jedoch ist Wiedereinsetzung in den vorigen Stand im Falle ihrer Versäumung unter entsprechender Anwendung des § 22 Abs. 2 FGG zu gewähren (JFG. 16, 322; JW. 38, 124). Hebt das Landgericht auf Beschwerde den die Gegenstandslosigkeit feststellenden Beschluß des GBA. auf, so ist nach § 85 Abs. 2 weitere Beschwerde hiergegen nicht zulässig (KG. DR. 39, 182). Der Ablauf der Frist hindert das GBA. nicht, von der Durchführung des Löschungsverfahrens nachträglich abzusehen. Die Verlängerung der Frist für die Beschwerde oder weitere Beschwerde erfolgt in dem der Anfechtung unterliegenden Beschlusse.

Über die Kosten des Löschungs- und Beschwerdeverfahrens vgl. § 64 KostO. i. d. F. d. Art. 2 d. ÄndVO.

III. Klarstellung der Rangverhältnisse.

Voraussetzungen des Rangbereinigungsverfahrens.

§ 90

Das Grundbuchamt kann aus besonderem Anlaß, insbesondere bei Umschreibung unübersichtlicher Grundbücher, Unklarheiten und Unübersichtlichkeiten in den Rangverhältnissen von Amts wegen oder auf Antrag eines Beteiligten beseitigen.

1. Das Verfahren zur Klarstellung der Rangverhältnisse setzt ebenso wie das zur Löschung gegenstandslose Rechte einen **besonderen Anlaß** voraus, kann mithin nicht bei jeder beliebigen Bearbeitung eines Grundbuchfalles eingeleitet werden. Die Umschreibung des Grundbuchblattes, die unter den Voraussetzungen des § 28 Abs. 1 GBVfg.[1]) notwendig, unter denen des § 28 Abs. 2 statthaft ist, ist andererseits nun der wichtigste Anlaß zur Einleitung des Verfahrens. Daneben können auch andere Anlässe, z. B. eine beabsichtigte Veräußerung oder Auseinandersetzung, deren Vereinbarung Unklarheiten in den Rangverhältnissen entgegenstehen, die Einleitung des Verfahrens geboten erscheinen lassen.

2. **Unklarheit in den Rangverhältnissen** liegt vor, wenn nach dem Inhalt der Eintragungen oder auf Grund sonstiger dem Grundbuchrichter bekannter Tatsachen Zweifel über das Rangverhältnis der Rechte zueinander oder zwischen den Beteiligten Meinungsverschiedenheiten darüber bestehen. An sich klare Rangverhältnisse sind **unübersichtlich,** wenn die Art und Weise ihrer Eintragung im Grundbuch die Rangfolge nur mit Mühe erkennen läßt oder das Rangverhältnis nach der materiellen Rechtslage derart verwickelt ist, daß eine anderweitige Regelung im Interesse eines geordneten Grundbuchverkehrs zweckmäßig erscheint. Das Verfahren dient hiernach nicht nur der Berichtigung des Grundbuchs, sondern auch einer Änderung der bestehenden Rechtslage.

3. Im Gegensatz zum Löschungsverfahren sind nicht nur Anregungen, sondern auch **Anträge der Beteiligten** zugelassen.

Einleitung des Verfahrens.

§ 91

(1) Vor der Umschreibung eines unübersichtlichen Grundbuchblatts hat das Grundbuchamt zu prüfen, ob die Rangverhältnisse unklar oder unübersichtlich sind und ihre Klarstellung nach den Umständen angezeigt erscheint. Das Grundbuchamt entscheidet hierüber nach freiem Ermessen. Die Entscheidung ist unanfechtbar.

(2) Der Beschluß, durch den das Verfahren eingeleitet wird, ist allen Beteiligten zuzuleiten.

(3) Die Einleitung des Verfahrens ist im Grundbuche zu vermerken.

---

[1]) Anhang S. 169.

(4) Der Beschluß, durch den ein Antrag auf Einleitung des Verfahrens abgelehnt wird, ist nur dem Antragsteller bekanntzumachen.

1. **Allgemeines.** Für das Verfahren gelten neben den Vorschriften der §§ 90 ff. die übrigen Bestimmungen der GBO., soweit ihre Anwendung möglich ist, ferner diejenigen des FGG.

2. Bei der **Umschreibung eines unübersichtlichen Grundbuchblattes** hat der Grundbuchrichter in jedem Falle festzustellen, ob die Voraussetzungen des § 90 vorliegen, d. h. diese Umschreibung stets als besonderer Anlaß im Sinne des § 90 zu betrachten, während er andere Ereignisse zuvor daraufhin prüfen darf, ob sie einen hinreichenden besonderen Anlaß darstellen (vgl. auch § 29 GBVfg.[1]). Auch bei Vorliegen der Voraussetzungen des § 90 liegt die Einleitung in seinem freien Ermessen.

3. Der **Kreis der Beteiligten,** denen der Einleitungsbeschluß **zuzustellen** ist, bestimmt sich nach § 92 Abs. 1a und b und Abs. 2. Denjenigen, die nach Abs. 1c erst nachträglich Beteiligter werden, braucht der Beschluß auch später nicht zugestellt zu werden. Die Zustellung erfolgt nach den Bestimmungen der ZPO.

4. Die **Eintragung des Einleitungsbeschlusses** im Grundbuch (§ 10 Abs. 1c GBVfg.[1]) soll nach außen kundtun, daß mit einer Änderung der bisherigen materiellen Rangverhältnisse zu rechnen sei, und zwar ohne Rücksicht darauf, ob die durch diese Rechtsänderung Betroffenen an dem Verfahren als Beteiligte teilnehmen oder nicht. Ohne eine Verfügungsbeschränkung herbeizuführen, macht mithin der Vermerk ersichtlich, daß gegenüber der durch die Feststellung der neuen Rangordnung bewirkten Änderung der materiellen Rechtslage sich später niemand auf den öffentlichen Glauben des Grundbuchs berufen kann.

5. Die **Ablehnung des Antrages auf Einleitung des Verfahrens** bedarf keiner förmlichen Zustellung, vielmehr genügt eine formlose Bekanntmachung durch einfachen Brief oder durch Behändigung ohne Beurkundung (§ 16 Abs. 2 Satz 2 FGG.), § 2 AV. v. 10. 12. 99 (JMBl. 728).

Beteiligte.

§ 92

(1) In dem Verfahren gelten als Beteiligte:

a) der zur Zeit der Eintragung des Vermerks (§ 91 Abs. 3) im Grundbuch eingetragene Eigentümer und, wenn das Grundstück mit einer Gesamthypothek, -grundschuld ,-rentenschuld belastet ist, die im Grundbuch eingetragenen Eigentümer der anderen mit diesem Recht belasteten Grundstücke;

b) Personen, für die in dem unter a bestimmten Zeitpunkt ein Recht am Grundstück oder ein Recht an einem das Grundstück belastenden Recht im Grundbuch eingetragen oder durch Eintragung gesichert ist;

c) Personen, die ein Recht am Grundstück oder an einem das Grundstück belastenden Recht im Verfahren anmelden und auf Verlangen des Grundbuchamts oder eines Beteiligten glaubhaft machen.

(2) Beteiligter ist nicht, wessen Recht von der Rangbereinigung nicht berührt wird.

1. **Allgemeines.** Die Vorschrift entbindet den Grundbuchrichter fürs erste von der Pflicht der Nachprüfung, wer in Wahrheit der durch die neue Rangordnung möglicherweise Betroffene ist, ob insbesondere das Recht, auch das Briefrecht, dem im Grundbuch eingetragenen Berechtigten noch zusteht. Danach sind vielmehr zunächst nur die eingetragenen Berechtigten als Betroffene und demgemäß als Beteiligte anzusehen, es sei denn, daß einwandfrei feststeht, daß sie von der Rangbereinigung nicht berührt werden.

2. Zu den **Rechten am Grundstücke** gehören auch die sog. vorläufigen Rechte wie Vormerkungen, Widersprüche, Verfügungsbeschränkungen, auch wenn diese einer Rangbeziehung im materiellrechtlichen Sinne nicht fähig sind, z. B. das Nacherbenrecht, das durch den Versteigerungsvermerk kundgemachte Recht des betreibenden Gläubigers. Persönlich Berechtigte, die nicht zugleich dinglich gesichert sind, kommen überhaupt nicht in Frage.

3. **Von der Rangbereinigung unberührt** sind nur solche Rechte, die sämtlichen Rechten, deren Rang zweifelhaft oder unübersichtlich ist, entweder im Range vor- oder nachgehen, nicht auch Zwischenrechte, selbst wenn ihre Rangbeziehung klar ist.

---

[1]) Anhang S. 165.

Feststellung des wahren Berechtigten.

§ 93

Ist der im Grundbuch als Eigentümer oder Berechtigter Eingetragene nicht der Berechtigte, so hat er dies unverzüglich nach Zustellung des Einleitungsbeschlusses dem Grundbuchamt anzuzeigen und anzugeben, was ihm über die Person des Berechtigten bekannt ist. Ein schriftlicher Hinweis auf diese Pflicht ist ihm zugleich mit dem Einleitungsbeschluß zuzustellen.

§ 94

(1) Das Grundbuchamt kann von Amts wegen Ermittlungen darüber anstellen, ob das Eigentum oder ein eingetragenes Recht dem als Berechtigten Eingetragenen oder einem anderen zusteht, und die hierzu geeigneten Beweise erheben. Inwieweit § 35 anzuwenden ist, entscheidet das Grundbuchamt nach freiem Ermessen.

(2) Der ermittelte Berechtigte gilt vom Zeitpunkt seiner Feststellung an auch als Beteiligter.

(3) Bestehen Zweifel darüber, wer von mehreren Personen der Berechtigte ist, so gelten sämtliche Personen als Berechtigte.

1. **Allgemeines.** Die Vorschriften wollen die Zuziehung des nicht eingetragenen wahren Berechtigten zu dem Verfahren ermöglichen. Dabei ist es gleichgültig, ob von vornherein als Berechtigter eine unrichtige Person eingetragen war oder ob nachträglich außerhalb des Grundbuchs ein Wechsel des Berechtigten stattgefunden hat.

2. Durch die Nichterfüllung der **Anzeigepflicht** macht sich der als Eigentümer oder Berechtigter Eingetragene dem wahren Berechtigten gegenüber nach § 823 Abs. 2 BGB. schadensersatzpflichtig, auch kann die Anzeige gemäß § 33 FGG. erzwungen werden.

3. Ob das GBA. **von Amts wegen Ermittlungen** über die Person des wahren Berechtigten anstellen will, steht in seinem freien Ermessen, von dem es nur bei Kenntnis des Wegfalls des eingetragenen Berechtigten Gebrauch machen wird. Zur Feststellung des Berechtigten bei Briefrechten gibt ihm § 99 eine Möglichkeit. Für die Feststellung der Erbfolge außerhalb des § 35 ist das GBA. auch nicht an die Vorschriften gebunden, die für die Erteilung eines Erbscheins gelten.

4. Als Beteiligter gilt nicht nur der **ermittelte**, sondern auch der ohne Ermittlungen dem GBA. auf andere Weise bekannt gewordene wahre **Berechtigte.** Der als Berechtigter Eingetragene behält neben ihm die Stellung des Beteiligten, wenn er nicht darauf verzichtet. Anders im Falle des § 95.

Wechsel des Berechtigten während des Verfahrens.

§ 95

(1) Wechselt im Laufe des Verfahrens die Person eines Berechtigten, so gilt der neue Berechtigte von dem Zeitpunkt ab, zu dem seine Person dem Grundbuchamt bekannt wird, als Beteiligter.

(2) Das gleiche gilt, wenn im Laufe des Verfahrens ein neues Recht am Grundstück oder an einem das Grundstück belastenden Rechte begründet wird, das von dem Verfahren berührt wird.

Verliert der eingetragene Berechtigte im Laufe des Verfahrens seine Stellung als Berechtigter, so hört er vom Zeitpunkt des Bekanntwerdens auf, Beteiligter zu sein. Alle bis zu diesem Zeitpunkte erfolgten Verfahrenshandlungen muß der neue Beteiligte auch dann gegen sich gelten lassen, wenn sie bereits nach seinem Rechtserwerb geschehen sind.

Bestellung eines Pflegers.

§ 96

Ist die Person oder der Aufenthalt eines Beteiligten oder seines Vertreters unbekannt, so kann das Grundbuchamt dem Beteiligten für das Rangbereinigungsverfahren einen Pfleger bestellen. Für die Pflegschaft tritt an die Stelle des Vormundschaftsgerichts das Grundbuchamt.

Die Erreichbarkeit eines Vertreters steht der Pflegerbestellung nur dann entgegen, wenn ihm für das Rangbereinigungsverfahren Vertretungsmacht zusteht.

Form der Zustellung.

§ 97

(1) Wohnt ein Beteiligter nicht im *Deutschen Reich* und hat er einen im *Deutschen Reiche* wohnenden Bevollmächtigten nicht bestellt, so kann das Grundbuchamt anordnen, daß er einem im *Deutschen Reiche* wohnenden Bevollmächtigten zum Empfang der für ihn bestimmten Sendungen oder für das Verfahren bestelle.

(2) Hat das Grundbuchamt dies angeordnet, so können, solange der Beteiligte den Bevollmächtigten nicht bestellt hat, nach der Ladung zum ersten Verhandlungstermin alle weiteren Zustellungen in der Art bewirkt werden, daß das zuzustellende Schriftstück unter der Anschrift des Beteiligten nach seinem Wohnorte zur Post gegeben wird; die Postsendungen sind mit der Bezeichnung „Einschreiben" zu versehen. Die Zustellung gilt mit der Aufgabe zur Post als bewirkt, selbst wenn die Sendung als unbestellbar zurückkommt.

§ 98

Die öffentliche Zustellung ist unzulässig.

1. § 97 entspricht den §§ 174, 175 ZPO. mit der Besonderheit, daß die **Zustellungserleichterung** nur gilt, wenn der Beteiligte im Auslande wohnt, und daß sie stets eine Anordnung voraussetzt. Die Zustellung des Einleitungsbeschlusses und der Ladung zum ersten Verhandlungstermin muß in jedem Falle nach den Vorschriften über die Zustellung im Auslande erfolgen. Ist diese undurchführbar, so kann, wenn nicht die Voraussetzungen des § 96 vorliegen, das Verfahren nicht eingeleitet oder fortgesetzt werden.

2. Das **Verbot der öffentlichen Zustellung** ist begründet durch die Tragweite des Verfahrens, die eine wirkliche Beteiligungsmöglichkeit der Betroffenen am Verfahren erheischt.

Urkundenvorlegung.

§ 99

Das Grundbuchamt kann den Besitzer von Hypotheken-, Grundschuld- oder Rentenschuldbriefen sowie von Urkunden der in den §§ 1154, 1155 des Bürgerlichen Gesetzbuchs bezeichneten Art zur Vorlegung dieser Urkunden anhalten.

Vgl. § 88 Anm. 1.

Verhandlungstermin.

§ 100

Das Grundbuchamt hat die Beteiligten zu einem Verhandlungstermin über die Klarstellung der Rangverhältnisse zu laden. Die Ladung soll den Hinweis enthalten, daß ungeachtet des Ausbleibens eines Beteiligten über die Klarstellung der Rangverhältnisse verhandelt werden würde.

§ 101

(1) Die Frist zwischen der Ladung und dem Termin soll mindestens zwei Wochen betragen.

(2) Diese Vorschrift ist auf eine Vertagung sowie auf einen Termin zur Fortsetzung der Verhandlung nicht anzuwenden. Die zu dem früheren Termin Geladenen brauchen zu dem neuen Termin nicht nochmals geladen zu werden, wenn dieser verkündet ist.

§ 102

(1) In dem Termin hat das Grundbuchamt zu versuchen, eine Einigung der Beteiligten auf eine klare Rangordnung herbeizuführen. Einigen sich die erschienenen Beteiligten, so hat das Grundbuchamt die Vereinbarung zu beurkunden. Ein nicht erschienener Beteiligter kann seine Zustimmung zu der Vereinbarung in einer öffentlichen oder öffentlich beglaubigten Urkunde erteilen.

(2) Einigen sich die Beteiligten, so ist das Grundbuch der Vereinbarung gemäß umzuschreiben.

1. **Allgemeines.** Die Abhaltung mindestens eines Verhandlungstermins ist zwingend vorgeschrieben. Daneben kann auch schriftlich mit den Beteiligten verhandelt werden.

2. Die Nichtinnehaltung der **Ladungsfrist** ist verfahrensrechtlich ohne Bedeutung, da ein Versäumnisverfahren gegen die nicht erschienenen Beteiligten nicht vorgesehen ist.

3. An der von dem GBA. anzustrebenden **Einigung** haben alle Beteiligten mitzuwirken, auch wenn die Notwendigkeit der Mitwirkung nach materiellem und formellem Grundbuchrecht zweifelhaft ist. Die Zustimmung der ausgebliebenen Beteiligten kann schriftlich oder im Wege der Rechtshilfe eingeholt werden. Bei der Beurkundung sind die §§ 167ff. FGG. zu beobachten.

4. Die **Umschreibung** des Grundbuchs bedarf keiner formellen Bewilligung, ebenso keines Antrages, geschieht vielmehr von Amts wegen.

Rangordnungsvorschlag des Grundbuchamts.

§ 103

Einigen sich die Beteiligten nicht, so macht das Grundbuchamt ihnen einen Vorschlag für eine neue Rangordnung. Es kann hierbei eine Änderung der bestehenden Rangverhältnisse, soweit sie zur Herbeiführung einer klaren Rangordnung erforderlich ist, vorschlagen.

§ 104

(1) Der Vorschlag ist den Beteiligten mit dem Hinweise zuzustellen, daß sie gegen ihn binnen einer Frist von einem Monat von der Zustellung ab bei dem Grundbuchamte Widerspruch erheben können. In besonderen Fällen kann eine längere Frist bestimmt werden.

(2) Der Widerspruch ist schriftlich oder durch Erklärung zur Niederschrift des Urkundsbeamten der Geschäftsstelle eines Amtsgerichts einzulegen; in letzterem Falle ist die Widerspruchsfrist gewahrt, wenn die Erklärung innerhalb der Frist abgegeben ist.

§ 105

(1) Einem Beteiligten, der ohne sein Verschulden verhindert war, die Frist (§ 104) einzuhalten, hat das Grundbuchamt auf seinen Antrag Wiedereinsetzung in den vorigen Stand zu gewähren, wenn er binnen zwei Wochen nach der Beseitigung des Hindernisses den Widerspruch einlegt und die Tatsachen, die die Wiedereinsetzung begründen, glaubhaft macht.

(2) Die Entscheidung, durch die Wiedereinsetzung erteilt wird, ist unanfechtbar; gegen die Entscheidung, durch die der Antrag auf Wiedereinsetzung als unzulässig verworfen oder zurückgewiesen wird, ist die sofortige Beschwerde nach den Vorschriften des Reichsgesetzes über die Angelegenheiten der freiwilligen Gerichtsbarkeit zulässig.

(3) Die Wiedereinsetzung kann nicht mehr beantragt werden, nachdem die neue Rangordnung eingetragen oder wenn seit dem Ende der versäumten Frist ein Jahr verstrichen ist.

1. Ein **Plan** über die Art und Weise der Herbeiführung einer **klaren Rangordnung** wird den Beteiligten zweckmäßig auch dann zu unterbreiten sein, wenn es zu einer Einigung kommt, d. h. bereits vor dem ersten Verhandlungstermin oder mindestens zu seinem Beginn, da ohne einen solchen Vorschlag eine Einigung, die eine klare Rangordnung enthält, nur schwer zustande kommen wird, eine Einigung aber, die diesen Erfolg nicht zeitigt, nicht beurkundet zu werden braucht.

2. Eine **Änderung der bestehenden Rangverhältnisse** wird sich insbesondere auf die Beseitigung der relativen Rangverhältnisse und von Rangverschiedenheiten bei demselben Recht, Schaffung von Einheitshypotheken u. dgl. zu erstrecken haben.

3. Die **Bestimmung der Widerspruchsfrist** braucht nicht in dem Vorschlage selbst enthalten zu sein, muß aber zugleich mit dem Vorschlage zugestellt werden; eine nachträgliche Verlängerung ist nicht zulässig. Die verlängerte Frist gilt für alle Beteiligten.

Aussetzung des Verfahrens bis zur Entscheidung eines anhängigen Rechtsstreits.

§ 106

(1) Ist ein Rechtsstreit anhängig, der die Rangverhältnisse des Grundstücks zum Gegenstand hat, so ist das Verfahren auf Antrag eines Beteiligten bis zur Erledigung des Rechtsstreits auszusetzen.

(2) Das Grundbuchamt kann auch von Amts wegen das Verfahren aussetzen und den Beteiligten oder einzelnen von ihnen unter Bestimmung einer Frist aufgeben, die Entscheidung des Prozeßgerichts herbeizuführen, wenn die Aufstellung einer neuen klaren Rangordnung von der Entscheidung eines Streites über die bestehenden Rangverhältnisse abhängt.

§ 107

Ist der Rechtsstreit erledigt, so setzt das Grundbuchamt das Verfahren insoweit fort, als es noch erforderlich ist, um eine klare Rangordnung herbeizuführen.

Auch ohne Auflage nach § 106 Abs. 2 im Laufe des Verfahrens erst anhängig gewordene Rechtsstreitigkeiten machen die Aussetzung des Verfahrens erforderlich.

Die Entscheidung des ordentlichen Gerichts hindert das GBA. nicht, wenn es eine Änderung der bestehenden Rangverhältnisse für zweckmäßig erachtet, solche auch für die in dem Rechtsstreit entschiedenen Rangverhältnisse vorzuschlagen.

Feststellung der neuen Rangordnung.

§ 108

(1) Nach Ablauf der Widerspruchsfrist stellt das Grundbuchamt durch Beschluß die neue Rangordnung fest, sofern nicht Anlaß besteht, einen neuen Vorschlag zu machen. Es entscheidet hierbei zugleich über die nicht erledigten Widersprüche; insoweit ist die Entscheidung mit Gründen zu versehen.

(2) Ist über einen Widerspruch entschieden, so ist der Beschluß allen Beteiligten zuzustellen.

1. Der Beschluß über die Feststellung der neuen Rangordnung **ersetzt** die **Zustimmung** derer, die innerhalb der mitgeteilten Frist einen Widerspruch formgerecht nicht erhoben haben oder deren Widersprüche rechtskräftig zurückgewiesen worden sind.

2. **Anlaß zu einem neuen Vorschlage** können dem GBA. die erhobenen Widersprüche, aber auch nachträglich aufgetauchte Bedenken geben. Bei beabsichtigten unwesentlichen Änderungen des ursprünglichen Vorschlages bedarf es nicht einer Wiederholung des Verfahrens nach § 104, genügt vielmehr eine formlose Aufforderung des davon betroffenen Beteiligten zur Stellungnahme.

3. Auch wenn keine Widersprüche vorliegen, ist eine **Zustellung an die Beteiligten** als erforderlich anzusehen, da nach § 16 Abs. 1 FGG. davon die Wirksamkeit des Vorschlags abhängt und die Beteiligten ein berechtigtes Interesse daran haben, um die Übereinstimmung der späteren Eintragung mit dem Beschluß prüfen zu können (Hesse, § 108 Anm. II 2; a. M. Güthe-Triebel, § 108 Anm. 4; Henke-Mönch, § 108 Anm. 4).

Einstellung des Verfahrens.

§ 109

Das Grundbuchamt kann jederzeit das Verfahren einstellen, wenn es sich von seiner Fortsetzung keinen Erfolg verspricht. Der Einstellungsbeschluß ist unanfechtbar.

Beschwerde.

§ 110

(1) Hat das Grundbuchamt in dem Beschluß, durch den die neue Rangordnung festgestellt wird, über einen Widerspruch entschieden, so ist gegen den Beschluß die sofortige Beschwerde nach den Vorschriften des Reichsgesetzes über die Angelegenheiten der freiwilligen Gerichtsbarkeit zulässig.

(2) Die weitere Beschwerde ist unzulässig.

Für die Beschwerde gelten nicht die Bestimmungen der §§ 71ff., vielmehr die §§ 19ff., insbesondere § 22 FGG.

Beschwerdeberechtigt ist nur derjenige, dessen Widerspruch zurückgewiesen worden ist oder dessen Rang mit Rücksicht auf den erhobenen Widerspruch abweichend von dem Vorschlage zu seinen Ungunsten festgestellt worden ist.

Die Wiedereinsetzung in den vorigen Stand kann auch nach der Umschreibung des Grundbuches beantragt werden.

Eintragung der neuen Rangordnung.

§ 111

Ist die neue Rangordnung rechtskräftig festgestellt, so hat das Grundbuchamt das Grundbuch nach Maßgabe dieser Rangordnung umzuschreiben.

§ 112

Ist eine neue Rangordnung (§ 102 Abs. 2, § 111) eingetragen, so tritt sie an die Stelle der bisherigen Rangordnung.

Für die Umschreibung gilt das zu § 102 Abs. 2 Gesagte.

Die neue Rangordnung gilt nicht als Änderung des bisherigen im Sinne des § 880 BGB., sondern ist so anzusehen, als wenn sie von vornherein bestanden hätte. Auf das alte Rangverhältnis kann daher nicht mehr zurückgegriffen werden, und zwar auch nicht im Falle der Einigung.

Löschung des Einleitungsvermerks.

§ 113

Wird die neue Rangordnung eingetragen (§ 102 Abs. 2, § 111), oder wird das Verfahren eingestellt (§ 109), so ist der Einleitungsvermerk zu löschen.

Der Vermerk ist im Falle der Umschreibung des Grundbuchblattes auf dem alten Blatte zu löschen, nicht auf das neue zu übertragen.

Kostenregelung.

§ 114

Die Kosten des Verfahrens erster Instanz verteilt das Grundbuchamt auf die Beteiligten nach billigem Ermessen.

§ 115

Wird durch das Verfahren ein anhängiger Rechtsstreit erledigt, so trägt jede Partei die ihr entstandenen außergerichtlichen Kosten. Die Gerichtskosten werden niedergeschlagen.

Ein Rechtsstreit wird durch das Rangbereinigungsverfahren dann erledigt, wenn dadurch der Entscheidung über den anhängigen Anspruch die Grundlage entzogen wird und die Parteien die Erledigung anerkennen.

Eine weitere Kostenregelung enthält § 64 KostO. i. d. F. d. Art. 2 ÄndVO.

Sechster Abschnitt

Übergangs- und Schlußbestimmungen.

§ 116 (§ 82)

(1) Dieses Gesetz tritt, soweit es die Anlegung des Grundbuchs betrifft, gleichzeitig mit dem Bürgerlichen Gesetzbuch, im übrigen für jeden Grundbuchbezirk mit dem Zeitpunkt in Kraft, in welchem das Grundbuch als angelegt anzusehen ist.

(2) Die Artikel 2 bis 5 32 55 des Einführungsgesetzes zum Bürgerlichen Gesetzbuch sind entsprechend anzuwenden.

1. **Zeitpunkt des Inkrafttretens der Grundbuchordnung.** Die in § 116 enthaltene Einschränkung des in Art. 1 EGBGB. ausgesprochenen Grundsatzes, daß „das

BGB. am 1. Januar 1900 gleichzeitig mit einer Grundbuchordnung in Kraft trete", hat für die ehemals preußischen Gebietsteile ihre Bedeutung verloren, da die Anlegung der Grundbücher (und Berggrundbücher) für alle Bezirke in Preußen beendet ist (Bek. d. PrJM. v. 2. 12. 25, GS. 175). Bis dahin ergab sich aus den Art. 3, 4 und 35 der Kgl. VO., für welche Grundbuchbezirke das Grundbuch bereits bei Inkrafttreten des BGB. und unter welchen Voraussetzungen es erst späterhin als angelegt anzusehen war. Das Anlegungsverfahren selbst regelten die Art. 5ff. der Kgl. VO. Auch im übrigen Deutschland ist das GB. inzwischen (mit Ausnahme einiger weniger Bezirke in Bremen und Thüringen) angelegt, so daß das für das ehemals preußische Gebiet Gesagte darauf entsprechend anzuwenden ist.

2. **Die Anwendbarkeit des Art. 2 EGBGB.**, wonach Gesetz im Sinne der GBO. jede Rechtsnorm ist, kommt insbesondere in Frage für die Auslegung der §§ 53, 71 Abs. 2 Satz 2, 78 und 118. Die Rechtsnorm kann entweder dem Gesetzesrecht, worunter nicht nur Gesetze im engeren Sinne, sondern auch Rechtsverordnungen fallen, oder dem Gewohnheitsrecht angehören.

Die **Bestimmung des Art. 5 EGBGB.** hat keine praktische Bedeutung mehr.

3. **Verhältnis der Grundbuchordnung zu anderen Grundbuchgesetzen.** Die entsprechende Anwendung des Art. 4 EGBGB. ergibt, daß an Stelle derjenigen Vorschriften, die durch die GBO. außer Kraft gesetzt worden sind und auf die in Reichs- oder Landesgesetzen verwiesen wird, die entsprechenden Vorschriften der GBO. getreten sind. Eine solche Verweisung findet sich in älteren preußischen Gesetzen vor allem auf die preußische GBO. v. 5. 5. 72 (GS. 446). Nach Art. 3, 55 EGBGB. sind die grundbuchrechtlichen Vorschriften der Landesgesetze außer Kraft gesetzt, die in der GBO. selbst noch enthaltenen Vorbehalte zugunsten der Landesgesetzgebung ferner durch Art. 7 Abs. 3 ÄndVO.[1]), § 18 AusfVO.[2]), § 64 GBVfg.[3]) aufgehoben worden. Die Aufzählung der aufgehobenen preußischen Vorschriften in Art. 33 AG. hat daher ihrer praktische Bedeutung verloren. Diese Ausführungen gelten nur für die Länder, die auch heute lediglich ihre frühere Gesetzbefugnis im Grundbuchrecht haben (vgl. Einleitung). Die Vorschriften anderer Reichsgesetze bleiben der GBO. gegenüber in Kraft (Art. 32 EGBGB.), soweit sie die GBO. für besondere Gebiete unmittelbar abändern oder ergänzen.

Landesgesetzliche Vorbehalte.

§ 117 (§ 83)

Soweit im Einführungsgesetz zum Bürgerlichen Gesetzbuch zugunsten der Landesgesetze Vorbehalte gemacht sind, gelten sie auch für die Vorschriften der Landesgesetze über das Grundbuchwesen; den Landesgesetzen stehen nach Maßgabe der Artikel 57, 58 des Einführungsgesetzes zum Bürgerlichen Gesetzbuch die Hausverfassungen gleich.

1. **Allgemeines.** Der enge Zusammenhang zwischen dem materiellen und dem formellen Grundbuchrecht rechtfertigt es, die Landesgesetzgebung auf denjenigen Gebieten, auf denen ihr eine vom BGB. abweichende Regelung des materiellen Rechts gestattet ist, auch zu einer solchen des Grundbuchverfahrens zu ermächtigen.

2. Von den materiellrechtlichen **Vorbehalten des EGBGB. zugunsten der Landesgesetzgebung** kommen in den ehemals preußischen Gebietsteilen für das Grundbuchverfahren insbesondere in Betracht:

die des Art. 62 betr. die Rentengüter, vgl. Art. 12 bis 14 AG.[4]), Ges. über Rentengüter v. 27. 6. 90 (GS. 209)[5]) und Preuß. Landesrentenbankgesetz i. d. F. v. 1. 8. 31 (GS. 154[6])),

des Art. 63 betr. das Erbpacht-, Büdner- und Häuslerrecht, vgl. Anm. zu § 82,

des Art. 65 betr. das Wasserrecht, vgl. Wassergesetz v. 7. 4. 13 (GS. 53), §§ 3 Abs. 4, 10 Abs. 1 Nr. 1 PrGBVfg.[7]),

des Art. 67 betr. das Bergrecht, vgl. Art. 22 bis 26, 28 AG.[8]), Art. 63 KglVO. §§ 25 bis 29 PrGBVfg.[7]) v. 19. 11. 31 (JMBl. 373),

des Art. 68 betr. vererbliche und veräußerliche Abbaurechte, vgl. Anm. zu § 118,

des Art. 69 betr. das Fischereirecht, vgl. Fischereiges. v. 11. 5. 16 (GS. 55), Ges v 2. 9. 11 (GS. 1891),

---

[1]) S. 15. [2]) Anhang S. 159. [3]) Anhang S. 176. [4]) Anhang S. 160.
[5]) Anhang S. 276. [6]) Anhang S. 276. [7]) Anhang S. 260. [8]) Anhang S. 161.

des Art. 74 betr. Zwangs- und Bannrechte und Realgewerbeberechtigungen, vgl. Art. 40 AG.BGB.; RGW. 39, 150; 45, 267, 387; 55, 380; 57, 36; 67, 221; 86, 272; 106, 223,

des Art. 83 betr. Waldgenossenschaften, vgl. Art. 11 Abs. 2 AG., § 29 AV. v. 7. 5. 00 (JMBl. 426), § 48 PrGBVfg.[1]),

der Art. 86 bis 88 betr. Erwerbsbeschränkungen für juristische Personen, für Mitglieder religiöser Orden oder ordentlichen Kongregationen und für Ausländer vgl. Art. 6, 7 AG. BGB.,

des Art. 96, betr. den Leibgedingevertrag, vgl. Art. 15 AG. BGB.,

des Art. 109 betr. das Enteignungsrecht, vgl. Enteignungsges. v. 11. 6. 74 (GS. 221),

des Art. 112 betr. Bahneinheiten, vgl. § 49 Pr. GBVfg[1].), Ges. v. 8. 7. 02 (GS. 237), AV. v. 11. 11. 02 (JMBl. 275),

des Art. 112 betr. die Zusammenlegung, Gemeinheitsteilung sowie Ablösung und Beschränkung von Reallasten, vgl. VO. v. 20. 6. 1817 (GS. 161), v. 30. 6. 1834 (GS. 96)[2]), Ges. v. 2. 3. 50 (GS. 77)[3]), v. 27. 4. 72 (GS. 417), v. 26. 6. 75 (GS. 325)[4]), v. 2. 4. 87 (GS. 105), Ges. v. 18. 2. 80 i. d. F. v. 10. 10. 99 (GS. 403), Ges. v. 3. 6. 19 (GS. 101),

des Art. 117 betr eine Verschuldungsgrenze und Ausschluß der Kündbarkeit von Hypotheken, vgl. Art. 32, 35 AGBGB., Ges. v. 20. 8. 06 (GS. 389), KglVO. v. 23. 5. 05 (GS. 65), 16. 6. 09 (GS. 492), 5. 5. 13 (GS. 274), PrAV. v. 22. 4. 08 (JMBl. 200), 10. 8. 09 (JMBl. 296), 16. 8. 13 (JMBl. 315) und 28. 5. 14 (JMBl. 546),

des Art. 118 betr. den Vorrang von Verbesserungsdarlehen, vgl. Art. 21 AGBGB.,

des Art. 119 betr. Beschränkungen der Veräußerung, der Teilung und Vereinigung von Grundstücken — derartige Beschränkungen sind landesgesetzlich vorgesehen: für den Rentengutsbesitzer (§ 29 d. Ges. v. 29. 12. 27, GS. 283, §§ 3, 4 des Ges. v. 27. 6. 90, GS. 209[5]), § 35 AusfGes. z. ReichssiedlGes. v. 15. 12. 19, GS. 20 31[6]),

des Art. 120 betr. Unschädlichkeitszeugnisse, vgl. Art. 20 AG.[7]),

des Art. 167 betr. landschaftliche und ritterschaftliche Kreditanstalten, vgl. Art. 21 AG.

Die durch das KRG. Nr. 45 Art. II wieder in Kraft gesetzten länderrechtlichen Gesetze über Vererbung von Liegenschaften durch gesetzliche Erbfolge oder Verfügung von Todes wegen (vgl. Anl. A z. MilVO. Nr. 84) sind in Wirklichkeit niemals in Kraft getreten, da sie zu dem für ihre Inkraftsetzung vorgesehenen Zeitpunkt durch d. VO. Nr. 84 wieder aufgehoben und durch das Höfegesetz ersetzt worden sind.

2. Nach vollzogener Auflösung der ehemaligen Hausvermögen der ehemals hochadligen Häuser kommt eine Weitergeltung der **Hausverfassungen** nicht mehr in Frage.

3. Die Vorbehalte des § 117 kommen **nach** der **Auflösung des Reichs in seiner bisherigen Form** nur in denjenigen Ländern in Betracht, denen die Gesetzgebung in Grundbuchsachen grundsätzlich nicht zusteht und einer ihnen übergeordneten Behörde übertragen ist (vgl. die Einleitung). In den Ländern, in denen dies nicht der Fall ist, haben sie auch auf den bisher dem Reichsgesetzgeber vorbehaltenen Gebieten das unbeschränkte Gesetzgebungs- und Verordnungsrecht, soweit es nicht vom Kontrollrat oder der Militärregierung ausgeübt wird. Wegen des auf Grund der landesrechtlichen Vorbehalte in der Freien Hansestadt Hamburg und den ehemaligen Ländern Braunschweig, Oldenburg, Schaumburg-Lippe und Lippe noch geltenden Sonderrechts wird auf den Nachtrag am Schlusse des Anhangs wegen des in den Ländern außerhalb der Britischen Zone geltenden Landesrechts auf die Sonderanhänge verwiesen.

Erbpacht und Abbaurecht.

§ 118 (§ 84)

(1) Die Vorschriften des § 20 und des § 22 Abs. 2 über das Erbbaurecht sowie die Vorschrift des § 79 sind auf die in den Artikeln 63, 68 des Einführungsgesetzes zum Bürgerlichen Gesetzbuch bezeichneten Rechte entsprechend anzuwenden.

---

[1]) Anhang S. 261. [2]) Anhang S. 272. [3]) Anhang S. 276. [4]) Anhang S. 272.
[5]) Anhang S. 276. [6]) Anhang S. 283. [7]) Anhang W. 160.

(2) Ist auf dem Blatt eines Grundstücks ein Recht der in den Artikeln 63 und 68 des Einführungsgesetzes zum Bürgerlichen Gesetzbuch bezeichneten Art eingetragen, so ist auf Antrag für dieses Recht ein besonderes Grundbuchblatt anzulegen. Dies geschieht von Amts wegen, wenn das Recht veräußert oder belastet werden soll. Die Anlegung wird auf dem Blatte des Grundstücks vermerkt.

(3) Die Landesgesetze können bestimmen, daß statt der Vorschriften des Absatzes 2 die Vorschriften der §§ 14 bis 17 der Verordnung über das Erbbaurecht entsprechend anzuwenden sind.

In den ehemals preußischen Gebieten kommt § 118 auf **Erbpachtrechte**, soweit solche (z. B. in Hannover, Frankfurt a. M., Lauenburg und Hessen) noch bestehen, nicht zur Anwendung, da nach Art. 15 AG. der Erbpächter als Eigentümer zu behandeln und die Eigenschaft des Gutes als eines Erbpachtgutes lediglich als Verfügungsbeschränkung einzutragen ist. Als vererbliche und veräußerliche **Rechte zur Gewinnung eines den bergrechtlichen Vorschriften nicht unterliegenden Materials** kommen in Preußen lediglich Salzabbaugerechtigkeiten in der Provinz Hannover, die auf Grund des Gesetzes v. 4. 8. 04 (GS. 235) bestellt sind, in Betracht. Nach § 5 Abs. 1 dieses Gesetzes ist für ein derartiges Abbaurecht indes bereits bei der Bestellung von Amts wegen ein besonderes Grundbuchblatt anzulegen. Die Eintragung der Gerechtigkeit erfolgt ausschließlich auf dem besonderen, nicht auf dem Blatte des belasteten Grundstückes, von dem sie lediglich abzuschreiben ist (§ 5 Abs. 1 a. a. O.). Bei Inkrafttreten des Gesetzes im Grundbuche des belasteten Grundstücks bereits eingetragene Salzabbaurechte sind auf Antrag des Berechtigten als Salzabbaugerechtigkeiten auf ein besonderes Grundbuchblatt zu übertragen (§ 10 Abs. 1 und 2 a. a. O.).

Über die grundbuchliche Behandlung von Bergwerken, Kohlenabbaugerechtigkeiten und anderen selbständigen Gerechtigkeiten in den ehemals preußischen Gebietsteilen vgl. Art. 27 und 28 PrAG.[1]) und §§ 25 bis 29 PrGBVfg.[2]) Für Kohlenabbaugerechtigkeiten gilt § 8 GBO. entsprechend auch dann, wenn sie nach dem Inkrafttreten der Erbbaurechtsverordnung begründet worden sind.

Eine Bestimmung gemäß Abs. 3 ist nicht ergangen. Die Einrichtung des besonderen Blatts bestimmt sich daher noch nach Landesrecht (§ 72 GBVfg.[3]), § 25 PrGBVfg.[2]). Sobald die §§ 14—17 ErbbVO.[4]) für anwendbar erklärt werden, sind auf die besonderen Blätter die Vorschriften der GBVfg. (Abschn. XII) entsprechend anzuwenden (§ 73 GBVfg.[3]).

Fortführung der bisher geführten Bücher.

§ 119 (§ 87)

Die Bücher, die nach den bisherigen Bestimmungen als Grundbücher geführt wurden, gelten als Grundbücher im Sinne des Gesetzes.

Die Vorschrift erklärt die vor dem 1. April 1936 auf Grund der früheren Bestimmungen angelegten Bücher für Grundbücher im Sinne der neuen Vorschriften und hält auch die von der Landesgesetzgebung für die Bücher bei Inkrafttreten der GBO. a. F. getroffenen entsprechenden Bestimmungen, in den ehemaligen preußischen Gebietsteilen insbesondere die Art. 3 und 4 Abs. 1 KglVO. aufrecht. Über die Art der Fortführung der bisherigen Bücher und ihre Umschreibung auf den neuen Vordruck vgl. §§ 65 bis 69 GBVfg.[3]).

§ 120 (§ 88)

Werden nach § 119 mehrere Bücher geführt, so muß jedes Grundstück in einem der Bücher eine besondere Stelle haben. An dieser Stelle ist auf die in den anderen Büchern befindliche Eintragungen zu verweisen. Die Stelle des Hauptbuchs und die Stellen, auf welche verwiesen wird, gelten zusammen als das Grundbuchblatt.

Die Bestimmung ist in den ehemals preußischen Gebietsteilen nicht praktisch.

§ 121 (§ 89)

Sind in einem Buche, das nach § 119 als Grundbuch gilt, die Grundstücke nicht nach Maßgabe des § 2 Abs. 2 bezeichnet, so ist diese Bezeichnung von Amts wegen zu bewirken.

---

[1]) Anhang S. 162. [2]) Annhang S. 260. [3]) Anhang S. 176.
[4]) Anhang S. 280.

Die Vorschrift ist insbesondere bei der Umschreibung der bisherigen Grundbücher auf den neuen Vordruck (§ 67 Abs. 2 GBVfg.)[1]), nach Möglichkeit schon vorher zu beachten (vgl. auch § 31 Abs. 2 der PrGBVfg.

§ 122 (§ 91)

Das Verfahren zum Zwecke der Eintragung von Grundstücken, die bei der Anlegung des Grundbuchs ein Blatt nicht erhalten haben, wird durch Verordnung des Reichsministers der Justiz bestimmt.

Die Bestimmungen sind in den §§ 7 bis 17 AusfVO.[2]) enthalten. Aus welchem Grunde das Grundstück bei der ersten Anlegung des Grundbuches ein Blatt nicht erhalten hat, ob infolge ausdrücklicher Vorschrift, insbesondere wegen Buchungsfreiheit (§ 3 Abs. 2) oder infolge eines Versehens, ist für die Anwendbarkeit der genannten Bestimmungen gleichgültig.

Wiederherstellung von Grundbüchern.

§ 123 (§ 92)

Das Verfahren zum Zwecke der Wiederherstellung eines ganz oder teilweise zerstörten oder abhanden gekommenen Grundbuchs sowie zum Zwecke der Wiederbeschaffung zerstörter oder abhanden gekommener Urkunden der im § 10 Abs. 1 bezeichneten Art wird durch Verordnung des Reichsministers der Justiz bestimmt. Die Verordnung kann auch darüber Bestimmung treffen, in welcher Weise bis zur Wiederherstellung des Grundbuchs die zu einer Rechtsänderung erforderliche Eintragung ersetzt werden soll.

Die bezeichnete allgemeine Anordnung ist enthalten in der Verordnung über die Wiederherstellung zerstörter oder abhanden gekommener Grundbücher und Urkunden v. 26. 7. 40 (RGBl. I 1048)[3]), die am 15. 8. 40 in Kraft getreten ist.

Unter Zerstörung des Grundbuchs ist ein solcher Zustand des Grundbuchs zu verstehen, daß es wegen völliger Vernichtung oder Beschädigung ganz oder teilweise für den Rechtsverkehr nicht mehr geeignet ist, insbesondere die Eintragungen nicht mehr festzustellen sind. Die Möglichkeit eines Eintragungsersatzes bis zur Wiederherstellung ist nach der Verordnung nicht gegeben. Vgl. aber § 15 der Verordnung.

§ 124 (§ 94)

Der *Reichsminister der Justiz* kann, unbeschadet der Vorschriften des § 12, Anordnungen über die Einsicht der Grundakten und die Erteilung von Abschriften treffen.

Eine solche Anordnung ist z. B. in § 46 GBVfg.[1]) ergangen. Für die britische Zone ist diese Befugnis auf den Präsidenten des Zentraljustizamts übergegangen.

---

[1]) Anhang S. 176. [2]) Anhang S. 158. [3]) Anhang S. 264.

Anhang.

A. Allgemeine Vorschriften zur Ausführung der Grundbuchordnung.

1. Verordnung des RM. d. J. zur Ausführung der Grundbuchordnung.

Vom 8. August 1935 (RGBl. I S. 1089).

Auf Grund des § 1 Abs. 3, § 2 Abs. 2 und § 122 der Grundbuchordnung (GBO.) in der Fassung vom 5. August 1935 (Reichsgesetzbl. I S. 1073) verordne ich folgendes:

I. Sachliche Zuständigkeit der Grundbuchbeamten.

§ 1[1]. (1) Für die Entgegennahme eines auf eine Eintragung gerichteten Antrags oder Ersuchens und die Beurkundung des Zeitpunkts, in welchem der Antrag oder das Ersuchen bei dem Grundbuchamt eingeht, sind nur der mit der Führung des Grundbuchs über das betroffene Grundstück beauftragte Richter und der vom Behördenvorstand für das ganze Grundbuchamt oder einzelne Abteilungen bestellte Beamte der Geschäftsstelle zuständig.

(2) Bezieht sich der Antrag oder das Ersuchen auf mehrere Grundstücke in verschiedenen Geschäftsbereichen desselben Grundbuchamts, so ist jeder nach Absatz 1 in Frage kommende Beamte zuständig.

§ 2. Die Eintragung in das Grundbuch soll der Richter, regelmäßig unter Angabe des Wortlauts, verfügen und der Urkundsbeamte der Geschäftsstelle veranlassen; sie ist von beiden zu unterschreiben.

§ 3. (1) Die Hypotheken-, Grundschuld- und Rentenschuldbriefe sowie die nachträglich auf sie gesetzten Vermerke sind von dem Richter und dem Urkundsbeamten der Geschäftsstelle zu unterschreiben.

(2) Die Hypothekenbriefe über eine Gesamthypothek sowie die nachträglich auf sie gesetzten Vermerke sind, sofern die Grundbücher der belasteten Grundstücke von demselben Grundbuchamt geführt werden, nur von einem Richter und von einem Urkundsbeamten der Geschäftsstelle zu unterschreiben.

§ 4. (1) Der Urkundsbeamte der Geschäftsstelle entscheidet über:

a) die Erteilung von Abschriften aus dem Grundbuch oder den Grundakten;
b) die Gestattung der Einsicht in das Grundbuch oder die Grundakten;
c) die Erteilung von Auskünften in den gesetzlich vorgesehenen Fällen;
d) die Anträge auf Rückgabe von Urkunden und Versendung von Grundakten an andere Behörden.

(2) Der Urkundsbeamte der Geschäftsstelle ist ferner zuständig für:

a) die Beglaubigung von Abschriften aus dem Grundbuche;
b) die Verfügungen und Eintragungen zur Erhaltung der Übereinstimmung zwischen dem Grundbuch und dem nach § 2 Abs. 2 der Grundbuchordnung für die Bezeichnung der Grundstücke im Grundbuche maß-

---

[1]) Hierzu: AV. d. RMJ. vom 17. 8. 1942 (DJ. 198).

(1) Für die Entgegennahme eines auf eine Eintragung im Grundbuch gerichteten Antrages oder Ersuchens und die Beurkundung des Zeitpunktes, in welchem der Antrag oder das Ersuchen bei dem Grundbuchamt eingeht, ist bis auf weiteres außer dem mit der Führung des Grundbuchs über das betroffene Grundstück beauftragten Richter jeder vom Behördenvorstand für das ganze Grundbuchamt oder einzelne Abteilungen bestellte Beamte oder Angestellte des Amtsgerichts zuständig. § 1 Abs. 2 der AusfVO. zur GBO. ist anzuwenden.

(2) Der Behördenvorstand soll einen Beamten, der nicht Beamter der Geschäftsstelle ist, oder einem Angestellten die Zuständigkeit nach (1) nur übertragen, wenn dies wegen einer durch den Krieg veranlaßten Einschränkung des Geschäftsbetriebes des Amtsgerichts geboten ist.

gebenden Verzeichnis oder einem sonstigen hiermit in Verbindung stehenden Verzeichnis, mit Ausnahme der Verfügungen und Eintragungen, die eine Berichtigung eines Irrtums über das Eigentum betreffen;

c) die Entscheidungen über Ersuchen des Gerichts um Eintragung oder Löschung des Vermerks über die Eröffnung des Konkurses sowie um Eintragung der Einleitung des Zwangsversteigerungs- und Zwangsverwaltungsverfahrens;

d) die Berichtigung der Eintragungen des Namens, Standes oder Wohnorts natürlicher Personen im Grundbuche.

(3) In den Fällen des Absatzes 2 hat außer dem Urkundsbeamten der Geschäftsstelle noch ein zweiter Beamter der Geschäftsstelle oder ein vom Behördenvorstand ermächtigter Justizangestellter den Beglaubigungsvermerk oder die Eintragung zu unterzeichnen.

(4) a) Die Vorschriften der §§ 6, 7 des Reichsgesetzes über die Angelegenheiten der freiwilligen Gerichtsbarkeit sind auf den Urkundsbeamten der Geschäftsstelle entsprechend anzuwenden.

b) Wird die Änderung einer Entscheidung des Urkundsbeamten der Geschäftsstelle verlangt, so entscheidet, wenn dieser dem Verlangen nicht entspricht, der Grundbuchrichter. Die Beschwerde findet erst gegen seine Entscheidung statt.

§ 5. Die Vorschriften darüber, inwieweit Geschäfte des Grundbuchrichters dem Urkundsbeamten der Geschäftsstelle zur selbständigen Wahrnehmung übertragen werden können, bleiben unberührt[1]).

II. Das amtliche Grundstücksverzeichnis.

§ 6. (1) Die bestehenden Vorschriften, welche die Einrichtung des nach § 2 Abs. 2 der Grundbuchordnung zur Bezeichnung der Grundstücke im Grundbuche vorgeschriebenen amtlichen Verzeichnisses bestimmen, bleiben unberührt.

(2) Das gleiche gilt von den Vorschriften zur Erhaltung der Übereinstimmung zwischen dem Grundbuch und dem nach § 2 Abs. 2 der Grundbuchordnung für die Bezeichnung der Grundstücke im Grundbuche maßgebenden Verzeichnis oder einem sonstigen hiermit in Verbindung stehenden Verzeichnis.

III. Die **Anlegung** von Grundbuchblättern.

§ 7. (1) Für ein Grundstück, das ein Blatt bei der Anlegung des Grundbuchs nicht erhalten hat, wird das Grundbuchblatt unbeschadet des § 3 Abs. 2 und 3 der Grundbuchordnung von Amts wegen angelegt.

(2) Das Verfahren bei der Anlegung des Grundbuchblatts richtet sich nach den Vorschriften der §§ 8 bis 15.

§ 8. Das Grundbuchamt hat die zuständige Behörde um Übersendung eines beglaubigten Auszugs aus dem nach § 2 Abs. 2 der Grundbuchordnung für die Bezeichnung der Grundstücke im Grundbuche maßgebenden amtlichen Verzeichnis oder, wenn dieses Verzeichnis vom Grundbuchamt selbst geführt wird, um Übersendung der sonstigen für die Kennzeichnung des Grundstücks erforderlichen Unterlagen zu ersuchen.

§ 9. Zur Feststellung des Eigentums an dem Grundstück hat das Grundbuchamt von Amts wegen die erforderlichen Ermittlungen anzustellen und die geeigneten Beweise zu erheben.

§ 10. Das Grundbuchamt kann zur Ermittlung des Berechtigten ein **Aufgebot** nach Maßgabe der §§ 11 und 12 erlassen.

§ 11. In das Aufgebot sind aufzunehmen:

a) die Ankündigung der bevorstehenden Anlegung des Grundbuchblatts;

b) die Bezeichnung der Lage, der Beschaffenheit und der Größe des Grundstücks gemäß dem nach § 2 Abs. 2 der Grundbuchordnung für die

[1]) vgl. S. 270.

Bezeichnung der Grundstücke im Grundbuche maßgebenden Verzeichnis;

c) die Bezeichnung des Eigenbesitzers, sofern sie dem Grundbuchamte bekannt oder zu ermitteln ist;

d) die Aufforderung an die Personen, welche das Eigentum in Anspruch nehmen, ihr Recht binnen einer vom Grundbuchamt zu bestimmenden Frist von mindestens sechs Wochen anzumelden und glaubhaft zu machen, widrigenfalls ihr Recht bei der Anlegung des Grundbuchs nicht berücksichtigt werde.

§ 12. (1) Das Aufgebot ist an die für den Aushang von Bekanntmachungen des Grundbuchamts bestimmte Stelle anzuheften und einmal in dem für die amtlichen Bekanntmachungen des Grundbuchamts bestimmten Blatte zu veröffentlichen. Das Grundbuchamt kann anordnen, daß die Veröffentlichung mehrere Male und noch in anderen Blättern zu erfolgen habe oder, falls das Grundstück nur einen geringen Wert hat, daß sie ganz unterbleibe.

(2) Das Aufgebot ist in der Gemeinde, in deren Bezirk das Grundstück liegt, an der für amtliche Bekanntmachungen bestimmten Stelle anzuheften oder in sonstiger ortsüblicher Weise bekanntzumachen.

(3) Es soll den Personen, die das Eigentum in Anspruch nehmen und dem Grundbuchamt bekannt sind, von Amts wegen zugestellt werden.

§ 13. Das Grundbuchblatt darf, wenn ein Aufgebotsverfahren (§§ 11, 12) nicht stattgefunden hat, erst angelegt werden, nachdem in der Gemeinde, in deren Bezirk das Grundstück liegt, das Bevorstehen der Anlegung und der Name des als Eigentümer Einzutragenden öffentlich bekanntgemacht und seit der Bekanntmachung ein Monat verstrichen ist; die Art der Bekanntmachung bestimmt das Grundbuchamt.

§ 14. Als Eigentümer ist in das Grundbuch einzutragen:

a) der ermittelte Eigentümer;

b) sonst der Eigenbesitzer, dessen Eigentum dem Grundbuchamt durch Erwerbstitel, Zeitablauf oder sonstige Umstände glaubhaft gemacht ist;

c) äußerstenfalls der, dessen Eigentum nach Lage der Sache dem Grundbuchamt am wahrscheinlichsten erscheint.

§ 15. (1) Beschränkte dingliche Rechte am Grundstück oder sonstige Eigentumsbeschränkungen werden bei der Anlegung des Grundbuchblatts nur eingetragen, wenn sie bei dem Grundbuchamt angemeldet und entweder durch öffentliche oder öffentlich beglaubigte Urkunden, deren erklärter Inhalt vom Eigentümer stammt, nachgewiesen oder von dem Eigentümer anerkannt sind.

(2) Der Eigentümer ist über die Anerkennung zu vernehmen. Bestreitet er das angemeldete Recht, so wird es, falls es glaubhaft gemacht ist, durch Eintragung eines Widerspruchs gesichert.

(3) Der Rang der Rechte ist gemäß den für sie zur Zeit ihrer Entstehung maßgebenden Gesetzen und, wenn er hiernach nicht bestimmt werden kann, nach der Reihenfolge ihrer Anmeldung einzutragen.

§ 16. Die Beschwerde gegen die Anlegung des Grundbuchblatts ist unzulässig. Im Wege der Beschwerde kann jedoch verlangt werden, daß das Grundbuchamt angewiesen wird, nach § 53 der Grundbuchordnung einen Widerspruch einzutragen oder eine Löschung vorzunehmen.

§ 17. Wird im Falle des § 3 Abs. 3c der Grundbuchordnung ein Grundbuchblatt angelegt, so sind die vorstehenden Vorschriften mit der Maßgabe entsprechend anzuwenden, daß die die Miteigentumsanteile belastenden, aus dem Grundbuch ersichtlichen Eintragungen auf das neue Grundbuchblatt zu übertragen sind. Die die einzelnen Miteigentumsanteile betreffenden Eintragungen (§ 3 Abs. 3b GBO.) sind zu löschen.

IV Übergangs- und Schlußvorschriften.

§ 18. (1) Abschnitt III, §§ 7 bis 16, dieser Verordnung tritt an dem auf die Verkündung folgenden Tage in Kraft. Im übrigen tritt die Verordnung am 1. April 1936 in Kraft, soweit sich nicht aus den nachfolgenden Vorschriften Abweichendes ergibt. Vorschriften des Landesrechts, welche das von dieser Verordnung umfaßte Gebiet betreffen, treten mit derselben Maßgabe außer Kraft.

(2) Soweit in Gesetzen (Artikel 2 des Einführungsgesetzes zum Bürgerlichen Gesetzbuch) auf Vorschriften verwiesen ist, die durch diese Verordnung außer Kraft gesetzt werden, treten an ihre Stelle die entsprechenden Vorschriften dieser Verordnung.

§ 19. Die Vorschriften über die sachliche Zuständigkeit der Grundbuchbeamten (Abschnitt I) treten in Württemberg und Baden in dem durch Artikel 8 der Verordnung zur Änderung des Verfahrens in Grundbuchsachen vom 5. August 1935 (Reichsgesetzbl. I S. 1065) bestimmten Zeitpunkt in Kraft. Dasselbe gilt in Mecklenburg, soweit dort die Grundbücher nicht bereits von den Amtsgerichten geführt werden.

§ 20. In den Fällen des § 117 der Grundbuchordnung bleiben die bestehenden landesrechtlichen Vorschriften unberührt; jedoch ist Abschnitt I dieser Verordnung unbeschadet der Vorschrift des § 19 auch in diesen Fällen anzuwenden.

2. Preußisches Ausführungsgesetz zur Grundbuchordnung.

Vom 26. September 1899 (GS. S. 307ff.).

Art. 12. Die Rentenbankrenten und die Domänen-Amortisationsrenten werden im Geltungsbereiche des Gesetzes über die Errichtung von Rentenbanken vom 2. März 1850 (Gesetzsamml. S. 112) nach dessen Vorschriften eingetragen. Diese Vorschriften treten statt der entgegenstehenden bisherigen Bestimmungen auch für die Provinz Hannover in Kraft. Die Vorschriften des § 6 Nr. 6 des Gesetzes, betreffend die Beförderung der Errichtung von Rentengütern, vom 7. Juli 1891 (Gesetzsamml. S. 279)[1]) und des § 23 Abs. 3 Nr. 3 des Gesetzes, betreffend das Anerbenrecht bei Renten- und Ansiedelungsgütern, vom 8. Juni 1896 (Gesetzsamml. S. 124) bleiben unberührt.

Im übrigen ist der Inhalt der von den Auseinandersetzungsbehörden bestätigten Rezesse nur in folgenden Fällen in das Grundbuch einzutragen:

1. wenn ein im Grundbuche vermerktes Sach- oder Rechtsverhältnis aufgehoben oder verändert wird;
2. wenn für ein mit dem Eigentum an dem Grundstücke verbundenes Recht eine Entschädigung durch ein bar oder in Rentenbriefen zu zahlendes Kapital von mehr als sechzig Mark gewährt wird;
3. wenn das Grundstück mit einem Rechte, das zu seiner Begründung der Eintragung in das Grundbuch bedarf, neu belastet wird.

Art. 13. Sind auf Ersuchen der Auseinandersetzungsbehörde über die Vorschriften des Art. 12 hinausgehende Eintragungen erfolgt, so kann die Auseinandersetzungsbehörde das Grundbuchamt um die Löschung ersuchen; auf Antrag des Eigentümers hat sie die Löschung herbeizuführen. Die Löschung erfolgt kostenfrei.

Art. 14. Die Auseinandersetzungsbehörden sind in einem vor ihnen anhängigen Verfahren befugt, das Grundbuchamt um die Berichtigung des Grundbuchs durch Eintragung eines Eigentümers zu ersuchen und den Eigentümer zur Beibringung der nach ihrem Ermessen zum Nachweise des Eigentums erforderlichen Urkunden durch Ordnungsstrafen anzuhalten. Die einzelne Strafe darf den Betrag von dreihundert Reichsmark nicht übersteigen.

Art. 20. Im Falle der Veräußerung eines Teiles eines Grundstücks, das mit Reallasten, Hypotheken, Grundschulden oder Rentenschulden belastet ist, kann der Teil auf Grund eines Unschädlichkeitszeugnisses der zuständigen

[1]) Das Gesetz betr. die Beförderung der Errichtung von Rentengütern ist durch § 35 des Landesrentenbankgesetzes vom 29. 12. 1927 in der Fassung der Bek. vom 1. 8. 1931 (GS. 154) aufgehoben. An Stelle des § 6 Ziff. 6 des aufgehobenen Gesetzes gilt jetzt § 24 i. V. mit § 22 Abs. 2 des Landesrentenbankgesetzes (S. 276).

Behörde frei von allen oder einzelnen Belastungen des Hauptgrundstücks von diesem ohne die Bewilligung der Berechtigten unter folgenden Voraussetzungen abgeschrieben werden:

1. Wird der Grundstücksteil gegen Auferlegung einer Rente veräußert, so kann die Abschreibung nur erfolgen, wenn gleichzeitig die Rente auf dem Grundstücksteile mit dem Vorrange vor sonstigen Belastungen als Reallast zugunsten des jeweiligen Eigentümers des Hauptgrundstücks eingetragen und auf dem Blatte des Hauptgrundstücks vermerkt wird. Zu den Belastungen, denen die Rente vorzugehen hat, gehören nicht die auf Grund des Gesetzes, betreffend die Beförderung der Errichtung von Rentengütern, vom 7. Juni 1891 (Gesetzsamml. S. 279) festgestellten Rentenbankrenten.
2. Wird der Grundstücksteil gegen ein anderes Grundstück vertauscht, so kann die Abschreibung nur erfolgen, wenn gleichzeitig das eingetauschte Grundstück dem Hauptgrundstück als Bestandteil zugeschrieben wird; ist ein Ausgleichungskapital festgestellt, so finden auf dieses die unter Nr. 3 für ein vereinbartes Kaufgeld gegebenen Vorschriften Anwendung.
3. Ist der Grundstücksteil verkauft, so kann die Abschreibung nur erfolgen:
   a) wenn gleichzeitig auf dem Grundstücksteil eine Hypothek für die Kaufgeldforderung zur ersten Stelle und die Zugehörigkeit dieser Forderung zu dem Verbande, dem das Hauptgrundstück angehört, oder ein Pfandrecht an der Forderung für diejenigen Reallastberechtigten, Hypotheken-, Grundschuld- oder Rentenschuldgläubiger eingetragen wird, deren Bewilligung durch das Unschädlichkeitszeugnis ersetzt wird;
   b) wenn die Auseinandersetzungsbehörde bescheinigt, daß das Kaufgeld zu ihrer Verfügung hinterlegt oder sichergestellt oder daß die Verwendung des Kaufgeldes erfolgt oder nicht erforderlich ist.
4. Wird der Grundstücksteil zu öffentlichen Zwecken unentgeltlich veräußert, so kann die Abschreibung nur erfolgen, wenn die Auseinandersetzungsbehörde bescheinigt, daß mit der Ausführung der öffentlichen Anlage begonnen ist.

Auf eine Eintragung, die auf Grund des Unschädlichkeitszeugnisses bei einer Hypothek, einer Grundschuld oder einer Rentenschuld zu bewirken ist, finden die Vorschriften der §§ 42 bis 44[1]) der Grundbuchordnung keine Anwendung. Wird der Hypotheken-, Grundschuld- oder Rentenschuldbrief nachträglich vorgelegt, so hat das Grundbuchamt die Eintragung auf dem Briefe zu vermerken.

Art. 21. Die satzungsmäßigen Vorschriften, welche für die zur Zeit des Inkrafttretens des Bürgerlichen Gesetzbuchs bestehenden landschaftlichen oder ritterschaftlichen Kreditanstalten über die Aufnahme, Eintragung oder Löschung der Pfandbriefdarlehen sowie über die Umschreibung eingetragener Forderungen in Pfandbriefdarlehen und die Umwandlung der Pfandbriefe ergangen sind, bleiben in Kraft.

Als landschaftliche Kreditanstalten im Sinne des Abs. 1 gelten auch die provinzial- (kommunal-) ständischen öffentlichen Grundkreditanstalten.

Art. 22. Die sich auf Grundstücke beziehenden Vorschriften der Grundbuchordnung und dieses Gesetzes finden, soweit nicht ein anderes bestimmt ist, auf Bergwerke, selbständige Kohlenabbaugerechtigkeiten und andere selbständige Gerechtigkeiten entsprechende Anwendung.

Art. 23. Ist das Bergwerkseigentum durch Verleihung begründet oder durch Konsolidation, Teilung von Grubenfeldern oder Austausch von Feldesteilen erworben, so hat das Oberbergamt das Grundbuchamt unter Mitteilung einer beglaubigten Abschrift der Verleihungsurkunde oder einer Ausfertigung

[1]) jetzt §§ 41—43.

des bestätigten Konsolidations-, Teilungs- oder Austauschakts um die Bewirkung der erforderlichen Eintragungen zu ersuchen.

Art. 24. Wird die Verleihungsurkunde geändert, so hat das Oberbergamt das Grundbuchamt unter Mitteilung der Urkunde über die Änderung um die Eintragung der Änderung zu ersuchen.

Art. 25. Wird das Bergwerkseigentum oder die Verleihungsurkunde aufgehoben, so hat das Oberbergamt das Grundbuchamt unter Mitteilung einer Ausfertigung des Aufhebungsbeschlusses um die Schließung des über das Bergwerk geführten Grundbuchblatts zu ersuchen.

Bei der Schließung sind die eingetragenen Belastungen von Amts wegen zu löschen.

Grundstücke, die dem Bergwerk als Bestandteil zugeschrieben sind, werden mit den darauf haftenden Belastungen in das über die Grundstücke ihres Bezirkes geführte Grundbuch eingetragen.

Art. 26. Soweit in den Fällen der Art. 23 bis 25 Hypotheken, Grundschulden oder Rentenschulden von den Eintragungen betroffen werden, finden die Vorschriften der §§ 42 bis 44 der Grundbuchordnung keine Anwendung Das Grundbuchamt hat den Besitzer des Hypotheken-, Grundschuld- oder Rentenschuldbriefes zur Vorlegung anzuhalten, um nach den Vorschriften des § 62 Abs. 1, des § 69 und des § 70 Abs. 1 der Grundbuchordnung zu verfahren.

Art. 27[1, 2]. Für selbständige Gerechtigkeiten wird ein Grundbuchblatt nur auf Antrag des Berechtigten angelegt, soweit sich nicht aus den für die Anlegung der Grundbücher geltenden Vorschriften ein anderes ergibt.

Art. 28[1]. Die für das Erbbaurecht geltenden Vorschriften des § 20 und § 22 Abs. 2 der Grundbuchordnung finden auf das Bergwerkseigentum, auf unbewegliche Bergwerksanteile und selbständige Gerechtigkeiten entsprechende Anwendung.

3. AV. des RJM. über die Einrichtung und Führung des Grundbuchs (Grundbuchverfügung).

Vom 8. August 1935 (RMBl. S. 637).

I. Das Grundbuch.

1. Grundbuchbezirke.

§ 1. (1) Grundbuchbezirke sind die Gemeindebezirke. Soweit mehrere Gemeinden zu einem Verwaltungsbezirk zusammengefaßt sind (Gesamtgemeinden; zusammengesetzte Gemeinden), bilden sie einen Grundbuchbezirk. Jedoch kann ein Gemeindebezirk durch Anordnung des Reichsministers der Justiz oder der von ihm bestimmten Stelle[3]) in mehrere Grundbuchbezirke geteilt werden.

(2) Wird ein Gemeindebezirk mit einem anderen Gemeindebezirk vereinigt oder wird ein Gemeindebezirk oder ein Verwaltungsbezirk der im Abs. 1 Satz 3 genannten Art in mehrere selbständige Verwaltungsbezirke zerlegt, so können die bisherigen Grundbuchbezirke beibehalten werden[4]).

2. Die äußere Form des Grundbuchs.

§ 2. Die Grundbücher werden in festen Bänden geführt, die regelmäßig mehrere Grundbuchblätter umfassen sollen. Mehrere Bände desselben Grundbuchbezirks erhalten fortlaufende Nummern.

§ 3[5]). (1) Sämtliche Grundbuchblätter desselben Grundbuchbezirks erhalten fortlaufende Nummern. Besteht das Grundbuch aus mehreren Bänden,

---

[1]) Vgl. hierzu § 118 Abs. 3 GBO.; § 73 GbVfg.
[2]) In der Fassung des Ges. zur Änderung berggesetzlicher Vorschriften vom 24. 9. 37 (GS. 93).
[3]) Durch AV. vom 21. 5. 37 (DJ. 799) die Oberlandgerichtspräsidenten.
[4]) Die grundbuchliche Behandlung von gemeindefreien Grundstücken oder Gutsbezirken ist geregelt durch AV. vom 8. 2. 39 (DJ. 264).
[5]) Wegen Sonderbezeichnung von Grundbuchbänden vgl. AV. vom 6. 4. 37 (DJ. 531).

so schließen sich die Blattnummern jedes weiteren Bandes an die des vorhergehenden an.

(2) Von der fortlaufenden Nummernfolge der Grundbuchblätter kann abgewichen werden, wenn das anzulegende Grundbuchblatt einem Bande zugeteilt werden soll, in dem der Umfang der Grundbuchblätter von dem des sonst nach Abs. 1 zu verwendenden Grundbuchblatts verschieden ist.

II. Das Grundbuchblatt.

§ 4. Jedes Grundbuchblatt besteht aus der Aufschrift, dem Bestandsverzeichnis und drei Abteilungen.

§ 5. In der Aufschrift sind das Amtsgericht, der Grundbuchbezirk und die Nummer des Bandes und des Blattes anzugeben. In den Fällen des § 1 Abs. 2 ist durch einen Zusatz auf die Vereinigung oder Teilung des Bezirks hinzuweisen.

§ 6. (1) In dem Bestandsverzeichnis ist die Spalte 1 für die Angabe der laufenden Nummer des Grundstücks bestimmt.

(2) In der Spalte 2 sind die bisherigen laufenden Nummern der Grundstücke anzugeben, aus denen das Grundstück durch Vereinigung, Zuschreibung oder Teilung entstanden ist.

(3) a) Die Spalte 3 dient zur Bezeichnung der Grundstücke gemäß dem amtlichen Verzeichnis im Sinne des § 2 Abs. 2 der Grundbuchordnung. Hier sind einzutragen:

1. In Unterspalte a: die Bezeichnung der Gemarkung oder des sonstigen vermessungstechnischen Bezirks, in dem das Grundstück liegt;
2. in Unterspalte b: die vermessungstechnische Bezeichnung des Grundstücks innerhalb des zu Nr. 1 genannten Bezirks nach den Buchstaben oder Nummern der Karte;
3. in Unterspalte c und d: die Bezeichnung des Grundstücks nach den Artikeln oder Nummern der Steuerbücher (Grundsteuermutterrolle, Gebäudesteuerrolle oder ähnliches), sofern solche Bezeichnungen vorhanden sind;
4. in Unterspalte e: die Wirtschaftsart des Grundstücks (z. B. Acker, Wiese, Garten, Wohnhaus mit Hofraum, Wohnhaus mit Garten, unbebauter Hofraum) und die Lage (Straße, Hausnummer oder die sonstige ortsübliche Bezeichnung).

b) Soweit in besonderen Fällen nach den bestehenden gesetzlichen Vorschriften ein Grundstück, das nicht im amtlichen Verzeichnis aufgeführt ist, im Grundbuch eingetragen werden kann, behält es hierbei sein Bewenden.

4) Besteht ein Grundstück aus mehreren Teilen, die in dem maßgebenden amtlichen Verzeichnis als selbständige Teile aufgeführt sind (z. B. Katasterparzellen), so kann die im Abs. 3a Nr. 2 und 3 vorgeschriebene Angabe unterbleiben, soweit dadurch das Grundbuch nach dem Ermessen des Grundbuchamts unübersichtlich werden würde. In diesem Falle müssen jedoch die fehlenden Angaben in einem bei den Grundakten aufzubewahrenden beglaubigten Auszug aus dem maßgebenden amtlichen Verzeichnis der Grundstücke nachgewiesen werden. Die Behörde, die das Verzeichnis führt, hat auf Ersuchen des Grundbuchamts das Erforderliche zur Herstellung und fortlaufenden Berichtigung dieser Nachweisung zu veranlassen. Sofern das Verzeichnis vom Grundbuchamt selbst geführt wird, hat dieses das Verzeichnis auf dem laufenden zu halten. Statt der im Abs. 3a Nr. 4 vorgeschriebenen Angabe genügt alsdann die Angabe einer Gesamtbezeichnung (z. B. Landgut).

(5) Die Spalte 4 enthält die Angaben über die Größe des Grundstücks nach dem maßgebenden amtlichen Verzeichnis. Besteht ein Grundstück aus mehreren Teilen, die in diesem Verzeichnis als selbständige Teile aufgeführt sind (z. B. Katasterparzellen), so ist nur die Gesamtgröße anzugeben.

(6) In der Spalte 6 sind einzutragen

a) der Vermerk über die Eintragung des Bestandes des Blattes bei der Anlegung (Zeit der Eintragung, Nummer des bisherigen Blattes usw.);

b) die Übertragung eines Grundstücks auf das Blatt; soll das Grundstück mit einem auf dem Blatte bereits eingetragenen Grundstück vereinigt oder einem solchen Grundstück als Bestandteil zugeschrieben werden so ist auch dies anzugeben;
c) die Vereinigung mehrerer auf dem Blatt eingetragener Grundstücke zu einem Grundstück sowie die Zuschreibung eines solchen Grundstücks zu einem anderen als Bestandteil;
d) die Vermerke, durch welche bisherige Grundstücksteile als selbständige Grundstücke eingetragen werden, insbesondere im Falle des § 7 Abs. 1 der Grundbuchordnung, sofern nicht der Teil auf ein anderes Blatt übertragen wird;
e) die Vermerke über Berichtigungen der Bestandsangaben.

(7) Die Spalte 8 ist bestimmt für die Abschreibungen, bei denen das Grundstück aus dem Grundbuchblatt ausscheidet.

(8) Bei Eintragungen in den Spalten 6 und 8 ist in den Spalten 5 und 7 auf die laufende Nummer des von der Eintragung betroffenen Grundstücks zu verweisen.

§ 7. (1) Vermerke über Rechte, die dem jeweiligen Eigentümer eines auf dem Blatte verzeichneten Grundstücks zustehen, sind in den Spalten 1, 3 und 4 des Bestandsverzeichnisses einzutragen.

(2) In Spalte 1 ist die laufende Nummer der Eintragung zu vermerken Dieser ist, durch einen Bruchstrich getrennt, die laufende Nummer des herrschenden Grundstücks mit dem Zusatz „zu" beizufügen (z. B. $\frac{7}{\text{zu } 3}$).

(3) In dem durch die Spalten 3 und 4 gebildeten Raum sind das Recht nach seinem Inhalt sowie Veränderungen des Rechts wiederzugeben. Im Falle der Veränderung ist in der Spalte 2 die bisherige laufende Nummer der Eintragung zu vermerken.

(4) In Spalte 6 ist der Zeitpunkt der Eintragung des Rechts zu vermerken.

(5) In Spalte 8 ist die Abschreibung des Rechts zu vermerken.

(6) Bei Eintragungen in den Spalten 6 und 8 ist in den Spalten 5 und 7 auf die laufende Nummer des von der Eintragung betroffenen Rechts zu verweisen.

§ 8. Für die Eintragung eines Miteigentumsanteils nach § 3 Abs. 3b der Grundbuchordnung gilt folgendes:
a) In Spalte 1 ist die laufende Nummer der Eintragung zu vermerken. Dieser ist, durch einen Bruchstrich getrennt, die laufende Nummer des herrschenden Grundstücks mit dem Zusatz „zu" beizufügen;
b) in dem durch die Spalten 3 und 4 gebildeten Raum ist der Anteil der Höhe nach zu bezeichnen. Hierbei ist das gemeinschaftliche Grundstück zu beschreiben;
c) für die Ausfüllung der Spalten 5 bis 8 gilt § 6 Abs. 6 bis 8 entsprechend

§ 9. In der ersten Abteilung sind einzutragen:
a) Jn Spalte 1: die laufende Nummer der unter b vorgesehenen Eintragung. Mehrere Eigentümer, die in einem Verhältnis der im § 47 der Grundbuchordnung genannten Art stehen, werden unter einer laufenden Nummer eingetragen; jeder Eigentümer ist in diesem Fall unter einem besonderen Buchstaben aufzuführen;
b) in Spalte 2: der Eigentümer, bei mehreren gemeinschaftlichen Eigentümern auch die im § 47 der Grundbuchordnung vorgeschriebene Angabe; besteht zwischen mehreren Eigentümern kein Rechtsverhältnis der im § 47 der Grundbuchordnung genannten Art, so ist bei den Namen der Eigentümer der Inhalt ihres Rechts anzugeben;
c) in Spalte 3: die laufende Nummer des Grundstücks, auf die sich die in Spalte 4 enthaltenen Eintragungen beziehen;
d) in Spalte 4: der Tag der Auflassung oder die anderweitige Grundlage der Eintragung (Erbschein, Testament, Zuschlagsbeschluß, Bewilligung der Berichtigung des Grundbuchs, Ersuchen der zuständigen Behörde,

Enteignungsbeschluß usw.), der Verzicht auf das Eigentum an einem Grundstück (§ 928 Abs. 1 BGB.) und der Tag der Eintragung.

§ 10. (1) In der zweiten Abteilung werden eingetragen:

a) alle Belastungen des Grundstücks oder eines Anteils am Grundstück, mit Ausnahme von Hypotheken, Grundschulden und Rentenschulden, einschließlich der sich auf diese Belastungen beziehenden Vormerkungen und Widersprüche;

b) die Beschränkung des Verfügungsrechts des Eigentümers sowie die das Eigentum betreffenden Vormerkungen und Widersprüche;

c) die im Enteignungsverfahren, im Verfahren zur Klarstellung der Rangverhältnisse (§§ 90 bis 115 GBO.) und in ähnlichen Fällen vorgesehenen, auf diese Verfahren hinweisenden Grundbuchvermerke.

(2) In der Spalte 1 ist die laufende Nummer der in dieser Abteilung erfolgenden Eintragungen anzugeben.

(3) Die Spalte 2 dient zur Angabe der laufenden Nummer, unter der das betroffene Grundstück im Bestandsverzeichnis eingetragen ist.

(4) In der Spalte 3 ist die Belastung, die Verfügungsbeschränkung oder der sonstige Vermerk inhaltlich einzutragen.

(5) a) Die Spalte 5 ist zur Eintragung von Veränderungen der in den Spalten 1 bis 3 eingetragenen Vermerke bestimmt, und zwar einschließlich der Beschränkungen des Berechtigten in der Verfügung über ein in den Spalten 1 bis 3 eingetragenes Recht, auch wenn die Beschränkung nicht erst nachträglich eintritt.

b) In der Spalte 5 ist auch die Eintragung des im § 9 Abs. 1 der Grundbuchordnung vorgesehenen Vermerks ersichtlich zu machen (§ 9 Abs. 3 GBO.).

(6) In der Spalte 7 erfolgt die Löschung der in den Spalten 3 und 5 eingetragenen Vermerke.

(7) Bei Eintragungen in den Spalten 5 und 7 ist in den Spalten 4 und 6 die laufende Nummer anzugeben, unter der die betroffene Eintragung in der Spalte 1 vermerkt ist.

§ 11. (1) In der dritten Abteilung werden Hypotheken, Grundschulden und Rentenschulden einschließlich der sich auf diese Rechte beziehenden Vormerkungen und Widersprüche eingetragen.

(2) Die Spalte 1 ist für die laufende Nummer der in dieser Abteilung erfolgenden Eintragungen bestimmt.

(3) In der Spalte 2 ist die laufende Nummer anzugeben, unter der das belastete Grundstück im Bestandsverzeichnis eingetragen ist.

(4) Die Spalte 3 dient zur Angabe des Betrags des Rechts, bei den Rentenschulden der Ablösungssumme.

(5) In der Spalte 4 wird das Recht inhaltlich eingetragen.

(6) In der Spalte 7 erfolgt die Eintragung von Veränderungen der in den Spalten 1 bis 4 vermerkten Rechte, einschließlich der Beschränkungen des Berechtigten in der Verfügung über ein solches Recht, auch wenn die Beschränkung nicht erst nachträglich eintritt.

(7) In der Spalte 10 werden die in den Spalten 3, 4 und 6, 7 eingetragenen Vermerke gelöscht.

(8) Bei Eintragungen in den Spalten 7 und 10 ist in den Spalten 5 und 8 die laufende Nummer, unter der die betroffene Eintragung in der Spalte 1 eingetragen ist, und in den Spalten 6 und 9 der von der Veränderung oder Löschung betroffene Betrag des Rechts anzugeben.

§ 12. (1) Eine Vormerkung wird eingetragen:

a) wenn die Vormerkung den Anspruch auf Übertragung des Eigentums sichert, in den Spalten 1 bis 3 der zweiten Abteilung;

b) wenn die Vormerkung den Anspruch auf Einräumung eines anderen Rechts an dem Grundstück oder an einem das Grundstück belastenden Rechte sichert, in der für die endgültige Eintragung bestimmten Abteilung und Spalte;

c) in allen übrigen Fällen in der für Veränderungen bestimmten Spalte der Abteilung, in welcher das von der Vormerkung betroffene Recht eingetragen ist.

(2) Diese Vorschriften sind bei der Eintragung eines Widerspruchs entsprechend anzuwenden.

III. Die Eintragungen.

§ 13. (1) Bei der Vereinigung und der Zuschreibung von Grundstücken (§ 6 Abs. 6b und c) sind die sich auf die beteiligten Grundstücke beziehenden Eintragungen in den Spalten 1 bis 4 rot zu unterstreichen. Das durch die Vereinigung oder Zuschreibung entstehende Grundstück ist unter einer neuen laufenden Nummer einzutragen; neben dieser Nummer ist in der Spalte 2 auf die bisherigen laufenden Nummern der beteiligten Grundstücke zu verweisen, sofern sie schon auf demselben Grundbuchblatt eingetragen waren.

(2) Bisherige Grundstücksteile (§ 6 Abs. 6d) werden unter neuen laufenden Nummern eingetragen; neben diesen Nummern ist in der Spalte 2 auf die bisherige laufende Nummer des Grundstücks zu verweisen. Die Eintragungen, die sich auf das ursprüngliche Grundstück beziehen, sind in den Spalten 1 bis 4 rot zu unterstreichen.

(3) Wird ein Grundstück ganz abgeschrieben, so sind die Eintragungen in den Spalten 1 bis 6, die sich auf dieses Grundstück beziehen, sowie die Vermerke in den drei Abteilungen, die ausschließlich das abgeschriebene Grundstück betreffen, rot zu unterstreichen. Dasselbe gilt für die nach § 3 Abs. 3b der Grundbuchordnung eingetragenen Miteigentumsanteile, wenn nach § 3 Abs. 3c der Grundbuchordnung für das ganze gemeinschaftliche Grundstück ein Blatt angelegt wird.

(4) Wird ein Grundstücksteil abgeschrieben, so ist Abs. 2 entsprechend anzuwenden. Ist das Grundstück nach Maßgabe des § 6 Abs. 4 bezeichnet, so ist auch in dem bei den Grundakten aufzubewahrenden beglaubigten Auszug aus dem nach § 2 Abs. 2 der Grundbuchordnung maßgebenden amtlichen Verzeichnis der Grundstücke die Abschreibung zu vermerken; eine ganz oder teilweise abgeschriebene Parzelle ist rot zu unterstreichen; eine bei dem Grundstück verbleibende Restparzelle ist am Schlusse neu einzutragen.

(5) Die Vorschriften der Absätze 3 und 4 gelten auch für den Fall des Ausscheidens eines Grundstücks oder Grundstücksteils aus dem Grundbuche (§ 3 Abs. 2b GBO.).

§ 14. (1) Wird ein Vermerk über eine Veränderung eines Rechts, das dem jeweiligen Eigentümer eines auf dem Blatte verzeichneten Grundstücks zusteht, eingetragen, so ist der frühere Vermerk in den Spalten 3 und 4 insoweit rot zu unterstreichen, als er durch den Inhalt des Veränderungsvermerks gegenstandslos wird. Ferner ist bei der bisherigen Eintragung in Spalte 1 ein Hinweis auf die laufende Nummer des Veränderungsvermerks einzutragen.

(2) Im Falle der Abschreibung eines solchen Rechts sind in den Spalten 1 bis 6 des Bestandsverzeichnisses die Eintragungen, die sich auf dieses Recht beziehen, rot zu unterstreichen.

§ 15. (1) Zur Bezeichnung des Berechtigten sind im Grundbuch anzugeben:

a) bei natürlichen Personen der Name (Vorname und Familienname), der Stand und der Wohnort, sowie nötigenfalls andere die Berechtigten deutlich kennzeichnende Merkmale;

b) bei juristischen Personen und Handelsgesellschaften der Name oder die Firma und der Sitz.

(2) Bei Eintragungen für den Fiskus, eine Gemeinde oder eine sonstige juristische Person des öffentlichen Rechts kann auf Antrag des Berechtigten der Teil seines Vermögens, zu dem das eingetragene Grundstück oder Recht gehört, oder die Zweckbestimmung des Grundstücks oder des Rechts durch einen dem Namen des Berechtigten in Klammern beizufügenden Zusatz bezeichnet werden.

§ 16. Bei der Eintragung eines neuen Eigentümers sind die Vermerke in den Spalten 1 bis 4 der ersten Abteilung, die sich auf den bisher eingetragenen Eigentümer beziehen, rot zu unterstreichen.

§ 17. (1) Bei Reallasten, Hypotheken, Grundschulden und Rentenschulden sind die in das Grundbuch einzutragenden Geldbeträge (§ 1107, § 1115 Abs. 1, § 1190 Abs. 1, §§ 1192, 1199 BGB.) in den Vermerken über die Eintragung des Rechts mit Buchstaben zu schreiben. Das gleiche gilt für die Eintragung einer Veränderung oder einer Löschung bezüglich eines Teilbetrags eines Rechts sowie im Falle des § 882 des Bürgerlichen Gesetzbuchs für die Eintragung des Höchstbetrags des Wertersatzes.

(2) Wird in der zweiten oder dritten Abteilung eine Eintragung ganz gelöscht, so ist sie rot zu unterstreichen. Dasselbe gilt für Vermerke, die ausschließlich die gelöschte Eintragung betreffen. Im Falle der Löschung eines Erbbaurechts unter gleichzeitiger Eintragung der im § 31 Abs. 4 Satz 3 der Verordnung über das Erbbaurecht vom 15. Januar 1919 (Reichsgesetzbl. S. 72) bezeichneten Vormerkung ist auf diese sowie gegebenenfalls auch auf die Reichsheimstätteneigenschaft im Löschungsvermerk hinzuweisen.

(3) Wird in der zweiten oder dritten Abteilung ein Vermerk über eine Veränderung eingetragen, nach dessen aus dem Grundbuch ersichtlichen Inhalt ein früher eingetragener Vermerk ganz oder teilweise gegenstandslos wird, so ist der frühere Vermerk insoweit rot zu unterstreichen.

(4) a) Bei Teilabtretungen der in der dritten Abteilung eingetragenen Rechte ist der in Spalte 5 einzutragenden Nummer ein Buchstabe hinzuzufügen.

b) Werden von einem Teilbetrage weitere Teilbeträge abgetreten, so ist der in Spalte 5 einzutragenden Nummer außer dem nach a vorgesehenen Buchstaben eine römische Zahl beizufügen.

(5) Wird eine Hypothek, Grundschuld oder Rentenschuld teilweise gelöscht, so ist in der Spalte 3 der dritten Abteilung der gelöschte Teil von dem Betrage abzuschreiben. Bezieht sich diese Löschung auf einen Teilbetrag (Abs. 2), so ist der gelöschte Teil auch in Spalte 6 von dem Teilbetrag abzuschreiben.

§ 18. Angaben über den Rang eines eingetragenen Rechts sind bei allen beteiligten Rechten zu vermerken.

§ 19. (1) In den Fällen des § 12 Abs. 1b und c ist bei Eintragung der Vormerkung die rechte Hälfte der Spalte für die endgültige Eintragung freizulassen. Das gilt jedoch nicht, wenn es sich um eine Vormerkung handelt, die einen Anspruch auf Aufhebung eines Rechts sichert.

(2) Soweit die Eintragung der Vormerkung durch die endgültige Eintragung ihre Bedeutung verliert, ist sie rot zu unterstreichen.

(3) Diese Vorschriften sind bei der Eintragung eines Widerspruchs entsprechend anzuwenden.

§ 20. Sind bei einer Eintragung mehrere Spalten desselben Abschnitts oder derselben Abteilung auszufüllen, so gelten die sämtlichen Vermerke im Sinne des § 44 der Grundbuchordnung nur als eine Eintragung.

§ 21. (1) Die Eintragungen sind deutlich und ohne Abkürzung zu schreiben. In dem Grundbuche darf nichts radiert oder unleserlich gemacht werden. Die Verwendung von Stempeln ist unzulässig[1]). In besonderen Fällen können die Eintragungen mit Genehmigung des Reichsministers der Justiz oder der von ihm bestimmten Stelle gedruckt werden.

(2) Die sämtlichen Eintragungen in das Bestandsverzeichnis und in der zweiten und dritten Abteilung sind an der zunächst freien Stelle in unmittelbarem Anschluß an die vorhergehende Eintragung derselben Spalte und ohne Rücksicht darauf, zu welcher Eintragung einer anderen Spalte sie gehören vorzunehmen.

---

[1]) vgl. jedoch Anm. 3 zu § 67: AV. vom 27. 2. 36 (DJ. 336): abgedr. S. 246, vom 25. 3. 36 (DJ. 498) 19. 3. 36 (DJ. 847), 5. 7. 37 (DJ. 1029), abgedr. S. 262 und § 6 der AV. vom 20. 1. 40 (DJ. 212). abgedr. S. 249.

§ 22. Die nähere Einrichtung und die Ausfüllung des Grundbuchblatts ergibt sich aus dem in Anlage 1 beigefügten Muster. Die darin befindlichen Probeeintragungen sind als Beispiele nicht Teil dieser Verfügung.

§ 23. (1) Bietet ein Grundbuchblatt für Neueintragungen keinen Raum mehr, so ist es umzuschreiben.

(2) Eine Fortsetzung eines Grundbuchblatts auf einem anderen, auch auf einem geschlossenen Blatte desselben oder eines anderen Bandes ist unzulässig.

IV. Die Grundakten.

§ 24. (1) Die Urkunden und Abschriften, die nach § 10 der Grundbuchordnung von dem Grundbuchamt aufzubewahren sind, werden zu den Grundakten genommen, und zwar die Bewilligung der Eintragung eines Erbbaurechts zu den Grundakten des Erbbaugrundbuchs.

(2) Betrifft ein Schriftstück der im Abs. 1 bezeichneten Art Eintragungen auf verschiedenen Grundbuchblättern desselben Grundbuchamts, so ist es zu den Grundakten eines der beteiligten Blätter zu nehmen; in den Grundakten der anderen Blätter ist auf diese Grundakten zu verweisen.

(3) Ist ein Schriftstück der im Abs. 1 bezeichneten Art in anderen der Vernichtung nicht unterliegenden Akten[1]) des Amtsgerichts enthalten, welches das Grundbuch führt, so genügt eine Verweisung auf die anderen Akten.

(4) Bei den Grundakten ist ein in seiner Einrichtung dem Grundbuchblatt entsprechender Vordruck (Handblatt) zu verwahren, welcher eine wörtliche Wiedergabe des gesamten Inhalts des Grundbuchblatts enthält. Die mit der Führung des Grundbuchs beauftragten Beamten haben für die Übereinstimmung des Handblatts mit dem Grundbuchblatte zu sorgen.

V. Der Zuständigkeitswechsel.

§ 25. (1) Geht die Zuständigkeit für die Führung eines Grundbuchblattes auf ein anderes Grundbuchamt über, so ist das bisherige Blatt zu schließen; dem anderen Grundbuchamt sind die Grundakten zu übersenden, nachdem die wörtliche Übereinstimmung des Handblatts mit dem Grundbuchblatt von dem Richter und dem Urkundsbeamten der Geschäftsstelle bescheinigt ist.

(2) a) In der Aufschrift des neuen Blattes ist auf das bisherige Blatt zu verweisen.

b) Gelöschte Eintragungen werden in das neue Blatt insoweit übernommen, als dies zum Verständnis der noch gültigen Eintragungen erforderlich ist; im übrigen sind aus dem Bestandsverzeichnis und aus der zweiten und dritten Abteilung nur die Nummern der Eintragungen mit dem Vermerke „Gelöscht“ zu übernehmen.

c) Die Übereinstimmung des Inhalts des neuen Blattes mit dem Inhalt des bisherigen Blattes ist im Bestandsverzeichnis und jeder Abteilung von dem Richter und dem Urkundsbeamten der Geschäftsstelle zu bescheinigen. Die Bescheinigung kann im Bestandsverzeichnis oder einer Abteilung mehrfach erfolgen, wenn die Spalten nicht gleich weit ausgefüllt sind. Befinden sich vor einer Bescheinigung leergebliebene Stellen, so sind sie zu durchkreuzen.

d) Das Grundbuchamt, welches das neue Blatt anlegt, hat dem früher zuständigen Grundbuchamt die Bezeichnung des neuen Blattes mitzuteilen. Diese wird dem Schließungsvermerk (§ 36 Buchstabe b) auf dem alten Blatte hinzugefügt.

(3) Geht die Zuständigkeit für die Führung des Grundbuchs über eines von mehreren, auf einem gemeinschaftlichen Blatt eingetragenen Grundstücken oder über einen Grundstücksteil auf ein anderes Grundbuchamt über, so ist das Grundstück oder der Grundstücksteil abzuschreiben Dem anderen Grundbuchamt sind ein beglaubigter Auszug aus dem Handblatt sowie die

---

[1]) vgl. AV vom 26. 4. 37 (DJ. 643).

Grundakten zwecks Anfertigung von Abschriften und Auszügen der das abgeschriebene Grundstück betreffenden Urkunden zu übersenden.

(4) Im Abschreibungsvermerk ist die Bezeichnung des Blattes, auf das das Grundstück oder der Grundstücksteil übertragen wird, zunächst offen zu lassen. Sie wird auf Grund einer, von dem nunmehr zuständigen Grundbuchamt dem früher zuständigen Grundbuchamt zu machenden Mitteilung nachgetragen.

§ 26. (1) Geht bei einer Bezirksänderung die Führung des Grundbuchs in Ansehung aller Blätter eines Grundbuchbandes auf ein anderes Grundbuchamt über, so ist der Band an das andere Grundbuchamt abzugeben. Dasselbe gilt, wenn von der Bezirksänderung nicht alle, aber die meisten Blätter eines Bandes betroffen werden und die Abgabe den Umständen nach zweckmäßig ist.

(2) a) Der abzugebende Band ist an das andere Grundbuchamt zu übersenden.

b) Die von der Bezirksänderung nicht betroffenen Grundbuchblätter sind zu schließen. Ihr Inhalt ist auf ein neues Grundbuchblatt zu übertragen. § 25 Abs. 2a bis c findet entsprechende Anwendung. In dem Schließungsvermerk (§ 36 Buchstabe b) ist die Bezeichnung des neuen Blattes anzugeben.

(3) Die abgegebenen Grundbuchbände und Blätter erhalten nach Maßgabe des § 2 Satz 2 und des § 3 neue Bezeichnungen. In der neuen Aufschrift (§ 5) sind in Klammern mit dem Zusatz „früher" auch der bisherige Bezirk und die bisherigen Band- und Blattnummern anzugeben.

(4) Mit den Grundbuchbänden sind die Grundakten sowie die sonstigen sich auf die darin enthaltenen Grundbuchblätter beziehenden und in Verwahrung des Gerichts befindlichen Schriftstücke abzugeben.

(5) Bei Grundstücken, die kein Grundbuchblatt haben, sind die sich auf sie beziehenden Schriftstücke gleichfalls abzugeben.

(6) Geht die Führung der Grundbuchblätter eines ganzen Grundbuchbezirks auf ein anderes Grundbuchamt über, so sind auch die Sammelakten und Verzeichnisse (z. B. Katasterurkunden) abzugeben, soweit sie sich auf diesen Bezirk beziehen.

(7) In den Fällen der Absätze 4, 5 und 6 ist über die Abgabe ein Vermerk zurückzubehalten.

§ 27. Die Vorschriften des § 25 und des § 26 Abs. 1, 2, 3 sind entsprechend anzuwenden, wenn ein Grundstück in einen anderen Grundbuchbezirk desselben Grundbuchamts übergeht.

VI. Die Umschreibung von Grundbüchern[1]).

§ 28. (1) Ein Grundbuchblatt ist, außer dem Falle des § 23 Abs. 1, umzuschreiben, wenn es unübersichtlich geworden ist.

(2) Ein Grundbuchblatt kann umgeschrieben werden:

a) wenn es durch Umschreibung wesentlich vereinfacht wird;

b) wenn außer ihm in demselben Grundbuchband keine oder nur wenige in Gebrauch befindliche Blätter enthalten sind und die Ausscheidung des Bandes angezeigt ist.

§ 29[2, 3]). Vor der Umschreibung hat der Grundbuchrichter Eintragungen, die von Amts wegen vorzunehmen sind, zu bewirken (z. B. §§ 4, 53 GBO.). Er hat über die Einleitung eines Löschungsverfahrens (§§ 84 bis 89 GBO.) oder eines Verfahrens zur Klarstellung der Rangverhältnisse (§§ 90 bis 115

---

[1]) vgl. hierzu RV des Pr JM. vom 9.5. 31 (JMBl 186)

[2]) Wegen Änderung oder Berichtigung des Zinssatzes von Hypotheken und Grundschulden im Grundbuch durch Anregung zur Stellung von Anträgen auf Berichtigung des Grundbuches hinsichtlich des Zinssatzes oder auf Eintragung einer vereinbarten Herabsetzung vgl AV vom 27 10 36 (DJ. 1646).

[3]) Zur Durchführung des Grundbuchberichtigungsverfahrens nach § 82 GBO. (Öffentliche Aufforderung zur Abgabe der zur Berichtigung erforderlichen Erklärungen) vgl AV vom 27 10. 36 (DJ. 992).

GBO.) zu beschließen und das Verfahren vor der Umschreibung durchzuführen; auch hat er gegebenenfalls die Beteiligten über die Beseitigung unrichtiger Eintragungen sowie über die Vereinigung oder Zuschreibung von Grundstücken zu belehren.

§ 30. (1) Für das neue Blatt gelten die folgenden Bestimmungen:

a) Das Blatt erhält die nächste fortlaufende Nummer; § 3 Abs. 2 ist anzuwenden.

b) In der Aufschrift des neuen Blattes ist auf das bisherige Blatt zu verweisen.

c) Gelöschte Eintragungen werden unter ihrer bisherigen laufenden Nummer in das neue Blatt insoweit übernommen, als dies zum Verständnis der noch gültigen Eintragungen erforderlich ist. Im übrigen sind aus dem Bestandsverzeichnis und aus der zweiten und dritten Abteilung nur die laufenden Nummern der Eintragungen mit dem Vermerk „Gelöscht" zu übernehmen.

d) Die Eintragungsvermerke sind tunlichst so zusammenzufassen und zu ändern, daß nur ihr gegenwärtiger Inhalt in das neue Blatt übernommen wird.

e) Veränderungen eines Rechts sind tunlichst in den für die Eintragung des Rechts selbst bestimmten Spalten einzutragen; jedoch sind besondere Rechte (z. B. Pfandrechte), Löschungsvormerkungen sowie Vermerke, die sich auf mehrere Rechte gemeinsam beziehen, wieder in den für Veränderungen bestimmten Spalten einzutragen.

f) Eine Bezugnahme darf in einem weiteren Umfang als bisher nicht erfolgen.

g) In der zweiten und dritten Abteilung ist der Tag der ersten Eintragung eines Rechts mit zu übertragen.

h) 1. Jeder übertragene Vermerk, dessen Unterzeichnung erforderlich ist, ist mit dem Zusatz „Umgeschrieben" zu versehen und von dem Richter und dem Urkundsbeamten der Geschäftsstelle zu unterzeichnen.

2. In Spalte 6 des Bestandsverzeichnisses genügt der Vermerk: „Bei Umschreibung des unübersichtlich gewordenen Blattes . . . als Bestand eingetragen am . . ."; der Vermerk in Spalte 4 der ersten Abteilung hat zu lauten: „Das auf dem unübersichtlich gewordenen Blatt . . . eingetragene Eigentum bei Umschreibung des Blattes hier eingetragen am . . .".

i) In den Fällen des § 30 (§§ 31, 32) des Reichsgesetzes über die Bereinigung der Grundbücher vom 18. Juli 1930 (Reichsgesetzbl. I S. 305) ist nach Möglichkeit an Stelle der Bezugnahme auf das Aufwertungsgesetz ein Widerspruch mit dem im § 30 des Gesetzes über die Bereinigung der Grundbücher bezeichneten Inhalt einzutragen, sofern eine endgültige Klarstellung in einem Verfahren zur Klarstellung der Rangverhältnisse (§§ 90 bis 115 GBO.) oder auf andere Weise nicht erreichbar ist.

(2) Das umgeschriebene Blatt ist zu schließen. In dem Schließungsvermerk (§ 36 Buchstabe b) ist die Bezeichnung des neuen Blattes anzugeben.

§ 31. Die Durchführung der Umschreibung im einzelnen ergibt sich aus den in den Anlagen 2a und b beigefügten Mustern.[1] § 22 Satz 2 gilt entsprechend.

§ 32. Die für das geschlossene Grundbuchblatt gehaltenen Grundakten werden unter entsprechender Änderung ihrer Bezeichnung für das neue Blatt weitergeführt. Nach dem umgeschriebenen Blatt ist ein neues Handblatt herzustellen. Das alte Handblatt ist bei den Grundakten zu verwahren; es ist deutlich als Handblatt des wegen Umschreibung geschlossenen Blattes zu kennzeichnen.

---

[1]) S. 191, 209.

§ 33. (1) Ist nur das Bestandsverzeichnis oder nur die zweite oder dritte Abteilung des Grundbuchblatts unübersichtlich geworden, so kann das Bestandsverzeichnis oder die Abteilung für sich allein neu gefaßt werden, falls dieser Teil des Grundbuchblatts hierfür genügend Raum bietet.

(2) a) § 29 ist entsprechend anzuwenden.

b) Der neu zu fassende Teil des Grundbuchblatts ist durch einen quer über beide Seiten zu ziehenden rot-schwarzen Doppelstrich abzuschließen und darunter der Vermerk zu setzen: „Wegen Unübersichtlichkeit neugefaßt." Die über dem Doppelstrich stehenden Eintragungen sind rot zu durchkreuzen.

c) § 30 Buchstaben c, d, e, f, g und i sind entsprechend anzuwenden.

d) 1. Jeder übertragene Vermerk, dessen Unterzeichnung erforderlich ist, ist mit dem Zusatz: „Bei Neufassung übertragen" zu versehen und von dem Richter und dem Urkundsbeamten der Geschäftsstelle zu unterzeichnen.

2. In Spalte 6 des Bestandsverzeichnisses genügt der Vermerk: „Bei Neufassung des unübersichtlich gewordenen Bestandsverzeichnisses als Bestand eingetragen am . . .".

e) Die nicht neu gefaßten Teile des Grundbuchblatts bleiben unverändert.

VII. Die Schließung des Grundbuchblatts.

§ 34. Außer den Fällen des § 25 Abs. 1, § 26 Abs. 2, § 27 und § 30 Abs. 2 wird das Grundbuchblatt geschlossen, wenn:

a) alle auf einem Blatt eingetragenen Grundstücke aus dem Grundbuchblatt ausgeschieden sind;

b) an Stelle des Grundstücks die Miteigentumsanteile der Miteigentümer nach § 3 Abs. 3a und b der Grundbuchordnung im Grundbuch eingetragen werden und weitere Grundstücke nicht eingetragen sind;

c) das Grundstück untergegangen ist.

§ 35. (1) Das Grundbuchblatt wird ferner geschlossen, wenn das Grundstück sich in der Örtlichkeit nicht nachweisen läßt.

(2) Vor der Schließung sind alle, denen ein im Grundbuch eingetragenes Recht an dem Grundstück oder an einem solchen Rechte zusteht, aufzufordern, binnen einer vom Grundbuchamt zu bestimmenden angemessenen Frist das Grundstück in der Örtlichkeit nachzuweisen, mit dem Hinweis, daß nach fruchtlosem Ablauf der Frist das Blatt geschlossen werde. Die Aufforderung ist den Berechtigten, soweit ihre Person und ihr Aufenthalt dem Grundbuchamt bekannt ist, zuzustellen. Sie kann nach Ermessen des Grundbuchamts außerdem öffentlich bekanntgemacht werden; dies hat zu geschehen, wenn Person oder Aufenthalt eines Berechtigten dem Grundbuchamt nicht bekannt ist. Die Art der Bekanntmachung bestimmt das Grundbuchamt.

§ 36. Das Grundbuchblatt wird geschlossen, indem

a) sämtliche Seiten des Blattes, soweit sie Eintragungen enthalten, rot durchkreuzt werden;

b) ein Schließungsvermerk, in dem der Grund der Schließung anzugeben ist, in der Aufschrift eingetragen wird.

§ 37. (1) Geschlossene Grundbuchblätter dürfen zur Anlegung eines neuen Blattes nicht wieder verwendet werden.

(2) a) Jedoch kann der zuständige Oberlandesgerichtspräsident unter Berücksichtigung der besonderen Verhältnisse bei allen oder einzelnen Grundbuchämtern seines Bezirks die Wiederverwendung geschlossener Grundbuchblätter zur Einrichtung eines neuen Blattes desselben Grundbuchbezirks gestatten, sofern dadurch eine nennenswerte Ersparnis erzielt und die Übersichtlichkeit des Grundbuchs nicht beeinträchtigt wird

b) Das neue Blatt erhält die Nummer des alten Blattes unter Hinzufügung des Buchstabens „A".

c) Das alte Blatt ist in der Aufschrift, im Bestandsverzeichnis und in den drei Abteilungen, soweit sich darin Eintragungen befinden, durch einen quer über beide Seiten zu ziehenden rotschwarzen Doppelstrich abzuschließen und darunter mit dem Vermerke zu versehen: „Wieder benutzt als Blatt Nr. . . . A.“ In der Aufschrift ist dieser Vermerk durch Angabe des Amtsgerichts und des Bezirks zu ergänzen. Die neuen Eintragungen haben unter neuen laufenden Nummern zu erfolgen.

VIII. Die Beseitigung einer Doppelbuchung.

§ 38. (1) Ist ein Grundstück für sich allein auf mehreren Grundbuchblättern eingetragen, so gilt folgendes:

a) Stimmen die Eintragungen auf den Blättern überein, so sind die Blätter bis auf eins zu schließen. Im Schließungsvermerk (§ 36 Buchstabe b) ist die Nummer des nicht geschlossenen Blattes anzugeben.

b) 1. Stimmen die Eintragungen auf den Blättern nicht überein, so sind alle Blätter zu schließen. Für das Grundstück ist ein neues Blatt anzulegen. Im Schließungsvermerk (§ 36 Buchstabe b) ist die Nummer des neuen Blattes anzugeben.

2. Das Grundbuchamt entscheidet darüber, welche Eintragungen aus den geschlossenen Blättern auf das neue Blatt zu übernehmen sind. Nicht übernommene Eintragungen sind durch Eintragung von Widersprüchen zu sichern. Das Grundbuchamt hat vor der Entscheidung, soweit erforderlich und tunlich, die Beteiligten zu hören und eine gütliche Einigung zu versuchen.

c) Die wirkliche Rechtslage bleibt durch die nach a und b vorgenommenen Maßnahmen unberührt.

(2) a) Ist ein Grundstück oder Grundstücksteil auf mehreren Grundbuchblättern eingetragen, und zwar wenigstens auf einem der Grundbuchblätter zusammen mit anderen Grundstücken oder Grundstücksteilen (§§ 4, 5, 6 GBO.), so ist das Grundstück oder der Grundstücksteil von allen Blättern abzuschreiben. Für das Grundstück oder den Grundstücksteil ist ein neues Blatt anzulegen.

b) Für die Anlegung des neuen Blattes gilt Abs. 1b Nr. 2 entsprechend.

c) Würde das nach den Absätzen a und b anzulegende neue Blatt mit einem der alten Blätter übereinstimmen, so wird dieses fortgeführt und das Grundstück oder der Grundstücksteil nur von den anderen alten Blättern abgeschrieben.

d) Die wirkliche Rechtslage bleibt von den nach a bis c vorgenommenen Maßnahmen unberührt.

IX. Die Bekanntmachung der Eintragungen.

§ 39. (1) Die Eintragung eines Eigentümers ist außer den im § 55 der Grundbuchordnung bezeichneten Beteiligten der Katasterbehörde oder der sonstigen Behörde, die das nach § 2 Abs. 2 der Grundbuchordnung maßgebende amtliche Verzeichnis führt, bekanntzumachen.

(2) Von der Eintragung des Verzichts auf das Eigentum ist der für die Abgabe der Aneignungserklärung zuständigen Behörde Mitteilung zu machen.

(3) Die Umschreibung eines unübersichtlichen Blattes ist dem Eigentümer, den eingetragenen dinglich Berechtigten und der Katasterbehörde (Flurbuchbehörde, Vermessungsbehörde) bekanntzugeben. Inwieweit hiermit eine Mitteilung von etwaigen Änderungen der Eintragungsvermerke zu verbinden ist, bleibt, unbeschadet der Vorschrift des § 55 der Grundbuchordnung, dem Ermessen des Grundbuchrichters überlassen. Ist über eine Hypothek, Grundschuld oder Rentenschuld ein Brief erteilt, so ist bei der Bekanntgabe der Gläubiger aufzufordern, den Brief zwecks Berichtigung, insbesondere der Nummer des Grundbuchblatts, dem Grundbuchamt alsbald einzureichen.

(4) Die sonstigen Vorschriften, nach welchen noch andere Stellen von Eintragungen in das Grundbuch zu benachrichtigen sind, bleiben unberührt.

§ 40. (1) Geht die Zuständigkeit für die Führung des Grundbuchblatts infolge einer Bezirksänderung oder auf sonstige Weise auf ein anderes Grundbuchamt über (§§ 25, 26), so hat dieses hiervon den eingetragenen Eigentümer und die aus dem Grundbuch ersichtlichen dinglich Berechtigten unter Mitteilung der künftigen Aufschrift des Grundbuchblatts zu benachrichtigen. Dies gilt nicht, wenn die Änderung der Zuständigkeit sich auf sämtliche Grundstücke eines Grundbuchbezirks erstreckt und die Bezeichnung des Grundbuchbezirks sowie die Band- und Blattnummern unverändert bleiben.

(2) Die Vorschrift des Absatzes 1 Satz 1 ist entsprechend anzuwenden, wenn ein Grundstück in einen anderen Grundbuchbezirk desselben Grundbuchamts übergeht (§ 27).

§ 41. (1) Wird der im § 9 Abs. 1 der Grundbuchordnung vorgesehene Vermerk eingetragen, so hat das Grundbuchamt hiervon dem Grundbuchamte, welches das Blatt des belasteten Grundstücks führt, Nachricht zu geben.

(2) Ist der Vermerk eingetragen, so hat das Grundbuchamt, welches das Grundbuchblatt des belasteten Grundstücks führt, von jeder Änderung oder der Aufhebung des Rechts dem Grundbuchamte des herrschenden Grundstücks Nachricht zu geben.

§ 42. (1) Die Benachrichtigung hat die Eintragung wörtlich wiederzugeben.

(2) a) In die Bekanntmachung von der Eintragung eines neuen Eigentümers an die Berechtigten, für die eine Hypothek, Grundschuld oder Rentenschuld oder ein Recht an einem solchen Recht eingetragen ist, ist im Falle freiwilliger Veräußerung des Grundstücks die Mitteilung des Preises, zu dem das Grundstück veräußert worden ist, aufzunehmen.

b) Ist das Grundstück nebst Zubehör zu einem Gesamtpreis oder zu gesonderten Preisen veräußert worden, so sind der Gesamtpreis oder die Einzelpreise mitzuteilen.

c) Ist ein Preis nicht vereinbart oder nicht bekannt oder seine zahlenmäßige Angabe nach der Art der Preisbestimmung nicht tunlich, so ist der der Kostenberechnung zugrunde gelegte Wert des Grundstücks mitzuteilen.

d) Die Mitteilung hat zu unterbleiben, wenn das belastete Grundstück ohne besondere Wertangabe mit einem anderen Grundstück zusammen veräußert und der Kostenberechnung der zusammengerechnete Wert der Grundstücke zugrunde gelegt wird.

X. Grundbucheinsicht und -abschriften.

§ 43. (1) Beauftragte inländischer öffentlicher Behörden sind befugt, das Grundbuch einzusehen und eine Abschrift zu verlangen, ohne daß es der Darlegung eines berechtigten Interesses bedarf.

(2) Dasselbe gilt für Notare sowie für Rechtsanwälte, die im nachgewiesenen Auftrag eines Notars das Grundbuch einsehen wollen.

§ 44. (1) Grundbuchabschriften sind auf Antrag zu beglaubigen.

(2) Die Bestätigung oder Ergänzung früher gefertigter Abschriften ist zulässig.

(3) Auf einfachen Abschriften ist der Tag anzugeben, an dem sie gefertigt sind. Der Vermerk ist jedoch nicht zu unterzeichnen.

(4) Von gelöschten Eintragungen wird, wenn nicht ihre Aufnahme im vollen Wortlaut beantragt ist, lediglich die laufende Nummer der Eintragung mit dem Vermerke „Gelöscht" in die Abschrift aufgenommen.

§ 45. (1) Die Erteilung einer beglaubigten Abschrift eines Teils des Grundbuchblatts ist zulässig.

(2) In diesem Falle sind in die Abschrift die Eintragungen aufzunehmen, welche den Gegenstand betreffen, auf den sich die Abschrift beziehen soll.

In dem Beglaubigungsvermerk ist der Gegenstand anzugeben und zu bezeugen, daß weitere ihn betreffende Eintragungen in dem Grundbuche nicht enthalten sind.

(3) Im übrigen ist das Grundbuchamt den Beteiligten gegenüber zur Auskunftserteilung nur auf Grund besonderer gesetzlicher Vorschrift verpflichtet. Die Erteilung eines abgekürzten Auszugs aus dem Inhalt des Grundbuchs ist nicht zulässig.

§ 46. (1) Die Einsicht von Grundakten ist jedem gestattet, der ein berechtigtes Interesse darlegt, auch soweit es sich nicht um die im § 12 Abs. 1 Satz 2 der Grundbuchordnung bezeichneten Urkunden handelt.

(2) Die Vorschrift des § 43 ist auf die Einsicht von Grundakten entsprechend anzuwenden.

(3) Soweit die Einsicht gestattet ist, kann eine Abschrift verlangt werden, die auf Antrag auch zu beglaubigen ist.

XI. Hypotheken-, Grundschuld- und Rentenschuldbriefe.

§ 47. Die Hypothekenbriefe sind am Kopfe mit dem Reichsadler und einer Überschrift zu versehen, welche die Worte „Deutscher Hypothekenbrief" und die Bezeichnung der Hypothek (§ 56 GBO.) enthält, über die der Brief erteilt wird.

§ 48. (1) Wird eine Hypothek im Grundbuche teilweise gelöscht, so ist auf dem Briefe der Betrag, für den die Hypothek noch besteht, neben der in der Überschrift enthaltenen Bezeichnung des Rechts durch den Vermerk ersichtlich zu machen: „Noch gültig für (Angabe des Betrags)." Der alte Betrag ist rot zu unterstreichen.

(2) In derselben Weise ist bei der Herstellung von Teilhypothekenbriefen auf dem bisherigen Briefe der Betrag ersichtlich zu machen, auf den sich der Brief noch bezieht.

§ 49. Vermerke über Eintragungen, die nachträglich bei der Hypothek erfolgen, sowie Vermerke über Änderungen der im § 57 der Grundbuchordnung genannten Angaben werden auf dem Brief im Anschluß an den letzten vorhandenen Vermerk oder, wenn hierfür auf dem Briefe kein Raum mehr vorhanden ist, auf einen mit dem Briefe zu verbindenden besonderen Bogen gesetzt.

§ 50. Die im § 58 Abs. 1 und § 59 Abs. 2 der Grundbuchordnung sowie im § 49 dieser Verfügung vorgeschriebene Verbindung erfolgt durch Schnur und Siegel.

§ 51. Die Vorschriften der §§ 47 bis 50 sind auf Grundschuld- und Rentenschuldbriefe entsprechend anzuwenden. In der Überschrift eines Rentenschuldbriefes ist der Betrag der einzelnen Jahresleistung, nicht der Betrag der Ablösungssumme anzugeben.

§ 52. (1) Für die Hypotheken-, Grundschuld- und Rentenschuldbriefe dienen die Anlagen 3 bis 8 als Muster.[1])

(2) Für die Ausfertigung der Hypotheken-, Grundschuld- und Rentenschuldbriefe sind die amtlich ausgegebenen, mit laufenden Nummern versehenen Vordrucke nach näherer Anweisung des Reichsministers der Justiz zu verwenden[2]).

§ 53. (1) Ist nach dem Gesetz ein Hypotheken-, Grundschuld- oder Rentenschuldbrief unbrauchbar zu machen, so wird, nachdem die bei dem Rechte bewirkte Grundbucheintragung auf dem Briefe vermerkt ist, der Vermerk über die erste Eintragung des Rechts durchstrichen und der Brief mit Einschnitten versehen.

(2) Der Brief ist bei den Grundakten aufzubewahren[3]).

---

[1]) S. 219—236.

[2]) Für die Ausfertigung der Hypotheken-, Grundschuld- und Rentenschuldbriefe dürfen nur die Vordrucke A bis H verwendet werden. AV. vom 20. 7. 36 (DJ. 1103).

[3]) Geändert durch AV. v. 29. 1. 41 (DJ. 66).

XII. Das Erbbaugrundbuch.

§ 54. Auf das für ein Erbbaurecht anzulegende besondere Grundbuchblatt (§ 14 Abs. 1 der Verordnung über das Erbbaurecht vom 15. Januar 1919 — Reichsgesetzbl. S. 72)[1]) sind die vorstehenden Vorschriften entsprechend anzuwenden, soweit sich nicht aus den §§ 55 bis 59 Abweichendes ergibt.

§ 55. (1) Das Erbbaugrundbuchblatt erhält die nächste fortlaufende Nummer des Grundbuchs, in dem das belastete Grundstück verzeichnet ist.

(2) In der Aufschrift ist unter die Blattnummer in Klammern das Wort „Erbbaugrundbuch" zu setzen.

§ 56. (1) Im Bestandsverzeichnis sind in dem durch die Spalten 2 bis 4 gebildeten Raum einzutragen:

a) die Bezeichnung „Erbbaurecht" sowie die Bezeichnung des belasteten Grundstücks, wobei der Inhalt der Spalten 3 und 4 des Bestandsverzeichnisses des belasteten Grundstücks in die Spalten 3 und 4 des Erbbaugrundbuchs zu übernehmen ist;

b) der Inhalt des Erbbaurechts;

c) im unmittelbaren Anschluß an die Eintragung unter b der Eigentümer des belasteten Grundstücks;

d) Veränderungen der unter a bis c genannten Vermerke.

(2) Bei Eintragung des Inhalts des Erbbaurechts (Abs. 1b) ist die Bezugnahme auf die Eintragsbewilligung zulässig; jedoch sind Beschränkungen des Erbbaurechts durch Bedingungen, Befristungen oder Verfügungsbeschränkungen (§ 5 der Erbbaurechtsverordnung) ausdrücklich einzutragen.

(3) In der Spalte 1 ist die laufende Nummer der Eintragung anzugeben.

(4) In der Spalte 6 sind die Vermerke über die Berichtigungen des Bestandes des belasteten Grundstücks, die auf dem Blatte dieses Grundstücks zur Eintragung gelangen (§ 6 Abs. 6e), einzutragen. In der Spalte 5 ist hierbei auf die laufende Nummer hinzuweisen, unter der die Berichtigung in den Spalten 3 und 4 eingetragen wird.

(5) Verliert durch die Eintragung einer Veränderung nach ihrem aus dem Grundbuch ersichtlichen Inhalt ein früherer Vermerk ganz oder teilweise seine Bedeutung, so ist er insoweit rot zu unterstreichen.

(6) Die Löschung des Erbbaurechts ist in der Spalte 8 zu vermerken.

§ 57. (1) Die erste Abteilung dient zur Eintragung des Erbbauberechtigten.

(2) Im übrigen sind auf die Eintragungen im Bestandsverzeichnisse sowie in den drei Abteilungen die für die Grundbuchblätter über Grundstücke geltenden Vorschriften (Abschnitte II, III) entsprechend anzuwenden.

§ 58. Die nähere Einrichtung und die Ausfüllung des für ein Erbbaurecht anzulegenden besonderen Grundbuchblatts ergibt sich aus dem in der Anlage 9 beigefügten Muster.[2]) § 22 Satz 2 ist entsprechend anzuwenden.

§ 59. Bei der Bildung von Hypotheken-, Grundschuld- und Rentenschuldbriefen wird an Stelle der nach § 57 Abs. 2b der Grundbuchordnung vorgesehenen Angaben der Inhalt der nach § 56 Abs. 1a bis d eingetragenen Vermerke wiedergegeben. Ist zur Ergänzung dieser Vermerke auf die Eintragungsbewilligung Bezug genommen (§ 56 Abs. 2), so ist auch ihr Inhalt wiederzugeben.

§ 60. Die vorstehenden Vorschriften sind auf die nach § 8 der Grundbuchordnung anzulegenden Grundbuchblätter mit folgenden Maßgaben entsprechend anzuwenden:

a) In der Aufschrift ist an Stelle des Wortes „Erbbaugrundbuch" (§ 55 Abs. 2) das Wort „Erbbaurecht" zu setzen;

b) bei der Eintragung des Inhalts des Erbbaurechts ist die Bezugnahme auf die Eintragungsbewilligung (§ 56 Abs. 2) unzulässig.

---

[1]) S. 278ff. [2]) S. 237

XIII. Der Reichsheimstättenvermerk.

§ 61. In der Aufschrift des besonderen Grundbuchblatts, das für die zu einer Reichsheimstätte gehörigen Grundstücke zu führen ist, ist unter die Blattnummer in Klammern das Wort „Reichsheimstätte" zu setzen.

§ 62. (1) Die Reichsheimstätteneigenschaft (§ 4 des Reichsheimstättengesetzes (RHG.) vom 25. November 1937 — Reichsgesetzbl. S. 1291[1]) — wird in der Spalte 3 der zweiten Abteilung des Grundbuchs vermerkt.

(2) An derselben Stelle sind einzutragen:

a) der Ausgeber der Reichsheimstätte (§ 4 RHG.);

b) der Betrag des Entgelts für den Boden (§ 6 RHG.);

c) die Verschuldungsgrenze (§ 18 RHG.).

§ 63. (1) Die Vorschriften der §§ 61, 62 gelten auch für die Eintragung des Reichsheimstättenvermerks in das Erbbaugrundbuch (§ 26 RHG).

(2) Erwirbt der erbbauberechtigte Heimstätter das belastete Grundstück, so ist von Amts wegen der Reichsheimstättenvermerk in das Grundbuch des Grundstücks einzutragen.

(3) Geht das Eigentum an dem mit dem Erbbaurecht belasteten Grundstück auf eine Person über, die nicht Ausgeber sein kann, und erlischt infolgedessen nach den dafür maßgebenden Vorschriften (§ 30d RHG.) die Reichsheimstätteneigenschaft, so sind die sie betreffenden Vermerke im Grundbuche des belasteten Grundstücks und im Erbbaugrundbuche von Amts wegen zu löschen.

XIV. Übergangs- und Schlußvorschriften.

§ 64. Diese Verfügung tritt am 1. April 1936 in Kraft, soweit sich nicht aus den nachfolgenden Vorschriften Abweichendes ergibt. Vorschriften des Landesrechts, welche das von dieser Verfügung umfaßte Gebiet betreffen, treten mit derselben Maßgabe außer Kraft.

§ 65. Soweit die Grundbücher bisher für andere Bezirke als die in § 1 Abs. 1 Satz 1 und 2 genannten angelegt sind, behält es bis zur Auflösung dieser Bezirke bei dieser Einrichtung sein Bewenden; jedoch bedarf es zur Änderung dieser Bezirke einer Anordnung des Reichsministers der Justiz.

§ 66. (1) Soweit bisher jedes Grundbuchblatt in einem besonderen Grundbuchheft geführt worden ist, bedarf es der Zusammenfassung zu festen, mehrere Blätter umfassenden Bänden (§ 2) nicht, solange die bisherigen Blätter fortgeführt werden (§§ 67 bis 69).

(2) Die besonderen Vorschriften, welche die Anlegung und Führung des Grundbuchs in Einzelheften mit herausnehmbaren Einlagebogen zulassen (vgl. Preuß. Allgem. Verfg. vom 24. Oktober 1929 — Justizministerialbl. S. 319), bleiben unberührt[2]).

§ 67[3, 4, 5]). (1) Vom Zeitpunkt des Inkrafttretens dieser Verfügung an sind neue Grundbuchblätter nur unter Verwendung des hier vorgeschriebenen Vordrucks (§§ 4 bis 12, 22) anzulegen, soweit nicht für eine Übergangszeit die Weiterverwendung des alten Vordrucks besonders zugelassen wird.

(2) Sämtliche Grundbuchblätter sind nach näherer Anordnung des Reichsministers der Justiz unter Verwendung des neuen Vordrucks umzuschreiben, sofern nicht ihre Weiterführung besonders zugelassen wird.

§ 68. Die bestehenden Vorschriften über die Nummernbezeichnung und die Eintragung im Grundbuche bleiben unberührt, solange die alten Vor-

---

[1]) S. 283.

[2]) Die AV. vom 24. 10. 29 (JMBl. 319) ist ersetzt durch die AV d. RM. d. J. vom 21. 6. 36 (DJ. 1033), in der Fassung der AV vom 4. 5. 37 (DJ. 1029).

[3]) Zur Durchführung der §§ 67 und 69 der Grundbuchverfügung in Preußen sind die Seite 246 ff. abgedruckten Verfügungen ergangen.

[4]) Niederschlagung von Eintragungsgebühren bei Grundbuchumschreibungen, AV. vom 24. 11. 36 (DJ 1836), Behandlung von Hypotheken-, Grundschuld- und Rentenschuldbriefe bei der Umschreibung, AV. vom 17 3. 36 (DJ. 482).

[5]) Zählung der Geschäfte zur Durchführung der §§ 67 Abs. 2, 69 der Grundbuchverfügung, AV. vom 16. 3. 36 (DJ. 443). Zur Herstellung des Verweisungsvermerks in der Aufschrift des neuen Blattes, § 30 Abs. 1 GBVfg , darf ein Stempel benutzt werden. AV. vom 5. 7 37 (DJ. 1029).

drucke weder umgeschrieben sind, noch ihre Weiterführung nach § 67 Abs. 2 besonders zugelassen ist. Jedoch ist ein Grundbuchblatt, das für Neueintragungen keinen Raum mehr bietet, in jedem Fall unter Verwendung des neuen Vordrucks umzuschreiben.

§ 69[1]). Bei der Umschreibung der bereits angelegten Grundbuchblätter auf den neuen Vordruck sind die §§ 29, 30 sinngemäß anzuwenden. Weitere Anordnungen zur Behebung von hierbei etwa entstehenden Zweifeln bleiben vorbehalten.

§ 70. (1) Die bisher für jedes Grundbuchblatt geführten Grundakten können weitergeführt werden.

(2) Sofern bisher Grundakten nicht geführt sind, sind sie für jedes Grundbuchblatt spätestens bei der Neuanlegung (§ 67 Abs. 1) oder bei der Umschreibung des bisherigen Blattes (§ 67 Abs. 2, § 68 Satz 2) anzulegen, und zwar aus sämtlichen das Grundbuchblatt betreffenden Schriftstücken, die nach den für die Führung von Grundakten geltenden allgemeinen Vorschriften zu diesen gehören, auch sofern sie schon vor der Anlegung der Grundakten bei dem Grundbuchamt eingegangen sind. Das gleiche gilt für das Handblatt (§ 24 Abs. 3).

§ 71. Die noch vorhandenen Vordrucke für Hypotheken-, Grundschuld- und Rentenschuldbriefe können nach näherer Anordnung des Reichsministers der Justiz oder der von ihm bestimmten Stelle weiterverwendet werden. Jedoch ist die etwa am Kopfe des Briefes befindliche Angabe des Landes, in dem der Brief ausgegeben wird, zu durchstreichen und durch die Überschrift „Deutscher Hypothekenbrief" („Grundschuldbrief" o. ä.) zu ersetzen.

§ 72. In den Fällen des § 117 der Grundbuchordnung behält es bei den landesrechtlichen Vorschriften über Einrichtung und Führung von Grundbüchern sein Bewenden.

§ 73. Soweit auf die in den Artikeln 63 und 68 des Einführungsgesetzes zum Bürgerlichen Gesetzbuch bezeichneten Rechte nach den Landesgesetzen die §§ 14 bis 17 der Verordnung über das Erbbaurecht für entsprechend anwendbar erklärt worden sind (§ 118 Abs. 3 GBO.), sind die Vorschriften über das Erbbaugrundbuch (Abschnitt XII) entsprechend anzuwenden.

---

[1]) s. Anmerkung 3 u. 5 von S. 176.

Anlage 1
(Grundbuchblatt)

Muster
(Vorderseite)

Amtsgericht Schönberg

Grundbuch

von

Trienach

Band *3* Blatt *86*

Bemerkung: Die in den amtlichen Mustern rot ausgeführten Unterstreichungen und Durchkreuzungen sind hier durch punktierte und schwarze Linien wiedergegeben

(2. Seite)

Bestands

Lfd. Nr. der Grundstücke	Bisherige lfd. Nr. der Grundstücke	Bezeichnung der Grundstücke und der mit dem Eigentum verbundenen Rechte						Größe		
		Gemarkung (Vermessungsbezirk)	Karte		Steuerbücher		Wirtschaftsart und Lage			
		a	b		c	d	e	ha	a	qm
1	2	3						4		
			K. Bl.	*Parz.*	*Grdst. M R*	*Gebst. R*				
1	—	*Trienach*	*1*	*312/43*	*96*	*38*	*Wohnhaus mit Hausgarten, Viktoriastr. Nr. 18*	—	*6*	*95*
2	—	*Trienach*	*2*	*77*	*96*	—	*Garten bei den Fichten*	—	*4*	*12*
3	—	*Golm*	*1*	*66*	*18*	—	*Wiese am Zernsee*	—	*6*	*28*
4	*1,3*	*Trienach*	*1*	*312/43*	*96*	*38*	*Wohnhaus mit Hausgarten, Viktoriastr. Nr. 18*	—	*13*	*23*
		Golm	*1*	*66*	*18*	—	*Wiese am Zernsee*			
5/Zu 1	—	*1/25 (ein fünfundzwanzigstel) Miteigentumsanteil an dem Grundstück:*								
		Trienach	*3*	*211*	*28*	—	*Gemeinschaftlicher Weg bei den Wiesen*	—	*2*	*06*

verzeichnis (3. Seite)

Bestand und Zuschreibungen		Abschreibungen	
Zur laufenden Nummer der Grundstücke		Zur laufenden Nummer der Grundstücke	
5	6	7	8
1	*Von Band 1 Blatt 8 hierher übertragen am 6. Januar 1936.* *Hoffmann Kummer*		
2	*Von Band 2 Blatt 40 hierher übertragen am 7. März 1938.* *Hoffmann Kummer*		
3	*Von Band 1 Blatt 5 des Grundbuchs von Golm hierher übertragen am 10. Oktober 1939.* *Hoffmann Kummer*		
1, 3, 4	*Nr. 3 der Nr. 1 als Bestandteil zugeschrieben und Nr. 3 mit Nr. 1 als Nr. 4 neu eingetragen am 14. November 1944.* *Schön Meyer*		
5	*Von Band 1 Blatt 24 hierher übertragen am 1. Dezember 1944.* *Schön Meyer*		

(4. Seite)

Erste Abteilung

Laufende Nummer der Eintragungen	Eigentümer	Laufende Nummer der Grundstücke im Bestandsverzeichnis	Grundlage der Eintragung
1	2	3	4
1	*Bankbeamter Gottlieb Meyer in Trienach*	*1*	*Aufgelassen am 23. Dezember 1935 und eingetragen am 6. Januar 1936.* *Hoffmann Kummer*
		2	*Aufgelassen am 5. Juni 1937 und Band 2 Blatt 40 eingetragen am 1. Juli 1937. Hierher übertragen am 7. März 1938.* *Hoffmann Kummer*
		3	*Aufgelassen und eingetragen am 10. Oktober 1939.* *Hoffmann Kummer*
2	*Kaufmann Alex. Preuß in Trienach*	*1, 2, 3*	*Aufgelassen am 26. August 1942 und eingetragen am 1. September 1942.* *Hoffmann Kummer*
		5	*Aufgelassen am 14. Januar 1936 und Band 1 Blatt 24 eingetragen am 21. Januar 1936. Gemäß § 3 Abs. 3 GBO. hier eingetragen am 1. Dezember 1944.* *Schön Meyer*

Erste Abteilung

(5. Seite)

Laufende Nummer der Eintragungen	Eigentümer	Laufende Nummer der Grundstücke im Bestandsverzeichnis	Grundlage der Eintragung
1	2	3	4

(6. Seite) **Zweite**

Laufende Nummer der Eintragungen	Laufende Nummer der betroffenen Grundstücke im Bestandsverzeichnis	Lasten und Beschränkungen
1	2	3
1	*1*	*Nießbrauch auf die Dauer von zehn Jahren für den Rentner Heinrich Bernhardt in Trienach. Unter Bezugnahme auf die Eintragungsbewilligung vom 20. September 1937 eingetragen am 29. September 1937.* *Hoffmann Kummer*
2	*2*	*Widerspruch gegen die Eintragung des Eigentums des Bankbeamten Gottlieb Meyer zugunsten des Gastwirts Felix Hecker in Trienach. Unter Bezugnahme auf die einstweilige Verfügung des Landgerichts in Schonberg vom 1. Oktober 1938 eingetragen am 3. Oktober 1938.* *Hoffmann Kummer*

Abteilung (7. Seite)

Veränderungen		Löschungen	
Laufende Nummer der Spalte 1		Laufende Nummer der Spalte 1	
4	5	6	7
		2	*Gelöscht am 6. November 1938.* *Hoffmann Kummer*

(8. Seite) **Dritte**

Lfd. Nr. der Eintragung	Lfd. Nr. d. belast. Grundst. im Bestandsverzeichnis	Betrag	Hypotheken, Grundschulden, Rentenschulden
1	2	3	4
1	*1*	*5000 RM*	*Fünftausend Reichsmark Darlehn mit vier vom Hundert jährlich verzinslich für den Gastwirt Gerhard Schneider in Berlin. Unter Bezugnahme auf die Eintragungsbewilligung vom 5. Januar 1939 eingetragen am 14. Januar 1939.* *Hoffmann Kummer*
2	*1*	*1500 RM* *— 500 „* *1000 RM*	*Eintausendfünfhundert Reichsmark Darlehn mit fünf vom Hundert jährlich verzinslich für den Bankier Max Wechsler in Golm. Der jeweilige Eigentümer ist der sofortigen Zwangsvollstreckung unterworfen. Unter Bezugnahme auf die Eintragungsbewilligung vom 21. März 1940 eingetragen am 5. April 1940.* *Hoffmann Kummer*
3	*1*	*1700 RM*	*Eintausendsiebenhundert Reichsmark Kaufpreisforderung mit fünf vom Hundert jährlich verzinslich für die Sprachlehrerin Frieda Meister in Golm. Der jeweilige Eigentümer ist der sofortigen Zwangsvollstreckung unterworfen. Vorbehalten ist der Vorrang für eine Hypothek von zweitausend Reichsmark nebst fünf vom Hundert Zinsen. Unter Bezugnahme auf die Eintragungsbewilligung vom 1. Dezember 1941 eingetragen am 16. Februar 1942.* *Hoffmann Kummer*
4	*1*	*2000 RM*	*Zweitausend Reichsmark Darlehn mit fünf vom Hundert jährlich verzinslich für den Schmiedemeister Franz Eisen in Werder. Der jeweilige Eigentümer ist der sofortigen Zwangsvollstreckung unterworfen. Die Erteilung eines Briefes ist ausgeschlossen. Unter Ausnutzung des Vorbehalts mit dem Vorrange vor der Post Abt. III Nr. 3 unter Bezugnahme auf die Eintragungsbewilligung vom 10. Januar 1944 eingetragen am 1. Februar 1944.* *Schön Meyer*
5	*2*	*1000 RM*	*Eintausend Reichsmark Grundschuld mit fünf vom Hundert jährlich verzinslich für den Rentner Herbert Müller in Berlin-Pankow. Unter Bezugnahme auf die Eintragungsbewilligung vom 16. März 1944 eingetragen am 23. März 1944.* *Schön Meyer*

Abteilung (9. Seite)

Veränderungen			Löschungen		
Lfd. Nr. der Sp. 1	Betrag		Lfd. Nr. der Sp. 1	Betrag	
5	6	7	8	9	10
1	*5000 RM*	*Mit den Zinsen seit dem 1. April 1939 verpfändet an die Brauerei Teltow Aktiengesellschaft in Berlin für eine ihr gegen den Gastwirt Gerhard Schneider in Berlin in Höhe von 5000 RM zustehende Forderung aus dem Kaufvertrage vom 8. März 1939. Eingetragen am 7. Juli 1939. Hoffmann Kummer*	*2*	*500 RM*	*Fünfhundert Reichsmark gelöscht am 17. Mai 1942. Hoffmann Kummer*
			1	*5000 RM*	*Verpfändungsvermerk vom 7. Juli 1939 gelöscht am 1. September 1942. Hoffmann Kummer*
1	*5000 RM*	*Abgetreten mit den Zinsen seit dem 1. Juli 1943 an den Bankier Max Wechsler in Golm. Eingetragen am 2. August 1943. Hoffmann Kummer*			
1 *2*	*5000 RM* *1000 RM*	*Über diese Hypotheken ist dem Gläubiger ein gemeinschaftlicher Brief erteilt. Eingetragen am 9. September 1943. Hoffmann Kummer*			
3	*1700 RM*	*Der vorbehaltene Vorrang vor diesem Recht ist der Post Abt. III Nr. 4 eingeräumt. Eingetragen am 1. Februar 1944. Schön Meyer*			

(10. Seite) **Dritte**

Lfd. Nr. der Eintragung	Lfd. Nr. d. belast. Grundst. im Bestandsverzeichnis	Betrag	Hypotheken, Grundschulden, Rentenschulden
1	2	3	4
6	*2*	*1500 RM*	*Eintausendfünfhundert Reichsmark Sicherungshypothek nebst vier vom Hundert Zinsen im Wege der Zwangsvollstreckung unter Bezugnahme auf das Urteil des Landgerichts in Berlin vom 30. Mai 1944 für den Kaufmann Erwin Pietsch in Berlin, eingetragen am 5. Juli 1944.* *Schön Meyer*
7	*4*	*5000 RM*	*Sicherungshypothek zum Höchstbetrage von fünftausend Reichsmark für die Offene Handelsgesellschaft Jonas & Co. in Berlin. Das Grundstück Band 1 Blatt 9 haftet mit. Unter Bezugnahme auf die Eintragungsbewilligung vom 16. November 1944 eingetragen am 1. Dezember 1944.* *Schön Meyer*

Abteilung (11. Seite)

Veränderungen			Löschungen		
Lfd. Nr. der Sp. 1	Betrag		Lfd. Nr. der Sp. 1	Betrag	
5	6	7	8	9	10
3	*1700 RM*	*Mit den Zinsen seit dem 1. April 1944 abgetreten an den Kaufmann Hubert Rabe in Gransee unter Rückumwandlung der zunächst als Grundschuld auf den Eigentümer übergegangenen Post in eine Hypothek für ein mit fünf vom Hundert verzinsliches Darlehn von eintausendsiebenhundert Reichsmark. Der jeweilige Eigentümer ist der sofortigen Zwangsvollstreckung unterworfen. Unter Bezugnahme auf die Eintragungsbewilligungen vom 25. März 1944 eingetragen am 25. April 1944.* *Schön Meyer*			
3a	*700 RM*	*Siebenhundert Reichsmark nebst den Zinsen seit dem 1. Juli 1945 mit dem Vorrange vor dem Rest abgetreten an den Ingenieur Fritz Raspel in Eiche. Eingetragen am 7. Juli 1945.* *Schön Meyer*			

Anlage 2a
(Unübersichtliches Grundbuchblatt)

Muster
(Vorderseite)

Amtsgericht Seefeld

Grundbuch

von

Buchhain

Band *1* Blatt *10*

Wegen Unübersichtlichkeit auf das Blatt Buchhain Band 6 Blatt 102 umgeschrieben und geschlossen am 2. August 1948.

Schneider *Pfuhl*

(2. Seite) **B e s t a n d s**

Lfde. Nr. der Grundstücke	Bisherige lfde. Nr. der Grundstücke	Bezeichnung der Grundstücke und der mit dem Eigentum verbundenen Rechte: Gemarkung (Vermessungsbezirk) a	Karte b		Steuerbücher c	d	Wirtschaftsart und Lage e	Größe ha	a	qm
1	2	3						4		
			K.Bl.	*Parz.*	*Grdst. M R*	*Gebst. R*				
1	—	*Buchhain*	—	—	*13*	*27*	*Landgut Neuhof*	*141*	*67*	*09*
2	—	*Brühl*	*2*	*110*	*130*	—	*Garten am Dorfe*			
		,,	*2*	*111*	*130*	—	*Acker im Mittelfelde*	*1*	*10*	*53*
		,,	*2*	*112*	*130*	—	*Wiese am Kirchhof*			
3	—	*Buchhain*	*3*	*66*	*13*	—	*Wiese am Nutheflyß*	—	*15*	*06*
4	—	*Buchhain*	*3*	*73*	*13*	*20*	*Wohnhaus mit Hofraum, Dorfstr. Nr. 4*	—	*25*	*08*
5	*3, 4*	*Buchhain*	*3*	*73*	*13*	*20*	*Wohnhaus mit Hofraum, Dorfstr. Nr. 4*	—	*40*	*14*
		Buchhain	*3*	*66*	*13*	—	*Wiese am Nuthefluß*			
				117						
				73						
6	*Rest von 5*	*Buchhain*	*3*	*73*	*13*	*20*	*Wohnhaus mit Hofraum, Dorfstr. Nr. 4*	—	*34*	*10*
		Buchhain	*3*	*101/66*	*13*	—	*Wiese am Nuthefluß*		*32*	*95*
7	*Rest von 2*	*Brühl*	*2*	*112*	*130*	—	*Wiese am Kirchhof*	—	*2*	*15*
8	—									
zu 6 (*vgl.* *10/zu 6*)		*Wegerecht an dem Grundstück Buchhain Kartenblatt 3 Parzelle 74 und 75 eingetragen im Grundbuch von Buchhain Band 1 Blatt 8 Abt. II Nr. 1*								
9	*6, 7*	*Buchhain*	*3*	*117/73*	*13*	*20*	*Wohnhaus mit Hofraum, Dorfstr. Nr. 4*			
		Buchhain	*3*	*101/66*	*13*	—	*Wiese am Nuthefluß*	—	*35*	*10*
		Brühl	*2*	*112*	*130*	—	*Wiese am Kirchhof*			

verzeichnis (3. Seite)

Bestand und Zuschreibungen		Abschreibungen	
Zur laufenden Nummer der Grundstücke		Zur laufenden Nummer der Grundstücke	
5	6	7	8
1	*Bei Anlegung des Grundbuchs eingetragen am 3. August 1903.* *Braun Schmidt*	*1*	*Aufgelassen an die Gemeinde Seefeld und eingetragen am 29. Juli 1941. Aus dem Grundbuch ausgeschieden am 27. Juli 1941.* *Richter Müller*
2	*Von Band 4 Blatt 112 des Grundbuchs von Brühl hierher übertragen am 7. Juli 1937.* *Fischer Neumann*	*5, 6*	*Von Nr. 5 die Parzelle $\frac{102}{66}$ übertragen nach Band 3 Blatt 90 am 12. Juni 1942. Rest: Nr. 6.* *Richter Müller*
3	*Von Band 1 Blatt 12 hierher übertragen am 8. Mai 1938.* *Kehr Scholz*		
3, 4, 5	*Nr. 4 von Band 1 Blatt 11 hierher übertragen, mit Nr. 3 vereinigt und unter Nr. 5 eingetragen am 28. Juli 1940.* *Richter Müller*	*2, 7*	*Von Nr. 2 die Parzellen 110 und 111 übertragen nach Band 3 Blatt 90 am 21. März 1944. Rest: Nr. 7.* *Schmidt Lehmann*
6	*Spalte 3b und 4 auf Grund des Flurbuchanhangs vom 28. Dezember 1942 berichtigt am 1. Februar 1943.* *Richter Müller*		
8 / *zu 6*	*Vermerkt am 1. Oktober 1945.* *Schäfer Lehmann*		
6, 7, 9	*Nr. 7 der Nr. 6 als Bestandteil zugeschrieben und Nr. 6 mit Nr. 7 als Nr. 9 neu eingetragen am 25. Mai 1947.* *Pfleger Lehmann*		
10 / *zu 6*	*Vermerkt am 28. Mai 1947.* *Pfleger Lehmann*		
9, 11, 12	*Nr. 9 geteilt und als Nr. 11 und 12 eingetragen am 30. Mai 1947.* *Pfleger Lehmann*		

(4. Seite)

Bestands

Lfd. Nr. der Grundstücke	Bisherige lfde. Nr. der Grundstücke	Bezeichnung der Grundstücke und der mit dem Eigentum verbundenen Rechte						Größe		
		Gemarkung (Vermessungsbezirk)	Karte		Steuerbücher		Wirtschaftsart und Lage			
		a	b		c	d	e	ha	a	qm
1	2	3						4		
10 / *zu 6*	*8* / *zu 6*	*Der Inhalt des Wegerechts ist dahin geändert, daß das Wegerecht nur noch an dem Grundstück Kartenblatt 3 Parzelle 74 besteht.*								
11	*Teil von 9*	*Buchhain*	*3*	*117* / *73*	*13*	*20*	*Wohnhaus mit Hofraum, Dorfstr. Nr. 4*	—	*26*	*08*
		Brühl	*2*	*112*	*130*	—	*Wiese am Kirchhof*			
12	*Teil von 9*	*Buchhain*	*3*	*101* / *66*	*13*	—	*Wiese am Nutheﬂuß*	—	*9*	*02*

verzeichnis (5. Seite)

Bestand und Zuschreibungen		Abschreibungen	
Zur laufenden Nummer der Grundstücke		Zur laufenden Nummer der Grundstücke	
5	6	7	8

(6. Seite)

Erste Abteilung

Laufende Nummer der Eintragungen	Eigentümer	Laufende Nummer der Grundstücke im Bestandsverzeichnis	Grundlage der Eintragung
1	2	3	4
1	*Kaufmann Hans Gerber in Buchhain*	*1*	*Bei Anlegung des Grundbuchs auf Grund des Kaufvertrags vom 20. September 1885 eingetragen am 3. August 1903.* *Braun Schmidt*
		2	*Aufgelassen am 4. Juni 1937 und Band 4 Blatt 112 des Grundbuchs von Brühl eingetragen am 6. Juni 1937. Hierher übertragen am 7. Juli 1937.* *Fischer Neumann*
		3	*Aufgelassen am 2. Mai 1938 und eingetragen am 8. Mai 1938.* *Kehr Scholz*
2a	*Kaufmann Friedrich Gerber in Buchhain*	*1, 2, 3*	*Auf Grund des Erbscheins des Amtsgerichts in Seefeld vom 30. September 1938 eingetragen am 17. Oktober 1938.* *Kehr Scholz*
b	*Student Max Gerber in Berlin*		
c	*Ehefrau Ella Sumpf, geb. Gerber in Berlin,*		
	in ungeteilter Erbengemeinschaft		

Erste Abteilung (7. Seite)

Laufende Nummer der Eintragungen	Eigentümer	Laufende Nummer der Grundstücke im Bestandsverzeichnis	Grundlage der Eintragung
1	2	3	4
3	*Kaufmann Friedrich Gerber in Buchhain*	*1, 2, 3*	*Aufgelassen am [illegible]. Januar 1939 und eingetragen am 21. Januar 1939.* *Richter Müller*
		4	*Aufgelassen und Band 1 Blatt 11 eingetragen am 6. Februar 1938. Hierher übertragen am 28. Juli 1940.* *Richter Müller*
		8 / zu 6	*Band 1 Blatt 8 eingetragen am 2. Juli 1942. Hier vermerkt am 1. Oktober 1945.* *Schäfer Lehmann*
4a *b*	*Kaufmann Friedrich Gerber in Buchhain,* *seine Ehefrau Amalie, geborene Evers, daselbst,* *in allgemeiner Gütergemeinschaft*	*6, 7, 8 / zu 6*	*Auf Grund des Zeugnisses des Amtsgerichts in Seefeld vom 18. Februar 1946 eingetragen am 8. März 1946.* *Schäfer Lehmann*

(8. Seite) **Zweite**

Laufende Nummer der Eintragungen	Laufende Nummer der betroffenen Grundstücke im Bestandsverzeichnis	Lasten und Beschränkungen
1	2	3
1	*1*	*Vorkaufsrecht für die Gemeinde Seefeld unter Bezugnahme auf die Eintragungsbewilligung vom 3. März 1937 eingetragen am 4. April 1937. Fischer Neumann*
2	*2*	*Zweihundert Reichsmark jährliche Rente zahlbar im voraus am 1. Oktober eines jeden Jahres vom 1. Oktober 1937 ab für die Hoffbauerstiftung in Birkenhain unter Bezugnahme auf die Eintragungsbewilligung vom 14. Juli 1937 eingetragen am 17. Juli 1937. Fischer Neumann*
3	*5*	*Wegerecht zugunsten des jeweiligen Eigentümers des Grundstücks Band 1 Blatt 9 Nr. 1 des Bestandsverzeichnisses (Kartenblatt 4 Parzelle 85) unter Bezugnahme auf die Eintragungsbewilligung vom 24. April 1941 eingetragen am 20. Mai 1941. Richter Müller*
4	*2*	*Vormerkung zur Sicherung des Anspruchs auf Eigentumsübertragung aus dem Vertrage vom 4. Februar 1943 für den Kaufmann Karl Ernst in Buchhain unter Bezugnahme auf die einstweilige Verfügung des Landgerichts in Hestfeld vom 22. April 1943 eingetragen am 25. April 1943. Richter Müller*
5	*12*	*Erbbaurecht für die Gemeinnützige Siedlungsgenossenschaft Buchhain eingetragene Genossenschaft mit beschränkter Haftpflicht in Buchhain auf die Dauer von 99 Jahren seit dem Tage der Eintragung unter Bezugnahme auf die Nr. 1 des Bestandsverzeichnisses des Erbbaugrundbuchs Buchhain Band 6 Blatt 148 mit dem Vorrange vor den Posten Nr. 1a, 1b 1 und 4 der dritten Abteilung eingetragen am 1. Juni 1947. Pfleger Lehmann*
6	*11*	*Die Zwangsversteigerung ist angeordnet. Eingetragen am 19. Oktober 1947. Pfleger Lehmann*
7	*11*	*Vormerkung zur Sicherung des Anspruchs auf Bestellung eines Nießbrauchs aus dem Vertrage vom 30. April 1948 unter Bezugnahme auf die Eintragungsbewilligung vom 2. Mai 1948 für die Witwe Adele Frey in Berlin eingetragen am 15. Mai 1948. Schneider Lehmann*

Abteilung (9. Seite)

Veränderungen		Löschungen	
Laufende Nummer der Spalte 1		Laufende Nummer der Spalte 1	
4	5	6	7
3	*Das Recht ist auf dem Blatte des herrschenden Grundstücks vermerkt. Hier vermerkt am 1. Juli 1941.* *Richter Müller*	*1* *3*	*Gelöscht am 27. Juli 1941.* *Richter Müller*
		4	*Gelöscht am 17. Mai 1943.* *Richter Müller*
2	*Zur Mithaft übertragen nach Band 3 Blatt 90 am 21. März 1944.* *Schmidt Lehmann*	*2*	*Gelöscht am 18. November 1946.* *Pfleger Lehmann*
		6	*Gelöscht am 3. Januar 1948.* *Schneider Pfuhl*
5	*Der Inhalt des Erbbaurechts ist geändert. Unter Bezugnahme auf die Eintragung Nr. 2 des Bestandsverzeichnisses des Erbbaugrundbuchblatts hier vermerkt am 25. September 1947.* *Pfleger Lehmann*		
5	*Das Erbbaurecht ist übertragen auf die Wohnbaugesellschaft mit beschränkter Haftung in Seefeld. Eingetragen am 1. Juli 1948.* *Schneider Pfuhl*		

(10. Seite) **Dritte**

Lfd. Nr. der Eintragungen	Lfd. Nr. der belasteten Grundstücke im Bestandsverzeichnis	Betrag	Hypotheken, Grundschulden, Rentenschulden
1	2	3	4
1	*2*	*10000 RM* *—5000 „* *5000 RM* *—1000 „* *4000 RM*	*Zehntausend Reichsmark Darlehnsforderung gegen den Kaufmann Hans Gerber in Buchhain, mit vier vom Hundert jährlich seit dem 1. Oktober 1937 in halbjährlichen, am 1. April und 1. Oktober jedes Jahres zahlbaren Teilen verzinslich, rückzahlbar sechs Monate nach Kündigung, die dem Gläubiger, wenn die Zinsen innerhalb einer Woche nach dem Fälligwerden gezahlt werden, nicht früher als zum 1. April 1945 gestattet ist, für den Rechtsanwalt Dr. jur. Walter Schulze in Rathenow.* *Eingetragen am 5. August 1937. Fischer Neumann*
2	*1, 2*	*3000 RM*	*Dreitausend Reichsmark Grundschuld mit fünf vom Hundert jährlich verzinslich für die Vereinsbrauerei Aktiengesellschaft in Trinkbach. Die Erteilung eines Briefes ist ausgeschlossen. Unter Bezugnahme auf die Eintragungsbewilligung vom 9. Oktober 1937 eingetragen am 17. Oktober 1937.* *Fischer Neumann*
3	*1, 2, 3*	*7000 RM*	*Siebentausend Reichsmark Darlehn mit sechs vom Hundert jährlich verzinslich für die Ehefrau Marie Gruhn geb. Weiß in Jüterbog. Der jeweilige Eigentümer ist der sofortigen Zwangsvollstreckung unterworfen. Das Grundstück Nr. 1 des Bestandsverzeichnisses von Band 1 Blatt 11 haftet mit. Unter Bezugnahme auf die Eintragungsbewilligung vom 15. Februar 1939 eingetragen am 15. Mai 1939.* *Richter Müller*
4	*1, 2*	*500 RM*	*Vormerkung zur Sicherung der Eintragung einer mit vier v. H. jährlich verzinslichen Sicherungshypothek von fünfhundert Reichsmark für den Kaufmann Karl Müller in Seefeld. Gemäß § 18 Absatz 2 GBO. unter Bezugnahme auf die Eintragungsbewilligung vom 10. Mai 1939 eingetragen am 1. Juni 1939.* *Richter Müller* *Umgeschrieben in eine Sicherungshypothek für eine Darlehnsforderung von fünfhundert Reichsmark nebst vier v. H. jährlichen Zinsen für den Kaufmann Karl Müller in Seefeld. Unter Bezugnahme auf die Eintragungsbewilligung vom 10. Mai 1939 eingetragen am 15. Juli 1939.* *Richter Müller*

Abteilung (11. Seite)

Veränderungen			Löschungen		
Lfd. Nr. der Sp. 1	Antrag		Lfd. Nr. der Sp. 1	Betrag	
5	6	7	8	9	10
1a	*3000 RM*	*Dreitausend Reichsmark nebst den Zinsen seit dem 1. Januar 1938 mit dem Vorrange vor dem Rest abgetreten an das Deutsche Reich (Finanzverwaltung). Eingetragen am 15. Januar 1938.* *Kehr Scholz*	*1*	*5000 RM*	*Fünftausend Reichsmark gelöscht am 16. Januar 1938.* *Kehr Scholz*
			2	*3000 RM*	*Die am 14. November 1938 eingetragene Verfügungsbeschränkung gelöscht am 12. Dezember 1938.* *Kehr Scholz*
1b	*2000 RM* *-1000 RM* *1000 RM*	*Zweitausend Reichsmark nebst den Zinsen seit dem 1. Oktober 1938 abgetreten an den Gastwirt Franz Rausch in Berlin. Eingetragen am 14. Oktober 1938.* *Kehr Scholz*	*1b*	*1000 RM*	*Eintausend Reichsmark gelöscht am 15. Dezember 1939.* *Richter Müller*
			3	*7000 RM*	*Siebentausend Reichsmark gelöscht am 2. Januar 1941.* *Richter Müller*
2	*3000 RM*	*Der Gläubigerin, Vereinsbrauerei Aktiengesellschaft in Trinkbach, ist untersagt, über die Grundschuld zu verfügen. Zugunsten des Rechtsanwalts Bruno Schmidt in Stuttgart eingetragen am 14. November 1938.* *Kehr Scholz*	*2*	*3000 RM*	*Dreitausend Reichsmark gelöscht am 24. Juli 1941.* *Richter Müller*
			5	*6000 RM*	*Sechstausend Reichsmark gelöscht am 25. Juli 1941.* *Richter Müller*
1b *I*	*1000 RM*	*Eintausend Reichsmark nebst den Zinsen seit dem 1. Januar 1939 mit dem Vorrang vor dem Rest abgetreten an den Bankbeamten Paul Martens in Leipzig. Eingetragen am 13. Januar 1939.* *Kehr Scholz*			

(12. Seite) **Dritte**

Laufende Nummer der Eintragungen	Lfde. Nr. der belasteten Grundstücke im Bestandsverzeichnis	Betrag	Hypotheken, Grundschulden, Rentenschulden
1	2	3	4
5	*1*	*6000 RM*	*Dreihundert Reichsmark, vom 1. Juni 1938 an jährlich am 1. Juni zahlbare Rentenschuld, ablösbar mit sechstausend Reichsmark, für die Gemeinde Seefeld. Eingetragen am 1. Juni 1939.* *Richter* *Müller*

Abteilung (13. Seite)

Veränderungen			Löschungen		
Laufende Nummer der Spalte 1	Betrag		Laufende Nummer der Spalte 1	Betrag	
5	6	7	8	9	10
2	3000 RM	*Die Ausschließung der Erteilung eines Briefes ist aufgehoben. Eingetragen am 7. Mai 1939.* *Richter Müller*			
3	7000 RM	*Übergegangen durch Erbfolge auf den Bäckermeister Karl Gruhn in Jüterbog.* *Nacherbe des Bäckermeisters Karl Gruhn ist beim Tode des Vorerben der Bäckergeselle Emil Gruhn in Treuenbrietzen. Der Nacherbe ist auf dasjenige eingesetzt, was von der Erbschaft bei dem Eintritt der Nacherbfolge übrig sein wird. Eingetragen am am 15. Mai 1940.* *Richter Müller*			
3	7000 RM	*Das mithaftende Grundstück Band 1 Blatt 11 Bestandsverzeichnis Nr. 1 ist jetzt hierher unter Nr. 4 des Bestandsverzeichnisses übertragen. Eingetragen am 28. Juli 1940.* *Richter Müller*			
2	3000 RM	*Vormerkung zur Sicherung des Anspruchs auf Löschung der Grundschuld für den Fall, daß sie sich mit dem Eigentum in einer Person vereinigt, für den Bäckermeister Karl Gruhn in Jüterbog eingetragen am 26. Juni 1941.* *Richter Müller*			

(14. Seite)

Dritte

Laufende Nummer der Eintragungen	Laufende Nummer der belasteten Grundstücke im Bestandsverzeichnis	Betrag	Hypotheken, Grundschulden, Rentenschulden
1	2	3	4

Abteilung (15. Seite)

Veränderungen			Löschungen		
Laufende Nummer der Spalte 1	Betrag		Laufende Nummer der Spalte 1	Betrag	
5	6	7	8	9	10
4	*500 RM*	*Auf Grundstück Nr. 1 gelöscht am 24. Juli 1941.* *Richter Müller*			
4	*500 RM*	*Diese Hypothek ist infolge Verzichts des Gläubigers vom 7. Januar 1942 als Grundschuld auf den Kaufmann Friedrich Gerber in Buchhain umgeschrieben am 15. Januar 1942.* *Richter Müller*			
1a *4b 1* *4*	*3000 RM* *1000 RM* *500 RM*	*Zur Mithaft übertragen nach Band 3 Blatt 90 am 21. März 1944.* *Schmidt Lehmann*			
4	*500 RM*	*Gläubiger der Grundschuld sind der Kaufmann Friedrich Gerber in Buchhain und seine Ehefrau Amalie, geborene Evers, daselbst, in allgemeiner Gütergemeinschaft. Eingetragen am 8. März 1946.* *Schäfer Lehmann*			
1a *1b 1* *4*	*3000 RM* *1000 RM* *500 RM*	*Dem Erbbaurecht Abt. II Nr. 5 ist der Vorrang vor diesen Posten eingeräumt. Eingetragen am 1. Juni 1947.* *Pfleger Lehmann*			

(16. Seite)

Dritte

Laufende Nummer der Eintragungen	Laufende Nummer der belasteten Grundstücke im Bestandsverzeichnis	Betrag	Hypotheken, Grundschulden, Rentenschulden
1	2	3	4

Abteilung (17. Seite)

Veränderungen			Löschungen		
Laufende Nummer der Spalte 1	Betrag		Laufende Nummer der Spalte 1	Betrag	
5	6	7	8	9	10
4	*500 RM*	*Gepfändet für den praktischen Arzt Dr. med. Ernst Burchardt in Buchhain wegen einer Forderung von siebenhundert Reichsmark nebst vier vom Hundert jährlichen Zinsen seit dem 7. Februar 1947. Unter Bezugnahme auf den Pfändungs- und Überweisungsbeschluß des Amtsgerichts in Seefeld vom 28. März 1948 eingetragen am 16. April 1948.* *Pfleger Lehmann*			

Anlage 2b
(Umgeschriebenes Grundbuchblatt)

Muster
(Vorderseite)

Amtsgericht Seefeld

Grundbuch

von

Buchhain

Band *6* Blatt *102*

Dieses Blatt ist an die Stelle des wegen Unübersichtlichkeit geschlossenen Blattes Buchhain Band 1 Blatt 10 getreten.

Eingetragen am 2. August 1948. *Schneider* *Pfuhl*

(2. Seite)

Bestands

Lfde. Nr der Grundstücke	Bisherige lfde. Nr. der Grundstücke	Bezeichnung der Grundstücke und der mit dem Eigentum verbundenen Rechte: Gemarkung (Vermessungsbezirk)	Karte		Steuerbücher		Wirtschaftsart und Lage	Größe		
		a	b		c	d	e	ha	a	qm
1	2	3						4		
			K.Bl.	*Parz.*	*Grdst. M R*	*Gebst. R*				
1 bis 5	*Gelöscht*									
6	—	*Buchhain*	*3*	*117/73*	*13*	*20*	*Wohnhaus mit Hofraum, Dorfstr. Nr. 4*	—	*32*	*95*
		Buchhain	*3*	*101/73*	*13*	—	*Wiese am Nutheflluß*			
7	—	*Brühl*	*2*	*112*	*130*	—	*Wiese am Kirchhof*	—	*2*	*15*
8, 10 zu 6	—	*Wegerecht an dem Grundstück Buchhain Kartenblatt 3 Parzelle 74, eingetragen im Grundbuche von Buchhain Band 1 Blatt 8, Abt. II Nr. 1*								
9	*6, 7*	*Buchhain*	*3*	*117/73*	*13*	*20*	*Wohnhaus mit Hofraum, Dorfstr. Nr. 4*	—	*35*	*10*
		Buchhain	*3*	*101/66*	*13*	—	*Wiese am Nutheflluß*			
		Brühl	*2*	*112*	*130*	—	*Wiese am Kirchhof*			
11	*Teil von 9*	*Buchhain*	*3*	*117/73*	*13*	*20*	*Wohnhaus mit Hofraum, Dorfstr. Nr. 4*	—	*26*	*08*
		Brühl	*2*	*112*	*130*	—	*Wiese am Kirchhof*			
12	*Teil von 9*	*Buchhain*	*3*	*101/66*	*13*	—	*Wiese am Nutheflluß*	—	*9*	*02*

verzeichnis (3. Seite)

Bestand und Zuschreibungen		Abschreibungen	
Zur laufenden Nummer der Grundstücke		Zur laufenden Nummer der Grundstücke	
5	6	7	8
6, 7, 8 zu 6	*Nr. 7 der Nr. 6 als Bestandteil zugeschrieben und Nr. 6 mit Nr. 7 als Nr. 9 neu eingetragen am 25. Mai 1947;*		
9, 10, 11, 12 zu 6	*Nr. 9 geteilt und als Nr. 11 und 12 eingetragen am 30. Mai 1947;*		
	Nr. 8, 10, 11, 12 bei Umschreibung des unübersichtlich gewordenen Blattes Buchhain Band 1 Blatt 10 als Bestand eingetragen am 2. August 1948. *Schneider Pfuhl*		

(4. Seite)

Erste Abteilung

Laufende Nummer der Eintragungen	Eigentümer	Laufende Nummer der Grundstücke im Bestandsverzeichnis	Grundlage der Eintragung
1	2	3	4
1 bis 3	*Gelöscht*		
4a	*Kaufmann Friedrich Gerber in Buchhain,*	*8, 10, 11, 12 zu 6*	*Das auf dem unübersichtlich gewordenen Blatte Buchhain, Band 1 Bl. 10 eingetragene Eigentum sebst Wegerecht bei Umschreibung des Blattes hier eingetragen am 2. August 1948.* *Schneider Pfuhl*
b	*seine Ehefrau Amalie, geborene Evers, daselbst,* *in allgemeiner Gütergemeinschaft*		

Erste Abteilung (5. Seite

Laufende Nummer der Eintragungen	Eigentümer	Laufende Nummer der Grundstücke im Bestandsverzeichnis	Grundlage der Eintragung
1	2	3	4

(6. Seite) **Z w e i t e**

Laufende Nummer der Eintragungen	Laufende Nummer der betroffenen Grundstücke im Bestandsverzeichnis	Lasten und Beschränkungen
1	2	3
1 bis 4	*Gelöscht*	
5	*12*	*Erbbaurecht für die Wohnbaugesellschaft mit beschränkter Haftung in Seefeld auf die Dauer von 99 Jahren seit dem Tage der Eintragung unter Bezugnahme auf die Nr. 1 und 2 des Bestandsverzeichnisses des Erbbaugrundbuchs Buchhain Band 6 Blatt 148 mit dem Vorrange vor den Posten 1a, b und 4 der dritten Abteilung eingetragen am 1. Juni 1947 und umgeschrieben am 2. August 1948.* *Schneider Pfuhl*
6	*Gelöscht*	
7	*11*	*Vormerkung zur Sicherung des Anspruchs auf Bestellung eines Nießbrauchs aus dem Vertrage vom 30. April 1948 unter Bezugnahme auf die Eintragungsbewilligung vom 2. Mai 1948 für die Witwe Adele Frey in Berlin eingetragen am 15. Mai 1948 und umgeschrieben am 2. August 1948.* *Schneider Pfuhl*

Abteilung (7. Seite)

Veränderungen		Löschungen	
Laufende Nummer der Spalte 1		Laufende Nummer der Spalte 1	
4	5	6	7

(8. Seite) **Dritte**

Laufende Nummer der Eintragungen	Laufende Nummer der belasteten Grundstücke im Bestandsverzeichnis	Betrag	Hypotheken, Grundschulden, Rentenschulden
1	2	3	4
1	*7*	*4000 RM*	*Viertausend Reichsmark Darlehnsforderung gegen den Kaufmann Hans Gerber in Buchhain, und zwar* *a) in Höhe von dreitausend Reichsmark mit dem Vorrange vor dem Teilbetrag zu b für das Deutsche Reich (Finanzverwaltung);* *b) in Höhe von eintausend Reichsmark mit dem Range nach dem Teilbetrag zu a für den Bankbeamten Paul Martens in Leipzig.* *Die Forderung ist mit vier vom Hundert jährlich in halbjährlichen, am 1. April und 1. Oktober jedes Jahres zahlbaren Teilen verzinslich und rückzahlbar sechs Monate nach Kündigung, die dem Gläubiger, wenn die Zinsen innerhalb einer Woche nach dem Fälligwerden gezahlt werden, nicht früher als zum 1. April 1945 gestattet ist. Dem Erbbaurecht Abt. II Nr. 5 ist der Vorrang eingeräumt. Das Grundstück Band 3 Blatt 90 haftet mit. Eingetragen am 5. August 1937 und umgeschrieben am 2. August 1948.* *Schneider Pfuhl*
2, 3	*Gelöscht*		
4	*7*	*500 RM*	*Fünfhundert Reichsmark Grundschuld, entstanden durch Umwandlung einer Sicherungshypothek, mit vier vom Hundert jährlich verzinslich für den Kaufmann Friedrich Gerber in Buchhain und seine Ehefrau Amalie, geborene Evers, daselbst, in allgemeiner Gütergemeinschaft. Dem Erbbaurecht in Abt. II Nr. 5 ist der Vorrang eingeräumt. Das Grundstück Band 3 Blatt 90 haftet mit. Unter Bezugnahme auf die Eintragungsbewilligung vom 10. Mai 1939 eingetragen am 15. Juli 1939 und umgeschrieben am 2. August 1948.* *Schneider Pfuhl*
5	*Gelöscht*		

Abteilung (9. Seite)

Veränderungen			Löschungen		
Laufende Nummer der Spalte 1	Betrag		Laufende Nummer der Spalte 1	Betrag	
5	6	7	8	9	10
4	*500 RM*	*Gepfändet für den praktischen Arzt Dr. med. Ernst Burchardt in Buchhain wegen einer Forderung von siebenhundert Reichsmark nebst vier vom Hundert jährlichen Zinsen seit dem 7. Februar 1947. Unter Bezugnahme auf den Pfändungs- und Überweisungsbeschluß des Amtsgerichts in Seefeld vom 28. März 1948 eingetragen am 16. April 1948 und umgeschrieben am 2. August 1948.* *Schneider Pfuhl*			

Anlage 3
(Hypothekenbrief)

Muster
(Vorderseite)

Deutscher Hypothekenbrief

über

die in dem Grundbuche von *Trienach (Amtsgericht Schonberg)*

Band *3* Blatt *86* Abteilung III Nr. *3*

eingetragenen *1700 Reichsmark.*

Noch gültig für 1000 RM.
Schonberg, den 9. Juli 1945.
Das Amtsgericht Abt. 2
Schön Meyer

Inhalt der Eintragung:

Nr. 3: 1700 (eintausendsiebenhundert) Reichsmark Kaufpreisforderung mit fünf vom Hundert jährlich verzinslich für die Sprachlehrerin Frieda Meister in Golm.

Der jeweilige Eigentümer ist der sofortigen Zwangsvollstreckung unterworfen. Vorbehalten ist der Vorrang für eine Hypothek von zweitausend Reichsmark nebst fünf vom Hundert Zinsen. Unter Bezugnahme auf die in anliegender Schuldurkunde enthaltene Eintragungsbewilligung vom 1. Dezember 1941 eingetragen am 16. Februar 1942.

(2. Seite)

Belastetes Grundstück:

Das im Bestandsverzeichnis unter Nr. 1 verzeichnete, in der Gemarkung Trienach gelegene Wohnhaus mit Hausgarten, Viktoriastraße Nr. 18, Kartenblatt 1 Parzelle $\frac{312}{43}$, Grundsteuermutterrolle Art. 96, Gebäudesteuerrolle Nr. 38. Größe: 6 a 95 qm.

Eigentümer:

Bankbeamter Gottlieb Meyer in Trienach.

Vorgehende oder gleichstehende Eintragungen:

Zweite Abteilung:	*Nr. 1: ein Nießbrauch auf die Dauer von zehn Jahren, eingetragen am 29. September 1937*	*im Range vorgehend.*
Dritte Abteilung:	*Nr. 1: 5000 (fünftausend) Reichsmark*	
	Nr. 2: 1500 (eintausendfünfhundert) Reichsmark	

Schonberg, den 17. Februar 1942.

Das Amtsgericht, Abt. 2

(Siegel) *Hoffmann Kummer*

Der vorbehaltene Vorrang vor diesem Recht ist der Post Abt. III Nr. 4 (2000 RM) eingeräumt.

Mit den Zinsen seit dem 1. April 1944 abgetreten an den Kaufmann Huber Rabe in Gransee unter Rückumwandlung der zunächst als Grundschuld auf den Eigentümer übergegangenen Post in eine Hypothek für ein mit fünf vom Hundert

(3. Seite)

verzinsliches Darlehn von eintausendsiebenhundert Reichsmark. Der jeweilige Eigentümer ist der sofortigen Zwangsvollstreckung unterworfen. Unter Bezugnahme auf die in anliegender Schuldurkunde enthaltenen Eintragungsbewilligungen vom 25. März 1944 im Grundbuch eingetragen am 14. April 1944.

Schonberg, den 15. April 1944.

Das Amtsgericht, Abt. 2

(Siegel) *Schön Meyer*

Dem belasteten Grundstück ist am 14. November 1944 die im Bestandsverzeichnis unter Nr. 3 verzeichnete, in der Gemarkung Golm gelegene Wiese am Zernsee, Kartenblatt 1 Parzelle 66, Grundsteuermutterrolle Art. 18, Größe 6 a 28 qm, als Bestandteil zugeschrieben worden. Infolge der Zuschreibung ist das belastete Grundstück unter Nr. 4 des Bestandsverzeichnisses, wie folgt, neu eingetragen worden:

Das in der Gemarkung Trienach gelegene Wohnhaus mit Hausgarten, Viktoriastraße Nr. 18, Kartenblatt 1 Parzelle $\frac{312}{43}$, *Grundsteuermutterrolle Art. 96, Gebäudesteuerrolle Nr. 38 und die in der Gemarkung Golm gelegene Wiese am Zernsee, Kartenblatt 1 Parzelle 66, Grundsteuermutterrolle Art. 18.*

— Gesamtgröße 13 a 23 qm. —

Als Eigentümer des Grundstücks ist seit dem 1. September 1942 der Kaufmann Alexander Preuß in Trienach eingetragen.

Die dieser Post vorgehende, in Abt. III Nr. 2 eingetragene Post von 1500 RM ist in Höhe von 500 RM gelöscht.

Schonberg, den 13. März 1945.

Das Amtsgericht, Abt. 2

(Siegel) *Schön Meyer*

(4. Seite)

Von den vorstehenden 1700 RM sind 700 (siebenhundert) Reichsmark nebst den Zinsen seit dem 1. Juli 1945 mit dem Vorrange vor dem Rest abgetreten an den Ingenieur Fritz Raspel in Eiche. Die Abtretung ist am 7. Juli 1945 im Grundbuch eingetragen. Für den abgetretenen Betrag ist ein Teilhypothekenbrief hergestellt.

Schonberg, den 9. Juli 1945.

Das Amtsgericht, Abt. 2

(Siegel) *Schön Meyer*

Anlage 4
(Teilhypothekenbrief)

Muster
(Vorderseite)

Deutscher Teilhypothekenbrief

über

700 Reichsmark Teilbetrag der in dem Grundbuche von *Trienach* *(Amtsgericht Schonberg)* Band *3* Blatt *86* Abteilung III Nr. *3*

eingetragenen *1700 Reichsmark.*

Der bisherige Brief über die Hypothek von *1700 Reichsmark* lautet wie folgt:

Deutscher Hypothekenbrief

über

die in dem Grundbuche von Trienach (Amtsgericht Schonberg) Band 3 Blatt 86 Abteilung III Nr. 3 eingetragenen 1700 Reichsmark

---

Inhalt der Eintragung:

Nr. 3: 1700 (eintausendsiebenhundert) Reichsmark Kaufpreisforderung mit fünf vom Hundert jährlich verzinslich für die Sprachlehrerin Frieda Meister in Golm. Der jeweilige Eigentümer ist der sofortigen Zwangsvollstreckung unterworfen. Vorbehalten ist der Vorrang für eine Hypothek von zweitausend Reichs-

(2. Seite)

mark nebst fünf vom Hundert Zinsen. Unter Bezugnahme auf die in anliegender Schuldurkunde enthaltene Eintragungsbewilligung vom 1. Dezember 1941 eingetragen am 16. Februar 1942.

Belastetes Grundstück:

Das im Bestandsverzeichnis unter Nr. 1 verzeichnete, in der Gemarkung Trienach gelegene Wohnhaus mit Hausgarten, Viktoriastraße Nr. 18, Kartenblatt 1 Parzelle $\frac{312}{43}$, Grundsteuermutterrolle Art. 96, Gebäudesteuerrolle Nr. 38. Größe: 6 a 95 qm.

Eigentümer:

Bankbeamter Gottlieb Meyer in Trienach.

Vorgehende oder gleichstehende Eintragungen:

Zweite Abteilung:	*Nr. 1: ein Nießbrauch auf die Dauer von zehn Jahren, eingetragen am 29. September 1937*	*im Range vorgehend.*
Dritte Abteilung:	*Nr. 1: 5000 (fünftausend) Reichsmark* *Nr. 2: 1500 (eintausendfünfhundert) Reichsmark*	

Schonberg, den 17. Februar 1942.

Das Amtsgericht, Abt. 2

(Siegel) *gez. Hoffmann* *gez. Kummer*

Der vorbehaltene Vorrang vor diesem Recht ist der Post Abt. III Nr. 4 (2000 RM) eingeräumt.

Mit den Zinsen seit dem 1. April 1944 abgetreten an den Kaufmann Hubert Rabe in Gransee unter Rückumwandlung der zunächst als Grundschuld auf den Eigentümer übergegangenen Post in eine Hypothek für ein mit fünf vom Hundert

(3. Seite)

verzinsliches Darlehn von eintausendsiebenhundert Reichsmark. Der jeweilige Eigentümer ist der sofortigen Zwangsvollstreckung unterworfen. Unter Bezugnahme auf die in anliegender Schuldurkunde enthaltenen Eintragungsbewilligung vom 25. März 1944 im Grundbuch eingetragen am 14. April 1944.

Schonberg, den 15. April 1944.

Das Amtsgericht, Abt. 2

(Siegel) *gez. Schön* *gez. Meyer*

Dem belasteten Grundstück ist am 14. November 1944 die im Bestandsverzeichnis unter Nr. 3 verzeichnete, in der Gemarkung Golm gelegene Wiese am Zernsee, Kartenblatt 1 Parzelle 66, Grundsteuermutterrolle Art. 18, Größe 6 a 28 qm, als Bestandteil zugeschrieben worden. Infolge der Zuschreibung ist das belastete Grundstück unter Nr. 4 des Bestandsverzeichnisses wie folgt neu eingetragen worden:

Das in der Gemarkung Trienach gelegene Wohnhaus mit Hausgarten, Viktoriastraße Nr. 18, Kartenblatt 1 Parzelle $\frac{312}{43}$*, Grundsteuermutterrolle Art. 96, Gebäudesteuerrolle Nr. 38 und die in der Gemarkung Golm gelegene Wiese am Zernsee, Kartenblatt 1 Parzelle 66, Grundsteuermutterrolle Art. 18..*

— Gesamtgröße 13 a 23 qm. —

Als Eigentümer des Grundstücks ist seit dem 1. September 1942 der Kaufmann Alexander Preuß in Trienach eingetragen.

Die dieser Post vorgehende, in Abt. III Nr. 2 eingetragene Post von 1500 RM ist in Höhe von 500 RM gelöscht.

Schonberg, den 13. März 1945.

Das Amtsgericht, Abt. 2

(Siegel) *gez. Schön* *gez. Meyer*

(4. Seite)

Die vorstehende Abschrift stimmt mit der Urschrift überein.

Von den 1700 RM sind 700 (siebenhundert) Reichsmark nebst den Zinsen seit dem 1. Juli 1945 mit dem Vorrange vor dem Rest abgetreten an den Ingenieur Fritz Raspel in Eiche. Die Abtretung ist am 7. Juli 1945 im Grundbuch eingetragen.

Über diese 700 (siebenhundert) Reichsmark ist dieser Teilhypothekenbrief hergestellt worden.

Schonberg, den 9. Juli 1945.

Das Amtsgericht, Abt. 2

(Siegel) Schön Meyer

Anlage 5
(Hypothekenbrief
über eine Gesamthypothek)

Muster
(Vorderseite)

Deutscher Hypothekenbrief

über

die in dem Grundbuche von *Buchhain (Amtsgericht Seefeld)*
Band *1* Blatt *10* Abteilung III Nr. *3*
und ebenda Band *1* Blatt *11* Abteilung III Nr. *2*
eingetragenen Gesamthypothek von *7000 Reichsmark.*

Iuhalt der Eintragungen:

7000 (siebentausend) Reichsmark Darlehn mit sechs vom Hundert jährlich verzinslich für die Ehefrau Maria Gruhn, geb. Weiß in Jüterbog. Der jeweilige Eigentümer ist der sofortigen Zwangsvollstreckung unterworfen. Unter Bezugnahme auf die in anliegender Schuldurkunde enthaltene Eintragungsbewilligung vom 15. Februar 1939 eingetragen am 15. Mai 1939.

Belastete Grundstücke:

1. Buchhain Band 1 Blatt 10:

1. Das im Bestandsverzeichnis unter Nr. 1 eingetragene, in der Gemarkung Buchhain gelegene Landgut Neuhof, Grundsteuermutterrolle Art. 13, Gebäudesteuerrolle Nr. 27; Größe: 141 ha 67 a 09 qm.

(2. Seite)

2. *Das im Bestandsverzeichnis unter Nr. 2 eingetragene aus folgenden Teilen bestehende Grundstück:*

   a) der in der Gemarkung Brühl gelegene Garten im Dorfe, Kartenblatt 2 Parzelle 110, Grundsteuermutterrolle Art. 130;

   b) der ebenda gelegene Acker im Mittelfelde, Kartenblatt 2 Parzelle 111, Grundsteuermutterrolle Art. 130;

   c) die ebenda gelegene Wiese am Kirchhof, Kartenblatt 2 Parzelle 112, Grundsteuermutterrolle Art. 130. — Gesamtgröße: 1 ha 10 a 53 qm. —

3. *Die im Bestandsverzeichnis unter Nr. 3 eingetragene in der Gemarkung Buchhain gelegene Wiese am Nuthefluß, Kartenblatt 3 Parzelle 66, Grundsteuermutterrolle Art. 13; Größe. 15 a 06 qm.*

II. Buchhain Band 1 Blatt 11.

Das im Bestandsverzeichnis unter Nr. 1 eingetragene, in der Gemarkung Buchhain gelegene Wohnhaus mit Hofraum, Dorfstraße Nr. 4, Kartenblatt 3 Parzelle 73, Grundsteuermutterrolle Art. 14, Gebäudesteuerrolle Nr. 20, Größe 25 a 08 qm.

Eigentümer.

Zu I und II Kaufmann Friedrich Gerber in Buchhain.

Vorgehende oder gleichstehende Eintragungen:

Auf Nr. I, 1:		*sämtlich im Range vorgehend.*
Zweite Abteilung	*Nr. 1 Vorkaufsrecht*	
Dritte Abteilung	*Nr. 2 3000 (dreitausend) Reichsmark*	
Auf Nr. I, 2:		
Zweite Abteilung.	*Nr. 2: 200 (zweihundert) Reichsmark jährliche Rente*	
Dritte Aeteilung:	*Nr. 1. 5000 (fünftausend) Reichsmark*	
	Nr. 2: 3000 (dreitausend) Reichsmark	

Auf Nr. I, 3:

Zweite Abteilung
Dritte Abteilung } *Keine.*

(3. Seite)

Auf Nr. II:

Zweite Abteilung: } *Keine.*
Dritte Abteilung: }

Seefeld, den 17. Mai 1939.

Das Amtsgericht

(Siegel) *Richter Müller*

Die Post ist durch Erbfolge auf den Bäckermeister Karl Gruhn in Jüterbog übergegangen

Nacherbe des Bäckermeisters Karl Gruhn ist beim Tode des Vorerben der Bäckergeselle Emil Gruhn in Treuenbrietzen. Der Nacherbe ist auf dasjenige eingesetzt, was von der Erbschaft bei dem Eintritt der Nacherbfolge übrig sein wird. Im Grundbuch eingetragen am 15. Mai 1940.

Seefeld, den 17. Mai 1940.

Das Amtsgericht

(Siegel) *Richter Müller*

Das im Grundbuche von Buchhain Band 1 Blatt 11 unter Nr. 1 des Bestandsverzeichnisses eingetragene mithaftende Grundstück ist am 28. Juli 1940 auf das Grundbuchblatt Buchhain Band 1 Blatt 10 unter Nr. 4 des Bestandsverzeichnisses übertragen und mit dem ebenda unter Nr. 3 des Bestandsverzeichnisses eingetragenen Grundstück vereinigt worden. Nr. 3 und Nr. 4 sind unter Nr. 5 wie folgt eingetragen worden

Das in der Gemarkung Buchhain gelegene Wohnhaus mit Hofraum, Dorfstraße Nr. 4, Kartenblatt 3 Parzelle 73, Grundsteuermutterrolle Art. 13, Gebäudesteuerrolle Nr. 20 und die ebenda gelegene Wiese am Nuthefluß, Kartenblatt 3 Parzelle 66, Grundsteuermutterrolle Art. 13 — Gesamtgröße. 40 a 14 qm. —

(4. Seite)

Von der vorhergehenden, auf dem Grundstück Nr. I 2 ruhenden Post Abteilung III Nr. 1 sind am 15. Dezember 1939 eintausend Reichsmark gelöscht.

Seefeld, den 29. August 1940.

Das Amtsgericht

(Siegel) *Richter Müller*

Die Hypothek ist am 2. Januar 1941 gelöscht.
Seefeld, den 5. Januar 1941.

Das Amtsgericht

(Siegel) *Richter Müller*

Anlage 6
(Gemeinschaftlicher Hypothekenbrief)

Muster
(Vorderseite)

Deutscher Hypothekenbrief

über

die in dem Grundbuche von *Trienach (Amtsgericht Schonberg)*
Band *3* Blatt *86* Abteilung III Nr. *1 und 2*
eingetragenen *5000 und 1000 Reichsmark*

zusammen ***6000 Reichsmark.***

Inhalt der Eintragungen:

Nr. 1: 5000 (fünftausend) Reichsmark Darlehn mit vier vom Hundert jährlich verzinslich für den Bankier Max Wechsler in Golm. Unter Bezugnahme auf die in anliegender Schuldurkunde enthaltene Eintragungsbewilligung vom 5. Januar 1939, eingetragen am 14. Januar 1939.

Nr. 2: 1000 (eintausend) Reichsmark Darlehn mit fünf vom Hundert jährlich verzinslich für den Bankier Max Wechsler in Golm. Der jeweilige Eigentümer ist der sofortigen Zwangsvollstreckung unterworfen. Unter Bezugnahme auf die in anliegender Schuldurkunde enthaltene Eintragungsbewilligung vom 21. März 1940 eingetragen am 5. April 1940.

(2. Seite)

Belastetes Grundstück:

Das im Bestandsverzeichnis unter Nr. 1 eingetragene, in der Gemarkung Trienach gelegene Wohnhaus mit Hausgarten, Viktoriastraße Nr. 18, Kartenblatt 1 Parzelle $\frac{312}{43}$, Grundsteuermutterrolle Art. 96, Gebäudesteuerrolle Nr. 38. -- Größe. 6 a 95 qm. —

Eigentümer:

Kaufmann Alexander Preuß in Trienach.

Vorgehende oder gleichstehende Eintragungen:

Zweite Abteilung. *Nr. 1: Nießbrauch auf die Dauer von zehn Jahren eingetragen am 29. September 1937. Im Range vorgehend.*

Dritte Abteilung: *Keine.*

Dieser Brief tritt für beide Hypotheken an die Stelle des bisherigen Briefes.

Auf dem bisherigen Briefe über die Post Nr. 2 findet sich folgender Vermerk:

„Mit Preuß ist vereinbart, daß, pünktliche Zinszahlung vorausgesetzt, die Hypothek nicht vor dem 1. April 1945 gekündigt werden darf.

Golm, 6 Juni 1941.

(gez.) Max Wechsler.“

Schonberg, den 9. September 1943.

Das Amtsgericht, Abt. 2

(Siegel) *Hoffmann Kummer*

Anlage 7
(Grundschuldbrief)

Muster
(Vorderseite)

Deutscher Grundschuldbrief

über

die in dem Grundbuche von *Trienach (Amtsgericht Schonberg)*

Band *3* Blatt *86* Abteilung III Nr. *5*

eingetragenen *1000 Reichsmark.*

Inhalt der Eintragung:

Nr. 5: 1000 (eintausend) Reichsmark Grundschuld mit fünf vom Hundert jährlich seit dem 1. April 1943 verzinslich, für den Rentner Herbert Müller in Berlin-Pankow. Die Zinsen sind am 1. April und 1. Oktober eines jeden Jahres zahlbar. Die Grundschuld wird drei Monate nach Kündigung fällig. Die Kündigung darf nur zum Schluß eines Kalendervierteljahrs erfolgen, seitens des Gläubigers frühestens zum 31. März 1946.

Eingetragen am 23. März 1944.

Belastetes Grundstück:

Der im Bestandsverzeichnis unter Nr. 2 eingetragene, in der Gemarkung Trienach gelegene Garten bei den Fichten, Kartenblatt 2 Parzelle 77, Grundsteuermutterrolle Art. 96.

Größe: 4 a 12 qm.

(2. Seite)

Eigentümer:

Kaufmann Alexander Preuß in Trienach.

Vorgehende oder gleichstehende Eintragungen:

Zweite Abteilung *Keine.*
Dritte Abteilung *Keine.*

Schonberg, den 25. März 1944.

Das Amtsgericht, Abt. 2

(Siegel) *Schön* *Meyer*

Anlage 8
(Rentenschuldbrief)

Muster
(Vorderseite)

Deutscher Rentenschuldbrief

über

die in dem Grundbuche von *Buchhain (Amtsgericht Seefeld)*
Band *1* Blatt *10* Abteilung III Nr. *5*

eingetragene Rentenschuld von *300 Reichsmark*

Inhalt der Eintragungen:

~~Nr. 5: 300 (dreihundert) Reichsmark, vom 1. Juni 1938 an jährlich am 1. Juni zahlbare Rentenschuld, ablösbar mit sechstausend Reichsmark für die Gemeinde Seefeld. Eingetragen am 1. Juni 1939.~~

Belastetes Grundstück:

Das im Bestandsverzeichnis unter Nr. 1 eingetragene, in der Gemarkung Buchhain gelegene Landgut Neuhof, Grundsteuermutterrolle Art. 13, Gebäudesteuerrolle Nr. 27; Größe: 141 ha 67 a 09 qm.

Eigentümer:

Kaufmann Friedrich Gerber in Buchhain.

(2. Seite)

Vorgehende oder gleichstehende Eintragungen:

Zweite Abteilung:	*Nr. 1: Vorkaufsrecht*	
Dritte Abteilung:	*Nr. 2 3000 (dreitausend) Reichsmark*	*im Range vorgehend.*
	Nr. 3: 7000 (siebentausend) Reichsmark	
	Nr. 4: Vormerkung über 500 (fünfhundert) Reichsmark	

Seefeld, den 3. Juni 1939.

Das Amtsgericht

(Siegel) *Richter Müller*

Die Rentenschuld ist gelöscht am 25. Juli 1941.

Seefeld, den 25. Juli 1941.

Das Amtsgericht

(Siegel) *Richter Müller*

Anlage 9
(Erbbaugrundbuch)

Muster
(Vorderseite)

Amtsgericht Waslingen

Grundbuch

von

W a s l i n g e n

Band *5* **Blatt** *148*

(Erbbaugrundbuch)

(2. Seite) Bestands

Lfde. Nr. der Grundstücke	Bisherige lfde. Nr. der Grundstücke	Bezeichnung der Grundstücke und der mit dem Eigentum verbundenen Rechte: Gemarkung (Vermessungsbezirk)	Karte		Steuerbücher		Wirtschaftsart und Lage	Größe		
		a	b		c	d	e	ha	a	qm
1	2	3						4		
1		*Erbbaurecht, eingetragen auf dem im Grundbuche von Waslingen Band 1 Blatt 23 unter Nr. 2 des Bestandsverzeichnisses verzeichneten Grundstück:*								
			K.Bl.	*Parz.*	*Grdst. M R*					
		Waslingen	*5*	*102/66*	*27*	*—*	*Garten an der Wublitz*	*—*	*25*	*15*
		in Abteilung II Nr. 1 für die Dauer von 99 Jahren seit dem Tage der Eintragung, dem 1. Juni 1936.								
		Der Erbbauberechtigte bedarf zur Veräußerung des Erbbaurechts der Zustimmung des Grundstückseigentümers.								
		Als Eigentümer des belastenden Grundstücks ist der Schlossermeister Walter Breithaupt in Waslingen eingetragen.								
		Unter Bezugnahme auf die Eintragungsbewilligung vom 25. April 1935 bei der Anlegung dieses Blattes hier vermerkt am 1. Juni 1936. *Fuchs Körner*								
2		*Als Eigentümer des belastenden Grundstücks ist am 5. Oktober 1937 der Kaufmann Ernst Geßler in Bornim eingetragen worden. Hier vermerkt am 5. Oktober 1937.* *Fuchs Körner*								
3		*Der Inhalt des Erbbaurechts ist dahin geändert, daß der Erbbauberechtigte zur Veräußerung des Erbbaurechts nicht der Zustimmung des Grundstückseigentümers bedarf. Eingetragen am 6. November 1941.* *Fuchs Körner*								

verzeichnis (3. Seite)

Bestand und Zuschreibungen		Abschreibungen	
Zur laufenden Nummer der Grundstücke		Zur laufenden Nummer der Grundstücke	
5	6	7	8

(4. Seite)

Erste Abteitung

Laufende Nummer der Eintragungen	Eigentümer	Laufende Nummer der Grundstücke im Bestandsverzeichnis	Grundlage der Eintragung
1	2	3	4
1	*Diplomingenieur Max Köhler in Berlin*	*1*	*Bei Bestellung des Erbbaurechts auf Band 1 Blatt 3 in Abt. II Nr. 1 eingetragen und hier vermerkt am 1. Juni 1936.* *Fuchs Körner*
2	*Kaufmann Walter Grauer in Hildesheim*	*1*	*Auf Grund der Einigung vom 14. November 1940 eingetragen am 1. November 1940.* *Fuchs Körner*

Erste Abteilung

(5. Seite)

Laufende Nummer der Eintragungen	Eigentümer	Laufende Nummer der Grundstücke im Bestandsverzeichnis	Grundlage der Eintragung
1	2	3	4

(6. Seite) **Zweite**

Laufende Nummer der Eintragungen	Laufende Nummer der betroffenen Grundstücke im Bestandsverzeichnis	Lasten und Beschränkungen
1	2	3
1	*1*	*Erbbauzins von 50 (fünfzig) Reichsmark jährlich vom 1. Juni 1936 ab für den jeweiligen Eigentümer des im Grundbuche von Waslingen Band 1 Blatt 3 unter Nr. 2 des Bestandsverzeichnisses verzeichneten Grundstücks. Unter Bezugnahme auf die Eintragungsbewilligung vom 25. April 1936 eingetragen am 1. Juni 1936.* *Fuchs Körner*
2	*1*	*Wegerecht für den jeweiligen Eigentümer des Grundstücks Band 1 Blatt 4 Nr. 2 des Bestandsverzeichnisses unter Bezugnahme auf die Eintragungsbewilligung vom 21. März 1937 eingetragen am 1. April 1937.* *Fuchs Körner*

Abteilung (7. Seite)

Veränderungen		Löschungen	
Laufende Nummer der Spalte 1		Laufende Nummer der Spalte 1	
4	5	6	7
1	*Das Recht ist auf dem Blatte des berechtigten Grundstücks vermerkt am 15. Juni 1936. Hier vermerkt am 20. Juni 1936.* *Fuchs Körner*		

(8. Seite) **Dritte**

Laufende Nummer der Eintragungen	Laufende Nummer der belasteten Grundstücke im Bestandsverzeichnis	Betrag	Hypotheken, Grundschulden, Rentenschulden
1	2	3	4
1	*1*	*5000 ℛℳ*	***Fünftausend Reichsmark Darlehn***, *mit vier* ***vom Hundert*** *jährlich verzinslich für den* ***Rentner Ernst Heidemann in Stettin*** *unter* ***Bezugnahme auf die Eintragungsbewilligung*** *vom 23. März 1938 eingetragen am 24. April 1938.* *Fuchs Körner*

Abteilung (9. Seite)

Veränderungen			Löschungen		
Laufende Nummer der Spalte 1	Betrag		Laufende Nummer der Spalte 1	Betrag	
5	6	7	8	9	10

Durchführung der §§ 67, 69 der Grundbuchverfügung in Preußen.

AV. vom 27. Februar 1936 (DJ. S. 336).

Auf Grund der §§ 67 Abs. 2, 69 der Grundbuchverfügung vom 8. August 1935 (RMBl. S. 637) ordne ich für die in Preußen gelegenen Grundbuchämter mit Ausnahme des Bezirks des Grundbuchamts Düsseldorf folgendes an:

A.

Die nach der Allgemeinen Verfügung vom 20. November 1899 (JMBl. S. 349) in der Fassung der Allgemeinen Verfügung vom 19. November 1931 (JMBl. S. 373) § 5 Anlage A eingerichteten Grundbuchblätter werden mit folgenden Maßgaben weitergeführt:

I. Die Nummernbezeichnungen und die Überschriften aller Spalten sowie die Überschriften des Bestandsverzeichnisses I sind dem neuen Vordruck anzugleichen. Von der Angleichung der Spaltenüberschriften kann abgesehen werden, soweit wesentliche Unterschiede zwischen dem alten und dem neuen Vordruck nicht bestehen.

Zur Angleichung kann ein Metallstempel benutzt werden, wenn dadurch die Klarheit und Haltbarkeit des Grundbuchs nicht gefährdet wird.

Auch die Handblätter sind dem neuen Vordruck anzugleichen. Hierzu können Deckblätter oder Gummistempel verwendet werden.

II. 1. Im Bestandverzeichnis I werden die Spalten 9 und 10, soweit darin Eintragungen enthalten sind, schwarz durchkreuzt; am Schlusse der Eintragungen werden sie durch einen schwarzen Querstrich abgeschlossen. Die Nummernüberschrift dieser Spalten ist zu durchstreichen.

2. a) Das Bestandsverzeichnis II ist schwarz zu durchkreuzen. Sind darin Vermerke, mögen sie gelöscht sein oder nicht, eingetragen, so ist es am Schlusse durch einen schwarzen Querstrich abzuschließen und mit folgendem Vermerk zu versehen: „Wegen Beseitigung des Bestandsverzeichnisses II geschlossen am . . .".

b) Nicht gelöschte Vermerke sind vorher in das gemäß I und II 1 eingerichtete Bestandsverzeichnis an der nächst offenen Stelle gemäß § 7 der Grundbuchverfügung einzutragen. § 30 Abs. 1 d und e der Grundbuchverfügung ist hierbei entsprechend anzuwenden.

In Spalte 6 ist zu vermerken: „In dem früheren Bestandsverzeichnis II vermerkt am . . . und hierher übernommen am . . .".

III. 1. In der ersten Abteilung ist entsprechend dem neuen Grundbuchvordruck eine Spalte „1" einzufügen. Die vorhandenen Eintragungen der Eigentümer, auch früherer Eigentümer, sind, soweit räumlich möglich, mit fortlaufenden Nummern gemäß § 9 der Grundbuchverfügung zu versehen. Ist für die Einfügung dieser Spalte wegen der vorhandenen Eintragungen kein Raum, so genügt die Beifügung der Nummer bei der Eigentümereintragung; die Nummer soll durch andersfarbige Tinte oder auf sonstige Weise hervorgehoben werden.

2. Soweit sich in der früheren Spalte 4 Eintragungen befinden, werden sie schwarz durchkreuzt. Die Nummernüberschrift dieser Spalte ist zu durchstreichen. Der nicht ausgefüllte Raum der Spalte ist, nachdem sie durch einen schwarzen Querstrich abgeschlossen ist, für Eintragungen in der Nebenspalte mitzuverwenden.

IV. In der zweiten Abteilung ist der Raum der Spalte 6, soweit er Eintragungen enthält, schwarz zu durchkreuzen. Sind Löschungen vermerkt, so sind sie in die dem neuen Grundbuchmuster angeglichenen Spalten 6 und 7 sinngemäß zu übernehmen unter Beifügung des Zusatzes: „Wegen Beseitigung der früheren Spalte 6 hierher übernommen am . . .". Bei Fassung des neuen Löschungsvermerks ist darauf Bedacht zu nehmen, daß die Verständlichkeit der Eintragung nicht leidet.

Der nicht ausgefüllte Raum der Spalte 6 ist, nachdem sie durch einen schwarzen Querstrich abgeschlossen ist, für Eintragungen in der Spalte 5 mitzuverwenden.

V. Für die dritte Abteilung sind die Vorschriften zu IV auf die frühere Spalte 8 entsprechend anzuwenden.

VI. Die gemäß Nrn. 3 bis 5 der Allgemeinen Verfügung des Preußischen Justizministers vom 30. Dezember 1924 über die Eintragung des Reichsheimstättenvermerks in das Grundbuch (JMBl. 1925 S. 23) in der Aufschrift und am Schlusse des Grundbuchblattes vorgenommenen Eintragungen sind schwarz zu durchkreuzen. Die hier befindlichen Eintragungen sind in die Spalten 4 und 5 der zweiten Abteilung zu übernehmen unter Beifügung des Zusatzes: „Aus der Aufschrift hierher übernommen am ...". In der Eintragung in der Spalte 3 der zweiten Abteilung ist die Bezugnahme auf die Aufschrift rot zu unterstreichen. In der Aufschrift ist unter die Blattnummer in Klammern das Wort „Reichsheimstätte" zu setzen.

B.

I. Grundbuchblätter, die nach einem anderen als dem unter A genannten Vordruck geführt werden, sind unter Verwendung des neuen Vordrucks umzuschreiben (§ 69 der Grundbuchverfügung), auch wenn sie durch Einlagebogen oder in sonstiger Weise dem unter A genannten Vordruck angepaßt worden sind. Nicht umzuschreiben sind jedoch die auf Grund der Allgemeinen Verfügung des Preußischen Justizministers vom 24. Oktober 1929 (JMBl. S. 319) geführten Grundbuchblätter (vgl. unter C).

II. Für die Umschreibung sind die §§ 29, 30, 32, 39 Abs. 3 der Grundbuchverfügung maßgebend. Im einzelnen gilt folgendes:

1. Vor der Umschreibung ist planmäßig festzustellen, ob dem auf dem umzuschreibenden Blatte als Eigentümer Eingetragenen noch andere Grundstücke desselben Grundbuchamtsbezirks gehören. Ist dies der Fall, so ist zu prüfen, ob nach den bestehenden wirtschaftlichen und örtlichen Verhältnissen eine Vereinigung (§ 890 Abs. 1 BGB.) dieser Grundstücke oder die Zuschreibung eines oder mehrerer Grundstücke als Bestandteil zu einem anderen (§ 890 Abs. 2 BGB.) angezeigt ist. Gegebenenfalls ist dem Eigentümer in angemessener Form die Stellung der erforderlichen Anträge nahezulegen. Kommt eine Vereinigung oder Zuschreibung nicht in Betracht, so bleibt in jedem Falle die Möglichkeit der Anlegung eines gemeinschaftlichen Grundbuchblattes (§ 4 GBO.) zu erwägen. Hierzu wird unter Umständen ein nicht umzuschreibendes Grundbuchblatt benutzt werden können.

Durch sachgemäße Ausnutzung dieser Mittel kann der Rechtsverkehr wesentlich erleichtert und der Umfang des Grundbuchs erheblich eingeschränkt werden; auch können hierdurch etwa drohende Raumschwierigkeiten verringert werden. Auf § 63 Abs. 1 Nr. 4 und 5 der Kostenordnung wird in diesem Zusammenhange besonders hingewiesen.

2. Vor der Umschreibung ist gemäß § 29 der Grundbuchverfügung auch zu prüfen, ob Anlaß zur Anwendung des Grundbuchberichtigungszwanges (§ 82 GBO.) besteht.

3. Die Umschreibung besteht nicht im Abschreiben des alten Blattes. Wesentlich ist ihr insbesondere, daß

a) die gelöschten Eintragungen nach Möglichkeit in den Grenzen des § 30 Abs. 1c der Grundbuchverfügung beseitigt werden und

b) daß die Eintragungsvermerke in ihrer Form unter tunlichster Einbeziehung der Eintragungen in der Veränderungsspalte soweit vereinfacht und zusammengefaßt werden, als dies ohne Änderung ihres sachlichen Inhalts und ohne Erweiterung der Bezugnahme irgend möglich ist.

Im einzelnen weise ich auf den Runderlaß des Preußischen Justizministers vom 9. Mai 1931 — I 758 — zu I 2 hin[1]).

---

[1]) JMBl. S. 186.

C.

Über die Behandlung der auf Grund der Allgemeinen Verfügung des Preußischen Justizministers vom 24. Oktober 1929 (JMBl. S. 319) geführten Grundbuchblätter (sog. „Lose-Blatt-Grundbuch") ergeht besondere Anordnung[1]).

D.

Die vorstehenden Bestimmungen beziehen sich nicht auf Grundbuchblätter, die nach § 72 der Grundbuchverfügung von der Neuordnung unberührt bleiben, z. B. Berg- und Bahngrundbücher.

E.

Für die in dieser Verfügung angeordnete Anpassung und Umschreibung werden Kosten nicht erhoben.

F.

I. Die unter A bezeichneten Arbeiten sind grundsätzlich ohne zusätzliche Kräfte in angemessener Zeit, spätestens bis zum 31. Dezember dieses Jahres, durchzuführen. Sollte dies nach den örtlichen Verhältnissen ausgeschlossen sein, so ist besonders zu berichten.

Die Arbeiten werden vom Urkundsbeamten der Geschäftsstelle veranlaßt. Bei den Blättern, auf welchen Unterzeichnung von übertragenen Vermerken nötig wird (vgl. unter A II 2, IV, V, VI), ist die Angleichung vom Richter zu verfügen und vom Urkundsbeamten der Geschäftsstelle zu veranlassen. Beide haben die Vermerke zu unterschreiben. Diese Tätigkeit des Richters ist zur selbständigen Wahrnehmung durch den Rechtspfleger im Sinne des § 23 der Preußischen Entlastungsverfügung geeignet[2]).

II. Ob und wann zur Durchführung der Arbeiten unter B zusätzliche Kräfte zur Verfügung gestellt werden können, läßt sich zur Zeit noch nicht übersehen. Einstweilen sind diese Arbeiten unter Einsatz aller ohnedies verfügbaren Kräfte planmäßig in Angriff zu nehmen und nach Möglichkeit zu fördern. Es ist darauf Bedacht zu nehmen, durch Änderung der Geschäftsverteilung, durch Ausnutzung noch gegebener Entlastungsmöglichkeiten oder auf sonstige Weise hierfür Kräfte frei zu machen. Die Umschreibung selbst ist jedoch zur selbständigen Wahrnehmung durch den Rechtspfleger nicht geeignet.

III. Jedes Grundbuchamt hat ein Verzeichnis zu führen, aus dem sich folgendes ergibt:

1. Die Zahl aller am 1. April dieses Jahres in seinem Bezirk vorhandenen Grundbuchblätter,
2. die Zahl der darunter befindlichen geschlossenen Blätter,
3. die Zahl der anpassungsbedürftigen Blätter (Abschnitt A dieser Verfügung),
4. die Zahl der umschreibungsbedürftigen Blätter (Abschnitt B dieser Verfügung),
5. die Zahl der innerhalb jedes Vierteljahrs
   a) angepaßten,
   b) umgeschriebenen,
   c) durch Vereinigung, Zuschreibung oder Zusammenschreibung beseitigten

   Grundbuchblätter.

Die Einrichtung des Verzeichnisses im einzelnen bleibt den Oberlandesgerichtspräsidenten überlassen.

Ich behalte mir vor, zu gegebener Zeit über den Stand der Arbeiten Bericht zu erfordern.

---

[1]) AV. v. 4. 5. 37 (DJ. 1029). [2]) jetzt § 17 REntlVfg. (S. 271).

Durchführung der §§ 67, 69 der Grundbuchverfügung in Preußen.

AV. vom 25. März 1936 (DJ. S. 498).

Die Allgemeine Verfügung vom 27. Februar 1936 (DJ. S. 336) wird dahin geändert, daß zu der in Abschnitt A unter I vorgeschriebenen Angleichung statt des dort vorgeschriebenen Metallstempels auch ein Gummistempel benutzt werden kann.

Durchführung der §§ 67, 69 der Grundbuchverfügung in Preußen.

AV. vom 19. Mai 1936 (DJ. S. 847).

Bei der in Abschnitt B der Allgemeinen Verfügung vom 27. Februar 1936 (DJ. S. 336) angeordneten Umschreibung der Grundbuchblätter darf zur Herstellung des Schließungsvermerks (§ 30 Abs. 2 GbVfg.) ein Stempel benutzt werden.

Durchführung der §§ 67, 69 der Grundbuchverfügung in Preußen.

AV. vom 5. Juli 1937 (DJ. S. 1029).

Bei Umschreibung von Grundbuchblättern gemäß den nach §§ 67 Abs. 2, 69 der Grundbuchverfügung erlassenen Anordnungen darf zur Herstellung des Verweisungsvermerks in der Aufschrift des neuen Blattes (§ 30 Abs. 1b der Grundbuchverfügung) ein Stempel benutzt werden.

4. Geschäftliche Behandlung der Grundbuchsachen.

AV. vom 25. Februar 1936 (DJ. S. 350).

A. Grundbuchamt.

I. Bezeichnung des Grundbuchamts; Siegel, Stempel.

§ 1. (1) Das Grundbuchamt führt die Bezeichnung des Amtsgerichts, zu dem es gehört, ohne den Zusatz „Grundbuchamt".

(2) a) Das Grundbuchamt führt Siegel und Stempel des Amtsgerichts.

b) Soweit Siegel vorgeschrieben sind, genügt nicht die Verwendung des Stempels (vgl. insbesondere GBO. §§ 56, 61, 62, 70; GBVfg. § 50).

c) Für die Herstellung von Siegeln empfiehlt sich statt der Verwendung von Siegellack und Petschaft die Verwendung von Oblaten, auf die ein Stück Papier aufgelegt wird. In den aus der Oblate und dem Papierstück bestehenden Siegelstoff ist das Siegel einzudrücken. Wenn es die vorhandenen Einrichtungen ermöglichen, soll der Siegeleindruck nicht nur auf der Oblate und dem aufgelegten Stück Papier, sondern auch auf der Urkunde selbst deutlich sichtbar sein.

II. Geschäftszeit, Verkehr der Rechtsuchenden.

§ 2. (1) Die Dienststunden des Grundbuchamts sind die gleichen wie die des Amtsgerichts.

(2) a) Für den Verkehr der Rechtsuchenden mit dem Richter und den Geschäftsstellen, insbesondere für die Aufnahme von Anträgen und Erklärungen, können bestimmte Tagesstunden — für die Geschäftsstellen nicht weniger als werktäglich drei — festgesetzt werden. Es können auch besondere Sprechtage eingerichtet werden. Soweit es der Geschäftsgang gestattet oder in dringlichen Fällen sind Anbringen auch außerhalb der festgesetzten Tage und Stunden entgegenzunehmen.

b) Die Anordnungen trifft der Behördenvorstand nach Genehmigung des Landgerichtspräsidenten.

c) Die Anordnungen sind durch Anschläge im Eingangsraum der Geschäftsgebäude und an sonst geeigneten Stellen, insbesondere an den Türen der in Betracht kommenden Geschäftsräume, bekanntzumachen.

d) Die Beschränkung des Verkehrs in der Geschäftsstelle gilt nicht für Rechtsanwälte, Notare und Vertreter öffentlicher Behörden oder öffentlichrechtlicher Körperschaften und Anstalten. Sie gilt auch nicht für die Einsicht in das Grundbuch oder in die Grundakten.

e) Diese Vorschriften sind auf die ordentlichen Gerichtstage entsprechend anzuwenden.

III. Geschäftsverteilung.

§ 3. (1) Die Verteilung der richterlichen Geschäfte und die Regelung der Richter bestimmt sich nach § 5 der VO. zur einheitlichen Regelung der Gerichtsverfassung vom 20. März 1935 (RGBl. I S. 403). Nach dieser Vorschrift ist auch bei den nur mit einem Richter besetzten Amtsgerichten zu verfahren.

(2) Wegen der Rechtspfleger bewendet es bei den bestehenden Vorschriften (§ 5 der VO. zur Ausführung der GBO. vom 8. August 1935 (RGBl. I S. 1089).[1])

(3) Für die Angelegenheiten der Geschäftsstelle (vgl. insbesondere VO. zur Ausführung der GBO. vom 8. August 1935 §§ 1 bis 4) weist der Behördenvorstand das erforderliche Personal zu. Er regelt auch durch schriftliche Anordnung die Geschäftsverteilung und die Vertretung. Unberührt bleiben die Vorschriften darüber, welche Gruppen von Beamten oder Angestellten mit den einzelnen Geschäften betraut werden können oder zu betrauen sind.

§ 4. Der Behördenvorstand hat für die Entgegennahme von Eintragungsanträgen und -ersuchen sowie für die Beurkundung des Zeitpunkts ihres Eingangs beim Grundbuchamte die — neben dem Richter — zuständigen Beamten der Geschäftsstelle zu bestellen. Ob er einen Beamten für das ganze Grundbuchamt bestellt oder Beamte für die einzelnen Abteilungen, oder ob er beide Möglichkeiten nebeneinander verwendet, richtet sich nach den örtlichen Verhältnissen; doch ist es erwünscht, den Kreis der Beamten möglichst eng zu ziehen. Auf bestimmte Gruppen der Beamten der Geschäftsstelle ist die Auswahl nicht beschränkt; insbesondere ist es nicht erforderlich, den mit der Führung des Grundbuchs, d. h. mit der Unterzeichnung oder Mitunterzeichnung der Eintragungen ins Grundbuch betrauten Beamten zu bestellen. Vielfach wird sich empfehlen, den für die Rechtsuchenden am leichtesten erreichbaren Beamten, insbesondere den Registrator, zu bestellen[2]).

§ 5. In den Geschäftsverteilungsplänen der Amtsgerichte und der Geschäftsstellen ist vorzusehen, daß Eintragungsanträge und -ersuchen, die sich auf mehrere Grundstücke desselben Grundbuchamts beziehen, in ein und derselben Grundbuchabteilung (z. B. derjenigen, zu der das im Antrag oder Ersuchen zuerst genannte Grundbuchblatt gehört) erledigt werden, und zwar sowohl richterlich wie geschäftsstellen- und kanzleimäßig.

B. Grundbuchgeschäfte.

I. Allgemeines.

1. Allgemeine Vorschriften über die Geschäftsbehandlung.

§ 6. Die für das Amtsgericht allgemein bestehenden Vorschriften über die Geschäftsbehandlung (Geschäftsordnungen u. dgl.) gelten auch für die zur Zuständigkeit des Grundbuchamts gehörigen Angelegenheiten, soweit nichts anderes bestimmt ist. Entsprechendes gilt, wenn für die geschäftliche Behandlung der Angelegenheiten der freiwilligen Gerichtsbarkeit allgemeine Vorschriften bestehen.

2. Sammelakten, Generalakten.

§ 7. (1) Bei den gemäß § 1 Abs. 6 der Aktenordnung zu haltenden Sammelakten ist in übersichtlicher Form auch ein Verzeichnis der Beamten (einschließlich ihrer Vertreter) zu halten, die zur Entgegennahme von Eintragungsanträgen und -ersuchen zuständig sind (§ 4). Anzugeben ist dabei der Anfangs- und Endtag der Zuständigkeit sowie, wenn mehrere Abteilungen des Grundbuchamts bestehen, der Geschäftskreis jedes Beamten.

(2) Wegen der Generalakten vgl. die Allgemeine Verfügung vom 18. Dezember 1935 (DJ. S. 1852).

---

[1]) vgl. S. 158. [2]) vgl. AV. vom 17. 3. 42, abgedr. S. 157.

II. Grundbücher und Grundakten.

1. Grundbücher.

§ 8. (1) Die Grundbücher müssen dauerhaft eingebunden sein und sind möglichst mit Sprungrücken zu versehen.

(2) Für die Vordrucke zu den Grundbuchblättern ist Papier der Sorte Normal 2a zu verwenden. Die Vordrucke dürfen, abgesehen von der Aufschrift, liniert sein.

(3) Jeder Grundbuchband beginnt mit einem Titelblatt, auf dem der Name des Amtsgerichts, der Grundbuchbezirk („Grundbuch von .....") und beim Vorhandensein mehrerer Bände für den gleichen Grundbuchbezirk seine Nummer anzugeben sind. Außerdem enthält das Titelblatt die Bescheinigung über die Seitenzahl des Bandes (unten Absatz 5).

(4) Auf dem Rücken jedes Bandes ist ein Schild anzubringen, auf dem der Grundbuchbezirk, die Nummer des Bandes und die Nummern der darin enthaltenen Grundbuchblätter angegeben werden.

(5) a) Wird ein neuer Grundbuchband in Benutzung genommen, so sind seine Seiten durch den ganzen Band hindurch an den oberen Ecken mit fortlaufenden Zahlen zu versehen, sofern der Band nicht bereits mit Seitenzahlen geliefert wird. Auf dem Titelblatt ist zu bescheinigen, wie viele Seiten der Band enthält. Die Bescheinigung ist mit Angabe des Tages ihrer Ausstellung und dem Stempel des Amtsgerichts zu versehen sowie vom Richter und vom Urkundsbeamten der Geschäftsstelle zu unterzeichnen.

b) Ferner sind alsbald die Grundbuchblätter mit den ihnen zukommenden Blattnummern (§ 3 der GBVfg.) zu versehen. Auf diese Weise wird erreicht, daß im Falle der Führung mehrerer Grundbuchbände für den gleichen Grundbuchbezirk (vgl. insbesondere § 3 Abs. 2 der GBVfg.) immer alsbald die Nummer feststeht, die das erste Blatt eines weiteren in Benutzung zu nehmenden Grundbuchbandes zu erhalten hat (§ 3 Abs. 1 Satz 2 der GBVfg.).

c) Ein Nachheften von Einlagebogen in den Grundbuchband ist unzulässig. Ausnahmen bedürfen besonderer Genehmigung des Landgerichtspräsidenten; sie darf nur in Notfällen erteilt werden (vgl. § 10 Abs. 1d Satz 3). Das Nachheften der Einlagebogen ist auf dem Titelblatt in entsprechender Anwendung der Vorschriften in Abs. 5a Satz 2, 3 zu bescheinigen; die einzelnen Seiten der Einlagebogen enthalten die Zahl der Seite, hinter der sie eingeheftet sind, unter Hinzufügung lateinischer Buchstaben, z. B. 16 A, 16 B usw.

§ 9. Zu den Vordrucken für die Grundbuchblätter dürfen nur DIN-Formate der Reihe A verwendet werden. Zu verwenden ist regelmäßig das Normformat A 2 = 420 × 594 mm, aus Rohbogen 430 × 610 mm, so daß die einzelne Seite des Grundbuchblatts die Größe 297 × 420 mm hat. Ein anderes Normformat darf nur verwendet werden, wenn die Größe der für die Unterbringung der Grundbücher bestimmten Behältnisse (vgl. § 12) dies nötig macht, ihre Änderung auch nicht oder nur mit unverhältnismäßigen Kosten möglich ist. Dann kann das Normformat A 3 = 297 × 420 mm, aus Rohbogen 305 × 430 mm (Seitengröße also 210 × 297 mm) angewendet werden. Andere Normformate sollen nicht benutzt werden.

§ 10. (1) a) Der Umfang des einzelnen Grundbuchblatts soll im allgemeinen auf 5 Bogen (= 10 Blätter = 20 Seiten) bemessen werden. Die Unterverteilung kann nach den örtlichen Verhältnissen verschieden sein. Es können beispielsweise entfallen 1 Seite auf die Aufschrift, je 4 Seiten auf das Bestandsverzeichnis und die Erste Abteilung, 2 Seiten auf die Zweite Abteilung und 8 Seiten auf die Dritte Abteilung; doch kann es auch geboten sein, eine Abteilung zugunsten der anderen zu verkürzen. Die letzte Seite bleibt leer.

b) Ist vorauszusehen, daß Grundbuchblätter eines Bezirks — insbesondere auch nach der Umschreibung — nicht den Umfang von 5 Bogen erfordern werden, so kann der Umfang auf weniger, etwa auf 3 Bogen (= 6 Blätter = 12 Seiten) bemessen werden, wovon beispielsweise auf die Aufschrift 1 Seite, auf das Bestandsverzeichnis, die Erste und Zweite Abteilung je 2 Seiten und auf die Dritte Abteilung 4 Seiten entfielen. Öfter werden jedoch auch Blätter mit einem größeren Umfang als 5 Bogen vorzusehen sein.

c) Nach § 3 Abs. 2 der Grundbuchverfügung können für einen Grundbuchbezirk mehrere Bände je mit verschiedenem Umfang der darin enthaltenen Grundbuchblätter geführt werden. Von dieser Möglichkeit ist im Bedarfsfall Gebrauch zu machen, indem neben dem regelmäßigen Grundbuch (Abs. 1a) z. B. etwa auch ein Band mit dreibogigen Blättern und ein weiterer mit mehr als 5 Bogen umfassenden Grundbuchblättern angelegt werden; doch muß Rücksicht auf Wirtschaftlichkeit und Raumersparnis genommen werden.

d) Aus letzterem Grunde wird in erweiterter Auslegung des § 3 Abs. 2 der Grundbuchverfügung auch zugelassen, daß mit besonderer Genehmigung des Oberlandesgerichtspräsidenten in einem Bande Blätter verschiedenen Umfangs vorgesehen werden. Hiervon soll nur ausnahmsweise und nur dann Gebrauch gemacht werden, wenn die Zahl der Grundbuchblätter, deren Umfang von dem im Grundbuchbezirk sonst üblichen abweicht, voraussichtlich so gering ist, daß die Anlegung besonderer Bände für sie sich wirtschaftlich nicht rechtfertigen läßt. Es ist sorgfältig darauf zu achten, daß der bei diesem Verfahren gegebenenfalls in der Mitte des Bandes zunächst offenbleibende Raum bei der Neuanlegung oder Umschreibung von Grundbuchblättern nachträglich ausgefüllt wird.

e) Bietet ein Grundbuchblatt für Neueintragungen keinen Raum mehr, so ist es umzuschreiben (§ 23 GBVfg.). Würde auch nach der Umschreibung des bisherigen Blattes oder im Falle einer Neuanlegung eines Grundbuchblatts von vornherein der in den vorhandenen leeren Grundbuchblättern vorgesehene Raum für die Eintragungen nicht genügen, so muß ein neuer Grundbuchband mit ausreichendem Raum angelegt werden; nach § 2 Satz 1 der Grundbuchverfügung besteht für Ausnahmefälle sogar die Möglichkeit, daß ein Band nur ein Grundbuchblatt enthält. Sind die Eintragungen so dringlich, daß die Umschreibung nicht abgewartet werden kann, so ist sofort zu berichten (vgl. § 8 Abs. 5c Satz 2). Soweit der Raummangel das Bestandsverzeichnis betrifft, wird diesem vielfach durch das in § 6 Abs. 4 der Grundbuchverfügung vorgesehene Verfahren abgeholfen werden können.

(2) In welcher Weise gedruckte Eintragungen (§ 21 Abs. 1 Satz 4 GBVfg.) in den Grundbuchbänden unterzubringen sind, wird bei der Genehmigung der Drucklegung jeweils bestimmt werden. Die Entscheidung über die Genehmigung wird den Oberlandesgerichtspräsidenten übertragen. Werden die Grundbucheintragungen gedruckt, so darf auch das Handblatt gedruckt werden.

(3) Die Grundbücher dürfen im Jnteresse der Haltbarkeit und Handlichkeit nicht zu stark sein. Mehr als 150 Bogen (= 300 Blätter = 600 Seiten) sollen die Bände nicht enthalten. Im Regelfall (Absatz 1a) wird somit ein Grundbuchband höchstens 30 Blätter enthalten.

§ 11. (1) Die näheren Bestimmungen über die Beschaffung der Grundbücher und der für die Grundbuchblätter erforderlichen Vordrucke, über das Einbinden der Grundbücher sowie — im Rahmen der §§ 9, 10 — über die Größe und den Umfang der Grundbuchblätter und Grundbuchbände trifft der Oberlandesgerichtspräsident. Hierbei sind bis zu einer allgemeinen Regelung die in den einzelnen Bezirken bisher geltenden Vorschriften zu beachten.

(2) a) Die Vordrucke für die Grundbuchblätter müssen in gleicher Weise, wie es die Muster zur Grundbuchverfügung ergeben, die ganze Breite des aufgeschlagenen Grundbuchs (Bestandsverzeichnis, Zweite und Dritte Abteilung) oder nur eine Seite (Aufschrift, Erste Abteilung) einnehmen. Sie müssen auch, wie die Muster, beiderseitig (Vorder- und Rückseite) bedruckt sein.

b) Der Gestaltung der einzelnen Druckbogen muß sorgfältige Aufmerksamkeit gewidmet werden, damit aus ihnen das Grundbuchblatt richtig zusammengestellt werden kann.

c) Geringfügige Änderungen an den Mustern können die Oberlandesgerichtspräsidenten bei örtlichem Bedürfnis verfügen, jedoch nur, soweit sie die Breite einzelner Spalten betreffen.

§ 12. (1) Die Grundbuchämter haben die Grundbücher so zu verwahren, daß sie von Unberufenen nicht eingesehen werden können.

(2) Die Grundbücher sollen in einem sicheren Raum, insbesondere feuersicher, aufbewahrt werden. Damit bei Feuersgefahr ein Eindringen in den Aufbewahrungsraum möglich ist, sollen seine Fenster nicht vergittert und nicht mit eisernen Rolläden verschlossen sein; vorhandene Klappläden (eisern oder eisenummantelte) sollen nach innen schlagen und mit einem Verschluß versehen sein, der bei Anwendung mäßiger Gewalt von außen her nachgibt. Es ist darauf zu achten, daß die Grundbücher nicht an Orten verwahrt werden, wo sie der Feuchtigkeit oder im besonderen Maße der Sonnenhitze, dem Staub oder dem Einfluß der Heizung ausgesetzt sind.

(3) Bei Feuersgefahr gehören die Grundbücher zu den wichtigen Stücken, deren Rettung besonders ins Auge zu fassen ist. Zur Rettung sollen starke mit einer Schlinge versehene Hanfschnüre, wie sie für das Binden von Aktenpaketen gebraucht werden, zum eiligen Zusammenschnüren bereitgehalten werden und, wo es eingeführt ist, Rettungssäcke.

(4) Bei dem Umgang mit Feuer und Licht in den Grundbuchabteilungen ist äußerste Vorsicht anzuwenden.

(5) Die Grundbücher sind pfleglich zu behandeln. Es ist auch bei der Vorlegung an andere darauf zu achten, daß dies geschieht. Die Einsicht darf nur in Anwesenheit eines Beamten des Grundbuchamts geschehen.

§ 13. Das Grundbuch darf nicht von der Amtsstelle entfernt werden.

2. Grundakten.

§ 14. (1) Die Anlegung und Führung von Grundakten ist in der Aktenordnung[1]) (insbesondere in ihrem § 21) geregelt.

(2) Urkunden, die Anlaß zu Eintragungen in das Grundbuch geben, brauchen einschließlich der darauf ergangenen Verfügungen erst nach Erledigung der Angelegenheit in die Grundakten geheftet zu werden. Über ihren Verbleib ist sorgfältig zu wachen (vgl. Aktenordnung § 5 Abs. 1), insbesondere wenn Einsicht in sie begehrt wird (vgl. auch § 16).

(3) Eine Urkunde, auf die sich Eintragungen auf mehreren Grundbuchblättern gründen, soll endgültig zu den Grundakten genommen werden, bei denen sie ihre erste Ordnungsnummer erhalten hat (§ 20 Abs. 2a).

(4) Über ein gemeinschaftliches Grundbuchblatt (GBO. § 4) wird nur ein Grundaktenstück geführt.

§ 15. Von der Schuldurkunde, die nach GBO. § 58 Abs. 1 mit dem Hypothekenbrief verbunden wird ist eine beglaubigte Abschrift zu den Grundakten zu bringen.

§ 16. Die Vorschriften in § 12 Abs. 3 bis 5 sind auch hinsichtlich der Grundakten zu beachten. Die lose bei den Grundakten befindlichen Urkunden (vgl. § 14 Abs. 2) dürfen ebenfalls nur in Gegenwart eines Beamten des Grundbuchamts eingesehen werden.

§ 17. (1) Die Grundakten sollen möglichst in den Geschäftsräumen des Grundbuchamts bleiben; sie dürfen nur nach Maßgabe der nachstehenden Vorschriften herausgegeben werden.

(2) a) An deutsche Justizbehörden können die Grundakten übersandt werden.

b) Vorschriften, nach denen andere deutsche Stellen ein Recht auf Übersendung der Grundakten haben, bleiben unberührt.

c) Soweit ein solches Recht nicht ausdrücklich anerkannt ist, sind Übersendungsersuchen von Behörden unter dem Gesichtspunkt zu prüfen, daß die Einheitlichkeit des Staatswesens grundsätzlich die gegenseitige Unterstützung

[1]) vgl. S. 267

der Justiz- und Verwaltungsbehörden bei der Erledigung der ihnen obliegenden Geschäfte innerhalb ihres Geschäftskreises erfordert.

(3) Die Übersendung der Grundakten an die in Abs. 2 genannten Stellen soll jedoch nach Möglichkeit eingeschränkt werden, da erwartet werden kann, daß die Ersuchen mit Rücksicht auf die Bedeutung der Grundakten und ihre Unentbehrlichkeit für den täglichen Grundbuchverkehr nur in den unbedingt notwendigen Fällen gestellt oder aufrechterhalten werden. Werden Grundakten übersandt, so ist ihre baldige Rücksendung zu fordern und zu überwachen.

(4) Ersuchen um Übersendung der Grundakten sind abzulehnen, wenn und solange durch die Versendung Amtsgeschäfte des Grundbuchamts verzögert würden.

(5) Die Versendung nach auswärts erfolgt als versiegeltes Wertpaket, nach Befinden mit Rückschein (AV. vom 3. Januar 1936 — DJ. S. 57 — B I). Versendung als Eisenbahnfrachtgut ist ausgeschlossen.

(6) Ersuchen ausländischer Behörden um Übersendung von Grundakten sind dem Reichsminister der Justiz vorzulegen.

(7) Zu den Gerichtstagen dürfen Grundakten mitgenommen werden.

III. Einzelne Grundbuchgeschäfte.

1. Behandlung der Eingänge.

§ 18. (1) Die für das Amtsgericht allgemein bestehenden Bestimmungen über die Annahme und Behandlung eingehender Schriftstücke und Sendungen gelten unbeschadet des § 19 auch für die zur Zuständigkeit des Grundbuchamts gehörenden Angelegenheiten.

(2) Ist im Geschäftsgebäude ein Briefkasten zum Einwerfen von Schriftstücken angebracht, so soll seine Aufschrift den Hinweis enthalten, daß Schriftstücke in Grundbuchsachen zur Vermeidung von Nachteilen nicht einzuwerfen, sondern in der Geschäftsstelle abzugeben sind.

§ 19. (1) Hinsichtlich der Anträge auf Eintragung in das Grundbuch ist der Zeitpunkt ihres Eingangs beim Grundbuchamt (nicht bei dem Amtsgericht als solchen) von erheblicher rechtlicher Bedeutung. Der Antrag ist bei dem Grundbuchamt eingegangen, wenn er einem zur Entgegennahme zuständigen Beamten vorgelegt ist. Zuständig[1]) für die Entgegennahme und für die Beurkundung des Zeitpunkts des Eingangs sind nur der mit der Führung des Grundbuchs über das betroffene Grundstück beauftragte Richter und der vom Behördenvorstand für das ganze Grundbuchamt oder die in Betracht kommende Abteilung bestellte Beamte der Geschäftsstelle. Bezieht sich der Antrag auf mehrere Grundstücke in verschiedenen Geschäftsbereichen desselben Grundbuchamts, so ist jeder nach dem Vorstehenden in Frage kommende Beamte zuständig (§ 13 Abs. 1 GBO.; § 1 VO. z. Ausf. d. GBO. vom 8. August 1935, sowie oben §§ 3, 4).

(2) a) Der erste der nach Abs. 1 zuständigen Beamten, dem der Antrag vorgelegt wird, hat ihn mit dem Eingangsvermerk zu versehen. Der Eingangsvermerk soll neben der Bezeugung des Eingangs beim Grundbuchamt dessen Zeitpunkt nach Tag, Stunde und Minute angeben und von dem Beamten mit dem ausgeschriebenen Namen unterzeichnet werden. Die Verwendung eines Datumstempels ist zulässig; Stunde und Minute sind gegebenenfalls handschriftlich einzufügen.

b) Entscheidend für den Zeitpunkt des Eingangs ist die Vorlegung bei dem zuständigen Beamten, d. h. der Zeitpunkt, zu dem der Antrag in seinen Besitz kommt. Nicht maßgebend ist danach z. B. der Zeitpunkt, in dem der Beamte eine ihm verschlossen vorgelegte Sendung eröffnet oder von dem Inhalte der Urkunde Kenntnis nimmt oder den Eingangsvermerk anbringt. Mehrere gleichzeitig vorgelegte Anträge erhalten den gleichen Eingangsvermerk. Außerhalb des Dienstes, z. B. in der Wohnung, kann und soll der Beamte die Entgegennahme von Anträgen ablehnen.

---

[1]) vgl. AV. vom 17. 3. 42 (DJ. 198), abgedr. S. 157.

c) Der Eingangsvermerk soll auf den Antrag, und zwar möglichst in die rechte obere Ecke der ersten Seite gesetzt werden. Er soll auch die Zahl etwaiger Beilagen des Antrags angeben.

(3) Wird ein Antrag auf Eintragung ins Grundbuch zur Niederschrift eines nach Abs. 1 zuständigen Beamten gestellt, so ist er mit dem Abschluß der Niederschrift bei dem Grundbuchamt eingegangen (§ 13 Abs. 1 Satz 4 GBO.). Auch in diesem Falle bedarf es des Eingangsvermerks; er hat den Zeitpunkt des völligen Abschlusses der Niederschrift anzugeben, zu dem auch die Unterschrift des aufnehmenden Beamten gehört.

(4) Die vorstehenden Vorschriften gelten entsprechend auch für Ersuchen um Eintragungen in das Grundbuch.

(5) Wird ein Schriftstück, das den Eingangsvermerk trägt, herausgegeben, so ist der Eingangsvermerk auf die zurückbehaltene beglaubigte Abschrift (§ 10 Abs. 1 Satz 2 GBO.) beglaubigt mit zu übertragen.

(6) Gelangen nach den für das Amtsgericht bestehenden allgemeinen Bestimmungen (§ 18) Anträge auf Eintragung in das Grundbuch oder Ersuchen um solche nicht unmittelbar an einen zuständigen Beamten im Sinne des Abs. 1, so sind sie von dem annehmenden Beamten unverzüglich dahin abzugeben. Das gilt entsprechend, wenn in einer gerichtlichen Verhandlung, insbesondere der freiwilligen Gerichtsbarkeit, Anträge auf Eintragung in das Grundbuch gestellt werden oder wenn solche Anträge mit einem in anderer Angelegenheit an das Amtsgericht gerichteten Gesuche verbunden sind.

(7) Bei der Auswahl der auf Gerichtstagen tätigen Beamten ist darauf zu achten, daß möglichst einer der in Abs. 1 genannten Beamten anwesend ist.

§ 20. (1) Nachdem das den Antrag oder das Ersuchen enthaltende Schriftstück mit dem Eingangsvermerk versehen ist (§ 19), ist es unverzüglich vor Eintritt in die sachliche Bearbeitung an den Registrator der zuständigen Grundbuchabteilung abzugeben; die Grundakten sind beizufügen, wenn sie sich etwa bei dem Beamten befinden, der den Eingangsvermerk angebracht hat. Der Registrator stellt — nachdem das Schriftstück die Ordnungsnummer erhalten hat (§ 21 Abs. 1, 2 AO.) — fest, ob noch andere dasselbe Grundstück betreffende Anträge oder Ersuchen eingegangen sind, und macht über die Feststellung einen Vermerk; darüber, in welcher Weise der Registrator diese Feststellung trifft, sowie über Form und Inhalt des Vermerks kann der Oberlandesgerichtspräsident nähere Bestimmungen erlassen. Sodann legt der Registrator alle Anträge und Ersuchen mit den Grundakten oder dem Kontrollblatt (§ 5 Abs. 2 AO.) dem für die Erledigung zuständigen Beamten vor.

(2) a) Bezieht sich der Antrag oder das Ersuchen auf mehrere im Bezirk des Grundbuchamts gelegene Grundstücke, so gibt der Registrator unverzüglich, nachdem das Schriftstück seine Ordnungsnummer bei einem der beteiligten Grundstücke erhalten hat, zu den Grundakten der übrigen Grundstücke Nachricht durch ein Merkblatt, auf dem der Zeitpunkt des Eingangs und der Verbleib des Antrags oder Ersuchens vermerkt ist. Das Merkblatt erhält bei den Grundakten, für die es bestimmt ist, eine besondere Ordnungsnummer. Sodann finden die Vorschriften des Abs. 1 Satz 2, 3 sinngemäß Anwendung. Wegen der Zuständigkeit für die sachliche Bearbeitung vgl. § 5.

b) Das Merkblatt wird bis zur Erledigung des Antrags oder Ersuchens unter dem Deckel der Grundakten, zu denen es gehört, aufbewahrt; danach ist es zu den Grundakten zu heften (vgl. § 14 Abs. 2). Es dient auch zu der Verweisung auf die Grundakten, in denen sich die Eintragungsunterlagen und die Eintragungsverfügung befinden (§ 25 Abs. 3 GBVfg., § 24 Abs. 2).

§ 21. (1) Enthält ein beim Grundbuchamt eingegangenes Schriftstück nur Anträge oder Ersuchen, für die ein anderes Grundbuchamt zuständig ist, so soll unter Benachrichtigung der Beteiligten nach § 8 Abs. 2 der Aktenordnung verfahren werden. Doch bleibt die Befugnis des zuständigen Beamten unberührt, Anträge oder Ersuchen mangels örtlicher Zuständigkeit zurückzuweisen.

(2) a) Enthält ein beim Grundbuchamt eingegangenes Schriftstück Anträge oder Ersuchen, für deren Erledigung neben dem angegangenen Grundbuchamt auch noch ein anderes Grundbuchamt oder mehrere andere Grundbuchämter zuständig sind, so erledigt zunächst das angegangene Grundbuchamt die in seine Zuständigkeit fallenden Anträge oder Ersuchen. Danach übersendet es das Schriftstück, gegebenenfalls eine Ausfertigung oder beglaubigte Abschrift davon, dem anderen oder einem der anderen beteiligten Grundbuchämter; es bleibt seinem Ermessen überlassen, ob es auch eine Abschrift seiner Verfügung mitteilt. Die anderen Grundbuchämter verfahren entsprechend, wie das zuerst angegangene Grundbuchamt. Abs. 1 Satz 2 gilt auch hier.

b) Sofern das Schriftstück nicht ergibt oder sonst nicht bekannt ist, daß die Anträge oder Ersuchen bereits bei jedem beteiligten Grundbuchamt gesondert gestellt sind oder werden, soll das angegangene Grundbuchamt den Antragsteller darauf hinweisen, daß es das unter a vorgesehene Verfahren einschlagen werde.

§ 22. (1) Hat ein Amtsgericht eine Zweigstelle, die Grundbuchsachen bearbeitet und die Grundbücher für ihren Bezirk in Verwahrung hat, so sollen Eintragungen in diese Grundbücher erst erfolgen, nachdem festgestellt ist, daß früher oder gleichzeitig eingegangene Anträge oder Ersuchen bei der Hauptstelle nicht vorhanden sind.

(2) Gehen bei der Hauptstelle Eintragungsanträge oder -ersuchen hinsichtlich der auf der Zweigstelle befindlichen Grundbücher ein, so sind sie alsbald der Zweigstelle zu übersenden; soweit erforderlich, ist der Eingang und sein Zeitpunkt der Zweigstelle auch fernmündlich mitzuteilen. Betrifft der Antrag oder das Ersuchen sowohl Grundstücke, die bei der Hauptstelle, wie solche, die bei der Zweigstelle bearbeitet werden, so ist nach § 20 Abs. 2 zu verfahren.

§ 23.[1]) (1) Für die Behandlung und Aufbewahrung von Urkunden, die nicht zu den Grundakten genommen werden, gelten die Vorschriften der Nr. 1, 2, 4—13 und 16 der AV. vom 3. Dezember 1938 (DJ. S. 1933) über die Behandlung der in amtlichen Gewahrsam gelangten Gegenstände.

(2) Dem Einlieferer einer Urkunde, auch z. B. eines Eintragungsantrags, ist von der Geschäftsstelle auf Verlangen eine Empfangsbescheinigung zu erteilen, wenn zugleich mit der Urkunde der Entwurf einer solchen, der nur durch Einfügen des Kalendertags und die Unterschrift des Beamten zu ergänzen ist, oder ein entsprechend eingerichtetes Quittungsbuch vorgelegt wird. Bei Personen, die selten und nicht geschäftsmäßig Schriften einliefern, soll die Erteilung der Empfangsbescheinigung nicht von der Vorlage eines Entwurfs abhängig gemacht werden. Wird die Urkunde zurückgegeben, so ist die Rückgabe der Empfangsbescheinigung zu fordern.

2. Eintragungsverfügung.

§ 24. (1) Die Eintragung in das Grundbuch soll der Richter, regelmäßig unter Angabe des Wortlauts, verfügen. Die Vorschriften, nach denen sich der Richter für die Herstellung von Entwürfen der Eintragungsverfügung der Unterstützung durch andere Beamte bedienen kann, bleiben unberührt.

(2) a) Die Eintragungsverfügung ist urschriftlich zu dem die Eintragung veranlassenden Schriftstück, gegebenenfalls seiner beglaubigten Abschrift (§ 10 Abs. 1 Satz 2 GBO.) zu nehmen.

b) Die Angabe des Wortlauts der Eintragung erfolgt entweder in der Eintragungsverfügung oder im Handblatt. Die Angabe der Zeit der Eintragung ist offen zu lassen. Wird der Wortlaut in der Eintragungsverfügung angegeben, so ist in ihr auch die Eintragungsstelle genau zu bezeichnen. Erfolgt die Angabe des Wortlauts im Handblatt, so kann sich die Eintragungsverfügung auf die

[1]) Abs. 1 in der Fassung der AV. vom 27. 1. 39 (DJ. 224).

Anordnung beschränken: „Einzutragen ...... (Bezeichnung der Stelle der vorzunehmenden Eintragung) ...... wie im Handblatt.“

(3) Wird eine Eintragungsvoraussetzung als offenkundig behandelt (§ 29 Abs. 1 Satz 2 GBO.), so soll dies aktenkundig gemacht werden.

(4) Ist die Eintragung erfolgt, so ist von der Geschäftsstelle das Handblatt zu vervollständigen und zu der Eintragungsverfügung der Tag der Eintragung zu vermerken.

§ 25. (1) Wegen der Zuständigkeit für die Sachbearbeitung im Falle der Beteiligung mehrerer Grundstücke des gleichen Grundbuchamts vgl. § 5.

(2) Die Eintragungsverfügung soll für alle beteiligten Blätter zu den Grundakten genommen werden, in denen das die Eintragung veranlassende Schriftstück endgültig verbleibt (vgl. § 14 Abs. 3). Die Eintragungsverfügung durch Bezugnahme auf das Handblatt (§ 24 Abs. 2b Satz 4) ist dann auch hinsichtlich der anderen Grundbuchblätter zulässig. Der Richter ist jedoch nicht gehindert, für jedes einzelne Grundstück eine besondere Eintragungsverfügung zu erlassen und sie zu den zugehörigen Grundakten zu nehmen, sofern dies im Einzelfall zweckmäßig erscheint.

(3) Abschriften der Eintragungsverfügungen sind grundsätzlich zu den Grundakten, in denen sich die Urschrift nicht befindet, nicht zu geben. Es ist aber in diesen Akten auf die Stelle zu verweisen, wo sich die Eintragungsverfügung befindet. Zu dem Hinweis kann gegebenenfalls das Merkblatt (§ 20 Abs. 2) verwendet werden; auf ihm ist auch der Tag der Eintragung zu vermerken (vgl. § 24 Abs. 4).

§ 26. Die Vorschriften der §§ 24, 25 gelten auch für den Urkundsbeamten der Geschäftsstelle in den Fällen des § 4 Abs. 2b, c, d der VO. zur Ausführung der GBO. vom 8. August 1935.

3. Eintragungen.

§ 27. (1) Zu den Eintragungen in das Grundbuch ist eine kräftige, nicht verblassende Tinte zu gebrauchen. Die Schrift ist ohne Anwendung von Löschpapier oder Sand trocknen zu lassen.

(2) Bei Eintragungen mit der Schreibmaschine dürfen nur Farbbänder verwendet werden, die eine haltbare, für Urkunden geeignete Schrift liefern und auf das Vorhandensein dieser Eigenschaft tunlichst von einer dafür zuständigen Behörde geprüft worden sind. Es ist darauf zu halten, daß möglichst frische Farbbänder benutzt werden.

§ 28. (1) Die Eintragungen in das Grundbuch und die Unterzeichnung durch die Grundbuchbeamten sind möglichst zu beschleunigen.

(2) Als Tag der Eintragung in das Grundbuch ist der Tag anzusehen, an dem die Eintragung von den zur Unterzeichnung zuständigen Personen unterschrieben wird. Bei der Einschreibung ist deshalb der Eintragungstag zunächst offen zu lassen.

§ 29. (1) Schreibversehen, die vor dem Unterschreiben bemerkt werden, können mit Genehmigung des Beamten, der die Eintragung verfügt hat, durch Verbesserung des Eintrags berichtigt werden, wenn dadurch der ursprüngliche Eintrag nicht unleserlich oder unübersichtlich wird. Die Berichtigung der Eintragung ist an deren Schlusse als solche zu bezeugen.

(2) Ergibt sich sonst Anlaß zur Berichtigung von Schreibversehen, so ist die Sache dem Richter zur Entscheidung vorzulegen. Das gilt auch, wenn eine versehentlich erfolgte rote Unterstreichung beseitigt werden soll. Die Beseitigung erfolgt in der Weise, daß der rote Strich durch kleine schwarze Striche durchkreuzt wird.

§ 30.[1]) (1) Zur Durchführung der Vorschriften in § 48 der Grundbuchordnung hat das Grundbuchamt, sofern es nicht selbst alle beteiligten Grundbuchblätter bearbeitet, zu den Grundakten der beteiligten Grundstücke jede das mitbelastende Recht betreffende Eintragung mitzuteilen und hierbei auf

[1]) in der Fassung der AV. vom 23. 12. 37 (DJ. 38, 33).

etwaige Abweichungen zwischen der grundbuchmäßigen Bezeichnung der beteiligten Grundstücke, deren Grundbuchblätter bei ihm geführt werden, und ihrer Bezeichnung in den Eintragungsunterlagen hinzuweisen, soweit dies nicht schon geschehen ist. Entsprechendes gilt für Verfügungen, durch die Anträge oder Ersuchen hinsichtlich dieses Rechts zurückgewiesen werden.

(2) a) Bearbeitet das Grundbuchamt nicht selbst alle beteiligten Grundbuchblätter, so soll die Mithaft der Grundstücke, deren Grundbuchblätter es nicht führt, zugleich mit der Eintragung des Rechts auf den von ihm geführten Grundbuchblättern eingetragen werden, ohne Rücksicht darauf, ob die Eintragung auf den anderen Blättern bereits erfolgt ist. Die mitbelasteten Grundstücke sind tunlichst durch Hinweis auf das Grundbuchblatt und Angabe ihrer Nummer im Bestandsverzeichnis zu kennzeichnen.

b) Das Grundbuchamt soll vor der Eintragung tunlichst bei den anderen Grundbuchämtern anfragen, ob die beteiligten Grundstücke in den Eintragungsunterlagen grundbuchmäßig richtig bezeichnet sind.

c) Das Grundbuchamt hat die Bezeichnung der mitbelasteten Grundstücke mit den gemäß Abs. 1 eingehenden Mitteilungen zu vergleichen und gegebenenfalls von Amts wegen richtig zu stellen.

d) Sofern das angegangene Grundbuchamt nicht nach § 21 Abs. 2a verfährt, hat es in geeigneter Weise zu überwachen, ob der Antrag oder das Ersuchen auch bei den anderen beteiligten Grundbuchämtern gestellt wird und gegebenenfalls dem Antragsteller eine angemessene Frist hierzu zu setzen. Wird der Antrag innerhalb der Frist nicht gestellt, so ist anzunehmen, daß er nicht gestellt werden soll. Vor der Fristsetzung soll das Grundbuchamt sich mit den anderen beteiligten Grundbuchämtern über das Vorgehen verständigen.

§ 31. (1) Wird nach § 6 Abs. 4 Satz 1, 2 der Grundbuchverfügung verfahren, so ist der beglaubigte Auszug aus dem maßgebenden amtlichen Verzeichnis mit dem Handblatt zu verbinden.

(2) Der Urkundsbeamte der Geschäftsstelle hat im Rahmen von § 4 Abs. 2b der Verordnung zur Ausführung der Grundbuchordnung vom 8. August 1935 und von § 6 Abs. 4 der Grundbuchverfügung dafür zu sorgen, daß der Auszug auf dem Laufenden erhalten wird. Nach den insoweit bestehenbleibenden landesrechtlichen Vorschriften richtet sich, ob er hierzu die das Verzeichnis führende Behörde zu ersuchen hat oder ob er selbständig tätig wird, sowie, wer die Beglaubigung des Auszugs oder der Nachträge zu bewirken hat.

(3) Enthält ein Grundbuchblatt mehrere Grundstücke (§ 4 GBO.), so ist der beglaubigte Auszug für jedes Grundstück getrennt zu halten.

4. Schließung des Grundbuchblatts.

§ 32. Wird ein geschlossenes Grundbuchblatt zur Einrichtung eines neuen Blattes verwendet (§ 37 Abs. 2 GBVfg.), so sind für das neue Blatt neue Grundakten anzulegen.

5. Bekanntmachungen, Mitteilungen.

§ 33. (1) Die Bekanntmachung der Eintragungen (§ 55 GBO., §§ 39—42 GBVfg.) wird vom Richter und im Falle des § 26 von dem Urkundsbeamten der Geschäftsstelle verfügt und von der Geschäftsstelle ausgeführt.

(2) a) Die Bekanntmachung erfolgt durch Übersendung einer Abschrift der Eintragung. Die Abschrift soll neben der Stelle der Eintragung im Grundbuch auch den Namen des Grundstückseigentümers, bei einem Eigentumswechsel auch den des bisherigen Eigentümers und, sofern bekannt, die Wohnung des neuen Eigentümers angeben.

b) Wird zu der Mitteilung ein Vordruck verwendet, so bedarf es keines Entwurfs zu den Grundakten. In jedem Falle ist aber zu den Grundakten zu vermerken, welche Eintragungen bekannt gemacht worden sind, sowie an wen und wann die Bekanntmachung erfolgt ist; bei Verwendung eines Vordrucks ist auch seine Bezeichnung (Nummer) anzugeben.

c) Besondere Vorschriften über die Form der Bekanntmachungen in den Fällen des § 39 Abs. 4 der Grundbuchverfügung bleiben unberührt.

(3) Der Erlaß der Bekanntmachungen ist möglichst zu beschleunigen.

§ 34. Unberührt bleiben die Vorschriften, nach denen das Grundbuchamt andere Stellen, insbesondere Steuerbehörden, von sonstigen Rechtsvorgängen als von Eintragungen (insbesondere von Beurkundungen) zu benachrichtigen hat. Wegen der Eintragungen vgl. Grundbuchverfügung § 39 Abs. 4.

6. Einsicht in Grundbücher und Grundakten.

§ 35. Anträge von Privatpersonen, ihnen im Verwaltungswege die Einsicht in einzelne bestimmt bezeichnete Grundbücher oder Grundakten oder bestimmte Gruppen von solchen zu gestatten, sind dem Landgerichtspräsidenten zur Entschließung vorzulegen. Dem Antrage kann unter dem Vorbehalt jederzeitigen Widerrufs stattgegeben werden, wenn dargelegt wird, daß dadurch unterstützungswürdige Zwecke, insbesondere Studien geschichtlicher oder volkswirtschaftlicher Art gefördert, die Belange der Grundstückseigentümer oder der sonst Beteiligten nicht beeinträchtigt werden und wenn sichergestellt ist, daß die entnommenen Nachrichten nicht mißbraucht werden. Auch darf der Geschäftsgang des Grundbuchamts nicht ungebührlich belastet werden.

7. Hypotheken-, Grundschuld- und Rentenschuldbriefe.

§ 36. (1) Die Hypotheken-, Grundschuld- und Rentenschuldbriefe sind ihrem vollen Wortlaute nach auf Konzeptpapier zu entwerfen; der Entwurf bleibt bei den Grundakten. Die Übertragung in die Ausfertigung darf erst erfolgen, nachdem der Richter den Entwurf zum Zeichen der Billigung mit seinem Namenszeichen versehen hat. Entsprechendes gilt für nachträgliche Vermerke auf den Briefen.

(2) a) Wegen der für die Ausfertigung zu verwendenden Vordrucke und das Verfahren mit diesen vergleiche § 52 Abs. 2 der Grundbuchverfügung in Verbindung mit den dazu ergehenden Anweisungen des Reichsministers der Justiz[1]).

b) Muß zur Bewirkung der Eintragungen auf dem Briefe mit dem Ausfertigungsvordruck ein besonderer Bogen verbunden werden (vgl. insbesondere § 49 GBVfg.), so steht hierfür die zu den Ausfertigungsvordrucken verwendete Papiersorte nicht zur Verfügung. In diesen Fällen ist für die Ausfertigung der Ein- oder Anlagebogen Papier der Sorte Normal 2a zu verwenden.

(3) Die Geschäftsnummer ist auf den Briefen nicht anzugeben. Auch sind auf ihnen keine Vermerke über die geschäftliche Erledigung (Absendungsvermerke, Postgebühren u. ä.) anzubringen.

§ 37. (1) Zu der in § 50 der Grundbuchverfügung vorgeschriebenen Verbindung von Urkunden ist Schnur in den Farben Schwarz-Weiß-Rot zu verwenden.

(2) a)[2]) Wegen der nach der GBO. § 59 Abs. 2 erforderlichen Verbindung der von den verschiedenen Grundbuchämtern ausgestellten Briefe empfiehlt es sich im allgemeinen, die einzelnen Briefe erst auszustellen, nachdem die Eintragungen auf sämtlichen beteiligten Blättern übereinstimmend vollzogen sind; doch kann im Einzelfall ein anderes Verfahren geboten sein.

b) Darüber, welches Grundbuchamt die Verbindung zu bewirken hat, läßt sich eine allgemeine Regel nicht aufstellen. Die beteiligten Grundbuchämter haben es sich durch gegenseitige Verständigung angelegen sein zu lassen, daß die Verbindung in der dem Einzelfall entsprechenden Weise durchgeführt wird.

c) Wird erst nach der Erteilung des Briefes mit dem Rechte noch ein im Bezirk eines anderen Grundbuchamts liegendes Grundstück belastet, so ist die Verbindung der Briefe von diesem Grundbuchamt vorzunehmen.

---

[1]) vgl. AV. vom 20. 7 36 (DJ. 1103).
[2]) in der Fassung der AV vom 23. 12. 37 (DJ 1938, 33).

(3) Urkunden, die lediglich eine Abtretungserklärung enthalten, werden mit dem Briefe nicht verbunden.

§ 38. Über die Aushändigung der Briefe (§ 60 GBO.) muß sich ein Nachweis bei den Grundakten befinden. Die Aushändigung an der Amtsstelle erfolgt gegen Quittung, die Übersendung durch die Post als Einschreibesendung gegen Rückschein, die Aushändigung durch Vermittlung des Gerichtswachtmeisters gegen schriftliches Empfangsbekenntnis des Empfängers. Der Umschlag soll die Geschäftsnummer tragen.

C. Schlußbestimmungen.

§ 39. (1) Diese Verfügung tritt am 1. April 1936 in Kraft, soweit sich aus ihr nicht Abweichendes ergibt. Die ihr entsprechenden Ländervorschriften erledigen sich mit der gleichen Maßgabe.

(2) Soweit die reichsrechtlichen Grundbuchvorschriften landesrechtliche Regelungen aufrechterhalten, gilt dies auch für besondere Vorschriften über die geschäftliche Behandlung auf diesen Gebieten (vgl. insbesondere Verordnung zur Änderung des Verfahrens in Grundbuchsachen vom 5. August 1935 — RGBl. I S. 1065 — Art. 8;[1]) GBO. § 117; Verordnung zur Ausführung der Grundbuchordnung vom 8. August 1935[2]) §§ 5, 6, 19, 20; Grundbuchverfügung[3]) § 66 Abs. 2, §§ 67—69, 72).

§ 40. Die Oberlandesgerichtspräsidenten sind ermächtigt, ergänzende Vorschriften über die geschäftliche Behandlung der Grundbuchsachen zu erlassen, soweit solche nach den örtlichen Verhältnissen ihrer Bezirke erforderlich sind. Solche Vorschriften sind vor ihrem Erlaß dem Reichsminister der Justiz vorzulegen.

5. Preußische Allgemeine Verfügung zur Ausführung der Grundbuchordnung

in der Fassung vom 19. November 1931 (JMBl. S. 373).

§ 3. (1) ff.

(4) Ein dem Anlieger gehörender, in den Steuerbüchern nicht verzeichneter Anteil an einem Wasserlauf oder einem nicht zu den Wasserläufen gehörenden See ist, soweit er nicht bereits in dem Grundbuch eingetragen ist, durch den Vermerk:

„Anteil an dem (der) . . .

und die Hinzufügung des Namens des Wasserlaufs oder Sees und, soweit erforderlich, auch durch den Hinweis auf das Ufergrundstück zu bezeichnen. Dies gilt jedoch nicht, wenn das Eigentum an dem Anteile ganz oder teilweise nicht unmittelbar auf Gesetz beruht oder geringeren Umfanges ist, als das Gesetz vorschreibt.

§ 10. (1) In die erste Abteilung sind einzutragen:

1. in Spalte 1 der Eigentümer, bei Miteigentümern auch die im § 48 GBO. vorgeschriebene Angabe; steht an einem Wasserlauf erster Ordnung einen andern als dem Staate ein vom Wasserlaufeigentum des Wassergesetzes abweichendes Eigentum, insbesondere ein bloßes Eigentum an dem Flußbette zu (§ 9 Abs. 1 daselbst), so ist den Namen der beiden Eigentümer ein Vermerk hinzuzufügen, aus dem sich ergibt, welchen Inhalt ihr Recht hat.

§ 25 (22). Die Vorschriften der §§ 1 bis 23 finden auf Bergwerke, selbständige Kohlenabbau-Gerechtigkeiten und andere Berechtigungen, für welche die sich auf Grundstücke beziehenden Vorschriften gelten, entsprechende Anwendung, soweit nicht in den §§ 26 bis 29 ein anderes bestimmt ist.

§ 26 (23). Für die im Bezirk eines Grundbuchamts belegenen Bergwerke ist ein besonderes Grundbuch einzurichten.

§ 27 (24). (1) Bei Bergwerken und selbständigen Kohlenabbau-Gerechtigkeiten ist in die Aufschrift eine Beschreibung aufzunehmen, die den wesent-

---

[1]) abgedr. S. 15. [2]) abgedr. S. 157. [3]) abgedr. S. 176.

lichen Inhalt der Verleihungsurkunde oder des sonstigen Berechtigungstitels angibt.

(2) Für die dem Bergwerk oder der Kohlenabbau-Gerechtigkeit zugeschriebenen Grundstücke gelten die Vorschriften des § 3. Die Vorschriften des § 8 Abs. 4 finden auf diese Grundstücke keine Anwendung.

§ 28 (25). (1) Für Bergwerke mit unbeweglichen Anteilen der Gewerken (Kuxen) behält es bei dem im § 6 Abs. 3 der Grundbuchordnung vom 5. Mai 1872 vorgeschriebenen Vordruck (bisher Vordruck III) mit folgenden Maßgaben sein Bewenden:

1. Der Unterabschnitt II des Titels ist für die dem Bergwerk als Bestandteil zugeschriebenen Grundstücke bestimmt; die Vorschriften des § 27 Abs. 2 finden Anwendung.
2. Die Vermerke über die mit dem Bergwerkseigentume verbundenen Rechte (§ 8 GBO.; Art. 22 AusfG. z. GBO.) sind in einen hinter dem Unterabschnitte II des Titels einzuschiebenden neuen Unterabschnitt III aufzunehmen, der bisherige Unterabschnitt III erhält die Ziffer IV.
3. Die dritte Abteilung ist auch für die Eintragung von Rentenschulden bestimmt.

(2) In der ersten Abteilung ist die Anzahl der Kuxe, die den einzelnen Gewerken gehören, anzugeben.

(3) Für die Hütten in der Graffschaft Sayn-Altenkirchen verbleibt es bei dem Formular, welches für sie durch das Gesetz über das Grundbuchwesen in dem Bezirke des Justizsenats zu Ehrenbreitstein vom 30. Mai 1873 (GS. S. 296ff.) vorgeschrieben ist; die Vorschriften des § 25 Abs. 1 finden Anwendung.

§ 32 (30)[1]) (3) Der Vorlegung des Auszugs und der Karte bedarf es nicht zu Abschreibungen, die auf Ersuchen einer Auseinandersetzungsbehörde auf Grund eines von ihr bestätigten Rezesses oder auf Ersuchen der zuständigen Behörde auf Grund eines Enteignungsbeschlusses erfolgen sollten.

§ 33 (31). (3) Von der Eintragung des Verzichts auf das Eigentum (§ 928 Abs. 1 BGB.) ist dem zuständigen Regierungspräsidenten — in Berlin dem Polizeipräsidenten — Mitteilung zu machen.

§ 47 (43). Die Anerbengutseigenschaft bei Anerbengütern im Sinne des Gesetzes, betr. das Anerbenrecht in der Provinz Westfalen und in den Kreisen Rees, Essen (Land), Essen (Stadt), Duisburg, Ruhrort und Mülheim a. d. Ruhr vom 2. Juli 1898 (GS. S. 139), wird gemäß der AV. vom 22. Januar 1900 (JMBl. S. 34) eingetragen.

§ 48 (44). Die besonderen Bestimmungen über die Einrichtung der Grundbücher für die Hauberge im Kreise Altenkirchen (Haubergordnung vom 9. April 1890, GS. S. 55, § 8 Abs. 2) sowie für die Jahnschaften und Konsortenstücke im Kreise Olpe (Gesetz betr. die Regelung der Forstverhältnisse für das ehemalige Justizamt Olpe usw. vom 3. August 1897, GS. S. 285, § 18 Abs. 2, § 24 Abs. 1) bleiben unberührt.

§ 49 (45). Für die Einrichtung der Bahngrundbücher und grundakten behält es bei den Vorschriften der §§ 10, 11 des Gesetzes über die Bahneinheiten in der Fassung der Bekanntmachung vom 8. Juli 1902 (GS. S. 237) und der Allgemeinen Verfügung vom 11. November 1902 (JMBl. S. 275) sein Bewenden.

6. Verordnung über die Einführung des Reichskatasters als amtlichen Verzeichnisses der Grundstücke im Sinne des § 2 der Grundbuchordnung.

Vom 23. Januar 1940 (RGBl. I S. 240)[2]).

Auf Grund des § 1 Abs. 3, § 2 Abs. 2 der Grundbuchordnung ordne ich folgendes an:

In den Bezirken, in denen das Reichskataster fertiggestellt ist, tritt in dem

---

[1]) jetzt § 2 Abs. 3b GBO.

[2]) Vgl. dazu die AV vom 28. 4. 41 (DJ. 548) und wegen der Erhaltung der Übereinstimmung zwischen dem Grundbuch und dem Reichskataster die AV. vom 20. 1. 40 (DJ. 214).

vom Reichsminister der Justiz durch Verwaltungsanordnung zu bestimmenden Zeitpunkt das Reichskataster als amtliches Verzeichnis der Grundstücke im Sinne des § 2 Abs. 2 der Grundbuchordnung an die Stelle des bisherigen amtlichen Verzeichnisses.

7. Zurückführung der Grundbücher auf das Reichskataster.

AV. vom 20. Januar 1940 (DJ. S. 212).

Auf Grund des § 1 Abs. 3, § 2 Abs. 2 der Grundbuchordnung ordne ich folgendes an:

§ 1. In den Bezirken, in denen das Reichskataster amtliches Verzeichnis der Grundstücke im Sinne des § 2 Abs. 2 der Grundbuchordnung geworden ist, hat das Grundbuchamt, sobald ihm von der Vermessungsbehörde die Durchschriften der Bestandsblätter des Liegenschaftsbuchs (Muster Anlage A)[1]) zugegangen sind, die Bezeichnungen der Grundstücke und die Größen im Grundbuch auf das Reichskataster zurückzuführen.

§ 2. (1) Das Grundbuchamt überträgt die Angaben des Bestandsblattes in das Grundbuch, wenn zweifelsfrei feststeht, daß sie das im Grundbuch eingetragene Grundstück betreffen, und Bedenken gegen die Angaben nicht vorliegen.

(2) Ergeben sich Zweifel, so sind sie vom Grundbuchamt im Benehmen mit der Vermessungsbehörde aufzuklären. Gegebenenfalls ist mit den Beteiligten, wenn nötig auch an Ort und Stelle zu verhandeln.

§ 3. Bei der Neuanlegung von Grundbuchblättern infolge Abschreibung von einem vorhandenen Grundbuchblatt ist das alte Grundbuchblatt zunächst auf das Reichskataster zurückzuführen. Ist die Anlegung des neuen Blattes besonders eilbedürftig, so kann von der Zurückführung zunächst Abstand genommen und das Grundstück und seine Größe nach den Angaben des alten Blattes bezeichnet werden; in diesem Falle sind die Blätter jedoch baldmöglichst auf das Reichskataster zurückzuführen. Entsprechendes gilt für die Umschreibung von Grundbuchblättern.

§ 4. (1) Die Bestandsangaben sind in der Weise zu berichtigen, daß das Grundstück mit den neuen Angaben unter einer neuen laufenden Nummer eingetragen wird. § 13 Abs. 1 der Grundbuchverfügung ist entsprechend anzuwenden. Sofern die Übersichtlichkeit des Grundbuchs nicht gefährdet wird, kann die neue Angabe unter oder über der rot zu unterstreichenden bisherigen Angabe eingetragen werden.

(2) Stimmen die bisherigen Bestandsangaben mit den neuen Bestandsangaben äußerlich überein, so ist lediglich in Spalte 6 des Bestandsverzeichnisses zu vermerken: „Das Grundbuchblatt ist auf das Reichskataster zurückgeführt."

(3) Soweit die Grundbücher noch nicht nach dem Reichsvordruck geführt werden, sind die Angaben des Bestandsblatts, die in den Reichsvordruck zu übernehmen wären, ihrem Inhalt nach zu übernehmen. Im Falle des Abs. 2 ist der dort vorgesehene Vermerk einzutragen. Hierbei sind die bestehenden Vorschriften sinngemäß anzuwenden.

§ 5. Bei der Zurückführung ist folgendes zu beachten:

(1) Der Name der Gemarkung stimmt mit dem im Bestandsblatt angegebenen Namen des Gemeindebezirks überein, wenn er nicht im Kopf oder in Spalte 2 des Bestandsblatts für das betreffende Flurstück besonders vermerkt ist.

(2) Die Nummer des Liegenschaftsbuchs (Bestand-Nummer) ist bei jedem Grundstück einzutragen.

(3) Die Nummer des Gebäudebuchs ist nur einzutragen, wenn sie in Spalte 4 des Bestandsblatts vermerkt ist. Ist die Nummer des Gebäudebuchs auf dem Bestandsblatt in Spalte 10 vermerkt, weil die Gebäude nicht Bestandteil des

[1]) nicht abgedruckt.

Grundstücks sind, so ist die Nummer in das Bestandsverzeichnis nicht zu übernehmen.

(4) Die Wirtschafts-(Nutzungs-)Art des Grundstücks ist mit ihrer vollen Bezeichnung aus der Durchschrift des Bestandsblatts in das Bestandsverzeichnis zu übernehmen. Die auf dem Bestandsblatt für die Nutzungsarten verwendeten Abkürzungen haben nachstehende Bedeutung:

A	Ackerland
G	Gartenland
Gbf	Gebäudefläche
Gr	Grünland
H	Wald (Holzung)
Hei	Heide
Hf	Hof- und Gebäudefläche
Hpf	Hopfenpflanzung
Hu	Hutung
Mo	Moor (Moos)
Str	Streuwiese
U	Unland
W	Wiese
Wa	Wasserfläche
Wg	Weingarten

(5) Die bisherige vermessungstechnische Bezeichnung des Grundstücks ist in Spalte 8 der Durchschrift des Bestandsblatts vermerkt, wenn sie bei der Aufstellung des Reichskatasters geändert worden ist. Bei Neu- und Umnummerierungen ganzer Gemeinden oder größerer Teile von Gemeinden sind die Änderungen außerdem in einem vergleichenden Nummernverzeichnis (Muster Anlage B)[1]) ausgewiesen.

§ 6. Bei der Zurückführung der Grundbuchblätter auf das Reichskataster ist im Bestandsverzeichnis die gemeinsame Überschrift der Unterspalten 3c und d („Steuerbücher") in „Katasterbücher" abzuändern. Ferner sind an der Stelle, an der sich im amtlichen Muster (Anlage 1 zur Grundbuchverfügung) die Worte „KBl", „Parz", „GrdstMR" und „GebstR" befinden, am Kopf der Unterspalten 3b die vermessungstechnischen Bezeichnungen „Flur" und „Flurstück", am Kopf der Unterspalte 3c die Abkürzung „LiegB" (= Liegenschaftsbuch) und am Kopf der Unterspalte 3d die Abkürzung „GebB" (= Gebäudebuch) einzutragen. Zur Eintragung kann ein Metall- oder Gummistempel verwandt werden.

§ 7. (1) Die Ordnungsnummer der die Zurückführung des Grundbuchblatts anordnenden Verfügung sowie der Tag der Eintragung sind in der Spalte 9 des Bestandsblattes zu vermerken.

(2) a) Die Durchschriften der Bestandsblätter sind zu den Grundakten zu nehmen.

b) Im Falle des § 6 Abs. 4 der Grundbuchverfügung ist nach § 31 Abs. 1 der Allgemeinen Verfügung vom 25. Februar 1936 über die gschäftliche Behandlung der Grundbuchsachen (DJ. S. 350) zu verfahren.

c) In den Fällen des § 3 Abs. 3 der Grundbuchordnung und in ähnlichen Fällen, in denen nur die Teile eines Grundstücks gebucht sind (z. B. Stockwerkseigentum), ist die Durchschrift des Bestandsblatts zu den Grundakten eines der beteiligten Blätter zu nehmen. In den Grundakten der anderen Blätter ist auf diese Grundakten zu verweisen.

(3) Die Durchschriften der Bestandsblätter über nicht im Grundbuch eingetragene Grundstücke sind zu den nach § 21 Nr. 7 der Aktenordnung[2]) zu führenden Sammelakten zu nehmen.

§ 8. Ob die Zurückführung des Grundbuchblatts auf das Reichskataster dem Grundstückseigentümer mitzuteilen ist, bleibt dem Ermessen des Grundbuchamts überlassen.

---

[1]) nicht abgedruckt. [2]) S. 268.

§ 9. Für die Zurückführung ist der Urkundsbeamte der Geschäftsstelle zuständig. § 4 Abs. 3 und 4 der Verordnung zur Ausführung der Grundbuchordnung ist anzuwenden.

§ 10. Gebühren und Auslagen werden für die Zurückführung einschließlich eines Verfahrens nach § 2 Abs. 2 nicht erhoben.

8. Verordnung des RM. d. J. über die Wiederherstellung zerstörter oder abhanden gekommener Grundbücher und Urkunden.

Vom 26. Juli 1940 (RGBl. I S. 1048).

Auf Grund des § 123 der Grundbuchordnung verordne ich folgendes:

§ 1. (1) Ist ein Grundbuch ganz oder teilweise zerstört oder abhanden gekommen, so hat das Grundbuchamt es von Amts wegen wieder herzustellen. Das gleiche gilt für eine ganz oder teilweise zerstörte oder abhanden gekommene Urkunde, auf die eine Eintragung Bezug nimmt. Urkunden, auf die eine Eintragung sich gründet, ohne auf die Urkunde Bezug zu nehmen, kann das Grundbuchamt wieder herstellen, wenn es dies für angezeigt hält.

(2) Für das Verfahren gelten die nachfolgenden Vorschriften, soweit nicht der Reichsminister der Justiz, dem vor Einleitung des Verfahrens zu berichten ist, im Einzelfall Abweichendes im Verwaltungswege bestimmt.

(3) § 1 des Reichsgesetzes über die Angelegenheiten der freiwilligen Gerichtsbarkeit gilt auch, soweit die Grundbuchführung den Amtsgerichten noch nicht übertragen ist.

Abschnitt 1.

Wiederherstellung des Grundbuchs nach den Grundakten oder dem Handblatt.

§ 2. Sind die Grundakten oder das Handblatt des zerstörten oder abhanden gekommenen Grundbuchs vorhanden und ergibt sich aus ihnen der Inhalt des Grundbuchs zweifelsfrei, so ist das Grundbuch nach dem Inhalt der Grundakten oder des Handblattes wieder herzustellen.

Abschnitt 2.

Wiederherstellung des Grundbuchs in anderen Fällen.

§ 3. Kann das Grundbuch nicht nach § 2 wieder hergestellt werden, so ist nach den §§ 4 bis 10 zu verfahren.

§ 4. Das Grundbuchamt hat die zuständige Behörde um Übersendung eines beglaubigten Auszuges aus dem nach § 2 Abs. 2 der Grundbuchordnung für die Bezeichnung der Grundstücke im Grundbuch maßgebenden amtlichen Verzeichnis oder, wenn dieses Verzeichnis vom Grundbuchamt selbst geführt wird, um Übersendung der sonstigen, für die Kennzeichnung des Grundstücks erforderlichen Unterlagen zu ersuchen, soweit ihm der Auszug oder die Unterlagen nicht schon zur Verfügung stehen.

§ 5. (1) Über den Inhalt des Grundbuchblatts ist unbeschadet des § 12 des Reichsgesetzes über die Angelegenheiten der freiwilligen Gerichtsbarkeit, schriftlich oder mündlich zu hören,

a) wer in dem im § 4 genannten Verzeichnis oder seinen Unterlagen als Eigentümer vermerkt oder dessen Rechtsnachfolger im Eigentum des Grundstücks ist;

b) wer bei der Ermittlung gemäß Buchstabe a als eingetragener Eigentümer bezeichnet wird oder für wessen Eintragung sonst hinreichender Anhalt besteht;

c) der Eigenbesitzer.

(2) Die Anhörung nach Abs. 1 kann unterbleiben, wenn sie untunlich ist. In diesem Falle sind nach Möglichkeit andere Personen, die über den Inhalt des Grundbuchs Auskunft geben können, zu hören.

(3) Das Grundbuchamt kann dem Besitzer von Urkunden, die für die Wiederherstellung des Grundbuchs von Bedeutung sind, aufgeben, die Urkunden zur Einsicht vorzulegen.

(4) Das Grundbuchamt kann die Beteiligten nach den Vorschriften des Reichsgesetzes über die Angelegenheiten der freiwilligen Gerichtsbarkeit über den Zeugenbeweis vernehmen.

(5) Zeigt der Eigentümer oder der sonst Betroffene dem Grundbuchamt die Eintragung von beschränkten dinglichen Rechten oder sonstigen Beschränkungen an, so ist der von der Eintragung Begünstigte davon in Kenntnis zu setzen.

§ 6. Nach Abschluß der Ermittlungen kann das Grundbuchamt ein Aufgebot erlassen.

§ 7. In das Aufgebot sind aufzunehmen:

a) die Ankündigung der bevorstehenden Wiederherstellung des Grundbuchs;

b) die Bezeichnung der Lage, der Beschaffenheit und der Größe des Grundstücks gemäß dem nach § 2 Abs. 2 der Grundbuchordnung für die Bezeichnung der Grundstücke im Grundbuch maßgebenden Verzeichnis;

c) die Bezeichnung des Eigenbesitzers;

d) die Aufforderung an die Personen, die nicht gemäß § 5 Abs. 1 als Eigentümer oder Eigenbesitzer gehört oder deren Rechte nicht gemäß § 5 Abs. 5 vom Eigentümer oder dem sonst Betroffenen angezeigt worden sind, Eintragungen, die zu ihren oder ihres Rechtsvorgängers Gunsten im Grundbuch bestanden haben, binnen einer vom Grundbuchamt zu bestimmenden Frist von mindestens sechs Wochen anzumelden und glaubhaft zu machen, widrigenfalls sie Gefahr laufen würden, bei der Wiederherstellung des Grundbuchs nicht berücksichtigt zu werden.

§ 8. (1) Das Aufgebot ist an die für den Aushang von Bekanntmachungen des Grundbuchamts bestimmte Stelle anzuheften und einmal in dem für die amtlichen Bekanntmachungen des Grundbuchamts bestimmten Blatte zu veröffentlichen. Das Grundbuchamt kann anordnen, daß die Veröffentlichung mehrere Male und noch in anderen Blättern zu erfolgen habe, oder falls das Grundstück nur einen geringen Wert hat, daß sie ganz unterbleibe.

(2) Das Aufgebot ist in der Gemeinde, in deren Bezirk das Grundstück liegt, an der für amtliche Bekanntmachungen bestimmten Stelle anzuheften oder in sonstiger ortsüblicher Weise bekanntzumachen.

§ 9. Das Grundbuch darf, wenn ein Aufgebotsverfahren nicht stattgefunden hat, erst wieder hergestellt werden, nachdem in der Gemeinde, in deren Bezirk das Grundstück liegt, das Bevorstehen der Wiederherstellung und der Name der als Eigentümer oder sonstige Berechtigte Einzutragenden öffentlich bekanntgemacht und seit der Bekanntmachung ein Monat verstrichen ist; die Art der Bekanntmachung bestimmt das Grundbuchamt.

§ 10. (1) Nach Ablauf der Frist des § 7 oder des § 9 und nach Abschluß etwa erforderlicher weiterer Ermittlungen ist das Grundbuch wieder herzustellen.

(2) Als Eigentümer ist in das Grundbuch einzutragen:

a) wer erwiesenermaßen im Grundbuch als Eigentümer eingetragen war;

b) sonst der, dessen frühere Eintragung dem Grundbuchamt nach den Umständen am wahrscheinlichsten erscheint;

c) äußerstenfalls der, dessen jetziges Eigentum nach Lage der Sache dem Grundbuchamt am wahrscheinlichsten erscheint.

(3) Beschränkte dingliche Rechte oder sonstige Beschränkungen sind einzutragen, wenn ihre Eintragung im Grundbuch vom Eigentümer oder dem sonst Betroffenen angezeigt ist oder wenn ihre Eintragung beim Grundbuchamt angemeldet und nachgewiesen ist. Liegen diese Voraussetznngen nicht vor, so kann das Grundbuchamt sie eintragen, wenn ihre Eintragung glaubhaft gemacht ist.

(4) Das Grundbuchamt kann in den Fällen des Abs. 2 Buchstabe b und c sowie Abs. 3 Satz 2 für Beteiligte, deren Rechte nicht oder nicht mit dem in Anspruch genommenen Inhalt oder Rang im Grundbuch eingetragen werden, einen Widerspruch eintragen.

Abschnitt 3.

Wiederherstellung von Urkunden.

§ 11. (1) Ist eine Urkunde, auf die eine Urkunde Bezug nimmt, ganz oder teilweise zerstört oder abhanden gekommen, so ist die Urkunde an Hand der Urschrift, einer Ausfertigung oder einer beglaubigten Abschrift oder, falls dies nicht möglich ist, auf Grund einer Einigung der Beteiligten wieder herzustellen.

(2) Äußerstenfalls ist die Urkunde mit dem Inhalt wieder herzustellen, den das Grundbuchamt nach dem Ergebnis der Ermittlungen für glaubhaft gemacht hält; das Grundbuchamt kann in geeigneten Fällen für einen Beteiligten einen Widerspruch gegen den Inhalt des Grundbuchs eintragen, soweit er durch die Bezugnahme auf die wieder hergestellte Urkunde wiedergegeben ist.

(3) § 5 Abs. 3 und 4 sind anzuwenden.

(4) Die Wiederherstellung der Urkunde kann unterbleiben, wenn bei Wiederherstellung des Grundbuchs von der Bezugnahme auf die Urkunde abgesehen wird.

§ 12. Für die Wiederherstellung einer Urkunde, auf die eine Eintragung sich gründet, ohne auf die Urkunde Bezug zu nehmen, gilt § 11 Abs. 1, Abs. 2 Halbsatz 1 und Abs. 3 entsprechend.

Abschnitt 4.

Kosten, Beschwerde.

§ 13. Das Verfahren nach dieser Verordnung ist kostenfrei.

§ 14. Die Beschwerde gegen die Wiederherstellung des Grundbuchblatts ist unzulässig. Im Wege der Beschwerde kann jedoch verlangt werden, daß das Grundbuchamt angewiesen wird, nach §§ 10 Abs. 4, 11 Abs. 2 dieser Verordnung oder § 53 der Grundbuchordnung einen Widerspruch einzutragen oder eine Löschung vorzunehmen.

Abschnitt 5.

Rechtsverkehr bis zur Wiederherstellung.

§ 15. Wird vor der Wiederherstellung des Grundbuchs die Eintragung einer Rechtsänderung beantragt, so erstreckt sich, wenn die Rechtsänderung bei der Wiederherstellung eingetragen wird, die Wirksamkeit der Eintragung auf den Zeitpunkt zurück, den das Grundbuchamt im Einzelfall bestimmt. Dieser Zeitpunkt ist bei der Eintragung im Grundbuch zu vermerken.

§ 16. (1) Die Zwangsversteigerung eines Grundstücks, dessen Grundbuch ganz oder teilweise zerstört oder abhanden gekommen ist, kann vor der Wiederherstellung des Grundbuchs angeordnet werden, wenn durch Urkunden glaubhaft gemacht wird, daß der Schuldner als Eigentümer des Grundstücks eingetragen war, oder daß er Erbe des eingetragenen Eigentümers ist.

(2) Im Falle des § 22 Abs. 1 Satz 2 des Gesetzes über die Zwangsversteigerung und die Zwangsverwaltung genügt es, wenn die Eintragung des Versteigerungsvermerks nach der Wiederherstellung des Grundbuchs erfolgt.

(3) Der Versteigerungstermin darf erst nach der Wiederherstellung des Grundbuchblatts bestimmt werden.

Abschnitt 6.

Inkrafttreten.

§ 17. Die Verordnung tritt am 15. August 1940 in Kraft.

9. Aktenordnung für die deutschen Justizbehörden.

Vom 28. November 1934.

1. Angelegenheiten des Grundbuchs und der öffentlichen Register.

Grundbuchsachen.

§ 21. 1. Aus den Schriften zu dem einzelnen Grundbuchblatt werden die Grundakten gebildet. Innerhalb eines Aktenstücks erhält jedes selbständige Schriftstück in der Reihenfolge seines Eingangs eine Ordnungsnummer, die auch in einem zweiten und weiteren Bande und auch dann weiterzuzählen ist, wenn die Akten bei einem anderen Gericht fortzuführen sind. Die Anlagen eines Schriftstücks werden durch seine Ordnungsnummer mitbestimmt und sind, wenn es zur Vermeidung von Irrtümern notwendig ist, mit einem Zugehörigkeitsvermerk zu versehen. Zustellungs- und Behändigungsurkunden, Abschriften u. dgl., auf die keine Verfügung gesetzt ist, erhalten keine Ordnungsnummer.

2. Die Ordnungsnummern sind auf einem Vorblatt der Akten unter Beifügung des Datums der Schriften reihenweise untereinander in Jahresabschnitten zu verzeichnen. Bei der Abgabe eines Schriftstücks ist seine Nummer in dem Verzeichnis zu streichen, der Tag der Abgabe sowie der Verbleib aber daneben zu vermerken. Werden Grundakten versandt, so wird auch mit den zu dem Kontrollblatt (§ 5 Abs. 2) eingehenden Schriften die Nummernfolge fortgesetzt. Ergibt sich nach Rückkunft der Akten, daß infolge Fortführung der Akten an der auswärtigen Stelle (z. B. in der Beschwerdeinstanz) mehrere Schriftstücke dieselbe Nummer tragen, so sind die bei dem Kontrollblatt entstandenen Nummern mit einem kleinen Unterscheidungsbuchstaben zu versehen (z. B. 8a). In Grundbuchsachen bilden Aktenzeichen und Ordnungsnummern die Geschäftsnummer, unter der die Schriftstücke eines Grundaktenstücks zu führen sind (§ 4 Abs. 1 und 4).

3. Wenn es zur Erhaltung der Übersichtlichkeit notwendig erscheint, können Schriftstücke von vorübergehender Bedeutung zu Sonderheften genommen werden, die bei den Grundakten aufzubewahren sind. Hierfür kommen vornehmlich in Betracht:

a) alle lediglich den Geschäftsgang betreffenden Schriftstücke, z. B. Anträge auf Terminsanberaumung und Gesuche um Erteilung von Abschriften, sofern sie nicht Erklärungen von selbständiger Bedeutung enthalten,

b) unbrauchbar gemachte Hypothekenbriefe oder dazugehörige Schuldurkunden, die den Beteiligten wegen unbekannten Aufenthalts nicht ausgehändigt werden können.

Dem Grundbuchrichter bleibt es überlassen, einzelne Schriftstücke dieser Art hiervon auszuschließen oder andere dafür zu bestimmen. Urkunden, die mit Rücksicht auf § 9 GBO. dauernd bei den Grundakten aufzubewahren sind, geschlossene Grundbuchtabellen sowie die auf die Wert- und Kostenberechnung bezüglichen oder Kostenmarken tragende Schriften dürfen nicht in Sonderhefte genommen werden. Die Weglegung der Sonderhefte wird nach Bedarf verfügt und ausgeführt; das Weglegungsjahr ist auf den Grundakten zu vermerken.

4. Wird ein Grundbuchblatt geschlossen, so ist dies auf den Grundakten zu vermerken.

5.[1]) Die den Grundakten beizufügende Abschrift des Grundbuchblatts (Tabelle, Blattübersicht, Hilfsblatt) ist unter dem Deckel des letzten Bandes zu verwahren; sie ist in einen Umschlag zu heften, wenn ein Bedürfnis hierfür

---

[1]) Wegen der nach § 35 Abs. 6 LVO. zu führenden und bei den Grundakten aufzubewahrenden besonderen Höfeakten vgl. § 4 Abs. 4 Satz 2 AO. in der Fassung der AV. d. Präs. d. ZJA. vom 28. 1. 48 (ZJBl. 25);

Für die nach § 35 Abs. 6 LVO. zu führenden und bei den Grundakten aufzubewahrenden besonderen Höfeakten wird das Aktenzeichen in der Weise gebildet, daß die Buchstaben HöA vor die Bezeichnung des Grundbuchblatts des Hofes gesetzt werden, also z. B. „HöA Neuendorf Bd. 4 Bl. 90" besteht. Über die Anschriften der eingetragenen Beteiligten, bestellten Vertreter oder Zustellungsbevollmächtigten soll im Bedarfsfall ein Wohnungsblatt (Muster 11) als Vorblatt der Tabelle geführt und auf dem laufenden gehalten werden. Katasterauszüge und Karten sind nicht mit der Tabelle zu verbinden.

6. Über die Eintragungen in das Grundbuch ist von jeder Abteilung der Geschäftsstelle ein Tagebuch (Muster 10) zu führen; der Behördenvorstand kann bestimmen, daß für mehrere Abteilungen ein gemeinsames Tagebuch geführt wird. Wo ein Bedürfnis dafür besteht, kann daneben auf Anordnung des Oberlandesgerichtspräsidenten zur Überwachung der rechtzeitigen Bearbeitung der auf eine Eintragung in das Grundbuch gerichteten Anträge und Ersuchen eine Eingangsliste in einfachster Form geführt werden.

7. Für jede Abteilung, die Grundbuchsachen bearbeitet, sind Sammelakten anzulegen:

a) mit den Schriften über Grundstücke, für die ein Grundbuchblatt nicht angelegt ist, und zwar gemeindeweise,

b) soweit zur Erhaltung der Übereinstimmung des Grundbuchs mit dem im § 2 Abs. 2 GBO. erwähnten Verzeichnis der Grundstücke den Grundbuchämtern Veränderungsanzeigen gesammelt, z. B. in Form von Flurbuchsanhängen, zugehen, mit diesen Sammelanzeigen und den darauf bezüglichen Schriften, und zwar für jeden Gemeindebezirk getrennt. Macht der Umfang der Stücke ihre Sonderbewahrung notwendig, so sind sie in feste Pappumschläge mit entsprechenden Aufschriften zu heften.

8. Für den Bezirk des Amtsgerichts wird geführt:

a) ein Eigentümerverzeichnis, in das jeder Grundstückseigentümer unter Bezeichnung seines gesamten Grundbesitzes nur einmal aufzunehmen ist. Beim Vorhandensein mehrerer Grundbuchabteilungen kann das Verzeichnis auch abteilungsweise geführt werden, wenn die örtlichen Verhältnisse es zweckdienlicher erscheinen lassen; wo es bisher nach Grundbuchbezirken geführt ist, kann dies beibehalten werden. Das Eigentümerverzeichnis soll enthalten: Familien- und Vornamen (bei juristischen Personen ihre genaue Bezeichnung), Beruf und Wohnort des Eigentümers sowie Hinweis auf das Grundbuch: a Grundbuchbezirk, b Band, c Blatt. Die näheren Anordnungen trifft der Behördenvorstand;

b) eine Kontrolle der in Abs. 7 zu b genannten Eingänge, und zwar in der Form einer alljährlich aufzustellenden Übersicht, die den Eingang und die Erledigung der Sammelanzeigen nachweist.

Preußische Zusatzbestimmungen.

B. Außerhalb des Gebiets der Aktenverwaltung noch fortgeltende Bestimmungen der früheren Preußischen Geschäftsordnung.

Nr. 37.

Eingänge[1]).

1. Die Bestimmungen über die Entgegennahme und die Öffnung der eingehenden Sendungen trifft der Behördenvorstand, und zwar auch für die Fälle, in denen die Sendungen an einzelnen Abteilungen, Kammern oder Senate gerichtet sind.

3. Für die Entgegennahme eines auf eine Eintragung im Grundbuch gerichteten Antrages oder Ersuchens sind nur die mit der Führung des Grundbuchs über das betreffende Grundstück beauftragten Beamten, und zwar sowohl der Richter als auch der Urkundsbeamte der Geschäftsstelle zuständig. Bezieht sich der Antrag oder das Ersuchen auf mehrere Grundstücke, wegen deren die Führung des Grundbuchs verschiedenen Grundbuchbeamten obliegt, so ist jeder dieser Beamten zuständig. Ist das Schriftstück von einem nicht

[1]) vgl. die Abänderung durch § 1 AusfVO. (S. 157) sowie AV. vom 17. 3. 1942 (abgedr S. 333).

zuständigen Beamten angenommen, so ist für die unverzügliche Abgabe an einen zuständigen Grundbuchbeamten zu sorgen. Das Schriftstück ist, nachdem es mit dem Eingangsvermerk (Abs. 10a und 11a) versehen ist, unverzüglich an den Registrator der zuständigen Grundbuchabteilung abzugeben. Der Registrator hat festzustellen, ob noch andere dasselbe Grundstück betreffende Anträge oder Ersuchen eingegangen sind, über die getroffene Feststellung einen Vermerk zu machen und sodann alle Anträge und Ersuchen mit den Grundakten oder dem Kontrollblatt (§ 5 Abs. 2 Aktenordnung) dem für die Erledigung zuständigen Beamten vorzulegen.

4. Bezieht sich der Antrag oder das Ersuchen auf mehrere im Bezirk des Grundbuchamts gelegene Grundstücke, so ist unverzüglich, nachdem das Schriftstück seine Ordnungsnummer bei den Grundakten eines der betreffenden Grundstücke erhalten hat (§ 21 Abs. 1 und 2 Aktenordnung), zu den Grundakten der übrigen Grundstücke Nachricht durch Übersendung eines Merkblattes zu geben, auf dem der Zeitpunkt des Eingangs und der Verbleib des Antrags oder Ersuchens vermerkt ist. Das Merkblatt erhält bei den Grundakten, für die es bestimmt ist, eine besondere Ordnungsnummer und wird dort bis zur Erledigung des Antrags oder Ersuchens unter dem Aktendeckel aufbewahrt; später ist auf ihm die Erledigung zu vermerken. Die Vorschriften des Abs. 3 Satz 5 finden sinngemäße Anwendung.

10. Der genaue Zeitpunkt des Eingangs nach Tag, Stunde und Minute ist anzugeben:

a) auf Anträgen und Ersuchen, die auf eine Eintragung im Grundbuch, im Schiffsregister, im Pfandrechtsregister für Schiffsbauwerke und im Register für Kapitalkreditbeschaffungssachen gerichtet sind, und zwar auch dann, wenn der Antrag von dem Grundbuchamt oder dem Registergericht selbst aufgenommen ist.

11. Dem Eingangsvermerk hat der annehmende Beamte seine volle Namensunterschrift beizufügen:

a) auf den in Abs. 10 zu a bezeichneten Schriftstücken.

10. AV. d. Pr. JM. vom 9. September 1914, betreffend Mitteilung von Grundbucheintragungen an Hypothekenbanken und öffentliche Verbände.

(JMBl. S. 706).

Hat eine Hypothekenbank dem Grundbuchamt angezeigt, daß sie auf eine Hypothek, Grundschuld oder Rentenschuld ein Darlehn gewährt habe, so ist ihr jede Eintragung mitzuteilen, die demjenigen bekannt zu machen ist, für den das Recht im Grundbuch eingetragen ist, auch wenn dieser auf die Bekanntmachung verzichtet hat.

Das gleiche gilt für Körperschaften oder Anstalten des öffentlichen Rechtes, die sich mit der Beleihung von Hypotheken, Grundschulden oder Rentenschulden befassen.

11. AV. d. Pr. JM. vom 16. September 1914, betreffend die Bekanntmachung der Eintragung des Zwangsversteigerungs- und Zwangsverwaltungsvermerkes an Hypothekenbanken und öffentliche Verbände.

(JMBl. S. 712).

Denjenigen Hypothekenbanken und Körperschaften oder Anstalten des öffentlichen Rechtes, auf die sich die Allgemeine Verfügung bom 9. September 1914 (JMBl. S. 706) bezieht, hat das Grundbuchamt auch die Eintragung des Zwangsversteigerungsvermerkes und des Zwangsverwaltungsvermerkes bekannt zu machen.

12. Beistandspflichten der Grundbuchämter zur Durchführung der Besteuerung.

AV. d. Präs. d. ZJA. vom 18. Dezember 1947 (ZJBl. 1948 S. 5).

Im Einvernehmen mit den Landesjustizministern ordne ich hierdurch gemäß § 1t8 der Reichsabgabenordnung vom 22. Mai 1931 (RGBl. I S. 161) an:

Die Grundbuchämter haben den Finanzämtern Anzeige über ihnen bekanntwerdende Rückzahlungen oder Abtretungen von Hypotheken oder Grundschulden im Betrage von 10 000 *RM* und mehr zu erstatten.

Die Anzeige ist bei einer Rückzahlung an das für den Hypothekenschuldner, bei einer Abtretung an das für den neuen Gläubiger zuständige Finanzamt zu richten, falls diese Finanzämter nicht bekannt oder nicht erreichbar sind, an den Oberfinanzpräsidenten, in dessen Bezirk das Grundbuchamt liegt.

B. Grundbuchrechtliche Vorschriften aus anderen Reichs- und Preußischen Gesetzen.

1. Grundbuchverfassung und Grundbuchverfahren.

Entlastung der Richter durch Beamte des gehobenen Justizdienstes (Reichsentlastungsverfügung).

AV. vom 3. Juli 1943 (DJ. S. 339).

I. Allgemeine Bestimmungen.

§ 1. (1) Richterliche Geschäfte können nach Maßgabe dieser Verfügung durch Beamte, welche die Prüfung für den gehobenen Justizdienst bestanden haben, als Rechtspfleger selbständig wahrgenommen werden.

......

§ 2. (1) Richterliche Geschäfte werden durch den Rechtspfleger selbständig wahrgenommen, soweit für das betreffende Gericht eine Entlastung der Richter angeordnet ist.

(2) Die Entlastung wird hiermit angeordnet:

a) bei den Amtsgerichten hinsichtlich der in den §§ ..... 17 ..... bezeichneten Geschäfte,

b) ......

(3) Der Oberlandesgerichtspräsident kann für ein Amtsgericht die Entlastung auf Grund der in den §§ ... 18 ... erteilten Ermächtigung in erweitertem Umfang anordnen.

§ 3. (1) Der Rechtspfleger hat die ihm übertragenen Sachen dem Richter vorzulegen, wenn

a) die Vorlegung in dieser Verfügung ausdrücklich angeordnet ist (§§ ... 19 ...),

b) sich bei ihrer Bearbeitung rechtliche Schwierigkeiten ergeben,

c) er von einer ihm bekannten Stellungnahme des Richters abweichen will,

d) eine Änderung einer Entscheidung oder Verfügung des Rechtspflegers verlangt wird,

e) eine Mitteilung oder eine Anfrage an eine ausländische Behörde oder ein Bericht an den Reichsminister der Justiz erforderlich ist.

(2) Die weitere Bearbeitung der vorgelegten Sache übernimmt der Richter. In den Fällen des Abs. 1 Buchstabe a—c kann der Richter sich jedoch darauf beschränken, zu bestimmen, wie zu einer Rechtsfrage Stellung zu nehmen ist; diese Bestimmung ist für den Rechtspfleger bindend.

§ 4. (1) ...... Zur Androhung und Verhängung von Ordnungsstrafen ist der Rechtspfleger nicht befugt.

(3) In Angelegenheiten, die ausschließlich ein übertragenes Geschäft betreffen, ist der Rechtspfleger auch befugt, die Nichterhebung von Gerichtskosten nach ... § 15 KostO. anzuordnen.

§ 6. Im Schriftverkehr und bei der Aufnahme von Urkunden in übertragenen Angelegenheiten ist das betreffende Gericht anzugeben und der Unterschrift die Amtsbezeichnung des Beamten und seine Eigenschaft als Rechtspfleger beizufügen.

IV. Grundbuchsachen.

§ 17. (1) Zur selbständigen Wahrnehmung sind geeignet:

a) das Unterschreiben der vom Richter verfügten Eintragungen, der Hypotheken-, Grundschuld- und Rentenschuldbriefe und der Vermerke auf den Briefen;

b) die Beurkundung der der Form des § 29 GBO. bedürfenden Eintragungsbewilligung und der sonstigen zur Eintragung erforderlichen Erklärungen sowie die Entgegennahme von Auflassungen, und zwar einschließlich der folgenden Beurkundungen: der Schuldurkunden, der Unterwerfung unter die sofortige Zwangsvollstreckung aus der Urkunde, der Abtretungs- und Verpfändungserklärungen sowie der Empfangsbescheinigungen;

c) die dem Richter zugewiesenen Verfügungen betreffend Eintragung und Löschung auf Ersuchen einer zuständigen Behörde.

(2) Vollzieht der Rechtspfleger statt des Richters die Unterschriften unter den Eintragungen im Grundbuch, den Briefen und den Vermerken (Abs. 1 Buchst. a), so unterzeichnet außer dem Rechtspfleger noch ein Beamter der Geschäftsstelle oder ein vom Behördenleiter ermächtigter Justizangestellter.

§ 18. (1) Der Oberlandesgerichtspräsident kann die Entscheidung auf Eintragungsanträge einfacherer Art als geeignet bezeichnen.

(2) Er kann auch die Entscheidung auf alle Eintragungsanträge als geeignet bezeichnen.

(3) Soweit die Entscheidung auf Eintragungsanträge als geeignet bezeichnet ist, erstreckt sich die Befugnis des Rechtspflegers auch auf die Bildung des Hypotheken-, Grundschuld- und Rentenschuldbriefes.

(4) Geschäfte, die von Amts wegen vorzunehmen sind (z. B. Umschreibung eines Grundbuchblatts, Widerspruch oder Löschung von Amts wegen), fallen nicht unter die nach Abs. 1 oder 2 übertragbaren Geschäfte. Glaubt der Rechtspfleger, daß in Ansehung einer Eintragung die Voraussetzungen für die Eintragung eines Widerspruchs oder einer Löschung von Amts wegen nach § 53 GBO. vorliegen könnten, so hat er die Sache unverzüglich dem Richter vorzulegen.

§ 19. Der Rechtspfleger hat übertragene Grundbuchsachen dem Richter vorzulegen:

a) wenn sich bei Prüfung eines Eintragungsantrages oder ersuchens ergibt, daß bereits ein oder mehrere noch nicht erledigte Eintragungsanträge oder ersuchen vorliegen,

b) wenn der Inhaber des von der Eintragung betroffenen Rechts im Grundbuch als solcher nicht eingetragen ist, es sei denn, daß er Rechtsnachfolger des eingetragenen Rechtsinhabers ist und die Rechtsnachfolge durch öffentliche oder öffentlich beglaubigte Urkunden unmittelbar nachgewiesen wird, und zwar im Falle der Erbfolge durch Erbschein,

c) wenn das von der Eintragung betroffene Recht einer Mehrheit von Personen zusteht und die Eintragung nicht von allen Berechtigten bewilligt und beantragt ist (z. B. nur von einem Beteiligten bei Miteigentum, Erbengemeinschaft, Gütergemeinschaft, einem Gesellschafter der Gesellschaft des Bürgerlichen Rechts, der offenen Handelsgesellschaft, der Kommanditgesellschaft),

d) wenn die Eintragung von einem Vorerben bewilligt oder beantragt ist,

e) wenn eine Berichtigung des Grundbuchs auf Grund Unrichtigkeitsnachweises beantragt ist, es sei denn, daß die Unrichtigkeit durch öffentliche Urkunden unmittelbar nachgewiesen wird, und zwar im Falle der Erbfolge durch Erbschein,

f) wenn das Grundbuchblatt angelegt ist oder angelegt werden soll

1. für ein Grundstück, das zu einem Fideikommiß oder einem der in § 85 der Verordnung vom 20. März 1939 (RGBl. I S. 509) erwähnten Sondervermögen gehört,

2. für eine Reichsheimstätte,
3. für eine Bahneinheit,
4. für ein Erbbaurecht,
5. für ein Bergwerk, eine selbständige Kohlenabbaugerechtigkeit oder eine andere selbständige Gerechtigkeit,
6. für ein Stockwerkeigentum,

g) wenn die Eintragung betrifft:
1. einen Erwerb durch eine juristische Person auf Grund einer Schenkung oder Zuwendung von Todes wegen,
2. einen Grunderwerb durch eine ausländische juristische Person,

h) wenn es sich um ein Recht an einem buchungsfreien Grundstück oder um die Ausbuchung eines Grundstücks handelt,

i) wenn bei einer Eintragung als Begünstigter, Betroffener oder in sonstiger Weise eine natürliche oder juristische Person beteiligt ist, die im Auslande ansässig ist,

k) die Beurkundung oder Auflassung in den Fällen, in denen es sich um Grundstücke handelt, deren Grundbuch nicht bei dem Grundbuchamt des Rechtspflegers geführt wird.

X. Schlußvorschriften.

§ 30. Die in sonstigen reichsrechtlichen Vorschriften enthaltenen Entlastungsbestimmungen bleiben unberührt.

§ 31. (1) Die von den früheren Landesjustizverwaltungen erlassenen Vorschriften über die Entlastung der Richter und Staatsanwälte durch Urkundsbeamte der Geschäftsstelle oder diesen gleichgestellte Beamte oder Angestellte treten mit Ablauf des 31. Juli 1943 außer Kraft, und zwar sowohl die zur Ausführung des Artikels VI des Reichsgesetzes zur Entlastung der Gerichte vom 11. März 1921 (RGBl. S. 229) als auch die zur Ausführung entsprechender bisher landesrechtlicher Gesetze oder Verordnungen ergangenen Bestimmungen.

. . . . . .

§ 32. Diese AV. gilt in sämtlichen Oberlandesgerichtsbezirken . . .
Sie tritt am 1. August 1943 in Kraft.

2. Landwirtschafts- und Siedlungsrecht.

a) Preuß. Verordnung vom 30. Juni 1834, wegen des Geschäftsbetriebes in den Angelegenheiten der Gemeinheitsteilungen, Ablösungen, und Regulierung der gutsherrlich-bäuerlichen Verhältnisse, als Anhang zu der Verordnung vom 20. Juni 1817 und dem Gesetze vom 7. Juni 1821.

(GS. S. 96).

§ 59. Um zu verhüten, daß durch spätere Eintragungen bei dem berechtigten Gute nicht fernere Weiterungen entstehen, haben die Generalkommissionen, sobald es entweder durch Vereinbarung der Interessenten, oder durch rechtskräftige Entscheidung feststeht, daß eine Abfindung in Kapital stattfinden wird, die Hypothekenbehörde davon zu benachrichtigen und zur Eintragung eines vorläufigen Vermerks im Hypothekenbuche zu veranlassen, welcher die Wirkung hat, daß die durch Kapital abgelösten Pertinenzen den später eingetragenen Gläubigern nicht mehr mit verpfändet werden.

b) Preuß. Gesetz, betreffend die Berichtigung des Grundsteuerkatasters und der Grundbücher bei Auseinandersetzungen vor Bestätigung des Rezesses.

Vom 26. Juni 1875 (GS. S 325).

§ 1. Bei Gemeinheitsteilungen oder Zusammenlegungen geht das Eigentum oder das erbliche Nutzungsrecht an Abfindungsgrundstücken schon vor Bestätigung des Rezesses mit der Ausführung des endgültig festgestellten Auseinandersetzungsplanes auf die Besitznehmer über.

§ 3. Die Berichtigung des Grundbuches erfolgt schon vor Bestätigung des Rezesses auf Grund des Auseinandersetzungsplanes und der Fortschreibung des Grundsteuerkatasters, wenn der Eigentümer oder ein Realberechtigter die Berichtigung beantragt.

Der Antrag ist bei der Auseinandersetzungsbehörde zu stellen. Diese ersucht das Grundbuchamt um Vornahme der Berichtigung.

Der Eintragungsvermerk im Grundbuche muß angeben, daß die Berichtigung vor Bestätigung des Rezesses auf Grund des Planüberweisungsattestes erfolgt ist.

§ 4.[1]) Dem Ersuchen der Auseinandersetzungsbehörde sind beizufügen:

1. ein von dieser Behörde oder deren Kommissar auszustellendes Planüberweisungsattest, welches enthalten muß,
   a) die Bescheinigung, daß der Auseinandersetzungsplan festgestellt und ausgeführt ist;
   b) die Bezeichnung des bei den Auseinandersetzungsakten legitimierten Eigentümers oder des mit einem erblichen Nutzungsrechte versehenen Besitzers der Abfindung;
   c) die Bezeichnung der Lage und Größe der Abfindungsgrundstücke, sowie die Bezeichnung derjenigen Grundstücke oder Berechtigungen, an deren Stelle die Abfindungsgrundstücke treten, erforderlichenfalls in der Weise, daß bei den in der zweiten und dritten Abteilung des Grundbuchs eingetragenen Lasten und Schuldverbindlichkeiten die Abfindungsgrundstücke vermerkt werden können, auf welchen fortan die Lasten oder Schuldverbindlichkeiten haften;
2. ein aus dem berichtigten Grundsteuerbuche gefertigter Auszug, in welchem die Identität der betreffenden Grundstücke mit den im Planüberweisungsatteste bezeichneten Grundstücken von der Katasterbehörde bescheinigt ist.

§ 5. Hat eine Berichtigung des Grundbuches schon vor Bestätigung des Rezesses nach Vorschrift dieses Gesetzes stattgefunden, so ist die Bestätigung des Rezesses nebst den aus dem letzteren sich ergebenden Abänderungen des Auseinandersetzungsplanes auf Ersuchen der Auseinandersetzungsbehörde im Grundbuche zu vermerken.

§ 6. Die Vorschriften der §§ 2 bis 5 kommen auch in dem Falle zur Anwendung, wenn der Auseinandersetzungsplan bereits vor Geltung dieses Gesetzes endgültig festgestellt ist.

c) Reichsumlegungsordnung.

Vom 16. Juni 1937 (RGBl. I S. 629).

Auf Grund des Umlegungsgesetzes vom 26. Juni 1936 (RGBl. I S. 518) wird das Recht der ländlichen Grundstücksumlegung[2]), wie folgt, neu geregelt:

§ 83.[3]) Die Umlegungsbehörde kann das Grundbuchamt um die erforderlichen Eintragungen und Löschungen ersuchen.

§ 84. (1) Nach Eintritt der rechtlichen Wirkungen des Umlegungsplanes sind die öffentlichen Bücher auf Ersuchen der Umlegungsbehörde nach dem Umlegungsplan zu berichtigen.

(2) Von dem Ersuchen sind vorläufig die Rechtsänderungen auszunehmen, die durch ein den Umlegungsplan betreffendes Spruchverfahren berührt werden.

§ 85. Dem Ersuchen um Berichtigung des Grundbuchs sind eine Bescheinigung über den Eintritt der rechtlichen Wirkungen des Umlegungsplanes

---

[1]) vgl. § 2 Abs. 3b GBO.

[2]) vgl. auch AV. vom 24. 4. 36 (DJ. 703) betr. Benachrichtigung des Kulturamtsvorstehers durch die Grundbuchämter während eines Umlegungsverfahrens.

[3]) Nach § 2 des Gesetzes ist der Reichsminister für Ernährung und Landwirtschaft (jetzt die entsprechende Landeszentralbehörde) oberste Umlegungsbehörde. Er bestimmt, welche Behörden Umlegungsbehörden und obere Umlegungsbehörden sind.

und ein beglaubigter Auszug aus dem Umlegungsplan beizufügen, der nachweisen muß:

1. die Eigentümer der zum Umlegungsgebiet gehörenden Grundstücke;
2. ihre alten Grundstücke und Berechtigungen sowie die dafür zugeteilten neuen Grundstücke;
3. die sonstigen Landzuteilungen und die gemeinschaftlichen und die anderen öffentlichen Anlagen sowie ihre Eigentümer.

§ 86. Bis zur Berichtigung des Liegenschaftskatasters dient der Umlegungsplan als amtliches Verzeichnis der Grundstücke (§ 2 Abs. 2 der Grundbuchordnung).

§ 87. Solange die Umlegungsbehörde die Berichtigung des Grundbuchs noch nicht veranlaßt hat, kann ein Teilnehmer, dessen Rechte durch ein den Umlegungsplan betreffendes Spruchverfahren nicht berührt werden, beantragen, daß die Umlegungsbehörde das Grundbuchamt sogleich ersucht, das Grundbuch durch Eintragung seiner neuen Grundstücke zu berichtigen. Dem Ersuchen sind außer der Bescheinigung über den Eintritt der rechtlichen Wirkungen nur die Nachweise über die alten und neuen Grundstücke des Antragstellers belzufügen.

§ 88. Nach rechtskräftiger Beendigung des Spruchverfahrens ist auf Ersuchen der Umlegungsbehörde das Grundbuch abschließend zu berichtigen. Die Vorschriften der § 84 Abs. 1 und § 85 finden sinngemäße Anwendung.

§ 89. Nachträgliche Änderungen, Ergänzungen oder Berichtigungen des Umlegungsplanes (§§ 73, 126) werden nach den §§ 84ff. in das Grundbuch übernommen.

§ 139. (1) Geschäfte und Verhandlungen, die der Durchführung der Umlegung dienen, einschl. der Berichtigung der öffentlichen Bücher, sind frei von allen Gebühren, Steuern, Kosten und Abgaben des Reichs, der Länder und anderer Körperschaften des öffentlichen Rechts.

(2) Die Gebühren-, Kosten- und Abgabenfreiheit ist von der zuständigen Behörde ohne Nachprüfung anzuerkennen, wenn die Umlegungsbehörde versichert, daß ein Geschäft oder eine Verhandlung der Durchführung der Umlegung dient.

d) Anwendung des Grundbuchberichtigungszwanges bei der Feststellung der Beteiligten im Umlegungsverfahren.

AV. vom 9. Mai 1939 (DJ. S. 798).

Den nachstehenden Runderlaß des Reichsministers für Ernährung und Landwirtschaft gebe ich den Grundbuchämtern bekannt und stelle ihnen anheim, sich wegen einer beschleunigten Durchführung der zur Feststellung der Beteiligten erforderlichen Grundbuchberichtigungszwangsverfahren mit den Umlegungsbehörden in Verbindung zu setzen.

Feststellung der Beteiligten im Umlegungsverfahren.

RdErl. d. RMfEuL. vom 19. April 1939.

(1) Nach Art. 14 des Preuß. AusfGes. zur Grundbuchordnung vom 23. September 1899 (GS. S. 307) waren die Auseinandersetzungsbehörden in Preußen in einem vor ihnen anhängigen Verfahren (Auseinandersetzungsverfahren) befugt, das Grundbuchamt um Berichtigung des Grundbuchs durch Eintragung des Eigentümers zu ersuchen und den Eigentümer durch Ordnungsstrafen zur Beibringung der dazu erforderlichen Urkunden anzuhalten. Das galt auch für das Umlegungsverfahren, da es zu dem Auseinandersetzungsverfahren rechnete.

(2) Die Grundbuchordnung vom 5. August 1935 (RGBl. I S. 1073) hat an diesem Rechtszustande nichts geändert, weil Art. 14 Pr. AGGBO. durch § 117 GBO. aufrecht erhalten wurde.

(3) Indessen ist die Vorschrift in Art. 14 Pr. AGGBO. für die Umlegung durch die reichsrechtliche Bestimmung des § 155 Satz 1 RUO. als aufgehoben anzusehen. Die Reichsumlegungsordnung gibt eine dem Art. 14 entsprechende

Befugnis den Umlegungsbehörden nicht. Diese war zwar bei der Bearbeitung der Reichsumlegungsordnung in dem ersten und zweiten Entwurf vorgesehen, wurde aber im letzten Entwurf gestrichen. Bei der Feststellung der Beteiligten im Umlegungsverfahren ist deshalb davon auszugehen, daß in Preußen die Bestimmungen des Art. 14 Pr. AGGBO. nicht mehr in Kraft sind. Das gleiche wird für Vorschriften in den außerpreußischen Ländern zu gelten haben, die dem Art. 14 entsprechen und ihre Grundlage in dem § 117 (früher § 83) GBO. in Verbindung mit Art. 113 EGBGB. haben.

(4) Für die Feststellung der Beteiligten sind nach § 12 Satz 1 RUO. die Eintragungen im Grundbuch maßgebend. Sind die Eintragungen durch Rechtsübergang außerhalb des Grundbuchs unrichtig geworden, so hat die Umlegungsbehörde dem Grundbuchamt hiervon Mitteilung zu machen und die Durchführung des Berichtigungszwangsverfahrens nach § 82 GBO. anzuregen. Wenn es auch dem Grundbuchamt freisteht, das Verfahren einzuleiten, so wird es sich dem regelmäßig nicht entziehen, da die „alsbaldige Berichtigung" infolge des schwebenden Umlegungsverfahrens im allgemeinen „angezeigt erscheint, und auch die übrigen Voraussetzungen für den Berichtigungszwang vorliegen werden. Von der durchgeführten Berichtigung erhält die Umlegungsbehörde Nachricht auf Grund der Allgemeinen Verfügung Nr. 331 des Reichsministers der Justiz vom 5. Oktober 1938[1]) — mitgeteilt durch meinen Runderlaß vom 5. Oktober 1938 (LwRMBl. S. 996) —. Bis zu diesem Zeitpunkt kann die Umlegungsbehörde die Feststellung der Beteiligten nach § 12 Satz 2 RUO. treffen und gegebenenfalls von der Befugnis nach § 113 Abs. 1 Ziffer c RUO. Gebrauch machen. Dabei ist jedoch zu beachten, daß die Umlegungsbehörde nicht befugt ist, einen nach § 12 Satz 2 RUO. festgestellten Beteiligten auf dem Wege über den Umlegungsplan als Eigentümer in das Grundbuch eintragen zu lassen. Es muß deshalb im Umlegungsplan, wenn bis dahin das Berichtigungszwangsverfahren noch nicht durchgeführt sein sollte, der im Grundbuch eingetragene (unrichtige) Eigentümer mit dem Vermerk aufgeführt werden, daß für das Umlegungsverfahren der nach § 12 Satz 2 RUO. festgestellte Teilnehmer nachgewiesen wurde (vgl. RdErl vom 28. Februar 1938 — VI/14 — 10958 — Lw.RMBl. S. 225 Nr. 2 der Richtlinien).

(5) Die Umlegungsbehörde hat nicht die Befugnis, von sich aus die Teilnehmer zur Beibringung von Erbscheinen anzuhalten, wenn das Grundbuch infolge Erbgangs unrichtig geworden ist. Eine solche Befugnis hätte zudem keinen praktischen Wert, da die Umlegungsbehörde nicht befugt ist, auf Grund eines Erbscheins das Grundbuchamt um die Eintragung des richtigen Eigentümers zu ersuchen. Außerdem würden durch die Anforderung von Erbscheinen seitens der Umlegungsbehörden insofern Unzuträglichkeiten auftreten, als diese Erbscheine für die Umlegung nach § 139 RUO. zwar urkundensteuerfrei[2]) wären, aber wieder steuerpflichtig würden, wenn das Nachlaßgericht nach § 83 GBO. von dem Erbfall dem Grundbuchamt Mitteilung macht und dieses von Amts wegen das Berichtigungszwangsverfahren durchführt. Deshalb ist von der Anforderung von Erbscheinen grundsätzlich abzusehen.

(6) Sollte die Feststellung einzelner im Grundbuch infolge Erbgangs noch nicht eingetragener Beteiligten aus zwingenden Gründen dringlich sein, weil z. B. gemeinschaftliches Eigentum geteilt werden muß, oder ein kleiner landwirtschaftlicher Betrieb durch Anliegersiedlung *Erbhof* werden soll, so ist das Grundbuchamt auf die Dringlichkeit besonders aufmerksam zu machen. Die Beteiligten sind darüber aufzuklären, daß sie im eigenen Interesse den Auflagen des Grundbuchamts zur Beschaffung der Unterlagen für die Grundbuchberichtigung möglichst ungesäumt nachkommen müssen.

(7) Die Mitteilungen der Umlegungsbehörden an das Grundbuchamt nach Abs. 4 sind in jeder Umlegung möglichst frühzeitig unter Beifügung einer listenmäßigen Zusammenstellung zu machen. Dabei sind auch die bis dahin

---

[1]) abgedruckt DJ 1938 S. 1576.
[2]) Urkundensteuer wird seit dem 1. 9. 1941 nicht mehr erhoben (VO. vom 20. 8. 41, RGBl. I 510).

nach § 12 Satz 2 RUO. nur für das Umlegungsverfahren festgestellten Eigentümer anzugeben. Die nach Abs. 6 in Frage kommenden Besitzstände sind besonders kenntlich zu machen.

e) Preuß. Gesetz über Rentengüter.

Vom 27. Juni 1890 (GS. S. 209).

§ 1. (1) Die eigentümliche Übertragung eines Grundstücks gegen Übernahme einer festen Geldrente (Rentengut), deren Ablösbarkeit von der Zustimmung beider Teile abhängig gemacht wird, ist zulässig.

(2) Die Feststellung des Ablösungsbetrages und der Kündigungsfrist bleibt der vertragsmäßigen Bestimmung überlassen. Von dem Rentenberechtigten darf jedoch ein höherer Ablösungsbetrag als der fünfundzwanzigfache Betrag der Rente nicht gefordert werden, wenn die Ablösung auf seinen Antrag erfolgt.

(3) Bei der Eintragung der Rente in das Grundbuch müssen die Abreden über den Ausschluß der Ablösbarkeit, sowie über die Feststellung des Ablösungsbetrages und der Kündigungsfrist in das Grundbuch eingetragen werden. Ist dies nicht geschehen, so gilt Dritten gegenüber die das Grundstück belastende Rente als eine solche, welche von dem Verpflichteten nach sechsmonatiger Kündigung mit dem zwanzigfachen Betrage abgelöst werden kann.

(4) Das Rentengut muß frei von den Hypotheken und Grundschulden des Grundstücks, von dem es abgetrennt wird, begründet werden.

(5) Auf die Veräußerung zum Zwecke der Bildung von Rentengütern finden die gesetzlichen Bestimmungen über den erleichterten Abverkauf von Grundstücken Anwendung mit der Maßgabe, daß das Unschädlichkeitsattest auch bei der Abveräußerung größerer Trennstücke erteilt werden kann, wenn die Sicherheit der Realberechtigten dadurch nicht vermindert wird.

§ 3. Sofern bei Veräußerung eines Grundstücks gegen eine Rente der Erwerber des Rentenguts vertragsmäßig in seiner Verfügung dahin beschränkt wird, daß die Zulässigkeit einer Zerteilung des Grundstücks oder der Abveräußerung von Teilen desselben von der Zustimmung des Rentenberechtigten abhängig sein soll, so kann die versagte Einwilligung durch richterliche Entscheidung der Auseinandersetzungsbehörde ergänzt werden, wenn die Zerteilung oder Abveräußerung im gemeinwirtschaftlichen Interesse wünschenswert erscheint.

§ 4. Ist dem Erwerber eines Rentenguts vertragsmäßig die Pflicht auferlegt, die wirtschaftliche Selbständigkeit des übernommenen Grundstücks durch Erhaltung des baulichen Zustandes darauf befindlicher oder darauf zu errichtender Gebäude, durch Erhaltung eines bestimmten landwirtschaftlichen Inventars auf demselben oder durch andere Leistungen dauernd zu sichern, so kann der Verpflichtete durch richterliche Entscheidung der Auseinandersetzungsbehörde von seiner Verpflichtung befreit werden, wenn der Aufrechterhaltung der wirtschaftlichen Selbständigkeit des Grundstücks überwiegende gemeinwirtschaftliche Interessen entgegenstehen.

f) Preuß. Gesetz über die Errichtung von Rentenbanken.

Vom 2. März 1850 (GS. S. 112).

§ 18. (2) Diejenigen eingetragenen Reallasten, an deren Stelle die Renten getreten sind, werden im Hypothekenbuche kostenfrei gelöscht; dagegen wird in diesem Falle kostenfrei im Hypothekenbuche vermerkt, daß das Grundstück der Rentenbank rentenpflichtig ist.

(3) Die Löschung wird von der Auseinandersetzungsbehörde beantragt, sobald die Übernahme der Rente von der Direktion der Rentenbank und die Abfindung des Berechtigten erfolgt sind (§ 30).

g) Preuß. Landesrentenbankgesetz vom 29. Dezember 1927

in der Fassung der Bekanntmachung vom 1. August 1931 (GS. S. 134).

§ 22. (2) Wird das Rentenübernahmeverfahren eingeleitet, so hat der Vorsteher des Kulturamts das Grundbuchamt zu ersuchen, im Grundbuch einen

Vermerk über die eingeleitete Übernahme einer Landesrentenbankrente (Rangsicherungsvermerk) einzutragen. Der Rangsicherungsvermerk hat die Wirkung, daß der Landesrentenbankrente nach der Übernahme der gleiche Rang zusteht, als wenn die Übernahme bereits zur Zeit der Eintragung des Rangsicherungsvermerks erfolgt wäre.

(3) Ergibt sich im Laufe des Verfahrens, daß die Übernahme ... nicht zulässig ist, so hat der Vorsteher des Kulturamts den Antrag insoweit zurückzuweisen. Die Löschung des Rangsicherungsvermerks erfolgt nur auf Ersuchen des Vorstehers des Kulturamts.

§ 23. (1) Wird das Rentenübernahmeverfahren mit der Begründung des Rentenguts verbunden, so gelten folgende Vorschriften.

(2) Die Begründung eines Rentenguts kann auf Antrag eines Beteiligten durch Vermittlung der Landeskulturbehörde erfolgen.

(3) Sofern der Begründung des Rentenguts rechtliche oder tatsächliche Bedenken nicht entgegenstehen, hat der Vorsteher des Kulturamts das Rentengutsverfahren einzuleiten. Die Einleitung ist den Beteiligten bekanntzumachen. Der Vorsteher des Kulturamts hat den Vertrag über die Begründung des Rentenguts in Verbindung mit dem Vertrag über die Rentenübernahme aufzunehmen. Der von dem Oberpräsidenten (Landeskulturabteilung) bestätigte Vertrag ist dem Grundbuchamte mit dem Ersuchen einzureichen, den Rentengutserwerber als Eigentümer einzutragen. In diesem Falle wird das Eigentum durch die Eintragung im Grundbuch erworben.

(4) Sofort nach Einleitung des Rentengutsverfahrens (Abs. 3) hat der Vorsteher des Kulturamts das Grundbuchamt zu ersuchen, im Grundbuch einen Vermerk über die eingeleitete Begründung des Rentenguts (Rentengutssperrvermerk) einzutragen. Der Rentengutssperrvermerk hat die Wirkung, daß die später eingetragenen privatrechtlichen Belastungen dem Rentengutsübernehmer gegenüber unwirksam und Veräußerungen des Grundstücks durch den Eigentümer ohne Genehmigung des Vorstehers des Kulturamts nichtig sind. Die Löschung des Rentengutssperrvermerks erfolgt nur auf Ersuchen des Vorstehers des Kulturamts.

(5) Auf das Verfahren finden die für Gemeinheitsteilungen geltenden Vorschriften mit folgenden Maßgaben Anwendung:

a) Der Vorsteher des Kulturamts hat die Rechte der Landesrentenbank von Amts wegen wahrzunehmen.
b) Zur vertragsmäßigen Begründung des Rentenguts ist nur legitimiert, wer in andern Fällen der freiwilligen Veräußerung zur Auflassung berechtigt ist.
c) Die zur Begründung des Rentenguts und zur Übernahme der Landesrentenbankrente erforderlichen Eintragungen im Grundbuch erfolgen auf Ersuchen der Landeskulturbehörde.

§ 24. Erfolgt die Begründung des Rentenguts auf Antrag eines Beteiligten durch Vermittlung der Landeskulturbehörde, ohne daß damit ein Rentenübernahmeverfahren verbunden wird, so gelten die Vorschriften des § 22 entsprechend.

§ 25. Auf die Landesrentenbankrente finden, soweit nicht dieses Gesetz etwas anderes bestimmt, die für Reallasten geltenden reichsrechtlichen Vorschriften Anwendung.

h) Gesetz über die Deutsche Landesrentenbank.

Vom 7. Dezember 1939 (RGBl. I S. 2405).

§ 1. (1) Die Preußische Landesrentenbank (Preuß. Landesrentenbankgesetz in der Fassung der Bekanntmachung vom 1. August 1931 — Preuß. Gesetzsammlung S. 154) wird eine Anstalt des Reichs mit dem Namen „Deutsche Landesrentenbank“.

§ 8. (1) Wo in Gesetzen, Verordnungen oder Verwaltungsanordnungen des Reichs und der Länder die Preußische Landesrentenbank genannt wird, tritt an ihre Stelle die Deutsche Landesrentenbank.

(2) Bis zu einer reichsrechtlichen Regelung bestimmt der Reichsminister für Ernährung und Landwirtschaft mit dem Reichsminister der Finanzen und, soweit dessen Geschäftsbereich berührt wird, mit dem Reichsminister der Justiz, welche preußischen Vorschriften über Rentengüter und über das Verfahren, insbesondere über die Übernahme von Landesrenten auch in den außerpreußischen Gebietsteilen gelten.

. . . . . .

§ 10. (1) Die Zwischenkreditforderungen der Deutschen Siedlungsbank werden durch Dauerkredit der Deutschen Landesrentenbank abgelöst. Die Ablösung erfolgt nach Maßgabe des Landesrentenbankgesetzes. Den Zeitpunkt der Ablösung bestimmt die Deutsche Landesrentenbank.

(2) Soweit in außerpreußischen Gebietsteilen oder in preußischen Landesteilen infolge besonderer Umstände die Ablösung durch Übernahme auf die Deutsche Landesrentenbank nicht möglich ist, sind die Zwischenkreditforderungen nach dem bisherigen Verfahren unterzuverteilen; sie gehen als Dauerkredit auf Grund eines Unterverteilungsplanes auf die Deutsche Landesrentenbank über. Der Unterverteilungsplan ist nach den Bestimmungen des Reichsministers für Ernährung und Landwirtschaft von den zuständigen Stellen aufzustellen und bedarf zu seiner Wirksamkeit der Bestätigung durch die obere Siedlungsbehörde. Die Bestätigung ist urkundlich auszufertigen und ist wirksam gegen jedermann. In die Bestätigungsurkunde sind die zur Sicherung des Dauerkredits der Deutschen Landesrentenbank erforderlichen weiteren dinglichen Rechte und sonstigen Rechte und Ansprüche aufzunehmen; die Bestätigungsurkunde ersetzt die zur Begründung dieser Rechte und Verpflichtungen erforderlichen Erklärungen; die Rechte und Verpflichtungen werden wirksam mit dem Zeitpunkt begründet, zu dem die Deutsche Landesrentenbank ihren Übergang bestimmt. Nach Übergang der unterverteilten Zwischenkreditforderungen ersucht die Siedlungsbehörde unter Beifügung einer Ausfertigung der Bestätigungsurkunde das Grundbuchamt um die erforderlichen Eintragungen.

(3) Die Siedlungsbehörde ist im Einvernehmen mit der Deutschen Landesrentenbank berechtigt, an Stelle der im Plan vorgesehenen dinglichen Rechte eine Landesrentenbankrente zu begründen, ohne daß es hierzu der Bewilligung der Beteiligten bedarf, sofern hierdurch eine Mehrbelastung der Verpflichteten nicht eintritt. Nach Durchführung des Übergangs bedarf es hierzu eines Nachtrages zur Bestätigungsurkunde.

§ 14. (1) Die Landesrentenbankrente steht den öffentlichen Lasten gleich und geht den am Grundstück bestehenden Rechten im Range vor.

(2) Die Landesrentenbankrente bedarf zur Begründung und zur Wirksamkeit gegenüber dem öffentlichen Glauben des Grundbuchs nicht der Eintragung. Das Grundbuchamt hat jedoch auf Ersuchen der Siedlungsbehörde den Betrag und die Tilgungszeit der Landesrentenbankrente im Grundbuch zu vermerken.

i) Verordnung über das Erbbaurecht.

Vom 15. Januar 1919 (RGBl. S. 72).

§ 1. Ein Grundstück kann in der Weise belastet werden, daß demjenigen, zu dessen Gunsten die Belastung erfolgt, das veräußerliche und vererbliche Recht zusteht, auf oder unter der Oberfläche des Grundstücks ein Bauwerk zu haben (Erbbaurecht).

Das Erbbaurecht kann auf einen für das Bauwerk nicht erforderlichen Teil des Grundstücks erstreckt werden, sofern das Bauwerk wirtschaftlich die Hauptsache bleibt.

Die Beschränkung des Erbbaurechts auf einen Teil eines Gebäudes, insbesondere ein Stockwerk ist unzulässig.

Das Erbbaurecht kann nicht durch auflösende Bedingungen beschränkt werden. Auf eine Vereinbarung, durch die sich der Erbbauberechtigte verpflichtet, beim Eintreten bestimmter Voraussetzungen das Erbbaurecht aufzugeben und seine Löschung im Grundbuch zu bewilligen, kann sich der Grundstückseigentümer nicht berufen.

§ 2. Zum Inhalt des Erbbaurechts gehören auch Vereinbarungen des Grundstückseigentümers und des Erbbauberechtigten über:

1. die Errichtung, die Instandhaltung und die Verwendung des Bauwerks;
2. die Versicherung des Bauwerkes und seinen Wiederaufbau im Falle der Zerstörung;
3. die Tragung der öffentlichen und privatrechtlichen Lasten und Abgaben;
4. eine Verpflichtung des Erbbauberechtigten, das Erbbaurecht beim Eintreten bestimmter Voraussetzungen auf den Grundstückseigentümer zu bezeichnenden (Heimfall);
5. eine Verpflichtung des Erbbauberechtigten zur Zahlung von Vertragsstrafen;
6. die Einräumung eines Vorrechts für den Erbbauberechtigten auf Erneuerung des Erbbaurechts nach dessen Ablauf;
7. eine Verpflichtung des Grundstückseigentümers, das Grundstück an den jeweiligen Erbbauberechtigten zu verkaufen.

§ 3. Der Heimfallanspruch des Grundstückseigentümers kann nicht von dem Eigentum an dem Grundstück getrennt werden; der Eigentümer kann verlangen, daß das Erbbaurecht einem von ihm zu übertragenden Dritten übertragen wird.

§ 5. Als Inhalt des Erbbaurechts kann auch vereinbart werden, daß der Erbbauberechtigte zur Veräußerung des Erbbaurechts der Zustimmung des Grundstückseigentümers bedarf.

Als Inhalt des Erbbaurechts kann ferner vereinbart werden, daß der Erbbauberechtigte zur Belastung des Erbbaurechts mit einer Hypothek, Grund- oder Rentenschuld oder einer Reallast der Zustimmung des Grundstückseigentümers bedarf. Ist eine solche Vereinbarung getroffen, so kann auch eine Änderung des Inhalts der Hypothek, Grund- oder Rentenschuld oder der Reallast, die eine weitere Belastung des Erbbaurechts enthält, nicht ohne die Zustimmung des Grundstückseigentümers erfolgen.

§ 6. Ist eine Vereinbarung gemäß § 5 getroffen, so ist eine Verfügung des Erbbauberechtigten über das Erbbaurecht und ein Vertrag, durch den er sich zu einer solchen Verfügung verpflichtet, unwirksam, solange nicht der Grundstückseigentümer die erforderliche Zustimmung erteilt hat.

Auf eine Vereinbarung, daß ein Zuwiderhandeln des Erbbauberechtigten gegen eine nach § 5 übernommene Beschränkung einen Heimfallanspruch begründen soll, kann sich der Grundstückseigentümer nicht berufen.

§ 10. Das Erbbaurecht kann nur zur ausschließlich ersten Rangstelle bestellt werden; der Rang kann nicht geändert werden. Rechte, die zur Erhaltung der Wirksamkeit gegenüber dem öffentlichen Glauben des Grundbuchs der Eintragung nicht bedürfen, bleiben außer Betracht.

Durch landesrechtliche Verordnung können Bestimmungen getroffen werden, wonach bei der Bestellung des Erbbaurechts von dem Erfordernisse der ersten Rangstelle abgewichen werden kann, wenn dies für die vorhergehenden Berechtigten und den Bestand des Erbbaurechts unschädlich ist.

§ 11. Auf das Erbbaurecht finden die sich auf Grundstücke beziehenden Vorschriften mit Ausnahme der §§ 925, 927, 928 des Bürgerlichen Gesetzbuches sowie die Vorschriften über Ansprüche aus dem Eigentum entsprechende Anwendung, soweit sich nicht aus dieser Verordnung ein anderes ergibt. Eine Übertragung des Erbbaurechts, die unter einer Bedingung oder einer Zeitbestimmung erfolgt, ist unwirksam.

Auf einen Vertrag, durch den sich der Grundstückseigentümer verpflichtet, ein Erbbaurecht zu bestellen, findet der § 313 des Bürgerlichen Gesetzbuchs entsprechende Anwendung.

§ 14.[1]) Für das Erbbaurecht wird bei der Eintragung in das Grundbuch von Amts wegen ein besonderes Grundbuchblatt (Erbbaugrundbuch) angelegt. Im Erbbaugrundbuch soll auch der Eigentümer und jeder spätere Erwerber des Grundstücks vermerkt werden. Zur näheren Bezeichnung des Inhalts des Erbbaurechts kann auf die Eintragungsbewilligung Bezug genommen werden.

Bei der Eintragung im Grundbuch des Grundstücks ist zur näheren Bezeichnung des Inhalts des Erbbaurechts auf das Erbbaugrundbuch Bezug zu nehmen.

Das Erbbaugrundbuch ist für das Erbbaurecht das Grundbuch im Sinne des Bürgerlichen Gesetzbuchs. Die Eintragung eines neuen Erbbauberechtigten ist unverzüglich auf dem Blatte des Grundstücks zu vermerken.

§ 15. In den Fällen des § 5 darf der Rechtsübergang und die Belastung erst eingetragen werden, wenn dem Grundbuchamte die Zustimmung des Grundstückseigentümers nachgewiesen ist.

§ 16. Bei der Löschung des Erbbaurechts wird das Erbbaugrundbuch von Amts wegen geschlossen.

§ 17. Jede Eintragung in das Erbbaugrundbuch soll auch dem Grundstückseigentümer, die Eintragung von Verfügungsbeschränkungen des Erbbauberechtigten den im Erbbaugrundbuch eingetragenen dinglich Berechtigten bekanntgegeben werden.

Dem Erbbauberechtigten soll die Eintragung eines Grundstückseigentümers, die Eintragung von Verfügungsbeschränkungen des Grundstückseigentümers sowie die Eintragung eines Widerspruchs gegen die Eintragung des Eigentümers in das Grundbuch des Grundstücks bekanntgemacht werden.

Auf die Bekanntmachung kann verzichtet werden.

§ 38. Für ein Erbbaurecht, mit dem ein Grundstück zur Zeit des Inkrafttretens dieser Verordnung belastet ist, bleiben die bisherigen Gesetze maßgebend.

k) AV. vom 10. September 1923 über die Benachrichtigung der Katasterämter von Eintragungen in die Erbbaugrundbücher.

(JMBl. S. 629).

Die Grundbuchämter haben künftig diejenigen Eintragungen in die Erbbaugrundbücher, welche den Bestand des mit dem Erbbaurecht belasteten Grundstücks und die Person des Erbbauberechtigten betreffen, den Katasterämtern unter Benutzung des Vordrucks zur Eigentumsveränderungsliste (§ 3 AV. vom 18. Februar 1911), in dem die Spaltenüberschriften handschriftlich entsprechend zu ändern sind, von Amts wegen mitzuteilen. Bei der Nachricht von der ersten Eintragung des Erbbaurechts im Erbbaugrundbuche sind aufzunehmen in die Spalten:

1—11: die Bezeichnung des belasteten Grundstücks und seines Eigentümers;
12: die Angabe des Erbbaugrundbuchblatts;
15: die Bezeichnung des Erbbauberechtigten;
16: der Tag der Begründung des Erbbauvertrags und seine Zeitdauer;
17: der Tag der Eintragung im Erbbaugrundbuche;
18: die Höhe des Erbbauzinses.

l) Reichssiedlungsgesetz.

Vom 11. August 1919 (RGBl. S. 1429).

§ 4. Das gemeinnützige Siedlungsunternehmen hat ein Vorkaufsrecht auf die in seinem Bezirke belegenen landwirtschaftlichen Grundstücke im Umfang von 25 ha aufwärts oder Teile von solchen Grundstücken. Das Vorkaufsrecht kann durch Bestimmung der Landeszentralbehörde auf kleinere Grundstücke ausgedehnt werden.

[1]) in der Fassung des § 35 des Grundbuchbereinigungsgesetzes.

§ 5. Das Vorkaufsrecht hat den Vorrang vor allen anderen eingetragenen und gesetzlichen Vorkaufsrechten. Es bedarf der Eintragung in das Grundbuch nicht.

§ 10. Das Grundbuchamt soll die Eintragung des Eigentumsüberganges solange aussetzen, bis ihm die Nichtausübung des Vorkaufsrechts nachgewiesen wird.

§ 14. (1) Der Landlieferungsverband hat an Stelle des gemeinnützigen Siedlungsunternehmens (§ 1) das Vorkaufsrecht auf alle großen Güter seines Bezirks. Er muß das Vorkaufsrecht auf Verlangen des gemeinnützigen Siedlungsunternehmens ausüben; die Ausübung des Vorkaufsrechts kann er dem gemeinnützigen Siedlungsunternehmen mit dessen Zustimmung allgemein oder für den einzelnen Fall übertragen.

(2) Für das Vorkaufsrecht gelten die Vorschriften der §§ 5 bis 11 entsprechend.

m) Verordnung über das Vorkaufsrecht nach dem Reichssiedlungsgesetz.

Vom 15. April 1937 (RGBl. I S. 546).

Art. 1. (1) Die Bestimmung nach § 4 Satz 2 des Reichssiedlungsgesetzes trifft der Reichsminister für Ernährung und Landwirtschaft im Einvernehmen mit dem Reichsminister der Justiz. Bei der Veräußerung von Teilen eines dem Vorkaufsrecht unterliegenden Grundstücks kann das Vorkaufsrecht auf solche Fälle beschränkt werden, in denen die Teile eine bestimmte Größe erreichen.

(2) Die Bestimmungen nach Abs. 1 sind im Reichsgesetzblatt zu veröffentlichen.

Art. 2. Die landesrechtlichen Vorschriften über das Vorkaufsrecht nach dem Reichssiedlungsgesetz werden aufgehoben. Der Reichsminister für Ernährung und Landwirtschaft kann im Einvernehmen mit dem Reichsminister der Justiz das außer Kraft gesetzte Recht bezeichnen.

Art. 3. Bis zum Erlaß abweichender Bestimmungen nach Artikel 1 dieser Verordnung unterliegen dem Vorkaufsrecht die Grundstücke oder Grundstücksteile, bei denen nach den bisher geltenden Vorschriften das Vorkaufsrecht ausgeübt werden konnte, jedoch mit der Maßgabe, daß das Grundstück oder der Grundstücksteil selbst mindestens ein Hektar groß sein muß, falls bisher auch Grundstücke oder Grundstücksteile kleineren Umfangs dem Vorkaufsrecht unterlagen.

Art. 4. Die Frist zur Ausübung des Vorkaufsrechts (§ 7 des Reichssiedlungsgesetzes) beträgt auch bei Grundstücken bis zu 200 Hektar sechs Wochen.

Art. 5. (1) Eine Verwendung für Siedlungszwecke im Sinne des Reichssiedlungsgesetzes liegt auch dann vor, wenn eine nach dem Reichssiedlungsgesetz begründete Ansiedlerstelle (Neu- oder Anliegersiedlungsbetrieb) innerhalb von zehn Jahren nach ihrer erstmaligen Übernahme durch einen Siedler unter Vermittlung eines gemeinnützigen Siedlungsunternehmens an einen anderen Bewerber übertragen wird. Den Zeitpunkt der erstmaligen Übernahme bestimmt im Zweifelsfall die Siedlungsbehörde.

n) Gesetz zur Ergänzung des Reichssiedlungsgesetzes.

Vom 4. Januar 1935 (RGBl. I S. 1).

§ 1. Wird ein mit einer Hypothek belastetes Grundstück im Rahmen eines Siedlungsverfahrens nach dem Reichssiedlungsgesetze von einem Siedlungsunternehmen oder einem Dritten erworben, so darf der Gläubiger der Hypothek ein ihm für den Fall des Eigentumswechsels zustehendes Kündigungsrecht nicht ausüben. Das gleiche gilt, wenn eines von mehreren mit einer Gesamthypothek belasteten Grundstücken oder Teile eines mit einer Hypothek belasteten Grundstücks erworben werden.

(2) In den Fällen des Abs. 1 Satz 2 kann die Siedlungsbehörde die Hypothek auf die Grundstücke oder Grundstücksteile verteilen; der Gläubiger kann der

Verteilung nicht widersprechen. Die Verteilung ist nach dem in den einzelnen Ländern der Besteuerung des Grundvermögens zugrunde liegenden Maßstab oder, wenn dieser von dem Nutzungswerte der einzelnen Teilstücke erheblich abweicht, nach einem anderen geeigneten Maßstabe vorzunehmen, erforderlichenfalls nach Ermittlung des Wertes der Grundstücke oder Grundstücksteile durch besondere Schätzung.

(3) Im Falle des Eigentumswechsels haftet der Erwerber von dem Eigentumsübergang an für die persönliche Forderung, die dem nach Abs. 2 verteilten Betrag einer Hypothek zugrunde liegt. Die Rechte des Gläubigers gegen den bisherigen Schuldner, die Mitschuldner und Bürgen sowie die Rechte aus einem für die Forderung bestehenden Pfandrecht oder sonstigen Sicherheiten erlöschen.

(4) Die Vorschriften der Absätze 1 bis 3 gelten für Grundschulden, Rentenschulden und Reallasten sinngemäß; doch gilt Abs. 2 für Altenteile nur, soweit der Unterhalt des Berechtigten durch die Verteilung nicht gefährdet wird.

§ 2. (1) In den Fällen des § 1 sind die Abschreibung eines Grundstücksteils und die Eintragung der Lastenverteilung im Grundbuche schon dann zulässig, wenn die Grundstücksteile in dem amtlichen Verzeichnis (§ 2 Abs. 2 der Grundbuchordnung) noch nicht ausgewiesen sind. Für die Bezeichnung der Grundstücksteile sind in diesem Falle die Feststellungen der Siedlungsbehörde über Lage und Größe sowie eine von ihr auf Grund der Katasterunterlagen gefertigte vorläufige Zeichnung maßgebend.

(2) Die im Abs. 1 bezeichneten Rechtsänderungen sind auf Ersuchen der Siedlungsbehörde in das Grundbuch einzutragen. Dem Ersuchen sind der Kaufvertrag und die in Abs. 1 Satz 2 genannten Unterlagen beizufügen.

(3) Ist der Grundstücksteil in dem amtlichen Verzeichnis nachgewiesen, so ist erforderlichenfalls das Grundbuch von Amts wegen zu berichtigen.

§ 4. Wird ein zu Siedlungszwecken erworbenes Grundstück oder ein zu Siedlungszwecken erworbener Grundstücksteil in einzelne Siedlungsgrundstücke aufgeteilt, so gelten die Vorschriften der §§ 1 bis 3 sinngemäß.

§ 5. Die Vorschriften der §§ 1 bis 4 gelten auch in den Fällen, in denen ein Grundstück oder Grundstücksteil vor dem Inkrafttreten dieses Gesetzes im Rahmen eines Siedlungsverfahrens nach dem Reichssiedlungsgesetz erworben oder aufgeteilt ist.

§ 6. (1) Die Vorschriften der §§ 1—5 gelten sinngemäß für die Fälle, in denen ein Vorkaufsrecht nach dem Reichssiedlungsgesetz ausgeübt ist oder ausgeübt wird.

(2) . . . . . .

o) Preuß. Ausführungsgesetz zum Reichssiedlungsgesetze.

Vom 15. Dezember 1919 (GS. 1920 S. 31).

§ 5. Soweit in diesem Gesetze für das Enteignungsverfahren die Vorschriften des Enteignungsgesetzes für anwendbar erklärt werden, tritt an Stelle des Regierungspräsidenten und des Bezirksausschusses der Präsident des Landeskulturamts und an Stelle des Ministers der öffentlichen Arbeiten der Minister für Landwirtschaft, Domänen und Forsten.

§ 34. (1) Der Präsident des Landeskulturamts kann den Vorsteher eines Kulturamts oder einen anderen Beamten der Landeskulturbehörde mit der Führung von Verhandlungen beauftragen, die den Erwerb von Grundstücken im Bezirke des Landeskulturamts zur Schaffung neuer Ansiedlungen oder zur Hebung bestehender Kleinbetriebe (§ 1 Abs. 1 des Reichssiedlungsgesetzes) zum Gegenstande haben. Vor dem beauftragten Beamten kann auch die Auflassung der bezeichneten Grundstücke erklärt werden.

(2) Die von dem Beamten beurkundeten Verträge und aufgenommenen Verhandlungen stehen den gerichtlichen Urkunden und Verhandlungen gleich, wenn sie in der für die Gerichte vorgeschriebenen Form aufgenommen und unter Bezugnahme auf den erteilten Auftrag als Siedlungssachen bezeichnet sind.

§ 35. Zur Abveräußerung von Teilen einer Ansiedlungs- oder Zukaufstelle (§ 1 Abs. 1 des Reichssiedlungsgesetzes) ist die Genehmigung des Präsidenten des Landeskulturamts erforderlich. Der gleichen Genehmigung bedarf die Teilung eines Grundstücks, das zu einer Ansiedlungs- oder Zukaufsstelle gehört. Die Verfügungsbeschränkungen bedürfen zu ihrer Wirksamkeit der Eintragung im Grundbuch. Die Eintragung erfolgt auf Ersuchen des Vorstehers des Kulturamts.

p) Reichsheimstättengesetz.

in der Fassung der Bekanntmachung vom 25. November 1937 (RGBl. I 1291).

§ 1 Das Reich, die Länder und die Gemeinden und Gemeindeverbände können Grundstücke, die aus einem Einfamilienhause mit Nutzgarten bestehen oder landwirtschaftliche oder gärtnerische Anwesen, zu deren Bewirtschaftung eine Familie unter regelmäßigen Verhältnissen keiner ständigen fremden Arbeitskräfte bedarf, als Heimstätten zu Eigentum ausgeben.

(2) Der Reichsarbeitsminister kann zulassen, daß auch andere öffentliche Verbände oder gemeinnützige Unternehmungen Reichsheimstätten ausgeben.

(3) Der Name „Reichsheimstätte" darf nur für Grundstücke geführt werden, die den Vorschriften dieses Gesetzes entsprechen.

§ 3. Der Reichsarbeitsminister kann Vorschriften über die geringste und die höchste zulässige Größe der Heimstätten erlassen.

§ 4. (1) Die Eigenschaft als Reichsheimstätte und der Ausgeber werden in das Grundbuch eingetragen. Soweit dieses Gesetz nichts anderes bestimmt, gelten die Vorschriften über die Belastung eines Grundstücks mit dem Rechte eines Dritten entsprechend. Die Rechte des Ausgebers können auf einen anderen nur übertragen werden, wenn er zur Ausgabe von Heimstätten befugt ist (§ 1).

(2) Die Eigenschaft als Reichsheimstätte kann vor der Errichtung der Wohn- oder Wirtschaftsgebäude eingetragen werden.

(3) Über die zu einer Reichsheimstätte gehörigen Grundstücke ist ein gesondertes Grundbuchblatt zu führen. Nicht zur Reichsheimstätte gehörige Grundstücke sowie solche Grundstücke, bei denen die Reichsheimstätteneigenschaft später aufgehoben wird, sind auf ein anderes Blatt des Grundbuchs zu übertragen.

§ 5. Die Eigenschaft als Reichsheimstätte kann nur zur ausschließlich ersten Rangstelle eingetragen werden; der Rang kann nicht geändert werden. Rechte, die zur Erhaltung der Wirksamkeit gegenüber dem öffentlichen Glauben des Grundbuchs der Eintragung nicht bedürfen, bleiben außer Betracht. Soweit für ein anderes Recht, das auf der Heimstätte eingetragen ist oder wird, die Rangstelle nach Gesetz oder Vertrag in Betracht kommt, gilt die Reichsheimstätteneigenschaft nicht als vorgehende Belastung.

§ 6. In dem Vertrag über die Übertragung der Heimstätte ist festzulegen, welcher Betrag des Entgelts auf den Boden ohne die Baulichkeiten oder sonstigen Verbesserungen entfällt. Der Betrag ist im Grundbuch zu vermerken.

§ 7. Für die Heimstätte gelten von der Eintragung an die folgenden Vorschriften.

§ 9. (1) Die Teilung der Heimstätte und die Abveräußerung einzelner Grundstücke oder Grundstücksteile bedarf der Zustimmung des Ausgebers.

(2) Der Heimstätter kann die Zustimmung des Ausgebers zur Teilung verlangen, wenn die Teile selbständige Heimstätten werden. Er kann die Zustimmung zur Abveräußerung verlangen, wenn sie mit den Regeln einer ordnungsmäßigen Wirtschaft vereinbar ist und den wirtschaftlichen Bestand der Heimstätte nicht wesentlich beeinträchtigt oder gefährdet.

§ 10. (1) Wird ein anderes Grundstück mit der Heimstätte vereinigt oder ihr als Bestandteil zugeschrieben, so erstreckt sich die Eigenschaft als Heimstätte auf das ganze vergrößerte Grundstück; die Vorschriften der §§ 5, 6 gelten entsprechend.

(2) Die Vereinigung oder Zuschreibung bedarf der Zustimmung des Ausgebers.

§ 11. (1) Veräußert der Heimstätter die Heimstätte, so hat der Ausgeber das Vorkaufsrecht. Das Vorkaufsrecht gilt für alle Verträge des Heimstätters, die auf Veräußerung der Heimstätte gerichtet sind, sowie für den Verkauf im Wege der Zwangsvollstreckung oder durch den Konkursverwalter. Die §§ 504, 505, 508 bis 510, 513 des Bürgerlichen Gesetzbuchs gelten entsprechend.

(2) Die Ausübung des Vorkaufsrechts ist ausgeschlossen, wenn der Heimstätter die Heimstätte an seinen Ehegatten oder an eine Person veräußert, die mit ihm in gerader Linie oder bis zum dritten Grade der Seitenlinie verwandt oder bis zum zweiten Grade verschwägert ist.

(3) Das Grundbuchamt soll die Eintragung des Eigentumsüberganges solange aussetzen, bis ihm die Nichtausübung des Vorkaufsrechts nachgewiesen ist.

§ 14. Das Vorkaufsrecht und der Heimfallanspruch hat Dritten gegenüber die Wirkung einer Vormerkung zur Sicherung des durch die Ausübung des Rechtes entstehenden Anspruchs auf Übertragung des Eigentums. Wird das Vorkaufsrecht oder der Heimfallanspruch ausgeübt, so bleiben die Rechte unberührt, die mit Zustimmung des Ausgebers oder innerhalb der Verschuldungsgrenze auf die Heimstätte eingetragen sind.

§ 17. (1) Die Belastung der Heimstätte bedarf der Zustimmung des Ausgebers.

(2) Hypotheken und Grundschulden können nur in der Form von unkündbaren Tilgungsschulden eingetragen werden; der Reichsarbeitsminister kann Abweichungen zulassen. Die Vorschrift des § 1163 des Bürgerlichen Gesetzbuches findet mit der Maßgabe Anwendung, daß mit dem Erlöschen der Forderung auch die Hypothek oder Grundschuld erlischt.

§ 18. (1) Für die Belastung mit Hypotheken, Grundschulden und Rentenschulden kann auf die Heimstätte eine Verschuldungsgrenze eingetragen werden. Das Nähere bestimmen der Reichsminister der Justiz und der Reichsarbeitsminister. Zu Eintragungen innerhalb der Verschuldungsgrenze ist die Zustimmung des Ausgebers nicht erforderlich.

(2) Unter den Voraussetzungen des § 17 Abs. 4 kann der Heimstätter die Zustimmung des Ausgebers zu einer Belastung über die Verschuldungsgrenze hinaus verlangen. Die Eintragung bedarf der Genehmigung der zuständigen Behörde.

§ 19. Wird der Heimstätter von mehreren Personen beerbt, so ist eine Teilung der Heimstätte nur unter den Vorsussetzungen des § 9 zulässig.

§ 20. (1) Die Zwangsvollstreckung in eine Heimstätte erfolgt durch Zwangsverwaltung oder Zwangsversteigerung. Sie ist wegen einer dinglich nicht gesicherten Schuld des Heimstätters unzulässig.

(2) Hat die Schuld des Heimstätters bereits bestanden, als er die Heimstätte erwarb, so kann bis zum Ablauf eines Jahres nach dem Erwerbe die Zwangsvollstreckung durch Eintragung einer Sicherungshypothek beantragt werden; soweit die Forderung nach Ablauf von fünf Jahren nach der Eintragung der Sicherungshypothek nicht getilgt ist, kann die Zwangsversteigerung beantragt werden. Ist eine Verschuldungsgrenze eingetragen, so gilt sie auch für die Eintragung von Sicherungshypotheken im Wege der Zwangsvollstreckung.

(3) Die Vorschriften über die Beitreibung öffentlicher Abgaben bleiben unberührt.

§ 21. (1) Die Eigenschaft als Heimstätte kann nur mit Zustimmung des Reichsarbeitsministers gelöscht werden.

§ 25. (1) Bei einem Grundstück oder Anwesen, daß den Voraussetzungen der §§ 1 und 3 entspricht, kann die Eigenschaft als Heimstätte auch auf Antrag des Eigentümers eingetragen werden. Die Eintragung ist nur in Verbindung mit der Eintragung eines Ausgebers zulässig. Als Ausgeber kann nur eingetragen werden, wer zur Ausgabe von Heimstätten befugt ist (§ 1); die Eintragung bedarf seiner Zustimmung.

(2) Mit dem Ausgeber ist ein Betrag zu vereinbaren, der als Wert des Bodens im Sinne der §§ 6, 15 gilt.

(3) Ist das Grundstück, bei dem die Heimstätteneigenschaft eingetragen werden soll, mit Rechten Dritter belastet, so bestimmt der Reichsarbeitsminister im Einvernehmen mit dem Reichsminister der Justiz das Nähere über die Zulässigkeit und die Durchführung der Eintragung. Die Vorschriften der §§ 5, 11 und 20 bleiben unberührt.

§ 26. (1) Wird die Eigenschaft als Heimstätte bei einem Erbbaurecht eingetragen, für das die Verordnung über das Erbbaurecht vom 15. Januar 1919 (RGBl. S. 72) gilt, so gilt der Eigentümer des Grundstücks als Ausgeber der, Heimstätte. Kann der Eigentümer nicht Ausgeber einer Heimstätte sein (§ 1), so ist die Eintragung unzulässig.

(2) Solange das Erbbaurecht Reichsheimstätte ist, finden die §§ 5 bis 8 der Erbbauverordnung keine Anwendung.

(3) Die Vorschriften dieses Gesetzes über den Heimfallanspruch des Ausgebers finden keine Anwendung. Macht der Grundstückseigentümer von dem Heimfallanspruche der Erbbauverordnung (§ 2 Nr. 4, §§ 32, 33) Gebrauch, so gilt der § 16 und § 21 Abs. 3 dieses Gesetzes entsprechend.

(4) Erwirbt der Erbbauberechtigte das Grundstück, so wird es Bestandteil der Heimstätte; der bisherige Eigentümer wird Ausgeber. Die Vorschrift des § 25 Abs. 2 gilt entsprechend.

(5) Wird ein erloschenes Erbbaurecht nach § 2 Nr. 6 und § 31 der Erbbau verordnung erneuert, so erneuert sich auch seine Eigenschaft als Heimstätte.

q) Gesetz zur Regelung der landwirtschaftlichen Schuldverhältnisse.

Vom 1. Juni 1933 (RGBl. I S. 331).

§ 8. (1) Die Eröffnung des Entschuldungsverfahrens wird mit der Zustellung des Beschlusses an den Betriebsinhaber wirksam. Sie hat die Wirkung, daß während der Dauer des Verfahrens eine rechtsgeschäftliche oder zwangsweise erfolgende Belastung der zum Betrieb gehörenden Grundstücke mit Hypotheken, Grundschulden, Rentenschulden oder Reallasten unzulässig ist.

(2) Die Eröffnung des Entschuldungsverfahrens ist auf Ersuchen des Amtsgerichts auf den Grundstücken, als deren Eigentümer der Betriebsinhaber eingetragen ist, in das Grundbuch einzutragen.

§ 51. (1) Der bestätigte Entschuldungsplan oder Zwangsvergleich wirkt für und gegen alle darin aufgeführten beteiligten Gläubiger, auch wenn sie dem Plan oder dem Vergleich widersprochen haben.

(2) Er wirkt auch für und gegen denjenigen, der nach Einleitung des Verfahrens Rechtsnachfolger eines in dem Plan oder dem Vergleich aufgeführten Gläubigers geworden ist.

(3) Die aus dem bestätigten Entschuldungsplan oder dem bestätigten Zwangsvergleich sich ergebenden Einwendungen und Einreden bedürfen zur Erhaltung gegenüber dem öffentlichen Glauben des Grundbuches nicht der Eintragung.

§ 52. (1) Auf Grund einer Ausfertigung des bestätigten Entschuldungsplans oder des bestätigten Zwangsvergleichs oder eines Auszugs daraus ersucht das Amtsgericht das Grundbuchamt, den Fortfall oder die Änderung der dinglichen Belastung des Grundstücks nach dem Plan in das Grundbuch einzutragen, den Vermerk über die Eröffnung des Entschuldungsverfahrens oder des Zwangsvergleichsverfahrens zu löschen und einzutragen, daß das Grundstück zu einem Entschuldungsbetrieb gehört.

(2) Die Eintragung in das Grundbuch hat auf Grund des Ersuchens zu erfolgen.

§ 53. (1) Bei der Eintragung des Fortfalls oder der Änderung dinglicher Rechte bedarf es nicht der Vorlegung des Hypotheken-, Grundschuld- oder Rentenschuldbriefes.

(2) Ist der Brief nicht vorgelegt, so hat das Grundbuchamt den Besitzer des Briefes zur Vorlegung anzuhalten und nachträglich die Eintragung auf dem Brief zu vermerken oder den Brief unbrauchbar zu machen.

§ 54. Ist zur Eintragung im Grundbuch auf Grund eines Entschuldungsplans oder eines Zwangsvergleichs ein Erbschein oder eine andere Urkunde erforderlich, die dem Berechtigten auf Antrag von einer Behörde, einem Beamten oder einem Notar zu erteilen ist, so kann die Entschuldungsstelle die Erteilung an Stelle des Berechtigten verlangen.

§ 55. Ist auf Grund des Entschuldungsplans oder eines Zwangsvergleichs der Fortfall oder die Änderung eines dinglichen Rechts in das Grundbuch einzutragen, so bedarf es, wenn der davon Betroffene nicht im Grundbuch eingetragen ist, der vorherigen Eintragung dieses Berechtigten nicht.

§ 57. Für das Entschuldungs- und Zwangsvergleichsverfahren und die Eintragung im Grundbuch sowie für das Zwangsversteigerungsverfahren in den Fällen des § 42 werden Gebühren nicht erhoben.

Fünfter Abschnitt.

Die Rechtsverhältnisse der Entschuldungsbetriebe.

§ 80. Entschuldungsbetriebe im Sinne dieses Gesetzes sind diejenigen, für die das Entschuldungs- oder Zwangsvergleichsverfahren bis zur Bestätigung des Entschuldungsplanes oder des Zwangsvergleiches durchgeführt ist. Auf Ersuchen des Amtsgerichts ist bei den zu diesen Betrieben gehörenden Grundstücken in Abteilung II des Grundbuchs einzutragen: „Das Grundstück unterliegt der Entschuldung."

§ 81. (1) Auch ohne Durchführung eines Entschuldungs- oder Zwangsvergleichsverfahrens kann der Inhaber eines landwirtschaftlichen, forstwirtschaftlichen oder gärtnerischen Betriebes beantragen, seinen Betrieb zum Entschuldungsbetrieb zu erklären (Selbstentschuldung).

(2) Über den Antrag entscheidet das Amtsgericht. Der Antrag ist abzulehnen, wenn die Voraussetzungen des § 3 Abs. 1 Nr. 3, 4 und 6 vorliegen. Im übrigen ist ihm stattzugeben, wenn der Betriebsinhaber nachweist, daß auf seinem Betriebe außerhalb der mündelsicheren Grenze nur Forderungen lasten, die in bezug auf Verzinsung und Tilgbarkeit die Anforderungen des § 14 erfüllen. Das Amtsgericht hat nötigenfalls ein Kreditinstitut der im § 5 bezeichneten Art mit der Prüfung zu beauftragen, ob die Voraussetzungen des Satz 1 und 2 vorliegen. Die Erklärung zum Entschuldungsbetrieb erfolgt durch Eintragung gemäß § 80 Satz 2.

§ 93. (1) Der über die Mündelsicherheitsgrenze hinausgehende Wert des Grundstücks gilt, soweit er nicht durch bestehende oder gemäß § 15 Abs. 1 einzutragende Hypotheken belastet ist, als mit einer Sicherungshypothek zugunsten der Rentenbank-Kreditanstalt belastet.

(2) Kraft der Sicherungshypothek haftet das Grundstück für folgende Verpflichtungen:

a) an erster Stelle für eine im Entschuldungsplane oder Zwangsvergleich zu vereinbarende $^1/_2$ vom Hundert der des steuerlichen Einheitswerts nicht übersteigende jährliche Zahlung, die erst nach Wiederherstellung einer vollen Rentabilität der Landwirtschaft und Erreichung eines landesüblichen Realkreditzinsfußes von höchstens 4 vom Hundert als Entgelt für die vom Reich und von der Rentenbank-Kreditanstalt geleistete Hilfe während einer Anzahl von 10 bis 20 Jahren an die Rentenbank-Kreditanstalt zu zahlen ist;

b) an zweiter Stelle:

1. für Forderungen, die einem Gliede der von der Rentenbank-Kreditanstalt anerkannten ländlichen Kreditorganisationen (Sparkassen, Genossenschaften, landwirtschaftliche Banken und dergleichen) oder der Rentenbank-Kreditanstalt selbst zustehen;

2. für Erbschaftssteuerforderungen und Forderungen aus Gutsüberlassungs- oder Erbauseinandersetzungsverträgen. Dies gilt nur, soweit die Forderungen nach Inkrafttreten dieses Gesetzes fällig werden und soweit durch die Gutsüberlassungs- oder Erbauseinandersetzungsforderungen keine Belastung über den steuerlichen Einheitswert hinaus erfolgt.

Für den Rang der unter 1 und 2 genannten Forderungen untereinander ist der Zeitpunkt der Begründung der einzelnen Forderung maßgebend.

(8) Für den Fall, daß Teile des Grundstücks durch Bebauung in ein städtisches Grundstück umgewandelt werden sollten, so ist sein Ausscheiden aus den Bestimmungen dieses Absatzes gegen Zahlung einer besonderen Abgabe vorzusehen.

r) Sechste Verordnung zur Durchführung der landwirtschaftlichen Schuldenregelung.

Vom 7. Juli 1934 (RGBl. I S. 609).

Art. 25. (1) Ist eine Forderung durch eine Gesamthypothek oder Gesamtgrundschuld auf mehreren zu dem landwirtschaftlichen Betriebe gehörenden Grundstücken des Betriebsinhabers gesichert, so sind zur Feststellung, inwieweit die Forderung mündelsicher ist, die mündelsicheren Teile der Gesamthypothek oder Gesamtgrundschuld zusammenzurechnen.

(2) Das Entschuldungsgericht hat die Gesamthypothek oder Gesamtgrundschuld nach dem Verhältnis ihrer mündelsicheren Teile auf die Grundstücke des Betriebsinhabers zu verteilen, wenn eine Einigung über die Verteilung zwischen dem Betriebsinhaber und dem Gläubiger unter Vermittlung der Entschuldungstelle nicht zu erzielen ist. Soweit die Gesamthypothek oder Gesamtgrundschuld zur Sicherung des im Entschuldungsplan oder Vergleichsvorschlage festgesetzten Betrages der Forderung nicht erforderlich ist, erlischt sie.

s) Siebente Verordnung zur Durchführung der landwirtschaftlichen Schuldenregelung.

Vom 30. April 1935 (RGBl. I S. 572).

Art. 1. (1) Die Aufgaben der Entschuldungsgerichte gehen auf Entschuldungsämter über.

(2) Entschuldungsämter werden für den Bezirk eines oder mehrerer Amtsgerichte bei einem Amtsgericht errichtet. Sitz und Bezirk der Entschuldungsämter bestimmt der Reichsminister der Justiz, oder die von ihm ermächtigte Stelle.

Art. 5. (1) Das Entschuldungsamt ist an die Richtlinien gebunden, die der Reichsminister der Justiz im Einvernehmen mit dem Reichsminister für Ernährung und Landwirtschaft für die Durchführung des Schuldenregelungsgesetzes und der dazu erlassenen Durchführungs- und Ergänzungsvorschriften erläßt. Das gleiche gilt für das Landgericht bei der Entscheidung über die Beschwerde gegen eine Entscheidung des Entschuldungsamts.

(2) Richtlinien im Sinne des § 5 Abs. 2 des Gesetzes werden vom Reichsminister für Ernährung und Landwirtschaft im Einvernehmen mit dem Reichsminister der Justiz erlassen.

Art. 22. Bei den nach § 15 des Gesetzes zu sichernden Forderungen gilt die Erteilung eines Hypothekenbriefes als ausgeschlossen, wenn die Forderung 500 RM nicht übersteigt. Im übrigen gilt die Erteilung eines Briefes als ausgeschlossen, wenn der Gläubiger oder die Entschuldungsstelle sie nicht innerhalb von zwei Wochen nach der Mitteilung oder Zustellung des Auszugs aus dem Entschuldungsplan oder Vergleichsvorschlage durch Erklärung gegenüber dem Entschuldungsamte verlangt.

Art. 29. (1) Soweit eine Forderung durch eine Sicherungshypothek oder Grundschuld gesichert ist, wird das bisherige Grundpfandrecht in eine Verkehrshypothek umgewandelt. Artikel 22 gilt sinngemäß.

(2) Abweichend von Artikel 25 Abs. 2 der Sechsten Durchführungsverordnung kann auch bestimmt werden, daß die Gesamthypotheken oder Gesamtgrundschulden entweder in anderer Art als dort vorgesehen verteilt werden oder daß von einer Verteilung abgesehen wird.

(3) Mehrere auf Grundstücken des Betriebsinhabers lastende Hypotheken oder Grundschulden eines Gläubigers können als Gesamthypotheken oder Gesamtgrundschulden vereinigt werden, wenn es nach Lage des Falles angezeigt erscheint.

(4) Die nach § 15 des Gesetzes zu sichernden Forderungen sind durch Gesamthypotheken auf allen oder einzelnen Grundstücken zu sichern oder auf die einzelnen Grundstücke zu verteilen. Auch die Teilung einer einzelnen Forderung ist zulässig.

(5) Die Entscheidungen nach den Absätzen 1 bis 4 trifft auf Antrag der Entschuldungsstelle das Entschuldungsamt durch Zwischenbeschluß (Artikel 4 der Sechsten Durchführungsverordnung) nach billigem Ermessen unter Berücksichtigung der wirtschaftlichen Zweckmäßigkeit und der Umstände des einzelnen Falles. Das Entschuldungsamt kann gleichzeitig die Teilung oder Vereinigung einzelner Grundstücke oder Grundstücksteile im Grundbuch anordnen.

t) Neunte Verordnung zur Durchführung der landwirtschaftlichen Schuldenregelung.

Vom 24. November 1937 (RGBl. I S. 1305).

Art. 3. (1) Für alle Forderungen, die in der landwirtschaftlichen Schuldenregelung in unkündbare Tilgungsforderungen umgewandelt werden oder die dieser Umwandlung nur deshalb nicht unterliegen, weil sie schon unkündbare Tilgungsforderungen sind, sowie für die Hypotheken, die der Sicherung dieser Forderung dienen (Schuldenregelungshypotheken), gelten, von der regelmäßigen Verzinsung und Tilgung abgesehen, ausschließlich Allgemeine Bedingungen, die durch Gemeinschaftliche Richtlinie des Reichsministers für Ernährung und Landwirtschaft und des Reichsministers der Justiz bestimmt werden.

(2) Das Entschuldungsamt kann, soweit dies nach Lage der besonderen Umstände geboten erscheint, auf Antrag die Umwandlung solcher Forderungen in Darlehnsforderungen anordnen.[3] Bürgschaften und sonstige Sicherheiten werden durch die Umwandlung nicht berührt.

(3) Die Änderung der bisherigen Bedingungen nach Abs. 1 und die Umwandlung in Darlehnsforderungen nach Abs. 2 treten mit der Bestätigung des Entschuldungsplans (Zwangsvergleichs) mit Wirkung von der Eröffnung des Entschuldungsverfahrens, in der Selbstentschuldung mit der Eintragung des Entschuldungsvermerks ein.

(4) Die im Abs. 1 bezeichneten Allgemeinen Bedingungen werden vom Reichsminister für Ernährung und Landwirtschaft bei der Deutschen Rentenbank-Kreditanstalt in Berlin niedergelegt. Diese hat die Bedingungen jedem mitzuteilen, der dies unter vorheriger Einsendung der Postgebühren beantragt.

(5) Bei der Eintragung in das Grundbuch sind die Schuldenregelungshypotheken als solche zu bezeichnen. Außer dem Gläubiger und dem Geldbetrag sind der Zinssatz und der Tilgungssatz anzugeben. Im übrigen genügt zur näheren Bezeichnung der Forderung die Bezugnahme auf die im Absatz 1 bezeichnete Gemeinschaftliche Richtlinie ,soweit in dieser nicht etwas anderes bestimmt ist. Etwaige Änderungen der Richtlinie bedürfen keiner besonderen Eintragung.

(6) Die Vorschriften der Absätze 1 bis 5 gelten auch für die Fälle, in denen bereits der Entschuldungsplan (Zwangsvergleich) bestätigt oder der Betrieb zum Entschuldungsbetrieb erklärt ist; eine inzwischen eingetretene Rechtsnachfolge schließt die Anwendung nicht aus. Die Änderung der bisherigen Bedingungen, gegebenenfalls die Umwandlung in Darlehnsforderungen nach Abs. 2 tritt rückwirkend vom Zeitpunkt der Eröffnung des Entschuldungsverfahrens,

in den Fällen der Selbstentschuldung vom Zeitpunkt der Eintragung des Entschuldungsvermerks an ein. Die Vorschriften des Bürgerlichen Rechts zu Gunsten derer, die Rechte von einem Nichtberechtigten herleiten, finden insoweit bis zur Berichtigung des Grundbuchs keine Anwendung. Das Entschuldungsamt soll das Grundbuchamt, sobald dies im ordentlichen Geschäftsgang tunlich ist, unter genauer Bezeichnung der in Frage kommenden Hypotheken um entsprechende Änderung der nach dem Grundbuchersuchen etwa bereits vorgenommenen Grundbucheintragungen ersuchen.

(7) Die Vorschriften dieses Artikels gelten sinngemäß für Grundschulden. Sie gelten dagegen nicht für Forderungen und Grundschulden, die der Deckung im Auslande begebener Schuldverschreibungen eines inländischen Schuldners dienen oder aus der Ausleihung des Erlöses der unter Führung der Deutschen Landesbanken Zentrale A.G. im Jahre 1928 aufgenommenen Auslandsanleihe entstanden sind.

Art. 6. (1) Das Ersuchen an das Grundbuchamt um Eintragung des Fortfalls oder der Änderung der dinglichen Belastung im Grundbuch (§ 52 des Gesetzes) ist auch hinsichtlich der betriebsfremden und der Dritten gehörenden Grundstücke zu stellen. . . . . . .

(2) Das Entschuldungsamt kann das Grundbuchamt um die Eintragung auch anderer Berichtigungen oder im Zusammenhang mit der landwirtschaftlichen Schuldenregelung eintretender Rechtsänderungen ersuchen, wenn ihm die Voraussetzungen der Eintragung in grundbuchmäßiger Form nachgewiesen und, sofern Briefrechte in Frage kommen, die Briefe vorgelegt sind. Die Briefe sind dem Ersuchen beizufügen.

u) Mitteilungen von Grundbucheintragungen an Entschuldungsämter.

AV. vom 3. Dezember 1935 (DJ. S. 1754).

Ist die Eröffnung des Entschuldungsverfahrens auf dem Grundbuchblatte der zum Entschuldungsbetrieb gehörigen Grundstücke eingetragen (§ 8 Abs. 2 des Gesetzes zur Regelung der landwirtschaftlichen Schuldverhältnisse — RGBl. I S. 331 —), so hat das Grundbuchmat jede spätere Eintragung auf dem Blatte dieser Grundstücke dem zuständigen Entschuldungsamt bekanntzumachen.

v) Verordnung über die Veräußerung von Entschuldungsbetrieben.

Vom 6. Januar 1937 (RGBl. I S. 5).

Art. 1. (1) Die Veräußerung eines Grundstücks, auf dem im Grundbuch ein Entschuldungsvermerk (§§ 80, 81 des Schuldenregelungsgesetzes) eingetragen ist, bedarf zu ihrer Wirksamkeit der Genehmigung des Reichsministers für Ernährung und Landwirtschaft. Genehmigungspflichtig ist auch ein Rechtsgeschäft, das die Verpflichtung zur Veräußerung eines Grundstücks der im Satz 1 genannten Art zum Gegenstande hat, sowie jedes Rechtsgeschäft, durch das ein der Veräußerung ähnlicher wirtschaftlicher Erfolg herbeigeführt werden soll. Ist das der Veräußerung zugrunde liegende Rechtsgeschäft genehmigt worden, so gilt auch die Veräußerung als genehmigt.

(2) Die Genehmigung kann auch unter einer Auflage erteilt werden. . . . . .

(3) Die Absätze 1 und 2 gelten sinngemäß für Grundstücke, die ohne Eintragung eines Entschuldungsvermerks mit einer Hypothek für ein Darlehn der Bank für deutsche Industrie-Obligationen (Industriebank) oder für ein Darlehn des Reichs aus Betriebssicherungsmitteln belastet sind, sowie für Grundstücke, für deren Eigentümer das Schuldenregelungsverfahren erfolgreich durchgeführt ist, auf denen aber der Entschuldungsvermerk noch nicht eingetragen ist.

Art. 2. (3) Ist im Grundbuch auf Grund eines genehmigungspflichtigen, aber nicht genehmigten Rechtsgeschäfts eine Rechtsänderung eingetragen, so kann der Reichsminister für Ernährung und Landwirtschaft das Grundbuchamt um die Eintragung eines Widerspruchs ersuchen. Der Widerspruch ist zu löschen, wenn der Reichsminister für Ernährung und Landwirtschaft darum ersucht oder wenn die Genehmigung erteilt wird. § 53 Abs. 1 der Grundbuchordnung bleibt unberührt.

Art. 7. Bei Grundpfandrechten, die auf einem Grundstück der im Artikel 1 bezeichneten Art eingetragen sind und für die auf Grund des Gesetzes über die Zinsen für den landwirtschaftlichen Realkredit vom 31. Juli 1935 (RGBl. I S. 1057) eine Reichshilfe gewährt wird, sind von dem Beginn des auf die Veräußerung folgenden Zinsabschnitts an mindestens 4½ vom Hundert Zinsen zu zahlen.

Art. 8. Der Reichsminister für Ernährung und Landwirtschaft kann die ihm nach dieser Verordnung zustehenden Befugnisse ganz oder teilweise auf andere Stellen übertragen und für bestimmte Arten von Rechtsgeschäften eine von den Vorschriften dieser Verordnung abweichende Regelung treffen.

w) Veräußerung entschuldeter Betriebe.

AV. vom 3. Juni 1942 (DJ. S. 389).

Die nachstehend abgedruckten Erlasse des Herrn Reichsministers für Ernährung und Landwirtschaft bringe ich zur Kenntnis:

Erlaß des REmM. vom 8. April 1942.

Auf Grund des Artikels 8 der Verordnung über die Veräußerung von Entschuldungsbetrieben (Veräußerungsverordnung) vom 6. Januar 1937 (RGBl. I S. 5) übertrage ich hiermit in Erweiterung der Entscheidungsbefugnis nach Art. 1 Abs. 1 der Verordnung zur Durchführung der Veräußerungsverordnung vom 19. April 1937 (RGBl. I S. 466) die mir nach der Veräußerungsverordnung zustehenden Befugnisse dem Entschuldungsamt, ...

1. bei Betrieben, die im Zeitpunkte der Bestätigung des Entschuldungsplans oder Zwangsvergleichs nicht mehr als 125 ha Eigenland umfassen,
2. bei Betrieben, die im Zeitpunkte der Bestätigung des Entschuldungsplans oder Zwangsvergleichs mehr als 125 ha Eigenland umfassen, wenn es sich um folgende Rechtsgeschäfte handelt:
   a) Gutsüberlassungsverträge oder ähnliche Übergabeverträge, die eine Vorwegnahme der Erbfolge darstellen,
   b) Verträge, durch die der Entschuldungsbetrieb im Wege der Auseinandersetzung einer Gesellschaft oder Gemeinschaft ganz oder teilweise an einen Gesellschafter oder Gemeinschafter veräußert wird,
   c) Tauschverträge;
3. bei der Zwangsversteigerung eines Entschuldungsbetriebes (Artikel 4 der Veräußerungsverordnung).

Erlaß des REmM. vom 20. Mai 1942.

Auf Grund des Artikels 8 der Verordnung über die Veräußerung von Entschuldungsbetrieben (Veräußerungsverordnung) vom 6. Januar 1937 (RGBl. I S. 5) übertrage ich hiermit in Erweiterung der Entscheidungsbefugnis nach Artikel 1 Abs. 1 der Verordnung zur Durchführung der Veräußerungsverordnung vom 19. April 1937 (RGBl. I S. 466) und in Ergänzung des Erlasses vom 8. April 1942 — IV C 1. 1097. 436 — die mir nach der Veräußerungsverordnung zustehenden Befugnisse dem Entschuldungsamt, ..., bei Verträgen, durch die ein entschuldeter Betrieb ganz oder teilweise in eine zwischen Ehegatten gebildete Gütergemeinschaft eingebracht wird.

x) Verordnung über die Finanzierung der landwirtschaftlichen Entschuldung.

Vom 17. Juli 1940 (RGBl. I S. 1001).

Art. 2. Zur Ablösung mündelsicherer Forderungen im Schuldenregelungs......verfahren auf Grund zu erlassender näherer Vorschriften dürfen mit 4 vom Hundert verzinsliche Schuldverschreibungen der Deutschen Rentenbank-Kreditanstalt verwendet werden.

Art. 5. (1) Werden Forderungen der Deutschen Rentenbank-Kreditanstalt und die ihnen entsprechenden Hypotheken, die durch Ablösung nach Artikel 2 dieser Verordnung erworben sind, mit Darlehnsforderungen der Deutschen Rentenbank-Kreditanstalt und den ihnen entsprechenden Hypotheken der im Artikel 5 der Verordnung über die Ablösungsschuldverschreibungen vom 12. März 1935 bezeichneten Art ausgetauscht, so gelten diejenigen Forderungen der Deutschen Rentenbank-Kreditanstalt als mit dem Pfandrecht der Deutschen Rentenbank belastet, die der Deckungsmasse des Artikels 5 der genannten Verordnung zugeführt werden.

(2) Auf Antrag der Deutschen Rentenbank-Kreditanstalt hat das Entschuldungsamt oder ...... durch Beschluß die Übertragung einer durch Ablösung erworbenen Schuldenregelungshypothek (Artikel 3 der Neunten Verordnung zur Durchführung der landwirtschaftlichen Schuldenregelung vom 24. November 1937, RGBl. I S. 1305[1]) von der ablösenden Kreditanstalt auf eine der im Artikel 3 Abs. 2 dieser Verordnung genannten Kreditanstalten anzuordnen. Die Hypothek geht mit dem Erlaß des Beschlusses auf diese Kreditanstalt über, die gleichzeitig die entsprechende Darlehnsschuld gegenüber der Deutschen Rentenbank-Kreditanstalt übernimmt. Das Grundbuchamt hat auf Ersuchen des Entschuldungsamts ...... den Übergang in das Grundbuch einzutragen; für die Eintragung werden Gebühren nicht erhoben.

y) Verordnung des Präsidenten des Zentraljustizamts für die britische Zone zur Wiedereröffnung der Entschuldungsämter.

Vom 12. Mai 1947 (VOBl. BZ. S. 52).

Mit Zustimmung der Militärregierung wird verordnet:

§ 1. Die im Gesetz zur Regelung der landwirtschaftlichen Schuldverhältnisse vom 1. Juni 1933 (RGBl. I S. 331) nebst Durchführungsverordnungen vorgesehene Tätigkeit der Entschuldungsämter wird nach Maßgabe der folgenden Bestimmungen wieder aufgenommen.

§ 2. An Stelle des Entschuldungsamts tritt das Amtsgericht, bei dem das Amt gebildet war.

§ 3. Die Tätigkeit des Amtsgerichts wird auf die Aufgaben beschränkt, die dem Entschuldungsamt nach Abschluß des Entschuldungs- oder Zwangsvergleichsverfahrens oder einer Selbstentschuldung obliegen.

§ 5. Diese Verordnung tritt mit dem 1. Juni 1947 in Kraft.

z) Verordnung des Präsidenten des Zentraljustizamts für die Britische Zone zur Abwickelung der landwirtschaftlichen Schuldenregelung.

Vom 5. Juli 1948 (VOBl. BZ. S. 199).

Auf Grund des Artikels VI der VO. Nr. 84[2]) und mit Zustimmung der Militärregierung wird verordnet:

§ 1. Die §§ 91—94 des Gesetzes zur Regelung der landwirtschaftlichen Schuldverhältnisse (Schuldenregelungsgesetz) vom 1. Juni 1933 (RGBl. I S. 331), die zu diesem Gesetz ergangenen Durchführungsbestimmungen und Art. 31 der Pächterentschuldungsverordnung vom 12. März 1935 (RGBl. I S. 360) treten außer Kraft.

Im Entschuldungsplan oder Zwangsvergleich nach § 94 Abs. 2 des Schuldenregelungsgesetzes getroffene Anordnungen gelten als aufgehoben.

§ 2. Auf Antrag des Gläubigers, für dessen Forderung das der Entschuldung unterliegende Grundstück kraft der Sicherungshypothek der Deutschen Rentenba nk-Kreditanstalt nach § 93 Abs. 2 des Schuldenregelungsgesetzes bisher haftete, oder dessen Forderung aus einem Betriebsaufbaudarlehn an den Eigentümer eines entschuldeten ehemaligen Erbhofes herrührt, hat das Amtsgericht das Grundbuchamt um die Eintragung einer Sicherungshypothek zugunsten

[1]) vgl. S. 288. [2]) vgl. S. 301

des Gläubigers an bereitester Stelle zu ersuchen. Der Antrag kann nur innerhalb eines Jahres nach dem Inkrafttreten dieser Verordnung gestellt werden. Die Genehmigung nach Artikel V des Kontrollratsgesetzes Nr. 45 gilt als erteilt.

§ 3. Die in der Verordnung über die Veräußerung von Entschuldungsbetrieben (Veräußerungsverordnung) vom 6. Januar 1937 (RGBl. I S. 5)[1]) vorgesehenen Entscheidungen werden von dem zuständigen Amtsgericht getroffen, auch soweit diese Entscheidungen nicht schon nach der Verordnung zur Durchführung der Veräußerungsverordnung vom 19. April 1937 (RGBl. I S. 466) auf die Entschuldungsämter übergegangen waren.

§ 4. Das Amtsgericht hat das Grundbuchamt um die Löschung des Entschuldungsvermerks von Amts wegen zu ersuchen, wenn das Grundstück unter Erteilung der Genehmigung nach der Veräußerungsverordnung veräußert worden ist, es sei denn, daß die Veräußerung auf Grund eines Gutsüberlassungsvertrages oder eines ähnlichen Übergabevertrages, der eine Vorwegnahme der Erbfolge darstellt, oder auf Grund eines Vertrages stattgefunden hat, durch den der Entschuldungsbetrieb im Wege der Auseinandersetzung einer Gesellschaft oder Gemeinschaft ganz oder teilweise an einen Gesellschafter oder Gemeinschafter veräußert worden ist. Die Erfüllung der bei der Veräußerungsgenehmigung angeordneten Auflagen ist dem Amtsgericht nachzuweisen.

§ 5. Auf Antrag des Eigentümers eines der Entschuldung unterliegenden Grundstücks hat das Amtsgericht das Grundbuchamt um die Löschung des Entschuldungsvermerks zu ersuchen. Das Amtsgericht hat die Löschung des Entschuldungsvermerks von dem Ausgleich der vom Reich oder von den Gläubigern im Entschuldungs- oder Zwangsvergleichsverfahren gebrachten Opfer abhängig zu machen, soweit dies nach Lage des Falles gerechtfertigt erscheint.

Das Amtsgericht kann die Löschung des Entschuldungsvermerks auch davon abhängig machen, daß der Eigentümer das Entschuldungsdarlehn vorzeitig zurückzahlt oder die Entschuldungsrente ablöst, wenn dies von der Entschuldungsstelle oder der rentenverwaltenden Stelle verlangt wird und nach Lage des Falles gerechtfertigt erscheint.

§ 6. Noch anhängige Entschuldungs- oder Zwangsvergleichsverfahren sind durch Beschluß aufzuheben. Das Amtsgericht hat in dem Aufhebungsbeschluß darüber zu entscheiden, ob und in welchem Umfange die während des Verfahrens erlassenen Beschlüsse und Anordnungen Wirksamkeit behalten. Gegen die Entscheidung findet die sofortige Beschwerde statt.

Änderungen bestätigter Entschuldungspläne oder Vergleichsvorschläge nach Art. 39 der Neunten Verordnung zur Durchführung der landwirtschaftlichen Schuldenregelung vom 24. November 1937 (RGBl. I S. 1305) und nach § 18 des Reichsgesetzes über die Angelegenheiten der freiwilligen Gerichtsbarkeit sind nicht mehr zulässig.

Bis zur Löschung des Entschuldungsvermerks bleibt eine im bestätigten Zwangsvergleich vorbehaltene oder in Art. 4 Abs. 4 der Achten Verordnung zur Durchführung der landwirtschaftlichen Schuldenregelung vom 20. Juni 1936 (RGBl. I S. 496) mögliche Erhöhung oder Neufestsetzung einer Erbhofentschuldungsrente zulässig.

§ 8. Erlischt eine Entschuldungsrente durch Ablösung nach Art. 29 Abs. 5 der Neunten Verordnung zur Durchführung der landwirtschaftlichen Schuldenregelung, so hat das Grundbuchamt das Erlöschen der Entschuldungsrente auf Grund einer Ablösungserklärung der rentenverwaltenden Stelle im Grundbuch zu vermerken. Für die Ablösungserklärung genügt die schriftliche Form (§ 126 des Bürgerlichen Gesetzbuchs); § 29 Abs. 3 der Grundbuchordnung bleibt unberührt. Die Deutsche Rentenbank-Kreditanstalt braucht von der Löschung der Entschuldungsrente nicht benachrichtigt zu werden; zu benachrichtigen sind der Eigentümer und die rentenverwaltende Stelle.

---

[1]) Vgl. S. 289.

Die in Art. 4 Abs. 2 Nr. 5 der Neunten Verordnung zur Durchführung der landwirtschaftlichen Schuldenregelung bestimmte Gebührenfreiheit für Löschungen wird aufgehoben.

§ 9. Über Beschwerden gegen die Entscheidungen des Amtsgerichts entscheidet das Oberlandesgericht durch einen Zivilsenat in der Besetzung mit drei beamteten Richtern.

Gegen die Entscheidung des Oberlandesgerichts in Grundbuchsachen (Art. 22 der Neunten Verordnung zur Durchführung der landwirtschaftlichen Schuldenregelung) findet die weitere Beschwerde nicht statt.

§ 10. Amtsgericht im Sinne dieser Verordnung ist das Amtsgericht, das gemäß § 2 der Verordnung zur Wiedereröffnung der Entschuldungsämter vom 12. Mai 1947 (VOBl. BZ. S. 52) an die Stelle des Entschuldungsamts getreten ist.

§ 11. Diese Verordnung tritt am 1. September 1948 in Kraft. Gleichzeitig treten die §§ 1, 3 und 4 der Verordnung zur Wiedereröffnung der Entschuldungsämter vom 12. Mai 1947 (VOBl. BZ. S. 52)[1]) außer Kraft.

aa) Gesetz über das Erlöschen der Familienfideikommisse und sonstiger gebundener Vermögen.

Vom 6. Juli 1938 (RGBl. 1938 I S. 825).

§ 1. (1) Mit Beginn des 1. Januar 1939 erlöschen die in diesem Zeitpunkt noch bestehenden Familienfideikommisse. Landesgesetzliche Vorschriften, nach denen die Fideikommisse in einem anderen kalendermäßig bestimmten, bei Inkrafttreten dieses Gesetzes noch nicht eingetretenen Zeitpunkt erlöschen sollen, treten außer Kraft.

§ 11. (1) Über das Erlöschen der Fideikommißeigenschaft erteilt das Fideikommißgericht dem Besitzer eine Bescheinigung (Fideikommißauflösungsschein).

(2) In der Zeit vom Erlöschen des Fideikommisses bis zur Erteilung des Fideikommißauflösungsscheins (Sperrfrist) kann der Besitzer nur nach Maßgabe der vor dem Erlöschen geltenden Vorschriften über das Fideikommißvermögen verfügen und Verpflichtungen mit Wirkung gegenüber diesem Vermögen begründen. Ebenso richtet sich während dieser Zeit die Verwaltung und Bewirtschaftung des Fideikommißvermögens, die Verwendung seiner Erträge und die Schuldenhaftung nach den vor dem Erlöschen geltenden Vorschriften.

§ 15. (1) Bei Waldgütern, Deich-, Wein- und Landgütern, die bei der Auflösung der Fideikommisse gebildet worden sind, erlischt die Waldguts-, Deichguts-, Weinguts- oder Landgutseigenschaft spätestens mit Beginn des 1. Januar 1939.

(2) Für sonstige, anläßlich der Fideikommißauflösung gebildete Güter, bei denen landesgesetzliche Anerbenrechte gelten, gilt die Vorschrift des Abs. 1 entsprechend.

(3) Aus den Waldgütern werden nach den Vorschriften des § 5 Abs. 1—5 Schutzforste gebildet. Das gleiche gilt, wenn zu einem der übrigen in den Abs. 1 und 2 bezeichneten Gütern Waldungen gehören, die größer als 100 Hektar sind. Bis zur Entscheidung über die Schutzforstbildung bleiben die bisherigen Bestimmungen mit Ausnahme der landesgesetzlichen Vorschriften über das Anerbenrecht in Kraft.

§ 16. Die bei der Fideikommißauflösung bisher gebildeten Schutzforste werden Schutzforste neuen Rechts.

§ 18. (1) Gehören zum Vermögen einer Stiftung, die vor Inkrafttreten dieses Gesetzes aus Anlaß der Fideikommißauflösung errichtet worden ist, land- oder forstwirtschaftliche Grundstücke, so hat die Stiftung diese Grundstücke bis zum Beginn des 1. Januar 1941 zu veräußern. Über die Durchführung der Veräußerung erläßt der Reichsminister der Justiz nähere Bestimmungen. Bis zum Erlaß dieser Vorschriften bedürfen . . . die Veräußerung von Grund-

[1]) Vgl. S. 291 unten.

besitz der Stiftung zu ihrer Rechtswirksamkeit der Genehmigung des Reichsministers der Justiz.

§ 24. (1) Das Fideikommißgericht kann den Fideikommißbesitzer ermächtigen, auch insoweit über Gegenstände des Fideikommißvermögens zu verfügen und sonstige Rechtsgeschäfte hinsichtlich dieses Vermögens vorzunehmen, als er darin bisher beschränkt war. Es kann derartige Rechtsgeschäfte auch nachträglich genehmigen.

(2) Rechtsgeschäfte, die der Fideikommißbesitzer mit Ermächtigung oder Genehmigung des Fideikommißgerichts vornimmt, sind für und gegen alle Fideikommißbeteiligten einschl. der Anfallberechtigten wirksam.

(3) Eine Verfügung über forstwirtschaftliche Grundstücke oder über Gegenstände der im § 6 Abs. 1 bezeichneten Art und die Eingehung einer Verpflichtung zu einer solchen Verfügung bedürfen zu ihrer Wirksamkeit stets der Genehmigung des Fideikommißgerichts, solange über die bei der Auflösung des Fideikommisses zum Schutz dieser Gegenstände zu treffenden Maßnahmen noch nicht entschieden ist. Diese Maßnahmen können schon vor dem Freiwerden des Fideikommißvermögens getroffen werden.

(4) Die Vorschriften der Abs. 1 bis 3 gelten sinngemäß, wenn das Fideikommißvermögen zwar schon frei geworden ist, der Besitzer aber noch fideikommißrechtlichen oder vorerbenartigen Beschränkungen unterliegt.

§ 30. (1) Die Vorschriften dieses Gesetzes gelten entsprechend, soweit Hausgüter und Hausvermögen sowie Lehen, Stammgüter und sonstige gebundene Vermögen im Sinne des Artikels 59 des Einführungsgesetzes zum Bürgerlichen Gesetzbuch in Betracht kommen.

§ 32. Fideikommißgerichte im Sinne dieses Gesetzes sind die Oberlandesgerichte (Fideikommißsenate).

bb) Verordnung zur Durchführung und Ergänzung des Gesetzes über das Erlöschen der Familienfideikommisse und sonstiger gebundener Vermögen.

Vom 20. März 1939 (RGBl. I S. 509).

§ 11. (1) Die von den Fideikommißgerichten errichteten Stiftungen unterstehen der Aufsicht des Fideikommißgerichts, das die Stiftung errichtet hat. Der Reichsminister der Justiz kann die Aufsicht einer anderen Behörde übertragen.

§ 12. (1) Stiftungen, die von den Fideikommißgerichten errichtet worden sind, bedürfen zum Erwerb von Grundstücken der Genehmigung des Reichsministers, dem die Aufsichtsbehörde der Stiftung untersteht.

(2) Sind die Grundstücke nicht größer als 5 Hektar, so kann die Genehmigung auch von der Aufsichtsbehörde der Stiftung erteilt werden.

(3) Landesgesetzliche Bestimmungen, die den Erwerb von Grundstücken durch juristische Personen oder bestimmte Arten juristischer Personen beschränken, finden keine Anwendung.

§ 13. (1) Für Stiftungen, die vor Inkrafttreten dieser Verordnung aus Anlaß der Fideikommißauflösung errichtet worden sind, gelten die Vorschriften der §§ 11 und 12 entsprechend. Liegt die Beaufsichtigung der Stiftung einer anderen Justizbehörde als dem Fideikommißgericht ob, so geht sie mit dem Inkrafttreten dieser Verordnung auf das Fideikommißgericht über, in dessen Bezirk die Stiftung ihren Sitz hat. Steht die Aufsicht nicht den Justizbehörden zu, so bleibt die bisherige Aufsichtsbehörde zuständig.

(2) Für Genossenschaften und sonstige juristische Personen sowie Personenverbände, die aus Anlaß der Fideikommißauflösung gebildet worden sind, gelten die Vorschriften des Abs. 1 sinngemäß.

§ 15. Für Stiftungen, die den Vorschriften des Gesetzes vom 6. Juli 1938[1]) unterliegen, gelten, solange sie ihre land- oder forstwirtschaftlichen Grund-

[1]) vgl. S. 293.

stücke noch nicht veräußert haben und auch nicht von der Veräußerungspflicht befreit worden sind, außer den Bestimmungen des § 13 die in den §§ 16 bis 25 enthaltenen besonderen Vorschriften.

§ 16. (1) Die Veräußerung von Grundstücken ... bedürfen zu ihrer Rechtswirksamkeit weiter der im § 18 Abs. 1 Satz 3 und Abs. 6 des Gesetzes vorgesehenen ministeriellen Genehmigung. Ist der veräußerte Grundbesitz nicht größer als 50 Hektar, so kann die Genehmigung auch von dem Fideikommißgericht erteilt werden.

§ 21. (2) ... Die zur Vollziehung des Aufhebungsbeschlusses (im Falle freiwilliger Aufhebung der Stiftung) erforderlichen Eintragungen in das Grundbuch ... erfolgen auf Ersuchen des Vorsitzenden des Fideikommißgerichts.

§ 25. (1) Für die Verrichtungen, die durch die §§ 16 bis 24 den Fideikommißgerichten übertragen sind, ist das Fideikommißgericht, das die Aufsicht über die Stiftung führt, und falls die Aufsicht einer anderen Behörde obliegt, dasjenige Fideikommißgericht zuständig, in dessen Bezirk die Stiftung ihren Sitz hat.

Eintragungen in das Grundbuch.

§ 38. (1) Die Fideikommißeigenschaft wird im Grundbuch nur auf Ersuchen des Fideikommißgerichts oder seines Vorsitzenden gelöscht. Das gleiche gilt für die Löschung des Rechts des Nacherben, das auf Grund fideikommißrechtlicher Bestimmungen oder Anordnungen im Grundbuch eingetragen worden ist.

(2) Das Ersuchen ergeht, sobald der Fideikommißauflösungsschein wirksam ist. Soweit ein Fideikommißauflösungschein nicht erteilt wird, ergeht das Ersuchen, sobald die Aufhebung oder Auflösung des Fideikommisses wirksam oder die Fideikommißeigenschaft aus einem anderen Grunde erloschen ist. Für die Löschung des Rechts der Nacherben (Abs. 1 Satz 2) gelten Satz 1 und 2 entsprechend.

(3) Die Bestimmungen der §§ 22 und 28 der Verordnung zur Durchführung des Gesetzes zur Vereinheitlichung der Fideikommißauflösung vom 24. August 1935 (RGBl. I S. 1103) bleiben im übrigen unberührt.

(4) In dem Ersuchen an das Grundbuchamt sollen die gesetzlichen Bestimmungen, auf die sich das Ersuchen stützt, und der Inhalt der begehrten Eintragungen angegeben werden. Die Unterlagen der Rechtsänderung sollen dem Ersuchen in beglaubigter Abschrift beigefügt werden.

§ 57. Für Ersuchen der Fideikommißgerichte und ihrer Vorsitzenden an die Grundbuchämter werden Gebühren nicht erhoben.

§ 85. Die Vorschriften dieser Verordnung gelten entsprechend, soweit Hausgüter und Hausvermögen sowie Leben, Stammgüter und sonstige landesrechtlich gebundene Vermögen in Betracht kommen.

cc) Verordnung über den Waldschutz bei der Fideikommißauflösung (Schutzforstverordnung).

Vom 21. Dezember 1939 (RGBl. I S. 2459).

Eintragung der Schutzforsteigenschaft in das Grundbuch.

§ 2. (1) Bei den zum Schutzforst gehörenden Grundstücken und Rechten an Grundstücken ist die Zugehörigkeit zum Schutzforst im Grundbuch ersichtlich zu machen. Der Vorsitzende des Fideikommißgerichts ersucht das Grundbuchamt um die Eintragung des Vermerks. Dem Eintragungsersuchen ist eine Ausfertigung des Beschlusses über die Bildung des Schutzforstes nebst einer beglaubigten Abschrift der ministeriellen Genehmigung beizufügen.

(2) Die zum Schutzforst gehörenden Grundstücke sind auf ein besonderes Grundbuchblatt einzutragen. Der Schutzforstvermerk wird in der Aufschrift des Grundbuchs eingetragen und lautet:

„Die in diesem Grundbuchblatt verzeichneten Grundstücke gehören zu dem Schutzforst

....

(Name)

— § 5 des Gesetzes über das Erlöschen der Familienfideikommisse und sonstiger gebundener Vermögen vom 6. Juli 1938 (RGBl. I S. 825) und §§ 1ff. der Verordnung über den Waldschutz bei der Fideikommißauflösung (Schutzforstverordnung) vom 21. Dezember 1939 (RGBl. I S. 2459).

Auf Ersuchen des Vorsitzenden des Fideikommißsenats des Oberlandesgerichts .... vom .... eingetragen am ....“

(3) Ist zur grundbuchmäßigen Absonderung der zum Schutzforst gehörenden Grundstücksflächen eine größere Vermessung erforderlich, so kann der Vorsitzende des Fideikommißgerichts das Grundbuchamt ersuchen, alle Grundstücke, die Flächen des Schutzforstes enthalten, auf das besondere Grundbuchblat des Schutzforstes zu übertragen. In diesem Falle ist dem Eintragungsersuchen eine Karte beizufügen, in welcher der Schutzforst in einer für die Vermessung geeigneten Weise eingezeichnet ist. Der Schutzforstvermerk erhält den Zusatz, daß zu dem Schutzforst nur die sich aus dem Beschluß über die Bildung des Schutzforstes und aus der Karte ergebenden Flächen gehören. Der Vermessung bedarf es erst, wenn sich die Notwendigkeit hierfür aus sonstigen Gründen ergibt. Werden die Grundstücke nachträglich vermessen, so sind die nicht zum Schutzforst gehörenden Flächen von Amts wegen auf ein anderes Grundbuchblatt zu übertragen.

(4) Das Grundbuchamt benachrichtigt von der Eintragung des Schutzforstvermerks und allen späteren den Schutzforst betreffenden Eintragungen auch die Forstaufsichtsbehörde.

Gebührenfreiheit für Eintragungen im Grundbuch.

§ 16. Für Eintragungen und Löschungen im Grundbuch, die auf Grund eines nach dieser Verordnung ergangenen Ersuchens der Forstaufsichtsbehörde erfolgen, werden Gebühren nicht erhoben. Schuldner der Auslagen ist der Eigentümer.

dd) Verordnung zur Regelung von Fragen des Fideikommiß- und Stiftungsrechts.

Vom 25. November 1946 (VOBl. BZ. 1947 S. 7).

Mit Zustimmung der Militärregierung wird verordnet:

§ 1. § 52 der zweiten Kriegsmaßnahmenverordnung vom 27. September 1944 (RGBl. I S. 229) wird aufgehoben. Die bei den Landgerichten anhängigen Sachen gehen wieder auf die Oberlandesgerichte über.

§ 3. Soweit nach den Vorschriften über die Fideikommißauflösung die Wirksamkeit eines sonstigen Rechtsaktes von einer ministeriellen Genehmigung abhängt, wird diese durch das Fideikommißgericht erteilt.

ee) Gesetz über die Aufschließung von Wohnsiedlungsgebieten.

Vom 22. September 1933 (RGBl. I S. 659).

§ 1. (1) Die oberste Landesbehörde kann Gebiete, in denen eine starke Wohnsiedlungstätigkeit besteht oder zu erwarten ist, zu Wohnsiedlungsgebieten[1]) erklären, wenn anzunehmen ist, daß ohne besondere Ordnung der

---

[1]) vgl. hierzu die Preuß. Verordnungen vom 4. 11. 1933 (GS. S. 394), 8. 3. 1934 (GS. S. 128), 7. 6. 1934 (GS. S. 306), 8. 8. 1934 (GS. S. 367), 22. 10. 1934 (GS. S. 417), 11. 4. 1935 (GS. S. 60), 20. 6. 1935 (GS. S. 91), 16. 9. 1935 (GS. S. 132), 5. 3. 36 (GS. S. 75), 5. 3. 36 (GS. S. 77), 23. 3. 36 (GS. S. 96), 14. 5. 36 (GS. S. 111), 16. 6. 36 (GS. S. 117), 18. 7. 36 (GS. S. 124), 10. 8. 36 (GS. S. 125), 10. 8. 36 (GS. S. 128), 11. 12. 36 (GS. S. 170), 19. 4. 37 (GS. S. 61), 28. 10 .37 (GS. S. 116).

Besiedlung das allgemeine Interesse oder das Wohl der Siedler beeinträchtigt würde. Die gleiche Befugnis steht dem Reichsarbeitsminister zu, insbesondere für Wohnsiedlungsgebiete, die sich auf verschiedene Länder erstrecken sollen; die obersten Landesbehörden sind dabei zu hören. Gebiete, in denen eine überwiegend landwirtschaftliche Besiedlung im Sinne des Reichssiedlungsgesetzes vom 11. August 1919 (RGBl. S. 1429[1]) und des Gesetzes über die Neubildung deutschen Bauerntums vom 14. Juli 1933 (RGBl. I S. 517) besteht oder zu erwarten ist, dürfen nicht zu Wohnsiedlungsgebieten erklärt werden.

(2) Für die Wohnsiedlungsgebiete gelten die nachstehenden Vorschriften.

§ 4. (1) Die Teilung eines Grundstücks, die Auflassung eines Grundstücks oder Grundstücksteils sowie jede Vereinbarung, durch die einem anderen ein Recht zur Nutzung oder Bebauung eines Grundstücks oder Grundstücksteiles eingeräumt wird, bedarf zu ihrer Wirksamkeit der Genehmigung der zuständigen Behörde.

(3) Zuständige Behörde ist, soweit landesrechtlich nichts anderes bestimmt wird, die untere Verwaltungsbehörde, in deren Bezirk das Grundstück gelegen ist. Liegt es in mehreren Bezirken, so ist die Behörde zuständig, in deren Bezirk der größte Teil des Grundstücks gelegen ist. In Zweifelsfällen bestimmt die oberste Landesbehörde oder die von ihr bestimmte Stelle die zuständige Behörde.

(4) Das Reich und die Länder bedürfen der Genehmigung nicht. Bezieht sich jedoch der im Abs. 1 bezeichnete Rechtsvorgang auf ein Grundstück, das im Eigentum oder in der Verwaltung des Reichs oder eines Landes steht, so ist der im Abs. 1 genannten Behörde Gelegenheit zur Äußerung zu geben. Hat die Behörde Bedenken und kommt eine Einigung nicht zustande, so entscheidet, soweit das Reich beteiligt ist, der Reichsarbeitsminister, im übrigen die für die Landesplanung zuständige oberste Landesbehörde.

§ 11. (1) Das Grundbuchamt darf auf Grund eines nach § 4 Abs. 1 genehmigungspflichtigen Rechtsvorgangs eine Eintragung im Grundbuch erst vornehmen, wenn der Genehmigungsbescheid vorgelegt oder durch eine Bescheinigung der Genehmigungsbehörde nachgewiesen ist, daß es einer Genehmigung nicht bedarf.

(2) Ist auf Grund eines nicht genehmigten Rechtsvorganges eine Eintragung im Grundbuch erfolgt, so kann die zuständige Behörde, falls nach ihrem Ermessen die Genehmigung erforderlich war, das Grundbuchamt um die Eintragung eines Widerspruchs ersuchen. § 54[2]) Abs. 1 der Grundbuchordnung bleibt unberührt.

(3) Ein nach Abs. 2 eingetragener Widerspruch ist zu löschen, wenn die Genehmigungsbehörde darum ersucht oder wenn die Genehmigung erteilt ist.

ff) Verordnung zur Ausführung des Gesetzes über die Aufschließung von Wohnsiedlungsgebieten.

Vom 25. Februar 1935 (RGBl. I S. 292).

§ 1. (1) Bei der Erklärung eines Gebietes zum Wohnsiedlungsgebiet ist der Zeitpunkt, von dem ab das Gebiet Wohnsiedlungsgebiet wird, ausdrücklich anzugeben.

(2) Die Erklärung ist in den Gemeinden des Wohnsiedlungsgebietes ortsüblich bekanntzumachen.

§ 2. (1) Teilung im Sinne des § 4 Abs. 1 des Gesetzes ist die dem Grundbuchamt gegenüber abgegebene oder sonstwie erkennbar gemachte Erklärung des Eigentümers, daß ein Grundstücksteil grundbuchmäßig abgeschrieben und als selbständiges Grundstück oder als ein Grundstück zusammen mit anderen Grundstücken oder mit Teilen anderer Grundstücke eingetragen werden soll.

---

[1]) vgl. S. 280. [2]) jetzt § 53.

(2) Die Teilung bedarf keiner Genehmigung, wenn sie zum Vollzug der Auflassung eines Grundstücksteiles oder eines anderen genehmigungspflichtigen Rechtsgeschäfts über einen Grundstücksteil notwendig und hierfür eine Genehmigung nach § 4 Abs. 1 des Gesetzes bereits erteilt ist.

§ 3. Rechtsvorgänge, die nach § 4 Abs. 1 des Gesetzes genehmigungspflichtig wären, bedürfen der Genehmigung nicht, wenn sie im Rahmen eines Umlegungsverfahrens (Zusammenlegung, Feld- und Flurbereinigung, Baulandumlegung) erfolgen.

§ 4. Die Genehmigung nach § 4 Abs. 1 des Gesetzes ist nicht erforderlich für Rechtsgeschäfte, welche die Umwandlung von Bruchteilseigentum in Gesamthandseigentum oder das Umgekehrte zum Gegenstand haben; das gleiche gilt für Rechtsgeschäfte, die die Einräumung des Rechts zur Nutzung von Gebäuden oder baulichen Anlagen zum Gegenstand haben.

§ 5. (1) Soweit das einer Auflassung oder der Einräumung eines Rechtes zur Nutzung oder Bebauung eines Grundstücks oder Grundstücksteiles zugrunde liegende Verpflichtungsgeschäft nach § 4 Abs. 1 des Gesetzes genehmigt ist, gilt damit auch das Erfüllungsgeschäft als genehmigt.

(2) Ist bei Inkrafttreten dieser Verordnung für ein genehmigungspflichtiges Verpflichtungsgeschäft die Genehmigung nicht eingeholt, dagegen das Erfüllungsgeschäft genehmigt worden, so gilt mit der Genehmigung des Erfüllungsgeschäftes auch das Verpflichtungsgeschäft als genehmigt.

§ 6. Ist im Falle einer Auflassung oder eines der im § 4 Abs. 1 des Gesetzes genannten Rechtsgeschäfte bei der Erklärung eines Gebietes zum Wohnsiedlungsgebiet zu dem im § 1 Abs. 1 genannten Zeitpunkt nur das Verpflichtungsgeschäft, nicht aber das Erfüllungsgeschäft abgeschlossen, so bedarf letzteres der Genehmigung nach § 4 Abs. 1 des Gesetzes.

gg) Erste Preußische Verordnung über Wohnsiedlungsgebiete.

Vom 4. November 1933 (GS. S. 394).

II. Zuständige Behörde im Sinne des § 4 Abs. 3 des Gesetzes vom 22. September 1933 (RGBl. I S. 659) ist der Landrat — in Stadtkreisen der Oberbürgermeister — des Kreises, in dem das Grundstück liegt. Liegt das Grundstück in mehreren Kreisen, so ist gemäß § 4 Abs. 3 zweiter Satz des Gesetzes vom 22. September 1933 (RGBl. I S. 659) der Landrat (Oberbürgermeister) zuständig, in dessen Kreise der größte Teil des Grundstücks gelegen ist.[1])

Wenn das Grundstück sich über den Bereich eines Regierungsbezirkes (des Verwaltungsbezirkes Berlin) hinaus erstreckt, so bestimmt der Minister für Wirtschaft und Arbeit die zuständige Behörde.

hh) Kontrollrats-Gesetz Nr. 45.

Aufhebung der Erbhofgesetze und Einführung neuer Bestimmungen über land- und forstwirtschaftliche Grundstücke.

Der Kontrollrat erläßt das folgende Gesetz:

Artikel I: Aufhebung von Gesetzen.

1. Das Reichserbhofgesetz vom 29. September 1933 (RGBl. I S. 685), die Erbhofrechtsverordnung vom 21. Dezember 1936 (RGBl. I S. 1069), die Erbhofverfahrensordnung vom 21. Dezember 1936 (RGBl. I S. 1082) und die Verordnung zur Fortbildung des Erbhofrechts (Erbhoffortbildungsverordnung, EHFV.) vom 30. September 1943 (RGBl. I S. 549), einschließlich aller zusätzlichen Gesetze, Ausführungsvorschriften, Verordnungen und Erlasse werden hiermit aufgehoben.

---

[1]) Nach der auch für Landkreise maßgebenden Dt. Gemeindeordnung) VO. Nr. 2 der Brit. MilReg. — BrABl. Nr. 7) ist an Stelle des Landrats der Kreistag, an Stelle des Oberbürgermeisters der Rat der Stadt getreten (Ziff. 2 der Instruktion Nr. 100 der MilReg. zur DGO. i. d. F. vom 1. 4. 46).

2. Folgende Gesetze und Verordnungen, einschließlich aller zusätzlichen Gesetze, Ausführungsvorschriften, Verordnungen und Erlasse werden hiermit aufgehoben:

a) Bekanntmachung über den Verkehr mit landwirtschaftlichen Grundstücken vom 15. März 1918 (RBGl. S. 123);
b) Gesetz zur Änderung der Bekanntmachung über den Verkehr mit landwirtschaftlichen Grundstücken vom 26. Januar 1937 (RGBl. I S. 32);
c) Ausführungsverordnung zur Bekanntmachung über den Verkehr mit landwirtschaftlichen oder forstwirtschaftlichen Grundstücken vom 22. April 1937 (RGBl. I S. 534);
d) Erlaß des Führers über die Einschränkung des Verkehrs mit landwirtschaftlichen Grundstücken im Kriege vom 28. Juli 1942 (RGBl. I S. 481);
e) Verordnung zur Einschränkung des Eigentumswechsels an landwirtschaftlichen Grundstücken im Kriege vom 17. März 1943 (RGBl. I S. 144);
f) Verordnung zur Sicherung der Landbewirtschaftung vom 23. März 1937 (RGBl. I S. 422);
g) Verordnung zur Durchführung der Verordnung zur Sicherung der Landbewirtschaftung vom 22. April 1937 (RGBl. I S. 535);
h) Zweite Verordnung zur Sicherung der Landbewirtschaftung vom 28. Februar 1939 (RGBl. I S. 413);
i) Verordnung zur Durchführung und Ergänzung der Verordnung zur Sicherung der Landbewirtschaftung vom 20. Januar 1943 (RGBl. I S. 29).

Artikel II: Erbfolge.

Vorbehaltlich der Bestimmungen des Artikels III werden die am 1. Januar 1933 in Kraft gewesenen Gesetze über Vererbung von Liegenschaften durch gesetzliche Erbfolge oder Verfügung von Todes wegen, die durch das Reichserbhofgesetz oder eines der zusätzlichen Gesetze, Ausführungsvorschriften, Verordnungen und Erlasse oder durch Landesgesetzgebung auf diesem Gebiete aufgehoben oder zeitweilig außer Kraft gesetzt worden sind, wieder in Kraft gesetzt, soweit sie nicht mit diesem Gesetz oder anderen gesetzlichen Vorschriften des Kontrollrats in Widerspruch stehen.

Artikel III: Rechtsnatur des Grundeigentums.

1. Grundeigentum, das gemäß diesem Gesetz seinen Charakter als „Erbhof" verliert, wird freies Grundeigentum, das den allgemeinen Gesetzen unterworfen ist.

2. Alle anderen land- und forstwirtschaftlichen Grundstücke, die bisher in der Rechtsform einer besonderen Güterart besessen wurden, wie beispielsweise — ohne daß diese Aufzählung erschöpfend sein soll — Fideikommisse und ähnliche gebundene Vermögen, Erbpachtgüter, Lehnbauerngüter, Renten- und Ansiedlungsgüter, werden freies, den allgemeinen Gesetzen unterworfenes Grundeigentum.

Artikel IV: Verfügung.

1. Die Auflassung eines land- oder forstwirtschaftlichen Grundstückes oder die Bestellung eines Nießbrauchs an einem solchen Grundstück ist ohne Genehmigung der zuständigen deutschen Behörden nichtig. Das gleiche gilt für jeden Vertrag, der die Bestellung des Nießbrauchs oder die Verpflichtung zur Übereignung eines solchen Grundstückes zum Gegenstand hat.

2. Wird der Vertrag genehmigt, so erstreckt sich die Genehmigung auch auf das diesem Vertrage entsprechende Erfüllungsgeschäft.

3. Bei Veräußerung eines Grundstückes im Wege der Zwangsversteigerung ist eine Genehmigung zur Abgabe von Geboten erforderlich. Die Vorschrift des Paragraphen 71 des Gesetzes über die Zwangsversteigerung und die Zwangsverwaltung vom 24. März 1897 (RGBl. S. 97) findet Anwendung. In den Fällen

des Paragraphen 81 Absatz (2) und (3) des Zwangsversteigerungsgesetzes darf der Zuschlag an einen anderen als den Meistbietenden nur erteilt werden, wenn dieser andere die Genehmigung vorweist.

4. In allen in diesem Artikel vorgesehenen Fällen ist die Genehmigung zu versagen:

a) wenn durch die Ausführung des Rechtsgeschäfts die ordnungsmäßige Bewirtschaftung des Grundstückes zum Schaden der Volksernährung gefährdet erscheint;

b) wenn der Gegenwert in einem groben Mißverhältnis zum Wert des Grundstückes steht;

c) wenn das Rechtsgeschäft gegen eine von dem zuständigen Zonenbefehlshaber gemäß Artikel XI dieses Gesetzes erlassene Vorschrift verstößt.

Artikel V: Belastung.

Die Bestellung einer Hypothek, Grundschuld oder Rentenschuld an einem land- oder forstwirtschaftlichen Grundstück ist nur mit Genehmigung der zuständigen deutschen Behörden zulässig.

Artikel VIII: Rechtsmittel.

1. Entscheide, die von den zuständigen deutschen Behörden auf Grund der Artikel IV, V, VI ..... dieses Gesetzes getroffen werden, unterliegen auf Anrufung durch eine Partei der Nachprüfung durch das Gericht.

2. .....

Artikel IX: Begriffsbestimmungen.

1. In diesem Gesetz bedeutet das Wort „Gericht" die deutschen Gerichte, welche die Zonenbefehlshaber aus der Zahl der bestehenden ordentlichen Gerichte auswählen oder in Übereinstimmung mit den Gesetzen des Kontrollrats errichten.

2. In diesem Gesetz bedeutet der Ausdruck „zuständige deutsche Behörden" die deutschen Landwirtschaftsbehörden, welche von den Zonenbefehlshabern in ihren betreffenden Zonen errichtet oder anerkannt werden.

Artikel X: Wirkung auf andere Gesetzesbestimmungen.

1. Alle Bezugnahmen auf die durch Artikel I Absatz 1 und 2 aufgehobenen Gesetze und gesetzlichen Bestimmungen in anderen gesetzlichen Vorschriften wie auch alle Bestimmungen aller Gesetze oder anderer gesetzlicher Vorschriften, die in Widerspruch zu diesem Gesetz stehen, treten außer Kraft

2. Insbesondere treten außer Kraft Artikel 59, 60, 62 und 63 des Einführungsgesetzes zum Bürgerlichen Gesetzbuch, soweit diese Bestimmungen im Widerspruch zu Artikel III dieses Gesetzes stehen

Artikel XI: Durchführungsbestimmungen.

1. Ungeachtet der Bestimmungen dieses Gesetzes können die Zonenbefehlshaber in ihren betreffenden Zonen gesetzliche Bestimmungen zur Änderung oder Aufhebung irgendwelcher, durch dieses Gesetz wiederhergestellter oder anderweitig in Kraft gesetzter Gesetzgebung erlassen Die Zonenbefehlshaber sind ferner ermächtigt, für ihre betreffenden Zonen im Rahmen dieses Gesetzes und zur Durchführung seiner Bestimmungen Verordnungen zu erlassen.

2. Die den Zonenbefehlshabern auf Grund dieses Gesetzes zustehenden Befugnisse werden in Berlin von der Alliierten Kommandantur ausgeübt.

Artikel XII: Zeitpunkt des Inkrafttretens.

1. Dieses Gesetz tritt zwei Monate nach dem Tage seiner Verkündung in Kraft[1]).

[1]) Die Verkündigung ist am 24. 2. 1947 erfolgt.

2. Es findet auf Nachlässe, die bei Inkrafttreten dieses Gesetzes noch nicht geregelt sind, Anwendung. Rechtskräftige Urteile oder Beschlüsse und vor Inkrafttreten dieses Gesetzes getroffene rechtsgültige Vereinbarungen bleiben in Kraft. Ein Nachlaß gilt im Sinne dieser Bestimmung als geregelt, wenn gegen eine Person, die das Grundstück als Erbe in Besitz genommen hat, kein die Erbfolge in Frage stellender Anspruch im Klagewege innerhalb dreier Jahre, vom Tode des Eigentümers an gerechnet, geltend gemacht wird. §§ 233 bis 238 der Deutschen Zivilprozeßordnung finden Anwendung.

11) Verordnung Nr. 84 der Britischen Militärregierung. Erbhöfe.

Artikel I: Abänderung und Neufassung der höferechtlichen Bestimmungen.

(1) Die gemäß Artikel II des Kontrollratsgesetzes Nr 45 wieder in Kraft gesetzten landesrechtlichen Vorschriften über Vererbung von Liegenschaften durch gesetzliche Erbfolge oder Verfügung von Todes wegen, insbesondere die in der Anlage A aufgeführten Gesetze und Verordnungen werden durch die Bestimmungen der aus der Anlage B ersichtlichen Höfeordnung abgeändert, im übrigen aufgehoben. Die Höfeordnung tritt für das gesamte Gebiet der britischen Zone in Kraft.

Artikel II: Fideikommisse und ähnlich gebundener Grundbesitz.

(2) Fideikommisse, Familienstiftungen und sonstiger Grundbesitz, der nach den bisherigen Vorschriften der Fideikommißgesetzgebung unterliegt, ist abzuwickeln nach der Verordnung des Präsidenten des Zentraljustizamtes für die britische Zone zur Regelung von Fragen des Fideikommiß- und Stiftungsrechts vom 25 November 1946.[1])

(3) Das Reichsheimstättengesetz vom 10. Mai 1920 (RGBl. S. 962) in der Fassung vom 25. November 1937 (RGBl. I S. 1291[2])), das Reichssiedlungsgesetz vom 11. August 1919 (RGBl. S. 1429)[3], die Verordnung zur beschleunigten Förderung des Baues von Heuerlings- und Werkwohnungen sowie von Eigenheimen für ländliche Arbeiter und Handwerker vom 10 März 1937 (RGBl I S. 292[4])) sowie § 77 des Reichsversorgungsgesetzes vom 1. April 1939 (RGBl. I S. 663) werden durch Artikel III Abs. 2 des Kontrollratsgesetzes Nr. 45 nicht berührt.

Artikel III: Verfügung und Verpachtung.

(4) Die Genehmigung nach Artikel IV und VI des Kontrollratsgesetzes Nr 45 gilt in folgenden Fällen als erteilt:

a) für Rechtsgeschäfte der Länder einschließlich der Abgabe eines Gebots im Zwangsversteigerungsverfahren;

b) für Rechtsgeschäfte, die der Errichtung von Kleinsiedlungen nach den hierfür geltenden Bestimmungen oder der Errichtung von Kleinwohnungen oder Kleingärten durch öffentlich-rechtliche Körperschaften oder durch ein gemeinnütziges Wohnungs- oder Kleingartenunternehmen dienen;

c) für Rechtsgeschäfte, die der Durchführung eines Siedlungsverfahrens nach dem Reichssiedlungsgesetz dienen;

d) für Rechtsgeschäfte zwischen Ehegatten oder Personen, die untereinander in gerader Linie verwandt oder verschwägert oder in der Seitenlinie im zweiten Grade verwandt sind, sofern es sich nicht um die Veräußerung eines Grundstücks handelt;

e) für Rechtsgeschäfte, durch die landwirtschaftliche Grundstücke zur Nutzung als Haus- oder Kleingärten, Heuerlings-, Deputat- oder Grabeland überlassen werden;

---

[1]) S. 290. [2]) S. 283. [3]) S. 280. [4]) S. 312.

f) für Rechtsgeschäfte, durch die bis zu 2 Hektar aus einem landwirtschaftlichen Betrieb zur landwirtschaftlichen Nutzung überlassen werden;
g) für die Einbeziehung in eine Umlegung (Flur- oder Feldbereinigung);
h) für Rechtsgeschäfte, die mit Ermächtigung des zuständigen Gerichts vorgenommen oder von ihm genehmigt oder bestätigt sind.

(6) Die auf Grund des Kontrollratsgesetzes Nr. 45 und dieser Verordnung erteilte Genehmigung ersetzt jede nach anderen Vorschriften erforderliche Genehmigung mit Ausnahme der Genehmigungen:
a) die von der Militärregierung vorgeschrieben sind;
b) die auf Grund des Gesetzes über die Aufschließung von Wohnsiedlungsgebieten vom 22. September 1933 (RGBl. I S. 659)[1]) erforderlich sind;
c) für deren Erteilung ein Gericht zuständig ist.

(7) a) Landwirtschaft im Sinne des Kontrollratsgesetzes Nr. 45 (Artikel III bis VII), dieser Verordnung (Artikel III, 4e und f und Artikel VI, 17) und der Höfeordnung (§ 1) ist die Bodenbewirtschaftung und die mit der Bodennutzung verbundene Tierhaltung zur Gewinnung pflanzlicher und tierischer Erzeugnisse, insbesondere der Ackerbau, die Wiesen- und Weidewirtschaft, die Forstwirtschaft, der Erwerbsgartenbau, der Erwerbsobstbau, der Weinbau und die Fischerei in Binnengewässern;

Artikel IV: Belastung.

(8) Unter Belastung im Sinne des Artikels V des Kontrollratsgesetzes Nr. 45 ist auch jede sonstige dingliche Belastung eines Grundstückes zu verstehen, durch die eine einmalige oder eine wiederkehrende Leistung aus dem Grundstück zu entrichten ist, z. B. Zwangshypothek, Reallast.

(9) Die Genehmigung nach Artikel V des Kontrollratsgesetzes Nr. 45 soll nur erteilt werden, wenn ein wichtiger Grund vorliegt.

(10) Die Genehmigung nach Artikel V des Kontrollratsgesetzes Nr. 45 gilt in folgenden Fällen als erteilt:
a) für eine Belastung, die sieben Zehntel des zuletzt festgestellten steuerlichen Einheitswerts nicht übersteigt;
b) für eine Belastung mit öffentlichen Lasten sowie mit solchen Grunddienstbarkeiten und beschränkten persönlichen Dienstbarkeiten, welche die bestimmungsmäßige Nutzung des Grundstücks nicht wesentlich beeinträchtigen;
c) für die von der Siedlungsbehörde zugelassenen Belastungen aus Anlaß eines Siedlungsverfahrens;
d) für die Eintragung der im § 128 des Zwangsversteigerungsgesetzes vorgesehenen Sicherungshypothek gegen den Erwerber.

Artikel VI: Zuständigkeit und Verfahren.

(14) Zuständige deutsche Behörde im Sinne des Kontrollratsgesetzes Nr. 45 und dieser Verordnung ist bis auf weiteres der Kreisbauernvorsteher (Kreislandwirt). Wo eine solche Einrichtung nicht besteht oder aufgehoben wird, bestimmt die oberste Landesbehörde für Ernährung und Landwirtschaft die entsprechende Stelle. Anordnungen und Entscheidungen der hiernach zuständigen Stelle bedürfen der Schriftform. Mit Ausnahme von Genehmigungen, die ohne Auflagen und Bedingungen ausgesprochen werden, bedürfen Anordnungen und Entscheidungen einer schriftlichen Begründung. Gegen diese Anordnungen und Entscheidungen ist Antrag auf gerichtliche Entscheidung zulässig. Der Antrag ist binnen zwei Wochen nach Zustellung zu stellen.

(15) Zuständige Gerichte im Sinne des Kontrollratsgesetzes Nr. 45 und dieser Verordnung sind:
a) im ersten Rechtszug das Amtsgericht;
b) im zweiten Rechtszug das Oberlandesgericht.

---

[1]) S. 296.

Das Amtsgericht entscheidet in der Besetzung mit einem Amtsrichter als Vorsitzendem und zwei Beisitzern aus dem Kreise sachkundiger Personen. Das Oberlandesgericht entscheidet durch einen Zivilsenat in der Besetzung mit drei beamteten Richtern und zwei Beisitzern aus dem Kreise sachkundiger Personen.

(16) Das Verfahren vor den Gerichten bestimmt sich bis zum Erlaß einer einheitlichen Verfahrensordnung[1]) nach den entsprechend anzuwendenden Vorschriften des zweiten und dritten Abschnittes der Reichspachtschutzordnung vom 30. Juli 1940 (RGBl. I S. 1065). Soweit es sich um Angelegenheiten von geringer Bedeutung handelt, können der Vorsitzende des Amtsgerichts und der Vorsitzende des Senats des Oberlandesgerichts die Entscheidung auch allein treffen. Auf Antrag eines Beteiligten ist im Verfahren des ersten Rechtszuges eine mündliche Verhandlung anzuberaumen. Das gleiche gilt im zweiten Rechtszug, es sei denn, daß von einer mündlichen Verhandlung eine weitere Aufklärung nicht zu erwarten ist.

(17) Gehört eine land- oder forstwirtschaftliche Besitzung einer Erbengemeinschaft, so ist für eine Auseinandersetzung gemäß §§ 86ff. des Freiwilligen Gerichtsbarkeitsgesetzes insoweit an Stelle des Nachlaßgerichtes das Amtsgericht zuständig. Einigen sich die Beteiligten nicht über die Auseinandersetzung hinsichtlich der Besitzung, so kann das Amtsgericht die Besitzung auf Antrag ungeteilt auf einen Miterben nach den Regeln der Höfeordnung übertragen und dabei die Beträge, die der Erwerber an die Miterben zu leisten hat, nach Art, Höhe, Fälligkeit und Sicherstellung näher festsetzen Mit Rechtskraft des Zuweisungsbeschlusses geht das Eigentum an der Besitzung auf den Erwerber über.

(18) Der Präsident des Zentraljustizamtes für die Britische Zone wird ermächtigt, an Stelle der nach Artikel VI, 16 zunächst anzuwendenden Vorschriften des zweiten und dritten Abschnittes der Reichspachtschutzordnung eine einheitliche Verfahrensordnung[1]) zur Anpassung an diese Verordnung zu erlassen und sie auf Entschuldungs-, Jagdrechts-, Pacht-, Pachtschutz- und Nachbarrechtssachen auszudehnen und zu bestimmen, daß in diesen Sachen an Stelle des Nachlaß- und Vollstreckungsgerichts das Amtsgericht tritt.

Artikel VII: Schlußvorschriften.

(19) Zur Durchführung des Kontrollratsgesetzes Nr. 45 und dieser Verordnung bestimmen Näheres

a) über unerledigte Erbfälle und noch anhängige Erbhofsachen die Höfeordnung (Anlage B) und die Verfahrensordnung (Artikel VI, 18).

(20) Grundstücksverkehrssachen, die bei der Verwaltungsbehörde anhängig sind, gehen in der Lage, in der sie sich befinden, auf die nach Artikel VI, 14 zuständige Stelle, Grundstücksverkehrssachen, die sich im Beschwerdeverfahren befinden, auf die Amtsgerichte über.

Artikel VIII: Maßgebender Text.

(22) Der deutsche Text der Anlagen B und C dieser Verordnung gilt als amtlicher Text. Die Bestimmung der Verordnung Nr. 3 und des Artikels II, 5 des Gesetzes Nr. 4 der Militärregierung finden auf diesen Text keine Anwendung.

Artikel IX: Inkrafttreten.

(23) Diese Verordnung tritt gleichzeitig mit dem Kontrollratsgesetz Nr. 45 in Kraft.

Im Auftrage der Militärregierung.

---

[1]) vgl. S. 306.

Anlage B

ii) Höfeordnung vom 24. April 1947.

Begriff des Hofes.

§ 1. (1) Hof im Sinne dieser Verordnung ist jede land- und forstwirtschaftliche Besitzung mit einer zu ihrer Bewirtschaftung geeigneten Hofstelle, die sich im Alleineigentum einer natürlichen Person oder im Eigentum von Ehegatten (Ehegattenhof) befindet oder zum Gesamtgut einer fortgesetzten Gütergemeinschaft gehört

(2) Bei Höfen, die einen steuerlichen Einheitswert von 10 000 Reichsmark und mehr haben, ist die Eigenschaft als Hof von Amts wegen im Grundbuch zu vermerken. Der Vermerk hat rechtserklärende Bedeutung.

(3) Bei Höfen, die einen steuerlichen Einheitswert von weniger als 10 000 Reichsmark haben, wird die Eigenschaft als Hof auf Antrag des Eigentümers eingetragen. Der Vermerk hat rechtsbegründende Bedeutung. Bei diesen Besitzungen kann der Eigentümer jederzeit die Löschung des Vermerks im Grundbuch beantragen. Mit dem Eingang des Löschungsantrages beim Grundbuchamt verliert die Besitzung die Eigenschaft eines Hofes.

(4) Wird bei einem Ehegattenhof die Ehe rechtskräftig geschieden oder aufgehoben, so kann jeder Ehegatte beantragen, die Eigenschaft als Ehegattenhof im Grundbuch zu löschen. Mit dem Eingang des Löschungsantrages beim Grundbuchamt verliert die Besitzung die Eigenschaft eines Ehegattenhofes.

Bestandteile.

§ 2. Zum Hofe gehören:

a) alle Grundstücke des Hofeigentümers, die regelmäßig von der Hofstelle aus bewirtschaftet werden. Eine zeitweilige Verpachtung oder ähnliche vorübergehende Benutzung durch andere, z. B. als Altenteilsland, Heuerlingsland, Deputatsland, schließt die Zugehörigkeit zum Hofe nicht aus, ebensowenig die vorläufige Einweisung eines anderen in einem Umlegungsverfahren;

b) Forstnutzungsrechte, sonstige dem Hof dienende Nutzungsrechte, Anteile an einer Waldgenossenschaft, Realgemeinde, Interessentenschaft und ähnliche dem Hof dienende Rechte, gleichviel ob sie mit dem Eigentum am Hofe verbunden sind oder dem Eigentümer persönlich zustehen, ferner Miteigentumsanteile an einem Grundstücke, die dem Hof dienen, falls diese Anteile im Verhältnis zu dem sonstigen, den Hof bildenden Grundbesitz von untergeordneter Bedeutung sind.[1])

Erbfolge in einen Hof.

§ 4. Der Hof fällt als Teil der Erbschaft kraft Gesetzes nur einem der Erben (dem Hoferben) zu. An seine Stelle tritt im Verhältnis der Miterben untereinander der Hofeswert.

Verfügung von Todes wegen.

§ 16. (1) Der Eigentümer kann die Erbfolge kraft Höferechts (§ 4) durch Verfügung von Todes wegen nicht ausschließen. Er kann sie jedoch beschränken; soweit nach den Vorschriften des Kontrollratsgesetzes Nr. 45 und der Verordnung der Militärregierung Nr. 84 für ein Rechtsgeschäft unter Lebenden gleichen Inhalts eine Genehmigung erforderlich wäre, ist die Zustimmung des Gerichts zu der Verfügung von Todes wegen erforderlich.

Übergabevertrag.

§ 17. (1) Bei der Übergabe des Hofes an den Hoferben im Wege der vorweggenommenen Hoferbenfolge finden die Vorschriften des § 16 entsprechende Anwendung.

(2) Übergibt der Eigentümer den Hof an einen hoferbenberechtigten Abkömmling, so gilt zugunsten der anderen Abkömmlinge der Erbfall hinsichtlich des Hofes mit dem Zeitpunkt der Übertragung als eingetreten.

(3) Soweit nach den Vorschriften des Kontrollratsgesetzes Nr. 45, der Verordnung der Militärregierung Nr. 84 oder der Höfeordnung eine Genehmigung erforderlich ist, wird diese durch das Gericht (Artikel VI, 15 der Verordnung der Mil.-Reg. Nr. 84) erteilt.

Zuständigkeit der Gerichte.

§ 18. (1) Für die Entscheidung über alle Anträge und Streitigkeiten, die sich bei Anwendung der Höfeordnung ergeben, sowie aus Abmachungen der Beteiligten hierüber, sind die zu Artikel VI 15 der Verordnung der Militärregierung Nr 84 genannten Gerichte ausschließlich zuständig.

(2) Diese Gerichte sind auch zuständig für die Entscheidung der Frage, wer kraft Gesetzes oder kraft Verfügung von Todes wegen Hoferbe eines Hofes geworden ist, und für die Ausstellung eines Erbscheines. In dem Erbschein ist der Hoferbe als solcher aufzuführen. Auf Antrag eines Beteiligten ist in dem Erbschein lediglich die Hoferbfolge zu bescheinigen.

Schluß- und Übergangsbestimmungen.

§ 19. (1) Die Höfe, die auf Grund des Reichserbhofgesetzes und seiner Durchführungsbestimmungen bis zum Inkrafttreten der Höfeordnung als Erbhöfe in die Erbhöferolle eingetragen worden sind, gelten als Höfe im Sinne der Höfeordnung Hat der Hof einen steuerlichen Einheitswert von weniger als 10 000 Reichsmark oder handelt es sich um einen Hof von Ehegatten, deren Ehe geschieden oder aufgehoben ist, so findet § 1 Abs. 3 Satz 3 und 4 und Absatz 4 entsprechende Anwendung.

(2) Unter dem steuerlichen Einheitswert im Sinne dieser Verordnung ist der 18fache Betrag des jährlichen Reinertrages gemäß den Bestimmungen des Reichsbewertungsgesetzes vom 16. Oktober 1934 (RGBl. I S. 1035) zu verstehen.

(3) Der Übergang des Hofes auf den Hoferben im Wege der Erbfolge oder des Übergabevertrages ist steuerfrei Bei Höfen mit hohem Einheitswerte kann der Landesfinanzminister im Einvernehmen mit der obersten Landesbehörde für Ernährung und Landwirtschaft etwas anderes bestimmen.

(4) Für die Geltung des Erbbrauches (§ 6 Abs. 1) ist die gemeinschaftliche Bekanntmachung des Reichsjustizministers und des Reichsministers für Ernährung und Landwirtschaft vom 28 September 1940 (DJ. S. 1109) maßgebend. Die oberste Landesjustizbehörde kann abweichende Feststellungen treffen. Die Feststellungen sind in dem Amtsblatt der Justiz, das für den in Frage kommenden Oberlandesgerichtsbezirk vorgesehen ist, zu veröffentlichen. Sie sind von dem auf die Veröffentlichung folgenden Tage für die Gerichte bei allen nach diesem Zeitpunkt eintretenden Erbfällen maßgebend.

(5) Die oberste Landesjustizbehörde kann im Einvernehmen mit der obersten Landesbehörde für Ernährung und Landwirtschaft anordnen, daß der Hofeigentümer das Recht hat, beim Gericht zu erklären, daß seine Besitzung nicht mehr die Eigenschaft eines Hofes haben soll.

(6) Soweit Erbfälle bei Inkrafttreten des Kontrollratsgesetzes Nr. 45 im Sinne des Artikels XII noch nicht geregelt sind, finden hinsichtlich der Höfe die Bestimmungen der Höfeordnung nebst Verfahrensvorschriften entsprechende Anwendung. Ist ein Erbfall durch Entscheidung oder Vereinbarung nur teilweise geregelt, so bleibt diese Regelung als wirksam bestehen.

---

[1]) jetzt die in den §§ 2—11 LVO. vom 2 12. 47 (VOBl. BZ. 157) näher bestimmten Gerichte: vgl. hierzu XII der amtl. Begr. zur LVO.

kk) Verfahrensordnung für Landwirtschaftssachen (LVO).

Vom 2. Dezember 1947 (VOB. BZ. S. 157).

Auf Grund des Artikels VI in Ausführung des Artikels VII der Verordnung Nr. 84 und mit Zustimmung der Militärregierung wird verordnet:

§ 1. Die Verfahrensordnung gilt für:

a) die Genehmigung der Veräußerung, Belastung und Verpachtung von land- oder forstwirtschaftlichen Grundstücken,

b) die Auseinandersetzung einer Erbengemeinschaft über eine land- oder forstwirtschaftliche Besitzung gemäß §§ 86ff. des Gesetzes über die Angelegenheiten der freiwilligen Gerichtsbarkeit mit Einschluß des Zuweisungsverfahrens,

c) Angelegenheiten der Höfeordnung einschließlich von Versorgungsstreitigkeiten,

§ 2. (1) Zuständige Gerichte sind:

a) im ersten Rechtszuge das Amtsgericht,

b) im zweiten Rechtszuge das Oberlandesgericht.

(2) Soweit in der Verfahrensordnung nichts anderes bestimmt ist, entscheidet das Amtsgericht in der Besetzung mit dem Amtsrichter als Vorsitzenden und zwei Landwirtschaftsrichtern, das Oberlandesgericht in der Besetzung mit drei beamteten Richtern einschließlich des Vorsitzenden und zwei Oberlandwirtschaftsrichtern.

§ 4. (1) Untere Landwirtschaftsbehörde im Sinne dieser Verordnung ist der Kreisbauernvorsteher.[1])

(2) Obere Landwirtschaftsbehörde im Sinne dieser Verordnung ist die Landwirtschaftskammer.

(3) Besteht die Einrichtung des Kreisbauernvorstehers oder der Landwirtschaftskammer nicht oder fällt sie weg, so bestimmt die oberste Landesbehörde für Ernährung und Landwirtschaft die Stellen, die die Aufgaben der unteren und oberen Landwirtschaftsbehörde wahrzunehmen haben. Die Befugnisse der Landwirtschaftsbehörde gemäß dem II. Abschnitt[2]) dieser Verordnung können nur einer Stelle der landwirtschaftlichen Selbstverwaltung übertragen werden.

(4) Zuständige Landwirtschaftsbehörde für die Verfahren nach § 1 Buchstabe a und d ist die untere Landwirtschaftsbehörde.

§ 25. Das Zeugnis über die Rechtskraft einer Entscheidung ist von der Geschäftsstelle des Amtsgerichts zu erteilen, auch wenn das Verfahren lediglich vor der Landwirtschaftsbehörde geschwebt hat.

§ 32. (1) Die Genehmigung kann unter einer Auflage oder Bedingung erteilt werden.

(2) Ist die Genehmigung zu einem Rechtsgeschäft nicht erforderlich, so stellt die Landwirtschaftsbehörde auf Antrag eine entsprechende Bescheinigung aus. Diese Bescheinigung steht, ebenso wie eine rechtskräftige Entscheidung des Gerichts, daß eine Genehmigung nicht erforderlich ist, der Erteilung der Genehmigung gleich.

(3) Ist im Grundbuch auf Grund eines nicht genehmigten Rechtsgeschäfts eine Rechtsänderung eingetragen, so hat das Grundbuchamt auf Ersuchen der Landwirtschaftsbehörde oder des Vorsitzenden des Gerichts, falls nach ihrem Ermessen eine Genehmigung erforderlich ist, einen Widerspruch im Grundbuch einzutragen. Ein eingetragener Widerspruch ist zu löschen, wenn die Landwirtschaftsbehörde oder der Vorsitzende des Gerichts darum ersucht oder wenn die Genehmigung erteilt ist.

§ 34. (1) Der Hofvermerk wird in der Aufschrift des Grundbuchs des Hofes eingetragen und lautet:

Hof gemäß der Höfeordnung. Eingetragen am ....

Bei der Eintragung ist ein etwaiger Erbhofvermerk zu löschen.

---

[1]) jetzt der Kreislandwirt.

[2]) Der II. Abschnitt umfaßt die §§ 5—11.

(2) Beim Ehegattenhof ist, falls der Grundbesitz der Ehegatten nicht auf demselben Grundbuchblatt eingetragen ist, im Hofvermerk wechselseitig auf den Grundbesitz des anderen Ehegatten hinzuweisen. Der Hofvermerk lautet dementsprechend:

Dieser Grundbesitz bildet mit dem im Grundbuch von .... Bd. .... Bl. .... eingetragenen Grundbesitz einen Ehegattenhof gemäß der Höfeordnung. Eingetragen am ....

(3) Gehört zu einem Hof ein Miteigentumsanteil, so gilt die Vorschrift des Abs. 2 entsprechend mit der Maßgabe, daß der Hofvermerk im Grundbuch des Hofes lautet:

Zum Hof gehört der im Grundbuch von .... Bd. .... Bl. .... eingetragene Miteigentumsanteil. Eingetragen am ....

§ 35. (1) Bei Besitzungen, die bisher ein Erbhof waren oder einen steuerlichen Einheitswert von zehntausend Reichsmark und mehr haben, wird der Hofvermerk auf Ersuchen des Amtsrichters von Amts wegen eingetragen. War bei diesen Besitzungen bereits auf Grund des Reichserbhofgesetzes und seiner Durchführungsbestimmungen ein Erbhofvermerk eingetragen, so gilt dieser Vermerk bis zur Eintragung eines Hofvermerks gemäß § 34 als Hofvermerk im Sinne der Höfeordnung.

(2) Der Antrag auf Eintragung und Löschung des Hofvermerks gemäß § 1 Abs. 3 und 4 der Höfeordnung ist zur Niederschrift des Grundbuchrichters oder in öffentlich beglaubigter Erklärung beim Grundbuchamt zu stellen.

(3) Die Eintragung des Hofvermerks begründet die Vermutung, daß das Grundstück Hofeigenschaft besitzt.

(4) Fällt bei einem Hof eine die Hofeigenschaft begründende Voraussetzung auf die Dauer weg, so ist der Hofvermerk auf Ersuchen des Amtsrichters von Amts wegen zu löschen; die Besitzung verliert die Eigenschaft eines Hofes mit der Löschung des Hofvermerks. Sinkt jedoch der Einheitswert des Hofes unter zehntausend Reichsmark, so wird der Hofvermerk nur auf einen gemäß Abs. 2 gestellten Antrag gelöscht; in diesem Falle verliert die Besitzung die Eigenschaft eines Hofes schon mit der Stellung des Löschungsantrages.

(5) Von der Eintragung und Löschung des Hofvermerks gibt das Grundbuchamt dem Eigentümer, dem Amtsgericht und der unteren Landwirtschaftsbehörde Nachricht.

(6) Der Eintragungsantrag und das Ersuchen des Amtsgerichts sind nebst etwaigen weiteren Vorgängen zu einer besonderen Höfeakte zu nehmen, die bei den Grundakten der Hofstelle aufzubewahren ist.

(7) Der Amtsrichter hat von Amts wegen die Eintragung und Löschung des Hofvermerks gemäß Abs. 1 Satz 1 und Abs. 4 Satz 1 zu veranlassen.

§ 36. (1) Die zum Hof gehörenden Grundstücke sind von Amts wegen auf Ersuchen des Amtsrichters auf einem besonderen Grundbuchblatt einzutragen.

(2) Grundstücke, die nicht zum Hof gehören, sind nicht auf dem Grundbuchblatt des Hofes einzutragen.

(3) Werden einzelne Grundstücke vom Hof abgetrennt, so ist der Hofvermerk nicht mit zu übertragen.

(4) Für die Vereinigung der zu einem Hof gehörenden Grundstücke zu einem Grundstück, für die gerichtliche Beurkundung eines hierauf gerichteten Antrages und für die Eintragung des Hofvermerks werden Gebühren und Auslagen nicht erhoben.

§ 37. (1) Auf Antrag eines Beteiligten, der ein rechtliches Interesse an der Entscheidung nachweist, entscheidet das Gericht im Wege eines besonderen Feststellungsverfahrens,

a) ob ein Hof im Sinne des § 1 der Höfeordnung vorliegt,

b) ob ein Gegenstand Bestandteil oder Zubehör eines Hofes ist,

c) ob ein Hoferbe wirtschaftsfähig ist,

d) ob für die Erbfolge in einen Hof Ältesten- oder Jüngstenrecht gilt,

e) von wem der Hof stammt,

f) wer nach dem Tode des Eigentümers eines Hofes Hoferbe geworden ist.

§ 58. (1) Soweit Erbfälle vor Inkrafttreten der Höfeordnung eingetreten sind, kommen auf sie die bisher geltenden Bestimmungen unter Berücksichtigung des Artikels II des Kontrollratsgesetzes Nr. 1 zur Anwendung.

(2) Die Erbfälle unterliegen jedoch den Bestimmungen der Höfeordnung, wenn

a) bei Inkrafttreten der Höfeordnung der Anerbe auf Grund des § 25 Abs. 5 des Reichserbhofgesetzes oder der §§ 5, 54, 54a der Erbhofrechtsverordnung noch nicht bestimmt ist oder aus sonstigen Gründen noch nicht oder noch nicht endgültig feststeht,

b) beim Inkrafttreten der Höfeordnung ein Verfahren oder Rechtsstreit vor den Anerbenbehörden oder den ordentlichen Gerichten anhängig war, in dem die Erbfolge unmittelbar oder mittelbar streitig ist,

c) nach Inkrafttreten der Höfeordnung innerhalb von drei Jahren vom Tode des Eigentümers an gerechnet, in einem gerichtlichen Verfahren die Erbfolge gemäß den in Abs. 1 genannten Bestimmungen zu Recht in Frage gestellt wird. Die Vorschriften der §§ 233 bis 238 der Zivilprozeßordnung finden entsprechende Anwendung.

§ 59. (1) Rechte, die auf Grund des Reichserbhofgesetzes oder seiner Durchführungsbestimmungen entstanden sind, bleiben unbeschadet der Vorschrift des § 58 nach Maßgabe der für sie geltenden Vorschriften bestehen. Sie können jedoch, falls in der Höfeordnung gleiche oder ähnliche Rechte nicht vorgesehen sind, auf Antrag eines Beteiligten abgeändert oder umgewandelt werden, wenn dies zur Vermeidung einer groben Unbilligkeit offenbar erforderlich erscheint; dabei kann das Gericht die Rechtsverhältnisse unter den Beteiligten auch mit Wirkung gegen Dritte neue regeln.

(2) Ein Ehegatte, der „Anerbe nach § 12 der Erbhoffortbildungsverordnung" oder „Anerbe nach den §§ 24, 25 der Erbhoffortbildungsverordnung" geworden ist, hat die rechtliche Stellung des überlebenden Ehegatten gemäß § 6 Abs. 3 und § 8 Abs. 3 der Höfeordnung.

(3) Das Recht der bäuerlichen Verwaltung und Nutznießung (§ 17, § 50 Abs. 7 der Erbhoffortbildungsverordnung) geht, soweit es einem Ehemann hinsichtlich des Erbhofes seiner Ehefrau zusteht, in das Recht der ehemännlichen Verwaltung und Nutznießung gemäß den §§ 1373ff. des Bürgerlichen Gesetzbuches, soweit es einem Elternteil hinsichtlich des Erbhofes eines Kindes zusteht, in das Recht der elterlichen Verwaltung und Nutznießung gemäß den §§ 1678ff. des Bürgerlichen Gesetzbuchs, im übrigen in das Recht des Nießbrauchs gemäß den §§ 1030ff. des Bürgerlichen Gesetzbuchs unbeschadet der Vorschrift des Abs. 1 über.

(4) Die Beteiligten können unbeschadet der Vorschrift des Abs. 1 vom Hofeigentümer die Eintragung ihrer gemäß den §§ 30, 31 des Reichserbhofgesetzes, § 36 der Erbhofrechtsverordnung oder durch einen Übergabevertrag oder eine sonstige Vereinbarung begründeten Versorgungsrechte im Grundbuch verlangen.

(5) Die Ausschlagung des Anfalls eines Erbhofs (§ 29 des Reichserbhofgesetzes) kann noch bis zum 31. März 1948 erfolgen, wenn die Frist zur Ausschlagung bei Beendigung der Tätigkeit des Anerbengerichts noch nicht abgelaufen war.

§ 61. Eine Neubildung von Schutzforsten gemäß § 5 des Gesetzes über das Erlöschen von Familienfideikommissen oder sonstiger gebundener Vermögen vom 6. Juli 1938 (RGBl. I S. 825)[1]) findet nicht mehr statt. § 10 Abs. 2 der Schutzfortsverordnung vom 21. Dezember 1939 (RGBl. I S. 2459)[2]) bleibt unberührt.

§ 62. Als Unbedenklichkeitsbescheinigung im Sinne des § 1 der Verordnung über die Preisüberwachung und die Rechtsfolgen von Preisverstößen im

---

[1]) vgl. S. 293. [2]) vgl. S. 295.

Grundstücksverkehr vom 7. Juli 1942 (RGBl. I S. 451)[1]) ist auch eine Entscheidung der Landwirtschaftsbehörde oder des Gerichts anzusehen, durch die eine Genehmigung in einem Verfahren gemäß § 1 Buchstabe a der Verfahrensordnung erteilt wird.

§ 64. (1) Die Verfahrensordnung tritt am 1. Januar 1948 in Kraft.

(2) und (3) . . . . . .

II) Amtliche Begründung zur Verfahrensordnung für Landwirtschaftssachen (LVO.).

(ZJBl. 1948 S. 32).

VII. Verfahren nach der Höfeordnung.

1. Hofvermerk (§§ 34—36 LVO.).

Die Höfeordnung kennt keine Höferolle. Vielmehr ist im Interesse einer möglichst weitgehenden Geschäftsvereinfachung vorgesehen, daß die als Höfe geeigneten Besitzungen lediglich einen in der Aufschrift des Grundbuchs einzutragenden Hofvermerk erhalten (§ 34 Abs. 1 Satz 1).

Falls die zu einem Hof gehörenden Grundstücke nicht auf ein und demselben Grundbuchblatt eingetragen sind (vgl. § 36), sondern auf mehreren Grundbuchblättern, z. B. wenn ein Ehegattenhof aus Grundstücken besteht, die teils dem Ehemann, teils der Ehefrau zu Alleineigentum gehören, oder wenn zu einem Hof ein Miteigentumsanteil gehört, der mit den anderen Anteilen auf einem anderen Grundbuchblatt eingetragen ist, so ist gemäß § 34 Abs. 2 und 3 der Hofvermerk auf allen Grundbuchblättern einzutragen und dabei wechselseitig von dem einen Grundbesitz auf den anderen Grundbesitz zu verweisen (beim Miteigentumsanteil, daß er zu dem im Grundbuch von . . . . eingetragenen Hof gehört).

Die Eintragung des Hofvermerks hat, da es sich um eine Eintragung im Grundbuch handelt, durch den Grundbuchrichter zu erfolgen, und zwar in den Fällen, in denen die Eintragung von Amts wegen zu erfolgen hat, auf Grund eines Ersuchens des Amtsrichters als Vorsitzenden des für Landwirtschaftssachen zuständigen Gerichts und in den Fällen, in denen die Eintragung nur auf Antrag erfolgt, auf Grund eines Antrages des Hofeigentümers. Der Grundbuchrichter hat zu prüfen, ob das Ersuchen oder der Antrag formell in Ordnung ist (insbesondere für den Antrag die Formvorschrift des § 35 Abs. 2[2]) beachtet ist) und beim Antrag, ob materiell-rechtlich die Voraussetzungen eines Hofes gegeben sind. Sind diese Erfordernisse erfüllt, trägt er den Hofvermerk ein und gibt dem Eigentümer, dem Amtsgericht und der Landwirtschaftsbehörde Nachricht. Anderenfalls wird er durch Zwischenverfügung für Behebung der Mängel sorgen oder gegebenenfalls die Eintragung durch begründeten Beschluß ablehnen.

Der Vorsitzende des für Landwirtschaftssachen zuständigen Gerichts hat von Amts wegen gemäß § 1 Abs. 1 und § 19 Abs. 1 Satz 1 Höfeordnung festzustellen, welche Besitzungen Höfe sind, und bei diesen den Grundbuchrichter um die Eintragung des Hofvermerks zu ersuchen. Es sind dies einmal die Höfe, die bisher schon Erbhof waren und sodann die Höfe, die einen steuerlichen Einheitswert von 10 000 RM und mehr haben (§ 35 Abs. 1 Satz 1). Soweit die beim Gericht vorhandenen Unterlagen Feststellungen über die Hofeigenschaft nicht ermöglichen, wird der Vorsitzende sich gemäß § 18 der Amtshilfe der Landwirtschafts- und Gemeindebehörden bedienen. Mit Rücksicht auf die Bestimmungen im § 35 Abs. 1 Satz 2, daß einstweilen der eingetragene Erbhofvermerk als Hofvermerk gilt, ist die Umschreibung des Erbhofvermerks in den Hofvermerk nicht vordringlich; dagegen ist die Eintragung bei Erbhöfen, bei denen der Erbhofvermerk noch nicht eingetragen war, und bei Höfen, die bisher kein Erbhof waren, aber jetzt die Voraussetzungen eines Hofes erfüllen, sofort in Angriff zu nehmen.

---

[1]) vgl. S. 313. [2]) vgl. S. 307.

Bei Höfen, die einen steuerlichen Einheitswert von weniger als 10 000 *RM* haben und bisher kein Erbhof waren, erfolgt die Eintragung des Hofvermerks auf Antrag des Eigentümers, der gemäß § 35 Abs. 2 zur Niederschrift des Grundbuchrichters oder in öffentlich beglaubigter Erklärung beim Grundbuchamt zu stellen ist.

Was für die Eintragung des Hofvermerks gilt, gilt entsprechend für seine Löschung. Doch ergeben sich einige Besonderheiten aus der Tatsache, daß die Hofeigenschaft aus verschiedenartigen Gründen enden kann. Sinkt nämlich der Einheitswert eines Hofes, der von Amts wegen eingetragen ist, unter 10 000 *RM*, so wird, da es gemäß § 1 Abs. 3 Höfeordnung auch Höfe mit einem Einheitswert von weniger als 10 000 *RM* gibt, der Hofvermerk nur auf Antrag des Eigentümers gelöscht. Ebenso erfolgt die Löschung des Hofvermerks nur auf Antrag, wenn bei einem Ehegattenhof die Ehe rechtskräftig geschieden oder aufgehoben wird (§ 1 Abs. 4 HöfO.). In allen anderen Fällen, in denen eine Voraussetzung der Hofeigenschaft wegfällt, also z. B. wenn der Hof einer Erbengemeinschaft zufällt, wird der Hofvermerk von Amts wegen gelöscht. Der Verlust der Hofeigenschaft tritt in den ersten beiden Fällen schon mit der Stellung des Löschungsantrages, sonst erst mit der erfolgten Löschung ein (§ 35 Abs. 4 LVO., § 1 Abs. 3 und 4 HöfO.).

Die Löschung des Hofvermerks ist gebührenpflichtig (§ 45 Abs. 4 Buchst. g).

Die Vorgänge, die durch das Eintragungs- und Löschungsverfahren entstehen, also insbesondere der Eintragungsantrag, das Eintragungsersuchen usw. sind zu besonderen Akten zu nehmen, die ebenso wie früher nach dem Hannoverschen Höfegesetz bei den Grundakten der Hofstelle aufzubewahren sind.

Die materiell-rechtliche Wirkung eines Hofvermerks besteht nach § 35 Abs. 3 darin, daß sie die Vermutung begründet, daß das Grundstück Hofeigenschaft besitzt. Ist der Hofvermerk 5 Jahre eingetragen, so ist die Hofeigenschaft unumstößlich festgestellt. Sie kann dann nur in Frage gestellt werden, wenn die bei der Eintragung vorhanden gewesenen Voraussetzungen nachträglich weggefallen sind (§ 37 Abs. 4). Dies gilt übrigens nur von dem Hofvermerk, der jetzt eingetragen wird, nicht von dem Erbhofvermerk, der lediglich als Ersatz für einen Hofvermerk gilt (vgl. die Worte in § 37 Abs. 4 Satz 2 „auf Grund des § 34").

XI. Schutzforste, Erbpacht (§§ 61, 63 LVO.).

Durch § 61 wird klargestellt, daß eine Neubildung von Schutzforsten nicht mehr stattzufinden hat, da nach Art. III, 2 Kontrollratsgesetz 45 alles gebundene Vermögen freies, den allgemeinen Gesetzen unterworfenes Grundeigentum wird.

3. Grundstücksverkehrsrecht.

a) Verordnung des RM. d. J. über Auflassungen, landesrechtliche Gebühren und Mündelsicherheit.

Vom 11. Mai 1934 (RGBl. I S. 378).

Artikel I: Auflassungen.

§ 1. Auflassungen können in allen Ländern des Reichs außer vor dem Grundbuchamt oder einer sonstigen nach Landesrecht zuständigen Stelle auch vor einem Notar erklärt werden Dies gilt auch für Grundstücke, die außerhalb des Amtsbezirks des Notars oder des Landes, von dem er bestellt ist, liegen.

§ 2. Die Erklärung einer Auflassung soll nur entgegengenommen werden, wenn die nach § 313 des Bürgerlichen Gesetzbuches erforderliche Urkunde über das Veräußerungsgeschäft vorgelegt oder gleichzeitig errichtet wird.

b) Zweite Verordnung über die Auflassung.

Vom 9. Januar 1940 (RGBl. I S. 46).

§ 1. Auflassungen können außer vor dem Grundbuchamt oder den anderen zuständigen Stellen auch vor dem Amtsgericht oder in gerichtlichen Vergleichen erklärt werden.

§ 2. Diese Verordnung tritt an die Stelle der landesgesetzlichen Vorschriften über die Erklärung der Auflassung vor Gerichten. Unberührt bleiben die im Artikel 143 Abs. 2 des Einführungsgesetzes zum Bürgerlichen Gesetzbuch genannten landesgesetzlichen Vorschriften, sowie die Vorschriften darüber, inwieweit Geschäfte des Richters dem Urkundsbeamten der Geschäftsstelle zur selbständigen Wahrnehmung übertragen werden können.[1])

c) Reichsnotarordnung.

Vom 13. Februar 1937 (RGBl. I S. 191) in der Fassung der Verordnung vom 16. Mai 1939 (RGBl.I S. 918).

§ 22. (1) Die Notare sind zuständig, Beurkundungen jeder Art vorzunehmen sowie Unterschriften, Handzeichen und Abschriften zu beglaubigen. Zu ihren Aufgaben gehören insbesondere auch: die Beurkundung von Versammlungsbeschlüssen, die Vornahme von Verlosungen und Auslosungen, die Aufnahme von Vermögensverzeichnissen, die Anlegung und Abnahme von Siegeln, die Aufnahme von Protesten, die Zustellung von Erklärungen sowie die Ausstellung sonstiger Bescheinigungen über amtlich von ihnen wahrgenommene Tatsachen.

(2) Die Notare sind auch zuständig, Auflassungen entgegenzunehmen, Teilhypotheken- und Teilgrundschuldbriefe auszustellen sowie die Auseinandersetzung eines Nachlasses oder des Gesamtguts einer Gütergemeinschaft (§§ 86, 99 des Reichsgesetzes über die Angelegenheiten der freiwilligen Gerichtsbarkeit) nach Maßgabe der hierüber erlassenen Vorschriften zu vermitteln.

(3)

d) Dienstordnung für Notare.

AV. vom 5. Juni 1937 in der Fassung der AV. vom 11. Juli 1938 und 25. April 1939 (DJ. 1937 S. 874, 1938 S. 1088, 1939 S. 699).

§ 24. (1) Notarische Urkunden einschließlich der Testamente und Erbverträge können handschriftlich mit haltbarer schwarzer Tinte oder mit Schreibmaschine hergestellt werden Das gilt sowohl für die Urschriften als auch für die Ausfertigungen und Abschriften. Zur Herstellung von Ausfertigungen und beglaubigten Abschriften können auch Photokopien benutzt werden.

(2) Bei Unterschriftsbeglaubigungen ist der Gebrauch von Farbstempeln mit haltbarer schwarzer Schrift zulässig.

§ 25. Die Urkunden können auch unter Verwendung gedruckter Formblätter hergestellt werden. Die Aufsichtsbehörden können die Verwendung unzweckmäßiger Formblätter untersagen. . . .

§ 26. (1) Zur Herstellung von Urkunden sind nur Schreibmaschinen mit deutlichen Schriftzeichen und schwarze Farbbänder, die amtlich auf ihre Eignung zur Herstellung von Urkunden geprüft sind, zu verwenden.

(2) Die Urschriften sind unmittelbar mit dem Farbband herzustellen. Für Ausfertigungen und Abschriften können auch deutlich geschriebene Durchschläge verwendet werden.

§ 28. (1) Jede Urkunde (Urschrift, Ausfertigung oder Abschrift), die mehr als einen Bogen umfaßt, ist zu heften; der Heftfaden ist anzusiegeln. . . .

(2) In gleicher Weise sind Anlagen, die einen Teil der Niederschrift bilden, mit dieser zu verbinden.

---

[1]) vgl. § 17b REntlVfg.

§ 29. (1) Es darf nichts ausgeschabt oder sonst unleserlich gemacht werden. Wichtigere Zahlen sind in Ziffern und Buchstaben zu schreiben.

(2) Zusätze sind, soweit erforderlich, durch Füllstriche gegen nachträgliche Einschaltungen zu sichern.

(3) Zusätze und sonstige, nicht nur geringfügige Änderungen sollen am Schlusse, vor den Unterschriften oder am Rande beigefügt und im letzteren Falle von dem Notar und den sonst mitwirkenden Personen besonders unterzeichnet werden. Ist der Niederschrift eine Anlage beigefügt, so brauchen Änderungen in der Anlage nicht unterzeichnet zu werden, wenn aus der Niederschrift hervorgeht, daß sie genehmigt sind.

(4) Offensichtliche Schreibfehler kann der Notar auch nach Abschluß der Niederschrift durch einen von ihm zu unterschreibenden Nachtragsvermerk richtigstellen. Ergibt sich im übrigen nach Abschluß der Niederschrift die Notwendigkeit einer Änderung oder Berichtigung, so hat der Notar hierüber eine besondere Niederschrift aufzunehmen.

e) Verordnung zur beschleunigten Förderung des Baues von Heuerlings- und Werkwohnungen sowie von Eigenheimen für ländliche Arbeiter und Handwerker.

Vom 10. März 1937 (RGBl. I S. 292).

§ 8. (1) Die nach dieser Verordnung zu schaffenden Eigenheime werden als Rentenstellen für ländliche Arbeiter und Handwerker errichtet. Für den Eigentumserwerb gelten die Vorschriften des bürgerlichen Rechts. Zur Beurkundung des Kaufvertrages sowie zur Entgegennahme und Beurkundung der Auflassung ist die Durchführungsbehörde zuständig. Sie beauftragt hierzu einen in ihrem Geschäftsbereich tätigen Beamten. Die von diesem Beamten beurkundeten Verträge und die von ihm aufgenommenen Verhandlungen stehen den gerichtlichen oder notariellen Urkunden oder Verhandlungen gleich, wenn sie in der für diese Urkunden vorgeschriebenen Form aufgenommen und unter Bezugnahme auf den erteilten Auftrag als Angelegenheit zur Begründung einer Rentenstelle für ländliche Arbeiter und Handwerker im Sinne dieser Verordnung bezeichnet werden.

(2) Das zur Errichtung eines Eigenheims veräußerte Grundstück ist auf einem selbständigen Grundbuchblatt lastenfrei (§ 9) einzutragen. Zugleich mit der Anlegung dieses Blattes ist in der Aufschrift folgender Vermerk einzutragen:

„Rentenstelle für ländliche Arbeiter und Handwerker gemäß Verordnung vom 10. März 1937 (RGBl. I S. 292)."

(3) Die Eintragung kann auch erfolgen wenn die Grundstücksteile in dem amtlichen Verzeichnis (§ 2 Abs. 2 GBO.) noch nicht ausgewiesen sind. Für die Bezeichnung der Grundstücksteile sind in diesem Falle die Feststellungen der Durchführungsbehörde über Lage und Größe sowie eine nach den Vorschriften der Katasterverwaltung gefertigte vorläufige Zeichnung maßgebend. Diese Unterlagen sind dem Grundbuchamt einzureichen Ist der Grundstücksteil in dem amtlichen Verzeichnis nachgewiesen, so ist erforderlichenfalls das Grundbuch von Amts wegen zu berichtigen.

(4) Die endgültige Beleihung durch die Landesrentenbank (Dauerkredit) erfolgt erst nach Durchführung dieser Eintragung.

§ 9. (1) Die lastenfreie Abschreibung zur Bildung eines selbständigen unbelasteten Grundstücks bedarf nicht der Entpfändungserklärungen der auf dem Hauptgrundstück eingetragenen dinglich Berechtigten soweit von dem Hauptgrundstück nicht mehr als 1 Hektar Fläche abgeschrieben wird. Weitere Abschreibungen sind ohne Zustimmung der Gläubiger zulässig soweit der Wert der abgeschriebenen Fläche 5 vom Hundert des für den 1. Januar 1935 festgestellten steuerlichen Einheitswerts des Gesamtgrundstücks nicht übersteigt.

(2) Bei Grunddienstbarkeiten und beschränkten persönlichen Dienstbarkeiten kann die lastenfreie Abschreibung ohne Zustimmung des Berechtigten erfolgen, wenn seine Belange dadurch nicht wesentlich beeinträchtigt werden oder das allgemeine Interesse an der Errichtung der Landarbeiterstelle überwiegt.

(3) Die Entscheidung darüber, ob die Voraussetzungen zur lastenfreien Abschreibung nach den Absätzen 1 und 2 gegeben sind, liegt den Durchführungsbehörden ob.

. . . . . .

§ 12. Die Eigenschaft als „Rentenstelle für ländliche Arbeiter und Handwerker" kann, solange die Landesrentenbankrente oder das Reichsdarlehn auf dem Grundstück lastet, nicht gelöscht werden; im übrigen ist eine Löschung nur mit Zustimmung der Durchführungsbehörde zulässig.

§ 14 regelt die Freistellung von Steuern und Gerichtsgebühren für Rechtsvorgänge und Urkunden nach Maßgabe dieses Gesetzes.

f) Erste Verordnung über Wasser- und Bodenverbände. (Erste Wasserverbandverordnung.)

Vom 3. September 1937 (RGBl. I S. 933).

§ 37. Die von den Fachministern bestimmte Behörde ist befugt, für den freiwilligen Erwerb von Eigentum und anderen Rechten an den zum Wasser- und Bodenverbande gehörenden Grundstücken (§ 3 Nr. 1) durch den Verband Verträge und Verhandlungen zu beurkunden, auch Auflassungen entgegenzunehmen. Die Niederschrift der Behörde hat die Kraft einer gerichtlichen oder notariellen Urkunde Die Vorschriften des § 168 Satz 2 und der §§ 169 bis 180 des Reichsgesetzes über die Angelegenheiten der freiwilligen Gerichtsbarkeit vom 17 Mai 1898 (RGBl. S. 189) und vom 20. Mai 1898 (RGBl. S. 771) sind auf sie entsprechend anzuwenden.

§ 38. Für den freiwilligen Erwerb von Eigentum und anderen Rechten an Grundstücken, die durch das Unternehmen des Wasser- und Bodenverbandes eine unwirtschaftliche Form erhalten, gelten die Vorschriften des § 37, wenn der Erwerb für eine zweckmäßige Flureinteilung nötig ist und die Niederschrift der Behörde als Flureinteilungssache des Wasser- und Bodenverbandes bezeichnet wird Das gilt auch für Grundstücke, die, ohne von dem Unternehmen unmittelbar betroffen zu sein, zur zweckmäßigen Gestaltung der betroffenen Grundstücke zugezogen werden.

§ 39 regelt die Freistellung von Gebühren für Geschäfte nach Maßgabe dieses Gesetzes.

g) Verordnung über die Preisüberwachung und die Rechtsfolgen von Preisverstößen im Grundstücksverkehr.

Vom 7. Juli 1942 (RGBl. I S. 451).

§ 1. (1) Ein Vertrag, durch den sich jemand verpflichtet, das Eigentum an einem Grundstück gegen Entgelt zu übertragen, ist der Preisbehörde zur Prüfung vorzulegen Auf Antrag eines Vertragsteils hat die Preisbehörde die Angemessenheit des Entgelts bereits vor Abschluß des Vertrages zu prüfen, wenn ihr ein zur Beurkundung geeigneter Vertragsentwurf vorgelegt wird.

(2) Ergibt sich für das Grundbuchamt (Grundbuchsgericht) aus den ihm vorliegenden Unterlagen, daß die Übereignung auf einem Vertrag der in Abs. 1 bezeichneten Art beruht, so soll es den Erwerber nur eintragen, wenn eine Unbedenklichkeitsbescheinigung der Preisbehörde beigebracht worden ist. Als Unbedenklichkeitsbescheinigung der Preisbehörde ist auch ein Bescheid anzusehen, durch den eine Genehmigung nach dem Gesetz über die Aufschließung von Wohnsiedlungsgebieten vom 22 September 1933 (RGBl. I S. 659) in der Fassung des Gesetzes vom 27. September 1938 (RGBl. I S. 1246) erteilt wird.

(3) Die Unbedenklichkeitsbescheinigung gilt gegebenenfalls als Bewilligung einer Ausnahme vom Preiserhöhungsverbot.

h) Eintragungen im Grundbuch.
Gesetz Nr. 52 der Britischen Militärregierung.

AV. d. Präs. d. ZJA. vom 7. Juni 1947 (ZJBl S. 14).

Auf Anweisung der Militärregierung — Legal / MOJ / 52309 — vom 22. November 1946/3. März 1947 ordne ich hierdurch folgendes an:

1. Die Eintragung von Sperrvermerken im Grundbuch bei Vermögen im Sinne des Artikels VII, 9c des Gesetzes Nr 52 hat gemäß Bestimmung der Militärregierung — Property Control Branch. Finance Division (Fin./20 554/1/PC (UN)) vom 8. Oktober 1946 — nicht mehr zu erfolgen.
2. Jedes Grundbuchamt hat über diejenigen Personen, deren Vermögen dem Gesetz Nr. 52 unterworfen ist, ein Verzeichnis[1] insoweit zu führen, als deren Namen von der Militärregierung oder deutschen Behörden mitgeteilt wird. Die Führung des Verzeichnisses hat alphabetisch und möglichst in Karteiform zu erfolgen Die Einsicht des Verzeichnisses ist gemäß § 12 der Grundbuchordnung jedermann gestattet.
3. In allen Grundbuchämtern ist an anfallender Stelle eine Bekanntmachung anzubringen, die alle Erwerber und Veräußerer darauf hinweist, daß jede Übertragung von Vermögen, das dem Gesetz 52 unterliegt, der Zustimmung der Militärregierung bedarf und daß ohne eine derartige Zustimmung die Übertragung nichtig ist Ferner ist in der Bekanntmachung darauf hinzuweisen, daß ohne Gewähr für Richtigkeit und Vollständigkeit auf Grund der dem Grundbuchamt zugehenden Mitteilungen ein Verzeichnis über solche Personen geführt wird, deren Vermögen dem Gesetz Nr 52 unterliegt und daß dieses Verzeichnis während der Geschäftsstunden auf dem Grundbuchamt eingesehen werden kann.
4. Jeder, der eine Eintragung im Grundbuch beantragt, hat, außer in den Fällen, in denen die Zustimmung der Militärregierung zur beantragten Rechtsänderung erteilt ist, eine schriftliche Versicherung dem Grundbuchamt gegenüber abzugeben, daß ihm nach sorgfältiger Prüfung nichts darüber bekannt ist, daß gemäß den Gesetzen Nr 52 und 53 der Britischen Militärregierung und den dazu erlassenen Anordnungen etwas der gewünschten Eintragung entgegensteht.
5. Etwaige abweichende Anordnungen der Oberlandesgerichtspräsidenten der Britischen Zone treten hiermit außer Kraft.

i) Eintragungen im Grundbuch.
Gesetz Nr. 52 der Britischen Militärregierung.

AV. d. Präs. d. ZJA. vom 15. März 1948 (ZJBl. 1948 S. 80).

Zur Behebung bei der Auslegung meiner AV. vom 7. 6. 1947 (ZJBl. S. 14) entstandener Zweifel weise ich auf folgendes hin:

1. In das gemäß Ziffer 2 meiner AV. zu führende Verzeichnis sind die Namen aller Personen aufzunehmen, die von der Militärregierung oder deutschen Behörden den Grundbuchämtern mitgeteilt werden, gleichgültig, ob diese Personen Grundbesitz im Bezirk des Grundbuchamts haben oder nicht.

2. Bei einer Eintragung im Grundbuch genügt grundsätzlich die Vorlage einer schriftlichen Versicherung des Antragstellers gemäß Ziffer 4 meiner AV. Versicherungen sonstiger Personen, deren Rechte von der Eintragung betroffen werden oder zu deren Gunsten die Eintragung erfolgt, sind nicht erforderlich, es sei denn, daß der Grundbuchrichter im Einzelfall begründete Zweifel an der Versicherung des Antragstellers hat und weitere Versicherungen zur Aufklärung für erforderlich erachtet.

3. Unter einer Person, die eine Eintragung im Grundbuch beantragt, ist im Sinne der Ziffer 4 meiner AV. die Person zu verstehen, die den Eintragungs-

[1]) vgl. hierzu AV. d. Präs. d. ZJA. v. 24. 1. 49 (ZJBl. S. 26).

antrag beim Grundbuchamt stellt. Im Falle der gesetzlichen oder rechtsgeschäftlichen Vertretung somit der gesetzliche oder rechtsgeschäftliche Vertreter. Diese Person trägt auch in erster Linie die Verantwortung für jeden Verstoß gegen die Vorschriften der Gesetze Nr. 52 und 53 und ist bei einem Verstoß gemäß den sehr hohen Strafen dieser Gesetze zu bestrafen.

k) Bekanntmachungen von Eintragungen im Grundbuch an die gemäß Militärregierungsgesetz Nr. 52 bestellten Treuhänder.

AV. d. Präs. d. ZJA. v. 2. Juni 1948 (ZJBl. S. 155).

Nach den für Grundbuchsachen geltenden Vorschriften (vgl. insbesondere § 55 GBO., § 17 der VO. über das Erbbaurecht, § 33 Abs. 5 der I VO.) ist eine Bekanntmachung von Eintragungen an die von diesen betroffenen Personen vorgesehen.

Zu den hierfür in Frage kommenden natürlichen und juristischen Personen gehören auch solche, für die auf Grund des MilRegGes. Nr. 52 ein Treuhänder (Controler oder Custodian) bestellt ist. Dieser Treuhänder kann rechtlich die Stellung eines gesetzlichen Vertreters besitzen; auch soweit das nicht der Fall ist, bedarf der Treuhänder zur Erfüllung der ihm obliegenden Aufgaben solcher Benachrichtigungen.

Soweit daher Treuhänder auf Grund des Gesetzes Nr. 52 für Personen bestellt sind, denen Eintragungen im Grundbuch bekannt zu machen sind, soll die Bekanntmachung auch dem Treuhänder gegenüber erfolgen.

Ein Verzeichnis von Custodians, die für Kreditinstitute bestellt sind, ist im Zentraljustizblatt 1948 S. 9 und 85 veröffentlicht. Es ist beabsichtigt, weitere Nachträge zu diesen Verzeichnissen zu veröffentlichen.

4. Währungsrecht.

a) Gesetz über wertbeständige Hypotheken.

Vom 23. Juni 1923 (RGBl. I S. 407).

§ 1. Eine Hypothek kann in der Weise bestellt werden, daß die Höhe der aus dem Grundstück zu zahlenden Geldsumme durch den amtlich festgestellten oder festgesetzten Preis einer bestimmten Menge von Roggen, Weizen oder Feingold bestimmt wird.

[1]) . . . . . .

§ 2. Die Höhe der Geldsumme kann auch in der Weise bestimmt werden, daß, falls der als Maßstab gewählte Preis einer Ware oder Leistung dem Preis einer anderen Ware oder Leistung nicht erreicht oder überschreitet, dieser letztere Preis maßgebend sein soll.

§ 3. Bei der Eintragung der wertbeständigen Hypothek im Grundbuch ist der Geldbetrag durch Art und Menge der Ware oder Leistung zu bezeichnen, deren Preis als Maßstab gewählt ist.

§ 8. Für Grundschulden und Rentenschulden gelten die Vorschriften der §§ 1 bis 7 entsprechend.

§ 11. Die Reichsregierung kann mit Zustimmung des Reichsrats die zur Durchführung des Gesetzes erforderlichen Rechtsverordnungen und allgemeinen Verwaltungsvorschriften erlassen.

Sie kann ferner mit Zustimmung des Reichsrats bestimmen, daß, soweit in Reichsgesetzen die Sicherstellung wertbeständiger Schuldverschreibungen durch Reallasten vorgesehen ist, die Sicherstellung auch durch wertbeständige Hypotheken erfolgen darf.

---

[1]) § 1 Satz 2, § 9 ist aufgehoben durch § 4 der VO. über wertbeständige Rechte vom 16. 11. 40 (RGBl. I 1521) abgedruckt S. 317.

b) Fünfte Verordnung zur Durchführung des Gesetzes über wertbeständige Hypotheken.

Vom 17. April 1924 (RGBl. I S. 415).

Einziger Paragraph.

Feingoldhypotheken (§ 1 des Gesetzes über wertbeständige Hypotheken vom 23. Juni 1923 (RGBl. I S. 407), § 2 der Verordnung zur Durchführung des Gesetzes über wertbeständige Hypotheken vom 29 Juni 1923 (RGBl. I S. 482) können als Goldmarkhypotheken eingetragen werden. Dabei entspricht eine Goldmark dem Preis von $^1/_{2790}$ kg Feingold.

c) Gesetz über die Umwandlung wertbeständiger Rechte und ihre Behandlung im landwirtschaftlichen Entschuldungsverfahren (Roggenschuldengesetz).

Vom 16. Mai 1934 (RGBl. I S. 391).

§ 1. (1) Forderungen, Grundpfandrechte (Hypotheken, Grundschulden, Rentenschulden, Reallasten) und Inhaberschuldverschreibungen, bei denen die Leistung oder Belastung in einer bestimmten Menge von Roggen oder Weizen ausgedrückt ist (wertbeständige Rechte), werden mit dem Inkrafttreten dieses Gesetzes in der Weise umgewandelt, daß an die Stelle von einem Zentner Roggen der Betrag von 7,50 *RM*, an die Stelle von einem Zentner Weizen der Betrag von 9,50 *RM* tritt.

(3) Nach dem Inkrafttreten dieses Gesetzes können Grundpfandrechte, die ihrer Art nach der Umwandlung durch dieses Gesetz und die auf Grund dieses Gesetzes erlassenen Durchführungsvorschriften unterliegen, nicht mehr begründet werden.

d) Verordnung zur Durchführung des Roggenschuldengesetzes.

Vom 25. Mai 1934 (RGBl. I S. 448).

Erster Abschnitt: Geltungsbereich

Art. 1. Die Vorschriften des Roggenschuldengesetzes gelten nicht

a) für wertbeständige Rechte, die auf einem Grundstücksüberlassungsvertrag oder einem mit einer Grundstücksüberlassung in Verbindung stehenden Altenteilsvertrage (Leibgedings-, Leibzuchts- oder Auszugsvertrage) beruhen;

b) für wertbeständige bäuerliche Erbpachtrechte und ähnliche Rechte (Kanon, Erbenzins, Grundmiete, Erbleihe).

Zweiter Abschnitt: Umwandlung wertbeständiger Rechte.

Zu § 1 Abs. 1 des Roggenschuldengesetzes.

Art. 2. Der Umwandlung nach § 1 Abs. 1 des Gesetzes unterliegen auch solche wertbeständigen Rechte, bei denen die Leistung oder Belastung in einer bestimmten Menge von Roggen und daneben wahlweise in einer bestimmten Menge von Weizen ausgedrückt ist Ergibt die Umwandlung dieser Rechte verschieden hohe Reichsmarkbeträge, so ist der höhere Betrag maßgebend.

Art. 3. Der Umwandlung unterliegen solche wertbeständigen Rechte nicht, bei denen die Leistung oder Belastung in einer bestimmten Menge von Roggen oder Weizen und daneben wahlweise in Reichsmark, Rentenmark, Goldmark in ausländischer Währung oder in einer bestimmten Menge von Feingold ausgedrückt ist. In diesem Fall ist Gegenstand der Leistung oder Belastung nur noch der in Reichsmark, Rentenmark, Goldmark, in ausländischer Währung oder in einer bestimmten Menge von Feingold ausgedrückte Betrag.

Art. 4. Die nach § 1 Abs. 1 des Gesetzes und nach Art. 2 und 3 dieser Verordnung bei wertbeständigen Grundpfandrechten eintretenden Änderungen bedürfen zur Erhaltung ihrer Wirksamkeit gegenüber dem öffentlichen Glauben des Grundbuchs nicht der Eintragung. Die Beteiligten sind jedoch verpflichtet, die zur Berichtigung des Grundbuchs erforderlichen Erklärungen abzugeben. Für die Berichtigung werden Gebühren nicht erhoben.

e) Zweite Verordnung zur Durchführung des Roggenschuldengesetzes.

Vom 5. September 1934 (RGBl. I S. 824).

Erster Abschnitt: Umwandlung wertbeständiger Rechte.

Zu § 1 Abs. 1 des Roggenschuldengesetzes.

Art. 1. Ein wertbeständiges Recht wird auch dann nach § 1 Abs 1 des Gesetzes umgewandelt, wenn es vor dem 20. Mai 1934 fällig geworden ist, es sei denn, daß die geschuldete Leistung vor dem 20. Mai 1934 bewirkt oder das Recht vor diesem Zeitpunkt erloschen ist.

Art. 2. (1) Wiederkehrende Leistungen aus wertbeständigen Rechten, die

1. vor dem 20. Mai 1934 fällig geworden sind oder
2. in der Zeit vom 20. Mai bis zum 1. Juli 1934 fällig geworden sind und für einen am 20. Mai 1934 bereits laufenden Zeitraum geschuldet werden,

werden nicht nach § 1 Abs. 1 des Gesetzes umgewandelt. Hat eine Grundkreditanstalt bei der Berechnung von Zinsen wertbeständiger Schuldverschreibungen, die in der Zeit vom 20. Mai 1934 bis zum 1. Juli 1934 fällig geworden sind, die Umrechnungssätze des § 1 Abs. 1 des Gesetzes zugrunde gelegt, so kann die Aufsichtsbehörde anordnen, daß es hierbei sein Bewenden behält.

(2) Wiederkehrende Leistungen, die nach dem 1. Juli 1934 fällig werden, werden auch dann nach § 1 Abs 1 des Gesetzes umgewandelt, wenn sie für einen am 20. Mai 1934 bereits laufenden Zeitraum geschuldet werden.

f) Verordnung über wertbeständige Rechte.

Vom 16. November 1940 (RGBl. I S. 1521).

Festsetzung des Goldpreises.

§ 1. (1) Ist eine Hypothek, Grundschuld oder Rentenschuld . . . in der Weise bestellt, daß die Höhe des aus dem Grundstück . . . zu zahlenden Geldbetrages durch den amtlich festgestellten Preis einer bestimmten Menge von Feingold bestimmt wird (§ 1 des Gesetzes über wertbeständige Hypotheken vom 23. Juni 1923[1], . . .[1]) so ist der nach § 14 Abs. 2 des Gesetzes über die Deutsche Reichsbank vom 15. Juni 1929 (RGBl. I S. 1015)[2]) für die Reichsbank geltende Preis des Feingoldes maßgebend.

(2) Ist bei der Begründung einer sonstigen in Reichswährung zu erfüllenden Geldschuld der geschuldete Geldbetrag durch Bezugnahme auf den Preis des Feingoldes bestimmt, so gilt der Geldbetrag als geschuldet, der sich unter Zugrundelegung des in Abs 1 vorgesehenen Goldpreises ergibt Entgegenstehende Vereinbarungen sind unwirksam.

Aufhebung von Vorschriften.

§ 4. Aufgehoben werden:

1. § 1 Satz 2, § 9 des Gesetzes über wertbeständige Hypotheken vom 23. Juni 1923 (RGBl. I S. 407) nebst den zur Durchführung dieses Gesetzes ergangenen Vorschriften, jedoch mit Ausnahme der Fünften Durchführungsverordnung vom 17. April 1924 (RGBl. I S. 415); für Grundpfandrechte, die vor dem Inkrafttreten dieser Verordnung auf Grund der aufgehobenen Vorschriften bestellt sind, gilt § 3 Abs. 2 sinngemäß;
2. . . . . .

---

[1]) abgedruckt S. 315. [2]) abgedruckt S. 318.

g) Gesetz über die Deutsche Reichsbank[1]).

Vom 15. Juni 1939 (RGBl. I S. 1015).

§ 14. (1) . . . . . .

(2) Die Deutsche Reichsbank gibt aus ihren verfügbaren Beständen Gold in Barren zum Preise von 2784 Reichsmark für 1 Kilogramm fein gegen Barzahlung ab, wenn ihr die Verwendung für volkswirtschaftlich gerechtfertigte Zwecke gewährleistet erscheint

h) Verordnung Nr. 92.

Änderung des Gesetzes Nr. 51 der Militärregierung (Währung).

(VOBl. BZ. 1947 S. 111.)

Art. I. 1. Artikel II der Verordnung Nr. 51 der Militärregierung (Währung) wird durch folgenden Artikel ersetzt:

Zahlung von Verbindlichkeiten

Art. II. 4. Eine Verbindlichkeit, gesichert oder ungesichert, die auf Reichsmark, Rentenmark, irgendein anderes auf Mark lautendes gesetzliches Zahlungsmittel, auf Goldmark oder auf Mark lautet, deren Nennwert unter Benutzung einer gleitenden Skala oder auf andere Weise durch Bezugnahme auf den Preis des Feingoldes (Goldklausel) oder den Preis anderer Edelmetalle, Waren, Wertpapiere oder ausländischer Zahlungsmittel (Wertbeständigkeitsklauseln) bestimmt ist, ist bei Fälligkeit, ungeachtet der Bestimmungen der §§ 157, 242 und 607 des Bürgerlichen Gesetzbuches und der Bestimmungen irgendeines anderen deutschen Gesetzes, durch Zahlung — Mark für Mark — von Reichsmark oder alliierten Militärmarknoten erfüllbar. Dabei ist es gleichgültig, ob die Verbindlichkeit vor oder nach dem Inkrafttreten dieser Verordnung fällig wird. Der Gläubiger ist in allen Fällen verpflichtet, Reichsmark und alliierte Militärmark zu ihrem Nennwert in Erfüllung der Verbindlichkeit anzunehmen. Ohne Genehmigung der Militärregierung darf niemand eine Vereinbarung eingehen oder ein Rechtsgeschäft abschließen oder den Abschluß einer derartigen Vereinbarung oder eines derartigen Rechtsgeschäftes anbieten, falls darin Zahlung in einer anderen als der Markwährung oder Lieferung einer solchen vorgesehen ist.

Art. II. 2. Diese Verordnung ist nicht als Genehmigung für irgendwelche Zahlungen auszulegen, die nach dem Gesetz Nr 53 der Militärregierung oder nach irgendeinem anderen Gesetz der Militärregierung verboten sind.

Art. III. 3. Diese Verordnung tritt am 1. Juli 1947 in Kraft.

Im Auftrage der Militärregierung.

i) Gesetz der Britischen Militärregierung Nr. 61 zur Neuordnung des Geldwesens (Währungsgesetz).

(VOBl. BZ. 1948 S. 139.)

Erster Abschnitt.

Währungsumstellung.

§ 1.

(1) Mit Wirkung vom 21. Juni 1948 gilt die Deutsche-Mark-Währung. Ihre Rechnungseinheit bildet die Deutsche Mark, die in hundert deutsche Pfennig eingeteilt ist.

(2) . . . . . .

§ 2.

Sind in Gesetzen, Verordnungen, Verwaltungsakten oder rechtsgeschäftlichen Erklärungen die Rechnungseinheiten Reichsmark, Goldmark oder

---

[1]) Nach Ziff. 61 des Art. XXIV der VO. Nr. 132 der BritMilReg. sind an Stelle der Deutsche Reichsbank seit dem 1. April 1948 die Landeszentralbanken getreten (VOBl.BZ. 1948 S. 94, 102

Rentenmark verwendet worden, so tritt vorbehaltlich besonderer Vorschriften für bestimmte Fälle an die Stelle dieser Rechnungseinheiten die Rechnungseinheit Deutsche Mark.

§ 3.

Geldschulden dürfen nur mit Genehmigung der für die Erteilung von Devisengenehmigungen zuständigen Stellen in einer anderen Währung als in Deutscher Mark eingegangen werden. Das gleiche gilt für Geldschulden, deren Betrag in Deutscher Mark durch den Kurs einer solchen anderen Währung oder durch den Preis oder eine Menge von Feingold oder von anderen Gütern oder Leistungen bestimmt werden soll.

k) Gesetz der Britischen Militärregierung Nr. 63 zur Neuordnung des Geldwesens (Umstellungsgesetz).

(VOBl. BZ. 1948 S. 149.)

Teil II.

Schuldverhältnisse.

Erster Abschnitt.

Allgemeine Bestimmungen.

§ 13.

Begriffsbestimmungen.

(1) Schuldverhältnisse im Sinne dieses Gesetzes sind alle auf die Zahlung einer Geldsumme gerichteten Forderungen (einschließlich Gerichtskosten und Strafen) mit Ausnahme der Guthaben bei Geldinstituten.

(2) Allgemeine Schuldverhältnisse im Sinne dieses Gesetzes sind alle Schuldverhältnisse (Abs. 1) mit Ausnahme der Ansprüche aus Pfandbriefen und verwandten Schuldverschreibungen sowie der Versicherungsansprüche (einschließlich der Ansprüche aus Bausparverträgen).

(3) Reichsmarkverbindlichkeiten und Reichsmarkforderungen im Sinne dieses Gesetzes sind alle Verbindlichkeiten und Forderungen aus vor dem 21. Juni 1948 begründeten Schuldverhältnissen (Abs. 1), die auf Reichsmark, Rentenmark oder Goldmark lauten oder nach den vor dem Inkrafttreten des Währungsgesetzes in Geltung gewesenen Vorschriften in Reichsmark zu erfüllen gewesen wären. Auf Reichsmarkverbindlichkeiten, die bei Beginn des 21. Juni 1948 bereits erloschen waren, findet dieses Gesetz keine Anwendung.

(4) . . . . . .

Zweiter Abschnitt.

Allgemeine Schuldverhältnisse.

§ 16.

Umstellung der Reichsmarkverbindlichkeiten auf Deutsche Mark.

(1) Die Reichsmarkforderungen werden grundsätzlich mit der Wirkung auf Deutsche Mark umgestellt, daß der Schuldner an den Gläubiger für je zehn Reichsmark eine Deutsche Mark zu zahlen hat.

(2) Die Militärregierung behält sich vor, den Gläubigern von Reichsmarkforderungen, die nach Abs. 1 auf Deutsche Mark umgestellt worden sind, nach Anhörung der deutschen gesetzgebenden Körperschaften einen weiteren Anspruch im Höchstbetrage von einer Deutschen Mark für je zehn Reichsmark der Schuldsumme zuzuerkennen. In diesem Falle wird der Anspruch auch den Gläubigern solcher Forderungen zuerkannt werden, die inzwischen untergegangen sind.

(3) . . . . . .

§ 18.

Sonderregelung für bestimmte Reichsmarkverbindlichkeiten.

(1) Folgende Reichsmarkverbindlichkeiten werden in Abweichung von § 16 mit der Wirkung auf Deutsche Mark umgestellt, daß der Schuldner für jede Reichsmark eine Deutsche Mark zu zahlen hat:

1. Löhne und Gehälter, Miet- und Pachtzinsen, Altenteile, Renten, Pensionen und andere regelmäßig wiederkehrende Leistungen, die nach dem 20. Juni 1948 fällig geworden sind oder fällig werden,
2. Verbindlichkeiten aus Kaufverträgen und Werkverträgen, wenn und soweit die Gegenleistung vor dem 21. Juni 1948 noch nicht bewirkt war,
3. Verbindlichkeiten aus der Auseinandersetzung zwischen Gesellschaftern, Miterben, Ehegatten, geschiedenen Ehegatten, Eltern und Kindern, Verbindlichkeiten gegenüber Pflichtteilberechtigten und Vermächtnisnehmern sowie Verbindlichkeiten, die der Übernehmer eines Guts oder eines Vermögens dem anderen Vertragsteil gegenüber zur Abfindung eines Dritten eingegangen ist,
4. alle am 19. und 20. Juni 1948 eingegangenen Reichsmarkverbindlichkeiten.

(2) Absatz 1 findet keine Anwendung auf wiederkehrende Leistungen, die für einen vor dem 1. Juni 1948 liegenden Zeitraum geschuldet werden.

(3) Alle Reichsmarkverbindlichkeiten aus Schuldverhältnissen zwischen Geldinstituten im Währungsgebiet erlöschen.

l) Gesetz des Wirtschaftsrats des Vereinigten Wirtschaftsgebietes zur Sicherung von Forderungen für den Lastenausgleich.

Vom 2. September 1948 (VOBl. BZ. S. 277)

§ 1.

(1) Im Range unmittelbar nach Hypotheken, Grundschulden und Rentenschulden, die auf Grund des § 16 des Dritten Gesetzes zur Neuordnung des Geldwesens (Umstellungsgesetz) umgestellt worden sind, „entstehen“ Grundschulden in Höhe des Betrages, um die der Nennbetrag in Reichsmark den Umstellungsbetrag in Deutscher Mark übersteigt. Die Grundschulden bedürfen zu ihrer Entstehung sowie zu ihrer Wirksamkeit Dritten gegenüber nicht der Eintragung im Grundbuch. Für diese Grundschulden, insbesondere hinsichtlich der Zinsen und Tilgungsbeträge, gelten die gleichen Bedingungen wie für die umgestellten Rechte; sie können jedoch dem Schuldner gegenüber nicht gekündigt werden.

§ 2.

(1) Die durch § 1 begründeten Rechte stehen treuhänderisch der Verwaltung des Vereinigten Wirtschaftsgebietes zu. Der Direktor der Verwaltung für Finanzen bestimmt die Stellen, welche die Rechte ausüben.

(2) Bis zur gesetzlichen Regelung sind eingehende Gelder als Treuhandvermögen gesondert zu verwalten.

§ 3.

(1) Die durch dieses Gesetz begründeten Rechte dienen ausschließlich dazu, etwaige Ansprüche aus Schuldnergewinnen unter Berücksichtigung des Lastenausgleiches sicherzustellen. Soweit gegen den Schuldner ein Ausgleichsanspruch nach § 16 Abs. 3 des Umstellungsgesetzes nicht entsteht, ist das Recht aus ihn zu übertragen. Zinsen und Tilgungsbeträge sind insoweit zu erstatten.

§ 4.

(1) Der Verwaltungsrat erläßt mit Zustimmung des Wirtschaftsrates und des Länderrates Rechtsverordnungen zur Durchführung dieses Gesetzes.

(2) Verwaltungsanordnungen trifft der Direktor der Verwaltung für Finanzen.

§ 5.

Dieses Gesetz tritt mit Wirkung vom 1. Juli 1948 in Kraft.

m) Verordnung des Verwaltungsrats des Vereinigten Wirtschaftsgebietes zur Durchführung des Gesetzes zur Sicherung von Forderungen für den Lastenausgleich.

Vom 7. September 1948 (VOBl. BZ. S. 278).

Artikel I.

Allgemeine Bestimmungen.

§ 1.

(1) Die Länder üben die durch § 1 des Gesetzes begründeten Rechte für die Verwaltung des Vereinigten Wirtschaftsgebietes aus.

(2) Die Länder können die Ausübung der Rechte anderen Stellen übertragen. Sie sollen sich dabei insbesondere der Institute, die im Rahmen ihres gewöhnlichen Geschäftsbetriebes Realkredit gewähren oder treuhänderisch für die öffentliche Hand verwalten.

§ 4.

Zu den umgestellten Rechten gehören auch Abgeltungslasten, die ein Darlehen zur Abgeltung der Gebäudeentschuldungssteuer gemäß der Verordnung vom 31. Juli 1942 (RGBl. I S. 501) sichern.

§ 5.

(1) Der Schuldner kann die Grundschuld jederzeit, auch in Teilbeträgen durch Zahlung ablösen. Die Verzinsung endet mit dem Tage der Zahlung. § 7 ist entsprechend anzuwenden.

(2) Die mit der Ausübung der Rechte betraute Stelle kann auf Antrag

a) Grundstücke oder Teile von Grundstücken sowie Gegenstände, auf die sich die Rechte erstrecken, aus der Haftung entlassen, wenn der Rest zur Sicherheit ausreicht;

b) zugunsten eines Rechts, das bestellt wird, um den Aufbau zerstörter oder beschädigter Gebäude zu ermöglichen, einer Änderung des Ranges der Grundschuld zustimmen.

(3) Soweit vor dem Inkrafttreten des Gesetzes zwischen dem Gläubiger des umgestellten Rechts und dem Schuldner von dem Inhalt des Grundbuches abweichende Vereinbarungen über Zins- und Tilgungsleistungen ausdrücklich oder stillschweigend getroffen oder Verbindlichkeiten des Schuldners durch richterliche Entscheidung festgesetzt sind, gilt der Inhalt dieser Vereinbarungen oder Regelungen auch für die Grundschuld.

(4) . . . . . .

§ 6.

Soweit die Vermutung des § 891 Abs. 1 des Bürgerlichen Gesetzbuches zugunsten des Gläubigers des umgestellten Rechtes gilt, kann sich auch der Gläubiger der Grundschuld in Ansehung der Grundschuld darauf berufen.

§ 7.

Stand das umgestellte Recht bei Inkrafttreten des Gesetzes ganz oder teilweise dem Eigentümer zu, so kann er verlangen, daß, insoweit die Grundschuld auf ihn dadurch übertragen wird, er als Gläubiger in das Grundbuch eingetragen wird. Das gleiche gilt im Falle einer umgestellten Grundschuld insoweit, als sie bei Inkrafttreten des Gesetzes die Forderung überstieg, zu deren Sicherung sie bestimmt ist.

§ 8.

Sind in unmittelbarer Rangfolge zugunsten desselben Gläubigers mehrere umgestellte Rechte eingetragen, so gelten sie in Ansehung ihres Rangverhältnisses zur Grundschuld als einheitliches Recht.

§ 9.

Die sofortige Zwangsvollstreckung wegen der Zinsen und Tilgungsbeträge gegen den Schuldner kann auch aus der Grundschuld betrieben werden, wenn sie aus dem umgestellten Recht zulässig war.

§ 10.

Ist der Eigentümer nicht der persönliche Schuldner der Forderung, für die ein umgestelltes Recht bestellt war, so kann er von dem persönlichen Schuldner Ersatz für die auf Grund des Gesetzes erbrachten Leistungen verlangen, soweit sich nicht aus dem Rechtsverhältnis zwischen ihm und dem persönlichen Schuldner etwas anderes ergibt.

§ 11.

(1) Der Schuldner hat nach näherer Anweisung der Landesregierung der von dieser bestimmten Stelle die für den Umfang seiner Verpflichtung maßgebenden Angaben zu machen und Auskünfte zu erteilen.

(2) Die mit der Ausübung der Rechte betraute Stelle ist berechtigt, das Grundbuch einzusehen und von dem Gläubiger des umgestellten Rechts Auskünfte zu verlangen. Die Vorschriften der §§ 810, 811 des Bürgerlichen Gesetzbuches sind entsprechend anzuwenden.

(3) Vorsätzliche Verstöße gegen die Pflichten nach den Abs. 1 und 2 werden mit Geldstrafe bis zu 10 000 Deutsche Mark bestraft.

Artikel II.

Übergangs- und Schlußbestimmungen.

§ 12.

Sind Grundstücke, die im Vereinigten Wirtschaftsgebiet in verschiedenen Ländern liegen, mit einer Gesamthypothek belastet, so übt das Land die Rechte aus der Grundschuld aus, in dessen Bereich der Gläubiger der Gesamthypothek seinen Sitz oder Wohnsitz hat. Liegt dieser außerhalb des Vereinigten Wirtschaftsgebietes, so übt das Land die Rechte aus der Grundschuld aus, in dessen Bereich dasjenige der belasteten Grundstücke liegt, das den höchsten steuerlichen Einheitswert hat. Die Landesregierung stellt sicher, daß die Beträge, welche für in anderen Ländern gelegene Grundstücke geleistet werden, an diese Länder überwiesen werden. Jeder Eigentümer kann verlangen, daß die Grundschuld an seinem Grundstück auf den Teilbetrag, der dem Verhältnis des Wertes seines Grundstücks zum Werte der sämtlichen Grundstücke entspricht, nach § 1132 Abs. 2 des Bürgerlichen Gesetzbuches beschränkt wird; der Wert wird unter Abzug der Belastungen berechnet, die der Grundschuld im Range vorgehen.

§ 13.

(1) Ist vor dem 21. Juni 1948 der Gläubiger einer Hypothek, Grund- oder Rentenschuld befriedigt worden, wird aber das Recht erst nach diesem Zeitpunkt im Grundbuch gelöscht, so entsteht eine Grundschuld nach § 1 des Gesetzes nicht.

(2) Ist nach dem 20. Juni 1948, jedoch vor dem Inkrafttreten des Gesetzes, der Gläubiger des umgestellten Rechts befriedigt worden, so wird die Befriedigung für die Anwendung des Gesetzes nach dessen Inkrafttreten wirksam.

(3) Wird nach Inkrafttreten des Gesetzes der Gläubiger des umgestellten Rechts befriedigt, so steht einer Löschung des Rechts die Bestimmung des § 16 Abs. 2 des Umstellungsgesetzes nichts entgegen. Wird das umgestellte Recht im Grundbuch gelöscht, so ist gleichzeitig mit der Löschung die Grundschuld von Amts wegen einzutragen.

§ 14.

Die Landesregierungen erlassen mit Zustimmung des Direktors der Verwaltung für Finanzen die zur Durchführung dieser Verordnung erforderlichen allgemeinen Verwaltungsvorschriften sowie Richtlinien für die Verwaltung der Grundschulden, soweit es sich um Rechte an Grundstücken in ihrem Lande handelt.

§ 15.

Diese Verordnung tritt mit Wirkung vom 1. Juli 1948 in Kraft.

Frankfurt/Main, den 7. September 1948.

n) Einwirkung der Währungsreform auf das Grundbuchrecht.

AV. d. Nds. MdJ. vom 30. August 1948 (Nds. Rpfl. S. 186).

Die Währungsgesetze greifen in die Grundbuchführung in weitgehendem Maße ein. Die damit verbundenen Schwierigkeiten werden dadurch erhöht, daß die Währungsgesetze die dinglichen Grundstückslasten nicht erwähnen und Materialien zu den von den Besatzungsmächten erlassenen Gesetzen ebenso wie sachkundige Erläuterungen zunächst noch fehlen. Dabei ist in zahlreichen Fällen eine sofortige Stellungnahme zu den Zweifelsfragen geboten, die indessen vielfach durch das Bedenken gehemmt erscheint, durch eine fehlerhafte Sachbehandlung schwer zu beseitigende Grundbuchunrichtigkeiten herbeizuführen und allenfalls sogar Haftungsgefahren sich auszusetzen.

Mit Rücksicht darauf, daß weitere gesetzgeberische Maßnahmen hierzu nicht zu erwarten sind, glaubt die Justizverwaltung den Grundbuchämtern die Ergebnisse nicht vorenthalten zu sollen, zu denen die Erörterung der einschlägigen Fragen im Justizkollegium des Vereinigten Wirtschaftsgebietes, die Fühlungnahme mit dem Büro für Währungsfragen und Besprechungen mit den Sachbearbeitern der Justizverwaltungen anderer deutscher Länder geführt haben. Die folgenden Mitteilungen verfolgen hiernach den Zweck, den Behörden beim Vollzug der einschlägigen Gesetze an die Hand zu gehen, ihnen ihre Stellungnahme zu erleichtern und Material zur eigenen Entschließung zu beschaffen.

I. Aus dem vom Wirtschaftsrat beschlossenen Gesetz zur Sicherung von Forderungen für den Lastenausgleich und der zu ihm erlassenen Durchführungsverordnungen ergibt sich folgendes:

1. Eigentümergrundschulden entstehen aus Anlaß der Umstellung von Forderungen, zu deren Sicherung Hypotheken, Grund- oder Rentenschulden bestellt worden sind, nicht. Die Vorschriften der Währungsgesetze über Umstellung von Schuldverhältnissen gelten also auch für die dinglichen Rechte. Soweit danach Forderungen untergehen (z. B. § 18 Abs. 3 UmstGes.) erlöschen auch die für sie bestellten Grundpfandrechte (ohne Entstehung eines Eigentümerpfandrechts), Grundpfandrechte für Forderungen, die zum Nennbetrag umgewandelt werden (§ 18 Abs. 1 aaO.), sind zu DM-Rechten in Höhe des RM-Betrages geworden; die übrigen verwandelten sich in DM-Rechte in Höhe von 10 v. H. des RM-Betrages (§ 16 aaO.).

2. Mit Wirkung vom 1. Juli 1948 entstehen kraft Gesetzes ohne Eintragung in das Grundbuch mit dem Rang unmittelbar nach dem umgestellten dinglichen Recht Ausgleichsgrundschulden in Höhe des Betrages, um den der Nennbetrag in RM den Umstellungsbetrag in DM übersteigt zugunsten des Ausgleichsfonds im Rahmen des Lastenausgleichs.

3. Ein am 20. Juni d. J. bestehendes Eigentümerpfandrecht unterliegt der Umstellung. Mangels einer Forderung kann es für den Umstellungssatz auf die Eigenschaft der Forderung, also insbesondere die eventuelle Privilegierung derselben nach § 18 Abs. 1 Nr. 1 UmstGes. nicht ankommen. Eigentümergrundpfandrechte werden deshalb durchweg mit dem Normalsatz zu 10 v. H. umgestellt.

II. 1. Als besonders dringlich erscheint die Frage der Behandlung der Anträge, bei denen es sich um Eintragung bestimmter Geldsummen handelt, die noch auf RM lauten; z. B. §§ 1113, 1190, 1191, 881 Abs. 1 und 2, 882 BGB. Angesichts des § 1 Währungsgesetz und § 28 Satz 2 GBO. ist seit 20. Juni d. J. die Eintragung in der früheren Währung abzulehnen, und zwar ohne Rücksicht darauf, ob der Eintragungsantrag vor oder nach diesem Zeitpunkte eingelaufen ist. Denn für die Frage der Ordnungsmäßigkeit einer Eintragung hat es auf den Zeitpunkt der Eintragung, nicht auf den des Antrags anzukommen. Es ist nicht Aufgabe des Grundbuchamts, von sich aus die Umstellung in die geltende Währung vorzunehmen; dies widerspräche nicht nur der ihm im allgemeinen zukommenden Stellung, sondern könnte auch zu Eintragungen im Widerspruch mit dem vom Antragsteller gewollten Inhalt, der Eintragungsbewilligung und der materiellen Rechtslage führen. Insbesondere erscheint es auch nicht angängig, daß das Grundbuchamt die zur Eintragung in RM beantragte Geldsumme bei Hypotheken zum Normalsatz des § 16 UmstGes. selbst umstellt. Auch wenn es sich nach der Eintragungsbewilligung eindeutig um eine Darlehnshypothek handelt, kann z. B. infolge Auszahlung des Darlehns am 19. oder 20. Juni d. J. eine Umstellung zum Satze 1 : 1 erfolgt sein (§ 18 Abs. 1 Nr. 4 UmstGes.). Auch kann es sich um eine nach § 18 Abs. 1 aaO. privilegierte Forderung handeln, deren Charakter aus den Eintragungsunterlagen nicht zutreffend erkennbar ist. Die Rechtsfrage, ob für die Umstellung das zugrundeliegende Rechtsverhältnis maßgebend ist, ist jedenfalls nicht durch das Grundbuchamt zu entscheiden. Zudem wird wegen der durch die Währungsgesetze eingetretenen Änderung der Verhältnisse in aller Regel zweifelhaft sein, ob der Wille des Antragstellers auf den Vollzug des Antrags mit dem ursprünglichen Inhalt noch fortbesteht.

Kann hiernach der Antrag auf Eintragung von RM nicht vollzogen werden, so liegt es auch hier grundsätzlich im Ermessen des Grundbuchamts, den Antrag zurückzuweisen, oder zur Behebung des Hindernisses eine Frist zu setzen (§ 18 GBO.). Dabei ist der gegen die Befristung erhobene Einwand, die Eintragung der in diesem Falle möglicherweise nötigen Vormerkung nach Abs. 2 aaO. scheitere daran, daß auch hier das Recht wegen § 28 Satz 2 GBO. nur in RM umgeschrieben werden dürfe, nicht durchschlagend. Die Eintragung einer „Vormerkung zur Sicherung der Eintragung der aus dem Betrag von X RM nach dem UmstGes. umgestellten Betrages in gesetzlicher DM-Währung" erscheint bedenkenfrei. Es ist auch zur Behebung der auf die Währungsgesetze zurückzuführenden Hindernisse dem Grundbuchbeamten selbstverständlich unbenommen, sich mit den Beteiligten formlos ins Benehmen zu setzen mit dem Ziele, die Richtigstellung und Ergänzung dse Antrags und der Eintragungsbewilligung herbeizuführen.

Beim Vollzug des auf DM berichtigten Antrags wird, falls zwischen dem Einlauf des ursprünglichen und des richtig gestellten Antrags weitere Anträge eingelaufen sind, zu beachten sein, ob es sich in der Tat nur um die Umstellung des RM-Betrages in DM handelt, oder ob etwa ein Geschäft mit neuem Inhalt vorliegt. Denn nur im ersteren Falle darf die endgültige Eintragung mit dem durch die Vormerkung gesicherten Rang erfolgen.

2. Zu der Streitfrage, ob bei Löschungen von auf 10 v. H. umgestellten Rechten auf die Schattenquote nach § 16 Abs. 2 UmstGes. Rücksicht zu nehmen ist, insbesondere die Nachquote einer Löschung entgegensteht, ist im § 13 Abs. 3 der zu erwartenden Verordnung zur Durchführung des Gesetzes zur Sicherung des Lastenausgleichs im verneinenden Sinne Stellung genommen. Danach ist nicht zu bezweifeln, daß „die Quittung" des Gläubigers über den Empfang des umgestellten DM-Betrages eine ausreichende Löschungsgrundlage für ein nach der allgemeinen Regel des § 16 UmstGes. umgewerteten Rechts ist und daß der Eigentümer vom Gläubiger gegen Zahlung dieses Betrages eine vorbehaltlose Löschungsbewilligung verlangen kann. Es ist

Sache des Gesetzgebers, für den Fall der Gewährung der Nachquote über die Frage ihrer dinglichen Sicherung und die Art derselben zu befinden.

3. Anträgen auf Eintragung neuer Grundpfandrechte in DM wird ohne Rücksicht auf die bevorstehende Gesetzgebung zu entsprechen sein. Es empfiehlt sich jedoch, die Beteiligten auf die bevorstehenden Vorschriften zur Sicherung des Lastenausgleichs hinzuweisen.

4. Zwischenverfügung und formlose Erinnerung sind ebenso wie die Eintragung einer Vormerkung nach § 18 Abs. 2 GBO. gebührenfrei (§ 63 Abs. 1 Nr. 2 und Abs. 3 KostO.).

Die Zurückweisung unterliegt an sich der halben Gebühr (§ 122 aaO.), doch wird, wenn die Ablehnung der Eintragung auf dem Inkrafttreten der Währungsgesetze beruht, in aller Regel auf Grund des § 15 Abs. 1 Satz 3 KostO. Gebühren- und Auslagenfreiheit zu gewähren sein. Darüber hinaus gibt die Verordnung vom 20. März 1935 (RGBl. I S. 406) die Möglichkeit der Nachsicht auch in weiteren Fällen.

o) Löschung von Reichsmarkhypotheken und Eintragung der Währungsumstellung im Grundbuch.

AV. d. Nds. MdJ. vom 11. Oktober 1948 (Nds. Rpfl. S. 209).

I. Den Grundbuchämtern liegen zahlreiche Anträge auf Löschung von Reichsmarkrechten vor, deren Erledigung im Hinblick auf die Vorschriften über die Sicherung des Lastenausgleichs Schwierigkeiten bereitet. Ohne der Entscheidung der Grundbuchämter im Einzelfall vorgreifen zu wollen, weise ich auf folgendes hin:

Ist der Gläubiger **vor** dem 21. Juni 1948 befriedigt worden, so kann die Hypothek auf Antrag der Beteiligten im Grundbuch gelöscht werden. Eine Ausgleichsgrundschuld entsteht in diesem Falle nach § 13 Abs. 1 der 1. DVO. zum Gesetz zur Sicherung von Forderungen für den Lastenausgleich vom 7. September 1948 (GVBl. d. WirtschRats S. 88) nicht. Schwierigkeiten bereitet aber die Frage, welche Anforderungen an den Nachweis, daß der Gläubiger vor dem genannten Zeitpunkt befriedigt wurde, zu stellen sind.

a) Ist die löschungsfähige Quittung **vor** dem 21. Juni 1948 beurkundet oder beglaubigt, so ist der Nachweis, daß der Gläubiger vor dem Währungsstichtag befriedigt wurde, in grundbuchmäßiger Form zweifellos erbracht. Die Hypothek kann daher auf Grund der löschungsfähigen Quittung und des Antrages des Eigentümers gelöscht werden.

b) Ist dagegen die löschungsfähige Quittung erst **nach** dem 20. Juni 1948 beurkundet oder beglaubigt, so kann zweifelhaft sein, ob die Erklärung des Gläubigers darüber, daß er vor diesem Tage befriedigt sei, genügt. Es wird daher erwogen, diese Frage in einer 2. DVO. zum Gesetz zur Sicherung von Forderungen für den Lastenausgleich zu klären. Danach soll bestimmt werden, daß in diesem Falle zur Löschung der Hypothek die Zustimmung der die Ausgleichsgrundschuld verwaltenden Stelle erforderlich und genügend ist. Welche Stellen im Lande Niedersachsen mit der Verwaltung der Ausgleichsgrundschuld betraut sind, ergibt sich aus der Anordnung des Niedersächsischen Staatsministeriums zur Durchführung des Gesetzes zur Sicherung von Forderungen für den Lastenausgleich. Nach § 2 dieser Anordnung verwaltet die in den Anhängen A und B genannten Kreditinstitute und Körperschaften die bei der Umstellung ihrer Hypothek entstandenen Umstellungsgrundschulden selbst. Wenn daher die einem solchen Institut oder einer solchen Körperschaft zustehende Hypothek gelöscht werden soll, so werden grundsätzlich keine Bedenken bestehen, die von dem Institut oder der Körperschaft ausgestellte löschungsfähige Quittung als genügenden Nachweis für den Zeitpunkt der Befriedigung des Gläubigers anzusehen. Ist der Gläubiger erst **nach** dem 20. Juni 1948 befriedigt worden, so ist sein Recht nach den Vorschriften des Umstellungsgesetzes umgestellt worden. Ist es im Verhältnis 10 : 1 umgestellt, so ist eine Ausgleichsgrundschuld in Höhe von 90 v. H. des früheren Reichsmarknennbetrages entstanden. Das umgestellte Recht kann in diesem Falle auf Grund der Erklärungen des Gläubigers und des Eigentümers gelöscht werden. Zugleich mit der Löschung ist aber nach § 13 Abs. 3 der 1. DVO. zum Gesetz zur Sicherung von Forderungen für den Lastenausgleich von Amts wegen die Umstellungsgrundschuld im Grundbuch einzutragen.

Dies gilt auch, wenn der Gläubiger in der Zeit zwischen dem 20. Juni und dem 1. Juli 1948 (Tag des Inkrafttretens des Gesetzes zur Sicherung und Forderung für den Lastenausgleich) befriedigt worden ist. Denn nach § 13 Abs. 2 der 1. DVO. zu dem genannten Gesetz ist es in diesem Falle so anzusehen, als ob der Gläubiger erst nach dem Inkrafttreten des Gesetzes befriedigt worden sei.

Nehmen die Beteiligten eine von § 16 Abs. 1 des Umstellungsgesetzes abweichende Umstellung in Anspruch, so kann zweifelhaft sein, ob eine Umstellungsgrundschuld entstanden ist. Zur Lösung dieser Frage ist in Aussicht genommen, in der in Vorbereitung befindlichen 2. DVO. zum Gesetz zur Sicherung von Forderungen für den Lastenausgleich eine Sonderregelung zu treffen.

II. Zweifel entstehen auch, wenn die Beteiligten die Eintragung eines von § 16 des Umstellungsgesetzes abweichenden Umstellungsverhältnisses beantragen. Es ist in Aussicht genommen, auch diese Frage in der 2. DVO. zu dem Gesetz zur Sicherung von Forderungen für den Lastenausgleich zu regeln, und zwar dahin, daß zur Eintragung des höheren Umstellungsverhältnisses in jedem Falle die Zustimmung der mit der Verwaltung der Umstellungsgrundschuld betrauten Stelle erforderlich ist.

Nachtrag.

S. 18, 141:

Die VO. zur einheitlichen Regelung der Gerichtsverfassung vom 20. März 1935 (RGBl. I S. 403) ist aufgehoben durch VO. ZJA. vom 27. Januar 1948 (VOBl. BZ. 48, 13). Jetzt sind ausschließlich maßgebend die §§ 63ff. GVG. in ihrer durch diese Verordnung festgestellten neuesten Fassung.

S. 21:

Im Bestandsverzeichnis ist der Lageort nicht beseitigter Blindgänger gemäß AV. d. Nds. MdJ. vom 17. August 1948 (Nds. Rpfl. 48, 206) aufzunehmen.

S. 54 zu 1:

Die Anordnung des Wirtschaftsrats vom 25. Juni 1948 über Preisbildung und Preisüberwachung nach der Währungsreform (VOBl. BZ. 204) läßt, da sie Grundstücke nicht erwähnt, Zweifel darüber aufkommen, ob Grundstücke dadurch von den Preisvorschriften freigestellt worden sind. Bis zu einer **ausdrücklichen** Aufhebung oder Abänderung der VO. über die Preisüberwachung und die Rechtsfolgen von Preisverstößen im Grundbuchverkehr vom 7. Juli 1942 (RGBl. I S. 354) wird indes die Unbedenklichkeitsbescheinigung der Preisbehörde weiter zu erfordern sein (vgl. Bek. d. Nds. MdJ. v. 7. 10. 48 [Nds. Rpfl. 211]).

S. 54 zu 1:

Infolge Abänderung der Anordnung der Verwaltung des Vereinigten Wirtschaftsgebiets über Preisbildung und Preisüberwachung nach der Währungsreform vom 23. 6. 48 (VOBl. BZ. S. 204) durch Anordnung vom 27. 12. 48 (VOBl. BZ. 49 S. 43), insbesondere durch Ersatz des Wortes „Waren" im § 1 und § 4 Abs. 1 durch das Wort „Güter" und durch Zusatz des Wortes „Grundstücke" in § 1 Ziff. 7 ist klargestellt, daß Grundstücke den Preisvorschriften unterliegen.

S. 66:

Obwohl die §§ 13ff. des Umstellungsgesetzes, die in den §§ 16 und 18 eine doppelte Umstellung im Verhältnis von 1 : 10 bzw. 1 : 5 und im Verhältnis von 1 : 1 je nach dem Rechtscharakter und Inhalt der umzustellenden, am 21. Juni 1948 noch bestehenden Reichsmarkverbindlichkeit vorsehen, sich ihrem Wortlaute nach nur auf Schuldverhältnisse beziehen, sind sie doch nicht nur auf die den Hypotheken, Grundschulden und Rentenschulden sicherungshalber zugrundeliegenden persönlichen Forderungen, sondern auch auf die dinglichen Rechte selbst anzuwenden, wie in dem Gesetz zur Sicherung von Forderungen für den Lastenausgleich vom 2. September 1948 (VOBl. BZ. 277) und der DVO. hierzu vom 7. September 1948 (VOBl. BZ. 278) klar zum Ausdruck gebracht ist. Soweit Grund- und Rentenschulden der Sicherung persönlicher Forderungen dienen, bestimmt sich der Umstellungssatz nach diesen; soweit dies nicht der Fall ist, insbesondere für Eigentümergrundschulden, ist der normale Umstellungssatz von 1 : 10 anzuwenden. Das gleiche gilt für auf Geld lautende Reallasten, die im übrigen ebenso wie die Rentenschulden auch hinsichtlich des dinglichen Rechts unter § 18 Abs. 1 Ziff. 1,

Abs. 2 UmstGes. fallen, ferner die eingetragenen Ersatzhöchstbeträge gemäß §§ 882 BGB., 92 ZVG., Überbau- und Notwegrenten (§§ 914, 917 BGB.), Vormerkungen und Rangvorbehalte. Soweit Hypotheken, Grund- und Rentenschulden nach § 16 UmstGes. im Verhältnis von 1 : 10 umgestellt werden, entstehen nicht hinsichtlich des Differenzbetrages Eigentümergrundschulden, da es sich hier nicht um ein Erlöschen der zugrundeliegenden Forderungen, sondern lediglich um eine Änderung ihres Inhaltes handelt. Soweit die umgestellten Grundpfandrechte am 1. Juli 1948, dem Tage des Inkrafttretens des Lastenausgleichsgesetzes, noch bestanden haben — dazu gehören auch diejenigen Hypotheken-, Grund- und Rentenschulden, die zwischen dem 21. Juni und 1. Juli 1948 bezahlt worden sind, da die Befriedigung des Gläubigers hier erst nach dem Inkrafttreten des Lastenausgleichsgesetzes als eingetreten gilt (§ 13 Abs. 2 DVO.) —, entstehen im Range unmittelbar nach den dem § 16 UmstGes. unterliegenden Grundpfandrechten, die, wenn sie in unmittelbarer Rangfolge demselben Gläubiger zustehen, als ein einheitliches Recht gelten (§ 8 DVO.), Grundschulden in Höhe des Betrages, um den der Nennbetrag in Reichsmark den Umstellungsbetrag in Deutscher Mark übersteigt (§ 1 LastAusglsGes.). Diese Grundschulden dienen der Sicherung der vom Grundstückseigentümer aus einem etwaigen Schuldnergewinn infolge der Umstellung geschuldeten Lastenausgleichsabgabe und unterstehen der treuhänderischen Verwaltung des Vereinigten Wirtschaftsgebietes, das seinerseits dann die Länder beauftragt hat, die wiederum die Ausübung dieser Rechte bestimmten Kreditanstalten übertragen haben (§ 1 DVO., Anordnung d. Nds. Staatsmin. v. 23. 9. 48, Nds. Rpfl. 213). Die Umstellungsgrundschulden werden nicht im Grundbuche eingetragen, ihr Inhalt und Rang ergibt sich, abgesehen von Zins- und Tilgungsleistungen, deren vertragsmäßige Änderungen vor dem 1. Juli 1948 auch ohne Eintragung bei dem umgestellten Recht dingliche Wirksamkeit für die Grundschuld erlangen (§ 5 Abs. 3 DVO.), aus den Eintragungen des umgestellten Rechts. Ausnahmsweise erfolgt die Eintragung der Umstellungsgrundschuld dann, wenn auf Grund der nach dem Inkrafttreten des LastAusglsGes. bewirkten Befriedigung des Gläubigers das umgestellte Grundpfandrecht gelöscht wird (§ 13 Abs. 3 DVO.), ebenso, wenn die verwaltende Stelle gemäß §§ 5 Abs. 2, 12 DVO. Vorrangseinräumung, Haftentlassung oder Umwandlung des Gesamtrechts in Einzelrechte bewilligt.

Die Eintragung der Beträge in Deutscher Mark an Stelle der bisherigen Reichsmark-(oder Goldmark-)beträge stellt eine Berichtigung des Grundbuchs dar und ist nach § 22 GBO. vorzunehmen, erfolgt mithin nicht von Amts wegen. Lediglich aus dem Grunde der noch nicht bewirkten Eintragung der neuen Währung wird man, solange die bisherigen Reichsmarkbeträge zur Klarstellung des Inhalts der Umstellungsgrundschulden noch erforderlich sind, eine Unübersichtlichkeit des Grundbuchs, die seine Umschreibung nach §§ 28ff. GBVfg. rechtfertigt, nicht annehmen können. Wird das Grundbuch aus anderen Gründen umgeschrieben, so werden die bisher noch eingetragenen Reichsmarkbeträge auf das neue Blatt übertragen. Ebenso wird im Falle der Teillöschung eines Reichsmarkrechts der Restbetrag, sofern nicht gleichzeitig dessen Umschreibung in die neue Währung beantragt wird, in Reichsmark zu vermerken sein. Im übrigen vgl. wegen der Behandlung der Anträge auf Berichtigung des Grundbuchs durch Eintragung der Umstellung sowie der vor dem 21. Juni 1948 gestellten Anträge auf Eintragung von Rechten in Reichsmark und auf Löschung von Reichsmarkhypotheken, Grund- und Rentenschulden die Allgemeinen Verfügungen des Nds. MdJ. vom 30. August 1948 und 11. Oktober 1948 (Nds. Rpfl. 186 u. 209).

Die vor dem 21. Juni 1948 rechtswirksam eingetragenen Wertbeständigkeitsklauseln sind gleichgültig, ob der Warenpreis neben einem bestimmten Reichsmarkbetrage oder ausschließlich geschuldet wurde, da sie lediglich der Sicherung des Gläubigers gegen eine Entwertung der Reichsmark dienten, mit deren Ersatz durch die Deutsche Mark gegenstandslos geworden und können daher auf Antrag gelöscht werden. Eine Ausnahme bilden die gewöhnlichen Feingoldhypotheken, da hier die dem geschuldeten Betrage zugrundegelegte Goldmenge nicht nur Rechnungsfaktor ist, sondern daneben die Festlegung einer goldgebundenen Währung auch für den Fall ihres Ersatzes durch eine freie Währung bedeutet.

S. 77:

Die Folge in eine Heimstätte wird durch eine Bescheinigung des Nachlaßgerichts nachgewiesen (§ 15 Abs. 2 Pr. AG. z. RHG. v. 18. 1. 24 [GS. 49]).

S. 80:

Übersicht über die in Niedersachsen am 1. Oktober 1948 bestehenden Entschuldungsämter: Nds. Rpfl. 48, 207.

Über die Eintragung des Höfevermerks vgl. ferner AV. d. Nds. MdJ. vom 21. 9. 1948 (Nds. Rpfl. 208), woraus hervorgeht, daß die Grundbuchämter auch bei denjenigen bisherigen Erbhöfen, die in der Erbhöferolle eingetragen stehen und als Höfe im Sinne der Höfeordnung gelten, den Erbhofvermerk, obwohl er einstweilen nach § 35 Abs. 1 Satz 2 LVO. als Hofvermerk gilt, in dem Hofvermerk von Amts wegen umzuschreiben verpflichtet sind. Die Eintragung des Hofvermerks bei denjenigen Höfen, die als Erbhöfe noch nicht eingetragen waren, aber als Höfe im Sinne der Höfeordnung anzusehen sind, erfolgt nach wie vor ausschließlich auf Ersuchen der Amtsrichter gemäß § 35 Abs. 1 Satz 1 LVO.

S. 107 (§ 53 A. 2 am Ende):

Anderer Ansicht OLG. Celle JW. 32, 1229 und Enneccerus-Wolff, Bd. 3 (Sachenrecht), § 35 Anm. 18, wonach die Eintragung bereits mit der Unterzeichnung wirksam und nicht mehr abänderbar sei.

S. 139:

Eine Vorlegung der weiteren Beschwerde beim Obersten Gerichtshof kommt nur dann in Frage, wenn das OLG., von dessen Entscheidung abgewichen werden soll, in der Britischen Zone liegt: Ob. Ger.Hof f. d. BZ. ZJBl. 48, 252.

S. 160 (Pr. AG. z. GBO. Art. 20 Zeile 1):

Hinter „das" fehlen die Worte: „im Lehns-, Fideikommiß-, Erbstammguts-, Stammguts- oder Leiheverband steht oder"; vgl. hierzu auch §§ 11 Abs. 2, 32 FidErlGes. S. 293, 294.

Zusammenstellung der in den ehemals außerpreußischen Ländern der Britischen Zone geltenden grundbuchrechtlichen Sonderbestimmungen.

I. Teil.

Zusammenstellung der wichtigsten in den ehemals außerpreußischen Ländern der Britischen Zone erlassenen und noch fortgeltenden Landesgesetze[1]).

A. Braunschweig:

1. Ausführungsgesetz zum Bürgerlichen Gesetzbuche vom 12. Juni 1899, Gesetz- und Verordnungssammlung (= GVS.) Nr. 36 S. 331.
2. Ausführungsgesetz zur Reichsgrundbuchordnung vom 24. März 1897, vom 12. Juni 1899; GVS. Nr. 37 S. 379.
3. Verordnung, betreffend die Ausführung der Grundbuchordnung sowie die Anlegung der Grundbücher, vom 12. Juni 1899; GVS. Nr. 50 S. 503.
4. Bekanntmachung des Herzoglichen Staatsministeriums, betreffend eine allgemeine Verfügung zur Ausführung der Reichsgrundbuchordnung vom 7. Juli 1899; GVS. Nr. 61 S. 737.
5. Ausführungsgesetz zum Gesetz über die Angelegenheiten der freiwilligen Gerichtsbarkeit vom 12. Juni 1899; GVS. Nr. 38 S. 389.
6. Ausführungsgesetz zum Reichssiedlungsgesetz vom 1. Juni 1932; GVS. S. 77.
7. Verordnung zur Ausführung des Reichsheimstättengesetzes vom 5. März 1927 (GVS. S. 44)[2]).

B. Hamburg:

1. Gesetz, betreffend Ausführung des Bürgerlichen Gesetzbuchs, vom 14. Juli 1899; Amtsblatt der Freien und Hansestadt Hamburg (= HambABl.) S. 341.
2. Gesetz, betreffend die Ausführung der Grundbuchordnung, vom 14. Juli 1899; HambABl. S. 376.
3. Hamburgisches Gesetz über Angelegenheiten der freiwilligen Gerichtsbarkeit vom 29. Dezember 1899; HambABl. S. 1168.
4. Geschäftsanweisung für die Hamburgischen Grundbuchämter vom 1. August 1928; Gesetz- und Verordnungsblatt (= GVBl.) S. 323.
5. Ausführungsgesetz zu § 22 des Reichsgesetzes über die Bereinigung der Grundbücher vom 11. Januar 1932; GVBl. S. 9.
6. Verordnung über das Verfahren zur Klarstellung der Rangverhältnisse im Grundbuch vom 3. Februar 1932; GVBl. S. 39.
7. Gesetz zur Anpassung der Hamburger Gesetze an die Grundbuchordnung vom 16. Juni 1937; GVBl. S. 99.
8. VO. zur Ausführung des Reichsheimstättengesetzes vom 21. September 1923 (GVBl. S. 1139) und Zweite VO. zur Ausführung des Reichsheimstättengesetzes vom 16. April 1926; GVBl. S. 290.

---

[1]) Die bis 1901 zur Ausführung des BGB. und seiner Nebengesetze ergangenen landesrechtlichen Vorschriften sind gesammelt in dem Werke von H. Becher, Die Ausführungsgesetze zum Bürgerlichen Gesetzbuche, Verlag J. Schweitzer, München 1901.

[2]) Vgl. die Zusammenstellung der landesrechtlichen AusfBest. zum Reichsheimstättengesetz in Krüger-Wenzel, Reichsheimstättengesetz, 3. Aufl., Berlin 1930 S. 207.

C. Lippe:

1. Ausführungsgesetz zum Bürgerlichen Gesetzbuche vom 17. November 1899; Gesetzsammlung für das Fürstentum Lippe (= LippGS.) S. 489, abgeändert durch Gesetz vom 15. März 1900; LippGS. S. 40.
2. Gesetz vom 17. November 1899 zur Ausführung der Grundbuchordnung vom 24. März 1897; LippGS. S. 529.
3. Gesetz vom 17. November 1899 zur Ausführung des Reichsgesetzes über die Angelegenheiten der freiwilligen Gerichtsbarkeit vom 17. Mai 1898; LippGS. S. 507.
4. Verordnung vom 20. Mai 1925 zu § 4 des Reichssiedlungsgesetzes vom 11. August 1919; LippGS. S. 65, dazu Abänderungsverordnung vom 3. November 1936; LippGS. S. 657.

D. Schaumburg-Lippe:

1. Gesetz zur Ausführung des Bürgerlichen Gesetzbuchs vom 29. August 1899; Schaumburg-Lippische Landesverordnungen (= LV.) Bd. 18 S. 153.
2. Gesetz vom 19. August 1899, betreffend die Ausführung der Grundbuchordnung für das Deutsche Reich vom 24. März 1897; LV. Bd. 18 S. 146.
3. Landesherrliche Verordnung, betreffend die Ausführung der Grundbuchordnung für das Deutsche Reich, vom 24. März 1897 sowie die Anlegung der Grundbücher vom 2. Dezember 1899; LV. Bd. 18 S. 319.
4. Ausführungsgesetz vom 16. August 1899 zum Reichsgesetze über die Angelegenheiten der freiwilligen Gerichtsbarkeit vom 17. Mai 1898; LV. Bd. 18 S. 127.
5. Berggesetz vom 28. März 1906; LV. Bd. 21 S. 215.

E. Lübeck:

1. Ausführungsgesetz zum Bürgerlichen Gesetzbuche, zum Handelsgesetzbuche und zur Wechselordnung vom 30. Oktober 1899; Sammlung der Lübeckischen Verordnungen und Bekanntmachungen (= Sammlung), Bd. 66 S. 150.
2. Ausführungsgesetz zur Grundbuchordnung vom 18. Dezember 1899; Sammlung S. 263.
3. Verordnung über die Einrichtung der Grundbücher und über andere der Landesjustizverwaltung durch die Grundbuchordnung vorbehaltene Gegenstände vom 24. Januar 1900; Sammlung Bd. 67 S. 16.
4. Ausführungsgesetz zum Reichsgesetz vom 17. Mai 1898 über die Angelegenheiten der freiwilligen Gerichtsbarkeit vom 18. September 1899; Sammlung Bd. 66 S. 135.

F. Oldenburg[1]):

Es bestehen besondere Regelungen für das Gebiet des früheren Herzogtums Oldenburg, des früheren Fürstentums Birkenfeld und des früheren Fürstentums Lübeck (Eutin). Ausnahme:

1. Gesetz für das Großherzogtum Oldenburg zur Ausführung der Gesetze über die Angelegenheiten der freiwilligen Gerichtsbarkeit vom 15. Mai 1899 (OldGBl. Bd. 32 S. 437).
2. Gesetz für den Freistaat Oldenburg, betreffend die Übertragung richterlicher Geschäfte in Grundbuchsachen auf die Gerichtsschreiber, vom 23. Juli 1921 (OldGBl. Bd. 61 S. 443) und dazu Bekanntmachung des Staatsministeriums vom 23. Juli 1921 (OldGBl. Bd. 61 S. 444).

---

[1]) Vgl. Scheer-Niebour, Sammlung der im Landesteil Oldenburg geltenden Gesetze, Verordnungen und Bekanntmachungen aus den Jahren 1913 bis einschließlich 1926, Oldenburg 1927 und Ruhstrat, Das Oldenburgische Landesprivatrecht, Oldenburg 1900.

a) Herzogtum Oldenburg:

1. Gesetz für das Herzogtum Oldenburg zur Ausführung des Bürgerlichen Gesetzbuchs und des Handelsgesetzbuchs vom 15. Mai 1899 (OldGBl. Bd. 32 S. 405).
2. Gesetz für das Herzogtum Oldenburg vom 15. Mai 1899 zur Ausführung der Grundbuchordnung vom 24. März 1897 (OldGBl. Bd. 32 S. 453).
3. Verordnung für das Herzogtum Oldenburg vom 15. Mai 1899 zur Ausführung der Grundbuchordnung vom 24. März 1897 (OldGBl. Bd. 32 S. 456).
4. Verordnung des Staatsministeriums, betreffend di eAusführung des Reichsheimstättengesetzes, vom 30. Januar 1925 (OldGBl. Bd. 44 S. 27).
5. Gesetz für den Landesteil Oldenburg vom 20. Juni 1924 (OldGBl. 43 S. 333) zur Ausführung des Reichssiedlungsgesetzes und dazu die Bekanntmachungen des Staatsministeriums vom 17. März 1921 (OldGBl. 41 S. 43), 18. Juni 1921 (OldGBl. 41 S. 205) und 8. August 1924 (OldGBl. 43 S. 545).

b) Fürstentum Lübeck (Eutin):

1. Gesetz für das Fürstentum Lübeck zur Ausführung des Bürgerlichen Gesetzbuchs vom 15. Mai 1899; Gesetzblatt für das Fürstentum Lübeck (= LGBl.) Bd. 22 S. 119.
2. Gesetz für das Fürstentum Lübeck zur Ausführung der Grundbuchordnung vom 24. März 1897 vom 15. Mai 1899; LGBl. Bd. 22 S. 161.
3. Verordnung für das Fürstentum Lübeck zur Ausführung der Grundbuchordnung vom 24. März 1897 vom 15. Mai 1899; LGBl. Bd. 22 S. 163.

G. **Pyrmont (Waldeck-Pyrmont)**[1]:

1. Ausführungsgesetz zum Bürgerlichen Gesetzbuche vom 11. Dezember 1899; Fürstlich Waldeckisches Regierungsblatt (= RegBl.) 1899 S. 137.
2. Ausführungsgesetz zur Grundbuchordnung vom 11. Dezember 1899; RegBl. 1899 S. 173.
3. Verordnung, betreffend das Grundbuchwesen, vom 20. Dezember 1899; RegBl. 1899 S. 244.
4. Waldeckisches Gesetz über die freiwillige Gerichtsbarkeit vom 11. Dezember 1899; RegBl. 1899 S. 162.

II. Teil.

Die einzelnen für das Gebiet der ehemals außerpreußischen Länder geltenden Sonderbestimmungen.

§ 1 GBO.

Durchführung der Grundbuchverfügung in den Ländern.

Durchführung der Grundbuchverfügung in Braunschweig, AV. des RJM. vom 20. 2. 1937 (DJ. 294).

Durchführung der Grundbuchverfügung in Hamburg, Bremen und Lübeck (mit Ausnahme der Grundbuchämter Eutin und Bad Schwartau), AV. des RJM. vom 26. 3. 1936 (DJ. 535).

Durchführung der Grundbuchverfügung in Lippe und Schaumburg-Lippe, AV. des RJM. vom 3. 4. 1936 (DJ. 593).

Durchführung der Grundbuchverfügung in Oldenburg (einschließlich Landesteil Lübeck), AV. des RJM. vom 27. 4. 1936 (DJ. 703).

---

[1]) Vgl. Lange, Landesprivatrecht der Fürstentümer Waldeck und Pyrmont. Halle 1910.

§ 2 Abs. 2 GBO.

Amtliches Verzeichnis.

Braunschweig:

AV. des RJM. vom 19. 2. 1937 (DJ. 294): Amtliches Verzeichnis im Sinne von § 2 Abs. 2 GBO. ist das Lagerbuch.

AV. des RJM. vom 22. 2. 1937 (DJ. 295) betreffend Erhaltung der Übereinstimmung zwischen den Grundbüchern und den Lagerbüchern im Bezirk des Oberlandesgerichtsbezirks Braunschweig. Nach § 3 der AV. besteht eine Benachrichtigungspflicht des Grundbuchamtes gegenüber dem Vermessungsamt.

Gesetz, die Vermessung und Kartierung der Feldmarken der Stadt Braunschweig betreffend, vom 15. 5. 1871 (GVS. Nr. 20); Gesetz, die Vermessung und Kartierung von Grundstücken im Herzogtum betreffend, vom 5. 10. 1886 (GSV. Nr. 34).

Hamburg:

Amtliches Verzeichnis sind die Flurbücher: § 16 Hamb. AG.GBO.

Lübeck:

Amtliches Verzeichnis sind die Mutterrollen des Katasteramts: § 9 Lüb. AG.GBO.

Oldenburg:

Gesetz für den Landesteil Oldenburg über die Einrichtung und Erhaltung des Katasters vom 13. 3. 1922 (Grund- und Gebäudesteuerkataster), OldGBl. Bd. 41 S. 811.

Gesetz für das Fürstentum Lübeck vom 15. 3. 1892 über die Einrichtung und Erhaltung des Katasters.

Das Verfahren zur Erhaltung der Übereinstimmung des Grundbuchs und des Katasters ist geregelt durch die Ministerialverfügungen vom 31. 7. 1878, 22. 11. 1883; 8. 2. 1887 und 25. 1. 1888 (Zeitschrift für Verwaltung und Rechtspflege im Großherzogtum Oldenburg Bd. 6 S. 93, Bd. 11 S. 79, Bd. 14 S. 105, Bd. 15 S. 241).

Pyrmont:

Amtliches Verzeichnis sind die Grundsteuerbücher nach Art. 2 Wald. AV.GBO.

§ 2 Abs. 3 GBO.

Teilungsbeschränkungen. Buchungsfreie Grundstücke.

Hamburg:

Teilungsbeschränkungen der §§ 31—34 Hamb. AG.BGB. aufgehoben durch die VO. zur Ausführung des Gesetzes über die Aufschließung von Wohnsiedlungsgebieten vom 26. 11. 1938 (GuVBl. S. 257).

Lübeck:

Teilungsbeschränkungen nach §§ 67—71 Lüb. AG.BGB. Dazu Nachtrag vom 2. 4. 1924 in GuVBl. S. 132. Zustimmung der Baupolizeibehörde bei Teilung von Grundstücken erforderlich nach § 67 Lüb. AG.BGB., § 37 Lüb. AG.GBO.

Oldenburg:

Teilungsbeschränkungen aufgehoben, außer für Anbauerstellen, die aus unkultivierten Staatsgründen eingewiesen sind, vgl. Gesetz für das Herzogtum Oldenburg vom 24. 4. 1873 betreffend die Teilbarkeit der Grundbesitzungen (OldGBl. Bd. 22 S. 686), Teilung von Heimstätten genehmigungsbedürftig nach der VO. des Staatsministeriums vom 30. 1. 1925 (OldGBl. Bd. 44 S. 27), betreffend die Ausführung des Reichsheimstättengesetzes.

Pyrmont:

Abschreibung von Trennstücken belasteter Grundstücke geregelt in Art. 17 Wald. AG.GBO.

Braunschweig:

Gesetz, betreffend die ungeteilten Genossenschaftsforsten vom 19. 5. 1890 (GVS. Nr. 16 S. 53). Nach § 13 dieses Gesetzes wird über die weder ideell noch reell geteilten Genossenschaftsforsten von den Amtsgerichten ein besonderes Forstgrundbuch geführt.

Übertragung des Eigentums an buchungsfreien Grundstücken ohne Eintragung nach § 48 Bra. AG.BGB., dazu Gesetz vom 31. 8. 1934 (GVS. Nr. 97 S. 175), betreffend die Zuständigkeit der Amtsgerichte, auch außerbraunschweigischer.

Begründung und Aufhebung von Dienstbarkeiten an buchungsfreien Grundstücken ohne Eintragung nach § 51 Bra. AG.BGB.

Gesetz betreffend den Bau und Betrieb von Privatanschlußbahnen vom 3. 5. 1906 (GVS. S. 253).

Hamburg:

Übertragung des Eigentums an buchungsfreien Grundstücken ohne Eintragung nach § 29 Hamb. AG.BGB. Begründung und Aufhebung von Dienstbarkeiten an buchungsfreien Grundstücken ohne Eintragung nach § 43 Hamb. AG.BGB.

Lippe:

Übertragung des Eigentums an buchungsfreien Grundstücken ohne Eintragung nach § 30 Lipp. AG.BGB. Begründung und Aufhebung von Dienstbarkeiten an buchungsfreien Grundstücken ohne Eintragung nach § 31 Lipp. AG.BGB.

Bahngrundbücher: Gesetz über Bahneinheiten vom 11. 4. 1929 (LippGS. S. 29) §§ 8—15 und dazu AV. vom 11. 4. 1929 (LippGS. S. 38).

Schaumburg-Lippe:

Übertragung des Eigentums an buchungsfreien Grundstücken ohne Eintragung nach § 16 SchL. AG.GBO. Die Begründung und Aufhebung von Dienstbarkeiten an buchungsfreien Grundstücken erfolgt dagegen nach den Vorschriften des BGB.: § 17 SchL. AG.GBO.

Lübeck:

Übertragung des Eigentums an buchungsfreien Grundstücken ohne Eintragung nach § 65 Lüb. AG.BGB. Die Begründung und Aufhebung von Dienstbarkeiten an buchungsfreien Grundstücken erfolgt ohne Eintragung nach § 18 Lüb. AG.BGB., § 52 Lüb. AG.GBO.

Gesetz über Bahneinheiten vom 25. 1. 1904 (GVBl. S. 18).

Oldenburg:

Übertragung des Eigentums an buchungsfreien Grundstücken ohne Eintragung nach § 12 Old. AG.BGB., § 12 Lüb. AG.BGB.

Begründung und Aufhebung von Dienstbarkeiten an buchungsfreien Grundstücken erfolgt ebenfalls ohne Eintragung nach § 13 Old. AG.BGB., § 13 Lüb. AG.BGB.

Pyrmont:

Übertragung des Eigentums an buchungsfreien Grundstücken ohne Eintragung nach Art. 14 Wald. AG.BGB. Vom Vorbehalt des Art. 128 EG.BGB. ist dagegen kein Gebrauch gemacht.

§ 6 GBO.
Vereinigung von Grundstücken.

Braunschweig:

§§ 7, 8 Bra. AG.GBO. (Zuständigkeit).

§ 8 GBO.
Erbbaurecht.

Braunschweig:

Bekanntmachung zur Ausführung der Verordnung über das Erbbaurecht vom 10. 7. 1919 (GVS. Nr. 89 S. 209).

§ 13 GBO.
Eintragung von Amts wegen.

Braunschweig:

Eintragung von Amts wegen nach § 15 des Expropriationsgesetzes vom 13. 9. 1867 (GVS. Nr. 78 S. 573).

§ 19 GBO.
Unschädlichkeitszeugnisse.

Braunschweig:

Unschädlichkeitszeugnis nach §§ 57—61 Bra. AG.BGB.

Pfändung einer Hypothek im Verwaltungszwangsverfahren nach § 12 des Gesetzes vom 12. 6. 1899 betreffend die Abänderung des Gesetzes über das Verwaltungszwangsverfahren wegen Beitreibung von Geldbeträgen vom 9. 4. 1888 (GVS. Nr. 43 S. 285).

Hamburg:

Unschädlichkeitszeugnis nach §§ 35—42 AG.BGB., geändert durch Gesetz vom 7. 12. 1923 (HambGS. S. 1525).

Lippe:

Unschädlichkeitszeugnis nach §§ 25—28 AG.BGB.

Verwaltungszwangsverfahrenstitel als Eintragungsgrundlage: § 50 der VO. über das Verwaltungszwangsverfahren vom 25. 9. 1922 (LippGS. S. 826).

Schaumburg-Lippe:

Unschädlichkeitszeugnis nach § 25 AG.GBO. Gesetz betreffend die Erteilung von Unschädlichkeitszeugnissen vom 4. 5. 1899 (LV. Bd. 18 S. 19).

Lübeck:

Unschädlichkeitszeugnis nach §§ 82—87 AG.BGB.

Oldenburg:

Unschädlichkeitszeugnis §§ 7—11 Old. AG.BGB., §§ 7—11 Lüb. AG.BGB.

Art. 32 des Enteignungsgesetzes für das Herzogtum Oldenburg vom 21. 4. 1897 (OldGBl. Bd. 31 S. 541).

Pyrmont:

Unschädlichkeitszeugnis: Art. 13 AG.BGB., Gesetz vom 14. 12. 1896 (RegBl. S. 113), Art. 17 AG.GBO.

§ 20 GBO.
Vorkaufsrecht nach § 4 des Reichssiedlungsgesetzes.

Braunschweig:

§ 8 des Ausführungsgesetzes zum Reichssiedlungsgesetzes vom 1. 6. 1932 (GVS. Nr. 54 S. 77). VO. zur Ausführung des Ausführungsgesetzes zum Reichssiedlungsgesetz vom 13. 6. 1932 (GVS. Nr. 55 S. 81).

AV. des OLG.Präs. Braunschweig vom 1. 4. 1948 in Nds. Rpfl. 1948 S. 76.

Lippe:

Vorkaufsrecht nach § 4 des Reichssiedlungsgesetzes auf Grundstücke von ½ ha und darüber ausgedehnt: VO. zu § 4 des RSiedlGes. vom 20. 5. 1925 (LippGS. S. 65).

An die Stelle der Regierung, Wirtschaftsabteilung, ist die Siedlungsgesellschaft „Rote Erde GmbH." getreten: AbänderungsVO. vom 3. 11. 1936 (LippGBl. S. 657).

Oldenburg:

§ 2 der VO. des Staatsministeriums vom 30. 1. 1925 (OldGBl. Bd. 44 S. 27) betreffend die Ausführung des Reichsheimstättengesetzes vom 10. 5. 1920 (RGBl. I 962): Vergrößerung, Teilung, Veräußerung und Belastung der Heimstätte sowie Veräußerung einzelner Grundstücke oder Grundstücksteile in gewissen Fällen genehmigungsbedürftig. Nach § 6 dieser VO. sind die nach dem Reichsheimstättengesetz erforderlichen Genehmigungen vom Grundbuchamt einzuholen.

Vorkaufsrecht nach §§ 4, 10 des Reichssiedlungsgesetzes im Landesteil Oldenburg auf landwirtschaftliche und unkultivierte Grundstücke von 2,5 ha und darüber sowie auf Teile von solchen ausgedehnt: Bekanntmachung des Staatsministeriums vom 17. 3. 1921 (OldGBl. Bd. 41 S. 43) und vom 8. 8. 1924 (OldGBl. Bd. 43 S. 545).

§ 29 GBO.

Beurkundung durch Verwaltungsbehörden.

Vgl. die im ersten Teil dieser Zusammenstellung genannten Ausführungsgesetze der Länder zum Reichsgesetz über die Angelegenheiten der freiwilligen Gerichtsbarkeit.

Braunschweig:

Urkunden und Anträge öffentlicher deutscher Behörden: § 10 Bra. AG.GBO. Gesetz vom 11. 11. 1925 zur Ausführung des § 313 BGB. (GVS. S. 272).

Oldenburg:

Zuständigkeit zur Beurkundung nach § 313 BGB. außer für Gerichte und Notare auch für bestimmte durch Bekanntmachung des Staatsministeriums für befugt erklärte Verwaltungsbehörden begründet, wenn sie beteiligt sind: § 2 Old. AG.BGB. in der Fassung des Gesetzes vom 18. 5. 1908 (OldGBl. Bd. 36 S. 965f.) und § 2 Lüb. AG.BGB.

Eine Zusammenstellung der hierzu ergangenen Bekanntmachunen des Staatsministeriums und der Behörden, die zur Vornahme der Beurkundung für befugt erklärt sind, enthält die Sammlung der im Landesteil Oldenburg geltenden Gesetze, Verordnungen und Bekanntmachungen von Scheer und Niebour, Bd. I S. 695 Anm. 4.

Pyrmont:

Zur Beurkundung von freiwilligen Grundstücksveräußerungen genügt, wenn das Grundstück durch eine Entscheidung der Enteignungsbehörde für einen bestimmten Enteignungszweck in Anspruch genommen ist, die Schriftform: Art. 9 § 1 Wald. AG.BGB. Beurkundung bei Beteiligung einer öffentlichen Behörde: Art. 9 § 2 Wald. AG.BGB.

§ 38 GBO.

Eintragung auf Ersuchen von Behörden.

Braunschweig:

Gesetz vom 2. 7. 1889, betreffend Errichtung und Erhaltung von Marksteinen behufs Legung eines trigonometrischen Netzes (GVS. Nr. 33 S. 193): Eintragung nach § 7 auf Ersuchen der Baudirektion.

Eintragung von Amts wegen nach § 15 des Enteignungsgesetzes vom 13. 9. 1867 (GVS. S. 573).

Bei Gemeinheitsteilungen Eintragung des Eigentums auf Ersuchen der Landesökonomiekommission (Landeskulturamt) nach § 13 Bra. AG.GBO. Siehe auch Gesetz über den Erwerb von Grundeigentum und Grunddienstbarkeiten bei Gemeinheitsteilungen vom 8. 3. 1878 (GVS. Nr. 15 S. 91) und Umlegungsgesetz vom 24. 1. 1920 (GVS. Nr. 39).

Eintragung des Bergwerkseigentums auf Ersuchen der Bergbehörde nach §§ 21—23 Bra. AG.GBO. Siehe auch § 52a des Berggesetzes vom 18. 4. 1867 in der Fassung des Gesetzes vom 12. 6. 1899 (GVS. Nr. 44).

Lippe:

Ersuchen bei Gemeinheitsteilungen nach § 5 Abs. 1 Lipp. AG.GBO.
Ersuchen bei Enteignungen nach § 5 Abs. 3 Lipp. AG.GBO.

Schaumburg-Lippe:

Ersuchen der Auseinandersetzungsbehörde nach § 14 SchL. AG.GBO.
Ersuchen der Enteignungsbehörde nach § 15 SchL. AG.GBO.

Lübeck:

§ 63 Lüb. AG.BGB.: Eintragung einer Hypothek zur Sicherung der Forderung auf Erstattung der Kosten für die Wiederherstellung eines Gebäudes auf Antrag der Behörde, die das Grundstück hat wiederherstellen lassen.

Oldenburg:

Ersuchen bei Gemeinheitsteilungen und Verkopplungen nach § 4 Old. AG.GBO. Ersuchen zur Eintragung der Enteignung nach Art. 32 des Enteignungsgesetzes vom 21. 4. 1897 (OldGBl. Bd. 31 S. 541); Eintragung des Einleitungsvermerks nach Art. 23 des Enteignungsgesetzes, vgl. auch Ministerialverfügung vom 20. 5. 1899 betreffend das Verfahren bei Abtretung kleinerer Grundstücke zu öffentlichen Wegen und Wasserzügen (Zeitschrift für Verwaltung und Rechtspflege im Großherzogtum Oldenburg Bd. 27 S. 59).

Eintragung des vorläufigen Enteignungsvermerks und des Sperrvermerks im Enteignungsverfahren für Siedlungszwecke auf Veranlassung der Enteignungsbehörde nach § 17 des Gesetzes für den Landesteil Oldenburg vom 20. 6. 1924 (OldGBl. Bd. 43 S. 333) zur Ausführung des Reichssiedlungsgesetzes; Löschung nach § 17 Abs. 2 Satz 3 und § 18 Abs. 2 dieses Gesetzes.

Pyrmont:

Ersuchen der Auseinandersetzungsbehörden nach Art. 12—14 Wald. AG.GBO.; Ersuchen des Oberbergamts (Bergwerkseigentum) nach Art. 19—22 Wald. AG.GBO.; vgl. im übrigen Preußisches Allgemeines Berggesetz, eingeführt durch Gesetz vom 1. 1. 1869 (RegBl. S. 3).

§ 41 GBO.

Vorlegung des Hypothekenbriefes.

Erfolgt die Abschreibung eines Grundstücksteils auf Grund eines Unschädlichkeitszeugnisses, so ist die Vorlegung des Hypothekenbriefes nicht erforderlich:

Braunschweig:

§ 60 Bra. AG.BGB.

Hamburg:

§ 41 Hamb. AG.BGB., jedoch hat das Grundbuchamt den Besitzer des Briefes zur Vorlegung anzuhalten, um die Befreiung zu vermerken.

Lippe:

§ 28 Abs. 2 Lipp. AG.BGB.

Lübeck:

§ 87 Lüb. AG.BGB.

Pyrmont:

Art. 17 Abs. 2 Wald. AG.GBO.

§ 55 GBO.

Bekanntmachungen und Mitteilungen nach Landesrecht.

Braunschweig:

§ 9 der Bekanntmachung zur Ausführung der GBO. vom 7. 7. 1899 (GVS. S. 737): Von Eintragungen des Verzichts auf das Eigentum ist dem Ministerium Mitteilung zu machen.

Bekanntmachung des Staatsministeriums zum Vollzuge des Grundverkehrssteuergesetzes vom 25. 11. 1919 (GVS. Nr. 153 S. 429): Mitteilungen an das Finanzamt — Grunderwerbssteueramt.

Hamburg:

Bekanntmachungen an Finanz-, Steuer- und Vermessungsbehörden: § 31 Hamb. AG.GBO.

Lippe:

Anzeigepflicht an Hypothekenbanken nach AV. vom 1. 10. 1914 (LippGS. S. 278).

Pflicht der Grundbuchämter, von allen von ihnen beurkundeten Kaufverträgen und Auflassungsverhandlungen spätestens eine Woche nach Abschluß des Vertrages der Siedlungsgesellschaft „Rote Erde GmbH." Mitteilung zu machen: § 3 der VO. vom 20. 5. 1925 (LippGS. S. 65) in Verbindung mit der ÄnderungsVO. vom 3. 11. 1936 (LippGS. S. 657).

Schaumburg-Lippe:

Mitteilungspflicht an Hypothekenbanken nach AV. vom 15. 9. 1914 (LV. Bd. 24 S. 107) und AV. vom 21. 9. 1914 (LV. Bd. 24 S. 113).

Lübeck:

Bekanntmachungen an die Beteiligten nach §§ 49, 50 Lüb. AG.GBO.; Mitteilungen an Steuerbehörde, Katasteramt, Krankenversicherungskasse nach § 44 Lüb. AG.GBO.

Oldenburg:

Mitteilung bei Verzicht auf das Eigentum an das Amt nach § 29 Old. AV.GBO., § 29 Lüb. AV.GBO.

§ 116 GBO.

Zeitpunkt der Anlegung des Grundbuchs.

Braunschweig:

Mit Inkrafttreten des BGB., § 3 BraAV.GBO. (bezieht sich auch auf das Beschwerungsscheinbuch der Stadt Braunschweig, vgl. § 39 der Bekanntmachung vom 7. 7. 1899).

Hamburg:

Innerhalb der ersten beiden Monate des Jahres 1900 nach § 11 Hamb. AG.GBO.

Lippe:

Mit dem Inkrafttreten des BGB. nach § 1 der Lipp. AV.GBO.

Schaumburg-Lippe:

Mit dem Inkrafttreten des BGB. nach § 1 der Landesherrl. VO. vom 2. 12. 1899 (LV. Bd. 18 S. 319).

Lübeck:

Mit dem 1. 6. 1900, VO. betreffend den Zeitpunkt für das Inkrafttreten des Lüb. AG.GBO. vom 17. 3. 1900 (Sammlung Bd. 67 S. 73).

Oldenburg:

Mit dem Inkrafttreten des BGB. nach § 1 Old. AV.GBO., § 1 Lüb. AV.GBO.

Pyrmont:

Mit dem Inkrafttreten des BGB. nach Art. 3 Wald. GBVO.

§ 117 GBO.
Landesgesetzliche Vorbehalte.

Braunschweig:

§ 20 Bra. AG.GBO.: Die sich auf Grundstücke beziehenden Vorschriften der GBO. finden auf Bergwerke und andere selbständige Gerechtigkeiten sowie auf eingetragene vererbliche und veräußerliche Nutzungsrechte an fremden Grundstücken entsprechende Anwendung.

§ 41 der Bekanntmachung vom 7. 7. 1899 (GVS. Nr. 62 S. 737): Jedes Bergwerkseigentum erhält sein Blatt im Grundbuche der Gemeinde oder Gemarkung, in welcher das verliehene Feld liegt. Vgl. dazu § 72 GrdbVfg. und Bekanntmachung des RJM. vom 29. 8. 1939 — DJ. S. 1467 — betreffend Übertragung der Zuständigkeit nach § 41 Abs. 3 der Bekanntmachung des Braunschweigischen Staatsministriums auf den Oberlandesgerichtspräsidenten in Braunschweig.

§ 25 Bra. AG.GBO.: Die nach §§ 20 und 22 Abs. 2 GBO. für das Erbbaurecht geltenden Vorschriften finden auf Bergwerke und selbständige Gerechtigkeiten entsprechende Anwendung.

Wassergesetz vom 20. 6. 1876, dazu Gesetz vom 28. 5. 1913 über Änderung und authentische Erklärung des Wassergesetzes vom 20. 6. 1876 (GVS. S. 207).

Nicht eingetragene positive Grunddienstbarkeiten: § 50 Bra. AG.BGB.

Hamburg:

Erwerb von Grundeigentum durch Ausländer ist genehmigungspflichtig, ebenso Erwerb von Eigentum im Werte von mehr als 5000 RM. durch juristische Personen: §§ 28, 28a Hamb. AG.BGB.

Dazu Gesetz zur Änderung des Hamb. AG.BGB. vom 16. 7. 1934 (GVBl. S. 285): § 28a Hamb. AG.BGB. hat einen Absatz 3 erhalten.

Dazu weiter 2. VO. zur Durchführung des Landesverwaltungsgesetzes vom 29. 9. 1933 (GVBl. S. 382): Genehmigung durch die Landesjustizverwaltung statt durch den Senat.

Nicht eingetragene Grunddienstbarkeiten müssen binnen 10 Jahren nach Inkrafttreten des BGB. eingetragen werden: § 44 Hamb. AG.BGB.

Deicheigentum: §§ 51 ff. Hamb. AG.BGB. Gebäude auf einer Deichstrecke: § 53 Hamb. AG.BGB.

Lippe:

Vor dem 1. 1. 1900 bestehende Grunddienstbarkeiten bedürfen keiner Eintragung: § 29 Lipp. AG.BGB.

Eintragung eines Bergwerks auf den Namen der Gewerkschaft: § 50 des Berggesetzes vom 4. 7. 1927 (Lipp. GS. S. 211).

Rentengütergesetz vom 11. 1. 1921 (LippGS. S. 386): §§ 2, 49, 64.

Schaumburg-Lippe:

Bestehende Dienstbarkeiten müssen eingetragen werden: § 18 SchL. AG.GBO.

Vorkaufsrechte und Wiederkaufsrechte, die nach dem Gesetz vom 12. 12. 1872 im Wege des Zwangsverfahrens erworben werden, bedürfen nicht der Eintragung: § 21 SchL. AG.GBO.

Lübeck:

Die Eintragung nicht eingetragener Rechte kann verlangt werden: § 90 Lüb. AG.BGB.

Grundstücksgleiche vererbliche und übertragbare Rechte: § 88 Lüb. AG.BGB. § 51 AG.GBO.

Schenkungen und letztwillige Zuwendungen im Werte von mehr als 5000 *RM* an juristische Personen sind genehmigungspflichtig, desgleichen Schenkungen an Ordensmitglieder und Kongregationen: §§ 13—15 Lüb. AG.BGB.

Oldenburg:

Auf das Bergwerkseigentum finden die für Grundstücke bestehenden Vorschriften entsprechende Anwendung: §§ 13, 29ff. des Berggesetzes für die Landesteile Oldenburg und Lübeck vom 3. 4. 1908 (OldGBl. Bd. 36 S. 875).

Pyrmont:

Erwerbsbeschränkungen für juristische Personen nach Art. 5 und 6 Wald. AG.BGB.

Für selbständige Gerechtigkeiten gelten die Vorschriften des BGB., wenn sie ein Grundbuchblatt erhalten haben: Art. 21 Wald. AG.BGB.

Auf Bergwerke und selbständige Gerechtigkeiten finden die Vorschriften der GBO. und des Wald. AG.GBO. entsprechende Anwendung: Art. 18 Wald. AG.GBO. Für selbständige Gerechtigkeiten wird ein Grundbuchblatt nur auf Antrag angelegt: Art. 23 Wald. AG.GBO.

§ 118 GBO.
Erbpacht.

Lippe:

Erbpachten erhalten ein besonderes Grundbuchblatt: § 8 Lipp. AG.GBO.

Lübeck:

Erbpacht §§ 74—80 Lüb. AG.BGB.

Rechte an Erbpachten, Erbbaurechten usw. § 97 Lüb. AG.BGB.

Oldenburg:

Erbpacht aufgehoben durch das Gesetz für das Herzogtum Oldenburg, betreffend das nutzbare Eigentum an Grundstücken vom 25. 4. 1899 (OldGBl. Bd. 32 S. 400).

Sachverzeichnis.

(Die Zahlen bedeuten die Seiten.)

A.

B.

F.

H.

I.

J.

K.

Q.

R.

S.

U.

V.

Recht, Staat, Wirtschaft, Soziologie

Abhandlungen des kriminalistischen Instituts an der Universität Berlin. Auf Wunsch nähere Angaben.

Achilles-Greiff, Bürgerliches Gesetzbuch, nebst Einführungsgesetz, Jugendwohlfahrtsgesetz, Schiffsrechtgesetz, Ehegesetz, Testamentsgesetz. Mit Anmerkungen und Sachregister und mit Erläuterungen der Verordnung über das Erbbaurecht, des Gesetzes über die religiöse Kindererziehung sowie von Teilen des Familienrechtsänderungsgesetzes, der Familienrechtsangleichungsverordnung und des Verschollenheitsgesetzes. Herausgegeben von G. Beitzke, R. v. Godin, J. Greiff, F. Oegg. 19. Aufl. 1949. 1360 S. Dünndruckpapier . . . . Ganzleinen 36,—
(Guttentagsche Sammlung Nr. 38/39.)

Aufsichtsamt für das Versicherungswesen Groß-Berlin. Veröffentlichungen.
1. Jahrg. Nr. 1. 1948 . . . . 6,—
2. Jahrg. Nr. 1. 1949 3,80
Nr. 2. 1949 3,60
Nr. 3. 1949 . . . . 4,—
Erscheinungsweise: Nach Bedarf, Preis je nach Umfang.

Beling, E., Deutsches Reichsstrafprozeßrecht mit Einschluß des Strafgerichtsverfassungsrechts. 1928. 568 S. 13,50
(Lehrbücher und Grundrisse der Rechtswissenschaft. Bd. XVII.)

Berg, H., Übungen im Bürgerlichen Recht. Eine Anleitung zur Lösung von Rechtsfällen an Hand von praktischen Beispielen. 2. Aufl. In Vorbereitung.

Beseler, D. v., Englisch-deutsches und deutsch-englisches Taschenwörterbuch der Rechts- und Geschäftssprache. 2. durchgesehene und erweiterte Auflage. 1947. 271 S. . . . . 15,—

Bilfinger, K., Der Reichssparkommissar. 1928. 68 S. 3,60
(Beiträge zum ausländ. öff. Recht und Völkerrecht, Heft 7)

Bissing, W. M. v., Der Realkredit der deutschen Landwirtschaft. 1930. 232 S. . . . . 9,—

Blomeyer, K., Zwangsvollstreckung. Ein Lehrbuch von . . . .
1933. 187 S. . . . . geb. 4,50
(Lehrbücher und Grundrisse der Rechtswissenschaft. Bd. XV.)

Bochalli, A. u. K. Linckelmann, Wasserverbandrecht. 2. Aufl. . . . ca. 8,—

Böhmer, E., Haftpflichtgesetz . . . . ca. 15,—

v. Boehmer, H., Das D-Markbilanzgesetz und die Umstellung von Schuldverhältnissen. Kommentar. Din A 5 . . . . ca. 12.—

Bösselmann, K., Die Entwicklung des deutschen Aktienwesens im 19. Jahrhundert. 1939. XI, 204 S. . . . . 7,—

Brandstetter, E., Erläuterungen der bayerischen Verordnung über die Wiedereinführung der Schwurgerichte. In Vorbereitung.

Braunias, K., Das parlamentarische Wahlrecht. Ein Handbuch über die Bildung der gesetzgebenden Körperschaften in Europa.
Bd. I: Das Wahlrecht in den einzelnen Staaten. 1932. XVIII, 640 S. 22,50
(Beiträge zum ausländ. öffentl. Recht und Völkerrecht, Heft 18)
Bd. II: Allgemeiner Teil. 1932. XII. 332 S. . . . . 15,—
(Beiträge zum ausländ. öffentl. Recht und Völkerrecht, Heft 18a)

Bruck, E. u. H. Möller, Reichsgesetz über den Versicherungs-Vertrag. 8. Aufl. In Vorbereitung. (Guttentagsche Sammlung Nr. 83.)

Bürgerliches Gesetzbuch nebst Einführungsgesetz. Textausgabe mit ausführlichem Sachregister. 21. Aufl. Nachdruck 1949. XIV. 890 S. Ganzleinen 6,50
(Guttentagsche Sammlung von Textausgaben ohne Anmerkungen mit Sachregister)

Chen, J., Probleme der Strafe der Brandmarkung im Lichte von rechtsvergleichenden Quellen. 1948. 56 S. . . . . 4,—
(Abhandlung d. Kriminalist. Instituts a. d. Universität Berlin. 4. Folge. 5. Bd. 2. Heft.)

Coing, Lehrbuch der Rechtsphilosophie. In Vorbereitung.
(Lehrbücher und Grundrisse der Rechtswissenschaft.)

— —, **Rechtsgeschichte der Neuzeit des privaten und öffentlichen Rechts.** (Leitfaden der Rechtswissenschaft.)

Corpus iuris civilis, Taschenwörterbuch zum —, den Institutionen des Gajus und anderen römischen Rechtsquellen. 4./5. Aufl. 1923. 176 S. . . 3,—

Criminal Iustice Bill. Übersetzt von H. Sieverts. In Vorbereitung.
(Sammlung außerdeutscher Strafgesetzbücher.)

Dalcke, A., Strafrecht und Strafverfahren. 35. Aufl. In Vorbereitung

Dokumentenakkreditive. Einheitliche Richtlinien und Gebräuche für Dokumentenakkreditive. Drucksache Nr. 82 der Internationalen Handelskammer. Neudruck Mai 1948. Herausgegeben unter Mitarbeit von Dr. E. Trost, Berlin. 1948. 36 S. . . . . 1,—
Kommissionsverlag.

Ebel, H., Preußisches Allgemeines Berggesetz nebst Nebengesetzen und wichtigen, den Bergbau betreffenden Bestimmungen mit Erläuterungen. 1944. 692 S. . . . . 25,—
(Guttentagsche Sammlung preuß. Gesetze Nr. 12)

Endemann, F., Erbrecht des Bürgerlichen Gesetzbuches. 2. Aufl. v. H. Lehmann . . . . ca. 5,—
(Lehrbücher und Grundrisse der Rechtswissenschaft, Bd. V.)

Entscheidungen des Obersten Gerichtshofes für die Britische Zone. Herausgegeben von den Mitgliedern des Gerichtshofes u. der Staatsanwaltschaft. Zivilsachen — Strafsachen. Preis pro Band Heftausgabe (5 Hefte) 8,—
Bandausgabe, geb. 10,—
Bisher liegen vor: Zivilsachen. Bd. I, Heft 1—5.
Strafsachen. Bd. I, Heft 1—5.

Entscheidungen des Reichsgerichts in Zivilsachen. Gekürzte Ausgabe der amtlichen Sammlung. Eine Auswahl der für die jetzigen Rechtsverhältnisse noch wichtigen Entscheidungen aus den Bänden 1—171. Nach Fachgebieten zusammengestellt und mit einem chronologischen Register versehen. Herausgegeben von Rechtsanwalt Dr. Auerbach, Berlin; Präsident Dr. Eylau, Berlin; Rechtsanwältin Graf, Berlin; Ministerialdirektor Dr. Knoll, Berlin; Rechstanwalt Kummerow, Berlin; Rechtsanwalt Reuss, Berlin; Rechtsanwalt Dr. Walter Schmidt, Düsseldorf; Landgerichtsdirektor Dr. Swarzenski, Berlin; Rechtsanwalt Dr. Vahldieck, Berlin. Etwa 25 Bände. Geb. je etwa 10,— bis 12,—

Erdmann, G., Gewerbeordnung. In Vorbereitung.
(Guttentagsche Sammlung Nr. 211.)

Federau, F., Die deutsche Geldwirtschaft. 1949. 96 S. . . . . 4,—

Fehr, H., Deutsche Rechtsgeschichte. 4. verb. Aufl. 1948. XI, 280 S. Geb. 15,—
(Lehrbücher und Grundrisse der Rechtswissenschaft. Band X)

Ferid, M., Der Neubürger im internationalen Privatrecht. 1. Teil. Allgemeine Grundlagen. 1949. 113 S. 6,80
(Beiträge zum ausländischen und internationalen Privatrecht. Herausgegeben vom Kaiser-Wilhelm-Institut für ausländisches und internationales Privatrecht. 18.)
Im Gemeinschaftsverlag mit J. C. B. Mohr (Paul Siebeck) Tübingen. Auslieferung für Berlin und die Ostzone.

Fisher, I., Der schwankende Geldwert. Seine Ursachen und Folgen und Vorschläge zu seiner Beseitigung. Deutsche Ausgabe der Abhandlung „Stabilizing the Dollar". 1924. 48 S. . . . . 2,—

Frank, R., Strafrechtliche Fälle für Übungen an Universitäten und bei Justizbehörden. 1933. 9. durchges. Aufl. 56 S. 1,50

Freiwillige Gerichtsbarkeit. Die Gesetze des Reiches und Preußens über die freiwillige Gerichtsbarkeit. Textausgabe mit Sachregister. 2. Aufl. 1947. 115 S. 3,60
(Guttentagsche Samml. v. Textausgaben ohne Anmerk. mit Sachregister)

Fuhrmann, E., Wirtschaftsstrafverordnungen. Erläutert. 1943. 203 S. 5,—

Furler, H., Der Unterhaltsanspruch der geschiedenen Ehegatten. 1941. 164 S. . . . . 6,—

Gierke, J. v., Handelsrecht und Schiffahrtsrecht. 6. neugestalt. Aufl. ca. 25,—

Godin, R. v., Aktiengesetz. Gesetz über Aktiengesellschaften und Kommanditgesellschaften auf Aktien vom 30. Januar 1937. 2. Aufl. In Vorbereitung.

— —, **Nutzungsrecht an Unternehmen und Unternehmensbeteiligungen.** 1949. XII, 129 S. . . . . 8,—

Godin, R. v. u. H. v. Godin, Ehegesetz vom 20. Februar 1946 mit Abdruck der noch in Kraft befindlichen Bestimmungen der Durchführungsverordnungen zum Ehegesetz vom 6. Juli 1938. Mit Erläuterungen der §§ 606 bis 639 Zivilprozeßordnung von Reichsgerichtsrat Dr. Tölke.
(Sammlung Guttentag Nr. 230) 1947. 477 S. . . . . 15,—

— —, **Rückerstattung feststellbarer Vermögensgegenstände in der amerikanischen Besatzungszone.** Militärregierungsgesetz Nr. 59 vom 10. November 1947, mit Ausführungsvorschriften. Erläutert. 1948. VIII, 319 S. 12,—
(Sammlung Guttentag Nr. 232)

Grentrup, Th., Die Missionsfreiheit nach den Bestimmungen des geltenden Völkerrechts. 1927. 112 S. 5,50
(Beitr. z. ausl. öffentl. Recht u. Völkerrecht, Heft 5)

Lizenzen-Handbuch deutscher Verlage. Zeitungen, Zeitschriften, Buchverlage. 1949. 452 S. . . . . Halbleinen 30,—

Handelsgesetzbuch nebst Einführungsgesetz vom 10. Mai 1897. Textausgabe mit Sachregister. 16. Aufl. in Vorbereitung.
(Guttentagsche Samml. v. Textausgaben ohne Anmerk. mit Sachregister)

Handelsgesetzbuch, Kommentar zum Handelsgesetzbuch. Von Mitgliedern des früheren Reichsgerichts. 2. Aufl. 4 Bde. . . . . . je Bd. ca. 40,—

Heck, K., Der Aufbau des britischen Reiches. (Der Verhandlungsbericht der Reichskonferenz von 1926). 1927. 152 S. . . . . 6,—
(Beiträge zum ausländ. öffentl. Recht u. Völkerrecht, Heft 3)

Hedemann, J. W., Schuldrecht des Bürgerlichen Gesetzbuches. 3. umgearb. Aufl. 1931. XXX, 422 S. . . . . Halbleinen 18,—
(Lehrbücher und Grundrisse der Rechtswissenschaft. Band II)

Heyland, C., Das Berufsbeamtentum im neuen demokratischen deutschen Staat. Eine staatsrechtliche Studie. 1949. 156 S. . . . . 6,—

Heymann-Kötter, Handelsgesetzbuch. Mit Erläuterungen. 20. Aufl. ca. 15,—
(Sammlung Guttentag Nr. 4)

Hsü Dau-Lin, Die Verfassungswandlung. 1932. 182 S. 5,40
(Beiträge zum ausländ. öffentl. Recht u. Völkerrecht, Heft 15)

Hueck, A., Das Recht der offenen Handelsgesellschaft. Systematisch dargestellt. 1946. 309 S. . . . . 18,—

Julier, M., Polizeiliche Untersuchung von Kraftfahrzeugunfällen. 2. Auflage. In Vorbereitung

Juristische Rundschau mit Beiblatt: Mitteilungen aus der Berliner Justiz und Rechtsanwaltschaft. Herausgeg. von Dr. Siegfried Loewenthal, Dr. Kurt Wergin, Reinhard Frhr. v. Godin, Prof. Dr. E. Reimer, Dr. Ernst Wolff, Dr. Walter Schmidt. Erscheinen: halbmonatlich im Umfang von je 32 S. Bezugspreis vierteljährlich . . . . 9,—

Kiefersauer, F., Grundstücksmiete. In Vorbereitung.

Kohlrausch, E. und E. Koffka, Neue Rechtskartei für Berlin und Brandenburg, enthaltend sämtliche Rechtsvorschriften der Alliierten, des Magistrats Berlin und der Provinzialverwaltung Brandenburg.
1946. Loseblattausgabe . . . . 30,—
I. Nachtrag. Enthält Ergänzungen zu Teil I Berliner Recht. 1947 12,—
II. Nachtrag Brandenburgisches Recht. 1948. ca. 800 S. . . . . . 30,—

Kohlrausch, E., Deutsches Strafgesetzbuch mit Nebengesetzen. Textausgabe mit Erläuterung der Änderungen. 2. Aufl., besorgt von Prof. Dr. R. Lange. 1949. 168 S. . . . . 6,—
(Guttentagsche Sammlung von Textausgaben)

Kohlrausch, E. u. R. Lange, Strafgesetzbuch. Erläuterungsausgabe.
39. Aufl. . . . . ca. 15,—
(Sammlung Guttentag Nr. 2)

Kruse, V., Das Eigentumsrecht. Aus dem Dänischen übersetzt von Dr. Knud Larsen. 3 Bände. 1931—1936. XXXXIX, 2523 S. . . . . . Geb. 75,—

Kummerow, E., Allgemeiner Teil des Bürgerlichen Gesetzbuches. 1949. 76 S. . . . . 3,—
(Leitfaden d. Rechtsw. Bd. 1)

——, **Familienrecht.** 1947. 122 S. 4,—
(Leitfaden d. Rechtsw. Bd. 4)

——, **Erbrecht.** 1947. 93 S. . . . . 4,—
(Leitfaden d. Rechtsw. Bd. 5)

——, **Sachenrecht.** 1948. 138 S. 4,50
(Leitfaden der Rechtswissenschaft, Bd. 6)

——, **Gesetz über die Verschollenheit, die Todeserklärung und die Feststellung der Todeszeit,** vom 4. 7. 1939 (RGBl. I S. 1186) erläutert. 1949. 63 S. 2,80
(Sammlung Guttentag Nr. 234)

Kussmann, H., Lexikon des BGB. 203 S. . . . . ca. 18,—

Lang, J. u. L. Weidmüller, Das Reichsgesetz, betreffend die Erwerbs- und Wirtschaftsgenossenschaften. Kleiner Kommentar. 26. Aufl. In Vorbereitg. (Guttentagsche Sammlung Nr. 29)

Der Lastenausgleich. Sammlung und Kommentierung sämtlicher Gesetze und Verordnungen sowie der laufenden Rechtsprechung auf dem Gebiete des Lastenausgleichs.

Teil I: Wortlaut der Gesetze und Verordnungen.

Teil II: Kommentierung.

Herausgegeben und erläutert von Dr. P. Binder, Dipl.-Kfm. Dr. J. Drexl, Dipl.-Kfm. Dr. W. Wehe, A. Seweloh. Etwa 40—50 Bogen in loser Blattform. 1949. . . . . Bogenpreis etwa 0,50—0,60
(Sammlung Guttentag Nr. 235)

Lebendige Soziologie. Schriften und Texte zum Studium der modernen Gesellschaft und der Gesellschafts-Lehre. Herausgeg. v. Werner Ziegenfuss.
Ziegenfuss, W., Lenin. Soziologie und revolutionäre Aktion im politischen Geschehen. 1948. 166 S. . . . . 6,—

——, **Die Genossenschaften.** 1948. 144 S. 5,50

——, **Augustin,** Christliche Transzendenz in Gesellschaft u. Geschichte 1948. 180 S. . . . . 7,—

——, **Gerhart Hauptmann.** Dichtung und Gesellschaftslehre des bürgerlichen Humanismus. 1948. 182 S. . . . . 7,—

——, **Die bürgerliche Welt.** 1948. ca. 160 S. . . . . ca. 6,—

Ledig, G., Kriminologie. 1947. 96 S. . . . . 3,—
(Kleine kriminalistische Bücherei. Bd. 6)

Lehmann, H., Allgemeiner Teil des Bürgerlichen Gesetzbuches. 6. vermehrte und verbesserte Auflage. 1949. XVI, 384 S. . . . . . . Halbleinen 20,—
(Lehrbücher und Grundrisse der Rechtswissenschaft, Bd. I)

——, **Deutsches Familienrecht.** 2. verm. u. verb. Aufl. 1948. 311 S. . 15,—
(Lehrbücher und Grundrisse der Rechtswissenschaft, Bd. IV)

Lehmann, R., Das Recht der Schuldverhältnisse. 1. Hälfte, Allgemeiner Teil. 1947. 110 S. . . . . 4,—
(Leitfaden d. Rechtsw. Bd. 2)

——, 2. Hälfte, Besonderer Teil. 1948. 204 S. . . . . 6,—
(Leitfaden d. Rechtsw. Bd. 3)

Leibholz, G., Das Wesen der Repräsentation unter besonderer Berücksichtigung des Repräsentationssystems. Ein Beitrag zur allgemeinen Staats- und Verfassungslehre. 1929. 214 S. . . . . 14,—
(Beiträge zum ausländ. öffentl. Recht und Völkerrecht, Heft 13)

Lüke, A., Vermögensteuergesetz. In Vorbereitung.

Melchior, G., Die Grundlagen des deutschen internationalen Privatrechts. 1932. XXXI, 558 S. . . . . 24,—

Meyer, H., u. K. Schlegel, ABC der Kostenordnung. Teil I. Die Gerichtskosten in familienrechtlichen Angelegenheiten, in Nachlaß- und Teilungssachen. 1942. 261 S. . . . . 6,—

Mohn, L., Gesetzgebung, Rechtsprechung und Verwaltung. Eine Zusammenstellung der wichtigsten geltenden Gesetze, Verordnungen und Befehle, insbesonders für Groß-Berlin, sowie ein Streifzug durch die aktuellen Fragen der heutigen Zeit. 1948. 208 S. . . . . 9,—

Müller, F., Straßenverkehrsrecht. (Reichsgesetz über den Verkehr mit Kraftfahrzeugen) mit den einschlägigen Nebenbestimmungen, insbesondere der Reichsstraßenverkehrsordnung und einem technischen Leitfaden mit Abbildungen. 16. Aufl. (Stilkes Rechtsbibliothek Nr. 44). In Vorbereitung.

Müller, H. W., Freiwillige Gerichtsbarkeit (Leitfaden der Rechtswissenschaft) . . . . ca. 4,—

— —, Die Reichszivilprozeßordnung mit Gerichtsverfassungsgesetz und den wichtigsten Nebengesetzen. Textausgabe mit Einführung, Verweisungen und ausführlichem Stichwörterverzeichnis. 2. Aufl. LVI, 678 S. . . 12,—
Ganzleinen 13,50

— —, Zivilprozeßrecht (Leitfaden der Rechtswissenschaft, Bd. 7) ca. 4,—

Nehlert, G., Die Beschränkung der deutschen Gerichtsbarkeit. Die Gesetzgebung der Besatzungsmächte, insbesondere Gesetze Nr. 2 und Nr. 52 und Befehl 124 nebst Ausführungsbestimmungen. Zusammengestellt und erläutert. 1948. 136 S. (Sammlung Guttentag Nr. 233) . . . . 5,—

Niethammer, E., Strafrechtliche Übungen. Siebzig Rechtsfälle und siebzig lehrmäßige Aufgaben. 1948. 76 S. 3,50

Oberbach, H., Allgemeine Versicherungsbedingungen für Haftpflicht-Versicherung. II. Teil §§ 5—6: Der Versicherungsfall. §§ 7—12: Das Versicherungsverhältnis. 1947. 368 S. . . . . 20,—
(Sammlung Guttentag Nr. 213 a)

Petters, W., Praktische Strafprozeßfälle mit Lösungen. 5. vollst. neugearb. Aufl. 1948. 156 S. (Petters, Strafrecht und Strafprozeß, Bd. 2) . . 8,—

— —, Praktische Strafrechtsfälle mit Lösungen. 9. vollk. umgearbeit. Aufl. (Petters, Strafrecht u. Strafprozeß, Bd. I) . . . . ca. 20,—

— —, Strafgesetzbuch mit Erläuterungen nebst den wichtigsten Nebengesetzen und einem Anhang über Strafprozeßrecht, Wirtschafts- und Jugendstrafrecht. Zum Gebrauch für Polizei-, Kriminal- und Gendarmeriebeamte. 19. völlig umgearbeitete Auflage. 1949. 371 S. 7,20

Planck's Kommentar zum BGB. nebst Einführungsgesetz. 4., völlig neubearbeitete Auflage.
Band II, 2. Schuldverhältnisse. Besonderer Teil. 1928. XII, 1924 S. 49,—
Band IV, 1. Familienrecht. 1928. VII, 701 S. . . . . 26,—
Band V. Erbrecht. 1930. XII, 1136 S. . . . . 51,—, geb. 54,—

Quandt, G., Tabellen zur Gebührenordnung für Rechtsanwälte, zur Reichskostenordnung in freiwilliger Gerichtsbarkeit, zum Gerichtskostengesetz und Umsatzsteuergesetz nebst ergänzenden Bestimmungen und Erläuterungen. 15. Aufl. 1949. 42 S. . . . . Halbleinen 6,—

Richter, D. H., Das materielle und formelle deutsche Grundbuchrecht in seiner Beziehung zum Liegenschaftskatasterdienst unter besonderer Berücksichtigung der bayerischen und rheinpfälzischen Verhältnisse. In Vorbereitung.

Riezler, E., Internationales Zivilprozeßrecht. 1949. ca. 680 S. . . . . 30,—
(Beiträge zum ausländischen und internationalen Privatrecht. Herausgegeben vom Kaiser-Wilhelm-Institut für ausländisches und internationales Privatrecht. 20.) Im Gemeinschaftsverlag mit J. C. B. Mohr (Paul Siebeck) Tübingen. Auslieferung für Berlin und die Ostzone.

Roeschel, A. u. E. Blaese, Die Strafvollstreckung. Durchführung der Vollstreckung gerichtlicher Strafen mit Beispielen. 1944. 280 S. . . . 7,50

Sass, C., Grundlagen und Gedanken über den Wiederaufbau in Theorie und Praxis. In Vorbereitung.

Sauer, W., Lehrbuch der Kriminologie . . . . ca. 20,—

— —, **Allgemeine Strafrechtslehre.** 2., völlig neue Auflage der Grundlagen des Strafrechts. Mit Leitsätzen zur Anfertigung von Übungsarbeiten und Urteilen. 1949. XII, 264 S. . . . . Halbleinen 14,—

Schäfer, K., Strafprozeß (Leitfaden der Rechtswissenschaft) . . . ca. 4,—

— —, **Strafrecht** (Leitfaden der Rechtswissenschaft) . . . . . . ca. 4,—

Schmidt, E., Aktienstrafrecht. Kommentar zu den §§ 288—304 des Aktiengesetzes. 1940. 50 S. . . . . 3,—

Schmidt, W., Die Umgestaltung der Satzungen der Aktiengesellschaften nach dem neuen Aktiengesetz. 1938. 197 S. 5,40

Schubert, F., Zwangsvollstreckung in Forderung und andere Vermögensrechte. 2. neubearb. Aufl. Mit Nachtrag 1941. 1938. 310 S. . . . 6,—

Schwerin, Cl. v., Recht der Wertpapiere (einschl. Wechsel- und Scheckrecht). 3. Aufl., bearbeitet von W. Siebert. In Vorbereitung. (Lehrbücher und Grundrisse der Rechtswissenschaft. Band VII)

Seelig, E. u. K. Weindler, Die Typen der Kriminellen. 1949. In Vorbereitung . . . . ca. 8,—

Strafprozeßordnung. (Guttentagsche Sammlung von Textausgaben ohne Anmerkungen mit Sachregister). In Vorbereitung.

Strauss u. Torney, H. v., und C. Sass, Straßen- und Baufluchtengesetz. Kommentar. 7. neubearb. Aufl. 1934. 368 S. . . . . 11,—

Staudingers Kommentar zum BGB. 10. neubearb. Aufl.
Lfg. 1—5, 10—22, 24, 25 . . . . zus. 237,—
(Lfg. 6—9 u. 23 z. Z. nicht greifbar.)
Weitere Lieferungen in Vorbereitung.

Sydow-Busch-Krieg, Deutsches Gerichtskostengesetz nebst Gebührenordnungen für Gerichtsvollzieher und für Zeugen und Sachverständige in den neuesten Fassungen. Auf der Grundlage der Sydow-Busch'schen Textausgabe mit Anmerkungen bearb. 11. Aufl. 1928. XI. 433 S. . 6,75 (Guttentagsche Sammlung Deutscher Reichsgesetze Nr. 15)

Tetzner, H., Die Photographie in der Kriminalistik. Eine Einführung in die photographischen Arbeitsmethoden der naturwissenschaftlichen Kriminaluntersuchung. Mit 51 Abb. 1949. 152 S. . . . . 10,—

Thieme, P., Grundbuchordnung in der Fassung der Bekanntmachung vom 5. August 1935. Mit Anmerkungen und einer Zusammenstellung der Reichsausführungsbestimmungen und der wichtigsten in Reichs-, Zonen- und Landes-Gesetzen, -Verordnungen und -Verfügungen enthaltenen Vorschriften über die Grundbuchverfassung und das Grundbuchverfahren. 3. neubearbeitete Aufl. 1949. In Vorbereitung. (Stilkes Rechtsbibliothek Nr. 80) ca. 24,—

Thurnwald, R., Die menschliche Gesellschaft in ihren ethnosoziologischen Grundlagen.
Bd. I: Repräsentative Lebensbilder von Naturvölkern. Mit 12 Tafeln und 12 Textbildern. 1931. XXIII, 311 S. 16,20
Bd. II: Werden, Wandel und Gestaltung von Familie, Verwandtschaft und

Bünden im Lichte der Völkerforschung. Mit 12 Tafeln und 1 Textbild. 1932. VIII, 360 S. 16,20
Bd. III: Werden, Wandel und Gestaltung der Wirtschaft im Lichte der Völkerforschung. Mit 12 Tafeln u. 9 Diagrammen. 1932. VII, 248 S. 15,30
Bd. IV: Werden, Wandel und Gestaltung von Staat und Kultur im Lichte der Völkerforschung. Mit 6 Tafeln. 1935. XIX, 377 S. . . . . . 22,—
Bd. V: Werden, Wandel und Gestaltung des Rechtes im Lichte der Völkerforschung. Mit 2 Tafeln. 1934. VIII, 232 S. . . . . 18,—

Trenck, S. v. d., Der einheitliche Schutzgegenstand des Patents. Prüfung, Umgrenzung und Auslegung der Erfindungstragweite nach dem neuen Patentgesetz. 1936. XII, 260 S. . . . . 12,—

Triepel, H., Staatsrecht und Politik. Rede beim Antritt des Rektorats der Friedrich Wilhelms-Universität zu Berlin am 15. Oktober 1926
1927. 40 S. . . . . 2,—
(Beiträge zum ausländ. öffentl. Recht und Völkerrecht, Heft 1)

Trumpler, H., Die Börsengesetzgebung der Vereinigten Staaten.
1938. 90 S. 2,50

Turegg, E. v., Verwaltungsrecht. 1949. In Vorbereitung.
(Leitfaden der Rechtswissenschaft)

— —, **Lehrbuch des Verwaltungsrechts.** In Vorbereitung.
(Lehrbücher und Grundrisse der Rechtswissenschaft)

Voelkels, C., Grundzüge des Bergrechts unter besonderer Berücksichtigung des Bergrechts Preußens. Systematisch dargestellt. 3. Aufl., neubearb. von G. Boldt. In Vorbereitung.

Vogels, W. u. K. Seybold, Gesetz über die Errichtung von Testamenten und Erbverträgen. 4. Aufl. 1949 . . . . ca. 12,—

Wagelaar, H., Gewerbesteuergesetz vom 1. Dezember 1936 (RGBl. I S. 979). Textausgabe m. kurzen Erläuterungen. 1947. 256 S. . . . . 6,—
(Sammlung Guttentag Nr. 231)

— —, **Reichsabgabenordnung** vom 22. Mai 1931. Textausgabe mit kurzen Erläuterungen. 1949. 298 S. . . . . Geb. 7,50
(Sammlung Guttentag Nr. 236)

Wegler, K. und J. Leopold, Der Testamentsvollstrecker. Rechte u. Pflichten des Testamentsvollstreckers. 1938. 59 S. . . . . 2,—

Wegner, A., Einführung in die Rechtswissenschaft. 2. erweiterte u. verbess. Aufl. 1948. 344 S. . . . . Geb. 18,—

Welzel, H., Das deutsche Strafrecht in seinen Grundzügen.
2. Auflage. In Vorbereitung.

— —, **Die Wahrheitspflicht im Zivilprozeß.** 1935. 27 S. . . . . . . 2,—

Wolff, E., Vorkriegsverträge in Friedensverträgen. 1949. XII, 196 S. 8,80
(Beiträge zum ausländischen und internationalen Privatrecht. Herausgegeben vom Kaiser-Wilhelm-Institut für ausländisches und internationales Privatrecht. 19.)
Im Gemeinschaftsverlag mit J. C. B. Mohr (Paul Siebeck) Tübingen. Auslieferung für Berlin und die Ostzone.

Wolff, F. und K. A. Crisolli, Das Recht der Reklame.
1929. XX, 403 u. 54 S. . . . . Geb. 10,—

VERLAG WALTER DE GRUYTER & CO. / BERLIN W 35

Druck: Otto Walter, Berlin SW 29. 16000. 8. 49.

Kolibri 360 GmbH
Ferdinand-Jühlke-Straße 7
99095 Erfurt, Deutschland
produktsicherheit@kolibri360.de